全本全注全译

戰國策

（上）

〔西汉〕刘向 集录
谦德书院 注译

团结出版社

图书在版编目（CIP）数据

战国策 / (西汉) 刘向集录 ; 谦德书院注译. -- 北京 : 团结出版社, 2018.12

（谦德国学文库）

ISBN 978-7-5126-6830-0

Ⅰ. ①战… Ⅱ. ①刘… ②谦… Ⅲ. ①中国历史—战国时代—史籍②《战国策》—注释③《战国策》—译文 Ⅳ. ①K231.04

中国版本图书馆CIP数据核字(2018)第285421号

出版：团结出版社

（北京市东城区东皇城根南街84号 邮编：100006）

电话：(010) 65228880　　65244790 （传真）

网址：www.tjpress.com

Email：65244790@163.com

经销：全国新华书店

印刷：三河市富华印刷包装有限公司

开本：148×210　1/32

印张：30.25

字数：660千字

版次：2019年9月　第1版

印次：2023年3月　第2次印刷

书号：978-7-5126-6830-0

定价：98.00元（全二册）

《谦德国学文库》出版说明

人类进入二十一世纪以来，经济与科技超速发展，人们在体验经济繁荣和科技成果的同时，欲望的膨胀和内心的焦虑也日益放大。如何在物质繁荣的时代，让我们获得内心的满足和安详，从经典中获取智慧和慰藉，或许是我们不二的选择。

之所以要读经典，根本在于，我们应当更好地认识我们自己从何而来，去往何处。一个人如此，一个民族亦如此。一个爱读经典的人，其内心世界必定是丰富深邃的。而一个被经典浸润的民族，必定是一个思想丰赡、文化深厚的民族。因为，文化是民族之灵魂，一个民族如果不能认识其民族发展的精神源泉，必定就会失去其未来的生机。而一个民族的精神源泉，就保藏在经典之中。

今日，我们提倡复兴中华优秀传统文化，当自提倡重读经典始。然而，读经典之目的，绝不仅在徒增知识而已，应是古人所说的"变化气质"，进一步，是要引领我们进德修业。《易》曰："君子以多识前言往行，以畜其德。"实乃读经典之要旨所在。

基于此理念，我们决定出版此套《谦德国学文库》，“谦德”，即本《周易》谦卦之精神。正如谦卦初六爻所言：“谦谦君子，用涉大川”，我们期冀以谦虚恭敬之心，用今注今译的方式，让古圣先贤的教诲能够普及到每一个人。引导有心的读者，透过扫除古老经典的文字障碍，从而进入经典的智慧之海。

作为一套普及型的国学丛书，我们选择经典，不仅广泛选录以儒家文化为主的经、史、子、集，也将视野开拓到释、道的各种经典。一些大家所熟知的经典，基本全部收录。同时，有一些不太为人熟知，但有当代价值的经典，我们也选择性收录。整个丛书几乎囊括中国历史上哲学、史学、文学、宗教、科学、艺术等各领域的基本经典。

在注译工作方面，版本上我们主要以主流学界公认的权威版本为底本，在此基础上参考古今学者的研究成果，使整套丛书的注译既能博采众长而又独具一格。今文白话不求字字对应，只在保证文意准确的基础上进行了梳理，使译文更加通俗晓畅，更能贴合现代读者的阅读习惯。

古籍的注译，固然是现代读者进入经典的一条方便门径，然而这也仅仅是阅读经典的一个开端。要真正领悟经典的微言大义，我们提倡最好还是研读原本，因为再完美的白话语译，也不可能完全表达出文言经典的原有内涵，而这也正是中国经典的魅力所在吧。我们所做的工作，不过是打开阅读经典的一扇门而已。期望藉由此门，让更多读者能够领略经典的风采，走上领悟古人思想之路。进而在生活中体证，方能直趋圣贤之境，真得圣贤典籍之大用。

经典，是古圣先贤留给我们的恩泽与财富，是前辈先人的智慧精华。今日我们在享用这一份恩泽与财富时，更应对古人心存无尽的崇敬与感恩。我们虽恭敬从事，求备求全，然因学养所限、才力不及，舛误难免，恳请先贤原谅，读者海涵。期望这一套国学经典文库，能够为更多人打开博大精深之中华文化的大门。同时也期望得到各界人士的襄助和博雅君子的指正，让我们的工作能够做得更好！

团结出版社

2017年1月

前 言

《战国策》又称《国策》，是一部国别体的史料汇编。作者不明，推测并非出自一人，成书时间也并非一时，但最晚应在西汉前。其内容主要来自战国时代谋臣策士的著作和各国史官的记载，是战国至秦汉年间纵横家纵横捭阖的游说和谋略权术故事汇编，它反映了战国至秦汉时期的社会风貌和各国政治、经济、军事、外交等重大活动。全书按东周、西周、秦、齐、楚、赵、魏、韩、燕、宋、卫、中山十二国的顺序记事，记事年代大致上接春秋，下迄秦统一大约二百四十年。

《战国策》在未经整理校定之前，有《国策》《国事》《短长》《事语》《长书》《修书》等几种不同的名称。这几种版本因不是一人一时所作，所以内容繁杂，体例不一，文字错讹难懂。西汉末年，光禄大夫刘向奉命校书时，将其繁杂、重复部分去除，按照国别以及时间次第核定成书。共12策，33卷，497篇，定名为《战国策》。《战国策》体裁为叙事体，以记录纵横家们的言论对话为主，也是最早的人物类纪传体著作。整部书以纵横家们的游说活动为中心，展现出战国时代波澜壮阔、风起云涌，百家争鸣的壮丽画面。

一九七三年在长沙马王堆汉墓中，出土了一种类似《战国策》的帛书，共二十七章，一万一千多字，后来经过整理被命名为《战国纵横家书》。在这部《战国纵横家书》中，有十章见于《战国策》，八章见于《史记》，有十六章为佚书。这十六章史料应该是刘向也未曾收集到的。

阅读《战国策》不能脱离当时的历史背景。春秋末年，道德礼义进一步衰落，各诸侯国国君多沉溺酒色，废弃礼制，崇尚武力攻伐。到了战国时期，“道德大废，上下失序”，“捐礼让而贵战争，弃仁义而用诈谲，苟以取强而已矣”（见《战国策》刘向序）。这时，周天子形同虚设，各国间征战不休，成王败寇，所以仁义之说被摒弃，游说权谋之说大行于世。此时，产生于士阶层的纵横家来往于诸侯国之间，往往凭一己之力，就能决定一件大事的成败，或者一个国家的存亡，所以受到各国国君的重视。纵横家一旦受到国君赏识，就可出将入相，平步青云，荣华富贵，唾手可得。所以也吸引众多有一技之长的士人，为了各自利益，奔走游说于各国之间，希望有国君采纳自己的学说，施展自己的抱负。

《战国策》的文章主要出自纵横家之手。纵横家在游说诸侯之前必须对诸侯国的人文历史、地理环境、政治情况、军事实力、民生经济以及国内各政治集团之间的矛盾、国君的贤能与否有所了解，进而准备说辞。他们在游说过程中大多慷慨陈词，晓以利害来打动国君，在面对突发情况时，还要做到沉着冷静，随机应变。因此，游说之后常将游说过程记录下来，加工润色，总结得失，成为经验总结和日后借鉴。或同道互相传阅，或以之授徒，逐渐集篇成策。

对《战国策》的研究可以从史学价值、思想价值和文学价值几个方面来看。

战国时期，由于当时各国销毁了大批文献，而秦始皇焚书又造成大量重要史籍灰飞烟灭，致使遗留下来的史料匮乏。《战国策》也算是对战国期间二百多年的历史作了一个大概的记述，比较客观地记录了当时一些重大历史事件，具有较高的史料价值。

另一方面，《战国策》作为史书的地位一直被历代史学家所质疑，主要原因是其不像《左传》那样按照编年的次序记载历史，叙事没有具体的年代时间，缺乏历史事件记载的系统性和完整性，其记叙的时间，人名，史实等有颇多失实之处，所以不是一部信史。但是这些并不能否定其对战国历史保存的贡献，我们今天通过《战国策》能对当时的历史有一个了解，这也是极其难得的。作为中华民族的宝贵历史财富，同样值得我们珍惜。

随着时代的发展，近年来人们对《战国策》的研究有了新的方向。

其一是关注《战国策》中所蕴含的思想价值和传统文化的关系。过去因为《战国策》包含的思想观念极其复杂，而且其内容在相当程度上背离了中国古代讲究“仁义”的正统思想，崇尚谋略诡计，追求功名富贵，为了利益不择手段，不符合后世儒家的价值观和价值取向，所以一直为儒家正统观念所鄙弃。宋代的曾巩重校刊刻《战国策》，其目的并非为了弘扬这部著作，而是为了说明战国时诸侯治国不以仁义，而只图眼前利益，任用权谋之士，最终导致亡国，所以历来对《战国策》批判居多。

但是《战国策》记载和描写的并非全是势利之人，也有忠贞之士、侠义之士。《战国策》中的策士大概可分以下几种：

心怀道义扶危济困的忠义之士，如：颜斶、张孟谈、唐且和鲁仲连等。他们不计个人得失，坚守道义，出谋划策为人排忧解难，锄强扶弱不图回报。

慷慨激昂而能为知己者死的侠义之士，如：豫让、聂政、荆轲、专诸等人。他们重义轻利，不畏强暴，能为知己者死，反映了侠义之士重视诚信，一诺千金的道德观。

身怀抱负而追求功名富贵的纵横之士，是《战国策》中描述最多的一类人物，最典型的代表就是苏秦、张仪，另外包括苏代、苏厉、蔡泽、甘茂、顿弱、甘罗、陈轸、公孙衍、范睢、司空马等。他们运筹帷幄、游说奔走，推广自己的主张，为了实现心中抱负，运用智谋追求功名利禄。“三寸之舌，强于百万雄兵；一人之辩，重于九鼎之宝”。

心怀社稷而忧国忧民的忠臣谋士，也是《战国策》中描述较多的一类人物，例如冯谖、庄辛、左成、触龙、南子文、郭隗等人。他们或为诸侯国大臣，或为公卿门客，在国家生死存亡的危急关头，能挺身而出，不畏生死，解救国家于危难之中。

唯利是图而不择手段的奸佞之士，例如郭开，韩仓等人，自私阴险，为一己私利，不惜背叛国家，陷害忠良，最终导致国家灭亡，忠臣丧命或逃亡。

《战国策》中也有很多事例，通过对历史人物和事件的描述，引出类似《左传》的多种警世之言，具有积极的意义。譬如《齐策六·王孙贾年十五》反映出的忠君爱国的思想；《赵策四·触龙说赵太后》揭示了为了子孙长久之计，赐子孙土地、宝器，不如令其有功于国家的意识；《齐策一·邹忌讽齐王纳谏》推崇国君广开言路，虚心纳谏的道理；《魏策四·秦王使人谓安陵君曰》中的唐雎不辱使命，表现出不畏强暴的精神。

战国时期是一个崇尚计谋和武力的时代，经历了当时的社会动荡，周朝礼制已不复存在，而新的道德价值观尚未建立起来，各种思想学说纷杂其中，龙蛇混杂，良莠不齐，整个社会处于比较混乱的状态。与当时社会上追逐利益的风气相比，儒家克己复礼、弘扬大义的观念的确代表着一种更为高尚和无私的价值观，在一定程度上受到当时正直之士的认同，也逐渐影响了战国时代其他阶层人士的价值取向与道德选择。

正所谓“不破不立”，各种思想流派在战国时期，得到了充分的展现和演绎，彼此之间经过冲撞激荡，去芜存菁，道德价值观由周朝礼制废除后的混乱，渐渐趋向尊奉儒家思想学说的过渡，思想流派也由百家争鸣渐渐向以儒家思想为主演变，直至汉代实现“罢黜百家，独尊儒术”，确立了儒家思想在整个社会的主导地位，使中华民族的思想和价值观重回正统。也为秦汉以后两千多年的中华文明能够续写辉煌，奠定了牢固的文化和思想基础。

其二是关注《战国策》的文学价值。《战国策》的文体、文风、语言等方面，都有其别具一格的特色。后人对《战国策》的散文艺术成就评价非常高，认为它文辞巧妙，生动精练，而又寓意深刻，把它看作先秦散文里面的杰出代表，其纵横肆意的文风，对后世贾谊、晁错、司马迁以及苏洵、苏轼父子等人，产生了重大影响。

本书共涉及12个诸侯国的君王、妃子、策士、将相、义士、百姓等600多个历史人物，虽然身份不同、风格各异，但他们的形象都被作者刻画得栩栩如生，再由这些各具特色的人物排演出书中500多个历史事件。

其中著名的有历经头悬梁、椎刺骨的磨难后奋起游说各国，使得君主们倾心听从的苏秦；不断受挫，仍然坚持“舌在足矣”，最后使各国君主俯耳倾听的张仪；通过“薛国市义”、营造“三窟”等举措，为孟尝君立下汗马功劳的冯谖；在敌我双方兵力相差悬殊的情况下，只为昭阳讲了个“画蛇添足”的故事，便轻松为齐退楚的陈轸；还有大家熟悉的讽齐王纳谏的邹忌等。

《战国策》的文学成就主要体现在以下几点：

首先是它绚丽多彩的语言艺术。《战国策》中的文字，不同于《左传》《国语》等书，文字夸张，极尽渲染，气势恢宏，甚至是咄咄逼人。

他们将春秋时从容不迫、温文尔雅的君子贵族之辞，发展为纵横捭阖、肆意夸张的游说之辞。言必引经据典，说必出口成章，论必纵横千里，言之确确。如《齐策一·苏秦为赵合纵说齐宣王》中苏秦劝齐宣王合纵的说辞："齐南有太山，东有琅邪，西有清河，北有渤海，此所谓四塞之国也。齐地方二千里，带甲数十万，粟如丘山。齐车之良，五家之兵，疾如锥矢，战如雷电，解如风雨。即有军役，未尝倍太山、绝清河，涉渤海也。"

其次是它栩栩如生的人物描写。《战国策》描写人物的性格和活动相比《左传》，则更加细致入微，因而人物也就更显得性格鲜明，生动活泼。例如《秦策一》记苏秦早年以连横说秦王，受到冷遇："羸縢履蹻，负书担橐，形容枯槁，面目犁（黧）黑，状有归（愧）色。归至家，妻不下纴，嫂不为炊，父母不与言。"后来游说赵王成功，则是"伏轼撙衔，横历天下，廷说诸侯之王，杜左右之口，天下莫之能伉。""将说楚王，路过洛阳，父母闻之，清宫除道，张乐设饮，郊迎三十里。妻侧目而视，倾耳而听。嫂蛇行匍伏，四拜自跪而谢。"将苏秦发迹前后家人对他的态度变化，以及他自己的感受，刻画的淋漓尽致。

再次是它生动形象的寓言故事。《战国策》中谋臣策士为了说明道理，常常引用生动浅显的寓言故事，以文学手段帮助说理。例如：《燕策二·赵且伐燕》中苏代借用鹬蚌相争，渔翁得利的故事来说明赵燕相争，只会给两国都带来祸害，让秦国得利，从而阻止了赵国攻打燕国。《魏策四·魏王欲攻邯郸》季梁借南辕北辙的故事，劝说魏王停止攻打赵国。此外还有惊弓之鸟，画蛇添足，狐假虎威，骥服盐车，曾参杀人，前倨后恭，门庭若市等成语或寓言故事。

《战国策》中还有一些经典名句至今被人们引用。

父母之爱子，则为之计深远。——《战国策·赵策四·赵太后新用事》

同欲者相憎，同忧者相亲。——《战国策·中山策·犀首立五王》

士为知己者死，女为悦己者容。——《战国策·赵策一·晋毕阳之孙豫让》

于安思危，危则虑安。——《战国策·楚策四·虞卿谓春申君曰》

日中则移，月满则亏。——《战国策·秦策三·蔡泽见逐于赵》

晚食以当肉，安步以当车，无罪以当贵，清静贞正以自虞。——《战国策·齐策四·齐宣王见颜斶曰》

《战国策》一书，对当今社会也有很大影响。现今的人们，每天都要面对各种各样的复杂问题。针对这些问题，《战国策》为我们提供了很多精彩案例，或出于正义，或出于利益；或舍己为人，或损人利己；处理问题的基点不同，处理问题的方法也就各异，最终的结果也是或好或坏，千差万别。相信读者看后都会有自己的体会和收获。

孔子说过“不知礼，无以立也。”作为万物之灵，我们更应该懂得用道德和公义来约束自己。《战国策》里王侯将相，贩夫走卒，忠臣义士，佞臣小人，各种人物描写的栩栩如生，为我们留下了种种借鉴，告诉我们的不只是故事，还有启示。

《战国策》自刘向编撰成书之后，东汉的高诱曾对此书作注，今已残缺。宋代鲍彪著有《战国策注》十卷，元代吴师道又作《战国策校注》，为历史上著名的《战国策》注本。近代人金正炜有《战国策补释》，今人缪文远有《战国策新校注》、范祥雍有《战国策笺证》等书。

本书以清代黄丕烈的《士礼居丛书》覆宋本为底本，参考各家研究成果，对《战国策》全书做了注译，对部分生僻字加了注音，注译力求简洁明了，通俗易懂，以期能对读者阅读这部经典著作起到一个导引的作用。由于译者水平有限，注释及译文恐有不当之处，还请读者给予指正。

总 目

上 册

下 册

目 录

卷一 东周策

卷二 西周策

卷三 秦策一

卷四 秦策二

卷五 秦策三

卷六 秦策四

卷七 秦策五

卷八 齐策一

卷九 齐策二

卷十 齐策三

卷十一 齐策四

卷十二 齐策五

卷十三 齐策六

卷十四 楚策一

卷十五 楚策二

卷十六 楚策三

卷十七 楚策四

卷十八 赵策一

卷一 东周策

扫码听谦德
君为您导读

东周·秦兴师临周而求九鼎

秦兴师临周而求九鼎①，周君患之，以告颜率。颜率曰：“大王勿忧，臣请东借救于齐。”颜率至齐，谓齐王曰：“夫秦之为无道也，欲兴兵临周而求九鼎。周之君臣内自画计，与秦，不若归之大国。夫存危国，美名也；得九鼎，厚实也。愿大王图之。”齐王大悦，发师五万人，使陈臣思②将以救周，而秦兵罢。

【注释】①九鼎：周王室的传国之宝，象征国家的政权。②陈臣思：齐威王的名将田忌。

【译文】秦国发兵逼近东周，想要夺取周的九鼎，周君为此忧心忡忡，就与朝中重臣颜率商讨对策。颜率说：“君王不必为此忧虑，臣愿意往东走一趟，去向齐国借兵救援。”颜率到了齐国，对齐王说：“如今秦王暴虐无道，想要发动强暴之师、兵临城下威胁周君，还想索要周的九鼎。我东周君臣商讨对策，一致认为：与其把九鼎送给残暴的秦国，还不如送给贵国。挽救面临危亡的国家，必定会得到美名，也会赢得天下人的赞誉；如果能得到九鼎，是很实在的利益，也确实是贵国的大幸。但愿大王能努力争取！”齐王一听非常高兴，立即任命陈臣思为统帅，率领五万大军前往解救东周，秦兵只好撤退。

齐将求九鼎，周君又患之。颜率曰：“大王勿忧，臣请东解之。”颜率至齐，谓齐王曰：“周赖大国之义，得君臣父子相保也，愿献九鼎，不识大国何途之从而致之齐？”齐王曰：“寡人将寄径于梁[①]。”颜率曰：“不可。夫梁之君臣欲得九鼎，谋之晖台之下，沙海[②]之上，其日久矣。鼎入梁，必不出。”齐王曰：“寡人将寄径于楚。”对曰：“不可。楚之君臣欲得九鼎，谋之于叶庭[③]之中，其日久矣。若入楚，鼎必不出。”王曰：“寡人终何途之从而致之齐？”颜率曰：“弊邑固窃为大王患之。夫鼎者，非效醯（xī）[④]壶酱甀（zhuì）[⑤]耳，可怀挟提挈以至齐者；非效鸟集乌飞、兔兴马逝，漓然止于齐者。昔周之伐殷，得九鼎，凡一鼎而九万人挽之，九九八十一万人，士卒师徒，器械被具，所以备者称此。今大王纵有其人，何途之从而出？臣窃为大王私忧之。”齐王曰：“子之数来者，犹无与耳。”颜率曰：“不敢欺大国，疾定所从出，弊邑迁鼎以待命。”齐王乃止。

【注释】①梁：即魏。魏惠王迁都大梁，因此魏又称“梁”。②沙海：地名。位于今河南省开封西北。③叶庭：地名。位于今湖北省华容。④醯：醋。⑤甀：古时坛子一类的瓦器。

【译文】当齐王准备按约定向周君索要九鼎时，周君又开始担心起来。颜率说：“大王不必担忧，请让臣再往东走一趟，去齐国解决这件事。”颜率来到齐国，对齐王说：“这回我东周仰赖贵国的仗义相助，才使我君臣父子得以平安，我们心甘情愿把九鼎献给大王，但是却不知贵国要借哪条路把九鼎从东周运回齐国？”齐王说：“寡人准备借道梁国。”颜率说：“不可以借道梁国。梁国君臣很早就想得到九鼎，他们在晖台和沙海一带反复谋划这件事已经很久了。九鼎一旦进入梁国，必然很难再出来。”于是齐王又说：“那么寡人准备向楚国借道。”颜率回答说：“这也不行。楚国君臣为了得到九鼎，很早就在叶庭谋划。假如九鼎进入楚国，也绝对不可能再运出来。”齐王说：“那么寡人要从什么途径把九鼎运回齐国呢？”颜率说：“我东周君臣也在私下为大王担忧这件事。这九鼎，可不像醋瓶或酱罐子一类的东西，可以提在手上或揣在怀中就能随便拿到齐国；也不像鸟聚鸦飞、兔奔马驰那样瞬间就可进入齐国。当初周武王讨伐殷纣王获得九鼎后，为了拉运一鼎就动用了九万人，九鼎就是九九八十一万人。所需士兵、工匠难以计数，此外还要准备相应的搬运工具和被服粮饷等物资。如今大王即使有这种人力和物力，也不知道从哪条路把九鼎运到齐国。所以臣一直私下为大王担忧。”齐王说：“您屡次来到我齐国，说来说去就是不想把九鼎给寡人了！”颜率赶紧解释说：“臣怎敢欺骗贵国呢，只要大王能赶快决定运鼎路线，我东周君臣马上迁出九鼎听候命令。”齐王终于打消了获得九鼎的念头。

东周·秦攻宜阳

秦攻宜阳，周君谓赵累曰：“子以为何如？”对曰：“宜阳必拔也。”君曰：“宜阳城方八里，材士十万，粟支数年，公仲[①]之军二十万，景翠以楚之众，临山而救之，秦必无功。”对曰：“甘茂[②]羁旅也，攻宜阳而有功，则周公旦[③]也；无功，则削迹于秦。秦王不听群臣父兄之议而攻宜阳，宜阳不拔，秦王耻之。臣故曰拔。”君曰：“子为寡人谋，且奈何？”对曰：“君谓景翠曰：‘公爵为执圭[④]，官为柱国[⑤]，战而胜，则无加焉矣；不胜，则死。不如背秦，秦拔宜阳，公进兵，秦恐公之乘其弊也，必以宝事公；公仲慕公之为己乘秦也，亦必尽其宝。’”

【注释】①公仲：名侈，韩国相国。②甘茂：楚国下蔡人，当时为秦国左丞相。③周公旦：周文王之子，武王的弟弟，辅佐武王攻克殷商。武王死后，又辅佐成王。④执圭：也作“执珪”，楚国的高级爵位。执玉圭上朝进见君主。⑤柱国：原为保卫国都之官，后为楚国的最高武官。

【译文】秦国攻打韩国的宜阳，周君对大臣赵累说：“你预测一下这场战争的结果如何？”赵累回答说：“宜阳定会被秦攻破。”周君说：“宜阳方圆不过八里，有十万英勇善战的勇士，粮食储备可使用多年，在宜阳附近有韩国相国公仲的军队二十万，附近还有楚国大将景翠率领兵士依山扎寨，随时准备前去援救宜阳，秦国一定攻不下宜阳，最后无功而返。”赵累回答说：“攻打宜阳的秦将甘茂是寄居秦国的客将，如果攻打宜阳立下战功，就成了秦国的周公旦，可以长期执政；如果失败，将被革职，无法在秦国立足。秦武王不听群臣及长者们的意见，执意攻打宜阳，如果宜阳攻不下来，秦武王会以此为耻。所以我说宜阳一定能攻下来。”周君说：“那你替我谋划一下，我们该怎么办？”赵累回答说：“请您这样对楚将景翠说：‘你的爵位已经到了执圭，你的官职也升到了柱国，就是打了胜仗，官爵也不可能再升了；如果不能取胜，就必获死罪。不如背叛秦国去援助宜阳，等秦军攻下宜阳后，你再进兵，秦国害怕你乘其疲惫袭击它，一定会拿出宝物送给你；韩国相国公仲也会因你乘虚攻打秦国而感激、敬慕你，也会拿宝物送给你。’”

秦拔宜阳，景翠果进兵。秦惧，遽效煮枣[1]，韩氏果亦效重宝。景翠得城于秦，受宝于韩，而德东周。

【注释】①煮枣：位于今山东省东明县。

【译文】秦军攻陷宜阳后，楚将景翠果然按照周君的意见出兵攻秦。秦国大为恐惧，赶紧把煮枣城献给景翠。韩国也拿出珍宝酬谢景翠。景翠不但得到了秦国的煮枣城，又得到了韩国的珍宝，因此很感激东周对他的恩德。

东周·东周与西周战

东周与西周战，韩救西周。为东周谓韩王[1]曰：“西周者，故天子之国也，多名器重宝。案兵而勿出，可以德东周，西周之宝可尽矣。”

【注释】①韩王：即韩襄王。

【译文】东周与西周开战，韩国打算出兵援助西周。有人为了东周去韩国游说，他对韩襄王说：“西周是过去周天子所在的地方，那里有许多贵重的器物和珍宝。如果贵国不出兵，不但东周会感激贵国的恩德，同时西周的宝物也尽归贵国所有了。”

东周·东周与西周争

东周与西周争，西周欲和于楚、韩。齐明[1]谓东周君曰：“臣恐西周之与楚、韩宝，令之为己求地于东周也。不如谓楚、韩曰：‘西周之欲入宝，持二端。今东周之兵不急西周，西周之宝不入楚、韩。’楚、韩欲得宝，即且趣我攻西周。西周宝出，是我为楚、韩取宝以德之也。西周弱矣。”

【注释】①齐明：原为东周大臣，后仕秦、楚及韩。

【译文】东周与西周发生争端，西周想与楚、韩两国联合。辩士齐明对东周君说：“我担心西周给楚、韩两国宝物，好让他们替自己向东周索取土地。您不如派人对韩、楚两国说：‘西周送给你们宝物的事，尚在两可之间。现在东周的军队如果不紧逼西周，西周的宝物就不会送到楚、韩两国手里。’楚、韩两国要想得到宝物，就会促使我们去进攻西周。西周就算送宝物给楚国和韩国，他们也会认为这是我们为楚、韩争得的宝物，施予的恩德。这样西周就会削弱下来了。”

东周·东周欲为稻

东周欲为稻，西周不下水，东周患之。苏子谓东周君曰：

"臣请使西周下水，可乎？"乃往见西周之君曰："君之谋过矣！今不下水，所以富东周也。今其民皆种麦，无他种矣。君若欲害之，不若一为下水，以病其所种。下水，东周必复种稻；种稻而复夺之。若是，则东周之民可令一仰西周，而受命于君矣。"西周君曰："善。"遂下水，苏子亦得两国之金也。

【译文】东周准备种水稻，西周不放水，东周为此而忧虑不安。苏子对东周君说："请让我去西周说服他们放水，可以吗？"于是苏子去拜见西周君，说："君王您的主意打错了！现在不放水，反而使东周有了致富的机会。现在东周的百姓都种麦子，没种其他东西。您如果想坑害他们，不如突然给他们放一下水，去破坏他们的庄稼。您一放水，东周必定会重新改种水稻；待他们种上水稻，您就再给他们停水。这样，就可使东周的百姓完全依赖于西周，从而听命于您了。"西周君说："好。"于是就下令放水。苏子也得到了两国的赏金。

东周·昭鱼在阳翟

昭鱼[①]在阳翟[②]，周君将令相国往，相国不欲。苏厉[③]为之谓周君曰："楚王与魏王遇也，主君令陈封之楚，令向公之魏；楚、韩之遇也，主君令许公之楚，令向公之韩。今昭鱼非人主也，而主君令相国往；若其王在阳翟，主君将令谁往？"周君曰："善。"乃止其行。

【注释】①昭鱼：楚国令尹，曾为韩相。②阳翟：古代地名，今在河南禹州。③苏厉：苏秦的弟弟。

【译文】昭鱼来到阳翟，东周君打算派相国前往迎接，相国却不愿去。苏厉替他劝东周君说："从前楚王与魏王会面时，主君曾派陈封前往楚国去迎接楚王，派向公前往魏国去迎接魏王；楚王与韩王相会时，主君也曾派许公到楚国去迎接楚王，派向公到韩国去迎接韩王。现在昭鱼并非君主，而您却派相国前去迎接；如果楚国的君主来到阳翟，那么您又准备派谁去迎接呢？"东周君说："对。"于是就打消了派相国前去的主意。

东周·秦假道于周以伐韩

秦假道于周以伐韩，周恐假之而恶于韩，不假而恶于秦。史黡（yǎn）谓周君[①]曰："君何不令人谓韩公叔[②]曰：'秦敢绝塞而伐韩者，信东周也。公何不与周地，发重使使之楚，秦必疑，不信周，是韩不伐也。'又谓秦王[③]曰：'韩强与周地，将以疑周于秦，寡人不敢弗受。'秦必无辞而令周弗受，是得地于韩而听于秦也。"

【注释】①周君：即东周武公。东周的第四任君主。②公叔：当时为韩执政大臣。③秦王：秦武王嬴荡，秦惠文王之子。

【译文】秦国向东周借道用来讨伐韩国，东周害怕借路给秦国会影响与韩国的关系，如果不借路又怕得罪秦国。这时，韩国的谋士史黡对东周君说："主君为什么不派人去对韩公叔说：'秦国敢于横越东周的险隘去攻打韩国，这是相信东周。您为何不送土地给东周，让他们派重臣出使楚国，这样，秦国必定会产生怀疑，不再信任东周了。如此一来，韩国就不会受到秦国的讨伐了。’然后再派人去对秦王说：‘韩国坚持要送给我们土地，是想让秦国怀疑东周，我们主君不敢领受韩国的赠地。’秦王一定不便说不让东周接受韩国的赠地，这样，东周既可以从韩国得到土地，又听从了秦国的旨意。”

东周·楚攻雍氏

楚攻雍氏[①]，周粻（zhāng）[②]秦、韩，楚王[③]怒周，周之君患之。为周谓楚王曰：“以王之强而怒周，周恐，必以国合于所与粟之国，则是劲王之敌也。故王不如速解周恐。彼前得罪而后得解，必厚事王矣。”

【注释】①雍氏：当时为韩邑，在今河南禹州东北。②粻：粮食。③楚王：指楚怀王熊槐。

【译文】楚军攻打韩国的雍氏，东周用粮食支援秦、韩两国，楚王对东周的行为甚为恼怒，东周君因此感到十分忧虑。有人替东周君游说楚王说：“凭着大王的强大而对弱小的东周发怒，东周一恐惧，必定和他援助的秦、韩两国联合起来，这样就增强了大王的敌对势力。所以，大王不如尽早消除东周的顾虑。东周虽然开始时得罪过大王，但后来却得到了谅解，定会加倍尽心尽力地事奉大王了。”

东周·周最谓吕礼

周最①谓吕礼②曰："子何不以秦攻齐？臣请令齐相子，子以齐事秦，必无处矣。子因令最居魏以共之，是天下制于子也。子东重于齐，西贵于秦，秦、齐合，则子常重矣。"

【注释】①周最：周的公子，当时在齐国任职。②吕礼：原为秦的五大夫，在秦昭王三年奔魏，后又奔齐。

【译文】周最对秦臣吕礼说："您为什么不利用秦国去进攻齐国呢？这样，我可以在齐王面前进言，请他让您担任齐国的相国，您可以利用齐国去事奉秦国，就可以高枕无忧了。到时再以您的地位让我到魏国去作官，我在魏国和您配合，以便使齐、魏两国共同事奉秦国，这样，天下就都掌握在您一人手中了。在东边您受到齐国的重用，在西边受到秦国的尊崇，秦、齐两国如果一联合，那么您将长久地受到敬重了。"

东周·周相吕仓见客于周君

周相吕仓见（xiàn）①客于周君②。前相工师藉恐客之伤己也，因令人谓周君曰："客者，辩士也，然而所以不可者，好毁人。"

【注释】①见：推荐。②周君：即周文君。

【译文】东周相国吕仓向周君引荐一位客人。前相国工师藉怕那个人在周君面前用谗言诽谤自己，因此让人去对周君说："这个人是一个能言善辩之士，可是，他不能被任用，因为他喜欢毁谤别人。"

东周·周文君免工师藉

周文君免工师藉，相吕仓，国人不说也。君有闵闵之心。谓周文君曰："国必有诽誉，忠臣令诽在己，誉在上。宋君①夺民时以为台，而民非之，无忠臣以掩盖之也。子罕②释相为司空③，民非子罕而善其君。齐桓公④宫中七市，女闾七百，国人非之。管仲⑤故为三归之家，以掩桓公，非自伤于民也？《春秋》记臣弑君者以百数，皆大臣见誉者也。故大臣得誉，非国家之美也。故众庶成强，增积成山。"周君遂不免。

【注释】①宋君：指宋平公。②子罕：姓乐名喜，春秋时宋国贵族。③司空：掌管土木工程的官职。④齐桓公：姜姓，名小白。春秋初年齐国国君，后成为春秋五霸之首。⑤管仲：名夷吾，又名敬仲，字仲，齐颍上人。史称管子。为齐国相，辅佐齐桓公使其成为春秋时代的第一个霸主。

【译文】周文君免除了工师籍的相国职务，而改用吕仓为相国，百姓对此很有意见。周文君为此闷闷不乐。这时，有人对周文君说："国家每做一件事必然有人毁谤也有人赞美，忠臣把百姓的毁谤都加在自己身上，而把赞美都归于君主。宋国的国君宋平公强占百姓的耕作生产时间为自己建造游乐台，引起人民强烈非议，这主要是由于没有忠臣代他受过。后来，忠诚代他受过的宰相子罕辞去相位而改任司空监督百姓筑台，执行这项引起民怨的政策，人民因此就非议子罕，而赞美宋君。齐桓公在宫中开设七个集市，又找来七百个歌妓，国人都谴责他。齐国相国管仲故意在自己家筑台，并命名为“三归台”，自己并非有意伤害民心，不就是用这个办法掩饰齐桓公的过错吗？《春秋》一书记载臣子杀死君主的事有上百起，他们都是很受赞誉的大臣。由此可见，重臣享有盛名，并非国家之福。所以说人多力量大，积累零星的土壤就可以聚土成山。”周文君认为此话有道理，就没有免去吕仓的相国职位。

东周 · 温人之周

温[1]人之周，周不纳。问曰：“客耶？”对曰：“主人也。”问其巷而不知也，吏因囚之。君使人问之曰：“子非周人，而自谓非客，何也？”对曰：“臣少而诵《诗》，《诗》曰：‘普天之下，莫非王土；率土之滨，莫非王臣。’今周君天下，则我天子之臣，而又为客哉？故曰主人。”君乃使吏出之。

【注释】①温：地名。魏邑，在今河南温县西南。

【译文】魏国温城有一个人去东周，周人不准他入境。问他：“你是客人吗？”温人毫不迟疑地回答说：“我是主人。”可是周人问他住的巷子名，他却回答不上来，于是小吏就把他囚禁起来。这时周君派人来问：“你既不是周人，却又不承认自己是客人，这是为什么呢？”温人回答说：“臣自幼熟读《诗经》，书中有一段诗说：

‘整个天下，无一处不是君王的领土；四海之内，无一人不是君王的臣民。’如今周王既然君临天下，那么我就是天子的百姓，又怎么能说我是客人呢？所以我说是主人。”周君听了，就叫小吏把这个人放了。

东周·或为周最谓金投曰

或为周最谓金投曰：“秦以周最之齐疑天下，而又知赵之难予齐人战，恐齐、韩之合，必先合于秦。秦、齐合，则公之国虚矣。公不如救齐，因佐秦而伐韩、魏，上党①、长子②，赵之有已。公东收宝于秦，南取地于韩、魏，因以困徐为③之东，则有合矣。”

【注释】①上党：韩郡。位于今山西省和顺、榆社等县以南，沁河以东。②长子：韩邑。位于今山西省长子西。③徐为：指赵将韩徐为。

【译文】有人替齐相周最游说赵臣金投，说：“秦国因为周最到齐国，就怀疑诸侯会联合起来攻打秦国，并且又知道赵国很难与齐国交战，恐怕齐、韩两国交好之前，必定先与秦国结成联盟。如果齐、秦两国联合起来，那么您的赵国就要遭遇灭国之灾，变成废墟了。您不如救助齐国，再帮助秦国去讨伐韩国和魏国，那么上党、长子就归赵国所有了。这样，您在东边可以收到秦国送来的宝物，在南边又能夺取韩国、魏国的土地，阻止韩、徐在东边攻齐，那么赵国就可以与秦、齐联合了。”

东周·周最谓金投曰

周最谓金投曰:“公今负秦与强齐战,战胜,秦且收齐而封之,使无多割,而听天下之战;不胜,国大伤,不得不听秦。秦尽韩、魏之上党,太原之西,秦之有已。秦地,天下之半也,制齐、楚、三晋[①]之命,覆国且身危,是何计之道也!”

【注释】①三晋:韩、赵、魏三家分晋,故称“三晋”。

【译文】周最对赵臣金投说:“您现在依靠联合秦国与强大的齐国作战,如果你们打胜了,秦国将收服齐国的土地而壮大自己,迫使齐国不得多割土地给别国,这样秦国就会听任天下诸侯互相混战;如果你们不能取胜,那么必将大伤元气,只能听从秦国的摆布了。秦国完全占领韩国、魏国的上党地区,太原以西也都归秦国所有了。秦国占领了天下一半的土地,再控制住齐国、楚国、韩国、赵国、魏国的命运,将使赵国覆亡,您也将自身难保,您是根据什么样的原则来制定这样的计划啊!”

东周·右行秦谓大梁造曰

右行秦[①]谓大梁造[②]曰:“欲决霸王之名,不如备两周辩知之士。”谓周君曰:“君不如令辩知之士,为君争于秦。”

【注释】①右行秦:右行,为秦国武官名。秦,是此人的名。②大梁造：秦的高级爵位，掌军政大权。

【译文】右行秦对秦国的大梁造说："如果秦国想成就霸主的地位，不如广泛搜罗东、西周那些有辩才有智谋的人士。"右行秦又对周君说："您不如派那些有辩才有智谋的人到秦国去，为您争取强秦的支持。"

东周·谓薛公曰

谓薛公[①]曰："周最于齐至厚也，而逐之。听祝弗[②]，相吕礼者，欲取秦也。秦、齐合，弗与礼重矣。有用齐者，秦必轻君。君弗如急北兵趋赵以和秦、魏，收周最以厚行，且反齐王之信，又禁天下之变。齐无秦，天下集齐，弗必走，齐王谁与为其国？"

【注释】①薛公：田文的封号。②祝弗：齐国人，主张齐、秦联合。

【译文】有人对薛公田文说："周最与齐国的关系深厚，可是却遭到罢官并驱逐的命运。这是因为齐王听信了祝弗的话，任用吕礼为相，为了争取秦国的援助。只要秦国和齐国联合起来，祝弗和吕礼就会受到重用。他们如果被齐国重用，秦国必定会轻视您。您不如赶紧加强北方的兵力，促成赵国与秦、魏两国结盟，再任用周最来增强自己的势力，这样做既可以使齐王违反秦、齐两国的约定，又能防止天下政治情势的变化。齐国如果失去秦国的援助，天下诸侯都会联合起来，将矛头对准齐国，这样，祝弗必定无法在齐国待下去，齐王又能用谁来帮助他治理国家呢？"

东周·齐听祝弗

齐听祝弗，外周最。谓齐王[①]曰："逐周最、听祝弗、相吕礼者，欲深取秦也。秦得天下，则伐齐深矣。夫齐合，则赵恐伐，故急兵以示秦。秦以赵攻齐，与之齐伐赵，其实同理，必不处矣。故用祝弗，郤[②]天下之理也。"

【注释】①齐王：即齐闵王。战国时期齐国第六任君主。公元前301年即位，在位十七年。②郤：指感情上出现裂痕，此处作动词用。

【译文】齐王听信祝弗的建议，排斥周最。有人对齐王说："您驱逐周最、听信祝弗的话，任命吕礼为相国，是想要争取秦国进一步的支持。秦国如果得到各国支持，那么就会更加坚定地进攻齐国，齐国就会遭到沉重的打击。如果秦、齐两国联合在一起，赵国一定害怕自己受到讨伐，必然紧急出兵进攻齐国以便给秦国一个暗示。秦国利用赵国攻打齐国，或利用齐国攻打赵国，其实是为了同一个目的，这样齐国必定不会安稳了。因此，您任用祝弗，就是和各国站在了对立面。"

东周·苏厉为周最谓苏秦曰

苏厉为周最谓苏秦曰："君不如令王听最，以地合于魏，赵必恐，合于齐。是君以合齐与强楚，事产于君。若欲困最之事，则合齐者，君也，割地者，最也。"

【译文】苏厉为周最对苏秦说："您不如让齐王采纳周最的意见，割让土地同魏国联合，赵国一定害怕，就会同齐国联合起来。这样，您就可以凭借齐、魏两国联合，再同强大的楚国对抗，此事由您作主。如果您要找周最的麻烦，那么保全齐国的人是您，而主张割让土地的事，就归咎于周最了。"

东周·谓周最曰

谓周最曰："仇赫[1]之相宋，将以观秦之应赵、宋，败三国[2]。三国不败，将与赵、宋合于东方以孤秦。亦将观韩、魏之于齐也。不固，则将与赵、宋败三国，则卖赵、宋于三国。公何不令人谓韩、魏之王曰：'欲秦、赵之相卖乎？何不令周最兼相，视之不可离，则秦、赵必相卖以合于王也。'"

【注释】①仇赫：本为赵臣，赵武灵王派他到宋国为相。②三国：指韩、齐、魏三国。

【译文】有人对周最说："仇赫出任宋国的相国，打算看看秦国能否与赵、宋两国一起打败齐、韩、魏三国。如果这三国没被打败，他将发动赵、宋两国联合东方的齐、魏、韩三国来孤立秦国。同时，他也要看看韩、魏两国与齐国的关系。如果它们之间的关系不牢固，就准备让秦国联合赵、宋两国打败齐、魏、韩三国，再把赵国和宋国出卖给三国。您为什么不派人去对韩、魏两国的国君说'想让秦国和赵国相互出卖吗？为什么不共同推举周最兼任相国，借以显示韩、魏两国之间的关系牢不可破，这样，秦、赵两国必然相互不信任，而争相与大王联合了。’”

东周·为周最谓魏王曰

为周最谓魏王①曰：“秦知赵之难与齐战也，将恐齐、赵之合也，必阴劲之。赵不敢战，恐秦不己收也，先合于齐。秦、赵争齐而王无人焉，不可。王不去周最，合与收齐，而以兵之急则伐齐，无因事也。”

【注释】①魏王：即魏昭王，魏国第五代国君。

【译文】有人为周最对魏王说：“秦国知道赵国害怕同齐国作战，又担心齐、赵两国联合在一起，那必定会在暗地里支持援助赵国。赵国不敢先和齐国交战，因为害怕秦国不是真正和自己结盟，所以一定会先联合齐国。这样就会出现秦、赵两国都争着与齐国结盟的局面，这样，就没有人在齐国为大王您说话了，这样不可以。大王不要让周最离开魏国，通过他去拉拢、联合齐国，如果因为秦兵紧急进攻就去攻齐，那就使自己失去依靠，陷于被动之地了。”

东周·谓周最曰

谓周最曰：“魏王以国与先生，贵合于秦以伐齐。薛公倍故主①，轻忘其薛，不顾其先君之丘墓，而公独修虚信，为茂行，明君臣，据故主，不与伐齐者，坐以忿强秦，不可。公不如谓魏王、薛公曰：‘请为王入齐，天下不能伤齐。而有变，臣请为救之；无变，王遂伐之。且臣为齐故也，如累王之交于天下，不可。王为臣赐厚矣，臣入齐，则王亦无齐之累也。’”

【注释】①故主：田文原来的君主，指齐闵王。

【译文】有人对周最说：“魏王把国家大事委托给您，是希望您联合秦国去讨伐齐国。薛公田文背叛了故君齐王，轻易地忘记了自己在薛的封地，竟不顾及已故去父亲的坟墓，而您却一味不肯联秦伐齐，追求不切实际的美行，向群臣昭示为臣之道，表示依从而不欺蒙原来的君主，不与秦国一起去讨伐齐国，因此惹怒强大的秦国，这是行不通的。您不如去对魏王、薛公说：‘请允许我替大王到齐国去，天下诸侯可能不会伤害齐国。如果形势发生变化，请让我替魏国去解救齐国；如果形势未发生变化，大王就可以发兵讨伐它。再说我虽然做过齐臣，若是耽误了大王交结天下各国的计划，那是太不近情理了。大王对我的恩赐太深厚了，我到了齐国，大王也就不会再有齐国的牵累了。”

东周·赵取周之祭地

赵取周之祭地，周君患之，告于郑朝[①]。郑朝曰：“君勿患也，臣请以三十金复取之。”周君予之。郑朝献之赵太卜[②]，因告以祭地事。及王病，使卜之。太卜谴之曰：“周之祭地为祟。”赵乃还之。

【注释】①郑朝：周臣。②太卜：官名。卜官之长。

【译文】赵国夺取了东周的祭地，周君为此而忧虑，便把自己的心事告诉了郑朝。郑朝说："君王不必忧虑，请让臣用三十金把那祭地重新取回来。"周君就给了郑朝三十金，郑朝把它献给了赵国的太卜，并和他谈了祭地的事。后来，赵王生病了，让太卜占卜问病。太卜责怪说："这是东周那块祭地的鬼神在作怪啊。"于是赵国便把祭地归还给了东周。

东周·杜赫欲重景翠于周

杜赫①欲重景翠②于周，谓周君③曰："君之国小，尽君之重宝珠玉以事诸侯，不可不察也！譬之如张罗者，张于无鸟之所，则终日无所得矣；张于多鸟处，则又骇鸟矣；必张于有鸟无鸟之际，然后能多得鸟矣。今君将施于大人，大人轻君；施于小人，小人无可以求，又费财焉。君必施于今之穷士，不必且为大人者，故能得欲矣。"

【注释】①杜赫：东周人。②景翠：楚国将领。③周君：即周昭文君。

【译文】周人杜赫想让东周重用景翠，就对东周君说："您的国家很小，即使把全国的珍宝、珠玉都拿出来侍奉显赫的诸侯，也没什么用，您不能不好好反思一下啊！譬如张网捕鸟，把网张在没有鸟的地方，一整天也不会捕到鸟；把网张在鸟多的地方，容易使鸟惊觉，会把鸟惊飞；只有把网张在有鸟而鸟不多的地方，才能多捕到鸟。如今您花钱施恩在声名显赫的人身上，可这些人却瞧不起您；

把钱花在普通人身上吧，他们又做不了什么、给不了您所求的，又浪费钱财。君王只有花钱施恩在暂时看起来穷困潦倒，将来一定成大器的人身上，才能实现您的愿望。”

东周·周共太子死

周共太子死，有五庶子，皆爱之，而无适立①也。司马翦谓楚王曰：“何不封公子咎，而为之请太子？”左成谓司马翦曰：“周君不听，是公之知困而交绝于周也。不如谓周君曰：‘孰欲立也，微告翦，翦令楚王资之以地。’”

【注释】①适立：适，通“嫡”，正妻所生的儿子称嫡子。适立，指应当继立为君的嫡子。

【译文】周武公的共太子死了，还有五个庶出的儿子，他都很喜爱，但还没有确定立谁为太子。大臣司马翦对楚王说：“大王为何不趁此机会给公子咎封赏，并请求周君立他为太子呢？”大臣左成对司马翦说：“如果周君不答应，不但您的谋划难以实现，而且楚国与东周的邦交也将断绝。不如去对周君说：‘主君您想要立谁做太子，请悄悄地告诉我，我好让楚王把土地多赏给他。’”

公若欲为太子，因令人谓相国御展子①、廧（sè）夫空②曰：“王类欲令若为之，此健士也，居中不便于相国。”相国令之为太子。

【注释】①相国御展子：给相国驾车的姓展的人。②廧夫空：名叫空的小臣。

【译文】公若想做太子，您可以派人去对楚相国的车夫展子和小臣啬夫空说："楚王似乎想让公若做太子，他是一个很有才能的人，如果他处在太子的宝座上，将对相国不利。"于是楚相国便让公子咎做了太子。

东周·三国隘秦

三国隘秦，周令其相之秦，以秦之轻也，留其行。有人谓相国曰："秦之轻重，未可知也。秦欲知三国之情，公不如遂见秦王曰：'请为王听东方[1]之处。'秦必重公。是公重周，重周以取秦也。齐重故有周最以取齐，是周常不失重国之交也。"

【注释】①东方：指韩、赵、魏三国。

【译文】韩、赵、魏三国阻塞了秦国的通路，周君派他的相国出使秦国，因为秦国对周相的轻视，便滞留不前。有人对周相国说："秦国对您的出访是轻视还是重视，尚不可知。秦国很想知道三国的情况，您不如马上去见秦王说：'请允许我为大王刺探东方各国的行动。'这样，秦王必定会重视您。重视您就是对东周的重视，那么东周和秦的关系就亲密了。齐国尊重东周，原本有周最和齐国的亲密关系在，这样东周才能经常不失掉与大国的邦交。"

东周·昌他亡西周之东周

昌他①亡西周之东周，尽输西周之情于东周。东周大喜，西周大怒。冯且（jū）②曰："臣能杀之。"君予金三十斤。冯且使人操金与书，间遗昌他书曰："告昌他：事可成，勉成之；不可成，亟亡来！事久且泄，自令身死。"因使人告东周之候③曰："今夕有奸人当入者矣。"候得而献东周，东周立杀昌他。

【注释】①昌他：西周大臣。②冯且：西周大臣。③候：在边境从事伺望、侦察的人。

【译文】昌他从西周叛逃到东周，把西周的国家机密全部泄露给了东周。东周君十分高兴，西周君知道后大为恼怒。西周大臣冯且对西周君说："我有办法杀掉昌他。"于是西周君给了冯且三十斤黄金。冯且叫人拿着三十金和一封反间信，去送给在东周的昌他。信上写道："告诉昌他：如果事情可以办成，就尽力办成；如果办不成，就立刻返回！时间长了，事情可能会败露，你就会白白送死。"同时，冯且又派人告诉东周边境的探子说："今晚有奸细要入境。"东周探子果然捕到送信人，搜出那封信，献给东周，东周立刻杀掉了昌他。

东周·昭翦与东周恶

昭翦与东周恶，或谓昭翥曰："为公画阴计。"昭翥曰："何也？""西周甚憎东周，尝欲东周与楚恶，西周必令贼贼公，因宣言东周也，以恶之于王也。”昭翦曰：“善。吾又恐东周之贼己而以诬西周恶之于楚。”遽和东周。

【译文】楚国昭翦与东周的关系恶化之后，有人为东周游说昭翦说：“我颇为您的安全担心，想私下为您谋划一下。”昭翦说：“此话如何说起？”这个人说：“西周非常憎恨东周，想让东周与楚国的关系恶化，西周必定派刺客暗杀您，借此来宣说是东周干的，以便使楚王憎恶东周。”昭翦说：“您的看法很对。我也确实担心东周派刺客暗杀我，而把事情诬陷到西周身上，最后使楚国和西周的关系恶化。”于是昭翦派人去与东周讲和。

东周·严氏为贼

严氏[①]为贼[②]，而阳坚[③]与焉。道周，周君留之十四日，载以乘车驷马而遣之。韩使人让周，周君患之。客谓周君曰：“正语之曰：‘寡人知严氏之为贼，而阳坚与之，故留之十四日以待命也。小国不足亦以容贼，君之使又不至，是以遣之也。’”

【注释】①严氏：韩臣严遂。②贼：杀害。③阳坚：聂政暗杀行动的参与者。

【译文】严遂派人行刺韩相韩傀，阳坚参与了这件事。事后，阳坚逃亡经过东周，东周君收留他住了十四天，然后用一辆四匹马拉的车子把他遣送出境。韩国因为东周放走了阳坚，派人责问东周君，东周君因此忧虑不安。有人对东周君说：“您不如干脆地对韩国使臣说‘我本来是知道阳坚参与了严遂的谋杀事件，所以把他拘留了十四天，等待贵国的指示。我们国小力弱，不能让刺客留在境内，您的使臣又迟迟未到，我只好把他遣送走了。’”

扫码听谦德
君为您导读

卷二 西周策

西周·薛公以齐为韩、魏攻楚

薛公以齐为韩、魏攻楚，又与韩、魏攻秦，而籍兵乞食于西周。韩庆[①]为西周谓薛公曰：“君以齐为韩、魏攻楚，九年而取宛[②]、叶[③]以北以强韩、魏，今又攻秦以益之。韩、魏南无楚忧，西无秦患，则地广而益重，齐必轻矣。夫本末更盛，虚实有时，窃为君危之。君不如令弊邑阴合于秦而君无攻，又无籍兵乞食。君临函谷[④]而无攻，令弊邑以君之情谓秦王[⑤]曰：‘薛公必不破秦以张韩、魏，所以进兵者，欲王令楚割东国以与齐也。’秦王出楚王以为和，君令弊邑以此惠秦，秦得无破而以楚之东国自免也，必欲之。楚王出，必德齐，齐得东国而益强，而薛世世无患。秦不大弱而处之三晋之西，三晋必重齐。”薛公曰：“善。”因令韩庆入秦，而使三国无攻秦，而使不籍兵乞食于西周。

【注释】①韩庆：西周大臣。②宛：今河南南阳。③叶：今河南叶县南。④函谷：秦关，在今河南灵宝北。⑤秦王：指秦昭王。

【译文】薛公田文利用齐国来为韩、魏攻打楚国，又和韩、魏一起攻打秦国，并向西周借兵求粮。韩庆（虽为韩人但在西周作官）为了西周的利益对薛公说："您利用齐国和韩、魏攻楚，历时九年才攻取宛、叶以北地区，使韩、魏的势力强大起来。如今通过攻秦，又增强了韩、魏的势力。韩、魏两国南边没有对楚国的担忧，西边没有对秦国的恐惧，于是，土地越来越辽阔，地位也愈加显得重要和尊贵，而齐国却因此受到轻视。犹如树木的树根和枝梢盛衰更迭，事物的虚实也会因时而互相变化，臣私下替您感到不安啊。您不如让敝国暗中与秦国联合，而您不去真的攻打秦国，也不向敝国借兵求粮。您兵临函谷关而不展开进攻，让敝国把您的想法对秦王说：'薛公肯定不会破秦来扩大韩、魏的势力，他之所以向秦国进兵，是企图让楚国割让东国地区给齐国啊。'这样，秦王会放回楚怀王，两国也会保持和好关系，您让秦国得以不被攻击，而拿楚的东国免除自己的战祸，他们肯定会愿意去做。楚王被释放，必定感激齐国，齐得到楚国的东国会更加强大，而薛公的地盘也可以累世没有忧患了。秦国未受重大削弱而处在三晋的西方，会对三晋形成威胁，三晋就必来尊事齐国了。"薛公说："很好。"于是，派韩庆入秦，使三国停止了攻秦的行动，从而让齐国不向西周借兵求粮。

西周·秦败魏将犀武军于伊阙

秦败魏将犀武①军于伊阙②，进兵而攻周。为周最谓李兑③曰："君不如禁秦之攻周。赵之上计，莫如令秦、魏复战。今秦攻周而得之，则众必多伤矣。秦欲待周之得，必不攻魏；秦若攻周而不得，前有胜魏之劳，后有攻周之败，又必不攻魏。今君禁之，而秦未与魏讲也。而全赵令其止，必不敢不听，是君却秦而定周也。秦去周，必复攻魏，魏不能支，必因君而讲，则君重矣。若魏不讲，而疾支之，是君存周而战秦、魏也，重亦尽在赵。”

【注释】①犀武：魏国将领。②伊阙：位于河南洛阳南。③李兑：赵国大臣，号奉阳君。

【译文】秦军在伊阙击败魏将犀武的军队后，又转过来进军攻打西周。有人替周最对李兑说：“您不如阻止秦军攻打西周。对赵国来说，最好的上策，莫过于让秦、魏两国再次交战。如果现在秦国进攻西周取得了胜利，那么它的士兵伤亡一定很多。秦国想要等待战胜西周，一定不会立刻进攻魏国了；秦国如果进攻西周未能取胜，它前面战胜魏国，已经疲惫不堪，后面又进攻西周失败，也必定不会立刻去进攻魏国了。现在您要阻止秦国进攻西周，正是趁着秦国还没有与魏国讲和的时候。如果未遭受战祸损伤的赵国让秦国不去进攻西周，它一定不敢不从，这样就成了您让秦国退兵而使西周得以安定。秦军从西周撤军后，必定会再去攻打魏国，魏国没有力量抵抗，一定会依靠您去讲和，那么您的地位就会提高，必将受到重视。如果魏国不肯讲和，而要极力抵抗，那么，您就尽力支持魏国。这样，您既能使西周生存下来，又可让秦、魏两国再次交战，那赵国就可以掌握左右天下的主动权了。”

西周·秦令樗里疾以车百乘入周

秦令樗(chū)里疾[①]以车百乘入周，周君迎之以卒，甚敬。楚王[②]怒，让周，以其重秦客。

【注释】①樗里疾：秦惠王的弟弟，秦武王时为右丞相。②楚王：即楚怀王。

【译文】秦国派樗里疾率领一百辆战车去访问西周，西周君用盛大的仪仗队出城欢迎他，仪式很是隆重，非常重视和尊敬樗里疾。楚王知道后大怒，责备周君不该这样过分尊重秦国使者。

游腾[①]谓楚王曰："昔智伯[②]欲伐厹(qiú)由[③]，遗之大钟，载以广车，因随入以兵，厹由卒亡，无备故也。桓公伐蔡也，号言伐楚，其实袭蔡[④]。今秦者，虎狼之国也，兼有吞周之意，使樗里疾以车百乘入周，周君惧焉，以蔡、厹由戒之，故使长兵在前，强弩在后，名曰卫疾，而实囚之也。周君岂能无爱国哉？恐一日之亡国，而忧大王。"楚王乃悦。

【注释】①游腾：周国大臣。②智伯：晋卿智伯瑶。③厹由：古国名。在今山西省阳泉市。④蔡：蔡国。在今河南省上蔡。

【译文】周臣游腾为西周对楚王解释说："以前晋卿智伯要讨伐厹由时，先赠送厹由一口大钟，厹由为了这口大钟能顺利运送，就特别修了一条宽广的道路。谁也没料到智伯的大车后面却跟随着大队兵马，乘机由这条道路进兵攻击厹由，厹由措手不及，因此而灭亡，这主要是因为厹由没有事先防备的缘故。齐桓公攻打蔡国时，表面上说去攻打楚国，实际上却是袭击了蔡国。如今秦国是一个如狼似虎的国家，贪得无厌，还有吞灭西周的野心。秦国派樗里疾率领百辆战车到西周时，周君非常害怕，心里以当年的蔡国和厹由的事情作为警戒，在欢迎仪式上安排手持戈矛的士兵走在前面，手持强弩的士兵走在后面，名义上是欢迎、保卫樗里疾，实际上是困住并监视他。周君难道不爱他自己的国家吗？他担心一旦被灭，会对楚国也不利，这是为了大王担忧啊。”楚王这才高兴起来。

西周·雍氏之役

雍氏①之役，韩征甲与粟于周，周君患之，告苏代②。苏代曰：“何患焉？代能为君令韩不征甲与粟于周，又能为君得高都③。”周君大悦曰：“子苟能，寡人请以国听。”

【注释】①雍氏：韩邑，在今河南省禹州东北。②苏代：有说为苏秦之兄，也有说为苏秦之弟。③高都：韩邑，在今河南省伊川县东北，伊河西岸。

【译文】在雍氏这场战役（楚国攻打韩国雍氏）发生时，韩国向西周征兵征粮，周王为此感到很为难，就与大臣苏代商议对策。苏代说：“君王何必为这件事烦恼呢？臣不但可以使韩国不向西周征调士兵和粮食，而且还可为君王得到韩国的高都。”周王听后大为高兴，说：“您如果能做到，我愿意将国家大权都交给您管理。”

苏代遂往见韩相国公仲[①]曰："公不闻楚计乎？昭应[②]谓楚王曰：'韩氏罢[③]于兵，仓廪空，无以守城，吾收之以饥，不过一月必拔之。'今围雍氏五月不能拔，是楚病也，楚王始不信昭应之计矣；今公乃征甲及粟于周，此告楚病也。昭应闻此，必劝楚王益兵守雍氏，雍氏必拔。"公仲曰："善。然吾使者已行矣。"代曰："公何不以高都与周？"公仲怒曰："吾无征甲与粟于周，亦已多矣！何为与高都？"代曰："与之高都，则周必折而入于韩，秦闻之，必大怒而焚周之节[④]，不通其使。是公以弊高都得完周也，何不与也？"公仲曰："善。"

【注释】①公仲：韩国相国公仲侈。②昭应：楚国将领。③罢：同"疲"，疲惫。④焚周之节：焚节代表绝交之意。此表示与周绝交。

【译文】苏代于是前往韩国拜见相国公仲，对他说："难道您没听说楚国的计策吗？楚将昭应当初曾对楚王说：'韩国常年疲于战争，粮库空虚，已经没有能力守住城池，我要乘韩国饥荒之机，率兵攻打韩国的雍氏，不到一个月，定可攻下城池。'如今楚国包围雍氏已经五个月了，还不能攻克，楚国感到很难办，楚王已经开始不相信昭应的计策和做法了；现在您竟然向西周征兵征粮，这分明是告诉楚国韩国已经很危急了。如果昭应听到这个消息，一定劝说楚王增加兵力包围雍氏，届时雍氏必然被攻下。"苏代接着说："您为什么不把高都之地送给西周呢？"公仲听后非常愤怒，生气地说："我不向西周征兵征粮，这已经很不错了，为什么还要把高都送给西周呢？"苏代说："假如您把高都送给西周，那么西周会转而投向韩国，再次跟韩国修好。秦国知道后，必然大为震怒，不仅会焚毁西周的符节，还会断绝使臣的来往。这样一来，您就是在用一个残破的高都，换来一个完整的西周，为什么不愿意呢？”公仲说：“好。”

不征甲与粟于周而与高都，楚卒不拔雍氏而去。

【译文】于是公仲就果断决定不向周国征兵征粮，并把高都送给了它，楚军最终也没能攻下雍氏，只好撤军离去。

西周·周君之秦

周君之秦。谓周最[①]曰：“不如誉秦王[②]之孝也，因以原[③]为太后养地。秦王、太后必喜，是公有秦也。交善，周君必以为公功；交恶，劝周君入秦者，必有罪矣。”

【注释】①周最：周的公子。②秦王：即秦昭王。③原：周邑，在今河南省济源西北。

【译文】周君要到秦国去。有人对周最说：“您不如夸赞秦王对太后的孝心，顺势把原邑送给太后作为供养之地。秦王和太后一定都很高兴，这样您就对秦国表示了友好。如果周、秦两国的关系友好，周君一定认为是您的功劳；如果两国关系恶化，劝周君到秦国去的人，就一定会有罪了。”

西周·苏厉谓周君曰

苏厉[①]谓周君曰："败韩、魏，杀犀武[②]，攻赵，取蔺[③]、离石[④]、祁[⑤]者，皆白起[⑥]，是攻用兵，又有天命也。今攻梁[⑦]，梁必破，破则周危，君不若止之。谓白起曰：'楚有养由基[⑧]者，善射，去柳叶者百步而射之，百发百中。左右皆曰善。有一人过曰，善射，可教射也矣。养由基曰，人皆曰善，子乃曰可教射，子何不代我射之也？客曰，我不能教子支左屈右。夫射柳叶者，百发百中，而不已善息，少焉气力倦，弓拨矢钩，一发不中，前功尽矣。今公破韩、魏，杀犀武，而北攻赵，取蔺、离石、祁者，公也。公之功甚多。今公又以秦兵出塞[⑨]，过两周，践韩而以攻梁，一攻而不得，前功尽灭，公不若称病不出也。'"

【注释】①苏厉：苏秦的弟弟。②犀武：魏国的将领。③蔺：在今山西柳林县西北。④离石：在今山西离石。⑤祁：在今山西祁县。⑥白起：秦国将领。⑦梁：当时魏国的都城在大梁，所以魏国也叫梁国。⑧养由基：楚国善射之人。⑨塞：指伊阙塞，在今河南洛阳南。

【译文】说客苏厉对周君说："战胜韩国、魏国，杀死魏将犀武，攻陷赵国的蔺、离石、祁等三城的，都是秦将白起，他善于用兵，而且也有天助。如今白起率军攻打魏国，魏国必定会被攻破，假如魏国战败，那西周就危在旦夕了。所以您一定要设法制止他。可以派人去对他说：'楚国有一个名叫养由基的人，是射箭的高手，百步之内射柳叶能够百发百中，人们都说他箭术高明。这时有一个从他身旁经过的人对他说：如此善于射箭，可以接受箭术的训练了。养由基说，人人都说我箭射得好，你却说我才够资格接受箭术训练，那么你为什么不代替我射它一下呢？过路人说，我当然不会教你出左手屈右手等各种射箭方法，我只是想向你建议：即使你射柳叶能百发百中，而不能适时休息，不久身体就会疲惫，弓拉不开，箭也会射歪，到时一箭都射不中，那么你之前所有的努力都白费了。将军你过去击破韩国、魏国，杀死犀武，往北攻取赵国，拿下蔺、离石、祁等城，您的功劳很大。如今将军又率兵东出伊阙边塞，大军经过东、西两周，踏进韩国来攻打魏国，万一一战失利，您不是前功尽弃了吗？所以将军您不如称病不出，不去攻打魏都大梁吧。'"

西周·楚兵在山南

楚兵在山南①，吾得②将为楚王③属怒于周。或谓周君曰："不如令太子将军正迎吾得于境，而君自郊迎，令天下皆知君之重吾得也。因泄之楚曰：'周君所以事吾得者器，名曰某。'楚王必求之，而吾得无效也，王必罪之。"

【注释】①山南：指伊阙山的南面。②吾得：楚国将领。③楚王：指楚怀王。

【译文】楚军进驻伊阙山南，楚将吾得打算替楚王向周君挑衅。有人对周君说："您不如让太子率军到边境去迎接吾得，而周君您自己也到都城的郊外亲自去欢迎，让天下人都知道君王是尊重楚将吾得的。再有意将这个消息透露给楚国知道，说：'周君已经把某某宝物赠送给吾得了。'楚王必定想得到这件宝物,可是吾得却没有什么宝物可以拿出来,这样楚王一定要怪罪他了。"

西周·楚请道于二周之间以临韩、魏

楚请道于二周之间,以临韩、魏,周君患之。苏秦谓周君曰:"除道属之于河,韩、魏必恶之。齐、秦恐楚之取九鼎也,必救韩、魏而攻楚。楚不能守方城[1]之外,安能道二周之间?若四国[2]弗恶,君虽不欲与也,楚必将自取之矣。"

【注释】①方城:楚国北方凶险的要塞,在今河南方城东北。②四国:指韩、魏、秦、齐四国。

【译文】楚军请求向东、西二周借路,以便进攻韩国和魏国,周君为此而感到忧虑。苏秦对周君说:"您把通道一直修治到黄河边上,韩、魏两国一定会厌恶此事。齐国和秦国会担心楚军夺取周室的九鼎,他们必定会联合起来出兵救援韩国、魏国而去攻打楚军。楚军如果不能守住方城以北的地方,还怎么能从东、西二周之间借道而去攻打韩、魏呢?如果韩、魏、齐、秦四国不反对楚国的行为,您即使不想交出九鼎,楚军一定会自行来夺取的。"

西周·司寇布为周最谓周君曰

司寇布[1]为周最谓周君曰:"君使人告齐王[2]以周最不肯为太子也,臣为君不取也。函冶氏[3]为齐太公[4]买良剑,公不知善,归其剑而责之金。越人请买之千金，折而不卖。将死而属其子曰：‘必无独知。’今君之使最为太子，独知之契也，天下未有信之者也。臣恐齐王之为君实立果而让之于最以嫁之齐也。君为多巧，最为多诈，君何不买信货哉？奉养无有爱于最也，使天下见之。”

【注释】①司寇布：司寇，主刑狱的官，布是其名字。②齐王：即齐闵王。③函冶氏：齐国善于观察、研究宝剑的人。④齐太公：田和。

【译文】司寇布替周最向周君说：“您派人把周最不肯作太子的事告诉齐王，臣认为这种做法实在不妥。以前函冶氏曾为齐太公买了一把宝剑，齐太公没有看出这是一把宝剑，结果叫函冶氏退掉宝剑并且要索回买宝剑的钱。后来越国有人想用一千金买这把剑，函冶氏却认为价格不到位而不肯卖。函冶氏临终时，叮嘱他儿子说：‘任何重要的东西，绝对不能只是自己知道。’如今君王想立周最为太子，只有自己单方面知道，天下却没有人知道这件事，也没有人相信啊。臣深怕齐王听了你的话后却认为你说的是虚假的，觉得你的真实意图是想立公子果为太子，只是用这种假托周最不肯作太子的办法，从而欺蒙齐国。如果人们觉得君王是在使用计谋，周最也在搞权诈之术，那么现在君王为何不买人人都知道的好货，而让人们看到事情的真相呢？奉养父王没有谁比周最更诚挚而有爱心的了，周最是应当立为太子的，你可以将这些真相告之于天下。”

西周·秦召周君

秦召周君，周君难往。或为周君谓韩王[①]曰："秦召周君，将以使攻韩之南阳。王何不出兵于河南[②]？周君闻之，将以为辞于秦而不往。周君不入秦，秦必不敢越河而攻南阳。"

【注释】①韩王：即韩襄王。②河南：即西周的都城王城，位于黄河之南。

【译文】秦国召见西周君，西周君心存畏惧，不愿前往。有人为西周君对韩王说："秦国召见西周君的目的是想让西周进攻魏地南阳，君王您为何不出兵河南呢？周君听说后，就可以用这件事做借口而不去秦国了。西周君不去秦国，秦国一定不敢越过黄河来进攻南阳。"

西周·犀武败于伊阙

犀武败于伊阙，周君之魏求救，魏王[①]以上党之急辞之。周君反，见梁囿[②]而乐之也。綦母恢[③]谓周君曰："温囿不下此，而又近，臣能为君取之。"反见魏王，王曰："周君怨寡人乎？"对曰："不怨，且谁怨乎？臣为王有患也。周君，谋主也，而设以国为王扞秦，而王无之扞也，臣见其必以国事秦也。秦悉塞外之兵与周之众，以攻南阳，而两上党绝矣。"

【注释】①魏王：即魏昭王。②梁囿：魏都大梁郊区的游乐场所，用来蓄养鸟兽。③綦母恢：西周大臣。

【译文】秦将白起在伊阙把魏将犀武打败以后，转而乘胜进攻西周，周君到魏国去求救，魏王以上党形势紧急作推辞，拒绝了周君的请求。周君在返回途中，看见魏国的梁囿心里很喜欢。大臣綦母恢对周君说："魏国的温囿并不比梁囿差，而且又靠近我们西周，我能替君王得到它。"綦母恢返回大梁去见魏王，魏王说："周君怨恨我吧？"綦母恢回答说："他不怨恨您，又有谁怨恨您呢？我真为大王忧虑。周天子是天下的谋主，他用全国的力量为您做屏障，抵御秦国，而大王却不肯帮助西周抗敌。我看他势必要用整个国家来事奉秦国了。如果秦国出动函谷关外的全部兵力，与西周的民众合在一起，用来攻打南阳，那么韩、魏两国上党的通道就断绝交通了。"

魏王曰："然则奈何？"綦母恢曰："周君形不利事秦，而好小利。今王许戍三万人与温囿，周君得以为辞于父兄百姓，而利温囿以为乐，必不合于秦。臣尝闻温囿之利岁八十金，周君得温囿，其以事王者，岁百二十金。是上党无患而赢四十金。"魏王因使孟卯[1]致温囿于周君而许之戍也。

【注释】①孟卯：在魏国任职的齐人，也称"芒卯"。

【译文】魏王说："那该怎么办呢？"綦母恢说："从形势上来看，事奉秦国对周君是不利的，这是为了贪图小利。现在大王如果答应派三万人去为他戍边，再把温囿送给周君，周君就可以以此为说辞而对父兄百姓有所交待，又满足了他们以占有温囿为幸事的想法，他们就一定不会与秦国联合了。我曾听说温囿一年可以获利八十金，周君得到温囿后，他每年可以事奉大王一百二十金。这样上党就没有危险，而您每年又可多得四十金。”魏王于是派孟卯把温囿送给周君，并答应为他驻守边境。

西周·韩、魏易地

韩、魏易地，西周弗利。樊余①谓楚王②曰：“周必亡矣。韩、魏之易地，韩得二县，魏亡二县。所以为之者，尽包二周，多于二县，九鼎存焉。且魏有南阳、郑地、三川③而包二周，则楚方城之外危；韩兼两上党以临赵，即赵羊肠④以上危。故易成之日，楚、赵皆轻。”楚王恐，因赵以止易也。

【注释】①樊余：周臣。②楚王：即楚宣王。③三川：指黄河、洛水、伊水流经的地方。④羊肠：赵国的险塞名，状似羊肠，因此得名。位于今山西省晋城南面的太行山上。

【译文】韩、魏两国打算交换土地，这对西周不利。西周大臣樊余对楚王说：“西周一定要灭亡了。韩、魏两国交换土地，韩国将得到两县，魏国将失掉两县。魏国之所以同意交换，是因为它换得的土地可以包括东、西二周国土在内，这样魏国所得的地方比两县还要大，九鼎又存放在那里，也会被他得到。再说魏国占有南阳、郑地和三川，又能把二周都圈在里面，那么楚国方城以北的地方就会发生危险；韩国兼有两个上党进逼着赵国，就是赵国那险要的羊肠要塞也将危险了。所以韩、魏两国交换土地成功之日，楚、赵两国的地位就降低了，也就都变得无足轻重了。”楚王听后恐慌起来，便由赵国出面去制止了这次韩、魏两国的土地交易。

西周·秦欲攻周

秦欲攻周，周最谓秦王[①]曰："为王之国计者，不攻周。攻周，实不足以利国，而声畏天下。天下以声畏秦，必东合于齐。兵弊于周，而合天下于齐，则秦孤而不王矣。是天下欲罢秦，故劝王攻周。秦与天下罢，则令不横行于周矣。"

【注释】①秦王：即秦昭王。

【译文】秦国打算进攻西周，周最对秦王说："如果真为大王的国家利益着想的话，就不应该攻打西周。秦国如果攻打西周，对秦国自己毫无实际利益，反而会使天下感到恐慌。天下诸侯感到恐惧，便不再联合秦国，相反都会到东边和齐国联合。秦国为进攻西周而兵力损耗，陷于疲惫，又促使天下诸侯联合了齐国，那么秦国就不能称霸诸侯了。可见攻周一事，完全是诸侯们为了使秦军疲惫，才怂恿君王干的。如果秦国和天下诸侯的实力都消耗尽了，那么任何国家的号令都不能在周横行了。"

西周·宫他谓周君曰

宫他[①]谓周君曰："原[②]恃秦而轻晋，秦饥而原亡。郑[③]恃魏而轻韩，魏攻蔡而郑亡。邾（zhū）[④]、莒（jǔ）[⑤]亡于齐，陈[⑥]、蔡[⑦]亡于楚，此皆恃援国而轻近敌也。今君恃韩、魏而轻秦，国恐伤矣。君不如使周最阴合于赵以备秦，则不毁。”

【注释】①宫他：周臣。②原：国名。姬姓。在今河南济源西北。③郑：国名。姬姓。在今河南新郑。④邾：国名。一说己姓，一说曹姓。被楚所灭，后土地归齐所有。⑤莒：属城阳国，嬴姓。后被楚所灭。⑥陈：国名。妫姓。位于今河南淮阳，被楚文王所灭。⑦蔡：国名。姬姓。位于今安徽凤台县，被楚所灭。

【译文】西周大臣宫他对周君说：“从前原国依仗秦国而轻视晋国，后来秦国遭遇饥荒，原国就被晋国趁机给灭掉了。郑国依仗魏国而轻视韩国，当魏国攻打蔡国时，郑国就被韩国趁机灭掉了。至于邾、莒两国被齐国灭亡，陈、蔡两国被楚国灭亡，这些都是依赖别国援助，而轻视邻近的敌国所造成的。现在您依靠韩、魏两国而轻视秦国，国家恐怕要受其害了。您不如派周最暗地里与赵国联合，以防备秦国，这样就不致于被消灭了。”

西周・谓齐王曰

谓齐王[1]曰：“王何不以地赍（jī）[2]周最以为太子也？”齐王令司马悍[3]以赂进周最于周。左尚[4]谓司马悍曰：“周不听，是公之知困而交绝于周也。公不如谓周君曰：‘何欲置？令人微告悍，悍请令王进之以地。’”左尚以此得事。

【注释】①齐王：即齐宣王。②赍：把东西给别人。这里指资助。③司马悍：齐国大臣。④左尚：齐国大臣。

【译文】有人对齐宣王说："大王为什么不拿土地去资助周最，帮助他成为周国的太子呢？"于是，齐王派大臣司马悍到西周去用土地贿赂周君，以举荐周最做太子。左尚对司马悍说："如果西周国君不同意，这样不但使您的处境十分尴尬，而且齐国和西周还会断交。您不如对周君说：'您想要立谁为太子？可以派人悄悄告诉我，我会请齐王以土地去资助他。'"左尚因为办成这件事而获得了重要的职位。

西周·三国攻秦反

三国①攻秦反，西周恐魏之藉道也。为西周谓魏王②曰："楚、宋不利秦之德三国也，彼且攻王之聚以劲秦。"魏王惧，令军设舍速东。

【注释】①三国：指魏、齐、韩三国。②魏王：指魏襄王。

【译文】韩、魏、齐三国联合攻打秦国胜利后准备班师回国，西周害怕魏国军队借路通过。有人为西周对魏王说："楚、宋两国感到秦国割地给韩、魏、齐三国以求和的事对己不利，他们想要夺取您的粮饷用来加强秦国的力量。"魏王听后大惊，立即命令全军拔营东归。

西周·犀武败

犀武败，周使周足①之秦。或谓周足曰："何不谓周君曰：'臣之秦，秦、周之交必恶。主君之臣，又秦重而欲相者，且恶臣于秦，而臣为不能使矣。臣愿免而行，君因相之，彼得相，不恶周于秦矣。’君重秦，故使相往，行而免，且轻秦也，公必不免。公言是而行，交善于秦，且公之成事也；交恶于秦，不善于公且诛矣。”

【注释】①周足：周相。

【译文】魏将犀武在伊阙被秦军打败，西周打算派相国周足出使秦国。有人对周足说：“为什么不对周君说‘让我出使秦国，秦、周两国的关系必定会恶化。主君的大臣中，有为秦国所重视而自己又想当相国的人，他肯定会在秦王面前说我坏话中伤我，这样，我就不便出使秦国了。我请求您免去我的相位之后，再出使秦国。主君便可以任命那个想当相国的人为相国，他当上了相国，就不会在秦王面前中伤西周了。’周君很重视与秦国的邦交，所以派相国您出使秦国，如果临行前免去您的相位，这是对秦国不重视的表现，因此，您是不会被免去相位的。您对周君说了这些话再走，如果与秦国的关系改善了，这是您在对外关系上取得的成功；如果与秦国的关系恶化，那个说您坏话而想做相国的人，必定会受到严惩。”

扫码听谦德君为您导读

卷三　秦策一

秦一·卫鞅亡魏入秦

卫鞅①亡魏入秦，孝公②以为相，封之于商③，号曰商君。商君治秦，法令至行，公平无私，罚不讳强大，赏不私亲近。法及太子，黥（qíng）④、劓（yì）⑤其傅。期年之后，道不拾遗，民不妄取，兵革大强，诸侯畏惧。然刻深寡恩，特以强服之耳。

【注释】①卫鞅：即商鞅，原本为卫国的公子，故称“卫鞅”。②孝公：即秦孝公，名渠梁，公元前361—前338年在位。③商：故城在今陕西商州东。④黥：刻面，为古代的一种酷刑。⑤劓：割鼻，为古代的一种酷刑。

【译文】卫鞅从魏国逃往秦国，秦孝公任命他为丞相，把商地分封给他，称为商君。商君治理秦国，法令大行，公正无私，惩罚违法者不避让地位高的人，奖赏有功者不偏向关系亲近的人。法令涉及太子，连太子的老师也要受刑，对其施行刻面、割鼻之刑。商君的法令实施一年之后，路上丢失的东西没有人去捡拾，民众不取非分之财，国家兵力非常强大，各诸侯因此而害怕秦国。但是，商君执法过于严苛少恩，只是用强制手段迫使群臣百姓服从而已。

孝公行之八年[①]，疾且不起，欲传商君，辞不受。孝公已死，惠王代后，莅政有顷，商君告归。

【注释】①孝公行之八年：秦孝公六年用卫鞅为左庶长，下令变法至二十四年卒，正好十八年，所以，此处八年应为十八年。

【译文】秦孝公用商君法令治国十八年后，大病不起，想把王位传给商君，商君推辞不肯接受。孝公去世后，他的儿子秦惠王继位，执政不久，商君要求回到自己的封地。

人说惠王曰："大臣太重者国危，左右太亲者身危。今秦妇人婴儿皆言商君之法，莫言大王之法，是商君反为主，大王更为臣也。且夫商君固大王仇雠也，愿大王图之。"商君归还，惠王车裂之，而秦人不怜。

【译文】有人对惠王说："大臣声望过重将危及国家，身边辅佐的人员过分亲近将危及君王自身。如今，连秦国的妇女孩童都在谈论商君的法令，却没有人谈论大王您的法令，这样商君就成了主人，而大王您倒变为臣子了。况且商君本来就是大王的仇敌，希望大王想办法处置他。"商君从封地回来，秦惠王对他施行了车裂的酷刑，而秦国民众却没有人可怜他。

秦一·苏秦始将连横说秦惠王曰

苏秦[1]始将连横说秦惠王曰："大王之国，西有巴、蜀[2]、汉中[3]之利，北有胡、貉[4]、代、马[5]之用、南有巫山、黔中[6]之限，东有肴、函[7]之固。田肥美，民殷富，战车万乘，奋击百万，沃野千里，蓄积饶多，地势形便，此所谓天府，天下之雄国也！以大王之贤，士民之众，车骑之用，兵法之教，可以并诸侯，吞天下，称帝而治。愿大王少留意，臣请奏其效。"

【注释】①苏秦：字季子，雒阳（今河南洛阳）人，战国时期著名的纵横家、外交家和谋略家。②巴、蜀：巴，指今重庆一带。蜀，指今四川西部。③汉中：位于今陕西南部及湖北部分地区。④胡、貉：今内蒙古南部。⑤代、马：位于今山西东北部。⑥巫山：在今重庆巫山东。黔中：在今湖南西部及贵州东北部。⑦肴：山名。在今河南洛宁北，也作"崤"、"殽"。函：即函谷关。

【译文】合纵派的领军人物苏秦开始用他倡导的连横战略去游说秦惠王说："大王的国家，西面有巴、蜀、汉中等地的富饶物产可以利用，北面有来自胡、貉、代郡、马邑的资财，南边有巫山、黔中的险要之地作为屏障，东方又有崤山、函谷关这样坚固的要塞。土地肥沃，人口众多而富足，拥有战车万辆，能奋勇击敌的战士百万，良田千里，储备丰富，积蓄充足，地势险要，便于攻守，这就是人们所说的天然府库，真是雄霸天下的强国啊！凭着大王您的贤能，加上众多的士兵与民众，战车、骑兵的巨大作用，以及兵法和谋略的巧妙运用，完全有把握兼并其他诸侯，一统天下，成为统理天下的帝王。希望大王能稍加留意，允许臣向您陈述如何可以取得重大的效果。”

秦王曰：“寡人闻之，毛羽不丰满者，不可以高飞；文章不成者，不可以诛罚；道德不厚者，不可以使民；政教不顺者，不可以烦大臣。今先生俨然不远千里而庭教之，愿以异日。”

【译文】秦惠王说：“寡人听人说，羽毛不够丰满的鸟儿不可以高飞；法令不完备的国家不可以实施责罚；道德不高尚的君主不可役使民众；政策教化不顺应天意的君主不可以劳烦大臣，如今先生不远千里郑重地来到我国亲自指教，寡人很是感激，至于军国大计，还是等日后再说吧。”

苏秦曰：“臣固疑大王之不能用也。昔者神农伐补遂[①]，黄帝伐涿鹿而禽蚩尤，尧伐驩（huān）兜[②]，舜伐三苗，禹伐共工，汤伐有夏，文王伐崇[③]，武王伐纣，齐桓任战而伯（bà）[④]天下。由此观之，恶（wū）[⑤]有不战者乎？古者使车毂击驰，言语相结，天下为一；约从连横，兵革不藏；文士并饬，诸侯乱惑；万端俱起，不可胜理；科条既备，民多伪态；书策稠浊，百姓不足；上下相愁，民无所聊；明言章理，兵甲愈起；辩言伟服，战攻不息；繁称文辞，天下不治；舌弊耳聋，不见成功；行义约信，天下不亲。于是乃废文任武，厚养死士，缀甲厉兵，效胜于战场。夫徒处而致利，安坐而广地，虽古五帝[⑥]、三王[⑦]、五伯[⑧]，明主贤君，常欲坐而致之，其势不能，故以战续之。宽则两军相攻，迫则杖戟相撞，然后可建大功。是故兵胜于外，义强于内，威立于上，民服于下。今欲并天下，凌万乘，诎敌国，制海内，子元元[9]，臣诸侯，非兵不可！今之嗣主忽于至道，皆惛于教，乱于治，迷于言，惑于语，沉于辩，溺于辞，以此论之，王固不能行也。”

【注释】①补遂：古时部落的名字。②驩兜：尧的大臣，为四凶之一，后被尧放逐到崇山。③崇：古国名。在今河南嵩县北。④伯：通“霸”。⑤恶：古同“乌”，疑问词，哪，何。⑥五帝：说法不一，一般是指中国上古传说中的五位圣明君主，分别是黄帝、颛顼、帝喾、尧、舜。⑦三王：夏、商、周三代开国君王。一说夏禹、商汤、周文王；一说夏禹、商汤、文王、武王。⑧五伯：战国时通常指齐桓公、晋文公、楚庄王、吴王阖闾、越王勾践。汉代的说法一般指齐桓公、晋文公、楚庄王、秦穆公、宋襄公。⑨元元：平民，百姓。

【译文】苏秦说：“我本来就怀疑大王不能听取我的意见。以前神农讨伐补遂，黄帝在涿鹿之战中擒获蚩尤，唐尧放逐驩兜，虞舜讨伐三苗，夏禹攻打共工，商汤讨伐夏桀，周文王攻打崇侯，周武王灭掉商纣，齐桓公通过战争而雄霸天下。这样看来，哪有不通过武力就能称霸天下的呢？从前各国使者的马车川流不息，奔走不休，各国互相缔结口头盟约，谋求天下统一；虽然讲究合纵连横，却是战争不息；说客和谋士们巧舌如簧进行权诈之术，致使诸侯更加昏乱糊涂；各种争端频繁发生，简直到了无法处理的地步；各类法令条文虽很完备，人们又常常做出虚伪的行为；公文、政令多而乱，百姓还是饥又寒；君臣上下愁眉不展，百姓也是无所依靠；规章越多，道理讲得越明白，战乱反而发生的越多；能言善辩穿着讲究服饰的越多，战争就越发无法停止；越是广泛地讲究文辞，天下就越发无法治理；说的人舌头破，听的人耳朵聋，却不见成功；嘴上讲究仁义守信，也无法使天下人相亲。因此就废除文治而使用武力，用优厚待遇来蓄养敢死之士，制作好甲胄，磨光武器，然后到战场上一决胜负。如果没有行动却想使国家富强，端坐不动却要使国土扩张，即使是古代五帝、三王、五霸和明主贤君，想不用刀兵而获得这些，也是无法实现的，所以只有依靠战争才能达到国家富强的目的。距离远的就动用军队互相攻伐，距离近的就短兵相杀，只有如此才能建立伟大功业。所以一个国家对外要靠战争取胜，对内要靠仁义加强统治，在上的君王威权不断增强，在下的百姓自然就会服从统治。现在假如想要并吞天下，凌驾于诸侯国之上，征服敌国，辖制海内，抚育百姓，号令诸侯，实在是非用武力不行。可是如今继嗣当政的君主们，却都忽略了用兵的重要性，不懂得教化人民；不去修明政治，常被一些诡辩之士的言论迷惑，沉浸在游说之士的辩辞言语中，而误信各种不恰当的外交政策。依照这样的情形，大王一定不能实现连横。”

说秦王书十上而说不行。黑貂之裘弊，黄金百斤尽，资用乏绝，去秦而归。赢縢（téng）履蹻（jué）[①]，负书担橐，形容枯槁，面目犁黑，状有归[②]色。归至家，妻不下纴，嫂不为炊，父母不与言。苏秦喟然叹曰：“妻不以我为夫，嫂不以我为叔，父母不以我为子，是皆秦之罪也。”乃夜发书，陈箧数十，得太公《阴符》[③]之谋，伏而诵之，简练以为揣摩。读书欲睡，引锥自刺其股，血流至足。曰：“安有说人主不能出其金玉锦绣、取卿相之尊者乎？”期年，揣摩成，曰：“此真可以说当世之君矣。”

【注释】①羸：缠绕。縢：绑腿布。屩：草鞋。②归：通“愧”。③太公《阴符》：太公，即姜太公，周初的开国功臣姜尚。《阴符》传说是太公所作的讲兵法谋略的书。

【译文】苏秦游说秦王的奏章，先后上了十多次，但他的建议始终没被秦王采纳。他身上穿的黑貂皮袄破了，百斤黄金也用完了，最后甚至连生活费用都没有了，不得已只好离开秦国回到洛阳。他腿上缠着绑腿，脚上穿着草鞋，背着书箱，挑着行囊，形容枯槁、神情憔悴，脸色黑黄，面带愧色。他回到家里以后，正在织布的妻子不下机迎接，嫂子也不肯给他烧火做饭，甚至父母也不跟他说话。他因此深深慨叹：“妻子不把我当丈夫，嫂子不把我当小叔，父母不把我当儿子，这都是我苏秦的过错。”当晚，苏秦就找出藏书，从几十个书箱里面找出一部姜太公著的《阴符》来。从此他就趴在桌子上埋头苦读，发奋钻研，选择其中重要的反复加以熟读，而且一边读一边揣摩演练。当他读到困倦而要打瞌睡时，就用锥子猛扎自己的大腿，鲜血沿着大腿一直流到自己的脚上。他自语道：“哪有游说列国君主而不能让他们拿出金玉锦绣，得到卿相尊位的呢？”过了一年，他的揣摩和演练终于有所成，他又自言自语地说：“现在我真的可以去游说各国在位的君王了。”

于是乃摩燕乌集阙[①]，见说赵王于华屋之下，抵[②]掌而谈。赵王大悦，封为武安君，受相印，革车百乘，锦绣千纯，白璧百双，黄金万溢[③]，以随其后，约从散横，以抑强秦。

【注释】①燕乌集阙：古关塞名。②抵：拍，击。③溢：古同“镒”，古代重量单位。一说二十两为一镒，一说二十四两为一镒。

【译文】于是苏秦就取道赵国的燕乌集阙，在华丽的宫殿里游说赵王。他对赵王滔滔不绝地说出合纵策略，两人谈的很是投机。赵王听了大喜过望，立刻封他为武安君，并授以相印，赐给他兵车百辆、锦绣千匹，白璧百双，黄金万镒，车队跟随其后，到各国去约定合纵联盟，拆散连横阵线，以此来对付强大的秦国。

故苏秦相于赵而关不通。当此之时，天下之大，万民之众，王侯之威，谋臣之权，皆欲决苏秦之策。不费斗粮，未烦一兵，未战一士，未绝一弦，未折一矢，诸侯相亲，贤于兄弟。夫贤人在而天下服，一人用而天下从。故曰，式于政，不式于勇；式于廊庙之内，不式于四境之外。当秦之隆，黄金万溢为用，转毂连骑，炫熿于道，山东之国[①]，从风而服，使赵大重。

【注释】①山东之国：指秦国崤山以东的六国。

【译文】因此，当苏秦在赵国做宰相时，秦国不敢出兵函谷关，这就堵住了秦国向东发展的道路。在当时，广大的天下、众多的百姓、威武的诸侯、掌权的大臣，都要听苏秦的指挥。苏秦没消费一斗粮食，没征用一个兵卒，没派遣一员大将，没折断一根弓弦，没损失一支箭头，就使天下诸侯和睦相处，甚至比兄弟还要亲近。由此可见，只要有贤明的人在位主政当权，天下就会稳定顺服；只要有这样一个人得到合适的任用，合纵就能取得成功。所以说，能运用政治手段解决的问题，就不必用武力征服来处理；能在朝廷上运筹帷幄的事情，就不必到边疆上去厮杀作战来解决。当苏秦权势显赫、隆盛之时，黄金万镒为他所用，以游说诸侯，他所指挥的战车和骑兵连接不断，一路上车水马龙，所到之处八面威风，崤山以东的各诸侯国，都望风而伏听从他的号令，赵国的地位大大提高，越来越受到尊重。

且夫苏秦特穷巷掘门、桑户棬（quān）枢[①]之士耳，伏轼撙（zǔn）衔[②]，横历天下，廷说诸侯之王，杜左右之口，天下莫之能伉。将说楚王，路过洛阳。父母闻之，清宫除道，张乐设饮，郊迎三十里。妻侧目而视，倾耳而听；嫂蛇行匍伏，四拜自跪而谢。苏秦曰："嫂何前倨而后卑也？"嫂曰："以季子之位尊而多金。"苏秦曰："嗟乎！贫穷则父母不子，富贵则亲戚畏惧。人生世上，势位富贵，盖[③]可忽乎哉？"

【注释】①棬枢：以曲木为门枢。②撙衔：用手拉住马缰绳。③盖：通"盍"。

【译文】苏秦这个人，当初只不过是一个住在陋巷、在墙上挖洞做门、砍桑做窗、用弯曲的木头做门轴的寒门穷书生。如今他却坐上豪华的四马战车，驱车纵马游历天下，在各诸侯国的朝廷上高谈阔论游说君王，使各诸侯国的大臣无言以对，天下再没有谁敢与他抗衡。有一次苏秦要去游说楚威王，路过他的家乡洛阳。父母得知这个消息，赶紧打扫房间、清理道路，雇用乐队，摆下酒席，全家人到距城三十里远的地方去迎接。妻子见了他敬畏得不敢正视，只是斜着眼睛来看他的威仪，侧着耳朵倾听他说话；嫂子伏在地上不敢站起，像蛇一样爬到苏秦面前，连续拜了四拜，跪在那里向苏秦叩头请罪。苏秦问：“嫂子你从前对待我那样傲慢，现在为什么又这样谦卑呢？”他的嫂子回答说：“因为现在你地位尊荣显贵而钱财又富裕充足。”苏秦长叹一声说道：“唉！一个人在贫穷落魄时，连父母都不肯把他当儿子，然而一旦富贵，亲戚朋友都感到敬畏。可见人生在世，权势和富贵怎么可以忽视不顾呢？”

秦一·秦惠王谓寒泉子曰

秦惠王谓寒泉子曰：“苏秦欺寡人，欲以一人之智，反覆东山之君，从以欺秦。赵固负其众，故先使苏秦以币帛约乎诸侯。诸侯不可一，犹连鸡之不能俱止于栖亦明矣。寡人忿然，含怒日久，吾欲使武安子起[①]往喻意焉。”寒泉子曰：“不可。夫攻城堕邑，请使武安子。善我国家使诸侯，请使客卿张仪。”秦惠王曰：“敬受命。”

【注释】①武安子起：秦将白起封武安君。

【译文】秦惠王对寒泉子说：“苏秦欺人太甚，他想凭一个人的心智和雄辩之术，来操纵山东六国君主的政策，企图用合纵政策来欺负我秦国。赵国原来就倚仗兵力雄厚，所以首先派苏秦用重礼去联合诸侯。然而，诸侯各怀异心，企图和步调不可能一致，就像把很多鸡的羽毛绑在一起，却不能栖息在一处一样，合纵不成，这是多么明显的事情啊。寡人为苏秦做的事已经气愤很久了，因此想派武安君白起去会见崤山以东各诸侯，向他们讲明这种情况，让他们明白现在天下的局势。"寒泉子说："这样可不行。如果是攻城掠地，您可以派武安君率军前往。假如为了维护秦国利益而出使诸侯，那大王就应该派客卿张仪去才行！"秦惠王说："我恭敬地接受你的意见。"

秦一·冷向谓秦王曰

冷向[①]谓秦王曰："向欲以齐事王，使攻宋也。宋破，晋国危，安邑[②]王之有也。燕、赵恶齐、秦之合，必割地以交于王矣。齐必重于王，则向之攻宋也，且以恐齐而重王，王何恶向之攻宋乎？向以王之明为先知之，故不言。"

【注释】①冷向：秦国大臣。②安邑：地名。当时为魏邑，在今山西夏县西北。

【译文】冷向对秦昭王说："我打算让齐国侍奉大王，所以让齐国去攻打宋国。如果攻破了宋国，晋国就会面临危机，离秦国很近的安邑也就归大王您所有了。燕、赵两国担心齐国和秦国联合，必定会割让土地来给大王您以示交好。这样，齐国必定会重视大王，而我主张攻打宋国，就是要使齐国有所畏惧而尊重大王您，大王为什么还对我主张攻打宋国而不满意呢？我认为以大王的贤明一定会事先明白我所说的，所以才没有对您明说。"

秦一·说秦王曰

说秦王曰:“臣闻之,弗知而言为不智;知而不言为不忠。为人臣不忠当死,言不审亦当死。虽然,臣愿悉言所闻,唯大王裁其罪。

【译文】有人游说秦昭王道:“我听人说,不知道事情的来龙去脉就随意开口发言是不明智的;明白事理、知道是对国家百姓有利的事情却不肯说那是不忠心。作为一个臣子,对君王及国家不忠诚,应该被处死;说话不经考虑,不够审慎也应当被处死。尽管这样,我仍然愿意把我所有的见闻都说给大王听,请大王裁决定罪。

“臣闻,天下阴燕阳魏[①],连荆[②]固齐,收余韩成从,将西面以与秦为难,臣窃笑之。世有三亡,而天下得之,其此之谓乎!臣闻之曰:‘以乱攻治者亡,以邪攻正者亡,以逆攻顺者亡。’今天下之府库不盈,囷(qūn)仓[③]空虚,悉其士民,张军数十百万,白刃在前,斧质[④]在后,而皆去走不能死,非其百姓不能死也,其上不能杀也。言赏则不与,言罚则不行,赏罚不行,故民不死也。

【注释】①阴燕阳魏:指北连燕,南连魏。②荆:即楚国。③囷仓:指粮仓。④斧质:即“斧锧”,古代一种腰斩刑具。将人放在质(砧板)上,用斧砍断。

【译文】“我听说四海之内，赵国北可以连燕，南可以连魏，联合楚国，拉拢齐国，收罗残余的韩国，形成合纵的联盟阵线，共同面向西方，对抗秦国，为此我私下不禁感到好笑。天下有三种会导致亡国的情况，最终会有人收拾残局，可能就是指此而言吧！我听人说：‘以对内治理混乱的国家去攻打对内治理有序的国家必然遭致败亡；以邪恶之道治理的国家，去攻打以正义之道治理的国家必遭败亡；以倒行逆施的国家去攻打顺应天时的国家必遭败亡。’如今天下诸侯储藏财货的仓库很不充实，粮仓也很空虚，他们征召全国的军民，发动上百万的军队，向前面对的是敌人的白刃，后退面对的是严酷的刑罚，可是军士们仍然都向后退却不能拼死作战。其实，并不是他们的百姓不肯拼死作战，而是由于统治者执法不严。说要奖赏却不给予，说要处罚却不执行，赏罚不能坚决执行，所以人民才不肯为国效力死战。

“今秦出号令而行赏罚，不功无功相事也。出其父母怀衽（rèn）①之中，生未尝见寇也，闻战，顿足徒裼（xī）②，犯白刃，蹈煨（wēi）炭③，断死于前者比是也。夫断死与断生也不同，而民为之者是贵奋也。一可以胜十，十可以胜百，百可以胜千，千可以胜万，万可以胜天下矣。

【注释】①怀衽：胸前的衣襟，怀抱。②裼：脱去外衣，露出部分身体。③煨炭：火炭。

【译文】“现在秦国已经发出号令而且赏罚分明，有功无功的人分得很清楚，都是按照实际情形进行奖罚。人们从出生到长大成人，从来就没见过敌人，所以一听说要作战，他们都奋勇地跺脚、赤膊，决心死战，迎着敌人的兵刃，勇往直前，赴汤蹈火，在所不惜，决心要为国家死在战场上的人比比皆是。要知道，一个人誓死奋战和决心逃生是不同的，但秦国人仍然愿意誓死奋战，就是因为君王重视奋勇杀敌的缘故。一个人拼死可以战胜十人，十个人拼死可以战胜百人，百人拼死可以战胜千人，千人拼死可以战胜万人，万人拼死就可以战胜全天下了。

“今秦地形，断长续短，方数千里，名师数百万，秦之号令赏罚，地形利害，天下莫如也。以此与天下，天下不足兼而有也。是故秦战未尝不胜，攻未尝不取，所当未尝不破也。开地数千里，此其大功也！然而甲兵顿，士民病，蓄积索，田畴荒，囷仓虚，四邻诸侯不服，伯王[1]之名不成，此无异故，谋臣皆不尽其忠也。

【注释】①伯王：霸王、霸者的尊称。伯，通“霸”。

【译文】“现如今秦国的土地，截长补短，方圆有数千里，强大的军队有数百万，而秦国的号令严明，赏罚分明，加之险峻有利的地形优势，是天下诸侯都望尘莫及的。用这些优越条件来对付天下诸侯，全天下也不够秦国兼并的。由此可知，只要秦国作战绝对是战无不胜，攻无不克，所向无敌。完全可以开拓疆域数千里，那将是多么伟大的功业啊！然而如今，秦国军队困顿，人民疲惫，积蓄耗尽，田园荒芜，粮仓空虚，四邻诸侯不服，霸王的事业不能成就，出现这种情况没有别的原因，主要是秦国的谋臣不能尽忠的缘故。

“臣敢言往昔。昔者齐南破荆，中破宋，西服秦，北破燕，中使韩、魏之君，地广而兵强，战胜攻取，诏令天下，济清、河浊，足以为限，长城、巨防，足以为塞。齐，五战之国也，一战不胜而无齐。故由此观之，夫战者万乘之存亡也。

【译文】“请您允许我说说以前的事。从前，齐国南败荆楚，中败宋国，向西征服秦国，向北破燕国，在中原地带又使韩、魏两国的君主听其命令，齐国土地广袤，兵强马壮，战无不胜，攻无不克，号令天下，诸侯没有不听令的，清清的济水和混浊的黄河成为阻隔，都是它的天然屏障，又有长城和巨堤成为它的防守要塞。齐国是五战五胜的强国，可是只因一战失利就灭亡了。由此可见，用兵作战，可以决定万乘大国的生死存亡。

“且臣闻之曰：‘削株掘根，无与祸邻，祸乃不存。’秦与荆人战，大破荆，袭郢①，取洞庭、五都②、江南。荆王亡走，东伏于陈③。当是之时，随荆以兵，则荆可举。举荆，则其民足贪也，地足利也。东以强齐、燕，中陵三晋。然则是一举而伯王之名可成也，四邻诸侯可朝也。而谋臣不为，引军而退，与荆人和，令荆人收亡国，聚散民，立社主④，置宗庙，令帅天下西面以与秦为难，此固已无伯王之道一矣。

【注释】①郢：春秋时，楚文王建都于郢，故址在今湖北江陵西北纪南城。②五都：即五渚，楚地，湘、沅、资、澧四水共同注入洞庭，北会长江，称为“五渚”。③陈：地名。在今河南省淮阳县一带。④社主：古谓社稷之神。

【译文】“我还听说：‘斩草要除根，不与祸患为邻，祸患才不会存在。’从前秦国和楚国作战，秦军大败楚军，占领了楚国首都郢城，同时又占领了洞庭湖、五都、江南等地，迫使楚王向东逃亡，往东退到陈地自守。在那个时候，如果穷追猛打，把握时机攻打楚国，就可以一举占领楚国。占领楚国后，那里充足的人口可以为秦国所用，那里丰富的物产也足可以满足物质需求。向东可以对抗齐、燕两国，中部可以对抗三晋（韩、赵、魏三国），这样就可以一举成就霸业，使天下诸侯都来秦廷朝拜。然而当时的谋臣不但没有这样做，反而撤兵去和楚人讲和，让楚国有机会收复失地，重新招集逃散的百姓，再度建立起社稷宗庙，使他们得以率领诸侯向西来与秦国对抗，这样，秦国就第一次失去了建立霸业的机会。

“天下有比志而军华下①，大王以诏破之，兵至梁郭②，围梁数旬，则梁可拔。拔梁，则魏可举；举魏，则荆、赵之志绝；荆、赵之志绝，则赵危；赵危而荆孤。东以强齐、燕，中陵三晋，然则是一举而伯王之名可成也，四邻诸侯可朝也。而谋臣不为，引军而退，与魏氏和，令魏氏收亡国，聚散民，立社主，置宗庙，此固已无伯王之道二矣。

【注释】①华下：指华阳城下。华阳，在今河南新郑北。②梁郭：指梁城。梁，指魏都大梁，在今河南省开封。郭，指外城。

【译文】“后来其他诸侯国同心一致，联合起来在华阳城下驻军，幸亏大王下令击溃了他们，一直进兵到魏都大梁，当时只要继续围困大梁几十天，就可以把它攻下来。占领大梁，就可以消灭魏国；消灭魏国，赵国、楚国的联盟就被破坏；楚、赵的联盟瓦解，赵国就会陷入危难之地；赵国陷入危难之地，楚国就面临孤立无援的处境。这样，秦国向东可以威胁齐国、燕国，中间可以威胁三晋，那么一举就可以成就霸王功业，使天下诸侯都来朝拜。然而谋臣却没有这样做，反而引兵退却，与魏国讲和，使魏国有了喘息的机会，得以收拾残局，招集失散的民众，重新设置社稷宗庙，如此就第二次失去了建立霸业的机会。

“前者穰（ráng）侯①之治秦也，用一国之兵，而欲以成两国之功，是故兵终身暴露于外，士民潞（lù）病于内，伯王之名不成，此固已无伯王之道三矣。

【注释】①穰侯：即魏冉，秦昭王母亲宣太后异父同母的弟弟。封邑在穰，故称“穰侯”。

【译文】“从前穰侯为相治理秦国时，用一国的兵力，却想建立两国才能完成的功业，所以即使秦国的军队终日在边境外风餐露宿，人民在国内困苦、疲惫不堪，秦国的霸王功业却始终不能建立，这样就第三次失去了建立霸业的机会。

“赵氏，中央之国也，杂民之所居也。其民轻而难用，号令不治，赏罚不信，地形不便，上非能尽其民力，彼固亡国之形也，而不忧民氓（méng）①，悉其士民军于长平之下，以争韩之上党②，大王以诏破之，拔武安③。当是时，赵氏上下不相亲也，贵贱不相信，然则是邯郸[4]不守，拔邯郸，完河间[5]，引军而去，西攻修武[6]，逾羊肠，降代、上党。代三十六县，上党十七县，不用一领甲，不苦一民，皆秦之有也。代、上党不战而已为秦矣，东阳、河外[7]不战而已反为齐矣，中山呼沲（tuó）[8]以北不战而已为燕矣。

【注释】①氓：指从外地迁来的百姓。②上党：韩郡名。位于今山西省东南部。③武安：赵邑名。位于今河北武安西南。④邯郸：赵都。位于今河北省邯郸。⑤完：是“筦（guǎn）”字的残缺字，有包举之意。河间：赵地，后属秦。位于漳水、黄河之间。⑥修武：赵邑名。位于今河南省获嘉。⑦东阳：位于太行山以东的河北南部、河南北部地区。河外：指赵国的东边边境清河以东地区。⑧中山：国名。原都城在河北正定县东北，后迁至灵寿，被赵国所灭。呼沲：即滹沱河，发源于山西省繁峙，流经河北境内，最后入海。

【译文】“赵国在诸侯国中位居中央位置，人民五方杂处。赵国民众轻浮而不好治理，难以役使，以致使国家颁布的号令无法贯彻执行，赏罚丝毫没有信用，地理位置难于防守，统治者又不能充分使人民善尽其力，这一切已是一种亡国的形势，再加上不体恤、安抚百姓的疾苦，几乎把全国的老百姓都征发到长平战场上，去跟韩国争上党。大王下令战胜赵国，接着攻克武安。在这个时候，赵国的君臣互不相亲，彼此不能合作，官吏和民众也互不相信，这样赵都邯郸就无法坚守，如果秦军攻下邯郸，收取河间，再率军调转方向往西攻打修武，经过羊肠险塞，降服代郡和上党。代郡有36个县，上党有27个县，无需动用一兵一甲，不战而归秦国所有。代郡和上党不经过战争就成为秦国的土地，赵国的东阳和河外等地不经过战争将反归齐国，中山、呼沲以北地区不战而成为燕国的领土了。

“然则是举赵则韩必亡，韩亡则荆、魏不能独立，荆、魏不能独立，则是一举而坏韩，蠹（dù）[1]魏，挟荆，以东弱齐、燕，决白马之口[2]以流魏氏，一举而三晋亡，从者败。大王拱手以须[3]，天下遍随而伏，伯王之名可成也。而谋臣不为，引军而退，与赵氏为和。以大王之明，秦兵之强，伯王之业曾不可得，乃取欺于亡国，是谋臣之拙也。

【注释】①蠹：原指蛀蚀，这里指损伤、伤害。②白马之口：渡口名。位于今河南省滑县东。③须：通“胥”，等待。

【译文】“既然如此，如果攻下赵国那么韩国就必然灭亡，如果韩国灭亡，那么楚国、魏国就丧失了独立，楚、魏如果不能独立，就可以一举攻破韩国，韩国攻破，就伤害了魏国，挟制了楚国，往东可以削弱齐国、燕国，再挖开白马津的河口，用水冲灌魏国，一举就可以灭掉三晋，而六国的合纵联盟也必将瓦解。大王只要在那里拱手以待，天下诸侯就会一个跟着一个来臣服，霸王的名号就可以建立起来了。只可惜谋臣并没有这样做，反而自动引兵后退，与赵国讲和。凭借大王的贤明和秦军的强大，竟然不能建立起天下霸主的基业，而且被行将灭亡的各诸侯国所欺凌，这一切都是由于谋臣的愚昧笨拙所造成的。

“且夫赵当亡不亡，秦当伯不伯，天下固量秦之谋臣一矣。乃复悉卒以攻邯郸，不能拔也，弃甲兵弩，战栗而却，天下固量秦力二矣。军乃引退，并于李下[①]，大王又并军而至，与战非能厚胜之也，又交罢却，天下固量秦力三矣。内者量吾谋臣，外者极吾兵力。由是观之，臣以天下之从岂其难矣。内者吾甲兵顿，士民病，蓄积索，田畴荒，囷仓虚；外者天下比志甚固。愿大王有以虑之也！

【注释】①李下：李城之下。李城为赵邑，位于今河南省温县。

【译文】“再说，赵国该灭亡而没有灭亡，秦国该称霸又未能称霸，天下人已经看透了秦国谋臣本领的高低，此其一。秦国又动员全国所有的兵力，去攻打赵国的邯郸，不但没有攻下，反而被敌人打得丢盔弃甲，抛掉武器，将士们又气又怕，吓得直打哆嗦，狼狈地败下阵来，天下人已经看透了秦国将士的兵力，此其二。秦国的军队退下来以后，都聚集在李城之下，大王又重新合并编整，努力督促将士们奋勇作战，可是并没有取得重大胜利，又疲惫撤退，天下人又都看透了秦国的实力，此其三。他们在内看透了我们秦国的谋臣，在外又摸透了我们秦国的兵力。由此看来，臣认为天下诸侯的合纵力量，岂不是更难对付了？现在，秦国国内军队疲惫不堪，人民极端困顿，再加上积蓄消耗殆尽，田地荒芜，粮仓空虚；而国外诸侯则团结一心，联合合纵的意志十分坚定，但愿大王能多加考虑这些危机啊！

“且臣闻之：战战慄慄，日慎一日。苟慎其道，天下可有也。何以知其然也？昔者纣为天子，帅天下将甲百万，左饮于淇谷[①]，右饮于洹(huán)水[②]，淇水竭而洹水不流，以与周武为难。武王将素甲[③]三千领，战一日，破纣之国，禽其身，据其地，而有其民，天下莫伤。

【注释】①淇谷：即淇水。此水发源于今山西省陵川县，南流至今卫辉市东北淇门镇入河。②洹水：发源于今河南省林县西边的林虑山，流经安阳，至内黄，最后流入卫河。③素甲：白色铠甲。因为武王处在服丧期间，所以战士均穿素服。

【译文】“再者，我又听人说：‘战战兢兢，一天比一天谨慎。’假如能够谨慎得法，就可以拥有全天下了。怎么知道是这样呢？古代殷纣王做天子，带领天下百万大军，左边的军队还在淇谷饮马，右边的军队已经到洹水喝水了，竟把淇水喝干，让洹水也断流了，殷纣王是以这么雄壮庞大的兵力跟周武王作战。周武王只是率领三千名穿着素甲的战士，在甲子日的一战，就打败了纣王的军队，将他活捉，占有了殷的全部土地，拥有了他的全部子民，天下竟没有一个人为纣王感到伤痛的。

“智伯[①]帅三国之众，以攻赵襄主于晋阳[②]，决水灌之，三年，城且拔矣。襄主错龟，数策、占兆[③]，以视利害，何国可降，而使张孟谈[④]，于是潜行而出，反智伯之约，得两国之众，以攻智伯之国，禽其身，以成襄子之功。今秦地断长续短，方数千里，名师数百万，秦国号令赏罚，地形利害，天下莫如也。以此与天下，天下可兼而有也。

【注释】①智伯：指晋卿智伯瑶。②赵襄主：即赵襄子。晋阳：赵邑，在今山西省太原。③错龟：指为占卜设置龟甲，在龟甲上钻孔，用火烧灼。数策：数蓍草的数目，排列成卦，以预测吉凶。占兆：根据龟甲或兽骨被钻灼所生的裂纹以占吉凶。④张孟谈：赵襄子的谋臣。

【译文】“以前智伯率领韩、智、魏三国的大军，前往晋阳去攻打赵襄子，智伯掘开晋水冲灌晋阳，战事持续了三年，晋阳城即将被攻下。赵襄子凿龟甲、数蓍草、看兆纹，进行占卜，查看自己国家的吉凶祸福，预测双方到底谁会败降。赵襄子又派赵国大臣张孟谈秘密出城，使用反间计，破坏韩、魏与智伯订立的盟约，结果争取到韩魏两国的合作，然后联合韩、魏的军队，来攻打智伯，终于大败智伯军队，生擒了智伯本人，成就了赵襄子的功业。如今秦国的土地截长补短的话，有几千里见方，有数百万的精兵，号令严明而且赏罚分明，再加上地形上的优势，天下诸侯没有能比得上的。如果凭借这些条件对抗天下的诸侯，整个天下都可以被秦国征服了。

“臣昧死望见大王，言所以一举破天下之从，举赵亡韩，臣荆、魏，亲齐、燕，以成伯王之名，朝四邻诸侯之道。大王试听其说，一举而天下之从不破，赵不举，韩不亡，荆、魏不臣，齐、燕不亲，伯王之名不成，四邻诸侯不朝，大王斩臣以徇于国，以为王谋不忠者。”

【译文】“臣冒着死罪，希望面见大王，和您谈论秦国的战略以及怎样能够一举破坏天下的合纵联盟，灭赵亡韩，迫使楚国、魏国臣服，联合齐国、燕国亲附，完成霸王大业，使天下诸侯前来朝贡的办法。请大王试着听听我的建议，假如不能一举瓦解天下合纵联盟，攻不下赵国，灭不了韩国，魏、楚不臣服，齐、燕不亲附，霸王的功名不能成就，天下诸侯不来朝贡，那就请大王斩了我，在全国各地游行示众，以惩戒那些为君主谋划而不尽忠的臣子。”

秦一·张仪欲假秦兵以救魏

张仪欲假秦兵以救魏。左成谓甘茂曰：“子不如予之。魏不反秦兵，张子不反秦。魏若反秦兵，张子得志于魏，不敢反于秦矣。张子不去秦，张子必高子。”

【译文】张仪想要借秦国的兵力去援救魏国。秦臣左成对甘茂说：“您不如同意把秦兵借给他。如果魏国不能归还秦军，那么，张仪怕受惩罚而不敢返回秦国。如果取得胜利，魏国归还秦军，张仪就会因有功于魏，而在魏国得志，他害怕秦国怀疑他忠于魏国，也不敢回到秦国了。张仪如果不离开秦国，他在秦国的权势地位一定会在您之上。”

秦一·司马错与张仪争论于秦惠王前

司马错①与张仪②争论于秦惠王③前。司马错欲伐蜀，张仪曰：“不如伐韩。”王曰：“请闻其说。”

【注释】①司马错：秦国将领。②张仪：秦臣，战国时期著名的纵横家、外交家和谋略家。③秦惠王：名驷，秦孝公之子，战国时期秦国国君，公元前337—前311年在位。

【译文】司马错与张仪在秦惠王面前争论战事。司马错主张秦国应该先去攻打蜀国，张仪却反对说："不如先去攻打韩国。"秦惠王说："我愿听听你们的意见。"

对曰："亲魏善楚，下兵三川①，塞轘（huàn）辕、缑（gōu）氏②之口，当屯留③之道，魏绝南阳④，楚临南郑⑤，秦攻新城、宜阳⑥，以临二周⑦之郊，诛周主之罪，侵楚、魏之地。周自知不救，九鼎宝器必出。据九鼎，案图籍，挟天子以令天下，天下莫敢不听，此王业也。今夫蜀，西辟之国而戎狄之长也，弊兵劳众不足以成名，得其地不足以为利。臣闻：'争名者于朝，争利者于市。'今三川、周室，天下之市朝也，而王不争焉，顾争于戎狄，去王业远矣。"

【注释】①三川：为韩郡名。因为有黄河、伊水和洛水而得名。②轘辕、缑氏：均为山名。轘辕山位于河南省巩县西南。缑氏位于今河南省偃师南。③屯留：韩地，位于今山西省屯留东南。④南阳：在韩、魏之间，位于今河南省济源至获嘉一带。⑤南郑：韩国都城，位于今河南省新郑西。⑥新城：属韩地，位于今河南省伊川西南。宜阳：属韩地，位于今河南省宜阳县西。⑦二周：战国时，周分裂为东周、西周两个小国家。东周的都城在巩，位于今河南省巩义西南；西周的都城在洛邑，位于今河南省洛阳西面。

【译文】张仪回答说："我们先跟楚、魏两国搞好关系，结成联盟，然后再出兵到三川地区，堵住轘辕山和缑氏山的关口，挡住屯留的要道，这样魏国和南阳就断绝了交通，楚军逼进韩国的都城南郑，秦军再攻打新城和宜阳，这样我们的大军便直逼东、西二周的郊外，声讨二周国君的罪过，并且占领三川之地。周王知道自己的危急无法援助，一定会交出传国之宝九鼎等宝物。我们占有了传国之宝九鼎，并掌握了地图和户籍等档案文书，就可以挟持周天子来号令诸侯，天下又有谁敢不听我们的命令呢？这样霸王之业就成功了。至于现在的蜀国，只不过是一个西方边远小国，由野蛮人当首领的国家，我们即使损兵费力地前去攻打，也不足以因此而建立霸业，得到他们的地盘也没什么大的好处。臣常听人说：'争名的人要到朝廷上去，争利的人要到集市上去。'现在的三川、周室，正是天下的朝廷和集市，可是大王却不去争取它们，反而只去争夺戎、狄等落后的地区，这就距离建立霸王之业相去甚远了。"

司马错曰："不然。臣闻之，欲富国者，务广其地；欲强兵者，务富其民；欲王者，务博其德。三资者备，而王随之矣。今王之地小民贫，故臣愿从事于易。夫蜀，西辟之国也，而戎狄之长也，而有桀、纣之乱，以秦攻之，譬如使豺狼逐群羊也。取其地，足以广国也；得其财，足以富民；缮兵不伤众，而彼已服矣。故拔一国，而天下不以为暴；利尽西海[①]，诸侯不以为贪。是我一举而名实两符，而又有禁暴正乱之名。今攻韩劫天子，劫天子，恶名也，而未必利也，又有不义之名，而攻天下之所不欲，危！臣请谒其故：周，天下之宗室也，齐，韩、周之与国也。周自知失九鼎，韩自知亡三川，则必将二国并力合谋，以因于齐、赵，而求解乎楚、魏。以鼎与楚，以地与魏，王不能禁，此臣所谓'危'，不如伐蜀之完也。"

【注释】①西海：指蜀国。

【译文】司马错说："事情并不像张仪所说的那样。据我所知，要想使国家富强，务必先扩张领土；要想兵力强大，必须先使人民富足；要想建立王业，得到天下，一定要先广施仁政、恩德。这三件事都做到以后，那么王业自然会随之而来。现在大王地盘小而百姓贫穷，所以臣渴望大王先从容易的地方着手。那蜀国确实是一个西方偏僻的小国，而且是落后的戎狄之邦的首领，并且恰好有像夏桀、商纣一样的内乱，如果用秦国的兵力去攻打它，就好像派狼群去驱逐羊群一样简单容易。秦国得到蜀国的土地可以扩大疆土；得到蜀国的资源、财富，就可以使我们的百姓富足；这一仗虽是用兵却不会伤害多少百姓，又会让蜀国自动屈服。所以，秦国虽然灭亡了蜀国，而诸侯却不会认为我们残暴；即使秦国抢走蜀国的所有财富珍宝，诸侯也不会认为我们秦国贪婪。我们只做了伐蜀一件事，就可以名利双收，甚至还可以得到除暴安良的好名声。如今我们如果去攻打韩国，就等于是劫持天子，胁迫天子会背上千夫所指的恶名，而且也未必能获得什么好处，反而落得一个不仁不义的坏名声，攻打全天下都不赞成攻打的国家，实在是一件很危险的事。让我给您陈述一下这其中的危险：周天子是天下共尊的宗室，同时齐国是韩国与周国的友邦。周国知道自己将要失掉九鼎，韩国清楚自己将要失去三川，这样，它们两国必然会齐心协力，精诚合作，一起联合齐、赵去解楚、魏两国之围。周国会自动把九鼎献给楚国，韩国会把土地割让给魏国，这一切大王都是没有办法制止的，这也就是臣所说的攻打韩、周两国的危险所在。因此，攻打韩国是下策，先伐蜀国才是万全之计。”

惠王曰：“善！寡人听子。”卒起兵伐蜀，十月取之，遂定蜀。蜀主更号为侯，而使陈庄①相蜀。蜀既属，秦益强富厚，轻诸侯。

【注释】①陈庄：秦国大臣。公元前314年，秦惠王任用他为蜀相。

【译文】秦惠王说：“好！寡人听你的。”秦国终于出兵攻打蜀国，经过十个月的征讨，终于占领了蜀地，控制了蜀国的局势。秦国把蜀国国君的王号改为侯，并且派秦臣陈庄去作蜀侯的国相。蜀国既已划归秦国的版图，秦国就越发强大富庶，而且更加轻视天下诸侯了。

秦一·张仪之残樗里疾

张仪之残樗里疾也，重而使之楚，因令楚王为之请相于秦。张子谓秦王曰：“重樗里疾而使之者，将以为国交也。今身在楚，楚王因为请相于秦。臣闻其言曰：‘王欲穷仪于秦乎？臣请助王。’楚王以为然，故为请相也。今王诚听之，彼必以国事楚王。”秦王大怒，樗里疾出走。

【译文】张仪要陷害樗里疾，假装尊重樗里疾，先提高他的地位，并让他出使楚国，同时还让楚怀王请秦惠王任用樗里疾担任相国。张仪对秦惠王说：“尊重樗里疾并提高他的地位，让他做使者出使楚国，是为了让秦楚两国交好。现在他身在楚国，楚王还为他请求担任秦国的相国。我听说他曾对楚王说：‘大王您想使张仪在秦国陷入困境吗？就请让我来为您效劳吧。’楚王认为他说的有道理，所以就为他请求在秦国担任相国一职。现在大王您如果真的听信楚王的意见而任用樗里疾为相国，他一定会把秦国出卖给楚王的。”秦惠王听后，勃然大怒，樗里疾只好逃走了。

秦一·张仪欲以汉中与楚

张仪欲以汉中与楚，请秦王曰：“有汉中蠹（dù）①，种树不处者，人必害之；家有不宜之财，则伤本。汉中南边为楚利，此国累也。”甘茂谓王曰：“地大者，固多忧乎？天下有变，王割汉中以和楚，楚必畔天下而与王。王今以汉中与楚，即天下有变，王何以市楚也？”

【注释】①蠹：蛀虫。此处有祸害之意。

【译文】张仪想要把汉中让给楚国，他对秦惠王说：“汉中是一个祸害，这就好像树没有种对地方，别人必定要伤害它；又如同家里有不相宜的财物，也一定会遭受损害。现在汉中南边是楚国的利益所在，这是我国的忧患。”甘茂对秦惠王说：“土地广大，反而会成为国家更多的忧患吗？天下的形势一旦变化，大王您可以割让汉中去联合楚国，楚国必定会背离天下诸侯而支持大王。大王今天拿出汉中向楚国求和，如果天下再发生什么变化，大王您又拿什么去与楚国作交易呢？”

秦一·楚攻魏

楚攻魏。张仪谓秦王曰：“不如与魏以劲之，魏战胜，复听于秦，必入西河之外①；不胜，魏不能守，王必取之。”王用仪言，取皮氏②卒万人，车百乘，以与魏。犀首③战胜威王，魏兵罢弊，恐畏秦，果献西河之外。

【注释】①西河之外：指魏国的河西郡，含黄河以西，华阴以北，洛水以东，延安以南的地区。②皮氏：原为魏邑，后属秦，位于今山西省河津西。③犀首：指魏国大臣公孙衍。

【译文】楚国攻打魏国。张仪对秦惠王说：“您不如支持魏国，以便强化魏国的势力。假如魏国能战胜楚国，从此它就会更加听命于秦国，一定会把西河之外的土地送给我们；如果魏国战败，那魏国就无力守住边塞，大王就可以将魏国夺取过来。”于是秦王就采纳了张仪的意见，调派皮氏大军万人和战车百辆，用来支援魏国。结果魏国大将犀首率兵战胜了楚威王的军队，但是得胜的魏军已经疲惫不堪，害怕秦国，就果真把西河之外的地方献给了秦国。

秦一·田莘之为陈轸说秦惠王曰

田莘之为陈轸（zhěn）说秦惠王曰：“臣恐王之如郭[1]君。夫晋献公[2]欲伐郭，而惮舟之侨[3]存。荀息[4]曰：‘《周书》有言，美妇破后。’乃遗之女乐，以乱其政。舟之侨谏而不听，遂去。因而伐郭，遂破之。又欲伐虞[5]，而惮宫之奇[6]存。荀息曰：‘《周书》有言，美男破老。’乃遗之美男，教之恶宫之奇。宫之奇以谏而不听，遂亡。因而伐虞，遂取之。今秦自以为王，能害王之国者，楚也。楚知横门君之善用兵，与陈轸之智，故骄张仪以五国。来，必恶是二人。愿王勿听也。”张仪果来辞，因言轸也，王怒而不听。

【注释】①郭：通“虢”，国名，此指北虢，位于今山西省平陆。②晋献公：春秋时晋国国君，名诡诸，公元前676–前338年在位，曾先后两次伐虢。③舟之侨：原为虢国大夫，后来带上他的族人去到晋国。④荀息：晋国大夫。⑤虞：国名，位于今山西省平陆县东北。⑥宫之奇：虞国大夫。

【译文】田莘替陈轸游说秦惠王说：“我担心大王会遭到像郭君那样的危险。当初，晋献公想要征伐郭地，然而又害怕郭地有大夫舟之侨的存在。荀息说：‘《周书》上说，美女可以惑乱国君。’于是晋献公就把漂亮的女歌伎送给郭君，以扰乱他的政治。舟之侨因劝谏而郭君不听，便离郭而去。随后晋献公出兵讨伐郭，终于攻破了郭地。后来，晋献公又想要攻打虞国，然而又害怕虞国有大夫宫之奇的存在。荀息说：‘《周书》上有讲，外宠之臣可以惑乱国老。’于是送出外宠之臣，让他们乘机去中伤宫之奇。宫之奇因进谏而虞君不听，便离开了虞国。于是晋献公接着出兵讨伐虞国，终于夺取了虞国。现在秦国自封为王，能够危害大王国家的就是楚国。楚国知道横门君善于用兵，同时知道陈轸足智多谋，所以重用张仪让其出使韩、魏、赵、燕、齐五国。张仪来到秦国，必然要中伤横门君和陈轸这两人。希望大王您不要听信他的话。”不久，张仪果然来秦国向秦惠王说陈轸的坏话，秦惠王大怒没有听信他。

秦一·张仪又恶陈轸于秦王

张仪又恶陈轸于秦王，曰：“轸驰楚、秦之间，今楚不加善秦而善轸，然则是轸自为而不为国也。且轸欲去秦而之楚，王何不听乎？”

【译文】张仪又在秦王面前说陈轸的坏话，他说：“陈轸奔走于楚、秦之间，但现在楚国不但没对秦国更加友好，反而却和陈轸的关系非常亲密，如此看来，陈轸一切举动都是为了自己做打算，而不是为了秦国。况且陈轸又打算离开秦国到楚国去，大王为什么不注意观察此事呢？”

王谓陈轸曰：“吾闻子欲去秦而之楚，信乎？”陈轸曰：“然。”王曰：“仪之言果信也！”曰：“非独仪知之也，行道之人皆知之。曰孝己[①]爱其亲，天下欲以为子；子胥忠乎其君，天下欲以为臣。卖仆妾售乎闾巷[②]者，良仆妾也；出妇嫁乡曲者，良妇也。吾不忠于君，楚亦何以轸为忠乎？忠且见弃，吾不之楚，何适[③]乎？”秦王曰：“善！”乃止之也。

【注释】①孝己：人名。传说为殷高宗武丁之子，有孝行，因遭后母谗言，被放逐而死。后用作孝子的典范。②闾巷：里巷；乡里。③适：到……去。

【译文】于是，秦惠王就问陈轸说：“我听人说你准备离开秦国到楚国去，有这回事吗？”陈轸回答说：“是有这回事。”秦王有点生气地说：“那么张仪所说的果然是真的了？”陈轸回答：“这件事何止张仪知道，就连路人也知道啊！从前，殷高宗的儿子孝己孝顺他的父母，因而天下的父母都希望孝己能做自己的儿子；伍子胥尽忠于吴王，因而天下的君王都希望伍子胥能作自己的大臣。出卖仆妾时，如果能被邻居买下，那就证明这是一位好仆妾；被遗弃的女子如果能改嫁到本乡，那就证明他是一位好女子。如果我不忠诚于君王，那么楚王又怎么会认为我是忠臣呢？忠心耿耿尚且被遗弃、被放逐，我不去楚国又能到哪里去呢？”秦王感动地说：“说的好！”于是就把陈轸挽留下来。

秦一·陈轸去楚之秦

陈轸去楚之秦。张仪谓秦王曰：“陈轸为王臣，常以国情输楚，仪不能与从事，愿王逐之。即复之楚，愿王杀之。”王曰：

“轸安敢之楚也。”

【译文】陈轸离开楚国来到秦国。张仪就对秦惠王说：“陈轸身为大王您的臣子，竟然经常把秦国的机密泄露给楚国，我不能与这样的人一起共事，希望大王把他驱逐出去。如果他再想到楚国去，希望大王杀掉他。”秦惠王说：“陈轸怎么敢再回楚国呢？”

王召陈轸告之曰：“吾能听子言，子欲何之？请为子车约[①]。”对曰：“臣愿之楚。”王曰：“仪以子为之楚，吾又自知子之楚，子非楚，且安之也！”轸曰：“臣出，必故之楚，以顺王与仪之策，而明臣之楚与不[②]也。楚人有两妻者，人诳（tiǎo）[③]其长者，长者詈（lì）[④]之；诳其少者，少者许之。居无几何，有两妻者死。客谓诳者曰：‘汝取长者乎？少者乎？’‘取长者。’客曰：‘长者詈汝，少者和汝，汝何为取长者？’曰：‘居彼人之所，则欲其许我也。今为我妻，则欲其为我詈人也。’今楚王，明主也；而昭阳[⑤]，贤相也。轸为人臣，而常以国情输楚王[⑥]，王必不留臣，昭阳将不与臣从事矣。以此明臣之楚与不。”

【注释】①车约：当作“约车”，即准备车马。约，准备。②不：同“否”。下同。③诳：逗引；诱惑。④詈：骂；辱骂。⑤昭阳：楚怀王柱国。⑥楚王：楚怀王。

【译文】秦惠王召见陈轸并询问他说：“我能听您说说，您想去往何处吗？请让我为您准备马车。”陈轸回答说：“我愿意去楚国。”秦惠王说：“张仪认为您必然会去楚国，而我也知道您将去楚国，如果您不去楚国，又将去哪里安身呢？”陈轸说：“我离开秦国以后，必然故意到楚国去，以顺从大王和张仪的想法，这样可以证明我是否倾向于楚国。楚国有一个人娶了两个妻子，有人去勾引他年龄较大的妻子，遭到拒绝和责骂；勾引那个年轻的妻子时，她就欣然顺从了。没有多久，拥有两个妻子的男人死了。有个客人问勾引者说：‘在这两个寡妇当中，你是娶那个年龄大的还是年轻的？’勾引者回答说：‘我娶年龄大的。’客人问：‘年龄大的曾经骂过你，而年轻的却顺从了你，你为什么还要娶年龄大的呢？’勾引者说：‘当他们做别人妻子的时候，我希望她们答应我的要求；反之，如果现在做了我的妻子，我就愿意她为我去骂别人。’现在楚王是位贤明的君主，而宰相昭阳也是一位贤明的大臣。我作为秦国的臣子，如果经常把国事泄露给楚王，那么楚王必定不会收留我，而昭阳也不会与我同朝共事。我将用这样的行动来证明我是否倾向于楚国。”

轸出，张仪入，问王曰：“陈轸果安之？”王曰：“夫轸天下之辩士也，孰视[①]寡人曰：‘轸必之楚。’寡人遂无奈何也。寡人因问曰：‘子必之楚也，则仪之言果信矣！’轸曰：‘非独仪之言也，行道之人皆知之。昔者子胥忠其君，天下皆欲以为臣；孝己爱其亲，天下皆欲以为子。故卖仆妾不出里巷而取者，良仆妾也；出妇嫁于乡里者，善妇也。臣不忠于王，楚何以轸为？忠尚见弃，轸不之楚，而何之乎？’”王以为然，遂善待之。

【注释】①孰视：注目细看。

【译文】陈轸出去后，张仪进来问秦惠王说：“陈轸到底要到哪里去？”秦惠王说：“那个陈轸真是天下的辩士呢，他仔细地看着我说：‘我陈轸一定要到楚国去。’我实在对他没有办法了。便问他：‘你一定要到楚国去，那么张仪的话果然说对了！’陈轸说：‘不但张仪这么说，就是路上的行人也都知道会这样。从前，伍子胥尽忠于吴王，天下的国君都想要他做臣子；孝己敬顺他的父母，天下的父母都想让他做自己的儿子。所以，卖给别人做仆妾的人，不出里巷就有人要的，一定是好仆妾；被人遗弃的妇人，仍旧嫁在本乡本土的，也一定是好女人。我陈轸如果对大王您不忠心，楚国怎么会让我去做他的臣子呢？忠心的人还将被人撵走，我不到楚国，又能到哪里去呢？’”秦惠王认为陈轸说得很对，便好好地对待他了。

卷四 秦策二

扫码听谦德
君为您导读

秦二·齐助楚攻秦

齐助楚攻秦，取曲沃①。其后秦欲伐齐，齐、楚之交善，惠王患之，谓张仪曰：“吾欲伐齐，齐、楚方欢，子为寡人虑之，奈何？”张仪曰：“王其为臣约车并币②，臣请试之。”

【注释】①曲沃：位于今河南省灵宝市东北。②币：礼品。

【译文】齐国帮助楚国攻打秦国，攻下了曲沃。后来秦国想报仇就打算进攻齐国，可是齐国、楚国关系友好，秦惠王为此感到很忧虑，就对张仪说：“我打算发兵攻打齐国，无奈齐、楚两国关系正处在融洽阶段，您替我考虑一下，怎么办才好呢？”张仪说：“请大王为我准备好车马和礼物，让我到南方试着去游说楚王看看！”

张仪南见楚王曰：“弊邑之王所说①甚者，无大大王；唯（suī）②仪之所甚愿为臣者，亦无大大王。弊邑之王所甚憎者，亦无先齐王③；唯仪之甚憎者，亦无大齐王。今齐王之罪，其于弊邑之王甚厚，弊邑欲伐之，而大国与之欢，是以弊邑之王不得事令[④]，而仪不得为臣也。大王苟能闭关绝齐，臣请使秦王献商於（wū）之地[⑤]，方六百里。若此，齐必弱，齐弱则必为王役矣。则是北弱齐，西德于秦，而私商於之地以为利也，则此一计而三利俱至。”

【注释】①说：同“悦”。②唯：即使是。③齐王：齐宣王。④令：善。⑤商於之地：一说为今河南淅川西南；一说为今陕西商洛到河南淅川一带。

【译文】于是张仪南行楚国去见楚怀王，说：“敝国的君主最喜欢的人，莫过于大王您了；我张仪最愿意做臣子的，也莫过于大王您了。敝国的君主最讨厌的人，莫过于齐王了；而臣张仪最讨厌的人，也莫过于齐王了。现在齐国的罪恶，对秦王来说是最深重的，因此秦国准备发兵讨伐齐国，无奈贵国跟齐国关系融洽，以致于秦王无法好好为您效劳，同时我张仪也不能做大王的臣子。如果大王能关闭边关跟齐国断绝邦交，臣愿意劝秦王献上方圆六百里的商於之地。如此一来，齐国必定走向衰弱，齐国走向衰弱以后，就必然会听从大王的差遣了。这样，既在北面削弱了齐国的势力，又在西方对秦国施有恩惠，同时还得到了商於六百里的土地，这样真是一举三得啊，三方面的利益都得到了。”

楚王大说，宣言之于朝廷曰：“不穀[①]得商於之田，方六百里。”群臣闻见者毕贺，陈轸后见，独不贺。楚王曰：“不穀不烦一兵，不伤一人，而得商於之地六百里，寡人自以为智矣！诸士大夫皆贺，子独不贺，何也？”陈轸对曰：“臣见商於之地不可得，而患必至也，故不敢妄贺。”王曰：“何也？”对曰：“夫秦所以重王者，以王有齐也。今地未可得而齐先绝，是楚孤也，秦又何重孤国？且先出地后绝齐，秦计必弗为也；先绝齐后责地，且必受欺于张仪；受欺于张仪，王必惋之。是西生秦患，北绝齐交，则两国兵必至矣。”楚王不听，曰：“吾事善矣！子其弭口无言，以待吾事。”楚王使人绝齐，使者未来，又重绝之。

【注释】①不榖：王侯自谦之称。

【译文】楚怀王听了非常高兴，就赶紧在朝中向群臣宣布：“寡人已经从秦国得到商於方圆六百里的肥沃土地。”群臣听了都来向楚怀王道贺，唯独陈轸最后到来，而且根本不向楚怀王道贺。这时楚怀王就很诧异地问：“我没动用一兵一卒，而且没有一名将士伤亡，就得到了商於六百里的土地，我认为这是一次明智之举，朝中的文武百官都来向我道贺，唯独您一人不来，这是为什么呢？”陈轸回答说：“在我看来，大王不但得不到商於六百里的土地，反而会因此招来麻烦，所以臣才不敢轻易向大王道贺。”楚怀王问：“为什么这么说呢？”陈轸回答说：“秦王之所以重视大王的原因，是因为大王您有齐国这样一个强大盟友的支持。如今大王还没有得到秦国的土地，就先断了跟齐国的邦交，如此就会使楚国陷于孤立无援的状态，秦国又怎会看重一个孤立无援的国家呢？何况如果先让秦国割让土地，再去跟齐国断绝邦交，秦国必不肯同意这样做；要是楚国先跟齐国断交，然后再叫秦国割让土地，那么必然会受到张仪的欺骗，到最后却得不到土地；受到张仪的欺骗，大王您必然会懊悔万分。这样的结果就是在西面惹出了秦国的祸患，在北面又没有了齐国的后援，这样秦、齐两国的军队都将进攻楚国了。”楚王不听，说：“我这件事已经做得很好了！你就闭口，不要再多说了，就等我把这件事做完吧！”于是楚怀王就派使者前往齐国宣布断绝邦交，还没等第一个使者回来，楚怀王竟又急着第二次派人前去重申此事。

张仪反，秦使人使齐，齐、秦之交阴合。楚因使一将军受地于秦。张仪至，称病不朝。楚王曰：“张子以寡人不绝齐乎？”乃使勇士往詈齐王。张仪知楚绝齐也，乃出见使者曰：“从某至某，广从[1]六里。”使者曰：“臣闻六百里，不闻六里。”仪曰：“仪固以小人，安得六百里？”使者反报楚王，楚王大怒，欲兴师伐秦。陈轸曰：“臣可以言乎？”王曰：“可矣。”轸曰：“伐秦非计也，王不如因而赂之一名都，与之伐齐，是我亡于秦而取偿于齐也。楚国不尚全乎？王今已绝齐，而责欺于秦，是吾合齐、秦之交也，国必大伤。”

【注释】①广从：纵横。

【译文】张仪回到秦国，秦国就赶紧派使者前往齐国游说，秦、齐两国暗中联合起来。果然不出陈轸所料，当楚国派出一名将军去秦国接收土地时，张仪为了躲避楚国的使臣，竟然谎称有病不去上朝。楚怀王说：“张仪以为寡人不是真的跟齐国断交吗？”于是楚怀王就派了一名勇士前去齐国，当面责骂齐王。张仪在证实楚国和齐国确实断交以后，才出来接见楚国来索要土地的使臣，说：“从这里到那里，方圆总共是六里。”楚国使者很惊讶地说：“臣只听说是六百里，却没有听说是六里啊！”张仪巧辩说：“我张仪在秦国只是一个微不足道的小人物，怎么能说给你们六百里的土地呢？”楚国使节回国报告楚怀王，楚怀王大怒，准备发兵攻打秦国。这时陈轸走到楚怀王面前说：“臣还可以发言吗？”楚怀王说：“可以。”于是陈轸说：“楚国发兵去攻打秦国，绝对不是一个好办法，大王不如趁此机会，用一座大城贿赂秦国，跟秦国联合起来一起讨伐齐国，如此或许可以把损失在秦国手里的土地再从齐国得回来。这不就等于楚国没有受到损失吗？大王既然已经跟齐国断绝了邦交，现在又去责备秦国失信，岂不是等于我们在促成秦、齐两国的联合吗，这样的话，楚国必然受到重大的伤害！”

楚王不听，遂举兵伐秦。秦与齐合，韩氏从之，楚兵大败于杜陵①。故楚之土壤士民非削弱，仅以救亡者，计失于陈轸，过听于张仪。

【注释】①杜陵：应是“伎陵”之误，位于今陕西省旬阳西。

【译文】楚怀王没有采纳陈轸的劝谏，而是按照原定计划发兵去攻打秦国。秦国与齐国联合，同时韩国也附合他们，加入了他们的军事阵线，结果楚军被三国联军在伎陵打得惨败。可见，楚国的土地并非不广阔，而人民也并非比其它国家软弱，但是之所以差点面临亡国的灾祸，就是由于楚怀王没有采纳陈轸的正确意见，而错误地听信了张仪诡诈的谎言。

秦二·楚绝齐

楚绝齐，齐举兵伐楚。陈轸谓楚王曰："王不如以地东解于齐，西讲于秦。"

【译文】楚国与齐国断交后，齐国发兵攻打楚国。陈轸对楚怀王说："大王不如把土地送给东方的齐国以缓和两国的关系，然后再跟西方的秦国讲和，建立邦交。"

楚王使陈轸之秦，秦王谓轸曰："子，秦人也，寡人与子故也，寡人不佞，不能亲国事也，故子弃寡人事楚王。今齐、楚相伐，或谓救之便，或谓救之不便，子独不可以忠为子主计，以其余为寡人乎？"

【译文】楚怀王派陈轸出使秦国，秦惠王对陈轸说："您本来就是秦国人，而且是寡人的老臣。可惜由于寡人不能识才，处理国家大事又欠周详，所以您才抛弃我去给楚王服务。如今齐、楚两国互相攻伐，有的人认为救援有利，有的人认为不救援有利。您可不可以在为楚国效忠之余，也为我做一点儿考虑，出一点儿主意呢？"

陈轸曰："王独不闻吴人之游楚者乎？楚王甚爱之，病，故使人问之，曰：'诚病乎？意[①]亦思乎？'左右曰：'臣不知其思与不思，诚思则将吴吟。'今轸将为王吴吟。王不闻夫管与之说乎？有两虎诤[②]人而斗者，管庄子[③]将刺之，管与止之曰：‘虎者，戾虫；人者，甘饵也。今两虎诤人而斗，小者必死，大者必伤。子待伤虎而刺之，则是一举而兼两虎也。无刺一虎之劳，而有刺两虎之名。’齐、楚今战，战必败一。败，王起兵救之，有救齐之利，而无伐楚之害。”

【注释】①意：通“抑”，或者。②诤：通“争”。③管庄子：即卞庄子，春秋时期鲁国的勇士。

【译文】陈轸说：“大王难道没听过有个吴国人到楚国去做官的故事吗？楚王很喜欢这个吴国人，可是有次这个人生病了，楚王就派人去探问他说：‘是真生病了？还是思念故乡了呢？’左右侍臣回答说：‘不知道他是否思乡，假如真是思乡的话，那他就会用吴国的乡音呻吟了。’现在我就准备为大王‘吴吟’。不知大王有没有听说管与的故事？这个故事是说有两只老虎，为争一个人而互相打斗起来，管庄子准备去刺杀这两只虎，可是管与赶忙来制止他说：‘老虎是一种贪狠的猛兽，人肉是老虎的美食。现在两只老虎为争吃人肉而打斗，小的老虎必然因打斗失败而死，大的老虎也必然因为苦斗而受伤。你就等着老虎受了伤后，再去刺杀那只受伤的大老虎吧！您可以一下解决两只老虎，真是一举两得的妙计。不用耗费杀死一只老虎的力气，实际上却获得了刺杀两只老虎的名声。’如今齐、楚两国正在苦苦交战，那么双方必定会有伤亡，那时大王再施以援手，既能获得救齐的利益，而又没有攻打楚国的危险与损失。”

秦二·秦惠王死

秦惠王死，公孙衍①欲穷张仪。李雠谓公孙衍曰："不如召甘茂于魏，召公孙显②于韩，起樗（chū）里子③于国。三人者，皆张仪之雠也，公用之，则诸侯必见张仪之无秦矣！"

【注释】①公孙衍：魏国阴晋人。②公孙显：秦国贵臣。③樗里子：即秦公子樗里疾。为人幽默又多智，人称"智囊"。

【译文】秦惠王死了，公孙衍想要让张仪陷入困境。李雠对公孙衍说："您不如从魏国把甘茂召回来，从韩国把公孙显也召回来，在国内重新起用樗里疾。这三个人，都是张仪的仇人，您任用他们，那诸侯们一定会觉得张仪在秦国既失宠又无权了！"

秦二·义渠君之魏

义渠①君之魏，公孙衍谓义渠君曰："道远，臣不得复过矣，请谒事情。"义渠君曰："愿闻之。"对曰："中国②无事于秦，则秦且烧焫（ruò）③获君之国；中国为有事于秦，则秦且轻使重币，而事君之国也。"义渠君曰："谨闻命。"

【注释】①义渠：羌族建立的国家，地处今甘肃庆阳西南一带。②中国：指东方六国。③烧焫：焚烧。

【译文】义渠君来到魏国，公孙衍对他说："道路遥远，今后我不太可能再跟您见面了，请让我告诉您一件事儿。”义渠君说：“很愿意倾听。”公孙衍说：“如果东方六国对秦国不采取军事行动，那么秦国就将焚烧并获取您的国家；如果东方六国对秦国发起战事，那么秦国就将很快派出使臣并赠送贵重的礼物，来事奉贵国，以求得贵国的援助。”义渠君说：“我会谨记的。”

居无几何，五国①伐秦。陈轸谓秦王曰：“义渠君者，蛮夷之贤君，王不如赂之以抚其心。”秦王曰：“善。”因以文绣千匹，好女百人，遗（wèi）②义渠君。

【注释】①五国：赵、魏、韩、燕、楚。②遗：赠予。

【译文】过了没多久，东方五国联合攻打秦国。陈轸对秦王说：“义渠君是蛮夷之地贤能的君主，大王不如赠送财物去贿赂他，以安抚他的心。”秦王说：“好。”于是把锦绣一千匹，一百个漂亮的女子，赠送给了义渠君。

义渠君致群臣而谋曰：“此乃公孙衍之所谓也。”因起兵袭秦，大败秦人于李帛①之下。

【注释】①李帛：秦邑，位于今甘肃省天水东。

【译文】义渠君召集臣子们商讨说：“这就是公孙衍所说的情况了。”于是出兵袭击秦国，秦兵在李帛城下遭到惨败。

秦二·医扁鹊见秦武王

医扁鹊[1]见秦武王，武王示之病，扁鹊请除。左右曰："君之病在耳之前，目之下，除之未必已也，将使耳不聪，目不明。"君以告扁鹊。扁鹊怒而投其石[2]："君与知之者[3]谋之，而与不知者[4]败之。使此知秦国之政也，则君一举而亡国矣。"

【注释】①扁鹊：姓秦，名越人，春秋战国期间的名医。②石：针石，医疗用具。③知之者：此处指精通医术的扁鹊。④不知者：指秦王身边那些不懂医术的人。

【译文】医生扁鹊去拜见秦武王，秦武王把自己的病情告诉了扁鹊，扁鹊愿意给他医治，可是左右大臣提出异议："君王的病在耳朵的前面，眼睛的下面，未必能治好，弄不好反而会使听力受损，视力模糊。"秦武王把这话告诉了扁鹊，扁鹊听了很生气，把治病的针石一丢，说："君王向懂医术的人求教治病，又同不懂医道的人一起讨论，干扰懂医术的人进行治疗。如果秦国的政治也如此的话，那么君王随时都有亡国的危险了。"

秦二·秦武王谓甘茂曰

秦武王谓甘茂曰："寡人欲车通三川以窥周室，而寡人死不朽矣。"甘茂对曰："请之魏，约伐韩。"王令向寿[1]辅行。

【注释】①向寿：人名。秦昭王的母亲宣太后的外族，受宠于秦武王。攻下宜阳后，被派往驻守。

【译文】秦武王对甘茂说："我想出兵进攻三川，灭掉周室，如果这一夙愿能够实现，我将死而不朽了。"甘茂说："我要求去魏国与他们相约，共同攻打韩国。"于是，武王派亲信向寿，作为甘茂的副使出使魏国。

甘茂至魏，谓向寿："子归告王曰：'魏听臣矣，然愿王勿攻也。'事成，尽以为子功。"向寿归以告王，王迎甘茂于息壤[1]。

【注释】①息壤：位于陕西省咸阳东。

【译文】甘茂来到魏国，对向寿说："您回去告诉大王说：'魏王已同意我的约定，但希望大王不要攻打韩国。'事成之后，一切功劳全归于您。"向寿回到秦国，把甘茂的话告诉了武王，武王便到息壤这个地方迎接甘茂。

甘茂至，王问其故。对曰："宜阳，大县也，上党、南阳积之久矣，名为县，其实郡也。今王倍数险，行千里而攻之，难矣。臣闻张仪西并巴、蜀之地，北取西河之外，南取上庸[1]，天下不以多张仪，而贤先王。

【注释】①上庸：楚邑，位于今湖北省竹山。

【译文】甘茂到了息壤，武王问他停止攻韩的原因。甘茂回答说："宜阳是韩国的大县，长期以来，在宜阳积聚了上党和南阳两地的人力和财富，它名义上是县，实际上相当于一个郡。现在大王的军队要经过重重险阻，跋涉千里去攻打韩国，实在是太难了啊！我听说，张仪西并巴、蜀，北取西河之外，南取上庸，天下并不因此而夸赞张仪的能力，却称扬先王的贤明。

“魏文侯令乐羊将，攻中山[①]，三年而拔之。乐羊反而语功，文侯示之谤书一箧，乐羊再拜稽首[②]曰：‘此非臣之功，主君之力也。’今臣羁旅之臣也，樗里疾、公孙郝二人者，挟韩而议，王必听之，是王欺魏而臣受公仲侈之怨也。

【注释】①魏文侯：名斯，公元前403年，与赵、韩均列为诸侯。乐羊：魏国将领。中山：国名。春秋末年的白狄鲜虞族所建。位于今河北省定县，公元前406年，被魏所灭。②稽首：古代的跪拜礼，叩头至地，是九拜中最恭敬的礼节。

【译文】“魏文侯派乐羊为将，进攻中山国，三年就灭掉了中山。乐羊返回魏国，称道自己的战功，魏文侯拿出整整一箱群臣诽谤乐羊进攻中山的意见书给他看，乐羊拜了再拜并行了稽首礼，赶紧接受了魏文侯的批评，说：‘这不是我的功劳，完全是主君的功劳啊！’我现在只不过是客居在秦国的人，而樗里疾、公孙郝二人，抱着对韩国的偏心，非议攻韩的不当，大王必会听从，如果这样，岂不是大王欺骗了魏国，而我又会白白招致韩国相国公仲侈的怨恨了。

“昔者曾子处费（bì）[①]，费人有与曾子同名族者而杀人，人告曾子母曰：‘曾参杀人。’曾子之母曰：‘吾子不杀人。’织自若。有顷焉，人又曰：‘曾参杀人。’其母尚织自若也。顷之，一人又告之曰：‘曾参杀人。’其母惧，投杼逾墙而走。夫以曾参之贤，与母之信也，而三人疑之，则慈母不能信也。今臣之贤不及曾子，而王之信臣又未若曾子之母也，疑臣者不适②三人，臣恐王为臣之投杼也。”王曰：“寡人不听也，请与子盟。”于是与之盟于息壤。

【注释】①曾子：名参，字子舆，春秋末年思想家，孔子的弟子。费：鲁邑，位于今山东省费县西南。②不适：不止。适，通“啻”。

【译文】“从前，曾子在费地，费地有个与曾子同名同姓的人杀了人。有人告诉曾子的母亲，说：‘曾参杀人了。’曾子的母亲说：‘我的儿子不会杀人’，她仍然照常织布。过了一会儿，又有人跑来说：‘曾参杀人了。’曾子的母亲仍然照常织布。又过了一会儿，又一个人来说：‘曾参杀人了。’曾子的母亲惊恐万状，扔掉梭子，翻过垣墙，仓皇逃跑了。就连曾子这样贤德的人，他的母亲对他是那样的信任，却由于三个人不实的话，都对他产生了疑惑和不信任。现在我不如曾子贤能，大王相信我又不如曾子的母亲相信曾子，非议、猜疑我的更不止三人，我担心大王恐怕会因为我的原因而像曾子的母亲一样扔掉梭子逃跑啊！”武王坚定地说：“我不会听信别人的议论，让我们订立盟约吧！”于是武王和甘茂在息壤订下了盟约。

果攻宜阳，五月而不能拔也。樗里疾、公孙郝二人在争之王，王将听之，召甘茂而告之。甘茂对曰：“息壤在彼。”王曰：“有之。”因悉起兵，复使甘茂攻之，遂拔宜阳。

【译文】果然甘茂在攻打宜阳时，连着五个月都没能攻下。于是，樗里疾和公孙郝二人便在武王面前议论甘茂进攻宜阳不恰当，武王几乎都要听信他们的意见了，因而召见甘茂并把情况告诉了他。甘茂对武王说："息壤的盟誓就在那里！"武王不得不说："确实有这回事"。这时武王才又坚定信心，动用了全部兵力，支持甘茂继续进攻，最后终于攻克了宜阳。

秦二·宜阳之役

宜阳之役，冯章①谓秦王曰："不拔宜阳，韩、楚乘吾弊，国必危矣！不如许楚汉中以欢之。楚欢而不进，韩必孤，无奈秦何矣！"王曰："善。"果使冯章许楚汉中，而拔宜阳。楚王以其言责汉中于冯章。冯章谓秦王曰："王遂亡臣，因谓楚王曰：'寡人固无地而许楚王。'"

【注释】①冯章：秦臣。

【译文】关于宜阳的战事，冯章对秦武王说："如果攻不下宜阳，韩、楚两国就会联合起来，利用我国疲困而发动进攻，那么我们国家必然就危险了！不如答应把汉中割让给楚国，以此取得楚国的欢心。楚国一高兴，就不会进攻我们国家了，那么韩国一定受到孤立，这样，韩国对我们秦国也就无可奈何了！"秦武王说："好。"后来，武王果然派冯章出使，答应把汉中割让给楚国，使韩国陷入孤立，因而秦国攻克了宜阳。楚怀王根据冯章的许诺去秦国索取汉中，这时，冯章对秦武王说："大王您就让我逃离秦国，然后您就可以对楚王说：'我本来没答应给楚王土地的。'"

秦二·甘茂攻宜阳

甘茂攻宜阳，三鼓之而卒不上。秦之右将向寿对曰："公不论兵，必大困。"甘茂曰："我羁旅而得相秦者，我以宜阳饵王。今攻宜阳而不拔，公孙郝、樗里疾挫我于内，而公中①以韩穷我于外，是无茂之日已！请明日鼓之，而不可下，因以宜阳之郭为墓！"于是出私金以益公赏。明日鼓之，宜阳拔。

【注释】①公中：即韩相公仲倗。

【译文】甘茂率兵攻打韩国的宜阳，三次击鼓进军，士兵不肯往前冲锋。秦国的右将军向寿对他说："您不用兵法指挥士兵作战，一定会陷入严重的困境。"甘茂说："我客居秦国而能当上丞相，是我用攻下宜阳而引得秦王高兴。现在宜阳攻不下来，公孙郝和樗里疾在国内诋毁我，公仲倗又因韩国的力量在国外逼迫我，这就是我的末日到了吧！如果我明天击鼓进军还攻不下宜阳，就把宜阳郊外作为我的葬身之地吧！"于是他拿出自己的钱财来加在公家的赏金里嘉奖有功人员。第二天击鼓发起进攻，宜阳被攻克。

秦二·宜阳未得

宜阳未得，秦死伤者众，甘茂欲息兵。左成谓甘茂曰："公内攻于樗里疾、公孙郝，而外与韩倗为怨，今公用兵无功，公必穷矣。公不如进兵攻宜阳，宜阳拔，则公之功多矣。是樗里疾、公孙郝无事也，秦众尽怨之深矣。”

【译文】宜阳未能攻克，秦兵已经死伤很多，甘茂想罢兵不攻，左成对甘茂说：“您在内受樗里疾和公孙郝的攻击，在外又与韩公仲倗结为怨敌，现在您如果没有取得战功，就会没有退路，必然要陷入窘境。您不如继续发兵进攻宜阳，宜阳一被攻克，您就建立了丰功伟绩。这样，樗里疾和公孙郝再也找不到事由攻击您了，秦国老百姓都会深深地怨恨他们二人。”

秦二·宜阳之役

宜阳之役，楚畔秦而合于韩。秦王惧。甘茂曰：“楚虽合韩，不为韩氏先战；韩亦恐战而楚有变其后。韩、楚必相御也。楚言与韩，而不余怨于秦，臣是以知其御也。”

【译文】宜阳战役开始时，楚国背叛秦国而与韩国联合。秦武王很是害怕。甘茂说：“楚国虽然与韩国联合，但不会替韩国先出兵攻打秦国；韩国也担心攻打秦国的时候，楚国在后面偷袭。这样，韩国和楚国必然互相观望。楚国虽然宣称与韩国联合，但也不愿与秦国结仇，因此我认为楚国与韩国之间将会互相戒备。”

秦二 · 秦王谓甘茂曰

秦王谓甘茂曰："楚客来使者多健，与寡人争辞，寡人数穷[1]焉，为之奈何？"甘茂对曰："王勿患也。其健者来使，则王勿听其事；其需[2]弱者来使，则王必听之。然则需弱者用而健者不用矣，王因而制之。"

【注释】①穷：指辞穷。②需：通"懦"。

【译文】秦王对甘茂说："楚国派来的使者多是能言善辩的人，他们与我争论议题，我多次被弄得理屈辞穷，该怎么办呢？"甘茂回答说："大王不用发愁。如果那些能言善辩的人出使我国，不管他们说什么，大王都不要听他们的话；那些温和而又不善言辞的人出使我国，大王一定要听从他们的意见。这样，懦弱不善言辞的人受到任用，而那些能言善辩的人就不会被任用了，大王就可以乘机控制他们了。

秦二 · 甘茂亡秦且之齐

甘茂亡秦且[1]之齐，出关[2]遇苏子，曰："君闻夫江上之处女乎？"苏子曰："不闻。"曰："夫江上之处女，有家贫而无烛者，处女相与语，欲去之。家贫无烛者将去矣，谓处女曰：'妾以无烛，故常先至，扫室布席，何爱[3]余明之照四壁者？幸以赐妾，何妨于处女？妾自以有益于处女，何为去我？'处女相语以为然而留之。今臣不肖，弃逐于秦而出关，愿为足下扫室布席，幸无我逐也。”苏子曰：“善。请重公于齐。”

【注释】①且：将。②关：函谷关。③爱：吝惜。

【译文】甘茂从秦国出逃，准备到齐国去。出了函谷关，遇见苏秦说：“您听说过江上处女的故事吗？”苏秦说：“没有听说过。”甘茂说：“在江上的众多处女中，有一个家贫而无烛的女子。其它处女在一起商量，要把家贫无烛的处女赶走。家贫无烛的女子准备离去时，对其它女子说：‘我因为没有烛的缘故，所以常常先到，一到便打扫屋子，铺好席子，你们何必吝惜照在四壁上的那一点余光呢？如果大方地赐一点余光给我，对你们又有什么妨碍呢？我自认为对你们还是有一些用处的，为什么一定要赶我走呢？’女子们商量后，认为她说的对，就把她留了下来。现在我由于没有才德，被秦国抛弃，将要出函谷关，我愿意为您打扫屋子，铺好席子，希望您不要赶我走。”苏秦说：“好，我将设法让齐国重用您。”

乃西说秦王曰：“甘茂，贤人，非恒士也。其居秦，累世重矣，自殽（xiáo）塞[①]、谿（xī）谷[②]，地形险易尽知之。彼若以齐约韩、魏，反以谋秦，是非秦之利也。”秦王曰：“然则奈何？”苏秦曰：“不如重其贽（zhì）[③]，厚其禄以迎之。彼来则置之槐谷，终身勿出，天下何从图秦？”秦王曰：“善！”与之上卿，以相迎之齐。甘茂辞不往。

【注释】①殽塞：即崤山，位于今河南省洛宁北，是极险之地。

②谿谷：位于今陕西省三原的清水谷，与后文的“槐谷”在《史记》中被并作“鬼谷”。③贽：古代初次拜见尊长所送的礼物。

【译文】于是，苏秦就西去游说秦王说：“甘茂是个贤能的人，并不是平常人。他在秦国停留，受到惠王、武王、昭王等几朝重用，秦地的崤山、谿谷等地形的复杂情况，他无不了如指掌。他如果通过齐国联合韩、魏两国，反过来对付秦国，这将对秦国十分不利。”秦王说：“如果那样，要怎么办呢？”苏秦说：“您不如多备厚礼，以高位重金迎接他回国。他要来了，把他软禁在槐谷，终身不让他出来，诸侯又凭什么图谋秦国呢？”秦王说：“好！”于是，给予甘茂上卿的爵位，以丞相的职位到齐国去迎接他。甘茂推辞不去。

苏秦为谓齐王曰：“甘茂，贤人也。今秦与之上卿，以相迎之，茂德王之赐，故不往，愿为王臣。今王何以礼之？王若不留，必不德王。彼以甘茂之贤，得擅用强秦之众，则难图也。”齐王曰：“善。”赐之上卿，命而处之。

【译文】苏秦此时又到齐国，为甘茂对齐王说：“甘茂是个贤能的人，现在秦王给他上卿的爵位，并拿了相印去迎接他，但甘茂却因为感激您的恩德而没有前往，其实他愿意做大王的臣子。现在大王您用什么礼节来对待他呢？大王如果不加以挽留，他一定不会再感激大王。以甘茂之才，如果让他统帅强秦的军队，秦国对齐国来说可就难以对付了。”齐王说：“好。”于是，齐王赐甘茂以上卿的爵位，让他留在齐国。

秦二 · 甘茂相秦

甘茂相秦。秦王爱公孙衍[①]，与之间有所立，因自谓之曰："寡人且相子。"甘茂之吏道穴闻之，以告甘茂。甘茂因入见王曰："王得贤相，敢再拜贺。"王曰："寡人托国于子，焉更得贤相？"对曰："王且相犀首。"王曰："子焉闻之？"对曰："犀首告臣。"王怒于犀首之泄也，乃逐之。

【注释】①公孙衍：魏臣。下文"犀首"也指公孙衍，借官名作人名。

【译文】甘茂担任秦国的相国，而秦武王喜欢公孙衍，和他私下谈话，亲自对公孙衍说："我将要任命您为相国。"甘茂手下的一个小官吏凿洞听到这一消息，把它告诉了甘茂。甘茂因而去拜见秦武王，说："大王得到了贤能的相国，让我向您行再拜礼表示祝贺。"秦武王说："我把秦国的国家大事都交给了您，怎么说又得了一个贤相呢？"甘茂回答说："大王将要任命犀首为相国。"秦武王说："你从哪里听到的这话？"甘茂回答说："是犀首告诉我的。"秦武王认为是犀首泄漏了这一秘密，很是恼怒，便把他赶走了。

秦二 · 甘茂约秦、魏而攻楚

甘茂约秦、魏而攻楚。楚之拒秦者屈盖[①]，为楚和于秦，秦启关而听楚使。甘茂谓秦王曰："怵于楚而不使魏制和，楚必曰

'秦鬻(yù)[2]魏'。不悦而合于楚，楚、魏为一，国恐伤矣。王不如使魏制和，魏制和必悦。王不恶于魏，则寄地必多矣。"

【注释】①屈盖：楚将。又作"屈匄"。②鬻：卖

【译文】甘茂联合秦、魏两国一同去攻打楚国。楚国抗秦将领屈盖，替楚国向秦国讲和，于是秦国便打开边境关卡的大门接受楚国议和的使者。甘茂对秦王说："如果秦国受楚国的利诱，而不让魏国主持议和，楚国一定会宣扬说：'秦国出卖了魏国。'魏国一怒之下就会和楚国联合，楚、魏两国联合在一起，秦国恐怕要受到伤害了。大王不如让魏国主持议和的事，魏国主持议和后一定很高兴。这样，大王没有得罪魏国，魏国也不会憎恨大王，那么大王可获得的土地也一定很多了。"

秦二·陉山之事

陉山之事[1]，赵且与秦伐齐。齐惧，令田章以阳武[2]合于赵，而以顺子[3]为质。赵王喜，乃案兵告于秦曰："齐以阳武赐弊邑而纳顺子，欲以解伐。敢告下吏。"

【注释】①陉山之事：即陉山之役。陉山，位于今河南新郑县西南三十里。②田章：齐国将领。阳武：位于今河南省原阳县东南。③顺子：齐闵王的子侄。

【译文】在陉山这场战役中，赵国将联合秦国一起攻打齐国。齐王为此很害怕，便指派田章到赵国，以割让阳武为条件，

希望与赵国和好，并以齐国公子顺子作为人质。赵惠文王非常高兴，于是按兵不发并告诉秦国说："齐国割让阳武给我国，又送来顺子当人质，希望我们不要进攻，为此冒昧地把这个情况向您的手下通报。"

秦王[1]使公子他[2]之赵，谓赵王曰："齐与大国救魏而倍约，不可信恃，大国不义，以告弊邑，而赐之二社[3]之地，以奉祭祀。今又案兵，且欲合齐而受其地，非使臣之所知也。请益甲四万，大国裁之！"

【注释】①秦王：指秦昭王。②公子他：一作"公子池"，秦惠文王的儿子，昭王的兄长。③二社：即二里，共五十家。

【译文】秦昭王派公子他前往赵国，对赵王说："从前，齐国相约贵国一同援救魏国，但事后却违背了盟约，齐国是不可信赖的。您认为齐国不守信义，把要讨伐齐国的事告诉了我们，可是以前您赠送给秦国两社之地用来祭祀。现在却又按兵不动，准备与齐国联合，还想接受他们赠送的阳武与它和解，这是我们所不能理解的。请让我国增派四万士兵，请贵国去决断吧！"

苏秦为齐献书穰侯曰："臣闻往来之者言曰：'秦且益赵甲四万人以伐齐'，臣窃必料弊邑之王曰：'秦王明而熟于计，穰侯智而习于事，必不益赵甲四万人以伐齐。'是何也？夫三晋相结，秦之深雠也。三晋百背秦，百欺秦，不为不信，不为无行。

【译文】苏秦替齐国给秦相穰侯写信说："我听最近在秦、赵之间来往的人说：'秦国将要增援赵国四万兵力来进攻齐国。'我私下认为敝国国君定会说：'秦王明察秋毫而又善于谋划，穰侯明智而又善于军事，他们一定不会增援赵国四万兵力来进攻齐国的。'这是为什么呢？三晋联合，这是秦国的大敌。三晋上百次的背弃秦国，上百次的欺侮秦国，秦国却不认为他们是不守信用，不讲道义的行为。

"今破齐以肥赵，赵，秦之深雠，不利于秦。一也。秦之谋者必曰：'破齐弊晋，而后制晋、楚之胜。'夫齐罢国也，以天下击之，譬犹以千钧之弩决溃痈也，秦王安能制晋、楚哉？二也。秦少出兵，则晋、楚不信；多出兵，则晋、楚为制于秦。齐恐，则必不走于秦且走晋、楚。三也。齐割地以实晋、楚，则晋、楚安。齐举兵而为之顿剑，则秦反受兵。四也。是晋、楚以秦破齐，以齐破秦，何晋、楚之智而齐、秦之愚！五也。

【译文】"现在贵国帮助赵国去打败齐国，以增强赵国的国力，而赵国是秦国的深仇大敌，这样不利于秦国。这是一。秦国的谋士们一定说：'打败了齐国让三晋疲惫不堪，然后可以一举制服三晋和楚国。'齐国是一个疲弱的国家，用天下各国的兵力进攻齐国，就好比用千钧强弩去击破一个溃烂了的毒疮那样容易，它必然灭亡。秦王又怎么能制服三晋和楚国呢？这是二。秦国少出兵，那么三晋和楚国就不会相信秦国；多出兵，那么三晋和楚国就会认为受秦国控制。齐国如果害怕，一定不会投靠秦国而会投靠三晋和楚国。这是三。齐国割让土地给三晋和楚国，那么三晋和楚国就安定了。齐国出动兵力，秦国反而会受到军事压力。这是四。这实际上是三晋和楚国利用秦国之力来打败齐国，又借齐国之力来打败秦国。为什么三晋和楚国会这样聪明，而齐国和秦国却这样愚蠢！这是五。

"秦得安邑[①]，善齐以安之，亦必无患矣。秦有安邑，则韩、魏必无上党矣。夫取三晋之肠胃与出兵而惧其不反也，孰利？故臣窃必料弊邑之王曰：'秦王明而熟于计，穰侯智而习于事，必不益赵甲四万人以伐齐矣。'"

【注释】①安邑：魏国旧都，位于今山西省夏县西北。

【译文】"秦国如果取得了安邑，好好地安抚齐国，也就必然没有祸患、相安无事了。秦国有了安邑，韩、魏两国的上党必然不保。取得三晋的枢纽地带上党和安邑，这和出兵攻齐却害怕全军覆没，哪一个更有利呢？所以我料到敝国的君王定会说：'秦王明察秋毫而又善于谋划，穰侯明智而又精通军事，他们一定不会增援赵国四万兵力来进攻齐国的。'"

秦二·秦宣太后爱魏丑夫

秦宣太后[①]爱魏丑夫[②]。太后病将死，出令曰："为我葬，必以魏子为殉。"魏子患之。庸芮[③]为魏子说太后曰："以死者为有知乎？"太后曰："无知也。"曰："若太后之神灵，明知死者之无知矣，何为空以生所爱，葬于无知之死人哉？若死者有知，先王积怒之日久矣，太后救过不赡，何暇乃私魏丑夫乎？"太后曰：

“善。”乃止。

【注释】①秦宣太后：秦惠王后，昭襄王的母亲。②魏丑夫：魏人，名余。③庸芮：秦国大臣。

【译文】秦宣太后爱恋大臣魏丑夫，后来宣太后重病将死，拟下遗命说：“如果我死了，一定要魏丑夫为我殉葬。”魏丑夫听说此事，忧虑不堪，幸亏有大臣庸芮肯为他游说宣太后：“太后，您认为人死了之后，冥冥之中还能知觉人间的事情么？”宣太后说：“人死了当然不会有觉知了。”庸芮于是说：“像太后这样明智的人，明明知道人死后不会有什么知觉，为什么还要白白地把自己所喜欢的人和没有知觉的人葬在一起呢？假如死人还有什么知觉的话，那么先王早就不知道有多生气了。太后赎罪还来不及，哪里还敢去私爱魏丑夫呢？”宣太后觉得庸芮说的有理，就说：“好。”于是，就放弃了让魏丑夫为自己殉葬的念头。

扫码听谦德
君为您导读

卷五 秦策三

秦三·薛公为魏谓魏冉曰

薛公为魏谓魏冉曰："文闻秦王欲以吕礼收齐，以济天下，君必轻矣。齐、秦相聚以临三晋，礼必并相之，是君收齐以重吕礼也。齐免于天下之兵，其雠（chóu）君必深。君不如劝秦王令弊邑卒攻齐之事。齐破，文请以所得封君。齐破晋[1]强，秦王畏晋之强也，必重君以取晋。齐予晋弊邑，而不能支秦，晋必重君以事秦。是君破齐以为功，挟晋以为重也。破齐定封，而秦、晋皆重君；若齐不破，吕礼复用，子必大穷矣。"

【注释】①晋：此处指魏国。

【译文】薛公田文为了魏国对秦国相国魏冉说："我听说秦王想通过吕礼来与齐国联合，以此来征服天下，这样您一定会被轻视的。齐国和秦国互相联合来威胁三晋，吕礼一定会兼任齐、秦两国的相国，这就等于您替吕礼联合了齐国，而提高了吕礼的地位。当齐国免除了各国的军事威胁时，它必将加深对您的仇恨。您不如劝说秦王让敝国的军队去攻打齐国。如果齐国被攻破，我将请求魏王将所得的齐国土地送给您，作为您的封地。如果齐国被魏国打败，魏国因此变得强大，秦王惧怕魏国的强大，一定会重用您去联合魏国。齐国给魏国薛邑，而无力对抗秦国，魏国一定会借助您来联合秦国。这样，您既为打败齐国建立了功劳，又凭借魏国提升了您的地位。打败齐国，可以确定您的封地，如此一来秦国和魏国都会重视您；如果不打败齐国，吕礼会再次得到重用，那您必将会陷入更大的困境之中。”

秦三·秦客卿造谓穰侯曰

秦客卿[①]造谓穰侯曰："秦封君以陶，藉君天下数年矣。攻齐之事成，陶为万乘，长小国，率以朝天子，天下必听，五伯之事也；攻齐不成，陶为邻恤而莫之据也。故攻齐之于陶也，存亡之机也。

【注释】①客卿：安置外来人士的高级爵位。

【译文】秦国的客卿造对秦国相国穰侯魏冉说："自从秦王把陶邑封给您，您已经在秦国掌权好多年了。如果攻打齐国可以成功，您的封地陶邑就可以成为拥有万乘的大国，这样您就可以领导各个小国，率领他们去朝见周天子，到时候天下诸侯对您无不俯首听命，您就会成为像春秋时代五霸那样的人。如果攻打齐国的事情不能完成，邻国必然对陶邑虎视眈眈，从此永无宁日。所以进攻齐国对于陶邑来说，是生死存亡的关键。

“君欲成之，何不使人谓燕相国曰：‘圣人不能为时，时至亦弗失。’舜虽贤，不遇尧也，不得为天子；汤、武虽贤，不当桀、纣不王。故以舜、汤、武之贤，不遭时，不得帝王。今攻齐，此君之大时也已。因天下之力，伐雠（chóu）[①]国之齐，报惠王之耻，成昭王之功，除万世之害，此燕之长利，而君之大名也。书云：‘树德莫如滋，除害莫如尽。’吴不亡越，越故亡吴；齐不亡燕，燕故亡齐。齐亡于燕，吴亡于越，此除疾不尽也。非以此时也，成君之功，除君之害，秦卒（cù）[②]有他事而从齐，齐、赵合，其雠君必深矣。挟君之雠以诛于燕，后虽悔之，不可得也已。君悉燕兵而疾攻之，天下之从君也，若报父子之仇。诚能亡齐，封君于河南[③]，为万乘，达途于中国，南与陶为邻，世世无患。愿君之专志于攻齐，而无他虑也。”

【注释】①雠：同“仇”，仇敌。②卒：同“猝”，突然。③河南：黄河以南。

【译文】“您如果想得到成功，为什么不派人去燕国对燕相国公孙操说：‘即使是品格、智慧高超的圣人，他也不能创造时势，时机来了就不能把它放过。’舜虽贤，如果不是遇到尧，他们也不会成为天子，商汤、周武王虽贤，如果不是遇到昏君夏桀和商纣，他们也不会称王于天下。所以，即使是贤能的舜、商汤和周武王，如果没有遇到合适时机，也不可能成为帝王。现在攻打齐国，正是您的大好时机啊！凭借天下各诸侯之力，攻打敌对的齐国，既可以报燕惠王之前的耻辱，又可以完成燕昭王未尽的功业，还可以为燕国除掉长久的祸害，这是燕国的长远利益所在，也是您名声鹊起的良好时机。

古书上说：'做好事要愈多愈好，除祸害要愈彻底愈好。'吴国如果不乘势灭掉越国，越国就会灭了吴国；齐国如果不乘势灭掉燕国，燕国就会灭了齐国。齐国被燕国所灭，吴国被越国灭掉，这都是因为除害不彻底的缘故。您如果不乘此时机完成您的功业，除掉您的祸害，一旦秦国突然发生其他的变故而与齐国联合，您的敌对势力就更加强大了。有这样的仇敌来讨伐燕国，到那时，后悔也来不及了。如果您动用燕国的全部兵力，马上消灭齐国，诸侯也一定会像儿子为父亲报仇那样，积极地响应您的行动。如果能够真正灭掉齐国，我们将把黄河以南一带划分为您的封地，您将拥有万乘，身居中原，四通八达，南与陶邑为邻，永世没有祸患，希望您一心一意地进攻齐国，不要再有其他想法了。"

秦三·为魏谓魏冉曰

为魏谓魏冉曰："公闻东方之语乎？"曰："弗闻也。"曰："辛张、阳毋泽说魏王、薛公、公叔也，曰：'臣载主[①]契国以与王约，必无患矣。若有败之者，臣请挈领[②]。然而臣有患也。夫楚王之以其国依冉也，而事臣之主，此臣之甚患也。'今公东而因言于楚，是令张与泽之言为禹[③]，而务败公之事也。公不如反公国，德楚而观薛公之为公也。观三国之所求于秦而不能得者，请以号三国以自信也。观张与泽之所不能得于薛公者也，而公请之以自重也。"

【注释】①主：木主，木制的神主牌位。②挈领：割断脖颈。③为禹：像禹一样未卜先知。

【译文】有人替魏国对魏冉说："您听到崤山以东各诸侯国是怎么说的吗？"魏冉说："没有听说过。"这个人说："辛张、阳毋泽分别游说过魏王、薛公和公叔，他们说：'我们已经用车载着木主，来代表本国与大王订立盟约，一定不会有后患了。如果有谁破坏了盟约，请让我们提着脑袋来见您。不过我们还是有忧虑的。楚王依赖秦国的魏冉，并把国家大事交由魏冉做主，来攻伐我们韩、魏、齐三国，这是我们最忧虑的事情。'如今您想到东边去与楚国会谈，这不是让张仪他们的预言像大禹一样未卜先知，从而破坏了您联合楚国的计谋。我看，您不如返回秦国，使楚国感激您的恩德，同时观察薛公如何对待您。再看看韩、魏、齐三国对秦王有什么要求至今还没有得到，您可以公开提出，并通过这种方法号召三国来争取他们对秦国的信任。最后看辛张、阳毋泽他们对薛公有什么要求却还没有得到的，您就去为他们争取，这样您才能受到各国的重视。"

秦三·谓应侯曰

谓应侯①曰："和不成，兵必出。白起者，且复将。战胜，必穷公；不胜，必事赵从公，公又轻。公不若毋多，则疾封。"

【注释】①应侯：秦国宰相范雎，因封地在应城（今河南鲁山东），所以又称为"应侯"。

【译文】有人对应侯范雎说："如果秦国和赵国的议和不能达成，秦国必然会出兵。到那时，白起将重新挂帅，领兵出战。若是秦军取胜，必将使您陷入困境；若是秦军不能取胜，秦王一定会派您去向赵国讲和，您会因此受到轻视。您不如不去过多干预此事，这样很快就会得到封地的。”

秦三·谓穰侯曰

谓穰侯曰：“为君虑封，莫若于陶[①]。宋罪重，齐怒深，残伐乱宋，德强齐，定身封。此亦百世之时也已！”

【注释】①陶：宋邑，位于今山东定陶。

【译文】有人对穰侯说：“我正在为您考虑定封地的事情，最好的选择莫过于陶邑。宋国罪孽深重，齐国对其早已深恶痛绝，如果我们能消灭混乱的宋国，既能使强大的齐国感激我们，又能确定下来您的封地，这样的机会真是千载难逢啊！”

秦三·谓魏冉曰

谓魏冉曰：“楚破，秦不能与齐县（xuán）[①]衡矣。秦三世积节于韩、魏，而齐之德新加与。齐、秦交争，韩、魏东听，则秦伐矣。齐有东国之地，方千里。楚苞九夷[②]，又方千里，南有符离[③]之塞，北有甘鱼之口[④]。权县宋、卫，宋、卫乃当阿、甄（zhēn）耳[⑤]。利有千里者二，富擅越隶，秦乌能与齐县衡？韩、魏支分方城膏腴之地以薄（bó）郑[⑥]，兵休复起，足以伤秦，不必待齐。”

【注释】①县：悬挂。②苞：同“包”，包含，包括。九夷：今山东至江苏、安徽两省淮北地区。③符离：地名。位于今安徽省宿州市北。④甘鱼口：地名。今湖北天门西北。⑤阿、甄：地名。阿，今山东东阿西。甄，今山东鄄城北。⑥薄：迫近，接近。郑：指秦的南郑地区。

【译文】有人对魏冉说：“如果楚国被齐国打败，秦国就不能同齐国相抗衡了。再说秦国三代人和韩、魏两国有多次交战之仇，而齐国又刚刚把好处给了韩、魏。当齐、秦交战的时候，韩、魏必然听从东边的齐国，那么秦国将遭到三个国家讨伐。齐国东方的土地，方圆千里。楚国拥有九夷之地，方圆也有千里，况且南边还有符离要塞，北边有甘鱼口。权衡一下宋、卫两国的份量，它们仅仅相当于齐国的阿、甄两地。如果齐国占据了楚国的土地，就等于有了两个千里之地，又独自占有之前越国的百姓，此时秦国怎么再能与齐国较量呢？当韩、魏两国打败楚国，瓜分楚国方城的肥沃土地，接近秦国的南郑地区，然后休整士兵，进攻秦国，这些动作足以伤害到秦国，这时都不必等待齐国动手了。”

秦三·五国罢成皋

五国罢成皋（gāo）[①]。秦王欲为成阳君求相韩、魏，韩、魏弗听。秦太后为魏冉谓秦王曰：“成阳君以王之故，穷而居于齐，今王见其达而收之，亦能翕其心乎？”王曰：“未也。”太后曰：“穷而不收，达而报之，恐不为王用。且收成阳君，失韩、魏之道也。”

【注释】①五国：指齐、燕、赵、韩、魏。成皋：位于今河南省荥阳市汜水镇西。

【译文】齐、燕、赵、韩、魏五国联合攻秦，在成皋休战。秦王想要为成阳君在韩、魏两国谋取相位，韩、魏不肯听从。秦太后替魏冉对秦王说："成阳君因为秦王您的缘故，在齐国处于困境，如今您看到他有了显要的地位又想收买他，这样能笼络他的心吗？"秦王说："不能。"太后说："穷困的时候不收留，显达了却想利用，恐怕他不会为大王您所用的。况且收用了成阳君，就等于断绝了与韩、魏两国的交往。"

秦三·范子因王稽入秦

范子因王稽（jī）入秦[1]，献书昭王曰："臣闻明主莅正，有功者不得不赏，有能者不得不官，劳大者其禄厚、功多者其爵尊，能治众者其官大。故不能者不敢当其职焉，能者亦不得蔽隐。使以臣之言为可，则行而益利其道；若将弗行，则久留臣无为也。语曰：'人主赏所爱而罚所恶；明主则不然，赏必加于有功，刑必断于有罪。'今臣之胸不足以当椹（zhēn）质[2]，要不足以待斧钺（yuè）[3]，岂敢以疑事尝试于王乎？虽以臣为贱而轻辱臣，独不重任臣者后无反复于王前耶！

【注释】①范子：指范雎。②椹质：一种古代的刑具。腰斩时垫在刑犯身体下面的砧板。③斧钺：古代斩刑所用的一种工具。

【译文】范雎受到王稽的帮助来到秦国，他上书给秦昭王，说：

“我听说明君执政，有成就的必然会得到奖赏，有能力的一定会授予官职，功劳大的俸禄多，战功多的爵位高，能治理民众的官位高。因此没有才能的人不敢随意任职，有能力的人才也不会被埋没。假如大王您认为我说的在理，就请大王按照此方法执行，这样会更加有利于国家的政治；如果明知其利而不行其道，那我即使久留于秦国也没有什么作用。常言道：‘一般的君王实行赏罚，总以好恶而施；而英明的君主却不是这样，总是赏有功而罚有罪。’现在，我的胸膛挡不住杀人用的砧板，我的腰板抵不住利斧，我怎敢拿毫无把握的计策献给大王呢？虽然大王您会认为我卑贱而轻视于我，但是举荐我的人自会保证我的忠心，他们是不敢去欺骗您的。

“臣闻周有砥（dǐ）厄[①]，宋有结绿，梁有悬黎，楚有和璞，此四宝者，工之所失也，而为天下名器。然则圣王之所弃者，独不足以厚国家乎？臣闻善厚家者，取之于国；善厚国者，取之于诸侯。天下有明主，则诸侯不得擅厚矣。是何故也？为其割荣也。良医知病人之死生，圣主明于成败之事，利则行之，害则舍之，疑则少尝之，虽尧、舜、禹、汤复生，弗能改已！语之至者，臣不敢载之于书；其浅者又不足听也。意者，臣愚而不阖（hé）[②]于王心耶？亡其言臣者，将贱而不足听耶！非若是也，则臣之志，愿少赐游观之间，望见足下而入之。”

【注释】①砥厄：周室镇国之宝，是一块美玉。②阖：符合。通“合”。

【译文】“我听说周有砥厄、宋有结绿、魏有悬黎、楚有和璞，这四件美玉，最初连玉工都不能辨别，但最后历经波折成为天下名器。同理，那些被圣王所遗弃的人难道就不能使国家富强吗？臣听说善于治家的，是在国内寻觅到的人才；善于治国的，是从各诸侯国中寻觅的良臣。正因为天下有明君贤主，各诸侯国才不可能独享贤士。这是什么原因呢？这是因为昏庸的君主，不知惜材，任由人才流动。正如良医能知病人生死一样，明主能够洞察事情的成败，有利的就去执行，有害的就会放弃，如果存有疑惑就去稍加尝试。这是尧、舜、禹、汤等圣主在世也无法改变的道理。至关重要的话语，我不敢写在这里；而一些肤浅的话语又不值一提。也许是我的愚昧无知，说出来的话不符合大王心意？或是由于推荐我的人地位卑下，大王认为他们的话不足以相信？如果不是因为这些因素，那么我的愿望是希望大王能稍微空出一点游览、观赏的时间，让我去面见您。”

书上，秦王说之，因谢王稽，使人持车召之。

【译文】这封自荐的奏书献给秦王后，秦王看了十分高兴，向王稽表示了荐举贤才的谢意，并派车马去召请范雎。

秦三·范雎至秦

范雎至秦，王庭迎，谓范雎曰：“寡人宜以身受令久矣。今者义渠[1]之事急，寡人日自请太后。今义渠之事已，寡人乃得以身受命。躬窃闵（mǐn）然不敏，敬执宾主之礼。”范雎辞让。是日见范雎，见者无不变色易容者。

【注释】①义渠：羌族所建立的小国，后被秦灭。

【译文】范雎来到秦国，秦昭王亲自到宫殿前院来迎接。秦王对范雎说："我早就该接受您的指导，现在又碰巧急于处理义渠国的事务，而我现在每天都得向太后请示。如今义渠的事已经处理完毕，我这才有机会亲自领受您的指点。我已深深明白自己的愚昧糊涂，就让我现在对您行宾客之礼吧。"范雎表示谦让。这天，凡是见到范雎的人，没有不肃然起敬，另眼相看的。

秦王屏左右，宫中虚无人，秦王跪而请曰："先生何以幸教寡人?"范雎曰："唯唯。"有间，秦王复请，范雎曰："唯唯。"若是者三。秦王跽（jì）[1]曰："先生不幸教寡人乎？"范雎谢曰："非敢然也。臣闻始时吕尚之遇文王也，身为渔父而钓于渭阳[2]之滨耳。若是者，交疏也。已一说而立为太师，载与俱归者，其言深也。故文王果收功于吕尚，卒擅天下而身立为帝王。即使文王疏吕望而弗与深言，是周无天子之德，而文、武无与成其王也。今臣羁旅之臣也，交疏于王，而所愿陈者，皆匡君之事，处人骨肉之间，愿以陈臣之陋忠，而未知王心也，所以王三问而不对者是也。

【注释】①跽：长跪。长时间双膝着地，上身挺直。②渭阳：地名，位于渭水之北。

【译文】秦王让身边的人都退下，宫中只留下他和范雎两人，秦王挺直腰腿，跪身对范雎请教说："先生会怎样荣幸地来教导我呢？"范雎只是"啊啊"了两声。过了一会儿，秦王再次请求，范雎还是“啊啊”了两声。就这样持续了三回。秦王接着挺直上身对范雎拜请说：“先生是不想教导我了吗？”范雎抱歉地解释道：“并不是这样的。我听说，当初吕尚与周文王相遇的时候，吕尚只是一个渔夫，在渭河岸边钓鱼，当时他们还没有什么交集，彼此之间很陌生。不久文王听了吕尚的进言，就把吕尚尊为太师，和他一起同车回去，这是因为吕尚的深刻见解打动了文王。后来文王因为任用吕尚而建立功业，最终掌握了天下大权，自己成为帝王。如果文王当时疏远吕尚，不与他深谈，那就说明他没有天子的德行，而文王、武王也将无人助其成就帝王的事业。现在，我只是个旅居在秦国的宾客，与大王还没有什么过深的交集，但是我心里想陈述的都是关于纠正大王您在处理政务中的问题，而且还会关涉到君王的骨肉之亲。我愿意奉上我微薄的力量以表忠心，但不知大王的心意如何，所以大王三次问我，我都没有回答。

“臣非有所畏而不敢言也，知今日言之于前，而明日伏诛于后，然臣弗敢畏也。大王信行臣之言，死不足以为臣患，亡不足以为臣忧，漆身而为厉，被发而为狂，不足以为臣耻。五帝之圣焉而死，三王之仁焉而死，五伯之贤焉而死，乌获①之力焉而死，奔、育②之勇焉而死。死者，人之所必不免也。处必然之势，可以少有补于秦，此臣之所大愿也，臣何患乎？

【注释】①乌获：人名，战国时的大力士。②奔、育：人名，即孟奔，夏育，战国时的勇士。奔，也作“贲”。

【译文】“我并不是因为有所畏惧而不敢进言。我知道，今天在大王面前把问题说了，明天就有可能遭到杀身之祸。但是我并不因此而感到畏惧，要是大王真的能够按照我的意见去做，我即使是死，也不会认为是祸患；即使流亡，也不会为此而忧虑；即使全身涂漆生满癞疮，披头散发而癫狂，也不会为此而耻辱。五帝是天下的圣人，但终究会死；三王是天下的仁人，但终究会死；五霸是天下的贤人，但终究会死；乌获是天下的大力士，但终究会死；孟贲、夏育是天下的勇士，但终究会死。死，是人人都不能避免的。这是顺应自然法则的必然规律，如果能够对秦国做出些许贡献，使秦国获益，这便是我最大的愿望，我还有什么可顾虑的呢？

“伍子胥橐（tuó）[①]载而出昭关，夜行而昼伏，至于蔆（líng）水[②]，无以饵其口，坐行蒲服，乞食于吴市，卒兴吴国，阖（hé）庐[③]为霸。使臣得进谋如伍子胥，加之以幽囚，终身不复见，是臣说之行也，臣何忧乎？箕子、接舆[④]，漆身而为厉，被发而为狂，无益于殷、楚。使臣得同行于箕子、接舆，可以补所贤之主，是臣之大荣也，臣又何耻乎？臣之所恐者，独恐臣死之后，天下见臣尽忠而身蹶（jué）也，是以杜口裹足，莫肯即秦耳。足下上畏太后之严，下惑奸臣之态；居深宫之中，不离保傅之手；终身暗惑，无与照奸；大者宗庙灭覆，小者身以孤危。此臣之所恐耳！若夫穷辱之事、死亡之患，臣弗敢畏也。臣死而秦治，贤于生也。”

【注释】①橐：口袋。②蔆水：今名溧水，源自今安徽芜湖，东流注入太湖。③阖庐：春秋时吴国国君，名光。公元前514—前496年在位。

④箕子、接舆：都是人名。箕子，商末贵族，商纣王的叔父，因谏纣王不听，就披发佯狂。接舆，春秋时楚国著名隐士，因不满时政，剪发佯狂。

【译文】“伍子胥当年是通过躲藏在口袋里而逃出昭关的，他夜晚出行，白天将自己隐藏起来，到了蔆水，没有食物可以吃，只能饿着肚子趴在地上，用双手爬行，在吴市的集市上讨饭度日，但最终帮助阖庐复兴吴国，完成了阖庐的建国霸业。如果我能像伍子胥一样为大王呈献计谋，即使遭到囚禁，终生不能出狱和大王相见，只要您能采纳我的意见，那我还有什么好忧虑的呢？当初的箕子、接舆，身上涂漆而又生满癞疮，披头散发假装发狂，却终究没有给殷、楚带来好处。如果让臣与他们一样漆身为癞，披发发狂，只要能给贤明的君主带来好处，这便是我无上的荣光，我又怎么会感觉到羞耻呢？我之所以担心是因为害怕我死后，天下的人看到我因尽忠而惨遭身亡，这样人们都会闭口不言、裹足不前，不肯到秦国来为您出谋划策。大王对上畏惧太后的威严，对下又被大臣的虚伪所迷惑，住在深宫之中，离不开宫中侍奉之人的照顾，于是终身迷惑糊涂，没有人能帮您看清朝中奸诈阴险的行为。这样，大而言之，会使国家陷入灭亡，小而言之，会使您自己处于孤立的危境。这是我一直所担心害怕的。如果我的死能换得秦国政治清明，这样会比我活着要好得多。”

秦王跽曰：“先生是何言也？夫秦国僻远，寡人愚不肖，先生乃幸至此，此天以寡人慁（hùn）[①]先生，而存先王之庙也。寡人得受命于先生，此天所以幸先王而不弃其孤也。先生奈何而言若此？事无大小，上及太后，下至大臣，愿先生悉以教寡人，无疑寡人也。”范雎再拜，秦王亦再拜。

【注释】①慁：扰乱；打扰。

【译文】秦王挺直上身说：“先生怎么能这样说呢？秦国是一个偏僻边远的国家，而我又是一个没有才能的愚人，先生能来到这里是我们的荣幸，这是上天让我来打扰先生，只有如此先王留下来的功业才能被延续下去。我能够有机会接受先生的教导，这是上天眷顾先王，没有抛弃他们的后人。先生怎么能说出这样的话呢？今后事无大小，上到太后，下到大臣，所有的事情都希望先生能给予我悉心的教导，千万不要对我有什么不放心的。”范雎再次拜谢，秦王也再次回拜。

范雎曰：“大王之国，北有甘泉①、谷口②，南带泾、渭③，右陇④、蜀，左关、阪⑤；战车千乘，奋击百万。以秦卒之勇，车骑之多，以当诸侯，譬若驰韩卢⑥而逐蹇（jiǎn）⑦兔也，霸王之业可致。今反闭关而不敢窥兵于山东者，是穰（ráng）侯⑧为国谋不忠，而大王之计有所失也。”

【注释】①甘泉：山名，在今陕西省淳化西北。②谷口：地名，在今陕西淳化西北，秦时于此置云阳县。③泾、渭：均为水名，在今陕西中部。④陇：陇山，在今陕西陇县西北。⑤关、阪：函谷关与陇阪。⑥韩卢：战国时韩国的名犬。⑦蹇：跛，行走困难。⑧穰侯：即魏冉。

【译文】范雎说：“大王的国家，北有甘泉、谷口，南有泾水和渭水环绕，西有陇山、蜀地，东面有函谷关、陇阪；拥有战车千辆，精兵百万。以秦兵的勇猛以及众多的车马来对付各诸侯国，就像用猛犬追赶跛兔一般，对于秦国的霸业来说简直触手可得。如今反而紧闭城门，不敢向东边的各诸侯国出兵，这都是因为穰侯魏冉没有完全忠心地为秦国谋划，导致大王的决策失误啊！”

王曰：“愿闻所失计。”睢曰：“大王越韩、魏而攻强齐，非计也。少出师，则不足以伤齐；多之则害于秦。臣意王之计欲少出师，而悉韩、魏之兵则不义矣。今见与国之不可亲，越人之国而攻，可乎？疏于计矣！昔者，齐人伐楚，战胜，破军杀将，再辟千里，肤寸之地无得者，岂齐不欲地哉，形弗能有也。诸侯见齐之罢（pí）露，君臣之不亲，举兵而伐之，主辱军破，为天下笑。所以然者，以其伐楚而肥韩、魏也。此所谓藉贼兵而赍（jī）盗食者也。王不如远交而近攻，得寸则王之寸，得尺亦王之尺也。今舍此而远攻，不亦缪乎？且昔者，中山①之地，方五百里，赵独擅之，功成、名立、利附，则天下莫能害。今韩、魏中国之处，而天下之枢也。王若欲霸，必亲中国而以为天下枢，以威楚、赵。赵强则楚附，楚强则赵附。楚、赵附则齐必惧，惧必卑辞重币以事秦，齐附而韩、魏可虚也。”

【注释】①中山：国名。今河北正定县东北，战国时为赵武灵王所灭。

【译文】秦昭王说：“我想知道我的决策哪里出了错。”范睢回答道：“大王越过韩国、魏国去攻打强大的齐国，这不是好的办法。派出的士兵少了，不能对齐国造成伤害；派出的士兵多了，则会对秦国有所损伤。我猜想大王的计谋是派出本国少许兵力，而让韩、魏两国全部出兵，这样的做法是不合适的。如今认为韩、魏两盟国可靠，便越过他们去攻打齐国，这样怎么能行呢？显然是欠缺考虑，疏于算计了！从前，齐国攻打楚国，取得胜利，攻破了楚国的军队，杀掉了楚国的将领，再次开辟了上千里土地，但最后连寸土也没有得到，这是因为齐国不想得到土地吗？不是的，是形势不允许啊！各诸侯见齐国军队疲惫不堪，君臣不和，便趁机起兵来攻打它，齐王受到羞辱且军队被打败，受尽了天下人耻笑。沦落到这样的下场，就因为齐国攻打楚国反而让韩、魏两国壮大。这就是人们常说的把武器送给敌人，把粮食送给小偷。大王不如与远处的国家结盟，攻打近处的国家，这样攻打下来的寸土就是大王您的寸土，攻打下来的尺地就是您的尺地。如今放弃这个策略而去攻打远处的齐国，这难道不是在犯错误吗？从前，中山国拥有方圆五百里的土地，结果被赵国单独吞并，成就了功业，树立了声名，也获得了利益，天下谁也奈何不了赵国。如今韩、魏两国地处中原，是天下的枢纽。大王如果想要成就霸业，就必须控制中部地区并以此作为枢纽，来威胁楚、赵两国。赵国强大，楚国便会依附秦国；楚国强大，赵国便会依附秦国。当楚、赵两国都依附于秦国时，齐国必定会害怕，这样齐国肯定会言辞卑微并以厚礼来讨好秦国，一旦齐国依附于秦国，秦国就能使韩、魏两国变成废墟。”

王曰：“寡人欲亲魏，魏多变之国也，寡人不能亲。请问亲魏奈何？”范雎曰：“卑辞重币以事之，不可；削地而赂之，不可；举兵而伐之。”于是举兵而攻邢丘[①]，邢丘拔而魏请附。曰：

“秦、韩之地形，相错如绣。秦之有韩，若木之有蠹（dù），人之病心腹。天下有变，为秦害者莫大于韩。王不如收韩。”王曰：“寡人欲收韩，不听，为之奈何？”范雎曰：“举兵而攻荥阳，则成皋之路不通；北斩太行之道，则上党之兵不下；一举而攻荥阳，则其国断而为三。韩见必亡，焉得不听？韩听而霸事可成也。”王曰：“善。”

【注释】①邢丘：古邑名。春秋属晋，战国属魏。在今河南温县东。现更名北平皋村，位于河南省焦作市温县赵堡镇东南隅。

【译文】秦昭王说：“我本来是想和魏国亲近，奈何魏国的态度多变，我无法和他们亲近。请问怎样才能和魏国拉近距离呢？”范雎说：“用卑微的言语和厚礼来拉拢他们，是不可以的；通过割地来贿赂他们，也是不可以的；应该派兵去攻打他们。”于是秦国派兵攻打邢丘（魏地），邢丘被攻下后，魏国就主动来请求归附。范雎说：“秦、韩两国的地形，就像是锦绣上的花纹一般相互交错。韩国之于秦国，就像木头里有蛀虫，人的心腹有病一样。如果天下的形势有所变动，最能让秦国受到伤害的莫过于韩国。所以大王您不如让韩国归附于秦国。”秦昭王说：“我本来就打算让韩国依附于我，可是韩国不听从，我能拿他们怎么办呢？”范雎说：“起兵攻打荥阳，去往成皋的道路就无法通行；北部通往太行山的的要道也会被切断，这样上党的士兵就不能南下来救援；一举拿下荥阳，韩国就会被分成孤立的三块。韩国看到这样下去自己将会灭亡，怎么会不听从呢？韩国一顺从，秦国的霸业就可以成功了。”秦王说：“这样很好！”

范雎曰：“臣居山东，闻齐之内有田单[1]，不闻其王。闻秦之有太后、穰侯、泾（jīng）阳[2]、华阳[3]，不闻其有王。夫擅国之谓王，能专利害之谓王，制杀生之威之谓王。今太后擅行不顾，穰侯出使不报，泾阳、华阳击断无讳，四贵备而国不危者，未之有也。为此四者下，乃所谓无王已。然则权焉得不倾，而令焉得从王出乎？臣闻：‘善为国者，内固其威，而外重其权。’穰侯使者操王之重，决裂诸侯，剖符于天下，征敌伐国，莫敢不听。战胜攻取，则利归于陶；国弊，御于诸侯；战败，则怨结于百姓，而祸归社稷。《诗》曰：‘木实繁者披其枝，披其枝者伤其心。大其都者危其国，尊其臣者卑其主。’淖（zhuō）齿管齐之权，缩闵王之筋，县之庙梁，宿昔而死。李兑用赵，减食主父，百日而饿死。今秦太后、穰侯用事，高陵[4]、泾阳佐之，卒无秦王，此亦淖齿、李兑之类已。臣今见王独立于庙朝矣，且臣将恐后世之有秦国者，非王之子孙也。”

【注释】①田单：齐将。齐国危亡之际，田单坚守即墨，以火牛阵击破燕军，收复七十余城，因功被任为相国，并得到安平君的封号。②泾阳：指泾阳君。秦宣太后次子，秦昭襄王的弟弟。封地在今陕西泾阳，故称泾阳君。③华阳：指华阳君。是秦昭王舅芈戎的封号，又号“新诚君”。④高陵：指秦昭王同母弟高陵君，名悝。

【译文】范雎说：“我在山东的时候，只知道齐国有相国田单，不曾听说过有齐王；只听说秦国有太后、穰侯、泾阳君、华阳君，而不知道有秦王。一个国家，能手握国政、独断专谋、操生杀大权的，才算得上是真正的国君。但如今宣太后专断独行，穰侯派遣使臣不向大王禀报，泾阳君、华阳君用兵断事没有任何忌讳。国家有这四个显贵横行而不出危险，是不可能的。文武诸臣都屈从于这四人，哪里还会把大王放在心里呢！这样，大权旁落，政令又怎会由大王来发布呢？臣听说，善于治国的君主，一方面对内加强权威，一方面对外执掌权柄。如今穰侯派出的使者操纵王权，任意和诸侯结盟或断交，擅自调用兵符，攻打各国，朝野上下，没有人敢不听从。打了胜仗，战果全归穰侯他自己的封地陶邑所有；这样的行为使国家困弱，受制于诸侯；一旦战败，百姓怨声载道，祸患就会由国家承受。《诗经》上说：‘树上的果实多了便会压断树枝，树枝折了就会伤及根本；封邑过大会危及到国家安全，过分尊宠大臣会削弱君王权威。’淖齿控制齐政，到头来抽掉闵王的筋，将其吊在庙堂大梁上，使闵王一夜之间横遭惨死。李兑执掌赵国，减掉赵武灵王的饮食，只用了一百天，便将他活活饿死。当今秦国，太后、穰侯呼风唤雨，高陵君、泾阳君来帮助他们，眼中没有大王。这些行为正和淖齿、李兑他们的所为类似啊。如今我看到大王您在朝堂上孤立无援，恐怕将来在秦国主持国政的君王，不再是大王的子孙了！”

秦王惧，于是乃废太后，逐穰侯，出高陵，走泾阳于关外。昭王谓范雎曰：“昔者，齐公得管仲，时以为仲父。今吾得子，亦以为父。”

【译文】秦昭王听了这番话不寒而栗，于是废掉太后，驱逐穰侯，把高陵君、泾阳君赶出函谷关。秦昭王对范雎说：“当年齐桓公得到管仲，把他称为‘仲父’，现如今我得到先生，也敬您如父吧！”

秦三·应侯谓昭王曰

应侯谓昭王曰：“亦闻恒思有神丛与[①]？恒思有悍少年，请与丛博[②]，曰：‘吾胜丛，丛籍[③]我神三日；不胜丛，丛困我。’乃左手为丛投，右手自为投，胜丛，丛籍其神。三日，丛往求之，遂弗归。五日而丛枯，七日而丛亡。今国者，王之丛；势者，王之神。籍人以此，得无危乎？臣未尝闻指大于臂，臂大于股，若有此，则病必甚矣。百人舆（yú）[④]瓢而趋，不如一人持而走疾。百人诚舆瓢，瓢必裂。今秦国，华阳用之，穰侯用之，太后用之，王亦用之。不称瓢为器则已；已称瓢为器，国必裂矣。臣闻之也：‘木实繁者枝必披，枝之披者伤其心。都大者危其国，臣强者危其主。’且今邑中自斗食[⑤]以上，至尉、内史[⑥]及王左右，有非相国[⑦]之人者乎？国无事，则已；国有事，臣必闻见王独立于庭也。臣窃为王恐，恐万世之后有国者，非王子孙也。

【注释】①恒思：地名。今地不详。神丛：神灵依托的群树。以茂密林木多立神祠而名。②博：指六博游戏，是古代的棋局。共十二棋子，六白六黑，投六箸行六棋。③籍：通“借”。④舆：通“舁”，共同抬物。⑤斗食：称职位低、俸禄少的官吏。⑥尉：武官的统称。内史：秦官，掌管农业经济。⑦相国：指穰侯魏冉。

【译文】应侯范雎对秦昭王说："您听说过在恒思的丛林里有一座神祠吗？恒思有个勇猛的少年要求与神祠的祠主玩棋赌输赢，他说：'如果我赢了您，您把神力借给我三天，如果我输了，您可以任意处置我。'于是，他用左手替祠主投下棋子，用右手为自己落下棋子。最后他取胜了，祠主把自己的神力借给了他。三天之后，祠主要求少年偿还神力，但没有从少年那里取回来。五天之后，丛林里的树开始枯萎，七日之后，这片树林全死了。如今我们的国家就好比是大王的丛林；权力就好比是大王的神力。如果把这些东西借给别人，又怎么能没有危险呢？我从来没有听说过手指比胳膊粗的，更没有听说过胳膊比大腿粗的，如果出现这样的情况，一定是得了重病。假使有一百个人抬着瓢走路，不如一个人拿着走快。假使一百个人同时拿着瓢，瓢必然会摔碎。现在的秦国，华阳君掌权，穰侯掌权，太后掌权，大王也掌权。不把国家比做盛水的瓢也就算了，如果把国家比做瓢，那国家必会四分五裂。我曾经听过这样一句话：'树木的果实太多了势必会压断树枝，树枝一折断必定会伤其根本。封地大的诸侯会危及他的国家，臣子的权势过大必会危及他的君主。'如今秦国城邑之内，小到斗食俸禄的小官吏，大到军尉、内史及大王左右的近臣，有哪个不是相国穰侯的人呢？国家没有出现什么变故也就罢了，要是真出现变故，我必将看到大王在朝廷上孤立无援啊！我暗中替大王感到惶恐，担心万世之后掌握秦国大权的不会再是大王的子孙了！

"臣闻古之善为政也，其威内扶，其辅外布，四时治政不乱不逆，使者直道而行，不敢为非。今太后使者分裂诸侯，而符布天下，操大国之势，征强兵，伐诸侯。战胜攻取，利尽归于陶；国之币帛，竭入太后之家；竟内之利，分移华阳。古之所谓‘危主灭国之道’必从此起。三贵竭国以自安，然则令何得从王出，权何得毋分？是王果处三分之一也。”

【译文】“我听说古代那些善于治理国家的君主，对内他的威权掌握在自己手中，对外他的亲信遍布全国各处，一年到头，政治稳定，没有叛乱和谋反发生，使臣秉公办事，不敢为非做歹。现在太后派出的使臣分裂各诸侯，她的虎符布满天下，操纵大国的权利，召集精兵，讨伐诸侯。要是战争取得胜利，所得的利益全部都归到穰侯的陶邑；国家的财物，搜刮净尽都送往太后的私室，境内的财源，从各处运往华阳君那里。古人所说的‘使君主危险，让国家灭亡的局面’必将从这里开始。太后、穰侯、华阳君这三个显贵搜刮国家的财富来供自己享乐，既然这样，国家的政令又怎么能从大王这里发出呢，权利怎么能不分散呢？可见大王处在三贵包围一王的地位了。”

秦三·秦攻韩

秦攻韩，围陉。范睢谓秦昭王曰：“有攻人者，有攻地者。穰侯十攻魏而不能伤者，非秦弱而魏强也，其所攻者地也。地者，人主所甚爱也。人主者，人臣之所乐为死也。攻人主所爱，与乐死者斗，故十攻而弗能胜也。今王将攻韩围陉，臣愿王之毋独攻其地，而攻其人也。王攻韩围陉，以张平为言。张平之力多，且削地而以自赎于王，几割地而韩不尽；张平之力少，则王逐张平，而更与不如张平者市。则王之所求于韩者，言可得也。”

【译文】秦国攻打韩国，围攻陉地。范雎对秦昭王说：“攻打一个国家，有的攻取人心，有的只是攻占土地。穰侯曾经十次攻打魏国却不能将其伤害，并不是因为秦国弱而魏国强，而是因为穰侯所要夺取的只是土地。土地本来就是君王所看重的东西，而人臣都愿意为君主效命。攻取人君所爱惜的东西，与乐意为人君效劳而死的人搏斗，因此十次进攻都不能取胜。如今大王要攻围韩国的陉地，我希望大王不要只是攻占他们的土地，而是要攻取他们的人心。大王这次攻打韩国，最好是以张平为谈判对象。如果张平的权力大，他就会割让土地来讨好大王，这样多次割地，韩国就会慢慢被削弱；如果张平的权力小，大王就将他赶走，再去支持地位不如他的人。这样，大王想在韩国求取的一切，就可以如愿以偿了。”

秦三·应侯曰

应侯曰：“郑人谓玉未理者璞，周人谓鼠未腊者朴。周人怀璞过郑贾曰：‘欲买朴乎？’郑贾曰：‘欲之。’出其朴，视之，乃鼠也，因谢不取。今平原君[①]自以贤，显名于天下，然降其主父[②]沙丘而臣之。天下之王尚犹尊之，是天下之王不如郑贾之智也，眩于名，不知其实也。”

【注释】①平原君：即赵胜，赵国贵族，赵武灵王之子，惠文王之弟。因贤能而闻名，号平原君。②主父：即赵武灵王。

【译文】应侯说："郑国人把没有加工过的玉称为璞，周人把没有风干的老鼠肉叫朴。有个周人怀里揣着没有风干的老鼠肉对路过的郑国商人说：'你想买朴吗？'郑国商人说：'我想买璞。'周人拿出他的朴来。郑商一看，原来是没有晾干的老鼠肉，只好谢绝不要。现如今平原君自认为他的贤能名满天下，但他却把他的主父赵武灵王贬到沙丘，让他的大臣们包围主父，将其迫害。这样天下的君王还照样尊敬他，这是天下的君王不如郑国商人聪明，被虚名所欺骗，而不了解他的实际情况啊。"

秦三·天下之士合从相聚于赵

天下之士合从相聚于赵，而欲攻秦。秦相应侯曰："王勿忧也，请今废之。秦于天下之士非有怨也，相聚而攻秦者，以己欲富贵耳。王见大王之狗，卧者卧，起者起，行者行，止者止，毋相与斗者；投之一骨，轻起相牙者，何则？有争意也。"于是使唐雎①载音乐，予之五千金，居武安②，高会相与饮，谓邯郸人："谁来取者？"于是其谋者固未可得予也，其可得与者，与之昆弟矣。

【注释】①唐雎：魏国人，著名策士，当时在秦国。②武安：赵邑，在今河北武安。

【译文】天下主张合纵的谋士都聚集在赵国讨论盟约，目的是联合起来攻打秦国。这时秦相应侯范雎对秦王说："大王不必担心，现在让我去阻止他们的行动。秦国和天下那些谋士并没有什么恩怨，他们联合攻打秦国，只不过是为了让自己获得财富，变得有地位而已。大王可以去看您养的狗，趴着的都好好趴着，站着的都好好站着，走着的都好好走着，停着的都好好停着，相互之间没有任何争斗。但是当您给他们扔过去一根骨头时，这些狗就会呲牙咧嘴露出一副凶残相，相互之间很容易撕咬起来，这是为什么呢？因为所有的狗都产生了争夺的念头。"于是范雎就派唐雎带着乐队，并给他五千金，让他在赵国的武安大摆宴席，并对邯郸人说："谁愿意来拿这些黄金呢？"这样，那些谋划合纵攻秦的人没有拿到黄金，而那些得到黄金的人，都把秦国看成亲兄弟一样对待了。

"公与秦计功者，不问金之所之，金尽者功多矣。今令人复载五千金随公。"唐雎行，行至武安，散不能三千金，天下之士，大相与斗矣。

【译文】应侯又告诉唐雎说："您和那些秦国派出办事的人计算功劳，不用管黄金究竟发给了谁，只要把这些黄金都发出去，他的功劳就算最多。现在再派人带五千金随您前往。"这样，唐雎又用车拉着大量的黄金出发，再度前往武安去收买天下主张合纵的谋士，结果还没发完三千金，那些参加合纵之约的谋士就互相争斗起来。

秦三·谓应侯曰

谓应侯曰："武安君禽马服乎[①]？"曰："然。""又即围邯郸乎？"曰："然。""赵亡，秦王王矣，武安君为三公[②]。武安君所以为秦战胜攻取者七十余城，南亡鄢(yān)、郢、汉中，禽马服之军，不亡一甲，虽周、召、吕望之功，亦不过此矣。赵亡，秦王王，武安君为三公，君能为之下乎？虽欲无为之下，固不得之矣。秦尝攻韩邢[③]，困上党，上党之民皆返为赵。天下之民，不乐为秦民之日固久矣。今攻赵，北地入燕，东地入齐，南地入韩、魏，则秦所得无几何。故不如因而割之，无以为武安功。"

【注释】①马服：指赵将马服君赵括。②三公：秦地位尊显的职位，包括丞相、太尉、御史大夫。③邢：即陉，韩邑，在今山西曲沃西北。

【译文】有人对应侯说："听说武安君白起已经击溃了马服君赵括？"应侯回答道："是的。"这人又问道："秦国又将随即围攻邯郸吗？"应侯说："是的。"这个人接着说："如果赵国被消灭，秦昭王就要成为天下霸主。武安君白起立下大功，也将升职为丞相、太尉、御史大夫一类的高官了。武安君为秦国转战南北攻下了七十多座城池，在南边占领了鄢城、郢城、汉中一带，北边又击溃了马服君赵括的军队，这样都没有损伤一兵一将，即使是当年周公、召公、吕望的功劳，也不过如此了。如果赵国被灭，秦王成就了霸业，武安君升职成了三公，您难道能甘心成为他的下属吗？即使您心里不愿意做他的下属，那也没有办法啊。秦军曾经攻打韩国的陉地，结果被围困在上党，上党的百姓全部投向赵国。天下的百姓，不愿意做秦国的子民，这是很久以来的事实。如今攻打赵国，北边的土地将归入燕国，东边的土地将归入齐国，南边的土地将归入韩国、魏国，到最后秦国所能得到的土地也就没有多少了。因此您不如趁此时机让赵国割地求和，不要让武安君再次立功。”

秦三·应侯失韩之汝南

应侯失韩之汝南①。秦昭王谓应侯曰：“君亡国，其忧乎？”应侯曰：“臣不忧。”王曰：“何也？”曰：“梁人有东门吴者②，其子死而不忧。其相室③曰：‘公之爱子也，天下无有，今子死不忧，何也？’东门吴曰：‘吾尝无子，无子之时不忧；今子死，乃即与无子时同也。臣奚忧焉？’臣亦尝无子，无子时不忧；今亡汝南，乃与乡梁余子④同也。臣何为忧？”

【注释】①汝南：指应侯的封邑应乡，本为韩地，后被秦所取，今又入韩。在今河南北汝河以南。②东门吴：人名。东门，复姓，吴是其名。③相室：古时为卿大夫管理家务的人。④梁余子：即上文的东门吴。余子，嫡长子之外的儿子。

【译文】应侯范雎失去了他在韩国境内汝南的封邑。秦昭王问应侯说：“贤卿失去了自己的封地汝南，是否会感到忧伤呢？”范雎回答说：“臣并不忧伤。”秦昭王说：“为什么不难过？”范雎回答道：“梁国有一个叫东门吴的人，他的儿子去世了，可他并不难过，他的家臣问他：‘您如此爱您的孩子，可以说天下没人能比得上，如今您的孩子去世了，您为什么不难过呢？’东门吴回答道：‘我曾经没有儿子，没有儿子的时候并不会感到难过；现在儿子不在了就等于又回到了没有儿子时的情景，我又有什么可难过呢？’臣当初没有封地，没有封地时也不感觉到忧伤，如今失去封地汝南，就等于恢复到以前没有封地的时候，我又有什么可难过的呢？”

秦王以为不然，以告蒙傲[①]曰：“今也，寡人一城围，食不甘味，卧不便席，今应侯亡地而言不忧，此其情也？”蒙傲曰：“臣请得其情。”蒙傲乃往见应侯，曰：“傲欲死。”应侯曰：“何谓也？”曰：“秦王师君，天下莫不闻，而况于秦国乎？今傲势得秦为王将，将兵，臣以韩之细也，逆显诛，夺君地，傲尚奚生？不若死。”应侯拜蒙傲曰：“愿委之卿。”蒙傲以报于昭王。自是之后，应侯每言韩事者，秦王弗听也，以其为汝南也。

【注释】①蒙傲：又作“蒙骜”。本为齐国人，后投奔秦国，官拜上卿，成为秦国著名将领。

【译文】秦昭王并没有相信范雎的话，对将军蒙傲说：“如果我现在有一座城池被包围，就会吃不好饭，睡不好觉。如今应侯失去了他的封地，却说他自己并不难过，这哪里是人之常情啊？”蒙傲说：“让臣去去了解一下情况，看看到底是怎么一回事。”于是蒙傲就去拜会范雎说：“我想一死了之！”范雎很惊讶：“将军您为什么要这么说呢？”蒙傲回答说：“秦王把您敬为老师，这是天下没有人不知道的，更何况是秦国呢！如今我蒙傲有幸成为秦国将军，眼看弱小的韩国竟敢违逆秦国夺走您的封地，我蒙傲还有什么脸面活着？还不如去死好了！”范雎赶紧向蒙傲答拜说：“我愿意把夺回汝南之事全权托付给您！”于是蒙傲把范雎说的话都汇报给了秦昭王。从那以后，每次应侯再向秦昭王谈论有关韩国的事，秦昭王都不愿意再听，这是因为汝南一事梗在他的心里啊。

秦三·秦攻邯郸

秦攻邯郸，十七月不下。庄①谓王稽②曰：“君何不赐军吏乎?”王稽曰：“吾与王也，不用人言。”庄曰：“不然。父之于子也，令有必行者，必不行者。曰‘去贵妻，卖爱妾’，此令必行者也；因曰‘毋敢思也’，此令必不行者也。守闾妪曰，‘其夕，某孺子内某士。’贵妻已去，爱妾已卖，而心不有，欲教之者，人心固有。今君虽幸于王，不过父子之亲；军吏虽贱，不卑于守闾妪。且君擅主轻下之日久矣。闻‘三人成虎，十夫楺(róu)椎③。众口所移，毋翼而飞。’故曰，不如赐军吏而礼之。”

【注释】①庄：人名。②王稽：战国时期秦国人。王稽任谒者时奉命出使魏国，帮助范雎逃往秦国。范雎出任国相后，王稽被举荐为河东郡郡守，后因私通诸侯之罪遭处死后弃市。③十夫楺椎：指十个人的力量能使椎弯曲。椎，槌。比喻人多力大，足以改变原状。

【译文】秦兵攻打邯郸，历时十七个月还未攻下。一个叫庄的人对秦将王稽说：“您为什么不赏赐下级军官呢？”王稽说：“我和秦王之间相互信任，别人的谗言起不了什么作用。”庄反驳道：“我不认为这样，即使是父亲和儿子之间，有的命令儿子一定会听从，而有的命令儿子不一定会听从。比如说叫儿子‘丢弃尊贵的妻子，卖掉爱妾’，这就是一道必行的命令，儿子是能做到的。如果说让儿子‘不再想自己的妻妾’，儿子是一定办不到的。看守大门的老太太曾对这个父亲说闲话：‘这天晚上，有位妇人接纳了某个男子。’尊贵的妻子已经离去，喜爱的小妾也已经卖掉，然而父亲却说不许有思念之情，这是做不到的，想让他们留在自己身边的心，是人之常情、人皆有之。如今您虽然很得大王的宠信，但你们的关系肯定不会超过父子间的骨肉至亲；而下级军官虽然身份微贱，也不会低于看门的老妇人。况且您仰仗大王的宠信，轻视属下已经很久了。常言道：‘三个人说有虎，大家就会相信有虎；十个人说大力士可以折弯铁椎，大家也会相信是事实；众口一词地编造谎言，就会使谎言漫天飞舞。’因此我劝您不如赏赐下级军官并礼待他们。”

王稽不听。军吏穷，果恶王稽、杜挚[①]以反。秦王大怒，而欲兼诛范雎。范雎曰：“臣，东鄙之贱人也，开罪于魏，遁逃来奔。臣无诸侯之援，亲习之故，王举臣于羁旅之中，使职事，天下皆闻臣之身与王之举也。今遇惑，或与罪人同心，而王明诛之，是王过举显于天下，而为诸侯所议也。臣愿请药赐死，而恩以相葬臣，王必不失臣之罪，而无过举之名。”王曰：“有之。”遂弗杀而善遇之。

【注释】①杜挚：秦国大臣。王稽的副手。

【译文】王稽不肯采纳这项建议。下级军官处境困难，果然有人向秦昭王控告王稽和杜挚谋反。秦昭王大怒，严厉制裁了王稽和杜挚，并且要将范雎一同处死。范雎说："臣只不过是一个来自东方边境的卑贱之人，由于得罪了魏国，孤身前来投奔。臣没有得到任何诸侯的援助，同时也没有亲友在秦国，大王能在臣流浪时对臣加以重用，赋予高职，臣才会有现在的地位，天下的人都知道臣的事情，也都知道大王对我的赏识。如今臣由于一时遇人不淑，就有人认为臣和罪人同心，现在大王要公开对臣降罪，就等于在天下人面前说大王以前重用臣是错误的，这样必定会招致天下诸侯的议论。所以臣愿意服毒自尽，并且希望大王能以丞相之礼来安葬臣，这样您既治了我的罪，也不会落得一个误用重臣之名。"秦昭王说："有道理！"于是秦王不仅没有杀范雎，还仍然很好地对待他。

秦三·蔡泽见逐于赵

蔡泽①见逐于赵，而入韩、魏，遇夺釜鬲（lì）②于涂。闻应侯任郑安平③、王稽皆负重罪，应侯内惭。乃西入秦，将见昭王。使人宣言以感怒应侯曰："燕客蔡泽，天下骏雄弘辩之士也。彼一见秦王，秦王必相之而夺君位。"

【注释】①蔡泽：战国燕国纲成（今河北万全）人，善辩多智，游说诸侯。②鬲：古代炊具，形状像鼎而足部中空。③郑安平：战国时期魏国人。郑安平曾帮助范雎逃往秦国，范雎出任秦国国相后，郑安平被举荐为将军，后因邯郸之战被赵军包围投降赵国，被封为武阳君。

【译文】蔡泽被赵国驱逐，就辗转到韩、魏两国，在途中他的炊具被人抢走了。正落寞之时，他听说秦相应侯范雎推荐的郑安平、王稽都犯下了重罪，应侯范雎心中惭愧不已。于是蔡泽决定西行入秦，去拜见秦昭王。蔡泽事先派人放出话来，以激怒范雎："燕国的大纵横家蔡泽，是天下最善于辩论的人。只要他能见到秦王，秦王必定会任命他为相国，而取代应侯您的位置。"

应侯闻之，使人召蔡泽。蔡泽入，则揖应侯。应侯固不快，及见之，又倨。应侯因让之曰："子尝宣言欲代我相秦，岂有此乎？"对曰："然。"应侯曰："请闻其说。"蔡泽曰："吁！君何见之晚也。夫四时之序，成功者去。夫人生手足坚强，耳目聪明圣知，岂非士之所愿与？"应侯曰："然。"

【译文】范雎听说之后，便派人召见蔡泽。蔡泽到了范雎面前，并未行礼只是拜了一拜。范雎本来就不高兴，再加上见到蔡泽后，蔡泽又傲慢无礼。于是责问他说："你曾经放出狂言，说要代替我成为秦国的相国，有这回事吗？"蔡泽回答说："是有这样的事。"范雎说道："那我愿意听听你这样说的理由。"蔡泽说："唉，为什么先生您的见识如此迟钝呢？春夏秋冬，四季不断交替变换，成功了就应该离开，这是本着'功成身退'的自然法则。一个人活在世界上，身体健康，手脚俱全，脑聪目明，这难道不是每个人都期望的吗？范雎回答："没错。"

蔡泽曰："质仁秉义，行道施德于天下，天下怀乐敬爱，愿以为君王，岂不辩智之期与？”应侯曰：“然。”蔡泽复曰：“富贵显荣，成理万物，万物各得其所；生命寿长，终其年而不夭伤；天下继其统，守其业，传之无穷，名实纯粹，泽流千世，称之而毋绝，与天地终始。岂非道之符，而圣人所谓吉祥善事与？”应侯曰：“然。”泽曰：“若秦之商君[①]，楚之吴起[②]，越之大夫种[③]，其卒亦可愿欤？”

【注释】①商君：此处指商鞅。②吴起：卫国左氏（今山东省菏泽市曹县，一说菏泽市定陶区）人。战国初期军事家、政治家、改革家，兵家代表人物。③大夫种：春秋时期越国大夫文种，字少禽，辅佐越王勾践灭吴，功成不退，被勾践赐死。

【译文】蔡泽说：“具备仁义的高尚品质，将恩德施行于天下，这样天下人都会崇拜和敬爱他，并且都愿意拥簇他为王，这不正是那些雄辩家和智者所期望的吗？”范雎说：“是的。”蔡泽又说：“享受荣华富贵，长养万物，使所有事物都能得到很好安排；使每个人都能尽享天年，不致中途夭折。天下人民都能世代相传，守护他们的事业，永远传承下去，名和实兼而有之，恩泽流传千古，受到世人的永久赞美，和天地同其始终。这岂不是与自然规律符合，是圣人所说的吉祥善事吗？”范雎说：“是的。”蔡泽说：“例如秦国的商鞅、楚国的吴起、越国的大夫文种，他们最后也都完成了他们的愿望了吗？”

应侯知蔡泽之欲困己以说，复曰：“何为不可？夫公孙鞅事孝公，极身毋二虑，尽公不顾私，信赏罚以致治，竭智能，示情素，蒙怨咎，欺旧交，虏魏公子卬（áng），卒为秦禽将破敌，攘地千里。吴起事悼王，使私不害公，谗不蔽忠，言不取苟合，行不取苟容，行义不顾毁誉，然为伯主强国，不辞祸凶。大夫种事越王，主离困辱，悉忠而不解，主虽亡绝，尽能而不离，多功而不矜，贵富不骄怠。若此三子者，义之至，忠之节也！故君子杀身以成名，义之所在。身虽死，无憾悔，何为不可哉？”

【注释】①公子卬：魏惠王子，秦相商鞅的旧友。

【译文】范雎知道蔡泽是想利用谈话来使自己陷于窘境，于是就这一点回答说：“为什么不可以呢？商鞅为了替秦孝公办事，鞠躬尽瘁，没有二心，为了国家的事用尽心力，而不顾自己的私事。赏罚分明，可以把国家治理得很好，竭尽自己的智慧和才能，表现自己的赤诚之心。又冒着他人的埋怨和责怪，欺骗自己的老朋友，俘虏魏国的公子卬，最后终于为秦国擒获魏将并大破魏军，开拓了千里的土地。吴起为楚悼王办事，不让自己的私事损害公务，更不用谗言来蒙蔽忠良，说话不随便迎合，办事不随便讨好，每当遇到应行的大事，就不顾自己荣誉被毁，一心只想帮助君王成就霸业，使国家富强，而且不畏一切灾祸和邪恶势力。大夫文种为越王勾践办事，当君主陷入受侮辱的困境时，他忠心爱主而不背弃，君王虽然被敌人俘虏，他仍然不肯离开，没有背弃国家，而且从不夸耀自己的功劳，即使富贵而有了地位也不骄傲懈怠。像以上这三位忠臣，可以说是义气的顶峰和忠贞的典范。所以君子总是以牺牲性命来完成名节，只要是大义所在，即使死了也没有什么遗憾和懊悔，这样为什么不可以呢？”

蔡泽曰：“主圣臣贤，天下之福也；君明臣忠，国之福也；父慈子孝，夫信妇贞，家之福也。故比干忠，不能存殷；子胥知，不能存吴；申生[1]孝而晋国乱。是有忠臣孝子，国家灭乱，何也？无明君贤父以听之。故天下以其君父为戮辱，怜其臣子。夫待死之后可以立忠成名，是微子[2]不足仁，孔子不足圣，管仲不足大也。”于是应侯称善。

【注释】①申生：晋献公与夫人齐姜所生之子，春秋时期晋国太子。齐姜死后，在骊姬的多次阴谋陷害之下，在新城曲沃自缢而死。②微子：商王帝乙的长子，纣王的庶兄，见纣王昏乱，弃商归周。后武王把他封在宋国（今河南商丘），成为宋国开国远祖，第一代国君。

【译文】蔡泽说：“君主圣明，臣子贤能，这是天下的福气；君主圣明臣子忠心，这是国家的福气；父亲慈爱，儿子孝顺，丈夫讲信义，妻子有贞节，这是家庭的福气。然而比干忠心，却不能维护殷朝的存在，伍子胥智慧过人，却不能将吴国保全；申生很孝顺，但仍然不能阻止晋国的混乱。所以即使有忠臣孝子，国家仍然不能免于灭亡骚乱，这是什么原因呢？主要是没有明君、贤父来采纳他们的意见。所以天下为他们的君父不仁不义而羞耻，并且可怜他们的臣子。要是等死后才能尽忠立名，那恐怕连微子都不能被看成仁人，孔子也算不上是圣人，管仲也不足被人称为伟人了。”于是范雎认为蔡泽的话很有道理。

蔡泽得少间，因曰：“商君、吴起、大夫种，其为人臣，尽忠致功，则可愿矣。闳夭(hóng)[1]事文王，周公辅成王[2]也，岂不亦忠乎？以君臣论之，商君、吴起、大夫种，其可愿孰与闳夭、周公哉？”应侯曰：“商君、吴起、大夫种不若也。”蔡泽曰：“然则君之主，慈仁任忠，不欺旧故，孰与秦孝公、楚悼（dào）王[3]、越王乎？”应侯曰：“未知何如也。”蔡泽曰：“主固亲忠臣，不过秦孝、越王、楚悼。君之为主，正乱、批患、折难，广地殖谷，富国、足家、强主，威盖海内，功章万里之外，不过商君、吴起、大夫种。而君之禄位贵盛，私家之富过于三子，而身不退，窃为君危之。语曰：‘日中则移，月满则亏。’物盛则衰，天之常数也；进退、盈缩、变化，圣人之常道也。

【注释】①闳夭：西周开国功臣，西伯昌的“四友”之一。②成王：即周成王，姬姓，名诵，周武王姬发之子，母邑姜（齐太公吕尚之女），西周王朝第二位君主。③楚悼王：芈姓，熊氏，名疑（一作类），东周战国时期楚国国君。

【译文】蔡泽略微停顿了一会儿，接着说：“商鞅、吴起、文种，他们作为人臣能够尽忠心、立功劳，算是人们乐意效法的人了。闳夭服事周文王，周公辅佐周成王，难道不是一片忠心吗？然而以君臣关系来看，商鞅和吴起、文种等人，和闳夭、周公比起来，谁能成为我们的榜样呢？应侯说：“商鞅和吴起、文种是不如闳夭、周公的。”蔡泽说：“然而您侍奉的的君主与秦孝公、楚悼王、越王勾践相比，究竟是谁更慈爱而又信任忠臣、不欺骗旧交呢？”范雎说：“不知能否比得上。”蔡泽说：“您的君主固然亲信忠臣，但不会超过秦孝公、越王勾践、楚悼王。而您在为君主平定内乱、消除祸患、排除困难，扩充疆土、发展农业、振兴国家、强化君主统治，威权压倒各国，功业扬名万里之外等方面，并没有超过商鞅、吴起、文种三位名臣。但是您的地位、俸禄，以及家中的财富都已经超过他们三人，您却仍然没有隐退，我私下里深深为您感到危险。常言道：‘太阳升到正午时就开始西移下落，月亮圆到满盈时就开始亏缺。’万物都是盛极而衰，这是自然界的规律。无论是进还是退，是伸还是缩，还是随着时间的推移而变化，这些都是圣人所遵循的常道啊！

“昔者，齐桓公九合诸侯，一匡天下，至葵丘之会[①]，有骄矜之色，畔者九国。吴王夫差无适于天下，轻诸侯，凌齐、晋，遂以杀身亡国。夏育、太史启[②]叱呼骇三军，然而身死于庸夫。此皆乘至盛不及道理也。

【注释】①葵丘之会：公元前651年，齐桓公召集宋、鲁、郑、许等诸侯在葵丘会盟。葵丘：位于今河南民权东北。②夏育、太史启：都是人名，均为古代勇士。

【译文】“从前，齐桓公多次会聚各诸侯，想要一统天下，到了葵丘之会时，齐桓公露出了骄纵之色，因此有很多国家都背叛了他。吴王夫差，自认为天下无敌，轻视各诸侯，欺压齐、晋两国，最终落到国破人亡的地步。夏育、太史启，一声叱咤就能使三军震撼，然而他们本人却死于普通人之手。这都是他们在最风光的时候，不懂得及时收手的缘故啊。

“夫商君为孝公平权衡、正度量、调轻重，决裂阡陌，教民耕战，是以兵动而地广，兵休而国富，故秦无敌于天下，立威诸侯。功已成，遂以车裂。楚地持戟[①]百万，白起率数万之师，以与楚战，一战举鄢、郢，再战烧夷陵[2]，南并蜀、汉，又越韩、魏攻强赵，北坑马服，诛屠四十余万之众，流血成川，沸声若雷，使秦业帝。自是之后，赵、楚慑服，不敢攻秦者，白起之势也。身所服者，七十余城。功已成矣，赐死于杜邮[3]。吴起为楚悼罢无能，废无用，损不急之官。塞私门之请，壹楚国之俗，南攻杨越[4]，北并陈、蔡，破横散从，使驰说之士无所开其口。功已成矣，卒支解。大夫种为越王垦草创邑，辟地殖谷，率四方士，上下之力，以禽劲吴，成霸功。勾践终棓而杀之。此四子者，成功而不去，祸至于此。此所谓信而不能诎，往而不能反者也。范蠡（lǐ）[5]知之，超然避世，长为陶朱。

【注释】①戟：古代一种合戈、矛为一体的长柄兵器。②夷陵：县名。位于湖北省宜昌县东。春秋时本为楚国先王的陵墓，秦将白起攻楚，燃烧此地，至汉时置为县。③杜邮：地名。战国属秦，又名杜邮亭。在今陕西咸阳市东。秦昭王令其名将白起自杀于此。后又名孝里亭。④杨越：在今广东、广西一带。⑤范蠡：春秋末年政治家、军事家。字少伯，楚国宛(今河南南阳)人。出身微贱。仕越为大夫，擢上将军，辅佐越王勾践灭吴，后来前往陶邑，改名“朱公”，世人称其“陶朱公”。

【译文】“商鞅辅佐秦孝公统一度量衡、改革货币、废除井田、重划土地，教导百姓耕种和作战，因此秦国一出兵就能扩张领土，军队一停下来休息，国家就会富有，所以秦兵天下无敌，在诸侯国中建立了威权。大功已经告成，但商鞅却惨遭五马分尸之刑。楚国拥有士兵百万，秦将白起仅率领几万秦兵与之作战，一战就拿下了鄢和郢，再战焚烧夷陵，往南吞并蜀、汉，此外又越过韩、魏攻打强大的赵国，在北方活埋了赵括，并消灭了赵国四十多万兵卒，战场血流成河，凄惨哀嚎之声如雷鸣般震憾天地，为成就秦王的帝国大业立下了汗马功劳。从此以后，赵、楚两国在秦国的威势下屈服，再也不敢攻打秦国，这都是仰仗白起的威力。白起攻下的城池有70多座，为秦国完成了功业，但他却在杜邮被秦王赐死。吴起辅佐楚悼王改革弊政，罢免无能的朝臣，撤消无用的机构，废除多余的官吏，阻挡了以私行请托的权臣豪门，统一了楚国的风俗，往南攻打杨越，往北攻打陈、蔡，破坏了各国联合攻打楚国的计划，使到处游说的谋士没有开口的余地。可以说是完成了楚国的功业，但他本人却最终被楚人分尸泄愤。越大夫文种，为越王勾践开垦荒地，创建都城，栽种粮食，率领各方军队，齐心协力，击败了强大的吴国，完成了越国的霸王功业，可是到头来却被勾践所杀。这四位贤臣，都是因为成功后没有及时隐退，才为自己招来杀身之祸。这就是所谓的能伸不能屈，一条路走到底而不回头。只有范蠡深知明哲保身之理，于是以超然的姿态功成身退，成为巨富陶朱公。

“君独不观博者乎？或欲大投[1]，或欲分功[2]。此皆君之所明知也。今君相秦，计不下席，谋不出廊庙，坐制诸侯，利施三川，以实宜阳，决羊肠之险，塞太行之口，又斩范、中行之途[3]，栈道千里，通于蜀、汉，使天下皆畏秦。秦之欲得矣，君之功极矣。此亦秦之分功之时也！如是不退，则商君、白公、吴起、大夫种是也。君何不以此时归相印，让贤者授之，必有伯夷之廉，长为应侯，世世称孤，而有乔、松[4]之寿。孰与以祸终哉！此则君何居焉？”应侯曰：“善。”乃延入坐为上客。

【注释】①大投：谓赌博求胜。②分功：谓所得彩金和人共分。③斩范、中行之途：范、中行，为晋国的两卿，在此代指晋国，谓截断三晋来往之路。④乔：王子乔。松：赤松子。他们均为长寿不死的仙人。

【译文】“您难道没有见过赌博的人吗？有的想一个人独吞，有的会和他人共享，相信您是最清楚的。如今您担任秦国的相国，只在朝廷上谋划国家大事，坐在朝中就可控制诸侯，在三川施展您的势力，来增强宜阳的防卫，控制羊肠险道，封堵太行要塞，切断三晋的道路，修筑千里栈道，通往蜀、汉之地，使天下诸侯都畏惧秦国。秦王的欲望得到了满足，您的功勋也达到了极致，正是分功之时。此刻如果不及时隐退，那么商鞅、白起、吴起、文种所受到的灾祸将离您不远了！您为何不在此时归还相印，让贤能的人来接任您的位置？这样既可以得到像伯夷一样的美名，又可以永久担任应侯，世代相传，更能和仙人王子乔、赤松子一样长寿。这些与日后所要遭受的惨祸相比，自是天壤之别，您应该何去何从呢？”范雎说：“好。”于是请蔡泽入座，待以上宾之礼。

后数日，入朝，言于秦昭王曰：“客新有从山东来者蔡泽，其人辩士。臣之见人甚众，莫有及者，臣不如也。”秦昭王召见，与语，大说之，拜为客卿。应侯因谢病，请归相印。昭王强起应侯，应侯遂称笃，因免相。昭王新说蔡泽计画，遂拜为秦相，东收周室。蔡泽相秦王数月，人或恶之，惧诛，乃谢病归相印，号为刚成君。居秦十余年，事昭王、孝文王、庄襄王。卒事始皇帝。为秦使于燕，三年而燕使太子丹入质于秦。

【译文】过了几天，范雎入朝拜见秦昭王，对他说："有位从山东来的新客人蔡泽，是个能言善辩的人，臣阅人无数，觉得没有人能比得过他，臣也自愧不如。"秦昭王召见了蔡泽，与他谈话后，大为高兴，于是任命他为客卿。范雎便称病不朝，并且借病辞官。秦昭王一再挽留，范雎就宣称病重。秦昭王只好免去了他的相位。秦昭王对蔡泽的计谋十分欣赏，任命他为相国，蔡泽助秦昭王向东灭了周国。蔡泽做了相国没几个月，便有人恶意诽谤他，他害怕招致杀身之祸，便称病辞官，被封为刚成君。蔡泽在秦国住了十多年，先后侍奉秦昭王、秦孝文王、秦庄襄王，最后侍奉秦始皇。他曾为秦国出使燕国，三年之后终于使燕国派太子丹到秦国来做人质。

扫码听谦德
君为您导读

卷六 秦策四

秦四·秦取楚汉中

秦取楚汉中①，再战于蓝田②，大败楚军。韩、魏闻楚之困，乃南袭至邓③，楚王引归。后三国谋攻楚④，恐秦之救也，或说薛公⑤："可发使告楚曰：'今三国之兵且去楚，楚能应而共攻秦，虽蓝田岂难得哉！况于楚之故地？'楚疑于秦之未必救己也，而今三国之辞云，则楚之应之也必劝⑥，是楚与三国谋出秦兵矣。秦为知之，必不救也。三国疾攻楚，楚必走秦以告急，秦愈不敢出，则是我离秦而攻楚也，兵必有功"。薛公曰："善。"遂发重使之楚，楚之应之果劝。于是三国并力攻楚，楚果告急于秦，秦遂不敢出兵，大胜有功。

【注释】①汉中：古郡名，治所在南郑，今陕西汉中东。②蓝田：地名，秦邑，在今陕西蓝田西三十里。③邓：地名，楚邑，在今河南郾（yǎn）城东南。④三国：指齐、韩、魏三国。⑤薛公：即孟尝君。妫姓，田氏，名文，"战国四公子"之一，战国时期齐国贵族，齐威王田因齐之孙，靖郭君田婴之子，齐宣王田辟疆之侄。因封袭其父爵于薛（今山东省滕州市官桥镇），又称薛公。⑥劝：勉励。

【译文】秦国夺取楚国的汉中之后，又和楚军在蓝田交战，大败楚军。韩国、魏国听到楚国陷入困境，就向南面袭击楚国，一直打到邓地，楚王率领军队收兵归国。后来齐国、韩国、魏国合谋进攻楚国，又害怕秦国救助楚国，有人就对薛公说："可以先派使者去告诉楚王说：'现在三国的军队准备离开楚国，如果楚国能够响应我们共同攻打秦国，即使是秦国的蓝田，也不难得到，更何况是楚国被秦国夺取的旧地。'楚国怀疑秦国未必肯援救自己，如今又听到齐、韩、魏三国的话，那么楚国响应三国必定会更加卖力，这就造成楚国和三国谋划进攻秦国的局面了。若是秦国知道了这件事情，必定不肯援救楚国。这样三国加紧进攻楚国，楚国一定会到秦国去告急；秦国就更加不敢出兵，这就是我们离间秦国攻打楚国的计策，此次出兵必建大功。"薛公说："好。"于是就派出特使到楚国，楚国果然积极响应。于是三国全力攻打楚国，楚国果然向秦国告急，秦国不敢出兵，三国大胜，战果丰硕。

秦四・薛公入魏而出齐女

薛公入魏而出齐女[①]。韩春谓秦王曰[②]："何不取为妻[③]？以齐、秦劫魏，则上党，秦之有也。齐、秦合而立负刍（chú），负刍立，其母在秦，则魏，秦之县也已。珉（mín）欲以齐[④]、秦劫魏而困薛公，佐欲定其弟[⑤]，臣请为王因珉与佐也。魏惧而复之，负刍必以魏殁（mò）[⑥]世事秦。齐女入魏而怨薛公，终以齐奉事王也。”

【注释】①齐女：指魏公子负刍的母亲。②韩春：人名，秦国大臣。秦王：指秦昭王。③取：通“取”，娶妻。④珉：即韩珉，曾任齐相，执政亲秦。⑤佐：人名，魏公子，负刍的庶兄。⑥歿：死。

【译文】薛公到了魏国，魏王就把公子负刍的母亲赶出宫。韩春对秦王说：“为什么不娶负刍的母亲为妻？以此使齐国、秦国的力量威胁魏国，那么魏国的上党就将被秦国占有。齐国、秦国联合起来拥立公子负刍，只要负刍被立为太子，他的母亲又在秦国，那么魏国就将成为秦国一个县了。齐相韩珉也想借助齐国、秦国的力量威胁魏国而使薛公陷入困境，负刍的庶兄佐也想帮助负刍确立地位，我请大王利用韩珉和佐的力量。这样魏王因为害怕而让负刍的母亲回魏国，负刍必然让魏国永远事奉秦国。负刍的母亲回到魏国就会怨恨薛公，并最终设法使齐国事奉大王。”

秦四·三国攻秦

三国攻秦，入函谷[①]。秦王谓楼缓[②]曰：“三国之兵深矣，寡人欲割河东而讲[③]。”对曰：“割河东，大费也；免于国患，大利也。此父兄之任也。王何不召公子池而问焉[④]？”王召公子池而问焉，对曰：“讲亦悔，不讲亦悔。”王曰：“何也？”对曰：“王割河东而讲，三国虽去，王必曰：‘惜矣！三国且去，吾特以三城从[⑤]之。’此讲之悔也。王不讲，三国入函谷，咸阳[⑥]必危，王又曰：‘惜矣！吾爱三城而不讲。’此又不讲之悔也。”王曰：“钧[⑦]

吾悔也，宁亡三城而悔，无危咸阳而悔也。寡人决讲矣。”卒使公子池以三城讲于三国，三国之兵乃退。

【注释】①三国：指齐、韩、魏三国。函谷：即函谷关，位于河南省灵宝市区，该关西据高原，东临绝涧，南接秦岭，北塞黄河，是中国历史上建置最早的雄关要塞之一。②秦王：指秦昭王。楼缓：战国时赵国人，赵武灵王大臣。灵王死后入秦，事昭襄王，时为秦相。③河东：黄河由北向南流经山西省的西南境，因在黄河以东，故称河东。讲：和解。④公子池：嬴姓，秦国公子，秦国的大司马。⑤三城：指武隧、封陵、河外三城。⑥咸阳：地名，秦都，在今陕西咸阳东北。⑦钧：通“均”。相同；相等；均衡；均匀。

【译文】齐、韩、魏三国联合攻打秦国，入侵函谷关。秦王对楼缓说：“三国的兵力强大，我想割让河东来求得和解。”楼缓回答说：“割让河东损失太大；而避免国家利益受到祸患又是有利的，这是父兄交给的责任。大王为什么不召见公子池来询问呢？”于是秦王召见公子池询问此事，公子池说：“割地和解要后悔，不割地讲和也要后悔。”秦王说：“这是为什么呢？”公子池回答说：“大王割让河东和解，齐、韩、魏三国虽然收兵离去，但大王必定要说：‘可惜了！三国将要离去，我却特意拿出三座城池送给他们。’这是和解的后悔。如果大王不割地和解，三国的军队打入函谷关，咸阳必定形势危急，大王又会说：‘可惜了，我因为吝惜三座城池而不去和解。’这又是不和解的后悔。”秦王说：“同样是后悔，我宁愿失去三座城池而后悔，也不愿意让咸阳的形势危急而后悔。我决定割地和解了。”最终让公子池用三座城和齐、韩、魏三国和解，三国的军队才退去。

秦四·秦昭王谓左右

秦昭王谓左右曰："今日韩、魏，孰与始强？"对曰："弗如也！"王曰："今之如耳、魏齐[①]，孰与孟尝、芒卯（mǎo）之贤[②]？"对曰："弗如也！"王曰："以孟尝、芒卯之贤，帅强韩、魏之兵以伐秦，犹无奈寡人何也！今以无能之如耳、魏齐，帅弱韩、魏以攻秦，其无奈寡人何！亦明矣。"左右皆曰："甚然。"

【注释】①如耳：人名，先为魏臣，这时为韩臣。魏齐：人名，魏国相国。②孟尝：即孟尝君，这时为魏相。芒卯：魏国将领。

【译文】秦昭王对左右的人说："如今韩、魏两国和从前相比谁更强大？"左右的人说："现在比不上从前。"秦昭王又问："如今的如耳、魏齐，和田文、芒卯相比谁更贤明？"左右的人说："不如田文、芒卯。"秦昭王又说："以孟尝、芒卯的贤明，率领强大的韩魏联军前来攻打秦国，还不能把寡人怎么样，如今以无能的如耳、魏齐为统帅，率领疲弱的韩魏士兵，又能奈寡人如何？这是非常明白的。"左右的人都说："大王说得很对。"

中期[①]推琴对曰："王之料天下过矣。昔者六晋之时[②]，智氏最强，灭破范、中行[③]，帅韩、魏以围赵襄子于晋阳[④]，决晋水[⑤]以灌晋阳，城不沉者三板耳[⑥]。智伯出行水，韩康子御，魏桓子骖乘[⑦]。智伯曰：'始吾不知水之可亡人之国也，乃今知之。汾水利以灌安邑，绛水利以灌平阳[⑧]。'魏桓子肘韩康子，康子履魏恒子，蹑其踵[9]，肘足接于车上而智氏分矣。身死国亡，为天下笑。今秦之强，不能过智伯；韩、魏虽弱，尚贤在晋阳之下也，此乃方其用肘足时也，愿王之勿易也！”

【注释】①中期：人名，秦国辩士，是主管琴瑟的官。②六晋之时：春秋末期晋国的六卿，即知氏、范氏、中行氏、韩氏、魏氏、赵氏。③灭破范、中行：指公元前458年，知伯灭范、中行二家。④赵襄子：嬴姓，赵氏，名无恤（亦作“毋恤”），春秋末期晋国大夫，赵氏家族首领，赵国的创始人。谥号为“襄子”。晋阳：地名，赵邑，在今山西太原西南。⑤晋水：水名，出晋阳县西悬瓮山，即太原市晋祠西。⑥三板：高六尺。板：筑墙用的夹板，二尺为一板。⑦“韩康子”二句：韩康子名虎，魏桓子名驹。古代乘车主人居左，驾车的御者在中，骖乘在右。⑧汾水：汾河。在山西省中部，为中国黄河第二大支流。安邑：地名，在今山西夏县西北，魏桓子邑，绛水下游的涑（sù）水流经其旁。绛水：又名白水、沸泉水。源出绛州绛县绛山下。平阳：地名，今山西临汾市，韩康子邑，汾水流经其西。本文的“汾”、“绛”二字应当互易。⑨蹑：踩，踏。踵：脚后跟。

【译文】这时中期推开手中的琴说：“大王对天下的局势估计错了。从前晋国六卿当政的时候，智氏最强大，灭亡了范氏、中行氏，率领韩康子、魏恒子，把赵襄子围困在晋阳，决开晋水来淹晋阳，差六尺就把全城淹没。智伯出行巡视水势时，韩康子给他拉马，魏桓子陪坐在车上。智伯说：‘从前我不知道水可以灭亡人的国家，现在我才知道。绛水很容易淹没安邑，而汾水很容易淹没平阳。’魏桓子用胳膊碰了一下韩康子，韩康子踩了一下魏桓子，踏他的脚后跟，他们的手脚在车上碰撞了一下，智氏就被瓜分。智伯身死国亡，被天下人耻笑。现在秦国的强盛，还没有超过智伯；韩国、魏国虽然衰弱，仍然胜过赵襄子被围困在晋阳的时候。现在就是韩国、魏国胳膊和脚互撞的时候，希望大王不要麻痹大意啊！”

秦四·楚、魏战于陉山

楚、魏战于陉（xíng）山①。魏许秦以上洛②，以绝秦于楚。魏战胜，楚败于南阳③。秦责赂于魏，魏不与。管浅谓秦王曰④：“王何不谓楚王曰⑤：‘魏许寡人以地，今战胜，魏王倍寡人也⑥。王何不与寡人遇？魏畏秦、楚之合，必与秦地矣。是魏胜楚而亡地于秦也。是王以魏地德寡人，秦之楚者多资矣。魏弱，若不出地，则王攻其南，寡人绝其西，魏必危。’”秦王曰：“善。”以是告楚。楚王扬言与秦遇，魏王闻之恐⑦，效上洛于秦⑧。

【注释】①陉山：又称邢山，位于新郑市西南十五公里。②上洛：早已入秦，商鞅封地，应为“上郡”之误。上郡，魏文侯置，治所在今陕西榆林东南。③南阳：地名，在今河南南阳，分属楚、韩，本文所指为楚地。④管浅：人名，秦国大臣。秦王：指秦惠文王。⑤楚王：指楚怀王。⑥倍：古同“背”，背弃，背叛。⑦魏王：指魏惠王，又称梁惠王，公元前400—前319年，姬姓，魏氏，名罃（yīng）。⑧效：进献，贡献。

【译文】楚国、魏国在陉山交战，魏国答应把上郡送给秦国，以此断绝秦楚联盟。后来魏国在南阳取胜。秦国向魏国索取上郡，魏国却不给。管浅对秦惠文王说：“大王为什么不对楚怀王说：‘魏国曾经答应送给我土地，如今魏国取胜，魏惠王却背叛我。楚王何不与我会面？魏国害怕秦国、楚国联合，一定会把土地送给秦国，这样魏国虽然战胜楚国却把土地丢失在秦国。这也就等于楚王您用魏国的土地与秦国交好，秦国亲近楚国的人谈资就变多了。魏国软弱，如果他们不交出土地，那么大王进攻他们的南部，我们断绝他们的西部，魏国必定形势危急。'"秦王说："好。"于是派人把这番话告诉了楚王。楚王也表明要与秦王会面，魏王听到这事之后十分恐慌，便主动把上郡送给秦国。

秦四 · 楚使者景鲤在秦

楚使者景鲤在秦①，从秦王与魏王遇于境②。楚怒。秦令周最谓楚王曰③："魏请无与楚遇而合于秦，是以鲤与之遇也。弊邑之于与遇善之，故齐不合也。"楚王因不罪景鲤而德周、秦。

【注释】①景鲤：芈姓，景氏，名鲤，楚平王后裔，战国时期楚国令尹。继昭阳之后，辅佐楚怀王执掌楚国军政大权。②秦王：指秦惠文王。魏王：指魏襄王，姬姓，魏氏，名嗣，一名赫，魏惠王之子。③周最：或言周聚，周公子，事奉秦昭王。楚王：指楚怀王。

【译文】楚国的使者景鲤正在出使秦国，跟从秦惠文王和魏襄王在边境上会面。楚怀王大怒。秦国让周最对楚王说："魏国请求不和楚国会面而同秦国联合，因此景鲤才同秦王一起参加会面。因为我们秦国对于景鲤很关照，因此齐国没有同秦国联合。"楚王因此没有怪罪景鲤，并且很感激周最和秦国。

秦四·楚王使景鲤如秦

楚王使景鲤如秦[1]。客谓秦王曰："景鲤，楚王所甚爱，王不如留之以市地。楚王听，则不用兵而得地；楚王不听，则杀景鲤，更与不如景鲤者市。是便计也。"秦王乃留景鲤。

【注释】①如：到，往。

【译文】楚王派景鲤出使秦国。有人对秦王说："景鲤是楚王所器重的大臣，大王不如把他扣留下来交换楚国的土地。楚王答应了，就不用出兵而能取得土地；楚王不答应，就把景鲤杀掉，再与才能不如景鲤的人打交道。这可是便利的计谋啊。"秦王于是扣留了景鲤。

景鲤使人说秦王曰："臣见王之权轻天下，而地不可得也。臣之来使也，闻齐、魏皆且割地以事秦，所以然者，以秦与楚为昆弟国。今大王留臣，是示天下无楚也，齐、魏有何重于孤国也？楚知秦之孤，不与地，而外结交诸侯以图，则社稷必危，不如出臣。"秦王乃出之。

【译文】景鲤让人对秦王说："我预见到大王的权势将被天下人轻视，想要的土地也不可能得到。我来出使的时候，听说齐国、魏国都打算割让土地来事奉秦国。之所以会这样，是因为秦国与楚国是兄弟之国。如今大王扣留我，这就在天下人面前显示出秦国失去楚国的支持，齐国和魏国又怎么会尊重孤立无援的秦国呢？楚国知道秦国处于孤立之中，不但不会送给秦国土地，而且还会在外边结交诸侯来图谋秦国的土地，那秦国必然危险，不如把我放出去。”秦王就放了景鲤。

秦四·秦王欲见顿弱

秦王欲见顿弱[1]，顿弱曰：“臣之义不参拜，王能使臣无拜即可矣，不即不见也[2]。”秦王许之，于是顿子曰：“天下有有其实而无其名者，有无其实而有其名者，有无其名又无其实者。王知之乎？”王曰：“弗知。”顿子曰：“有其实而无其名者，商人是也。无把铫（yáo）推耨（nòu）之势[3]，而有积粟之实，此有其实而无其名者也。无其实而有其名者，农夫是也。解冻而耕，暴背而耨，无积粟之实，此无其实而有其名者也。无其名又无其实者，王乃是也。已立为万乘，无孝之名；以千里养，无孝之实。”秦王悖（bèi）然而怒[4]。

【注释】①秦王：指秦始皇嬴政，公元前259—前210年，嬴姓，赵氏，名政，出生于赵国都城邯郸，秦庄襄王之子，中国历史上著名政治家、战略家、改革家，首位完成华夏大一统的政治人物，第一个称皇帝的君主。顿弱：秦国辩士。②不即：否则。不，同“否”。③铫：古代一种大锄。耨：古代的锄草农具。④悖然：因发怒或惊慌而变色的样子。

【译文】秦王嬴政想召见顿弱，顿弱说：“我的习惯是不参拜君王，大王能让我不行参拜之礼，就可以拜见，否则就不拜见了。”秦王答应了他，于是顿弱入见，对秦王说："天下有有实无名的人，有有名无实的人，还有无名无实的人，大王知道吗？"秦王说："不知道。"顿弱说："有实无名的人，是商人。不用拿起农具耕作劳动，却有积蓄粮食的事实，这就是有实无名的人啊。有名无实的人，是农夫，大地解冻就开始耕地，顶着烈日除草，却没有积蓄粮食的事实，这就是有名无实的人啊。无名无实的人，就是大王您。立为万乘之国的君主，却无孝亲之名；拥有千里土地的供养，却无孝亲之实。"秦王听了勃然大怒。

顿弱曰："山东①战国有六，威不掩于山东，而掩于母②，臣窃为大王不取也。"秦王曰："山东之建国可兼与？"顿子曰："韩，天下之咽喉；魏，天下之胸腹。王资臣万金而游，听之韩、魏，入其社稷之臣于秦，即韩、魏从。韩、魏从，而天下可图也。"秦王曰："寡人之国贫，恐不能给也。"顿子曰："天下未尝无事也，非从即横也。横成则秦帝，从成即楚王。秦帝，即以天下恭养；楚王，即王虽有万金，弗得私也。"秦王曰："善。"乃资万金，使东游韩、魏，入其将相。北游于燕、赵而杀李牧③。齐王④入朝，四国必从，顿子之说也。

【注释】①山东：指崤山以东。②威不掩于山东，而掩于母：始皇母与嫪毐（lào ǎi）私通，生二子。始皇九年（前238），杀嫪毐三族，杀二子。本文所说秦王不孝事，均为此。③李牧：嬴姓，李氏，名牧，赵国名将、军事家。④齐王：指齐王建，约公元前280—前221年，亦称齐废王、齐共王，妫姓，田氏，名建，齐襄王之子，战国时期齐国最后一位国君。

【译文】顿弱说："崤山以东有六个国家，您的威势不施加于那六个国家反而施加于自己母亲，我私下认为大王这样做不可取。"秦王说："崤山以东的六国可以兼并吗？"顿弱说："韩国，扼天下咽喉；魏国，处天下胸腹。大王资助我万金用以游说，让我到韩国、魏国，让两国的执政之臣听命于大王，那么韩国、魏国就会服从大王。韩国、魏国服从，那么天下就可以图谋了。"秦王说："寡人的国家贫穷，恐怕不能给您那么多钱。"顿弱说："天下从来没有不打仗的时候，诸侯不是合纵，就是连横。连横成功则秦国称帝，合纵成功则楚国称王。秦国一旦称帝，就可以有天下的财富供养；如果楚国称王，大王拥有万金也不能享用。"秦王说："好。"于是资助顿弱万金，令顿弱向东游说韩国、魏国，使两国的将相入秦朝拜。顿弱向北游说燕国、赵国，使赵将李牧被杀。齐王建入秦朝见，燕、赵、魏、韩四国都服从秦国，这些都是顿弱游说的结果。

秦四·说秦王曰

说秦王曰："物至而反，冬夏是也；致至而危，累棋是也。今大国之地半天下，有二垂[①]，此从生民以来，万乘之地未尝有也。先帝文王、庄王[②]，王之身，三世而不接地于齐，以绝从亲之要[③]。今王使盛桥守事于韩[④]，盛桥以地入秦。是王不用甲，不伸威，而得百里之地，王可谓能矣。王又举甲兵而攻魏，杜大梁[⑤]之门，举河内[⑥]，拔燕、酸枣、虚、桃人[⑦]，魏之兵云翔不敢校，王之功亦多矣。

【注释】①二垂：占有天下西、北二垂。垂：通“陲”，边疆；边境。②文王、庄王：文王即秦始皇祖父孝文王，庄王即秦始皇父庄襄王。③要：同“腰”。④盛桥：人名，秦庄襄王之子，秦王政之弟。⑤大梁：魏国都城，在今河南省开封市西北。⑥河内：地区名，在今河南沁阳。⑦燕、酸枣、虚、桃人：地名，皆魏邑。燕，即古南燕国，在今河南延津东北。酸枣：在今河南延津北。虚：同“墟”，即殷墟，在今河南安阳小屯村。桃人：在今河南长垣西。

【译文】有人对秦王说：“事物发展到了顶点就走向反面，冬夏交替就是这样；东西放的太高就很危险，堆叠棋子就是这样。如今秦国的土地是天下的一半，有西、北两个边陲，有人类以来，万乘大国没有能这样的。从先帝孝文王、庄襄王，到大王，三代人始终未能使边境与齐国接壤，从而切断诸侯合纵的联系。如今派盛桥驻守韩国，盛桥把他管辖的土地并入秦国。这样大王不用出兵，不施展威风，就得到百里土地，大王可以说是很有能力。大王又发兵攻打魏国，堵塞大梁的交通，占领河内，攻取燕、酸枣、虚、桃人，魏国的军队像云烟飞散一样，不敢与秦军交锋，大王的功劳也有很多了。

“王休甲息众三年，然后复之，又取蒲、衍、首垣[1]，以临仁、平丘[2]，小黄、济阳婴城[3]，而魏氏服矣。王又割濮、磨之北[4]，断齐、秦之要[5]，绝楚、魏之脊。天下五合、六聚而不敢救也，王之威亦惮矣。王若能持功守威，省攻伐之心而肥仁义之地，使无复后患，三王[6]不足四，五伯[7]不足六也。

【注释】①蒲、衍、首垣：地名，皆魏邑。蒲：在今河南长垣有蒲乡。衍：在今河南郑州北。首垣：在今河南长垣东北。②仁、平丘：地名，皆魏邑。仁：与平丘近。平丘：在今河南长垣西南。③小黄、济阳：地名，皆魏邑。小黄：在今河南开封东北。济阳：在今河南兰考东北。婴城：绕城。婴：触，缠绕。④濮：水名。磨：地名，近濮水。濮、磨之北：今河北大名、山东聊城一带。⑤要：同“腰”。⑥三王：指夏、商、周三代之君。⑦五伯：即春秋五霸，指春秋齐桓公、晋文公、宋襄公、楚庄王、秦穆公。

【译文】“大王休兵三年，然后再出兵，又夺取了蒲、衍、首垣，兵临仁、平丘，小黄、济阳只能绕城自守，而魏国只能臣服。大王又割取濮、磨以北的地区，割断连接齐国、秦国的腰身，断绝联系楚国、魏国之间的脊梁。天下诸侯多次会盟，也不敢互相援救，大王的威名也够他们忌惮。大王如果能保持功绩，坚守威望，收敛攻伐的野心而施行仁义，使国家免除后患，那么三王就不愁变成四王，五霸不难变成六霸了。

“王若负人徒之众，仗兵甲之强，壹毁魏氏之威，而欲以力臣天下之主，臣恐有后患。《诗》云：‘靡不有初，鲜克有终。’[①]《易》曰：‘狐濡其尾。’[②]此言始之易，终之难也。何以知其然也？智氏见伐赵之利，而不知榆次之祸[③]也；吴见伐齐之便，而不知干隧之败[④]也。此二国者，非无大功也，没利于前，而易患于后也。吴之信越也，从而伐齐，既胜齐人于艾陵[⑤]，还为越王禽于三江之浦[⑥]。智氏信韩、魏，从而伐赵，攻晋阳之城，胜有日矣，韩、魏反之，杀智伯瑶于凿台之上[⑦]。

【注释】①《诗》：指《诗经》。②《易》：指《周易》。③榆次：地名，在今山西榆次西北。④干隧：地名，吴地。在今江苏吴县西北四十里阳山下。⑤艾陵：地名，齐邑。在今山东莱芜东北。⑥禽：古通“擒”。三江：指今江苏境内的娄江、松江、东江。浦：水滨。⑦凿台：台名，在今山西榆次南。

【译文】“大王如果倚仗士兵众多，依靠武器强大，乘着击败魏国的威势，想要用武力使天下诸侯臣服，我担心会有后患。《诗经》说：‘凡事都有开始，却少有终结。’《易经》说：‘狐狸涉水过河，开始时小心翼翼，最后还是把尾巴沾湿。’这些都说明事务开始容易终结很难啊。为什么知道这样呢？智伯只看到攻打赵国很顺利，可惜却没有注意到榆次的祸患；吴王只发现攻打齐国的便利，可惜料不到有干遂的败仗。这两个国家，并非没有赫赫战功，只是贪图眼前利益，而招致以后的祸患。吴王相信越国，舍去越国而全力攻齐，在艾陵战胜齐国，胜利归来却被越王擒获在三江之浦；智伯轻信韩、魏，与他们合力攻赵，围困晋阳城，眼见大胜在即，韩、魏阵前倒戈，在凿台之上杀死智伯。

“今王妒楚之不毁也，而忘毁楚之强韩、魏也，臣为大王虑而不取。《诗》云：‘大武远宅不涉[①]。’从此观之，楚国，援也；邻国，敌也。《诗》云：‘他人有心，予忖度[②]（cǔn duó）之。跃跃毚（chán）兔[③]，遇犬获之。’今王中道而信韩、魏之善王也，此正吴信越也。

【注释】①大武远宅不涉：即《周书·大武》篇：“远宅不薄。”古书引《书》或通作《诗》。②忖度：推测。③毚兔：狡兔，大兔。

【译文】"如今大王担心楚国不灭，却忘记覆灭楚国会使韩国、魏国的实力增强。我为大王深感忧虑，这么做是不可取的。《周书》说：'武力强盛的国家不入侵远离自己的国家。'由此来看，楚国应当是秦国的盟友，邻近之国应当是秦国的敌人。《诗经》说：'别人有害我之心，我可以推测出来。跳跃的狡兔，遇到猎犬也会被捕获。'如今大王半途相信韩国、魏国对大王友好，这正是吴王轻信越国啊。

"臣闻，敌不可易，时不可失。臣恐韩、魏之卑辞虑患而实欺大国也。此何也？王既无重世之德于韩、魏，而有累世之怨矣。韩、魏父子兄弟接踵而死于秦者，累世矣。本国残，社稷坏，宗庙隳（huī）①，刳（kū）腹折颐②，首身分离，暴骨草泽，头颅僵仆，相望于境；父子老弱系虏，相随于路；鬼神孤伤无所食；百姓不聊生，族类离散，流亡为臣妾③，满海内矣。韩、魏之不亡，秦社稷之忧也。今王之攻楚，不亦失乎？

【注释】①隳：毁坏；崩毁。②刳：从中间破开再挖空。颐：面颊，腮。③臣妾：古代对奴隶的称谓，男称臣，女称妾。

【译文】"我听说，敌人不可轻视，时机不可错失。我担心韩国、魏国的害怕祸患的谦卑之辞是欺骗秦国啊。为什么这么说？大王对韩国、魏国不但没有恩德，反而有世代的积怨。韩国、魏国的父子兄弟接连死在秦人手中的，已经好几代了。国家残破，社稷被毁，宗庙毁坏，百姓被剖开肚腹折断面颊，身首异处，暴尸荒野，头颅僵硬扑地，尸体重重叠叠，满目皆是；父子老弱被俘虏，相随于道路；

鬼神无人供奉；百姓无法生存，妻离子散，流落逃亡成为他人奴隶的，遍布诸侯各国。韩国、魏国不灭亡，是秦国安全的忧患啊。如今大王全力攻楚，难道不是大王的失策吗？

“且王攻楚之日，则恶出兵？王将藉路于仇雠（chóu）[1]之韩、魏乎？兵出之日而王忧其不反也，是王以兵资于仇雠之韩、魏。王若不藉路于仇雠之韩、魏，必攻随阳右壤[2]。随阳右壤，此皆广川大水，山林溪谷不食之地。王虽有之，不为得地。是王有毁楚之名，无得地之实也。

【注释】①雠：同“仇”。②随：水名，在今湖北随州。右壤：西边的地方。随水西为邓林之险。

【译文】“何况大王攻打楚国的时候，打算从哪条路出兵？大王想要向仇敌韩国、魏国借道吗？恐怕出兵之日，大王就开始担忧士兵们能否返回秦国了，这是大王把大批兵马资助给仇敌韩国、魏国。大王如果不向仇敌韩国、魏国借道，那只能攻打随水的西边。而随水的西边，全都是大河大水、森林溪谷的不毛之地。大王即使占有这些地方，和不得这些地并无不同。这使大王有侵扰楚国的罪名，而无得到土地的实惠啊。

“且王攻楚之日，四国[1]必悉起应王。秦、楚之兵构而不离，魏氏将出兵而攻留、方与、铚（zhì）、胡陵、砀（dàng）、萧、相[2]，故宋必尽。齐人南面，泗北必举[3]。此皆平原四达，膏腴（yú）之地也[4]，而王使之独攻。王破楚于以肥韩、魏于中国而劲齐，韩、魏之强足以校于秦矣。齐南以泗为境，东负海，北倚河，而无后患，天下之国莫强于齐。齐、魏得地葆利而详事下吏⑤，一年之后，为帝若未能，于以禁王之为帝有余。夫以王壤土之博、人徒之众、兵革之强，一举事而注地于楚，诎令韩、魏归帝重于齐，是王失计也。

【注释】①四国：指赵、韩、魏、齐四国。②留、方与、铚、胡陵、砀、萧、相：皆地名，宋邑。留：在今江苏沛（pèi）州东南。方与：在今山东鱼台东北。铚：在今安徽宿州西南。胡陵：在今江苏沛州北。砀：在今安徽砀山西南。萧：在今江苏萧县西北。相：在今江苏濉（suī）溪西北。③泗北必举：指齐国将兼并泗水以北的鲁国故地。④膏腴之地：指肥美的土地或肥沃富饶的地区。⑤葆：古同"保"，保护。详事下吏：假意事秦。详：古同"佯"，假装。下吏：下级办事人员。不敢直指秦王，故谦称和"下吏"交涉。

【译文】"况且大王攻打楚国的时候，齐、赵、韩、魏四国势必联合对付您。秦国、楚国的士兵交战，魏国将要出兵攻打留、方与、铚、胡陵、砀、萧、相等地，宋国故地必定尽属于魏。齐国向南出兵，鲁国故地泗水之北必定被齐国夺取。那全都是四通八达的平原，肥美的土地啊，而大王却让他们攻打独吞。大王出兵攻破楚国，却扩大了中原韩国、魏国的国土，增强了齐国实力，韩国、魏国强大起来，足以与秦国较量。齐国以泗水为南境，东临大海，北靠黄河，再无后顾之忧，天下诸侯中没有比齐国更强的了。齐、魏获得土地保有利益，假意事秦，一年之后，即使未能称帝，但还是有能力阻拦大王称帝的。以大王国土的广博，民众的众多，兵革的强劲，一旦出兵与楚国结怨，反倒让韩国、魏国支持齐王称帝，这是大王的失策之处啊。

“臣为王虑，莫若善楚。秦、楚合而为一以临韩，韩必授首。王襟以山东之险，带以河曲之利[①]，韩必为关中之候[②]。若是王以甲戍郑，梁氏寒心[③]，许、鄢（yān）陵婴城[④]，上蔡、召陵不往来也[⑤]，如此，而魏亦关内侯矣。王一善楚，而关内二万乘之主注地于齐，齐之右壤可拱手而取也。是王之地一经两海，要绝天下也，是燕、赵无齐、楚，齐、楚无燕、赵也。然后危动燕、赵，持齐、楚，此四国者，不待痛而服矣。”

【注释】①河曲：河流弯曲的地方，指黄河拐弯处。黄河到潼关后，曲而东流，即河曲。②关中之候：即下文的关内侯，秦爵名，秦汉二十等爵位中第十九等，仅低于彻侯（即列侯，亦称通侯）。有其号，但无封国。一般乃对立有军功将领的奖励，封有食邑数户，有按规定户数征收租税之权。此言韩犹如秦藩臣。③郑：代指韩国。梁：代指魏国。④许、鄢陵：地名，魏邑。许：在今河南许昌东。鄢陵：在今河南鄢陵西北。婴城：绕城。⑤上蔡、召陵：地名，皆楚邑。上蔡：在今河南上蔡西南。召陵：在今河南郾（yǎn）城东。

【译文】“我为大王考虑，最好是和楚国搞好关系。秦国、楚国合为一体兵临韩境，韩国必定俯首称臣。大王以崤山以东的险要做屏障，保有河曲之利，韩国必然成为秦国的藩臣关内侯。如果大王派士兵戍守韩国，魏国必然会不寒而栗，许、鄢陵绕城自守，楚国的上蔡、召陵就和魏国断绝往来。这样，魏国也就成为秦国的藩臣关内侯。大王一旦与楚国交好，那两个犹如秦国藩臣关内侯的万乘之国就会全力攻齐，齐国西部的土地就垂手可得啊。这时大王的土地自西海至东海，横绝天下，使燕国、赵国失去齐国、楚国的援助，齐国、楚国也失去燕国、赵国的援助啊。然后胁迫燕国、赵国，挟持齐国、楚国，这四国不待出兵攻打，便会臣服秦国。”

秦四·或为六国说秦王曰

或为六国说秦王曰[①]：“土广不足以为安，人众不足以为强。若土广者安，人众者强，则桀、纣之后将存[②]。

【注释】①秦王：指秦昭王。②桀、纣：夏桀、商纣，夏、商两朝的亡国之君。

【译文】有人为六国游说秦王说：“国土广大不足以保持安定，人民众多不足以维持强盛。如果国土广大的国家就安定，人民众多的国家就强盛，那么夏舛、商纣的后代将会一直存在。

“昔者，赵氏亦尝强矣[①]。曰赵强何若？举左案齐，举右案魏，厌案万乘之国二[②]，由千乘之宋也[③]。筑刚平[④]，卫无东野，刍牧薪采[⑤]莫敢窥东门。当是时，卫危于累卵，天下之士相从谋曰：‘吾将还其委质，而朝于邯郸之君乎？’于是天下有称伐邯郸者，莫[⑥]令朝行。魏伐邯郸[⑦]，因退为逢泽之遇[⑧]，乘夏车[⑨]，称夏王，朝为天子[⑩]，天下皆从。齐太公[⑪]闻之，举兵伐魏，壤地两分，国家大危。梁王身抱质执璧[⑫]，请为陈侯[⑬]臣，天下乃释梁。

【注释】①赵氏：指赵国。②厌案：压制。厌，通“压”。③由：古同“犹”，犹如，好像。④刚平：地名，在今河北清丰西南。⑤刍牧：割草放牧。薪采：打柴。⑥莫：同“暮”。⑦魏伐邯郸：公元前354年，魏惠王发兵包围赵都邯郸。⑧逢泽之遇：魏惠王在魏都大梁附近主持的逢泽会议。遇：相逢，会面，碰到。⑨夏：指中原地区。⑩为：于。天子：指周敬王姬匄，姬姓，名匄，东周君主。他是周景王的儿子，周悼王弟。⑪齐太公：当为齐威王，公元前378—前320年，妫姓，田氏，名因齐。⑫质：古同“贽（zhì）”，礼物。璧：平圆形中间有孔的玉，古代在典礼时用作礼器，亦可作饰物。⑬陈侯：齐威王在称王以前称陈侯。

【译文】“过去，赵国曾经强大。赵国强大的情况怎么样？在东面压制齐国，在西面压制魏国，压制两个万乘大国，就像压制拥有千辆兵车的宋国。赵人筑起刚平城，使得卫国不能管理国家东部，卫人连割草放牧打柴都不敢从东门进出。当时，卫国岌岌可危，天下的士人相互谋划说：‘我们是否归还礼物，朝拜赵国国君呢？’于是天下倡议攻打赵国的人，晚上才发出命令，第二天清晨就行动起来。魏国发兵包围邯郸，在逢泽这个地方主持诸侯会盟，魏王乘坐中原的车，自称中原的王，率领诸侯朝见周天子，天下诸侯全都听从他的话。齐威王听到这件事，出兵讨伐魏国，魏国土地被分为两半，国家形式危亡。魏王带上礼物玉璧，请求作为齐威王的臣子，天下诸侯这才放过魏国。

“郢威王闻之[①]，寝不寐，食不饱，帅天下百姓以与申缚遇于泗水之上[②]，而大败申缚。赵人闻之至枝桑[③]，燕人闻之至之格道[④]。格道不通，平际绝[⑤]。齐战则不胜，谋则不得，使陈毛释剑掫（zōu）[⑥]，委南听罪[⑦]，西说赵，北说燕，内喻其百姓，而天下乃齐释。

【注释】①郢威王：即楚威王，芈姓，熊氏，名商，楚宣王之子。②申缚：齐国大将。泗水：又名淇水，发源于山东省蒙山南麓，注入南阳湖。③枝桑：地名，今地不详。④格道：地名，今地不详。⑤平际：交往，交际。⑥陈毛：齐国大臣。掫：巡夜打更的工具。⑦听罪：认罪。

【译文】“楚威王听到齐国打败魏国，睡不好，吃不饱，统率天下诸侯与申缚在泗水之上交战，大败齐军。赵国人听说齐国战败就占领枝桑，燕国人则攻占格道。格道不能通行，齐国交际就断绝了。齐国作战不能取胜，计谋又得不到成果，只好派陈毛放下兵器，南下楚国认罪，向西游说赵国，向北游说燕国，在国内向百姓作说明，天下诸侯这才放过齐国。

“于是夫积薄而为厚，聚少而为多，以同言郢威王于侧牖（yǒu）之间[1]。臣岂以郢威王为政衰谋乱以至于此哉？郢为强，临天下诸侯[2]，故天下谋伐之也。”

【注释】①牖：窗户。②临：攻伐；胁制。

【译文】“积薄变为厚，聚少变为多，各国又共同商量如何对付楚威王。这是因为楚威王政治衰败、谋略混乱造成的吗？这是因为楚国强大，威胁到天下诸侯，所以天下诸侯都想去攻打它啊。”

扫码听谦德
君为您导读

卷七 秦策五

秦五·谓秦王曰

谓秦王[①]曰:“臣窃惑王之轻齐、易楚,而卑畜韩也。臣闻,王兵胜而不骄,伯主约而不忿。胜而不骄,故能服世;约而不忿,故能从邻。今王广德魏、赵,而轻失齐,骄也;战胜宜阳,不恤楚交,忿也。骄、忿非伯主之业也,臣窃为大王虑之而不取也。

【注释】①秦王:即秦武王。

【译文】有人对秦武王说:“臣私下十分疑惑大王为什么要轻视齐、楚,而且对待韩国就象对待奴仆一样。臣听过这样的话,胜而不骄是王者作为,主持盟约而不急燥,是霸主的胸襟。胜而不骄,故能服众;主持盟约而不急躁,才能使盟国顺从。现在大王很注重拉拢魏、赵两国,不惜广施恩德,可却淡薄与齐国的交往,这可是骄傲的表现;取得宜阳大捷,就不顾和楚国的交情,这是盛气凌人的表现。骄傲、放肆难以成就霸业,臣私下认为大王应当加以深思,这种做法是不可取的。

"《诗》云：'靡不有初，鲜克有终[1]。'故先王之所重者，唯始与终。何以知其然？昔智伯瑶[2]残范、中行，围逼晋阳[3]，卒为三家笑；吴王夫差栖越[4]于会（kuài）稽[5]，胜齐于艾陵[6]，为黄池[7]之遇，无礼于宋[8]，遂与勾践[9]禽，死于干隧[10]；梁君[11]伐楚胜齐，制赵、韩之兵，驱十二诸侯[12]以朝天子于孟津[13]，后子死，身布冠而拘于齐。三者非无功也，能始而不能终也！

【注释】①靡不有初，鲜克有终：出自《诗经·大雅·荡》。意思是没有不能善始的，可惜很少有能善终的。②智伯瑶：一作"知伯"，春秋末期晋国六卿之一。③晋阳：赵氏都城，位于今山西太原西南。④吴王夫差：春秋时吴国的国君，公元前495—前473年在位。越：指越王勾践。⑤会稽：山名。位于今浙江省绍兴县东南。⑥艾陵：位于今山东省莱芜东北。⑦黄池：位于今河南省封丘西南。⑧无礼于宋：是指吴王杀掉宋国大夫，囚禁宋国妇女的事情。⑨勾践：春秋末期越国国君。曾被吴王夫差打败后屈服求和，入吴为人质。释放回国后卧薪尝胆，刻苦自励，发愤图强。终于转弱为强，灭亡吴国。后在徐州（今山东滕州南）大会诸侯，成为霸主。⑩干隧：地名。位于今江苏省吴县西北。⑪梁君：即梁惠王，公元前369—前319年在位。⑫十二诸侯：是指分布在泗水流域的一些小的国家，又称"泗上十二诸侯"。⑬孟津：古黄河津渡名。在今河南省孟津县东北、孟县西南。为历代兵家争战要地。

【译文】"《诗经》上说：'做任何事情开头都很好，但是很少能做到善始善终的。'因此先王特别注重善始善终。为什么知道是这样呢？过去智伯瑶灭掉范氏、中行氏，又围攻晋阳，结果被韩、赵、魏三家所笑；吴王夫差把越王勾践围困在会稽山上，又在艾陵一役中战胜齐国，后来在黄池主持诸侯会盟，对宋国没有礼貌，最后被勾践所制服，死在干隧这个地方；魏惠王当年更是盛极一时，攻打楚国，战胜齐国，控制韩、赵的军力，还邀集泗上十二诸侯，在孟津朝见周天子，但最后太子申战死于马陵一役，自己被形势所迫，只好素衣布冠向齐国屈服。这三人不是没有战功，只因都有好的开头却不能善终，才招致后来的惨败啊！

"今王破宜阳，残三川，而使天下之士不敢言；雍天下之国，徙两周之疆，而世主不敢交；塞阳侯[①]；取黄棘[②]，而韩、楚之兵不敢进。王若能为此尾，则三王不足四，五伯不足六；王若不能为此尾，而有后患，则臣恐诸侯之君，河、济之士，以王为吴、智之事也。

【注释】①阳侯：古时的一个要塞名。位于今山东省。②黄棘：古地名。位于今河南省新野东北。

【译文】如今秦国攻破宜阳，占领三川，使得天下的策士惶恐震惧，不敢开口议论；切断诸侯之间的联系，使东、西二周的疆界因秦兵的进逼而屡屡更改、缩小，使各路诸侯不敢聚合交往；堵塞了阳侯这个隘口，还夺取了黄棘这片土地，使韩、楚之兵不敢前进。既已取得这样的成就，大王如果能兢兢业业，贯彻到底，那称王称霸的大业就指日可待了。假如慎始而不能善终，就会后患无穷。我担心各诸侯国的君主和有识之士会使大王步吴王夫差和智伯瑶的后尘。

"诗云[①]：'行百里者，半于九十。'此言末路之难。今大王皆有骄色，以臣之心观之，天下之事，依世主之心，非楚受兵，必秦也。何以知其然也？秦人援魏以拒楚，楚人援韩以拒秦，四国之兵敌而未能复战也。齐、宋在绳墨之外以为权，故曰先得齐、宋者伐秦。秦先得齐、宋，则韩氏铄②，韩氏铄，则楚孤而受兵也。楚先得之，则魏氏铄；魏氏铄，则秦孤而受兵矣。若随此计而行之，则两国者必为天下笑矣。”

【注释】①诗云：此处指相传的古语。②铄：削弱。

【译文】“古语说：‘走一百里的路程，即使走了九十里也只算到了一半。’这里着重指出走完最后一段道路是十分艰难的。如今大王常常表现出骄傲的情绪，以我的愚见来看，天下的事情，根据诸侯的心意，不是攻楚，就是攻秦。何以见得呢？秦国援助魏国以抗御楚国，楚国援助韩国以抗御秦国，只因势均力敌，不敢开战。而宋、齐两国置身事外，就显得举足轻重。因此可以断言先争取到宋、齐支持的，就可以攻伐秦国。秦国如果争得齐、宋两家外援，就能遏制削弱韩国，韩国受到遏制、削弱，那么楚国便孤立无援而遭到攻击。假如楚国先得到齐、宋的援助，魏国就会被削弱，魏国削弱之后，秦国就会陷入孤立，饱受战祸。如果按照这个办法去做，那么秦、楚两国必然会成为天下的笑谈了。”

秦五・秦王与中期争论

秦王与中期争论，不胜，秦王大怒，中期徐行而去。或为中期说秦王曰：“悍人也！中期适遇明君故也，向者遇桀、纣，必杀之矣。”秦王因不罪。

【译文】秦昭王与辩士中期争论，结果秦昭王理屈辞穷没有辩过中期，不由勃然大怒，中期却不卑不亢，从容不迫地离开了。有人替中期对秦昭王说：“中期可真是个直言无忌、耍横的人啊！幸亏他碰到的是贤明的君主，如果遇上夏桀、商纣那样的暴君，一定被杀掉了。”秦王一听，怒气顿消，竟然没有怪罪中期。

秦五·献则谓公孙消曰

献则①谓公孙消②曰：“公，大臣之尊者也，数伐有功。所以不为相者，太后③不善公也。芈（mǐ）戎④者，太后之所亲也，今亡于楚，在东周⑤。公何不以秦、楚之重资而相之于周乎？楚必便之矣。是芈戎有秦、楚之重，太后必悦公，公相必矣。”

【注释】①献则：楚国人，当时在秦国任职。②公孙消：秦国大臣。③太后：秦昭王的母亲宣太后。④芈戎：秦昭王的舅舅，宣太后同父异母的弟弟。⑤东周：即成周，在今河南省洛阳东。

【译文】献则对秦臣公孙消说：“您是大臣中最受尊重的人，屡次出征都建立了战功。之所以没有被任命为秦国相国，是因为太后对您没有好感。芈戎是太后的亲弟弟，是她亲近的人，如今逃亡到东周。您为什么不借助秦、楚两国在诸侯中的声势，去帮助芈戎在东周做相国呢？楚国必然感到对它有利。这样芈戎就有了秦、楚的势力做后盾，太后也必定会对您有好感，将来您定会在秦国做相国了。”

秦五·楼許约秦、魏

楼許[①]约秦、魏，魏太子为质，纷强[②]欲败之。谓太后曰：“国与还者也，败秦而利魏，魏必负之。负秦之日，太子为粪土矣。”太后坐王而泣。王因疑于太子，令之留于酸枣[③]。楼子患之。昭衍[④]为周之梁，楼子告之。昭衍见梁王，梁王曰：“何闻？”曰：“闻秦且伐魏。”王曰：“为期与我约矣。”曰：“秦疑于王之约，以太子之留酸枣而不之秦。秦王[⑤]之计曰：‘魏不与我约，必攻我；我与其处而待之见攻，不如先伐之。’以秦强折节而下与国，臣恐其害于东周。”

【注释】①楼許：魏国人。②纷强：魏国大臣。③酸枣：地名。位于今河南省延津西南。④昭衍：楚国人，东周大臣。⑤秦王：即秦武王。

【译文】魏臣楼許邀约秦、魏两国结成联盟，魏王打算让魏太子到秦国去做人质，魏臣纷强想破坏这件事，就去对魏太后说：“国家之间的关系反复无常，如果事情对秦国有害而对魏国有利，魏国必然会背弃秦国。魏国一旦背离秦国，太子的生命必定卑贱如同粪土了。”太后让魏王坐下，自己便哭泣起来。于是魏王也对太子去做人质的事产生了疑虑，便命令太子留在酸枣，不去秦国。楼許为此事而感到担心。这时，昭衍为东周的事正好来到魏国，楼許把魏王不肯让太子做人质的事告诉了他。昭衍来见魏王，魏王说：“您听到什么消息了吗？”昭衍说：“听说秦国准备进攻魏国。”魏王说：“可是秦国与魏国已经约好相会的日期了。”昭衍说：“秦国怀疑大王的态度，因为您把太子留在酸枣，没有让他到秦国去。秦王考虑说：‘魏国不与我践约，必定会进攻秦国；我与其在这里等着魏国来进攻，倒不如先去进攻魏国。’以秦国的强大，竟俯首去向盟国求援，我唯恐他们将危害到东周。”

秦五·濮阳人吕不韦贾于邯郸

濮阳[①]人吕不韦贾于邯郸，见秦质子异人[②]，归而谓父曰：“耕田之利几倍？”曰：“十倍。”“珠玉之赢[③]几倍？”曰：“百倍。”“立国家之主赢几倍？”曰：“无数。”曰：“今力田疾作，不得暖衣余食；今建国立君，泽可以遗世。愿往事之。”

【注释】①濮阳：卫邑，位于今河南省濮阳西南。②异人：秦孝文王之子，后来的庄襄王。当时在赵国做人质，③赢：经商所获得的利润。

【译文】濮阳人吕不韦到邯郸去做生意，见到秦国入赵为人质的公子异人，回家便问父亲：“农耕能获利几倍？”他的父亲回答说：“十倍吧。”他又问：“珠宝买卖可以赢利几倍？”父亲答道：“百倍吧。”他又问：“如果拥立一位君主呢？”父亲说：“这可无法估量了。”吕不韦说：“如今即便我非常努力地耕种，依然不能衣食无忧；而拥立君主则可以泽被后世。我决定去做这件事。”

秦子异人质于赵，处于扅（yí）城[①]。故往说之曰：“子傒[②]有承国之业，又有母在中。今子无母于中，外托于不可知之国，一日倍约，自为粪土。今子听吾计事，求归，可以有秦国。吾为子使秦，必来请子。”

【注释】①聊城：即聊城，位于今山东省聊城西北。②子傒：异人的同父异母弟弟。

【译文】秦国公子异人这时正在赵国做人质，住在聊城这个地方。吕不韦前往拜谒说：“子傒有继承王位的资格，又有母亲在宫中支持。如今公子您既没有母亲在宫内照应，自身又寄居在祸福难测的赵国，一旦背弃盟约，公子您的性命将难以保全。如果公子听信我的安排，我倒有办法让您回国，而且可以拥有秦国。我先替公子到秦国跑一趟，为您活动一下，必定让他们来接您回国。”

乃说秦王后[①]弟阳泉君曰：“君之罪至死，君知之乎？君之门下无不居高尊位，太子[②]门下无贵者。君之府藏珍珠宝玉，君之骏马盈外厩，美女充后庭。王[③]之春秋高，一日山陵崩[④]，太子用事，君危于累卵，而不寿于朝生[⑤]。说有可以一切，而使君富贵千万岁，其宁于太山[⑥]四维，必无危亡之患矣。”阳泉君避席[⑦]，请闻其说。不韦曰：“王年高矣，王后无子，子傒有承国之业，士仓[⑧]又辅之。王一日山陵崩，子傒立，士仓用事，王后之门必生蓬蒿。子异人贤材也，弃在于赵，无母于内，引领西望，而愿一得归。王后诚请而立之，是子异人无国而有国，王后无子而有子也。”阳泉君曰：“然。”入说王后，王后乃请赵而归之。

【注释】①秦王后：这里指安国君的妻子华阳夫人。②太子：指子傒。③王：指孝文王。④一日：一旦。山陵崩：比喻帝王死亡。这里指秦王死。⑤朝生：指朝开暮落的木槿花。⑥太山：即泰山。⑦避席：古人席地而坐，为表示对某人尊敬，离坐而起，称为“避席”。⑧士仓：即秦昭王时期的相国杜仓。

【译文】于是，吕不韦前去游说王后华阳夫人的弟弟阳泉君说：“您知道吗？您已犯了死罪！您门下的宾客无不位高势尊，相反，太子门下却无一显贵。而且您的仓库中存满了珍珠宝玉，您的马棚里满是骏马，后宫的佳丽多不可数。老实说，这可不是什么好事。如今秦王年事已高，一旦驾崩，太子执政，您就非常危险了，生死将在旦夕之间。我有条权宜之计，可以让您富贵千万年，而且稳如泰山，必然没有后顾之忧。”阳泉君赶忙让座施礼，恭敬地表示请教，愿意听听吕不韦的高见。吕不韦说：“秦王年事已高，华阳夫人却无子嗣，子傒有继承王位的资格，又有士仓辅佐他。秦王一旦死去，子傒就会继位，他继位之后一定重用士仓，到那时王后的门庭必定萧条冷落。现在在赵国做人质的公子异人才德兼备，被遗弃在赵国，可惜没有母亲在宫中支持他，每每翘首向西遥望家乡，希望有机会可以回到秦国来。王后倘若真能请求立异人为太子，这样一来，不是储君的异人也能继位为王，他肯定会感念华阳夫人的恩德，而无子的华阳夫人也因此而有子，以后必然有了依靠。”阳泉君说：“对，有道理！”便进宫说服王后，王后便向赵国提出请求，让公子异人返回秦国。

赵未之遣，不韦说赵曰：“子异人，秦之宠子也，无母于中，王后欲取而子之。使秦而欲屠赵，不顾一子以留计，是抱空质也。若使子异人归而得立，赵厚送遣之，是不敢倍[1]德畔[2]施，是自为德讲。秦王老矣，一日晏驾[3]，虽有子异人，不足以结秦。”赵乃遣之。

【注释】①倍：通“背”。②畔：通“叛”。③晏驾：古时帝王死亡的讳称。

【译文】赵国还未放行，吕不韦就去游说赵王说：“公子异人是秦王的宠儿，在宫中没有母亲的照顾，现在王后想让他做儿子。大王试想，假如秦国真的要攻打赵国，也不会因为一个儿子的缘故而不行动，那您不是留了一个没有作用的人质了吗？但如果让公子异人回国继位为王，赵国以厚礼好生相送，公子异人一定不会忘记赵国的恩义的，这是以德相交的作法。如今秦王已经老迈，一旦驾崩，赵国虽然有异人作为人质，但也没有资历与秦国亲近了。”于是，赵王就将异人送回了秦国。

异人至，不韦使楚服而见。王后悦其状，高其知，曰：“吾楚人也。”而自子之，乃变其名曰楚。王使子诵，子曰：“少弃捐在外，尝无师傅所教学，不习于诵。”王罢之，乃留止。间曰：“陛下尝轫车[1]于赵矣，赵之豪杰得知名者不少。今大王反国，皆西面而望。大王无一介之使以存之，臣恐其皆有怨心，使边境早闭晚开。”王以为然，奇其计。王后劝立之。王乃召相，令之曰：“寡人子莫若楚。”立以为太子。

【注释】①轫车：停车。这里指做人质的事情。轫：阻止车轮转动的木头，车开动时，则将其抽走。

【译文】公子异人回到秦国，吕不韦让他身着楚国服装晋见原是楚国人的王后。王后对他的打扮十分高兴，认为他的智慧很高，说："我是楚国人。"于是把公子异人认作儿子，并替他更名为"楚"。秦王令异人诵读他念过的书。异人推辞说："我自小被抛弃在外，没有师傅教导传习，不懂得念书。"秦王也就罢了，让他留宿宫中。一次，异人乘秦王空闲时，进言道："陛下也曾羁留赵国，赵国豪杰之士知道陛下大名的不在少数。如今陛下回国为君，他们都惦念着您，都满怀希望向着西方。可是陛下却连一个使臣都未曾派去抚慰他们。我担心他们会心生抱怨，使边城局势不稳。"秦王觉得他的话极有道理，为他的奇谋感到惊讶。王后乘机劝秦王立他为太子。秦王召来丞相，下诏说："寡人的儿子中数子楚最有才能。"于是就立异人为太子。

子楚立①，以不韦为相，号曰文信侯，食蓝田②十二县。王后为华阳太后，诸侯皆致秦邑。

【注释】①子楚立：即秦庄襄王。②蓝田：位于今陕西省蓝田西。

【译文】公子楚做了秦王以后，任命吕不韦为丞相，号为文信侯，封给他蓝田十二县。王后号为华阳太后，各国诸侯都给秦国送来了封邑。

秦五 · 文信侯欲攻赵以广河间

文信侯欲攻赵以广河间①，使刚成君蔡泽②事燕三年，而燕太子[3]质于秦。文信侯因请张唐[4]相燕，欲与燕共伐赵，以广河间之地。张唐辞曰："之燕者必径于赵，赵人得唐者，受百里之地。"文信侯去而不快。少庶子甘罗[5]曰："君侯何不快甚也？"文信侯曰："吾令刚成君蔡泽事燕三年，而燕太子已入质矣。今吾自请张卿相燕而不肯行。"甘罗曰："臣请行之。"文信侯叱去曰："我自行之而不肯，汝安能行之也？"甘罗曰："夫项橐（tuó）[6]生七岁而为孔子师，今臣生十二岁于兹矣，君其试臣，奚以遽言叱也？"

【注释】①河间：指河、漳之间，也就是吕布韦的封地。②蔡泽：燕人，入秦为相。③燕太子：即太子丹。④张唐：秦国的将军。⑤少庶子甘罗：吕布韦的家臣，秦国大臣甘茂的孙子。⑥项橐：传说中特别聪明的一个儿童。

【译文】文信侯吕不韦想攻打赵国以扩张他在河间的封地，他派刚成君蔡泽在燕国办事三年后，燕太子丹就到秦国做了人质。文信侯又请秦人张唐到燕国作相国，想联合燕国共同攻伐赵国，以扩大他在河间的封地。张唐推辞说："到燕国去必须取道于赵国，由于过去伐赵结下了仇怨，赵国现在正悬赏百里之地给抓到我的人。"文信侯很不高兴地离开了。少庶子甘罗问："君侯为什么这般不高兴呢？"文信侯说："我让刚成君蔡泽到燕国办事三年，而燕太子丹已经到秦国做人质了。现在我亲自请张唐去担任燕相，他竟推辞不肯去！"甘罗说："我有办法让他去。"文信侯厉声呵斥他离开，说："我亲自出马他尚且无动于衷，你还能有什么办法能让他动身呢？"甘罗说："古时项橐七岁时就做了孔子的老师，我今年已经十二岁了，君侯为何不让我去试一试，为何不由分说便呵斥于我呢？”

甘罗见张唐曰：“卿之功孰与武安君？”唐曰：“武安君战胜攻取，不知其数；攻城堕邑，不知其数。臣之功不如武安君也。”甘罗曰：“卿明知功之不如武安君欤？”曰：“知之。”“应侯之用秦也，孰与文信侯专？”曰：“应侯不如文信侯专。”曰：“卿明知为不如文信侯专欤？”曰：“知之。”甘罗曰：“应侯欲伐赵，武安君难之，去咸阳①七里，绞而杀之。今文信侯自请卿相燕，而卿不肯行，臣不知卿所死之处矣。”唐曰：“请因孺子而行！”令库具车，厩具马，府具币，行有日矣。甘罗谓文信侯曰：“借臣车五乘，请为张唐先报赵。”

【注释】①咸阳：秦国都城。

【译文】于是甘罗去拜谒张唐，问他：“您认为您的功勋和武安君相比怎么样呢？”张唐说：“武安君战功赫赫，攻城掠地，不可胜数，我张唐的功劳哪里比得上他。”甘罗问：“您果真自知功劳比不上武安君吗？”张唐答道：“是的。”甘罗又问：“您看，当年执掌秦政的应侯与今日文信侯相比，哪一个权势更大？”张唐说：“应该不如文信侯的权势重。”甘罗问：“您确认这一点吗？”张唐说：“是的。”甘罗说：“当年应侯想攻打赵国，可武安君认为有困难不肯接受任务，结果在被逐出咸阳七里处被绞刑处死。现在文信侯亲自请您去燕国任相，而您却左右不肯，我不知道您将身死何地了。”张唐沉吟道：“那就麻烦您跟文信侯说我张唐愿意前往。”于是他让人准备车马和礼物，定下了行程。甘罗又去跟文信侯说：“请君侯借给我五辆车子，让我先去赵国通报赵王一声。”

见赵王[①]，赵王郊迎。谓赵王曰：“闻燕太子丹之入秦与？”曰：“闻之。”“闻张唐之相燕与？”曰：“闻之。”“燕太子丹入秦者，燕不欺秦也。张唐相燕者，秦不欺燕也。秦、燕不相欺，则代赵[②]危矣。燕、秦所以不相欺者，无异故，欲攻赵而广河间也。今王赍（jī）[③]臣五城以广河间，请归燕太子，与强赵攻弱燕。”赵王立割五城以广河间，归燕太子。赵攻燕，得上谷[④]三十六县，与秦什一。

【注释】①赵王：即赵悼襄王。②代赵：这里指赵国。③赍：给予；送给。④上谷：郡名。位于今河北省张家口市怀来县一带。

【译文】甘罗去见赵王，赵王亲自到城外迎接他。甘罗对赵王说：“大王听说燕太子丹入秦做人质的事了吗？”赵王说：“听说了。”甘罗问：“您听说张唐到燕国为相的事了吗？”赵王答到：“听说了。”甘罗分析道：“燕国派太子丹到秦国做人质，表明燕国就不会欺骗秦国。秦国派张唐到燕国为相，表明秦国也不会欺骗燕国。秦、燕相亲，互不欺骗，那赵国就危险了。秦、燕之所以相好而没有互相欺骗，没有别的原因，只是为了攻伐赵国，扩张河间地盘而已。如今大王若能送给我五座城，以拓展河间的地盘，我将请秦国遣还太子丹，并且联合强赵一道攻打弱燕。”赵王当即割让五座城给秦国，以扩大河间的地盘，秦国也送太子丹回到燕国。赵国发兵攻打燕国，取得上谷郡三十六县，给了秦国十分之一。

秦五·文信侯出走

文信侯出走，与司空马[①]之赵，赵以为守相[②]。秦下甲而攻赵。

【注释】①司空马：文信侯的下属。②守相：代理丞相。

【译文】文信侯吕不韦被逐出走，他的亲信司空马到了赵国，赵王让他代理相国。此时，秦国正调动兵马进攻赵国。

司空马说赵王曰："文信侯相秦，臣事之，为尚书[①]，习秦事。今大王使臣守小官，习赵事。请为大王设秦、赵之战，而亲观其孰胜。赵孰与秦大？"曰："不如。""民孰与之众？"曰："不如。""金钱粟孰与之富？"曰："弗如。""国孰与之治？"曰："不如。""相孰与之贤？"曰："不如。""将孰与之武？"曰："不如。""律令孰与之明？"曰："不如。"司空马曰："然则大王之国，百举而无及秦者，大王之国亡。"

【注释】①尚书：秦相国主管文书的属官。

【译文】司空马游说赵王说："文信侯担任秦相时，我是他的下属，做过尚书一类的事情，因此熟悉秦国的情况。如今大王让我担任代理相国，我也要熟悉赵国的情况。请让我为大王假设秦、赵两国要交战，我们亲自观察一下，看看到底谁的胜算大。大王您看，赵与秦哪一个国家大？"赵王答道："赵国当然没有秦国大。"司空马又问："以人口而言，哪一国更多？"赵王答道："赵国人口比不上秦国。”又问：“金钱、粟米哪一国富有？”赵王答：“赵国不如秦国富有。”“哪一国治理的更好呢？”回答道：“赵国比不上秦国。”又问：“哪一国的相国更贤能呢？”赵王说：“赵国的相国不如秦国的贤能。”又问：“哪一国的将军在指挥上更高明？”赵王说：“赵国的将军不如秦国的高明。”又问：“哪一国的政令更严明？”赵王说“赵国的政令不如秦国的严明。”于是司空马说：“这样看来，大王的国家诸事都不如秦国，那么面临的就只有灭亡了。”

赵王曰：“卿不远赵，而悉教以国事，愿于因计。”司空马曰：“大王裂赵之半以赂秦，秦不接刃而得赵之半，秦必悦。内恶赵之守，外恐诸侯之救，秦必受之。秦受地而却兵，赵守半国以自存。秦衔赂以自强，山东必恐亡，赵国危，诸侯必惧，惧而相救，则从事可成。臣请大王约从。从事成，则是大王名亡赵之半，实得山东以敌秦，秦不足亡。”

【译文】赵王恳求说：“希望先生不要嫌弃赵国，不吝赐教，寡人愿意听从先生的意见。”司空马献策说：“大王可以拿出半数国土送给秦国，秦国兵不血刃便获此厚利，一定大喜过望。秦国一来担心赵国内有守备，二来深恐诸侯率兵来救，秦王必定迫不急待收受献地。秦国得到赵国的土地，便会退兵，赵国虽然仅剩半壁河山，仍然可以自存。秦国收到赵国的土地将会更加强盛，崤山以东诸侯必然害怕亡国，赵国处境危险，他们一定会惊恐不安，一恐惧就会发兵救赵。在形势的推动下，合纵阵线顷刻间就能形成。我请求为大王去组织合纵联盟。如果合纵联盟一旦成功，那么大王名义上虽然失去了半壁河山，实际上却组成了崤山以东各诸侯共同抗击秦国的合纵联盟，秦国也不难被灭亡了。”

赵王曰：“前日秦下甲攻赵，赵赂以河间十二县，地削兵弱，卒不免秦患。今又割赵之半以强秦，力不能自存，因以亡矣。愿卿之更计。”司空马曰：“臣少为秦刀笔[1]，以官长而守小官，未尝为兵首，请为大王悉赵兵以遇。”赵王不能将。司空马曰：“臣效愚计，大王不用，是臣无以事大王，愿自请。”

【注释】①刀笔：指刀笔吏。古时在竹筒上用刀削改字，所以称刀笔。

【译文】赵王说：“不久前秦国出兵攻打赵国，寡人为求自保，已经割让了河间十二县贿赂给秦国，我国国土减少，兵力削弱，却始终逃不脱秦兵的逼迫。现今您又建议割让半数国土，只恐秦国因而更加强大，赵国更无力以自保，难免遭受灭亡之灾了。希望您重新考虑一下，再想个新的计策。”司空马说：“我年轻的时候，在秦国以刀笔小吏而担任小官，从来没有做过军事将领，没率兵打过仗，我请求带领赵国的全军去抗击秦国。”赵王并不愿意让司空马掌握军权。司空马无奈，只好说：“我只有区区愚计，大王却不采纳，我也没什么可以为大王效劳的了，请允许我离开赵国。”

司空马去赵，渡平原[1]。平原津令郭遗劳而问：“秦兵下赵，上客从赵来，赵事何如？”司空马言其为赵王计而弗用，赵必亡。平原令曰：“以上客料之，赵何时亡？”司空马曰：“赵将武安君[②]，期年而亡；若杀武安君，不过半年。赵王之臣有韩仓者，以曲合于赵王，其交甚亲，其为人疾贤妒功臣。今国危亡，王必用其言，武安君必死。”

【注释】①平原：津渡名。位于今山东省平原县西南。②武安君：赵国将领李牧的封号。

【译文】司空马离开赵国后，经过平原津。平原津令郭遗听说有远客来到，便热情地接待慰劳他，向他打听战事：“听说秦兵正在攻打赵国，贵客从赵国来，请问赵国的战况如何呢？”司空马叙述了一遍他为赵王献计而赵王不采纳，赵国必然灭亡的事。郭遗说：“那么请客人您推断一下，赵国何时会灭亡呢？”司空马说：“赵王若能坚持以武安君李牧为将，可支持一年；如果杀了武安君，灭亡之期不会超出半年。我听说赵王臣子之中有个叫韩仓的，善于阿谀奉承，很会迎合赵王，深得赵王欢心。这个人妒贤嫉能，每每谗害有功之臣。如今赵国正是风雨飘摇的危急时刻，赵王必定会听从韩仓的话，武安君必死无疑了。”

韩仓果恶之，王使人代。武安君至，使韩仓数之曰：“将军战胜，王觞将军。将军为寿于前而捍匕首，当死。”武安君曰：“缲（zuǒ）[①]病钩，身大臂短，不能及地，起居不敬，恐获死罪于前，故使工人为木杖以接手，上若不信，缲请以出示。”出之袖中，以示韩仓，状如振梱（yīn），缠之以布。“愿公入明之。”

【注释】①缲：李牧名。

【译文】韩仓果然向赵王大进武安君李牧的谗言，赵王就派人代理武安君。武安君被调回后，赵王派韩仓去责备武安君，韩仓说："将军得胜归来，大王向你敬酒贺功。可将军回敬大王酒时却暗藏匕首，居心叵测，其罪当诛！"武安君急忙分辩说："我的胳膊有病，伸不直，而我的身躯高大，手臂又缩短了，所以跪拜之时不能双手触地，深恐对大王不敬而触犯死罪，便叫木工做了一个木杖接手，大王若是不信，我可以拿出来请您亲自过目。"于是从袖中伸出胳膊给韩仓看，那样子就像木杖，缠着布条。武安君说："恳请您向大王说明这些情况。"

韩仓曰："受命于王，赐将军死，不赦。臣不敢言。"武安君北面再拜赐死。缩剑将自诛，乃曰："人臣不得自杀宫中。"过司马门，趣甚疾，出棘门也。右举剑将近自诛，臂短不能及，衔剑征之于柱以自刺。武安君死，五月赵亡。

【译文】韩仓不加理睬，冷言道："我只是受命于大王，大王赐将军死，不能赦免。我不敢替你多言。"无奈，武安君便朝北拜了两拜，向赵王遥叩并感谢赐死之恩。抽出宝剑，准备自杀，可转念一想，说："臣子不能在宫中自杀。"于是他穿过司马门，快步走出了棘门。他右手引剑自杀，可是因为胳膊太短，宝剑无法够到脖子，于是以嘴含住宝剑的尖端，将剑柄抵在柱子上就自刺而死了。李牧死后才五个月，赵国就灭亡了。

平原令见诸公，必为言之曰："嗟嗞[①]乎，司空马！"又以为司空马逐于秦，非不知也；去赵，非不肖也。赵去司空马而国亡。国亡者，非无贤人，不能用也。

【注释】①嗟嗞：叹息声。

【译文】平原令郭遗，每次见到朋友，总为司空马叹息说："唉！司空马！"同时他又认为，司空马被秦国所逐并非由于没有智慧；离开赵国并非出于无能。赵国没有任用司空马，致使国家灭亡。可见，其所以亡国，并不是没有贤能的人，只是君主不能任用贤才罢了。

秦五·四国为一

四国①为一，将以攻秦。秦王召群臣宾客六十人而问焉，曰："四国为一，将以图秦，寡人屈于内，而百姓靡于外，为之奈何？"群臣莫对。姚贾②对曰："贾愿出使四国，必绝其谋，而安其兵。"乃资车百乘，金千斤，衣以其衣冠，带以其剑。姚贾辞行，绝其谋，止其兵，与之为交以报秦。秦王大悦，贾封千户，以为上卿。

【注释】①四国：根据下文看，应指荆、吴、燕、代四国。②姚贾：魏国人，仕秦时得到秦王嬴政的赏识。

【译文】荆、吴、燕、代四国结成联盟，准备攻打秦国。秦王召集大臣和宾客共六十多人商议对策，秦王问道："当下四国联合攻秦，而寡人内则财力衰竭，外则百姓耗损，应该如何应对呢？"大臣们个个沉默不语，不知如何回答。这时，姚贾站出来自告奋勇地说："臣愿意为大王出使四国，打消他们攻打秦国的念头，阻止战事的发生。"秦王很赞赏他的胆识和勇敢，便拨给他战车百辆，黄金千斤，并让他穿上自己的衣服，戴上自己的帽子，佩带上自己的宝剑。于是姚贾拜别秦王，遍访四国，此行不但制止了四国攻秦的念头，让他们停止了军事行动，而且还与四国建立了友好的外交关系。秦王十分高兴，马上把千户封给他，并拜他为上卿。

韩非短①之，曰："贾以珍珠重宝南使荆、吴②，北使燕、代之间三年，四国之交未必合也，而珍珠重宝尽于内，是贾以王之权、国之宝，外自交于诸侯，愿王察之。且梁监门子，尝盗于梁，臣于赵而逐。取世监门子、梁之大盗、赵之逐臣，与同知社稷之计，非所以厉群臣也。"

【注释】①短：诽谤。②吴：此处指越国，越国灭掉吴国，所以此处以吴代越。

【译文】秦臣韩非诽谤姚贾说："姚贾拿着珍珠宝物，南到荆、吴、燕、代等地，活动时间长达三年，这些地方的国家未必真心实意想和秦国结盟，但带去的珍宝财物却都已耗尽。这实际上是利用大王的权势、秦国的珍宝，在外私自结交诸侯，希望大王明察。更何况姚贾不过是大梁一个守门人的儿子，曾在大梁做过盗贼，虽然在赵国做过官，后来却被驱逐出境。这样一个守门人的儿子、魏国的盗贼、赵国的逐臣，让他参与过问国家大事，恐怕不是勉励群臣的办法！"

王召姚贾而问曰："吾闻子以寡人财交于诸侯，有诸？"对曰："有之。"王曰："有何面目复见寡人？"对曰："曾参[1]孝其亲，天下愿以为子；子胥[2]忠于君，天下愿以为臣；贞女工巧，天下愿以为妃[3]。今贾忠王而王不知也。贾不归四国，尚焉之？使贾不忠于君，四国之王尚焉用贾之身？桀听谗而诛其良将，纣闻谗而杀其忠臣，至身死国亡。今王听谗，则无忠臣矣。"

【注释】①曾参：孔子的弟子，以孝著称。②子胥：楚大夫伍员的名字，忠于吴国，却被吴王夫差所杀。③妃：这里是配偶的意思。

【译文】于是秦王召来姚贾问道："寡人听说你用秦国的珍宝去结交诸侯，可有此事？"姚贾坦承地回答："有。"秦王变了脸色说道："那你还有什么脸面再来与寡人相见？"姚贾回答说："昔日曾参孝顺他的父母，天下人都希望有曾参这样的儿子；伍子胥对他的君王尽忠，天下的君王都愿意让他做自己的臣子；女子擅长女工，天下男人都愿意娶她为妻。如今我效忠于大王，却得不到大王的信任，我不到四国，又到哪里去呢？大王再想，假如我不忠于大王您，那四国之君怎么会信任我呢？夏桀听信谗言而杀了他的良将，商纣听信谗言杀了他的忠臣，以至于身死国亡。如今大王听信谗言，就不会再有忠臣为国出力，为您效忠了。"

王曰："子监门子，梁之大盗，赵之逐臣。"姚贾曰："太公望[1]，齐之逐夫，朝歌之废屠，子良之逐臣，棘津[2]之不雠庸，文王[3]用之而王。管仲[4]，其鄙之贾人也，南阳之弊幽[5]，鲁之免囚，桓公用之而伯。百里奚，虞之乞人，传卖以五羊之皮，穆公[6]相之而朝西戎。文公用中山盗[7]，而胜于城濮[8]。此四士者，皆有垢丑，大诽天下，明主用之，知其可与立功。使若卞随、务光、申屠狄[9]，人主岂得其用哉？故明主不取其污，不听其非，察其为己用。故可以存社稷者，虽有外诽者不听；虽有高世之名，无咫尺之功者不赏。是以群臣莫敢以虚愿望于上。"

【注释】①太公望：指周开国功臣姜尚，后封于齐。②棘津：位于今河南省延津县东北。③文王：指西周开国之君姬昌。④管仲：字夷吾，春秋时期齐国的名臣，辅佐齐桓公称霸。⑤弊幽：指隐居未仕之人。⑥穆公：即秦穆公，名任好，春秋五霸之一。⑦文公：即晋文公，名重耳，春秋五霸之一。中山盗：指晋文公的侍从里凫须。⑧城濮：位于今山东省鄄城西。⑨卞随、务光：两人均为商汤王时的隐士。申屠狄：商纣王时期的人，见商纣王昏庸无道，投水自杀。

【译文】秦王又说道："寡人听说你是看门人的儿子、魏国的盗贼、赵国的逐臣。"姚贾仍是不卑不亢地说："姜太公，在东海之滨被老妇抛弃，在朝歌为屠户时连肉都卖不出去，也是在子良手下做事被驱逐的家臣，他在棘津时卖劳力都无人雇用，但文王独具慧眼，用他来辅佐自己，最终建立了王业。管仲不过是齐国边远地区的小商贩，在南阳穷困潦倒，不为人知，又是鲁国赦免的囚犯，齐桓公任用他建立了霸业，成为霸主。百里奚当初不过是虞国一个乞丐，被人用五张羊皮转卖到秦国，可是秦穆公任用他使西戎来朝。还有，过去晋文公倚仗中山国的盗贼，却在城濮之战中取得胜利。这些人，都忍受过耻辱，遭受天下人的诽谤，而明主加以重用，是因为知道他们能为国家建立不朽的功勋。假如人人都像卞随、务光、申屠狄那些隐士一样，又有谁能为国效命，人君怎么能任用他们呢？所以英明的君主不会计较臣子的污点和过失，不听信别人的谗言，只看他们能否为己所用。所以能够安邦定国，就不听外面对他的毁谤，不封赏空有很大名气、没有尺寸之功的人。这样一来，所有为臣的就不敢有无功受禄的非分之想了。”

秦王曰：“然。”乃复使姚贾而诛韩非。

【译文】秦王说：“您说的很在理。”于是仍让姚贾出使列国而杀掉了韩非。

扫码听谦德
君为您导读

卷八 齐策一

齐一·楚威王战胜于徐州

楚威王战胜于徐州①，欲逐婴子②于齐。婴子恐，张丑③谓楚王曰："王战胜于徐州也，盼子不用也。盼子④有功于国，百姓为之用。婴子不善，而用申缚⑤。申缚者，大臣与百姓弗为用，故王胜之也。今婴子逐，盼子必用，复整其士卒以与王遇，必不便于王也。"楚王因弗逐。

【注释】①楚威王：芈姓，熊氏，名商，楚宣王之子，楚怀王之父。战国时期楚国国君，继承其父楚宣王救赵伐魏与开拓巴蜀的格局，是楚国继楚悼王以后，使楚国国势发展最强的君王。徐州：地名。在今山东滕县的薛城。②婴子：田婴，号靖郭君。齐威王少子，齐宣王异母弟，孟尝君田文之父，战国时期齐国宗室、大臣。这时还未受封，故称为婴子。③张丑：人名。齐国大臣。④盼子：即田盼，齐威王时名将。⑤申缚：人名。齐国大将。

【译文】楚威王在徐州战胜了齐国，想要逼迫齐国驱逐田婴。田婴很害怕，齐国大臣张丑对楚王说："大王在徐州打了胜仗，是因为田盼没有被重用。田盼对齐国有功，百姓愿意为他效力。可是田婴不喜欢田盼，而重用申缚。申缚这个人，大臣和百姓不愿意为他效力，所以大王才在徐州战胜了申缚。如今田婴若被驱逐，田盼一定会被重用，田盼可以再整顿他的军队来跟大王对抗，这必定对大王不利。”楚王因此没有驱逐田婴。

齐一·齐将封田婴于薛

齐将封田婴于薛。楚王[①]闻之，大怒，将伐齐。齐王有辍志。公孙闬（hàn）[②]曰：“封之成与不，非在齐也，又将在楚。闬说楚王，令其欲封公也又甚于齐。”婴子曰：“愿委之于子。”

【注释】①楚王：指楚怀王熊槐。②公孙闬：人名，齐国的公族。先是邹忌的门客，后来帮田婴保住了薛城的封地，成了辅助靖郭君田婴、孟尝君田文父子两代的重要门客。

【译文】齐国将要把薛地封给田婴。楚王听到此事后，大怒，准备讨伐齐国。齐王产生了停止封地的想法。公孙闬对田婴说：“封地的事成功与否，不仅由齐国决定，还受楚国的制约。我去劝说楚王，让他想要把土地封给您的心情比齐王还急迫。”田婴说：“我愿意把这件事托付给您去办理。”

公孙闬为谓楚王曰：“鲁、宋事楚而齐不事者，齐大而鲁、宋小。王独利鲁、宋之小，不恶齐大何也？夫齐削地而封田婴，是其所以弱也。愿勿止。”楚王曰：“善。”因不止。

【译文】公孙闬为田婴对楚王说："鲁国、宋国侍奉楚国，而齐国却不侍奉楚国，这是因为齐国强大而鲁国、宋国弱小的缘故。大王为什么只认为弱小的鲁国、宋国对自己有利，却不讨厌齐国的强大对自己有害，这是什么原因呢？如果齐国拿出土地封给田婴，这是使齐国衰弱的做法。希望大王不要阻止。"楚王说："好"。因此没有再阻止齐王把薛地封给田婴。

齐一·靖郭君将城薛

靖郭君将城薛[①]，客多以谏。靖郭君谓谒者[②]无为客通。齐人有请者曰："臣请三言而已矣！益一言，臣请烹。"靖郭君因见之。客趋而进曰："海大鱼。"因反走。君曰："客有于此。"客曰："鄙臣不敢以死为戏。"君曰："亡，更言之。"对曰："君不闻海大鱼乎？网不能止，钩不能牵，荡而失水，则蝼蚁得意焉。今夫齐，亦君之水也。君长有齐阴[③]，奚以薛为？失齐，虽隆薛之城到于天，犹之无益也。"君曰："善。"乃辍城薛。

【注释】①靖郭君：齐国大臣田婴的封号。薛：靖郭君的封地，在今山东滕县南。②谒者：负责传达的小吏。③阴：同"荫(yìn)"，庇护。

【译文】靖郭君田婴准备修筑封地薛邑，不少门客去谏阻他。田婴于是吩咐传达小吏说，不要为劝谏的门客通报。有个齐国的门客请求拜见田婴，说："我只说三个字就走，要是多一个字，愿意领受烹杀之刑。"田婴于是接见他。门客快步走到田婴面前，说："海大鱼。"然后转身就走。田婴说："先生可以把要说的话说完。"门客说:“我可不敢拿性命当儿戏。”田婴说:“不碍事,先生请讲。”门客说:“您没听说过海里的大鱼吗?鱼网钓钩对它无能为力,但一旦因为得意忘形离开了水域,那么蝼蚁也能随意摆布它。如今齐国也就如同您的水。您有齐国的庇护,要薛地有什么用呢?而您如果失去了齐国,即使将薛邑的城墙筑得跟天一样高,仍然是没有用处的。”田婴说:“您说得对。”于是停止了修筑薛邑城墙。

齐一·靖郭君谓齐王曰

靖郭君谓齐王曰:“五官之计[①],不可不日听而数览也。”王曰:“诺!”已而厌之,令与靖郭君。

【注释】①五官:掌管国家五个重要部门的官员。计:户口、钱粮等方面的统计簿籍。

【译文】靖郭君对齐威王说:“对各部门主管官员有关户口、钱粮等方面的统计账册,大王不可不每天听取他们的汇报,并多次察看。”齐王说:“好吧!”可不久就厌烦了,于是就把这些事交给靖郭君去处理。

齐一·靖郭君善齐貌辨

靖郭君善齐貌辨[①]。齐貌辨之为人也多疵,门人弗说。士尉[②]以证靖郭君,靖郭君不听,士尉辞而去。孟尝君又窃以谏,靖郭君大怒曰:“刬(chǎn)[③]而类,破吾家,苟可慊(qiè)[④]齐貌辨者，吾无辞为之。”于是舍之上舍，令长子御，旦暮进食。

【注释】①齐貌辨：齐国人，靖郭君的门客。②士尉：齐国人，靖郭君的门客。③刬：同“铲”，铲除，灭除。④慊：满足，满意。

【译文】靖郭君很喜爱门客齐貌辨。可是齐貌辨为人小毛病很多，因此门客们都不喜欢他。有个叫士尉的门客曾劝说靖郭君，靖郭君没有接受，士尉就告辞而去。靖郭君的儿子孟尝君田文又私下劝说靖郭君，田婴大发脾气说：“即使把你们都杀死，把我的家也毁掉，只要能让齐貌辨满意，我也不会拒绝。”于是田婴就给齐貌辨安排上等的客舍住，派长子去侍奉他，早晚给他送食物。

数年，威王[①]薨，宣王[②]立。靖郭君之交大不善于宣王，辞而之薛，与齐貌辨俱留。无几何，齐貌辨辞而行，请见宣王。靖郭君曰：“王之不说婴甚，公往，必得死焉！”齐貌辨曰：“固不求生也，请必行。”靖郭君不能止。

【注释】①威王：齐威王，妫姓，田氏，名因齐。公元前356–前320年在位。②宣王：妫姓，田氏，名辟彊，齐威王之子，靖郭君田婴的异母兄。公元前319–前301年在位。

【译文】几年以后，齐威王去世，齐宣王即位。田婴跟宣王的关系很不好，于是田婴辞别宣王，回到自己的封地薛邑，齐貌辨也跟他一同到了薛邑。没多久，齐貌辨辞别田婴，要回国都去拜见宣王。田婴说：“大王很讨厌我，您此去岂不是找死！”齐貌辨说：“我本来就没想着求生，请一定要让我去。”田婴没能阻止他。

齐貌辨行至齐，宣王闻之，藏怒以待之。齐貌辨见宣王，王曰："子，靖郭君之所听爱夫！"齐貌辨曰："爱则有之，听则无有。王之方为太子之时，辨谓靖郭君曰：'太子相不仁，过颐豕（shǐ）视[①]，若是者倍反。不若废太子，更立卫姬婴儿郊师[②]。'靖郭君泣而曰：'不可，吾不忍也。'若听辨而为之，必无今日之患也。此为一。至于薛，昭阳[③]请以数倍之地易薛，辨又曰：'必听之。'靖郭君曰：'受薛于先王，虽恶于后王，吾独谓先王何乎？且先王之庙在薛，吾岂可以先王之庙与楚乎！'又不肯听辨。此为二。"宣王太息，动于颜色，曰："靖郭君之于寡人一至此乎？寡人少，殊不知此。客肯为寡人来靖郭君乎？"齐貌辨对曰："敬诺。"

【注释】①过颐豕视：一种邪恶不正的容貌。②郊师：卫姬的儿子，宣王的庶弟。③昭阳：楚将，曾任楚国大司马。

【译文】齐貌辨到了齐国国都临淄，宣王听说他要来，满心怒气地等着齐貌辨。齐貌辨拜见宣王，宣王说："您就是靖郭君言听计从、非常喜爱的那个人吧！"齐貌辨回答说："喜爱是有的，至于言听计从根本谈不上。当大王还是太子的时候，我曾对靖郭君说：'太子耳后见腮，下斜偷视，相貌不仁，像这样的人背理行事。不如把太子废掉，改立卫姬之子郊师为太子。'靖郭君听了以后哭着说：'不可以，我不忍这样做。'假如靖郭君是一切都听我的话，那么靖郭君也不会有今天的祸患了，此其一。靖郭君到了薛邑以后，楚将昭阳要用几倍大的土地来换薛邑，我又劝说靖郭君：'一定要同意这个请求。'靖郭君说：'我从先王那里接受薛邑，现在虽然与大王关系不好，那样做我如何向先王交待呢？况且，先王的宗庙就在薛邑，我怎么可以把先王的宗庙交给楚国呢！’他又不肯听我的，这是其二。”齐宣王听了不禁长声叹息，脸上颜色也变了，说：“靖郭君对我的感情竟然深到这种程度吗？我太年轻了，丝毫不了解这些事情。您愿意替我把靖郭君请回来吗？”齐貌辨回答说：“好吧。”

靖郭君衣威王之衣冠，带其剑。宣王自迎靖郭君于郊，望之而泣。靖郭君至，因请相之。靖郭君辞，不得已而受。七日，谢病强辞，靖郭君辞不得，三日而听。

【译文】靖郭君穿戴上威王赐给的衣服帽子，佩带威王赐给的宝剑。宣王亲自到郊外迎接靖郭君，看见他就哭了。靖郭君回到国都，宣王就请他做相国。靖郭君一再辞谢，不得已才接受了。七天以后，又以有病为名坚决请辞相位，过了三天，齐宣王才答应了他的请求。

当是时，靖郭君可谓能自知人矣。能自知人，故人非之不为沮。此齐貌辨之所以外生、乐患、趣[①]难者也！

【注释】①趣：同“趋”。

【译文】此时此刻，靖郭君可以说是善于发现人才了。能够了解人才，所以即使有人非议齐貌辨，他也不怀疑自己的判断。这也就是齐貌辨能够置生死于度外、乐于为他解除忧患、急于救人危难的原因啊！

齐一·邯郸之难

邯郸[①]之难，赵求救于齐。田侯[②]召大臣而谋曰："救赵孰与勿救？"邹子[③]曰："不如勿救。"段干纶[④]曰："弗救，则我不利。"田侯曰："何哉？""夫魏氏兼邯郸，其于齐何利哉？"田侯曰："善。"乃起兵，曰："军于邯郸之郊。"段干纶曰："臣之求利且不利者，非此也。夫救邯郸，军于其郊，是赵不拔而魏全也。故不如南攻襄陵[⑤]以弊魏，邯郸拔而承魏之弊，是赵破而魏弱也。"田侯曰："善。"乃起兵南攻襄陵。七月，邯郸拔。齐因乘魏之弊，大破之桂陵[⑥]。

【注释】①邯郸：赵都，在今河北邯郸西南。②田侯：即齐威王。③邹子：即邹忌，齐威王大臣，以鼓琴游说齐威王，被任相国，封于下邳（今江苏邳州西南），号"成侯"。④段干纶：齐国大臣。⑤襄陵：魏邑，在今河南睢县。⑥桂陵：今河南长垣北。

【译文】赵都邯郸被魏军包围，赵国向齐国求救。齐威王召集大臣商议说："救赵国还是不救？"邹忌说："不如不救。"段干纶说："不救赵国，对我们不利。"齐威王说："为什么呢？"段干纶说："如果魏国攻下邯郸，这对齐国又有什么好处呢？"齐威王说："好。"于是出兵，齐威王说："把军队驻扎在邯郸城外。"段干纶说："我所说的救援有利或者不利，并不是这样做。救援邯郸，而驻兵在城外，这不仅不能占领赵国，而且还保全了魏国。所以不如向南进攻襄陵，使魏军疲弊。邯郸被魏国占领而魏军疲弊，这是攻破赵国并削弱魏国的好办法。”齐威王说：“好。”于是发兵向南进攻襄陵。七月，邯郸被魏国占领。齐军乘魏军疲劳之机，在桂陵大败魏军。

齐一·南梁之难

南梁①之难，韩氏请救于齐。田侯召大臣而谋曰：“早救之，孰与晚救之便？”张丐②对曰：“晚救之，韩且折而入于魏，不如早救之。”田臣思③曰：“不可。夫韩、魏之兵未弊而我救之，我代韩而受魏之兵，顾反听命于韩也。且夫魏有破韩之志，韩见且亡，必东愬（sù）④于齐。我因阴结韩之亲，而晚承魏之弊，则国可重，利可得，名可尊矣。”田侯曰：“善！”乃阴告韩使者而遣之。

【注释】①南梁：韩邑，在今河南临汝西南。②张丐：齐国大臣。③田臣思：即齐将田忌。④愬：同“诉”，诉说，告发。

【译文】魏国进攻韩国的南梁，韩国向齐国求救。齐威王召集大臣商议说：“早救援韩国，与晚救援韩国，哪种做法对我们有利？”张丐回答说：“如果晚救韩国，韩国将会转过去投靠魏国，不如及早救援韩国。”田臣思说：“不行。韩、魏两国的军队还没打得精疲力尽，如果出兵救援韩国，我们就会代替韩国承受魏军的进攻，反而使我们听从韩国的命令。再说，魏国有击破韩国之心，韩国眼看自己将要灭亡，必定会到东边向齐国求救。我们趁机暗中与韩国结成联盟之亲，晚些时候迎战魏国的疲弊军队，那么齐国就可以得到重视，又能得到好处，名声也提高了。”齐威王说：“好！”于是就暗中答应韩国的使臣，并把他打发回去。

韩自以专有齐国，五战五不胜，东愬于齐，齐因起兵击魏，大破之马陵[1]。魏破，韩弱，韩、魏之君因田婴北面而朝田侯。

【注释】①马陵：齐邑，在今山东鄄（juàn）城东北。

【译文】韩国自认为有齐国援助，和魏国战了五次，五次都没取胜，就到东边向齐国求救，齐国因此派兵攻打魏国，在马陵把魏军打得大败。这时魏军被打败，韩国被削弱，韩国、魏国的国君只好通过相国田婴向北来朝拜齐威王。

齐一・成侯邹忌为齐相

成侯邹忌为齐相，田忌为将，不相说[1]。公孙闬谓邹忌曰："公何不为王谋伐魏？胜，则是君之谋也，君可以有功；战不胜，田忌不进，战而不死，曲挠而诛。"邹忌以为然，乃说王而使田忌伐魏。

【注释】①说：同"悦"。

【译文】成侯邹忌是齐国的相国，田忌是齐国的大将，这两人关系不好。公孙闬对邹忌说："您为什么不为大王出主意攻打魏国呢？打了胜仗，那是您策划得好，大可居功；一旦战败，田忌没有向前进攻，即使不死在战场，也必定死在军法之下。"邹忌认为他说得有理，于是劝说齐威王派田忌进攻魏国。

田忌三战三胜，邹忌以告公孙闬，公孙闬乃使人操十金而往卜于市，曰："我田忌之人也，吾三战三胜，声威天下，欲为大事，亦吉否？"卜者出，因令人捕为人卜者，亦验其辞于王前。田忌遂走。

【译文】田忌三战三胜，邹忌把这事告诉公孙闬，公孙闬就派人带着十金到集市算卦，说："我是田忌将军的部下，如今将军三战三胜，名震天下，现在想做一番大事，看看吉凶如何？"卜卦的人刚走出来，公孙闬就派人逮捕卜卦的人，到齐王面前验证这番话。田忌只好出逃避祸。

齐一·田忌为齐将

田忌为齐将，系梁太子申①，禽庞涓②。孙子③谓田忌曰："将军可以为大事乎？"田忌曰："奈何？"孙子曰："将军无解兵而入齐，使彼罢弊老弱守于任④。任者，循轶之途也，辖⑤击摩车而相过。使彼罢弊老弱守于任，必一而当十，十而当百，百而当千。然后背太山，左济，右天唐⑥，军重踵高宛⑦，使轻车锐骑冲雍门⑧。若是则齐君可正而成侯可走。不然，则将军不得入于齐矣。"田忌不听，果不入齐。

【注释】①梁太子申：魏惠王的太子，名申。②庞涓：魏国名将。③孙子：即孙膑，齐国人，是田忌的军师。④任：齐邑，在今山东济宁附近。⑤辖：插在轴端孔内的车键，使轮不脱落。⑥天唐：齐邑，在今山东禹城西南。⑦高宛：齐邑，在今山东邹平东北。⑧雍门：齐都临淄的西城门。

【译文】田忌担任齐国军队将领，活捉了魏国太子申，擒住了魏国大将庞涓。孙膑对田忌说："将军愿意干一番大事业吗？"田忌说："怎么做呢？"孙膑说："将军最好是不解兵甲而返回齐国，让那些疲惫老弱的士兵守住任地要道。任地有一条车辆只能碰撞摩擦才能通过的道路。如果让那些疲惫老弱的士兵守卫任地，必定以一当十，以十当百，以百当千。然后背靠泰山，左涉济水，右越天唐，把军中辎重运到高宛，派出轻便的战车、精锐的骑兵冲进齐都临淄的雍门。如果这样干，那么齐国的国君就可以控制，而成侯邹忌必定逃走。不然的话，将军再也不能回到齐国了。"田忌没有听从，果然没能回到齐国。

齐一·田忌亡齐而之楚

田忌亡齐而之楚，邹忌代之相齐，恐田忌欲以楚权复于齐。杜赫[①]曰："臣请为留楚。"谓楚王[②]曰："邹忌所以不善楚者，恐田忌之以楚权复于齐也。王不如封田忌于江南[③]，以示田忌之不返齐也。邹忌以齐厚事楚。田忌亡人也，而得封，必德王。若复于齐，必以齐事楚。此用二忌之道也。"楚果封之于江南。

【注释】①杜赫：周人，与楚国有旧交情，此时在齐国做官。②楚王：楚宣王，名良夫。公元前369－前340年在位。③江南：泛指长江以南。战国时指今湖南、江西地区以及湖北的江南部分。

【译文】田忌从齐国逃到楚国，邹忌代替他担任齐国相国，担心田忌借助楚国的势力重回齐国。杜赫对邹忌说："我可以为您设法让田忌留在楚国。"杜赫于是对楚宣王说："齐相邹忌之所以不愿意与楚国交好，是因为担心亡臣田忌借楚国的势力重返齐国。大王不如把江南封给田忌，以此向邹忌表明田忌不再重返齐国，邹忌一定会让齐国和楚国友好。再者，田忌是个逃亡的人，能得到封地，一定会对大王感激涕零，他日假如能回到齐国，同样也会尽力促进两国交好。这是充分利用邹忌、田忌的两全之策啊。"楚王果然把江南封给了田忌。

齐一·邹忌事宣王

邹忌事宣王，仕人众，宣王不悦。晏首[①]贵而仕人寡，王悦之。邹忌谓宣王曰："忌闻以为有一子之孝，不如有五子之孝。今首之所进仕者，以几何人？"宣王因以晏首壅（yōng）塞[②]之。

【注释】①晏首：齐国大臣。②壅塞：阻塞。

【译文】邹忌侍奉齐宣王，推荐许多人入朝为官，齐宣王很不高兴。晏首地位尊贵而推荐入朝做官的人却不多，宣王很喜欢他。邹忌对宣王说："我听说人们认为有一个孝顺的儿子，不如有五个孝顺的儿子。如今晏首推荐入朝做官的有几个人呢？"齐宣王因此认为晏首堵塞了人才入朝做官的道路。

齐一·邹忌修八尺有余

邹忌修八尺有余①，身体昳（yì）丽②。朝服衣冠，窥镜，谓其妻曰："我孰与城北徐公美？"其妻曰："君美甚。徐公何能及君也！"城北徐公，齐国之美丽者也。忌不自信，而复问其妾曰："吾孰与徐公美？"妾曰："徐公何能及君也！"旦日，客从外来，与坐谈，问之客曰："吾与徐公孰美？"客曰："徐公不若君之美也！"

【注释】①修八尺有余：大约身高一米七。尺，指周尺，一尺约为二十厘米。②昳丽：光鲜亮丽的样子。

【译文】邹忌身高八尺多，神采焕发而容貌俊美。一天早晨，他穿戴好衣冠，看着镜子，问他的妻子说："你看我跟城北的徐公比，哪个更俊美？"他妻子说："您更俊美。徐公怎么能赶得上您呢！"城北的徐公，是齐国出名的美男子，邹忌不相信，又去问他的妾说："我和徐公哪个更俊美？"妾说："徐公哪里比得上您呢！"第二天，有位客人来家中拜访，邹忌跟他坐着闲谈时，又问："我和徐公哪个更俊美？"客人说："徐公比不上您俊美啊！"

明日，徐公来。孰视之，自以为不如；窥镜而自视，又弗如远甚。暮寝而思之，曰："吾妻之美我者，私我也！妾之美我者，畏我也！客之美我者，欲有求于我也！"

【译文】第二天，徐公来到邹忌家。邹忌细细打量他，自认为不及徐公美；拿起镜子来仔细端详，更觉得远不如徐公美。晚上，他躺在床上反复思虑这件事，醒悟道："我的妻子说我俊美，是因为偏爱我！侍妾说我俊美，是因为害怕我！客人说我俊美，是因为有求于我啊！"

于是入朝见威王曰："臣诚知不如徐公美，臣之妻私臣，臣之妾畏臣，臣之客欲有求于臣，皆以美于徐公。今齐地方千里，百二十城。宫妇左右，莫不私王；朝廷之臣，莫不畏王；四境之内，莫不有求于王。由此观之，王之蔽甚矣！"王曰："善。"乃下令："群臣吏民能面刺寡人之过者，受上赏！上书谏寡人者，受中赏！能谤议于市朝，闻寡人之耳者，受下赏！"

【译文】于是邹忌入朝参见威王说："我确实晓得自己比不上徐公俊美，可是我的妻子偏爱我，侍妾害怕我，客人有求于我，异口同声说我比徐公俊美。如今齐国土地纵横千里，有一百二十座城邑，宫中妃嫔、左右侍从，没有不偏爱大王的；朝中的大臣，没有不害怕大王的；齐国上下没有不有求于大王的。可见，大王实在被蒙蔽的更厉害啊！"齐威王说："您说得对。"于是发出诏令："无论朝廷大臣、小吏或者百姓，凡是能当面指责我过错的，受上等奖赏！能上书劝谏我的，受中等奖赏！能在大庭广众之下批评议论我的，只要传到我的耳中，受下等奖赏！"

令初下，群臣进谏，门庭若市；数月之后，时时而间进；期年之后，虽欲言，无可进者。燕、赵、韩、魏闻之，皆朝于齐。此所谓战胜于朝廷。

【译文】诏令刚刚颁布时，大臣们都来进谏，宫廷内外像集市一样热闹；过了几个月，时不时还有谏言上奏；一年之后，人们即使想进言，也没什么可说的了。燕、赵、韩、魏等国听到这件事，都来齐国朝见。这就是人们所说的在朝廷上战胜别国了。

齐一·秦假道韩、魏以攻齐

秦假道韩、魏以攻齐，齐威王使章子将而应之[1]，与秦交和而舍[2]。使者数相往来，章子为变其徽章，以杂秦军。候者言章子以齐入秦，威王不应。顷之间，候者复言章子以齐兵降秦，威王不应。而此者三。有司请曰："言章子之败者，异人而同辞。王何不发将而击之？"王曰："此不叛寡人明矣，曷为击之！"

【注释】①齐威王：当为齐宣王，下同。章子：齐国名将匡章。②和：军门。舍：屯驻，驻扎。

【译文】秦军要通过韩、魏去攻打齐国，齐宣王派章子领兵应战，章子与秦军一对战就驻扎下来。军使来往频繁，章子改变了军队衣服上的标识，然后派部分将士混入秦军。这时齐国的探兵回来说章子率领齐兵投降了秦国，齐宣王听了之后没什么反应。不一会儿，又一个探兵来报告，说章子已经率齐军投降了秦国，齐宣王听了之后仍然没什么反应。像这样重复了三次。一个朝臣请求宣王说："都说章子背叛了齐国，报告的人虽然不同，可是内容却相同。大王为何不遣将发兵攻打他？”齐宣王回答说：“很明显章子绝对不会背叛我，为什么要派兵去攻打他呢？”

顷间，言齐兵大胜，秦军大败，于是秦王拜西藩之臣而谢于齐。左右曰：“何以知之？”曰：“章子之母启得罪其父，其父杀之而埋马栈之下。吾使章子将也，勉之曰：‘夫子之强，全兵而还，必更葬将军之母。’对曰：‘臣非不能更葬先妾也。臣之母启得罪臣之父，臣之父未教而死。夫不得父之教而更葬母，是欺死父也，故不敢。’夫为人子而不欺死父，岂为人臣欺生君哉？”

【译文】不久，传来捷报，齐军大获全胜，秦军大败溃退。秦王只好自称西边的藩臣，并向齐国谢罪。这时齐宣王的左右侍臣说：“大王怎么知道章子绝对没有投降秦国呢？”齐宣王回答说：“章子的母亲启，由于得罪他的父亲，就被他的父亲杀死，埋在马棚下。我派章子领兵时，曾鼓励他说：‘以您的勇敢，过几天率领全部军队胜利归来时，我一定要重葬您的母亲。’当时章子说：‘我并非不能重葬先母。只因我的先母得罪了先父，先父却没留下什么吩咐就死了。假如我没有得到父亲的吩咐而改葬母亲，这是在欺骗我死去的父亲，所以我不敢为亡母改葬。’作为人子竟不敢欺骗死去的父亲，难道他作人臣还能欺骗活着的君王吗？”

齐一·楚将伐齐

楚将伐齐，鲁亲之，齐王患之。张丐曰：“臣请令鲁中立。”乃为齐见鲁君。鲁君曰：“齐王惧乎？”曰：“非臣所知也，臣来吊足下。”鲁君曰：“何吊？”曰：“君之谋过矣。君不与胜者而与不胜者，何故也？”鲁君曰：“子以齐、楚为孰胜哉？”对曰：“鬼且不知也。”“然则子何以吊寡人？”曰：“齐、楚之权敌也，不用有鲁与无鲁，足下岂如全众而合二国之后哉！楚大胜齐，其良士选卒必殪，其兵足以待天下；齐为胜，其良士选卒亦殪。而君以鲁众合战胜后，此其为德也亦大矣。”鲁君以为然，身退师。

【译文】楚国准备进攻齐国，鲁国与楚国交好，齐王很忧虑此事。张丐说：“我请求去鲁国让它保持中立。”于是张丐为齐国去拜见鲁国国君。鲁康公说：“齐王害怕了吗？”张丐说：“这不是我所能知道的事情，我是来哀悼您的。”鲁康公说：“为什么哀悼我？”张丐说：“您的谋划错了。您不帮助胜利者而去帮助失败者，这是什么缘故呢？”鲁康公说：“您认为齐、楚两国哪一方能取胜呢？”张丐回答说：“就是鬼也不知道。”鲁康公说：“那么您凭什么说哀悼我呢？”张丐说：“齐国、楚国势均力敌，不在乎是否得到鲁国的帮助，您不如保持中立，在两国交战之后援助胜利一方！如果楚国大胜齐国，楚国的良将精兵一定有很多伤亡，剩下的军队不足以对付其他诸侯；如果齐国取胜，齐国的良将精兵也必定会有很大伤亡。然而您再率领鲁国的兵众援助战胜的一方，定将大有收获，他们也将非常感激您的援助。”鲁康公认为张丐说的很对，于是立即撤兵。

齐一·秦伐魏

秦伐魏，陈轸（zhěn）①合三晋而东，谓齐王②曰："古之王者之伐也，欲以正天下而立功名，以为后世也。今齐、楚、燕、赵、韩、梁六国之递甚也，不足以立功名，适足以强秦而自弱也，非山东之上计也。能危山东者，强秦也。不忧强秦而递相罢弱，而两归其国于秦，此臣之所以为山东之患。天下为秦相割，秦曾不出刀；天下为秦相烹，秦曾不出薪。何秦之智而山东之愚耶？愿大王之察也。

【注释】①陈轸：齐国人，战国时期纵横家、谋士，此时在魏国。②齐王：齐闵王。齐宣王之子，公元前301—前284年在位。

【译文】秦国攻打魏国，陈轸联合韩、赵、魏三国之后东去齐国，对齐王说："古代圣王兴兵征伐，都是为了整顿天下和建立功名，以便能够造福后世流芳千古。如今齐、楚、燕、赵、韩、魏这六国，轮流抢占上风，不但不能建立功名，反会使秦国强大，使本国削弱，这绝对不是崤山以东各个国家的战略对策。能够灭亡崤山以东各个国家的只有强秦。如今六国不但不联手抵抗强秦，反而互相削弱，到最后必然两败俱伤被秦国吞并，这是我为崤山以东各个国家担忧的地方。秦国不需要用刀，天下诸侯就互相给秦国割让土地；秦国连柴火都不必用，天下诸侯就自动替秦国烹煮自己。为什么秦国那么聪明，而崤山以东各个国家又是那么愚蠢呢？希望大王明察。

“古之五帝、三王、五伯之伐也，伐不道者；今秦之伐天下不然，必欲反之，主必死辱，民必死虏。今韩、梁之目未尝干，而齐民独不也，非齐亲而韩、梁疏也，齐远秦而韩、梁近。今齐将近矣！今秦欲攻梁绛①、安邑②，秦得绛、安邑以东下河，必表里河而东攻齐，举齐属之海，南面而孤楚、韩、梁，北向而孤燕、赵，齐无所出其计矣。愿王熟虑之！

【注释】①绛：即春秋时晋都新田，在今山西侯马市。②安邑：魏国故都，在今山西运城市夏县。

【译文】“古代的五帝、三王、五霸的兴兵征伐，都是为了铲除无道的暴君；现在秦国征伐天下却不是这样，一定要反其道而行之，别国君主必定死于屈辱，百姓必定死于掳掠。现在韩、魏百姓的眼泪还没有干过，而齐国百姓唯独不是这样，并不是由于齐国和秦国亲善，韩、魏两国与秦国疏远，而是由于齐国离秦国远，韩、魏两国离秦国近的缘故。现在齐国将与秦国靠近了！因为秦国正想要攻打魏国的绎县和安邑，秦国有了绎县和安邑之后，再继续往东沿黄河进兵，必然控制黄河两侧，往东攻打齐国，占领齐国土地，一直达到东海之滨，接着向南进兵，使楚、韩、魏陷于孤立，向北进兵使燕、赵陷于孤立，如此齐国就无计可施了。希望大王慎重考虑吧！

“今三晋已合矣，复为兄弟，约而出锐师以戍梁绛、安邑，此万世之计也。齐非急以锐师合三晋，必有后忧。三晋合，秦必不敢攻梁，必南攻楚。楚、秦构难，三晋怒齐不与己也，必东攻齐。此臣之所谓齐必有大忧，不如急以兵合于三晋。”

【译文】“现在韩、魏、赵三国已经联合在一起，再度结为兄弟之国，相约共同出精兵防守魏国的绛县和安邑，这都是长远的计划。齐国如果不赶紧出精兵联合韩、赵、魏三国，那齐国必将后患无穷。韩、赵、魏三国联合，秦国必然不敢攻打魏国，反而往南攻打楚国。楚、秦交战，那时韩、赵、魏三国由于愤恨齐国不与它们联合，必然出兵向东攻打齐国。这就是我说的齐国必有的大后患，不如赶紧出兵联合韩、赵、魏三国。”

齐王敬诺，果以兵合于三晋。

【译文】齐宣王采纳了陈轸的策略，果然出兵联合韩、赵、魏三国。

齐一·苏秦为赵合从

苏秦为赵合从，说齐宣王曰：“齐南有太山，东有琅邪①，西有清河②，北有渤海，此所谓四塞之国也。齐地方二千里，带甲数十万，粟如丘山。齐车③之良，五家之兵，疾如锥矢，战如雷电，解如风雨。即有军役，未尝倍太山、绝清河、涉渤海也。临淄④之中七万户，臣窃度之，下户三男子，三七二十一万，不待发于远县，而临淄之卒固以二十一万矣。临淄甚富而实，其民无不吹竽、鼓瑟、击筑、弹琴、斗鸡、走犬、六博、蹹踘者[⑤]。临淄之途，车毂（gǔ）击，人肩摩，连衽成帷，举袂成幕，挥汗成雨，家敦而富，志高而扬。夫以大王之贤与齐之强，天下不能当，今乃西面事秦，窃为大王羞之！

【注释】①琅邪：山名。在今山东诸城东南。②清河：指济水，是齐、赵两国边境的界河。③齐车：这里应该是“三军”。④临淄：齐国国都，在今山东淄博北。⑤竽：古代吹奏乐器，像笙，有三十六簧。瑟：弦乐器，似琴。长近三米，古有五十根弦，后为二十五根或十六根弦，平放演奏。筑：古代弦乐器，形似琴，有十三弦。演奏时，左手按弦的一端，右手执竹尺击弦发音。琴：古代弦乐器，最初是五根弦，后加至七根弦。斗鸡：雄鸡之间斗架的一种游戏或比赛，有时用于赌博。走犬：指田猎活动。六博：一种古代博戏。共有十二棋子，六白六黑，投六箸行六棋。蹹踘：以皮做成，以毛充实，是古代一种用于习武、健身和娱乐的踢球运动。

【译文】苏秦为赵国合纵的事，去游说齐宣王，说：“齐国的南面有泰山，东面有琅邪山，西面有清河，北面有渤海，这是四面都有要塞的国家。齐国占地两千里，将士有几十万，粮食堆积如山。三军的勇士，五国的精选部队，行动像飞箭一般快速，作战像闪电一般的威猛，解散时像风停雨止一样快捷。即使发生对外战争，也从没有征调泰山下、清河边和渤海边的部队。首都临淄有七万户人家，我私下估量，平均每户出三名壮士，三七就是二十一万人，根本不必征调远方的兵力，光是临淄一城的兵力就已经达到二十一万了。临淄非常富庶且充实，平常百姓没有不吹竽、鼓瑟、击筑、弹琴、斗鸡、走犬、六博、踢球的。临淄的街道上，车轮的轴互相碰撞、人的肩膀互相摩擦，把衣襟连起来可成帷帐，把衣袖卷起来可成幕布，擦一把汗可以形成雨，家家生活都非常富裕，人人心胸远大而愉快。凭大王的贤明和齐国的富强，天下都不敢跟齐国相比，如今齐国竟然往西去侍奉秦国，我私下实在为大王感到羞愧！

“且夫韩、魏之所以畏秦者，以与秦接界也。兵出而相当，不至十日而战胜存亡之机决矣。韩、魏战而胜秦，则兵半折，四境不守；战而不胜，以亡随其后，是故韩、魏之所以重与秦战而轻为之臣也。

【译文】“况且韩、魏之所以害怕秦国，是因为它们跟秦国接壤。秦国出兵攻打韩、魏，两方相对，不到十天，就可以决定胜败存亡的命运。假如韩、魏能够战胜秦军，那韩、魏军队必然要损失大半，四面的边境就无法防守；假如韩、魏一战而败，那接踵而来的就是灭亡，所以韩、魏不敢轻易和秦国开战，只好忍气吞声向秦国称臣。

“今秦攻齐则不然，倍韩、魏之地，过卫阳晋①之道，径亢父②之险，车不得方轨，马不得并行，百人守险，千人不能过也。秦虽欲深入，则狼顾，恐韩、魏之议其后也，是故恫（dòng）疑虚猲（hè）③，高跃而不敢进，则秦不能害齐，亦已明矣。夫不深料秦之不奈我何也，而欲西面事秦，是群臣之计过也。今无臣事秦之名，而有强国之实，臣固愿大王之少留计。”

【注释】①阳晋：卫地，在今山东郓城县西。②亢父：齐邑，在今山东济宁南。③恫疑虚猲：指虚张声势，恐吓威胁。猲：通“喝”。

【译文】“现在秦国攻打齐国，情形就有所不同了，背后是韩、魏的土地，穿过卫国阳晋的要道，通过亢父的险阻，在那里车马都不能并行，只要有一百个人守住天险，即使一千个人也无法通过。秦国虽然想发兵深入，但是又必须顾及后方，担心韩、魏从后偷袭，所以只是虚张声势，恐吓威胁，犹疑不定不敢前进，可见秦国不能危害齐国，已是很明显的事了。大王不仔细考虑秦国并不敢对齐国怎么样，反倒想要往西侍奉秦国，这就是群臣在谋划上的错误。现在齐国并无臣事秦国的名声，却可以得到强国的地位，我希望大王您能稍稍考虑一下。”

齐王曰：“寡人不敏，今主君以赵王之教诏之，敬奉社稷以从。”

【译文】齐宣王回答说：“我不够聪明，现在您奉赵王之命赐教于齐，我愿举国听从您的指挥。”

齐一·张仪为秦连横说齐王曰

张仪为秦连横说齐王曰：“天下强国无过齐者，大臣、父兄殷众富乐，无过齐者。然而为大王计者，皆为一时说而不顾万世之利。从人说大王者，必谓：‘齐西有强赵，南有韩、魏，负海之国也，地广人众，兵强士勇，虽有百秦，将无奈我何。’大王览其说而不察其至实。

【译文】张仪为秦国的连横政策，去游说齐王说：“天下的强国没有能超过齐国的，朝廷大臣、宗室贵族众多而富足安乐，也没有哪个国家能比得上齐国。可是，为大王谋划的人，都是一时的空谈，而不能顾及万世的长远利益。那些主张合纵的人，必然向大王这样游说：‘齐国西面有强赵，南面有韩、魏，是一个靠海的国家，土地广阔，人民众多，兵强士勇，即使有一百个秦国，也对齐国无可奈何。’大王只欣赏他们的游说，却没有考虑实际情况。

“夫从人朋党比周，莫不以从为可。臣闻之，齐与鲁三战而鲁三胜，国以危亡随其后，虽有胜名而有亡之实，是何故也？齐大而鲁小。今赵之与秦也，犹齐之于鲁也。秦、赵战于河漳①之上，再战而再胜秦；战于番（pán）吾②之下，再战而再胜秦。四战之后，赵亡卒数十万，邯郸仅存，虽有胜秦之名，而国破矣。是何故也？秦强而赵弱也。今秦、楚嫁子取妇，为昆弟之国。韩献宜阳，魏效河外③，赵入朝黾（miǎn）池④，割河间⑤以事秦。大王不事秦，秦驱韩、魏攻齐之南地，悉赵涉清河⑥，指博关⑦，临淄、即墨非王之有也。国一日被攻，虽欲事秦，不可得也。是故愿大王熟计之！”

【注释】①河漳：即漳水，分为浊漳水和清漳水，皆出山西，至河南林县北合流，最后与卫河合流入运河。②番吾：赵邑，在今河北平山县东南。③河外：在今河南西北部黄河以南的地区。④黾池：古城名，即渑池。秦邑，在今河南渑池县西十三里。⑤河间：指漳水与黄河之间，在今河北青县、献县一带。⑥清河：源出今河南内黄，流经齐、赵两国，至山东平原县，东入古黄河。⑦博关：关名。在今山东茌平县西北。

【译文】“主张合纵的人都互相结党，无不宣传合纵联盟是可行的。我听说，齐鲁交战三次，鲁国虽然胜了三次，可是鲁国却因胜而衰，最后竟因此而亡国，徒有战胜的虚名，实际上却陷于灭亡的命运，这是什么道理呢？因为齐国大而鲁国小。现在，赵国跟秦国相比，就如同齐国跟鲁国。秦、赵战于漳水之上，两次交战，都是赵国打败了秦军；战于番吾城下，两次交战，都是赵国战胜秦国。但四次战争以后，赵国损失几十万大军，仅仅剩下一个都城邯郸，虽然有战胜秦国的虚名，可是赵国却因此而衰弱。这是什么缘故呢？因为秦国强大而赵国弱小啊。如今秦、楚互通婚姻，两国结为兄弟之国。韩国献宜阳给秦国，魏国献河外给秦国，而赵国更到秦邑渑池向秦国朝贡，并且割让河间来侍奉秦国。假如大王不侍奉秦国，秦国就会驱使韩、魏攻打齐国南部，然后还将征调赵国全部大军渡过清河，长驱直入向博关进攻，这样临淄、即墨就不会为大王所有了。齐国一旦被进攻，即使再想侍奉秦国，也不可能了。所以，希望大王要慎重考虑啊！”

齐王曰：“齐僻陋隐居，托于东海之上，未尝闻社稷之长利，今大客幸而教之，请奉社稷以事秦。”献鱼盐之地三百里于秦也。

【译文】齐王说：“齐国地处偏远，寄居在东海边上，还没考虑过国家的长远利益，现在所幸有贵客前来指教，我愿意以国家社稷来侍奉秦国。”于是齐国向秦国献上盛产鱼盐的三百里地域。

扫码听谦德
君为您导读

卷九 齐策二

齐二·韩、齐为与国

韩、齐为与国[①]。张仪以秦、魏伐韩。齐王曰："韩，吾与国也。秦伐之，吾将救之。"田臣思[②]曰："王之谋过矣，不如听之。子哙（kuài）与子之国[③]，百姓不戴，诸侯弗与。秦伐韩，楚、赵必救之，是天以燕赐我也。"王曰："善。"乃许韩使者而遣之。

【注释】①与国：友邦，相交好的国家。这里指结为同盟。②田臣思：即齐将田忌。③子哙：即燕王哙。子之：燕王哙的相国。

【译文】韩国、齐国结为盟国。张仪动用秦国、魏国的军队来攻打韩国。齐宣王说："韩国是我们的盟国。秦国要是攻打它，我将出兵救援。"田臣思说："大王的谋划有误，不如对其听之任之。当初燕王哙把自己的国君之位禅让给相国子之，百姓都不拥戴他，诸侯们也都不和他交往。秦国攻打韩国，楚国、赵国必定会援救它，这是上天把燕国赏赐给我们。"齐宣王说："好。"于是假装答应韩国使者的要求，并送他回国。

韩自以得交于齐，遂与秦战。楚、赵果遽起兵而救韩，齐因起兵攻燕，三十日而举燕国。

【译文】韩国自认为与齐国有邦交关系，于是就和秦国交战。楚国、赵国果然出兵援救韩国，齐国便趁机出兵攻打燕国，三十天就拿下了燕国。

齐二·张仪事秦惠王

张仪事秦惠王。惠王死，武王立。左右恶张仪，曰："仪事先王不忠。"言未已，齐让又至。张仪闻之，谓武王①曰："仪有愚计，愿效之王。"王曰："奈何？"曰："为社稷计者，东方有大变，然后王可以多割地。今齐王甚憎仪，仪之所在，必举兵而伐之。故仪愿乞不肖身而之梁，齐必举兵而伐之。齐、梁之兵连于城下，不能相去，王以其间伐韩，入三川，出兵函谷而无伐，以临周，祭器②必出，挟天子，案图籍，此王业也。"王曰："善。"乃具革车三十乘，纳之梁，齐果举兵伐之。

【注释】①武王：即秦武王（公元前329-前307年），又称秦武烈王、秦悼武王，嬴姓，名荡，秦惠文王之子，战国时期秦国国君，公元前310-前307年在位。②祭器：祭祀时用的器具。

【译文】张仪侍奉秦惠王。秦惠王死后，他的儿子武王继位。武王的左右近臣趁机诽谤张仪，指责他过去对惠王的不忠。话还没有说完，齐王派来谴责张仪的使者又到了。张仪听说这些事后，便对武王说："我有一条计谋，虽然并不高明，但愿意献给大王。"武王问他："是什么样的计谋？"张仪说："为国家社稷利害考虑，崤山以东六国，如果发生大的变乱，大王可以乘势攻城掠地，扩充疆土。现在，齐王对我恨之入骨，无论我走到哪里，他都会不顾一切出兵攻打。所以我愿让我这不成器的身子前往魏国都城大梁，这样齐王一定会出兵攻打魏国。当齐、魏的兵马在大梁城下打得不可开交之时，大王便可趁机侵入韩国的三川之地，出兵函谷关，率兵直逼西周地界，索取天子祭器，然后挟持天子，掌握地图和户籍，这可是万世不移的帝王基业啊！"武王说："好"，于是派出三十辆兵车，把张仪送到魏都大梁。齐王果然出兵攻打魏国。

梁王①大恐。张仪曰："王勿患，请令罢齐兵。"乃使其舍人冯喜②之楚，藉使之齐。齐、楚之事已毕，因谓齐王："王甚憎张仪，虽然厚矣王之托仪于秦王也。"齐王曰："寡人甚憎仪，仪之所在，必举兵伐之，何以托仪也？"对曰："是乃王之托仪也。仪之出秦，固与秦王约曰：'为王计者，东方有大变，然后王可以多割地。齐王甚憎仪，仪之所在，必举兵伐之。故仪愿乞不肖身而之梁，齐必举兵伐梁。梁、齐之兵连于城下不能去，王以其间伐韩，入三川，出兵函谷而无伐，以临周，祭器必出，挟天子，案图籍，是王业也。'秦王以为然，与革车三十乘而内仪于梁。而果伐之，是王内自罢而伐与国，广邻敌以自孤，而信仪于秦王也。此臣之所谓托仪也。"王曰："善。"乃止。

【注释】①梁王：即魏襄王。②舍人：左右亲信或门客的通称。冯喜：战国时张仪的舍人，因在魏国帮助张仪使齐国罢兵而出名。

【译文】魏王大为恐慌。这时张仪站出来说："大王不要担忧，我可以令齐国退兵。"于是张仪派他的舍人冯喜前往楚国，冯喜再借用楚国使者的名义前往齐国。冯喜处理完齐、楚之间的事务后，借机对齐王说："我听说大王您十分憎恨张仪，可是令臣奇怪的是，您却在秦王面前如此抬举张仪，您对张仪的情义可真是相当的深厚了。"齐王说："我非常憎恨张仪，张仪在哪儿，我就出兵攻打哪儿，令其无处藏身，先生为什么说我抬举张仪呢？"冯喜说："这正是大王抬举张仪之处。张仪离开秦国之时，曾与秦武王有约定。张仪说：'为大王您筹划计谋，崤山以东的六国，如果发生大的变乱，秦国可以乘势攻城掠地，扩充疆土。齐王对我恨之入骨，无论我走到哪里，他都会不顾一切出兵攻打。所以我愿让我这不成器的身子前往魏国都城大梁，这样齐王一定会出兵攻打魏国。当齐、魏的兵马在大梁城下打得不可开交之时，大王便可趁机侵入韩国的三川之地，出兵函谷关，麾兵直逼两周地界，索取天子祭器，然后挟天子，掌握地图和户籍，这可是万世不移的帝王基业啊！'秦王觉得张仪说的很对，就依计而行，用三十辆兵车，送张仪到魏国。大王果然中了张仪的计谋，为了一个张仪而出兵伐魏，这样的做法对内使民众疲弊，对外交恶盟国、广树仇敌于邻邦，使自己陷于不利境地，而且更重要的是会让张仪得到秦王的信任。这就是臣所说的'抬举张仪。'"齐王说："好"，于是赶忙停止进攻魏国。

齐二·犀首以梁与楚战于承匡而不胜

犀首以梁与楚战于承匡而不胜[1]。张仪谓梁王："不用臣言以危国。”梁王因相仪。仪以秦、梁之齐合横亲。犀首欲败之，谓卫君曰：“衍非有怨于仪也，值所以为国者不同耳。君必解衍。”卫君为告仪，仪许诺，因与之参坐[2]于卫君之前。犀首跪行，为仪千秋之祝。明日张子行，犀首送之至齐疆。齐王闻之，怒于仪曰：“衍也吾仇，而仪与之俱，是必与衍鬻吾国矣。”遂不听。

【注释】①犀首：此处指公孙衍。承匡：地名，位于今河南省商丘市睢县西。②参坐：三人并坐。

【译文】犀首公孙衍率领的魏国军队与楚国军队在承匡交战，却没有取得胜利。张仪对魏襄王说：“如果您不采取我的意见，会使国家陷入危险。”魏襄王因此任命张仪为相国。张仪要将秦、魏两国与齐国结为连横阵营，犀首想要破坏这件事，便跑去对卫国的君主说：“我和张仪并没有什么怨仇，只不过是治理国家的方法不同。请您一定要替我向张仪解释。”卫国的君主将这番话告诉了张仪，张仪答应和好，于是在卫君面前和犀首并坐在一起。犀首跪地前行，祝张仪长寿。第二天张仪出发了，犀首将张仪一直送到齐国边境。齐闵王听到这件事，对张仪的行为感到气愤，说：“犀首是我的仇敌，可是张仪却要和他偕同并行，这一定是打算和犀首一起出卖我们的国家了。”于是不再听信张仪的话。

齐二·昭阳为楚伐魏

昭阳[1]为楚伐魏，覆军杀将得八城，移兵而攻齐。陈轸

（zhěn）[②]为齐王使，见昭阳，再拜贺战胜，起而问："楚之法，覆军杀将，其官爵何也？"昭阳曰："官为上柱国[③]，爵为上执圭[④]。"陈轸曰："异贵于此者何也？"曰："唯令尹[⑤]耳。"陈轸曰："令尹贵矣！王非置两令尹也，臣窃为公譬可也。楚有祠者，赐其舍人卮（zhī）酒。舍人相谓曰：'数人饮之不足，一人饮之有余。请画地为蛇，先成者饮酒。'一人蛇先成，引酒且饮之，乃左手持卮，右手画蛇，曰：'吾能为之足！'未成，一人之蛇成，夺其卮曰：'蛇固无足，子安能为之足？'遂饮其酒。为蛇足者，终亡其酒。今君相楚而攻魏，破军杀将得八城，不弱兵，欲攻齐，齐畏公甚，公以是为名亦足矣，官之上非可重也。战无不胜而不知止者，身且死，爵且后归，犹为蛇足也！"昭阳以为然，解军而去。

【注释】①昭阳：战国时楚国令尹。楚昭王后裔。原为大司马，主管楚国军事，兼领柱国，卫戍楚都郢（今湖北江陵纪南城），封上爵执珪。②陈轸：战国时期纵横家、谋士。③上柱国：即大司马，楚国最高武官。④上执圭：楚国的最高爵位。⑤令尹：职官名。春秋时，楚国的执政官，相当于宰相。

【译文】楚国大将昭阳率楚军攻打魏国，大破魏军，击杀魏将，占领了八座城池，接着又转移军队去攻打齐国。陈轸被授任为齐王的使者，去见昭阳，他向昭阳拜了两拜，祝贺楚军的胜利，然后站起来问昭阳："按照楚国的规定，击败敌军，杀掉敌将，能得到什么官爵禄位？"昭阳答道："官可以做到上柱国，爵位可以封上执圭。"陈轸接着又问："比这更尊贵的官爵还有什么？"昭阳说："那就只有令尹了。”陈轸就说：“令尹的确是最尊贵的官职，但楚王不会设置两个令尹！让我来替将军您打个比方吧。楚国有个贵族祭祀祖先，祭祀完把一壶酒赐给门客。门客们一起商量道：‘这酒，几个人喝不够，一个人享用却有剩余，让我们在地上各画一条蛇，先画成的就喝了这杯酒。’有个门客率先完成，取过酒杯准备先喝，他左手拿着酒杯，右手又在地上画了起来，并说：‘我还可以为蛇添上脚呢。’蛇脚尚未画完，另外一个门客的蛇也画好了，于是夺过他手中的酒杯，说‘蛇本来就没有脚，你怎么能给它硬添上脚呢？’说完便喝了那杯酒。而画蛇脚的那位门客最终也没有喝到酒。如今将军辅佐楚王攻打魏国，击败敌军，杀掉敌将，占领了八座城池，兵力没有遭到什么减损，又转移军队想去攻打齐国，齐国的人都很怕您，凭这些，足以说明将军的威名已经远扬，在官爵上已经没有什么可以加封的了。如果战无不胜却不懂得适可而止，将会招致杀身之祸，该得的官爵只会留给后来的人，正如画蛇添足一样！”昭阳认为他说的话很有道理，便撤兵回国了。

齐二·秦攻赵

秦攻赵。赵令楼缓以五城求讲于秦，而与之伐齐。齐王恐，因使人以十城求讲于秦。楼子恐，因以上党二十四县许秦王①。赵足之齐，谓齐王曰：“王欲秦、赵之解乎？不如从合于赵，赵必倍秦。倍秦则齐无患矣。”

【注释】①秦王：这里指秦昭襄王。

【译文】秦国要攻打赵国。赵国便派楼缓用五座城邑向秦国求和，并想要与秦国联合进攻齐国。齐王感到很害怕，因此派人用十座城邑向秦国求和。楼缓得知后也很害怕，于是答应把上党二十四县许给秦昭王。赵足来到齐国，对齐王说：“大王想和秦国、赵国解除联盟吗？您不如跟赵国实行合纵，这样赵国一定会背叛秦国。赵国背叛秦国后，齐国就没有什么忧患了。”

齐二·权之难

权之难，齐、燕战。秦使魏冉之赵，出兵助燕击齐。薛公使魏处[2]之赵，谓李兑[3]曰：“君助燕击齐，齐必急。急必以地和于燕，而身与赵战矣。然则是君自为燕东兵，为燕取地也。故为君计者，不如按兵勿出。齐必缓，缓必复与燕战。战而胜，兵罢弊，赵可取唐[4]、曲逆[5]；战而不胜，命悬于赵。然则吾中立而割穷齐与疲燕也，两国之权，归于君矣。”

【注释】①权：中山邑，位于今河北正定北。②魏处：战国时齐国大臣。③李兑：战国时期赵国政治人物，赵惠文王时期的相国。④唐：地名。在今河北唐县。⑤曲逆：地名，在今河北顺平东南，为战国时期燕国城邑，因曲逆水（今曲逆河）而得名。

【译文】齐、燕两国在权地交战。秦国派魏冉到赵国去，想劝赵国出兵帮助燕国攻打齐国。孟尝君于是派魏处到赵国去，对李兑说：“如果您帮助燕国攻打齐国，齐国一定会陷入危急的境地，这样他们一定会用土地和燕国讲和，反过来亲自和赵国交战。这么一来，赵国向东进攻出兵就成了为燕国而战，为燕国夺取土地。所以为您考虑，不如按兵不动。让齐国的局势得到缓和，缓和后，齐国一定会再跟燕国交战的。如果齐国取胜，齐军必会兵力疲惫，赵国就可以乘机夺取唐地、曲逆两地；如果齐国不能取胜，它的命运就会掌握在赵国手里。这样一来，您可以保持中立，并且能从困境中的齐国和疲惫的燕国割取土地，两个国家的大权，就全由您掌管了。”

齐二·秦攻赵长平

秦攻赵长平[①]，齐、燕救之。秦计曰：“齐、燕救赵，亲，则将退兵；不亲，则且遂攻之。”赵无以食，请粟于齐而齐不听。周子[②]谓齐王曰：“不如听之以却秦兵，不听则秦兵不却，是秦之计中而齐、燕之计过矣。且赵之于燕、齐隐蔽也，齿之有唇也，唇亡则齿寒。今日亡赵，则明日及齐、楚矣。且夫救赵之务，宜若奉漏瓮，沃焦釜。夫救赵，高义也；却秦兵，显名也。义救亡赵，威却强秦之兵，不务为此而务爱粟，则为国计者过矣。”

【注释】①长平：位于今山西高平西北。②周子：齐的谋臣。

【译文】秦国进攻赵国的长平，齐、燕两国出兵救赵。秦王盘算道：“如今齐、燕两国前来救赵，如果他们团结一致，我们就撤兵；如果他们一盘散沙，我们就乘势攻之。”这时，赵国军队粮食告急，于是便派人向齐国借粮，可是齐王不加理睬。谋臣周子对齐王说：“大王不如答应赵国的请求，以迫使秦军退兵，如果不加理睬，秦兵便会无所忌惮，无法击退。这样，就正中了秦国的计策，齐、燕两国就会失策。而且赵国对于燕、齐两国来说，正是抵御秦兵的天然屏障。这就像牙齿跟嘴唇的关系，没有了嘴唇，牙齿就会感到寒冷。今日赵国有难，明日灭亡之祸就会降临到齐、燕身上。因此救援赵国就好比手捧着漏水的瓮、往烧焦的锅里浇水一样，十分紧迫。再说援助赵国是一种高尚的义举，击退秦兵，也可以树立威名。不去做这样的大事来显示正义、张扬威名，却一味地吝啬粮食，这是对国家基本战略决策判断的失误啊。”

齐二·或谓齐王曰

或谓齐王①曰："周、韩西有强秦，东有赵、魏。秦伐周、韩之西，赵、魏不伐，周、韩为割，韩却周害也。及韩却周割之后，赵、魏亦不免与秦为患矣。今齐、秦伐赵、魏，则亦不异于赵、魏之应秦而伐周、韩。今齐入于秦而伐赵、魏，赵、魏亡之后，秦东面而伐齐，齐安得救天下乎？"

【注释】①齐王：指齐王建。

【译文】有人对齐王建说："周国，韩国西面有强大的秦国，东面有赵国、魏国。如果秦国攻打周、韩两国的西部，赵国、魏国不进攻，周、韩两国将被秦国分割土地，韩国退却，周国更会遭到祸害。等到韩国退却，周国被割地之后，赵国、魏国也免不了遭受秦国的祸害。如今齐国、秦国攻打赵国、魏国，也跟当初赵国、魏国跟随秦国攻打周、韩两国没有什么区别。如今齐国投到秦国一边，进攻赵国、魏国，当赵国、魏国灭亡之后，秦国就会向东攻打齐国，这时齐国又如何能得到天下诸侯的援救呢？"

扫码听谦德
君为您导读

卷十 齐策三

齐三·楚王死

楚王死[1]，太子在齐质。苏秦谓薛公曰："君何不留楚太子以市[2]其下东国[3]？"薛公曰："不可。我留太子，郢中立王[4]，然则是我抱空质而行不义于于天下也。"苏秦曰："不然。郢中立王，君因谓其新王曰：'与我下东国，吾为王杀太子。不然，吾将与三国共立之[5]。'然则下东国必可得也。"

【注释】①楚王：指楚怀王熊槐。②市：交易；商品买卖。③下东国：地区名。楚淮北靠近齐国之地。④郢：地名，楚国都城，在今湖北江陵西北纪南城。⑤三国：指秦、韩、魏三国。

【译文】楚怀王死的时候，太子还在齐国充当人质。苏秦就对齐相薛公孟尝君田文说："您为何不扣留楚太子来交换楚国的下东国呢？"孟尝君说："不可以这样做。如果我扣留楚太子，而楚国另立国君，那就是我扣留一个无用的人质，而在天下人面前行不义之举。"苏秦说："不对。楚国一旦另立国君，您就对楚国新君说：'楚国割下东国给齐国，我就为大王杀掉太子。否则，我将联合秦、韩、魏三国共拥太子为楚王。'这样下东国必定能得到。"

苏秦之事，可以请行，可以令楚王亟（jí）入下东国[1]，可以益割于楚[2]，可以忠太子而使楚益入地，可以为楚王走太子，可以忠太子使之亟去，可以恶苏秦于薛公，可以为苏秦请封于楚，可以使人说薛公以善苏子，可以使苏子自解于薛公。

【注释】①亟：急切。②益：增加。

【译文】苏秦的计谋，可以请求出使楚国，可以迫使楚王尽快割让下东国给齐国，可以使楚国割让更多土地给齐国，可以忠于楚太子而使楚国增加割让的土地，可以替楚国新王赶走太子，可以忠于楚太子而让他赶快离开齐国，可以在薛公那里诽谤苏秦，可以为苏秦请求楚国的封地，可以令人劝说薛公优待苏秦，可以让苏秦在薛公面前自己辩解。

苏秦谓薛公曰："臣闻谋泄者事无功，计不决者名不成。今君留太子者，以市下东国也。非亟得下东国者，则楚之计变，变则是君抱空质而负名于天下也。"薛公曰："善。为之奈何？"对曰："臣请为君之楚，使亟入下东国之地。楚得成，则君无败矣。"薛公曰："善。"因遣之。故曰可以请行也。

【译文】苏秦对孟尝君说："我听说计谋泄露的人做事不会成功，用计犹豫不决的人名声难以成就。如今您扣留了楚太子，是为了用他交换下东国。如果不能很快得到下东国，恐怕楚国的计划会改变，计划改变您便会扣留一个无用的人质而身负不义之名于天下诸侯啊。”薛公说：“好，但我该怎么办？”苏秦回答说：“我愿意为您出使楚国，使楚国尽快割让下东国。一旦齐楚和解，您就立于不败之地了。”薛公说：“好。”于是派苏秦出使楚国。所以说苏秦可以请求出使楚国。

谓楚王曰：“齐欲奉太子而立之。臣观薛公之留太子者，以市下东国也。今王不亟入下东国，则太子且倍王之割而使齐奉己。”楚王曰：“谨受命。”因献下东国。故曰可以使楚亟入地也。

【译文】苏秦对楚国新王说：“齐国想要奉立太子为楚王。我看薛公扣留太子的目的，是交换楚国的下东国。现今大王如果不尽快割让下东国，那么太子便会割让比大王多出数倍的土地换取齐国的支持。”楚王说：“我恭敬地接受您的指教。”于是献出下东国。所以说可以迫使楚王尽快割让下东国给齐国。

谓薛公曰：“楚之势可多割也。”薛公曰：“奈何？”“请告太子其故，使太子谒之君，以忠太子；使楚王闻之，可以益入地。”故曰可以益割于楚。

【译文】苏秦对薛公说：“看楚国的情势，还可以多割占些土地。”薛公说：“有什么办法？”苏秦答道：“请让我把事情的缘故告诉楚太子，使他前来拜见您，您表示愿意支持他回国；故意让楚国新王知道，齐国就可以得到更多的土地。”所以说可以使楚国割让更多土地给齐国。

谓太子曰：“齐奉太子而立之，楚王请割地以留太子，齐少其地。太子何不倍楚之割地而资齐，齐必奉太子。”太子曰：“善。”倍楚之割而延齐。楚王闻之恐，益割地而献之，尚恐事不成。故曰可以使楚益入地也。

【译文】苏秦对楚太子说：“齐国准备奉立太子为楚王，楚国新王却请求割让土地使齐国扣留您，齐国嫌楚国割让的土地太少。太子您为什么不以楚国割让土地的数倍来贿赂齐国呢？若能如此，齐国一定奉立您为楚王。”楚太子说：“好。”就答应加倍割让土地给齐国。楚王听到这个消息感到很害怕，便割让更多的土地给齐国，还害怕事情不能成功。所以说可以使楚国割让更多的土地。”

谓楚王曰：“齐之所以敢多割地者，挟太子也。今已得地而求不止者，以太子权王也，故臣能去太子。太子去，齐无辞，必不倍于王也。王因驰强齐而为交[①]，齐必听王。然则是王去雠而得齐交也。”楚王大悦，曰：“请以国因。”故曰可以为楚王使太子亟去也。

【注释】①驰：马车疾行。

【译文】苏秦对楚国新王说：“齐国之所以敢要求楚国多割地，是因为它以太子相要挟。如今齐国虽已得到土地，可是对楚国土地的需求没有止境的原因，是因为太子在齐国和您势均力敌，所以我能让太子离开齐国。太子一走，齐国没有奉立太子的说辞，必定不向大王索要数倍于下东国的土地。大王趁机与强大的齐国搞好关系，与之结交，齐国定然会接受大王的要求。这样一来，大王既消灭了仇敌，又结交到了齐国啊。”楚王听了很高兴，说："请让我把楚国托付给您。”所以说可以替楚国新王尽快赶走太子。

谓太子曰："夫剬（zhì）楚者王也[①]，以空名市者太子也，齐未必信太子之言也，而楚功见矣。楚交成，太子必危矣。太子其图之。”太子曰："谨受命。”乃约车而暮去。故曰可以使太子急去也。

【注释】①剬：古同"制"，制裁，控制。

【译文】苏秦对楚太子说："如今控制楚国的是楚国新王，用空话做交易的是太子您，齐国未必会相信太子您的话，而楚国新王已割地给齐国了。一旦齐国、楚国搞好关系，太子在齐国必定处境危险。太子还是早作谋划。”楚太子说："我恭敬地接受您的指教。”于是整治车辆连夜逃去。所以说可以使楚太子马上离开齐国。

苏秦使人谓薛公曰："夫劝留太子者苏秦也。苏秦非诚以为君也，且以便楚也。苏秦恐君之知之，故多割楚以灭迹也。今劝太子者又苏秦也，而君弗知，臣窃为君疑之。”薛公大怒于苏秦。故曰可使人恶苏秦于薛公也。

【译文】苏秦派人对薛公说："劝您扣留太子的人是苏秦，苏秦并不是诚心实意为您打算，他是为了楚国的利益啊。苏秦害怕您知道此事，所以通过多割楚国土地的做法来掩饰痕迹。这次劝楚太子连夜逃去的人也是苏秦，可您却不知道，我私下里替您怀疑他。"于是薛公对苏秦的行为很愤怒。所以说苏秦可以派人在薛公那里诽谤自己。

又使人谓楚王曰："夫使薛公留太子者苏秦也，奉王而代立楚太子者又苏秦也，割地固约者又苏秦也，忠王而走太子者又苏秦也。今人恶苏秦于薛公，以其为齐薄而为楚厚也。愿王之知之。"楚王曰："谨受命。"因封苏秦为武贞君。故曰可以为苏秦请封于楚也。

【译文】苏秦又派人对楚国新王说："使薛公扣留太子的人是苏秦，尊奉大王取代楚太子的人也是苏秦，割让楚国土地给齐国来巩固关系的人还是苏秦，忠于大王而驱逐太子的人仍然是苏秦。现在有人在薛公面前诽谤苏秦，说他对齐国情薄而对楚国情厚。希望大王能知道这些情况。"楚王说："我恭敬地接受您的指教。"于是封苏秦为武贞君。所以说可以为苏秦请求楚国的封地。

又使景鲤请薛公曰[①]："君之所以重于天下者，以能得天下之士而有齐权也。今苏秦天下之辩士也，世与少有。君因不善苏秦，则是围塞天下士而不利说途也。夫不善君者且奉苏秦，而于君之事殆矣！今苏秦善于楚王，而君不蚤亲[②]，则是身与楚为雠也。故君不如因而亲之，贵而重之，是君有楚也。"薛公因善苏秦。故曰可以为苏秦说薛公以善苏秦。

【注释】①景鲤：芈姓，景氏，名鲤，楚平王后裔，战国时期楚国令尹。是继昭阳之后，辅佐楚怀王执掌楚国军政大权。②蚤：古同“早”。

【译文】苏秦又让景鲤对薛公说：“您之所以能名重天下，是因为您能招揽天下有识之士而掌握齐国大权。如今苏秦乃是天下的辩说之士，当世少有。您如果不善待苏秦，就是闭塞了天下士人游说进身的路。如果那些与您关系不好的人重用苏秦，那您的处境便会很危险。现在苏秦很得楚国新王的宠信，假如不及早与苏秦亲近，就很容易与楚国结仇。因此您不如与苏秦亲近，重用他令他富贵，您便可得到楚国的支持。”薛公因此善待苏秦。所以说可以为苏秦劝说薛公善待他。

齐三·齐王夫人死

齐王夫人死，有七孺子皆近①。薛公欲知王所欲立，乃献七珥（ěr）②，美其一。明日视美珥所在，劝王立为夫人③。

【注释】①孺子：王的妃嫔，比夫人低一等。②珥：用珠子或玉石做的耳环。③夫人：古代诸侯的妻子称夫人。

【译文】齐王的夫人死了，有七个妃嫔都受到齐王的宠爱。薛公想知道齐王会立哪个妃嫔为夫人，于是便献上七副耳环，其中一副最为美丽。第二天看最美丽的耳环被哪位妃嫔戴着，就劝齐王立她为夫人。

齐三·孟尝君将入秦

孟尝君将入秦，止者千数而弗听。苏秦欲止之，孟尝曰：“人事者，吾已尽知之矣；吾所未闻者，独鬼事耳。”苏秦曰：“臣之来也，固不敢言人事也，固且以鬼事见君。”

【译文】孟尝君准备到秦国去，数千人劝阻他，他都不听。苏秦想要阻止他，孟尝君说：“人世间的事情，我已经全都知道；我没有听说过的，只有鬼神之事了。”苏秦说：“我这次来，本来也不敢谈论人世间的事，就是想见您谈谈鬼神之事的。”

孟尝君见之。谓孟尝君曰：“今者臣来，过于淄（zī）上[①]，有土偶人与桃梗相与语[②]。桃梗谓土偶人曰：‘子，西岸之土也，埏（shān）子以为人[③]，至岁八月[④]，降雨下[⑤]，淄水至，则汝残矣。’土偶曰：‘不然。吾西岸之土也，吾残则复西岸耳。今子，东国之桃梗也，刻削子以为人，降雨下，淄水至，流子而去，则子漂漂者将何如耳？’今秦四塞（sài）之国[⑥]，譬若虎口[⑦]，而君入之，则臣不知君所出矣。”孟尝君乃止。

【注释】①淄：水名，今山东省内的淄河。源出山东省莱芜市东北。②土偶人：用泥土做成的人形。桃梗：用桃木刻成的人像。③埏：用水和土。④八月：指周历八月，相当于夏历六月，正值雨季。⑤降雨：大雨。降，通“洚”。⑥四塞之国：指四面设防要塞，险要坚固的国家。⑦譬若：譬如。

【译文】孟尝君就接见了他。苏秦对孟尝君说："我这次来齐国，路经淄水，听见一个土偶人和一个桃木人在交谈。桃木人对土偶人说：'你原是淄水西岸的泥土，用水和土把你捏制成人，到八月季节，天降大雨，淄水泛滥，你就变残破了。'土偶人说：'你的话不对。我是淄水西岸的泥土，我变残破就又回到淄水西岸。而你是由东方的桃木雕刻成人，天降大雨，淄水泛滥，把你冲走，你飘飘荡荡不知将去哪里。'现在秦国是一个四面都有高山、要塞的国家，譬如虎口，而您进入秦国，我不知道您能从哪里出来。"孟尝君听了之后就停止行程。

齐三·孟尝君在薛

孟尝君在薛，荆人攻之。淳（chún）于髡（kūn）为齐使于荆①，还反，过薛。孟尝君令人体貌而亲郊迎之②，谓淳于髡曰："荆人攻薛，夫子弗忧，文无以复侍矣③。"淳于髡曰："敬闻命矣。"

【注释】①淳于髡：约公元前386–前310年，战国时期齐国的政治家和思想家。淳于髡身长不满七尺，滑稽多辩，数度出使诸侯，未尝屈辱。②体：通"礼"。③文无以复侍矣：指时间紧迫。

【译文】孟尝君住在薛地时，楚人攻打薛地。淳于髡为齐国出使楚国，回来时经过薛地。孟尝君以礼相待并亲自到郊外迎接，孟尝君对淳于髡说："楚国攻打薛地，先生不为我忧虑，我以后就不能再招待您了。”淳于髡说：“我明白了。”

至于齐，毕报，王曰[①]：“何见于荆？”对曰：“荆甚固，而薛亦不量其力。”王曰：“何谓也？”对曰：“薛不量其力而为先王立清庙[②]，荆固而攻之，清庙必危。故曰薛不量力而荆亦甚固。”齐王和其颜色曰：“谆（xī）！先君之庙在焉[③]。”疾兴兵救之。

【注释】①王：指齐闵王，本名田地，齐宣王之子，田齐政权第六任国君，又称湣王、愍王。②清庙：即太庙。古代帝王的宗庙。③谆：表示惊讶的叹词。

【译文】淳于髡回到齐国都城，汇报完毕，齐闵王说：“您在楚国见到了什么？”淳于髡回答说：“楚国非常强大，然而薛地也太不自量力了。”齐闵王说：“你说的是什么意思？”淳于髡回答说：“薛地不自量力，为先王立宗庙，强大的楚国攻打薛地，先王的宗庙必定很危险。所以说薛地不自量力，而楚国也确实非常强大。”齐闵王脸色大变，说：“啊！先君的宗庙在薛地呀。”齐闵王急速派兵去援助薛地。

颠蹶（jué）之请[①]，望拜之谒，虽得则薄矣。善说者，陈其势，言其方，人之急也，若自在隘窘之中[②]，岂用强力哉？

【注释】①颠蹶：困顿挫折。②隘窘：困窘危险。

【译文】辛辛苦苦地四处奔波求救，诚心诚意地探望参拜，即使有所得也是很微薄的。善于游说的人，陈述形势，谈论方略，当别人有了急难，就像自己在困窘危险的环境中一样，难道用得着使用很大的力量吗?

齐三·孟尝君奉夏侯章以四马百人之食

孟尝君奉夏侯章以四马百人之食[①]，遇之甚欢。夏侯章每言未尝不毁孟尝君也。或以告孟尝君，孟尝君曰：“文有以事夏侯公矣，勿言。”董之繁菁（jīng）以问夏侯公[②]，夏侯公曰：“孟尝君重非诸侯也，而奉我四马百人之食，我无分寸之功而得此，然吾毁之以为之也。君所以得为长者[③]，以吾毁之者也。吾以身为孟尝君，岂待言也哉？”

【注释】①夏侯章：人名。孟尝君门下食客。②董之繁菁：人名，战国时齐人。③长者：指德高望重的人。

【译文】孟尝君用四匹马和一百人的食禄奉养夏侯章，对他特别尊敬。可是夏侯章每次谈话没有不诋毁孟尝君的。有人把这件事告诉孟尝君，孟尝君说：“我知道怎样对侍夏侯先生，你不要再说了。”董之繁菁因此去问夏侯章，夏侯章说：“孟尝君虽然很受尊重但他毕竟不是诸侯，却用四匹马和一百人的食禄来奉养我，我没有分寸之功却得到这些，我诋毁孟尝君正是为了抬高他。孟尝君之所以能够得到德高望重的美名，是因为我诋毁他啊。我用牺牲自身名誉的方式为孟尝君效力，哪里只是凭几句赞扬的话呢？”

齐三·孟尝君谯坐

孟尝君谯（yàn）坐[①]，谓三先生曰："愿闻先生有以补文之阙者[②]。"一人曰："訾（zī）天下之主[③]，有侵君者，臣请以臣之血湔（jiān）其衽（rèn）[④]。"田瞀（mào）曰[⑤]："车轶（yì）之所能至[⑥]，请掩足下之短者，诵足下之长。千乘之君与万乘之相，其欲有君而使也，如弗及也。"胜瞖（gǔ）[⑦]曰："臣愿以足下之府库财物收天下之士，能为君决疑应卒（cù）[⑧]，若魏文侯之有田子方、段干木也[⑨]。此臣之所为君取矣。"

【注释】①谯坐：闲居。谯，同"燕"。②阙：缺点；错误。③訾：古同"恣"，任凭。④湔：同"溅"。衽：衣襟。⑤田瞀：人名，齐国人。⑥车轶之所能至：表示很远的地方。轶：车轮辗地的痕迹；车辙。⑦胜瞖：人名，齐国人。⑧卒：同"猝"。仓促，急速。⑨魏文侯：公元前472-前396年，姬姓魏氏，名斯，一名都，魏桓子之孙。战国时期魏国开国君主。任贤使能，使魏富强。田子方：姓田，名无择，字子方，道家学者，魏国人，学于子贡，魏文侯师。段干木：姓李，名克，封于段，为干木大夫，故称段干木。学于子夏，魏文侯师。

【译文】孟尝君和三位先生闲坐，对他们说："希望听到各位先生的意见来补救我的错误。"其中一个人说："天下的诸侯，有敢侵犯您的，我请求用我的血溅洒在他们的衣襟上。"田瞀说："车辙所能到达的地方，请让我去掩盖您的短处，颂扬您的长处。使拥有千辆兵车的国君和拥有万辆兵车的国家的相国，都想得到您，迫不及待地重用您。”胜瞀说：“我希望用您府库的财物去招揽天下的士人，能够帮您决断疑难应付仓促的变故，就像魏文侯有田子方和段干木一样。这就是我能为您做的。”

齐三·孟尝君舍人有与君之夫人相爱者

孟尝君舍人有与君之夫人相爱者。或以问孟尝君曰：“为君舍人而内与夫人相爱，亦甚不义矣，君其杀之。”君曰：“睹貌而相悦[1]者，人之情也，其错之勿言也。”

【注释】①悦：喜爱。

【译文】孟尝君的门客中，有人非常爱慕孟尝君的夫人。有人把这事告诉了孟尝君，并说：“身为您的门客，却爱慕您的夫人，此人也太不讲道义了，您应该把他杀了。”孟尝君说：“看见美丽的容貌，渐生爱慕之心，这是人之常情，你不要再提此事啦。”

居期年，君召爱夫人者而谓之曰：“子与文交游久矣，大官未可得，小官公又弗欲。卫君与文布衣交[1]，请具车马皮币[2]，愿君以此从卫君游。”舍人游于卫甚重。

【注释】①卫君：指卫嗣君。布衣交：在还没显贵时就有交情。②皮币：皮毛和缯帛。古代用作聘享的贵重礼物。

【译文】大约过了一年，孟尝君召来那个爱慕夫人的门客，对他说：“你在我这的时日也不算短了，大官难以获得，小官先生又不屑做。恰好如今的卫君与我还没显贵时就有交情，我愿替先生准备车马、皮毛、缯帛，希望你和卫君交游。”这个门客到卫国后，深受卫君看重。

齐、卫之交恶，卫君甚欲约天下之兵以攻齐。是人谓卫君曰：“孟尝君不知臣不肖[①]，以臣欺君。且臣闻齐、卫先君刑马压羊[②]，盟曰：‘齐、卫后世无相攻伐，有相攻伐者，令其命如此。’今君约天下之兵以攻齐，是足下倍先君盟约而欺孟尝君也[③]。愿君勿以齐为心。君听臣则可；不听臣，若臣不肖也，臣辄以项血湔足下衿。”卫君乃止。齐人闻之曰：“孟尝君可谓善为事矣，转祸为功。”

【注释】①不肖：不成材。②刑、压：都是杀的意思。③倍：古同“背”，背弃，背叛。

【译文】后来齐、卫两国的关系恶化，卫君很想联合天下诸侯进攻齐国。那个门客站出来对卫君说：“孟尝君不认为臣不成材，把臣推荐给王。臣曾听说齐、卫两国的先君杀马宰羊，立下盟约说：‘齐、卫的子孙后代，不得相互攻伐，若违背誓言出兵攻伐的，命运就如此马此羊！’如今大王联合天下诸侯，出兵进攻齐国，正是违背先君的盟约，欺骗孟尝君啊。臣希望大王不要再一心想着伐齐！大王听从臣的劝告也就罢了，如果不听，像臣这样不成材的，也会把自己颈项之血溅在您的衣襟上！”卫君这才打消伐齐的念头。齐人听到这件事，都赞叹道：“孟尝君真可谓善于处理事情，能够把祸患转化为功劳啊。”

齐三·孟尝君有舍人而弗悦

孟尝君有舍人而弗悦，欲逐之。鲁连谓孟尝君曰[1]：“猿猕猴错木据水，则不若鱼鳖；历险乘危，则骐骥（qí jì）不如狐狸[2]。曹沫之奋三尺之剑[3]，一军不能当[4]；使曹沫释其三尺之剑，而操铫耨（yáo nòu）[5]，与农夫居垄亩之中[6]，则不若农夫。故物舍其所长，之其所短，尧亦有所不及矣。今使人而不能，则谓之不肖；教人而不能，则谓之拙。拙则罢之，不肖则弃之。使人有弃逐，不相与处，而来害相报者，岂非世之立教首也哉！”孟尝君曰：“善！”乃弗逐。

【注释】①鲁连：即鲁仲连，齐国人。长于阐发奇特宏伟卓异不凡的谋略，却不肯作官任职，愿意保持高风亮节。②骐骥：骏马。③曹沫：一作“曹刿（guì）”，春秋时期鲁国人，周文王第六子曹叔振铎之后，著名的军事理论家，曾在盟会上逼齐桓公归还侵占的鲁国土地。④一军：一万两千五百人。当：用武力抵敌。⑤铫：古代一种大锄。耨：古代锄草的农具。⑥垄亩：田亩。垄：田中高处。

【译文】孟尝君有个舍人，孟尝君不喜欢他，想要赶他走。鲁连对孟尝君说：猿猴离开树木到了水里，那么它们就不如鱼鳖；经历险阻攀登危岩，那么千里马就不如狐狸。曹沫高举三尺长的宝剑劫持齐桓公，一军人马也不能用武力抵挡；假如曹沫放下三尺长剑，拿起锄草用的铫耨，与农夫在田地干活，那么他就赶不上农夫。因此事物舍弃长处，任用短处，就是圣明的尧也有做不到的事情。如今用人，如果他干不好，就认为他没有才能；教他却没有学会，就认为他笨拙。他笨拙就斥退他，他没有才能就抛弃他。使人受到驱逐，不能相处，将来伤害报仇，这哪里是世上的用人戒条呢？”孟尝君说：“好。”于是就不驱逐那个不被喜欢的舍人了。

齐三·孟尝君出行国

孟尝君出行国，至楚，献象床。郢之登徒直使送之[①]，不欲行，见孟尝君门人公孙戍曰：“臣，郢之登徒也，直送象床。象床之直千金，伤此若发漂[②]，卖妻子不足偿之。足下能使仆无行[③]，先人有宝剑，愿得献之。”公孙曰：“诺。”

【注释】①登徒：复姓，名已佚。直，通“值”。直使：当值奉派。②漂：通“秒”。发漂：形容很细微。③足下：对对方的敬称。仆：古时男子对自己的谦称。

【译文】孟尝君出国访问，到达楚国，楚王送给他一张象牙床。郢都姓登徒的人正好值班，要护送象牙床给孟尝君，可是他不愿意去，于是求见孟尝君的门客公孙戍说：“我是郢都的登徒，当班护送象牙床给孟尝君。可是象牙床价值千金，稍有损伤，卖掉妻室儿女也不足以赔偿。先生如果能让我不去送象牙床，我愿把先人的宝剑献给您。”公孙戍说“好”。

入见孟尝君曰：“君岂受楚象床哉？”孟尝君曰：“然。”公孙戍曰：“臣愿君勿受。”孟尝君曰：“何哉？”公孙戍曰：“小国所以皆致相印于君者，闻君于齐能振达贫穷，有存亡继绝之义[1]。小国英桀之主[2]，皆以国事累君，诚说君之义，慕君之廉也。今君到楚而受象床，所未至之国，将何以待君？臣戍愿君勿受。”孟尝君曰：“诺！”

【注释】①存：保存；继：接续。存亡继绝：恢复灭亡的国家，延续断绝了的贵族世家。②桀：古同“杰”，杰出的人。英桀：才智杰出；英俊。

【译文】于是公孙戍进见孟尝君说：“您准备接受楚王送的象牙床吗？”孟尝君说：“是”。公孙戍说：“我希望您不要接受。”孟尝君说：“为什么呢？”公孙戍说：“小国之所以全都把相印交给您，是因为听说您在齐国能赈济贫困的人，有恢复灭亡的国家，延续断绝了的贵族世家的义行。小国才智杰出的君主，全都把国事委托您，这是欣赏您的义气，仰慕您的廉洁。如今您到楚国就接受象牙床，那些没有到的国家，又将怎么接待您呢？臣公孙戍希望您不要接受。”孟尝君说：“好”。

公孙戍趋而去，未出至中闺[1]，君召而返之，曰：“子教文无受象床，甚善。今何举足之高，志之扬也？”公孙戍曰：“臣有大喜三，重（chóng）之宝剑一[2]。”孟尝君曰：“何谓也？”公孙戍曰：“门下百数，莫敢入谏，臣独入谏，臣一喜；谏而得听，臣二喜；谏而止君之过，臣三喜；输象床，郢之登徒不欲行，许戍以先人之宝剑。”孟尝君：“善！受之乎？”公孙戍曰：“未敢！”曰：“急受之。”因书门版[3]曰：“有能扬文之名，止文之过，私得宝于外者，疾入谏！”

【注释】①闺：宫中上圆下方的圭形小门。②重：加上。③门版：挂在门上的木板，类似广告牌。

【译文】公孙戍快步退出去，还没走到中门，孟尝君把他叫了回来，说：“先生叫田文不要接受象牙床，这很好。但为何先生如此趾高气昂呢？”公孙戍说：“臣有三大喜事，加上得到一柄宝剑。”孟尝君说：“此话怎讲？”公孙戍说：“您门下数百食客，都不敢入谏，只有臣敢于进谏，这是臣的第一喜；我劝谏而您能听从，这是臣的第二喜；我劝谏您使您停止犯错，这是臣的第三喜。为楚国输送象牙床的郢都登徒，不愿意送床，他答应如果臣办成这件事，就送臣一柄先人的宝剑。”孟尝君说：“好。先生接受宝剑没有？”公孙戍说：“不敢接受！”孟尝君催促他说：“赶快收下！”因为这件事，孟尝君在门版上写道：“谁能传扬田文的名声，谏止田文犯过，即使私自在外获得珍宝，也可迅速来谏！”

齐三·淳于髡一日而见七人于宣王

淳于髡（kūn）一日而见七人于宣王①。王曰：“子来，寡人闻之，千里而一士，是比肩而立；百世而一圣，若随踵而至也②。今子一朝而见七士，则士不亦众乎？”

【注释】①淳于髡：战国时期齐国的政治家和思想家。身长不满七尺，滑稽多辩，数度出使诸侯，未尝屈辱。宣王：妫姓、田氏，名辟疆，战国时代齐国国君，齐威王之子。②踵：脚后跟。

【译文】淳于髡一天之内向齐宣王推荐了七名贤士。齐宣王说：“您过来，我听说，千里之内才有一位贤士，就像一个挨一个并肩站着；百代之中才出一个圣人，就像脚尖挨着脚跟一样。如今您一个早晨就推荐七位贤士给我，那贤士不也太多了吗？”

淳于髡曰：“不然。夫鸟同翼者而聚居，兽同足者而俱行。今求柴胡、桔梗于沮泽，则累世不得一焉①，及之睾黍、梁父之阴②，则郄车而载耳③。夫物各有畴（chóu）④，今髡贤者之畴也。王求士于髡，譬若挹（yì）水于河⑤，而取火于燧也。髡将复见之，岂特七士也！”

【注释】①柴胡：生长于沙质草原、沙丘草甸及阳坡疏林下。桔梗：喜凉爽气候，耐寒、喜阳光。宜栽培在丘陵地带。②睾黍、梁父：山名。睾黍：今地不详。梁父：在今山东泰安东南。阴：山南水北为阴。③郄：同“郤（xì）”，敞开，不加覆盖。④畴：同类，类别。后作“俦”。⑤挹：舀，把液体盛出来。

【译文】淳于髡说：“不是这样。那些翅膀相同的鸟类一起聚居，足爪相同的兽类一起行走。如今到低湿的沼泽去采集柴胡、桔梗，几代人采集下去也不能获得一根，到睾黍山、梁父山的北坡去采集，就可以敞开车子装载。世上万物都有同类，如今我淳于髡是贤士一类的人。君王向我访求贤士，就譬如到黄河里舀水，用燧石取火。我将再向君王引荐贤士，哪里只是七个人呢？”

齐三·齐欲伐魏

齐欲伐魏，淳于髡谓齐王[①]曰："韩子卢者[②]，天下之疾犬也。东郭逡（qūn）者[③]，海内之狡兔也。韩子卢逐东郭逡，环山者三，腾山者五，兔极于前，犬废于后，犬兔俱罢[④]，各死其处。田父见之[⑤]，无劳倦之苦，而擅其功。今齐、魏久相持，以顿其兵[⑥]，弊其众，臣恐强秦、大楚承其后，有田父之功。"齐王惧，谢将休士也。

【注释】①齐王：指齐威王，妫姓，田氏，名因齐，田齐桓公田午之子。②韩子卢：韩国的良犬，名卢。③东郭逡：东郭山上的兔子。④罢：同"疲"，疲惫。⑤田父：老农。⑥顿：困顿；疲弊。

【译文】齐国想发兵攻打魏国。淳于髡对齐威王说："韩子卢，是天下跑得最快的狗，东郭逡则是世上数得着的狡兔。韩子卢追逐东郭逡，绕山追了三圈，翻山跑了五趟，前面的东郭逡筋疲力尽，后面的韩子卢也疲惫不堪，东郭逡和韩子卢都疲惫了，倒在地上累死。老农看到了，没有丝毫疲劳，就捡走它们。如今，要是齐国、魏国相持不下，士兵困顿，百姓疲惫，臣担忧秦、楚两个强敌会趁虚而入，就像老农那样获利。"齐威王听后很害怕，就下令撤回军队，休养将士。

齐三·国子曰

国子曰[①]："秦破马服君之师[②]，围邯郸。齐、魏亦佐秦伐邯郸[3]，齐取淄鼠[4]，魏取伊是[5]。公子无忌为天下循便计[6]，杀晋鄙[7]，率魏兵以救邯郸之围，使秦弗有而失天下。是齐入于魏而救邯郸之功也。

【注释】①国子：齐国大夫。②马服君：指继承父亲赵奢封号的赵括。秦破马服君之师：指秦将白起在长平之战中坑杀赵括率领的四十万赵军。③邯郸：赵国都城，位于今河北邯郸市。④淄鼠：地名。赵邑，今地不详。⑤伊是；地名。赵邑，在今山西安泽东南。⑥公子无忌：指信陵君，战国时期魏国著名的军事家、政治家，魏昭王少子、魏安釐王的异母弟。循：行。循便计：采取变通的方法。⑦晋鄙：战国时期魏国将领。秦国攻打赵国，晋鄙奉命率军救赵，停留不进，信陵君魏无忌门客朱亥以铁锤击杀晋鄙，引兵救赵。

【译文】国子说："秦国打败马服君赵括率领的军队，包围邯郸城。齐国、魏国也帮助秦国进攻邯郸，齐国攻下淄鼠，魏国攻下伊是。魏国信陵君公子无忌为天下采取变通的方法，杀死魏将晋鄙，率领魏国军队解救邯郸之围。使秦国不能占领邯郸而且失去攻占天下的机会。这就是齐国支持魏国，使公子无忌救援邯郸的功劳。

安邑者，魏之柱国也[1]；晋阳者[2]，赵之柱国也；鄢郢者[3]，楚之柱国也。故三国欲与秦壤界[4]，秦伐魏取安邑，伐赵取晋阳，伐楚取鄢郢矣。逼三国之君，兼二周之地，举韩氏取其地，且天下之半。今又劫赵、魏，疏中国[5]，封卫之东野[6]，兼魏之河内[7]，绝赵之东阳[8]，则赵、魏亦危矣。赵、魏危，则非齐之利也。

【注释】①安邑：古代都邑名，在今山西运城市盐湖区。是战国时期魏国早期都城。柱国：国都。②晋阳：中国古代北方著名的大都会之一，故址在今山西省太原市晋源区。曾作为赵国都城。③鄢郢：春秋楚文王定都于郢，惠王之初曾迁都于鄢，仍号郢。因以“鄢郢”指楚都。泛指今湖北江陵、襄阳一带。④三国：魏、赵、楚三国。⑤中国：古代华夏族建国于黄河流域一带,以为居天下之中,故称中国。⑥封：割取。东野：东部地区。⑦河内：地区名，在今河南黄河以北。⑧东阳：地区名，赵地，今河北太行山以东地区。

【译文】安邑，是魏国的都城；晋阳，是赵国的都城；鄢郢，是楚国的都城。本来三国就和秦国接壤，秦国攻打魏国，就能夺取安邑，攻打赵国，就能夺取晋阳，攻打楚国，就能夺取鄢郢。逼迫魏、赵、楚三国的君主，兼并东西二周的土地，攻占韩国夺取它的国土，将要占有天下土地的一半。如今又胁迫赵国、魏国，疏远离间中原各国，割取卫国的东部地区，兼并魏国的河内，切断赵国的东阳，那么赵国、魏国也就危险了。赵国、魏国危险，那就不符合齐国的利益。

魏、赵、楚之志，恐秦兼天下而臣其君，故专兵一志以逆秦。三国之于秦壤界而患急，齐不与秦壤界而患缓，是以天下之势不得不事齐也。故秦得齐则权重于中国；赵、魏、楚得齐则足以敌秦。故秦、赵、魏得齐者重，失齐者轻。齐有此势，不能以重于天下者，何也？其用者过也！”

【译文】魏国、赵国、楚国的原意，是害怕秦国兼并天下而使它们的君主臣服，所以专意用兵抵抗秦兵。魏、赵、楚三国与秦国接壤祸患就急迫，齐国不与秦国接壤祸患就迟缓。因此天下大势，诸侯不得不事奉齐国。如果秦国获得齐国的支持，那么它的权势在就会超过中原各国；赵、魏、楚三国获得齐国的支持，那么就完全可以抵御秦国。所以秦国、赵国、魏国得到齐国的支持，就会处于优势，失掉齐国的支持就会处于劣势。齐国既然拥有大好形势，却不能在天下诸侯中处于优势，为什么呢？大概是君王的计策失误了。”

卷十一 齐策四

齐四·齐人有冯谖者

齐人有冯谖（xuān）[1]者，贫乏不能自存，使人属[2]孟尝君，愿寄食门下。孟尝君曰：“客何好？”曰：“客无好也。”曰：“客何能？”曰：“客无能也。”孟尝君笑而受之曰：“诺。”左右以君贱之也，食（sì）[3]以草具。

【注释】①冯谖：战国时期齐国人，孟尝君门下的食客，著名的战略家。②属：通“嘱”。嘱托，托付。③食：使……食；拿东西给人吃。

【译文】齐国有个叫冯谖的人，家境贫困，穷得都难以养活自己，就托人请求孟尝君，在他的门下当一名食客。孟尝君问：“客有什么爱好吗？”冯谖说：“没有。”孟尝君又问：“客有什么才能吗？”他说：“也没有。”孟尝君笑了笑回答道：“好吧。”孟尝君身边的人因为主人瞧不起冯谖，就拿些粗茶淡饭给他吃。

居有顷，倚柱弹其剑，歌曰：“长铗[1]归来乎！食无鱼。”左右以告。孟尝君曰：“食之，比门下之客。”居有顷，复弹其铗，歌曰："长铗归来乎！出无车。"左右皆笑之，以告。孟尝君曰："为之驾，比门下之车客。"于是乘其车，揭其剑，过其友曰："孟尝君客我。"后有顷，复弹其剑铗，歌曰："长铗归来乎！无以为家。"左右皆恶之，以为贪而不知足。孟尝君问："冯公有亲乎？"对曰："有老母。"孟尝君使人给其食用，无使乏。于是冯谖不复歌。

【注释】①铗：剑柄。

【译文】住了不久，冯谖就靠在柱子上，弹着自己的剑柄唱歌道："长剑啊，我们回去吧，吃饭没有鱼啊。"左右随从把这件事报告给孟尝君。孟尝君吩咐说："给他吃鱼吧，给他中等门客的待遇。"没过多久，冯谖又弹着他的剑，唱道："长剑呀，我们还是回去吧，出门没有车坐啊。"周围的人都嘲笑他，又告诉了孟尝君。孟尝君说："为他配车，让他享受乘车门客的待遇。"于是冯谖坐着车，举着剑，去拜访他的朋友说："孟尝君把我当门客对待。"就这样过了一段日子，冯谖再次弹着自己的剑柄，唱道："长剑呀，咱们回去吧，没有办法养家啊。"周围的人都厌恶他，认为他贪得无厌。孟尝君问道："冯先生有家属吗？"冯谖回答道："有个老母亲。"孟尝君就派人给他母亲送去吃的用的，不让他的母亲感到短缺。于是冯谖就再也不唱歌了。

后孟尝君出记[①]，问门下诸客："谁习计会，能为文收责（zhài）[②]于薛者乎？"冯谖署曰："能。"孟尝君怪之，曰："此谁也？"左右曰："乃歌夫'长铗归来'者也。"孟尝君笑曰："客果有能也，吾负之，未尝见也。”请而见之，谢曰：“文倦于事，愦[3]于忧，而性懧（nuò）[4]愚，沉于国家之事，开罪于先生。先生不羞，乃有意欲为收责于薛乎？”冯谖曰：“愿之。”于是约车治装，载券契而行，辞曰：“责毕收，以何市而反？”孟尝君曰：“视吾家所寡有者。”

【注释】①记：公告；布告。②责：古同“债”。③愦：昏乱；糊涂。④懧：通“懦”，懦弱。

【译文】后来，孟尝君出了文告，向门下的食客征询道：“请问有谁通晓账务会计，能为我到薛邑收债呢？”冯谖署上自己的名字说：“我能。”孟尝君感到很诧异，问道：“这个是人谁呀？”随从们就告诉他说：“就是那个唱‘长剑啊，我们回去吧’的人。”孟尝君笑道：“这位门客是真有才能啊，我真对不起他，还从来都没有接见过他呢。”于是就把冯谖请来，并道歉说：“我每日被各种琐事困扰得心身俱疲，愁得神昏意乱，我生来懦弱笨拙，只因政务缠身，以至于怠慢了先生。先生不怪我，愿意为我到薛邑收债吗？”冯谖说：“我愿意效劳。”于是孟尝君为他备好车马打点好行装，带上债券，准备出发。辞别时，冯谖问：“收完债后，买些什么回来呢？”孟尝君回答：“就买一些我家缺少的东西吧。”

驱而之薛，使吏召诸民当偿者悉来合[1]券。券遍合，起矫命，以责赐诸民，因烧其券，民称万岁。

【注释】①合：对；核对。

【译文】冯谖赶着马车来到薛地，派官吏把该还债的百姓都叫来核对债券，全部核对完毕后，冯谖站起来，假托孟尝君的命令，宣布免除所有百姓所欠的债务，并当众烧掉了那些券契文书，百姓感激得欢呼万岁。

长驱到齐，晨而求见。孟尝君怪其疾也，衣冠而见之，曰：“责毕收乎？来何疾也！”曰：“收毕矣。”“以何市而反？”冯谖曰：“君云‘视吾家所寡有者’。臣窃计，君宫中积珍宝，狗马实外厩①，美人充下陈②。君家所寡有者，以义耳！窃以为君市义。”孟尝君曰：“市义奈何？”曰：“今君有区区之薛，不拊③爱子其民，因而贾（gǔ）利④之。臣窃矫君命，以责赐诸民，因烧其券，民称万岁。乃臣所以为君市义也。”孟尝君不说，曰：“诺，先生休矣！”

【注释】①厩：泛指牲口棚。②下陈：堂下的庭院。③拊：抚慰；安慰。④贾利：得利、取利。

【译文】冯谖马不停蹄地返回齐国都城临淄，一大早就去拜见孟尝君。孟尝君对他回来得这么快感到很奇怪，穿戴好出来接见他，说：“债收完了吗？回来得好快啊！”冯谖答道：“都收完了。”“买了些什么回来？”冯谖说：“我想，您的宫中堆满了珠宝，犬马充满了整个牲口棚，美女站满了堂下的庭院。家中所缺少的只有仁义了，因此我就自作主张为您买了仁义回来。”孟尝君说：“买仁义是怎么一回事呢？”冯谖答道：“您的封地只有小小的薛邑，不但不好好爱抚那里的百姓，反而像商人一样在他们身上榨取利益。我就擅自假传您的命令，将所有的债款都赐给了百姓，并焚毁了所有的券契文书，百姓们都高呼万岁，这就是我替您买的仁义啊！”孟尝君听了很不高兴，说：“我知道了，先生下去休息吧！”

后期年，齐王[1]谓孟尝君曰：“寡人不敢以先王之臣为臣。”孟尝君就国于薛，未至百里，民扶老携幼，迎君道中。孟尝君顾谓冯谖曰：“先生所为文市义者，乃今日见之。”

【注释】①齐王：齐闵王。

【译文】一年以后，齐王对孟尝君说：“我不敢把先王的旧臣当做自己的臣下。”孟尝君只好回到自己的封地薛邑，在距离薛邑还有百里的时候，当地的百姓就扶老携幼，早已经在路旁迎接他了。孟尝君回头对冯谖说：“先生为我买的义，我今天算是看到了。”

冯谖曰：“狡兔有三窟，仅得免其死耳。今君有一窟，未得高枕而卧也。请为君复凿二窟。”孟尝君予车五十乘，金五百斤，西游于梁，谓梁王曰：“齐放其大臣孟尝君于诸侯，诸侯先迎之者，富而兵强。”于是梁王虚上位，以故相为上将军，遣使者，黄金千斤，车百乘，往聘孟尝君。冯谖先驱诫孟尝君曰：“千金，重币也；百乘，显使也。齐其闻之矣。”梁使三反，孟尝君固辞不往也。

【译文】冯谖说：“狡兔有三个洞穴，才仅仅能得以免掉一死而已。现如今您只有一个洞穴，还不能高枕无忧，我愿为您再凿两个洞穴。”孟尝君就给他五十辆车，五百斤黄金，派他向西去游说魏国，魏王说：“齐国把他的大臣孟尝君放逐到了国外，诸侯之中谁能先得到他，谁就能富国强兵。”于是魏王就空出相位，把原来的相国调任为上将军，派出使者，带着千斤黄金、百乘马车去聘请孟尝君。冯谖抢先赶回薛邑告诫孟尝君说：“千斤黄金是极为贵重的聘礼，百乘马车是极其显赫的使节，齐王应该会知道这件事了吧！”魏国使者往返了多次，孟尝君坚决推辞不肯去。

齐王闻之，君臣恐惧，遣太傅赍（jī）黄金千斤[①]，文车二驷[②]，服[③]剑一，封书谢孟尝君曰：“寡人不祥，被于宗庙之祟，沉于谄谀之臣，开罪于君，寡人不足为也。愿君顾先王之宗庙，姑反国统万人乎？”冯谖诫孟尝君曰：“愿请先王之祭器，立宗庙于薛。”庙成，还报孟尝君曰：“三窟已就，君姑高枕为乐矣。”

【注释】①太傅：职官名。三公之一，位次太师而在太保之上。职在辅助皇帝，使无过失。赍：给予；送给。②文车：彩绘马车。驷：四匹马拉的车。③服：佩带。

【译文】齐王听到消息后，君臣惶恐不安，派遣太傅带着一千斤黄金，两乘四马花车，宝剑一把，外附一封对孟尝君道歉的书信，信中说：“我很不幸，遭受祖宗降下的灾祸，被谄媚逢迎的臣子所迷惑，得罪了您，我不值得您辅佐。但请看在先王的面子上，还请回国来执掌政务，好吗？”冯谖劝孟尝君说：“希望求得先王的祭器，在薛邑建立宗庙。”宗庙建成后，冯谖回来报告孟尝君说：“我已经为您凿好了三个洞穴，您可以高枕无忧，安心过日子了。”

孟尝君为相数十年，无纤介[①]之祸者，冯谖之计也。

【注释】①纤介：细微。介，通“芥”，比喻微小。

【译文】孟尝君担任相国几十年，没有遭遇丝毫的祸患，全都靠冯谖的谋划啊！

齐四·孟尝君为从

孟尝君为从。公孙弘[①]谓孟尝君曰：“君不以使人先观秦王？意者秦王[②]帝王之主也，君恐不得为臣，奚暇从以难之？意者秦王不肖之主也，君从以难之，未晚。”孟尝君曰：“善，愿因请公往矣。”

【注释】①公孙弘：齐国人。②秦王：秦昭王。

【译文】孟尝君主张合纵政策。公孙弘对孟尝君说：“您为什么不派人先观察一下秦昭王？如果秦王是属于帝王那样英明的君主，您恐怕不够资格做他的臣下，哪有什么条件主张合纵来与他作对呢？如果秦王是一个平庸的君主，那时您再主张合纵与他作对，也为时不晚。”孟尝君说：“好，我愿意派您前去。”

公孙弘敬诺，以车十乘之秦。昭王闻之，而欲愧之以辞。公孙弘见，昭王曰：“薛公之地，大小几何？”公孙弘对曰：“百里。”昭王笑而曰：“寡人地数千里，犹未敢以有难也。今孟尝君之地方百里，而因欲难寡人，犹可乎？”公孙弘对曰：“孟尝君好

(hào)人[①]，大王不好人。”昭王曰：“孟尝君之好人也，奚如？”公孙弘曰：“义不臣乎天子，不友乎诸侯，得志不惭为人主，不得志不肯为人臣，如此者三人；而治可为管、商之师[②]，说义听行，能致其[③]如此者五人；万乘之严主也，辱其使者，退而自刎，必以其血污其衣，如臣者十人。”昭王笑而谢之，曰：“客胡为若此，寡人直与客论耳！寡人善孟尝君，欲客之必谕寡人之志也！”公孙弘曰：“敬诺。”

【注释】①好人：本意为喜欢；喜好。这里理解为尊重人才。②管、商：即管仲和商鞅。③能致其：此处后应该补充“主霸王”。

【译文】公孙弘答应后，率领十辆兵车到了秦国。秦昭王听说以后，就想对他说一些羞辱孟尝君的话，看看他有什么反应。公孙弘拜见秦昭王，秦昭王问，“薛公的地方有多大啊？”公孙弘回答说：“百里。”秦昭王笑着说：“我拥有数千里的土地，还不敢去为难别人。现如今孟尝君的封地不过百里，却想要与我为敌，这能办得到吗？”公孙弘回答说“孟尝君尊重人才，而大王不尊重人才。”昭王说：“孟尝君怎样尊重人才？”公孙弘说：“他们不愿意向所谓的天子称臣，也不愿意与诸侯们交朋友，得志的时候，做君主也当之无愧，不得志的时候，也不肯做别人的臣子，像这样做事的有三人；治理国家的才能可以做管仲、商鞅的老师，他们所主张的君主照办，能使他们的君主称王称霸，像这样的有五人；拥有万辆兵车的威严君主，如果侮辱了他的使者，使者将当场自杀，不惜血染衣裳，像我这样的有十人。”秦昭王笑着向公孙弘道歉，说：“您又何必这样呢，我只是跟您谈论问题而已！我很敬佩孟尝君，希望您一定把我的心意转告给孟尝君啊！”公孙弘说：“谨遵君命。”

公孙弘可谓不侵矣。昭王，大国也；孟尝，千乘[①]也。立千乘之义而不可陵，可谓足使矣。

【注释】①乘：古代一车四马为一乘。

【译文】公孙弘可称得上是不可侵犯的人了。秦昭王是大国的君主。孟尝君是千乘的公卿。公孙弘维护千乘的立场不受侵犯和侮辱，可以说是出色的使者了。

齐四·鲁仲连谓孟尝君曰

鲁仲连谓孟尝君曰：“君好士也？雍门子养椒亦[①]，阳得子养，饮食衣裘与之同之，皆得其死。今君之家富于二公，而士未有为君尽游者也。”君曰：“文不得是二人故也。使文得二人者，岂独不得尽！”对曰：“君之厩马百乘，无不被绣衣而食菽粟者，岂有骐驎、騄耳[②]哉？后宫十妃，皆衣缟纻（zhù）[③]，食梁肉，岂有毛嫱（qiáng）[④]、西施哉？色与马取于今之世，士何必待古哉！故曰君之好士未也。”

【注释】①雍门子：人名。雍门：齐都城门。椒亦：人名。②骐驎、騄耳：皆为良马的名字。③缟：素色的缯。纻：苎麻纤维织成的布。④毛嫱：春秋时期越国美女之一。

【译文】鲁仲连对孟尝君说：“您做到礼贤下士了吗？过去雍

门子供养椒亦，阳得子供养某某，吃饭和穿衣都和自己相同，他们也都愿意为雍门子和阳得子效死力。现如今您的家比雍门子和阳得子都富有，然而您身边的贤士，却没有愿意为您竭尽全力的。”孟尝君说：“那是因为我没有得到像椒亦那样的贤士啊。如果我得到像他们二位一样的贤士，怎么不能让他们为我竭尽全力呢！”鲁仲连回答说：“您马棚里有上百匹的马，他们都披着锦绣彩衣，吃的都是豆子、小米，难道它们都是骐麟，騄耳那样的良马吗？后宫的十个妃子，都穿着素丝、细麻的衣服，吃的都是美味佳肴，难道其中有像毛嫱、西施那样的美女吗？您的美女与骏马都是从当代选取的，而贤士为什么一定要用古代的呢！因此我说您并没有真正做到礼贤下士。”

齐四·孟尝君逐于齐而复反

孟尝君逐于齐而复反。谭拾子[①]迎之于境，谓孟尝君曰：“君得无有所怨齐士大夫？”孟尝君曰：“有。”“君满意杀之乎？”孟尝君曰：“然。”谭拾子曰：“事有必至，理有固然，君知之乎？”孟尝君曰：“不知。”谭拾子曰：“事之必至者，死也，理之固然者。富贵则就之；贫贱则去之。此事之必至，理之固然者。请以市谕。市，朝则满，夕则虚，非朝爱市而夕憎之也，求存故往，亡[②]故去。愿君勿怨。”孟尝君乃取所怨五百牒[③]削去之，不敢以为言。

【注释】①谭拾子：齐国人。②亡：通“无”。③牒：古代写字用的小而薄的木片和竹片。

【译文】孟尝君被驱逐出境，后来又返回。齐国人谭拾子到边境迎接他，对孟尝君说：“在齐国的士大夫中，有没有您心里所怨恨的人呢？”孟尝君说：“有的。”谭拾子说：“您要杀掉他们，才觉得满意吗？”孟尝君说：“是的。”谭拾子说：“事物总有它发展的必然结果，道理也有它发展的必然规律，您知道吗？”孟尝君说：“不知道。”谭拾子说：“事物有它发展的必然结果，人固有一死，这是必然的。人如果富贵了，自然有人亲近他；人如果贫穷低微，自然就有人远离他。这都是不变的道理。让我以集市来作比喻，早晨集市的人满满的，到晚上就空荡荡的没有人，这并不是人们早上喜欢集市，晚上就讨厌它，而是因为早晨集市有大家想要买的东西，所以大家都去了，到了晚上，要买的东西都没有了，所以就离开。希望您不要有怨恨别人的心。”于是孟尝君就把五百块小简上刻的仇人名字都削掉，不再提起这件事了。

齐四·齐宣王见颜斶曰

齐宣王见颜斶（chù）①，曰：“斶前！”斶亦曰：“王前！”宣王不悦。左右曰：“王，人君也。斶，人臣也。王曰斶前，斶亦曰王前，可乎？”斶对曰：“夫斶前为慕势，王前为趋士；与使斶为趋势，不如使王为趋士。”王忿然作色曰：“王者贵乎？士贵乎？”对曰：“士贵耳，王者不贵。”王曰：“有说乎？”斶曰：“有。昔者秦攻齐，令曰：‘有敢去柳下季②垄五十步而樵采者，罪死不赦。’令曰：‘有能得齐王头者，封万户侯，赐金千镒③。’由是观之，先王之头，曾不若死士之垄也。”王默然不悦。

【注释】①颜斶：齐国隐士。②柳下季：即柳下惠。是遵守中国传统道德的典范。③镒：古代重量单位，合古代的二十两（一说二十四两）。

【译文】齐宣王召见颜斶，说：“颜斶你到我跟前来。”颜斶说：“大王您到我跟前来。”齐宣王很不高兴。身边的大臣都责备颜斶说：“大王是一国之君，而你颜斶只是区区一个臣子，大王叫你上前，你也叫大王上前，这样怎么可以呢？”颜斶回答说：“如果我主动上前走向大王，那是贪慕权势，而大王主动走向我则是礼贤下士；与其让我仰慕权势，倒不如让大王礼贤下士。”齐宣王怒形于色，生气地说：“究竟是君王尊贵，还是士人尊贵？”颜斶回答说：“当然是士人尊贵，君王不尊贵。”齐王问：“您说这话有什么道理吗？”颜斶回答道：“有的。以前秦国攻打齐国的时候，曾下令：‘有谁敢在柳下惠坟墓周围五十步内打柴的，一律处死，决不赦免！’另外又下令说：‘谁能取得齐王的首级，就封他万户侯，赏以千金。’由此看来，活国君的头颅，比不上死去贤士的坟墓。”宣王不说话，内心极不高兴。

左右皆曰：“斶来，斶来！大王据千乘之地，而建千石钟、万石簴（jù）[①]。天下仁义之士，皆来役处；辩知并进，莫不来语；东西南北，莫敢不服。求万物不备具，而百无不亲附。今夫士之高者乃称匹夫，徒步而处农亩；下则鄙野监门闾里[②]，士之贱也亦甚矣！”

【注释】①簴：古代挂钟磬的架子。②鄙：小邑。野：郊外。监门：守门的小吏。闾里：古代的一种居民组织单位，有二十五户人家。

【译文】宣王左右的侍臣都同声说："颜斶您过来，颜斶您过来！大王是拥有千乘大国的国君，并且拥有千斤重的钟和万石重的钟架。天下的仁义之士都争相投奔效劳；那些雄辩的睿智策士都纷纷前来，向大王进言献策；四海之内，没有敢不敬服大王的。大王想要的万物齐备，百姓亲附。而现如今士人之中境况最好的，其身份也不过是普通民众，每天步行到田地进行耕作；境况比较差的士人，只能住在鄙陋穷僻之处，看守深巷里的大门，士人的地位实在是太低贱了！"

斶对曰："不然。斶闻古大禹之时，诸侯万国。何则？德厚之道，得贵士之力也。故舜起农亩，出于野鄙而为天子。及汤之时，诸侯三千。当今之世，南面称寡者乃二十四。由此观之，非得失之策与！稍稍诛灭，灭亡无族之时，欲为监门闾里，安可得而有乎哉！

【译文】颜斶说："这话不对。我听说上古大禹当政的时候，天下共有上万个诸侯国。为什么会有这么多诸侯国呢？因为那个时候道德淳厚，得力于重用士人啊。所以，虞舜原来只是一个农民，出身于穷乡僻壤，最终却做了天子。到商汤的时候，诸侯国还剩三千。时至今日，面向南方，只剩下二十四个诸侯国。从诸侯国的多寡上看，不正是因为得士则兴，失士则亡吗！当诸侯逐渐被削弱，最后国家破败的时候，即使想去为人看守里巷，又怎么能办到呢！

“是故《易传》不云乎：‘居上位未得其实，以喜其为名者，必以骄奢为行。据慢骄奢，则凶从之。’是故无其实而喜其名者削，无德而望其福者约，无功而受其禄者辱，祸必握[①]。故曰：‘矜功不立，虚愿不至。’此皆幸乐其名，华而无其实德者也。

【注释】①握：通“渥”，重。

【译文】“《易传》中不是这样讲过吗，身居高位而德行不具足，只是一味地用虚名来标榜自己的人，行为必然骄奢傲慢，而骄奢傲慢必然招致祸患。所以说不切实际而沽名钓誉的就会被削弱，没有德行却妄求福禄的就要困窘，没有功劳却白白接受俸禄的会被人看不起，深重的祸患也随之而来。所以说，‘居功自傲不能成就功名，只是空想无法表达目的。’这些都是针对那些陶醉于虚名，而没有实际德行的人啊。

“是以尧有九佐，舜有七友，禹有五丞，汤有三辅，自古及今，而能虚成名于天下者，无有。是以君王无羞亟[①]问，不愧下学。是故成其道德而扬功名于后世者，尧、舜、禹、汤、周文王是也。

【注释】①亟：屡次。

【译文】“所以尧有九个佐官，舜有七位挚友，禹有五位助手，汤有三位辅臣，从古至今，不实干、不依靠必要的帮助就能扬名天下的人，还没有出现呢。因此，君主不应该羞于多向别人请教，不应该羞于向地位低微的人学习。这样一来，使得自己的德行完善，并因此扬名于后世，就是尧、舜、禹、汤、周文王这样的人。

“故曰：‘无形者，形之君也；无端者，事之本也。’夫上见其原，下通其流，至圣人明学，何不吉之有哉！《老子》曰：‘虽贵，必以贱为本；虽高，必以下为基。’是以侯王称孤、寡、不穀（gǔ），是其贱之本与？夫孤寡者，人之困贱下位也，而侯王以自谓，岂非下人而尊贵士与？夫尧传舜，舜传禹，周成王任周公旦，而世世称曰明主，是以明乎士之贵也。”

【译文】“所以说：‘无形的东西，是有形东西的主宰；没有端绪的东西，才是万物发展的开端’若上能溯知事物本源，下通事物的演变，道德高尚而睿智多才，还有什么不顺利的呢！《老子》上说：‘纵然尊贵，必以贱为本；虽然高尚，必以低下为基础。’所以诸侯、国君皆自称为“孤”、“寡”、“不穀”，这大概是以卑贱为本吧。孤、寡指的是地位卑微的人，可是君王却用以自称，难道不是谦居人下而尊重士人的表现吗？尧传位给舜，舜传位给禹，周成王重用周公旦，之后世世代代都称他们是贤明的君主，就是因为他们尊重贤士啊。”

宣王曰：“嗟乎！君子焉可侮哉，寡人自取病耳！及今闻君子之言，乃今闻细人之行，愿请受为弟子。且颜先生与寡人游，食必太牢①，出必乘车，妻子衣服丽都。”

【注释】①太牢：牛、羊、猪三牲全备。

【译文】齐宣王叹道：“唉！怎么能够随便侮辱君子呢，我真是自讨没趣啊！直到今天，听到君子的高论，才明白什么是小人行径。我愿意做先生的弟子。如果先生愿意与我交往，我一定让您吃的是牛、羊、猪肉，出行必定乘坐车辆，妻子儿女也都穿上华丽的衣服。”

颜斶辞去曰：“夫玉生于山，制则破焉，非弗宝贵矣，然大璞[①]不完。士生乎鄙野，推选则禄焉，非不得尊遂也，然而形神不全。斶愿得归，晚食以当肉，安步以当车，无罪以当贵，清静贞正以自虞[②]。制言者王也，尽忠直言者斶也。言要道已备矣，愿得赐归，安行而反臣之邑屋。”则再拜而辞去也。斶知足矣，归反于璞，则终身不辱也。

【注释】①璞：含有玉的石头或未雕琢过的玉。②虞：古同“娱”，快乐。

【译文】颜斶辞谢说：“璞玉产于深山里，一经琢磨，就会破坏它的原有面貌，不是说它不再宝贵，只是璞玉的原貌已经面目全非了。士大夫本来就生在民间，受到提拔就能得到俸禄，这并不是不尊贵显达，但他的精神和身体就会受到损害。我情愿回家，晚一点吃饭，如同吃肉一样；缓行慢步，完全可以当作坐车；没有犯过什么过错，权当尊贵；清静无为，保持节操，自得其乐。裁决我意见的是大王您，秉忠直谏的是我颜斶。该说的道理，我已经说得十分详细了，希望大王予以赐归，让我回到自己故乡的小屋吧。”于是他拜了两拜，就告辞离去了。颜斶的确是知足的人，保持本色，那么就能终身不受屈辱了。

齐四·先生王斗造门而欲见齐宣王

先生王斗[①]造门而欲见齐宣王，宣王使谒者[②]延入。王斗曰："斗趋见王为好势，王趋见斗为好士，于王何如？"使者复还报。王曰："先生徐之，寡人请从。"宣王因趋而迎之于门，与入，曰："寡人奉先君之宗庙，守社稷，闻先生直言正谏不讳。"王斗对曰："王闻之过。斗生于乱世，事乱君，焉敢直言正谏？"宣王忿然作色，不说。

【注释】①王斗：齐国人。②谒者：通报与接待宾客的近侍。

【译文】先生王斗登门拜访，求见齐宣王。齐宣王吩咐谒者请王斗进来。王斗说："我赶上前去见大王是爱慕权势，而大王主动迎接我是礼贤下士，大王预备怎么办？"谒者回报王斗的话。齐宣王说："先生稍等，我亲自来迎接！"于是齐宣王快步前去迎接王斗，与他一起入宫。齐宣王说："我继承先王的大业，治理国家，听说先生能直言进谏，毫不忌讳。"王斗回答说："大王听错了，我生于乱世，又侍奉昏君，怎么能直言进谏？"齐宣王听后，满脸怒气，很不高兴。

有间，王斗曰："昔先君桓公所好者五，九合诸侯，一匡天下，天子受籍[①]，立为大伯[②]。今王有四焉。"宣王说，曰："寡人愚陋，守齐国，唯恐失抎（yǔn）[③]之，焉能有四焉？"斗曰："否。先君好马，王亦好马；先君好狗，王亦好狗；先君好酒，王亦好酒；先君好色，王亦好色；先君好士，是王不好士。"宣王曰：

“当今之世无士，寡人何好？”王斗曰：“世无骐骥騄耳，王驷已备矣；世无卢氏[④]之狗，王之走狗已具矣；世无毛嫱、西施，王宫已充矣。王亦不好士也，何患无士？”

【注释】①籍：通“阼”，侯伯之位。②大伯：春秋时诸侯的盟主，伯又作“霸”。③抎：失掉。④卢氏：即韩卢，韩国的良犬。

【译文】过了一会儿，王斗说：“从前先君齐桓公有五样爱好，后来他九合诸侯，匡正天下，天子赐给侯伯的爵位，承认他为诸侯的领袖。现在大王有四种爱好与先王相同。”齐宣王高兴了，问：“我愚蠢浅薄，治国安邦，还担心有什么过失，又怎会有与先王相同的四样爱好呢？”王斗说：“不。先王好马，王也好马；先王好狗，王也好狗；先王好酒，王也好酒；先王好色，王也好色；先王好贤士，王却不是那样。”宣王说：“这世上没有贤士，我如何喜爱他们呢？”王斗说：“当世没有骐骥、騄耳这样的良马以及卢氏那样的良犬，可是大王的马匹、猎狗已经够多了；世上没有毛嫱、西施那样的佳丽，可是大王的后宫之中已经充满了美女。大王只是不能礼贤下士而已，怎么发愁当世没有贤士呢？”

王曰：“寡人忧国爱民，故愿得士以治之。”王斗曰：“王之忧国爱民，不若王爱尺縠（hú）[①]也。”王曰：“何谓也？”王斗曰：“王使人为冠，不使左右便（pián）辟[②]而使工者，何也？为能之也。今王治齐，非左右便辟无使也，臣故曰不如爱尺縠也。”宣王谢曰：“寡人有罪国家。”于是举士五人任官，齐国大治。

【注释】①縠：绉纱一类的丝织品。②便辟：受宠幸的亲近小臣。

【译文】齐宣王说："我忧国忧民，本来就希望聘得贤士来帮助我共同治理国家。"王斗说："大王的忧国忧民远不如爱惜一尺绉纱。"齐宣王问道："这是什么意思？"王斗回答说："大王叫人做帽子，不让身边的人去做，而另请能工巧匠，为什么？是因为他们会做帽子。可是现在大王治理齐国，非亲不用，所以我说在大王心中，忧国忧民不如爱惜一尺绉纱啊。"齐宣王谢罪道："我对不住国家啊。"于是，选拔五位贤士，让他们担任要职，从此齐国治理的非常好。

齐四·齐王使使者问赵威后

齐王[1]使使者问赵威后，书未发，威后问使者曰："岁亦无恙耶？民亦无恙耶？王亦无恙耶？"使者不说，曰："臣奉使使威后，今不问王而先问岁与民，岂先贱而后尊贵者乎？"威后曰："不然。苟无岁，何以有民？苟无民，何以有君？故有舍本而问末者耶？"

【注释】①齐王：齐襄王。

【译文】齐王派使者去问候赵威后，书信还没有打开，赵威后就问使者："今年收成不错吧？百姓安乐吗？大王无恙吧？"使者听了有点不高兴，说："我奉大王之命向太后问好，而您不先问我们大王却打听年成和百姓的状况，难道可以把卑贱放在前面而把尊贵放在后面吗？"赵威后说："话不能这样说。如果没有年成，百姓靠什么生活？如果没有百姓，怎么有国君呢？岂能抛开根本而先问枝节呢？”

乃进而问之曰：“齐有处士曰钟离子，无恙耶？是其为人也，有粮者亦食（sì）[1]，无粮者亦食；有衣者亦衣[2]，无衣者亦衣。是助王养其民者也，何以至今不业也？叶阳子无恙乎？是其为人，哀鳏寡，恤孤独，振困穷，补不足。是助王息其民者也，何以至今不业也？北宫之女婴兒子无恙耶？彻其环瑱（zhèn）[3]，至老不嫁，以养父母，是皆率民而出于孝情者也，胡为至今不朝也？此二士弗业，一女不朝，何以王齐国，子万民乎？於（wū）陵子仲[4]尚存乎？是其为人也，上不臣于王，下不治其家，中不索交诸侯。此率民而出于无用者，何为至今不杀乎？”

【注释】①食：使……食；拿东西给人吃。②衣：第一个“衣”为名词，衣服。第二个“衣”为动词，为（给）…穿上。③彻：通“撤”。去掉；拿掉。环瑱：妇女的首饰。④於陵子仲：齐国的隐士。於陵：齐邑。位于今山东邹平县南。

【译文】于是赵威后接着又问：“齐国有个名叫钟离子的隐士，他还好吧？他的为人，无论有粮食还是没粮食的，他都给他们饭吃；无论有衣服还是没有衣服的，他都给他们衣服穿。这是个帮助君王养活百姓的人，为何至今没有给他一个官职？叶阳子还好吗？他的为人，怜恤鳏寡孤独，救济穷困不足的人，这是帮助大王使百姓安宁的人，为何至今还不让他出来建功立业呢？北宫家的女儿婴兒子还好吗？她摘去首饰，至今不嫁，为的是奉养双亲，用孝道为百姓作出表率，为何至今不让他朝见君王呢？这两位隐士不能为国效力，一位孝女不被接见，齐王靠什么治理国家、抚恤万民呢？於陵子仲还活着吗？他的为人，在上不向君王称臣，在下不去治理家业，又不和诸侯交往，这是在引导百姓无所事事，为什么至今还不杀掉他呢？”

齐四·齐人见田骈曰

齐人见田骈[①]曰："闻先生高议，设为不宦，而愿为役。"田骈曰："子何闻之？"对曰："臣闻之邻人之女。"田骈曰："何谓也？"对曰："臣邻人之女，设为不嫁，行年三十而有七子，不嫁则不嫁，然嫁过毕矣。今先生设为不宦，訾(zī)养千钟[②]，徒百人，不宦则然矣，而富过毕也。"田子辞。

【注释】①田骈：战国时期齐国人，先秦天下十豪之一，著名的思想家、教育家。②訾：资。钟：六斛四斗为一钟。

【译文】有个齐国人去见田骈说："听说先生高谈阔论，不愿意入仕途为官，我愿意听您差遣。"田骈问："您从哪里听来的？"那人答道："从邻家女儿那里听来的。"田骈问："您说这些是什么意思？"那人说："我邻家的女儿立志不嫁，可到了三十岁却有七个儿子，说是不嫁吧，却远远超过了出嫁的。现如今先生说是不仕，却有千钟的供养，仆役百人，不做官倒是不错，可富足的生活远远超过了做官的人啊！"田骈辞谢。

齐四·管燕得罪齐王

管燕得罪齐王[①]，谓其左右曰："子孰而与我赴诸侯乎？"左右嘿（mò）[②]然莫对。管燕连然[③]流涕曰："悲夫！士何其易得而难用也！"田需对曰："士三食不得餍（yàn）[④]，而君鹅鹜[⑤]有余食；下宫糅罗纨[⑥]，曳绮縠（hú）[⑦]，而士不得以为缘[⑧]。且财者君之所轻，死者士之所重，君不肯以所轻与士，而责士以所重事君，非士易得而难用也。"

【注释】①管燕：战国时期齐国人。齐王：齐宣王。②嘿：同"默"。③连然：不停泪流的样子。连：通"涟"。④餍：饱。⑤鹜：鸭子。⑥下宫：后宫。糅：杂。罗：织得稀疏而轻软的丝织品。纨：很细密的白色丝织品。⑦绮縠：有花纹的丝织品。⑧缘：衣边，衣边的装饰。

【译文】管燕得罪了齐王，他对身边的人说："你们有谁愿意和我去投奔其它诸侯呢？"左右的人默不作声没有一人回答。管燕伤心地流着泪说："可悲呀！士人为什么那样容易得到，而却这样难以任用啊！"田需回答说："士人在您这一天三顿饭都不能吃饱，可是您养鹅、鸭的饲料却吃不完；您家里的仆妾穿着各种绫罗素绢，可是士人想用它们做个衣服的花边都不行。而且财物是您所轻视的东西，死亡却是士人所重视的，您不肯把所轻视的财物送给士人，却要求士人为您效死力，这决不是士人容易得到却难以任用啊。"

齐四·苏秦自燕之齐

苏秦自燕之齐，见于华章南门[①]。齐王[②]曰："谆！子之来也。秦使魏冉致帝，子以为何如？"对曰："王之问臣也卒[③]，而患之所从生者微。今不听，是恨秦也；听之，是恨天下也。不如听之以卒秦，勿庸称也以为天下。秦称之，天下听之，王亦称之，先后之事，帝名为无伤也。秦称之，而天下不听，王因勿称，以收天下，此大资也！"

【注释】①华章：齐国的宫门名。②齐王：齐闵王。

【译文】苏秦从燕回来到齐国，齐王在华章南门迎接他。齐王说："啊！您来的正好。秦国派魏冉送来帝号，您认为怎么样？"苏秦回答说："大王提出这个问题很突然，但是灾祸的产生总是隐微到让人难以察觉。现在如果不同意秦国的要求，就会使秦国憎恨我们；如果同意了秦国，就要受到天下各国的憎恨。不如口头上同意以应付秦国，但又不用称帝以应付诸侯。如果秦王称帝，各国又都听从，大王也就称帝，虽然时间有早晚，可是对于称帝的事并没有妨碍。如果秦王称帝，引来天下诸侯的不满，大王就不称帝，以获取各国的好感，这可是很大的凭借啊！"

齐四·苏秦谓齐王曰

苏秦谓齐王曰："齐、秦立为两帝[①]，王以天下为尊秦乎？且尊齐乎？”王曰：“尊秦。”“释帝则天下爱齐乎？且爱秦乎？”王曰：“爱齐而憎秦。”“两帝立，约伐赵，孰与伐宋之利也？”王曰：“伐宋利。”对曰：“夫约然[2]与秦为帝，而天下独尊秦而轻齐；齐释帝，则天下爱齐而憎秦；伐赵不如伐宋之利。故臣愿王明释帝，以就天下；倍约傧[3]秦，勿使争重；而王以其间举宋。夫有宋则卫之阳城[4]危；有淮北则楚之东国危；有济西则赵之河东危；有阴、平陆[5]则梁门不启。故释帝而贰之以伐宋之事，则国重而名尊，燕、楚以形服，天下不敢不听，此汤、武之举也！敬秦以为名，而后使天下憎之，此所谓以卑易尊者也！愿王之熟虑之也！”

【注释】①两帝：齐称东帝，秦称西帝。②约然：此处“然”字应该移至下句“而”字前。③傧：通“摈”。排斥，抛弃。④阳城：位于今河南濮阳。⑤阴：位于今山东定陶西北。平陆：位于今山东汶上北。

【译文】苏秦对齐王说：“现在齐国和秦国都已称帝，大王认为天下尊重秦国？还是尊重齐国？”齐王说：“尊重秦国。”苏秦说：“那么天下各国是亲近齐国？还是亲近秦国？”齐王说：“亲近齐国而憎恨秦国。”苏秦说：“齐、秦两国称帝相约讨伐赵国，那与讨伐宋国比，哪个有利呢？”齐王说：“讨伐宋国更为有利。”苏秦说：“现在齐国与秦国共同称帝，天下各国却尊重秦国而轻视齐国；如果齐国放弃帝号，那么天下各国就会亲近齐国而憎恨秦国；讨伐赵国显然不如讨伐宋国更有利。所以我希望大王公开放弃帝号，让天下诸侯都亲近齐国；解除盟约，排斥秦国，不与秦国争雄；大王可以趁此机会一举歼灭宋国。一旦占据了宋国，那么卫国的阳城就危险了；占据了淮水，楚国的东部地区就危险了。占有了济西的土地，那么赵国的河东就危险了；占有了阴地、平陆，那么魏国只能闭关防守了。因此，我们放弃帝号，背弃与秦国的盟约，以进攻宋国，那么齐国就会名声尊贵。燕国、楚国都会畏服齐国，天下诸侯都不敢不听从齐国的指挥，这是商汤、周武王的伟业啊！以尊重秦国为名，然后使天下各国憎恨秦国，这就是所说的用卑微换取各国尊重的办法啊！希望大王仔细考虑吧！”

扫码听谦德
君为您导读

卷十二 齐策五

齐五·苏秦说齐闵王曰

苏秦说齐闵王曰："臣闻用兵而喜先天下者忧，约结而喜主怨者孤。夫后起者藉也，而远怨者时也。是以圣人从事，必藉于权，而务兴于时。夫权藉者，万物之率也；而时势者，百事之长也。故无权藉，倍时势，而能事成者寡矣。

【译文】苏秦游说齐闵王说："臣听说在用兵上率先挑起战争的人，必定会后患无穷，而不顾别国怨恨，带头缔结盟约去攻打他国，导致众怨所归的，最终必会陷于孤立无援的境地。后发制人就可以有所凭借，掌握时机就可以远离仇怨。因此圣人做事，无不顺势而为，借机而动。借助形势，是统率万物的关键；倚重天时，则是成功的首要条件。因此，不懂得借势顺天的道理，违背时势去行事，能成就大事的机会实在是少之又少。

"今虽干将、莫邪，非得人力，则不能割刿（guì）[1]矣；坚箭利金，不得弦机之利，则不能远杀矣。矢非不铦（xiān）[2]，而剑非不利也，何则？权藉不在焉。何以知其然也？

【注释】①刿：刺伤。②铦：锋利。

【译文】“即使有干将、莫邪这样有名的宝剑，如果不施以人力去使用它，也不能割破、刺伤任何东西；即使再坚硬的箭矢，如果不能借助弓弩来发射它，也不能杀伤远处的敌人。箭不是不锐利，而剑也不是不锋利，那是为什么呢？只是由于无所凭借的缘故。为什么知道是这样呢？

“昔者赵氏袭卫，车不舍人不休，傅卫国，城刚平[1]。卫八门土[2]而二门堕矣，此亡国之形也。卫君跣（xiǎn）[3]行告溯于魏，魏王身被甲底剑[4]，挑赵索战，邯郸之中骜[5]，河、山[6]之间乱。卫得是藉也，亦收余甲而北面，残刚平，堕中牟[7]之郭。卫非强于赵也，譬之卫矢而魏弦机也，藉力魏而有河东之地。赵氏惧，楚人救赵而伐魏，战于州西，出梁门，军舍林中，马饮于大河。赵得是藉也，亦袭魏之河北，烧棘蒲[8]，队黄城[9]。故刚平之残也，中牟之堕也，黄城之坠也，棘蒲之烧也，此皆非赵、魏之欲也，然二国劝行之者，何也？卫明于时权之藉也。

【注释】①刚平：卫邑，位于今河南省清丰西南。②土：通“杜”，堵塞、阻塞。③跣：光着脚，不穿鞋袜。④被：披。底：通“砥”，磨砺。⑤骜：通“骛”，奔驰，疾驰。⑥山：指太行山。⑦中牟：赵都，位于今河南省鹤壁西。⑧棘蒲：魏邑，位于今河北省赵县。⑨队：同“堕”，毁坏。

黄城：魏邑，位于今河南省内黄西北。

【译文】“从前赵国袭击卫国，车不停歇，人不休息，逼近了卫国都城，在刚平（卫地）筑城。当时卫都有八个城门都被堵塞，另外两个城门被摧毁，亡国之象迫在眉睫。卫国国君在这种紧急情况下，光着脚丫跑向魏国去求援，魏王亲自披挂上阵，领兵出征向赵国挑战，邯郸城中一片大乱，黄河与太行山之间也乱成一团，不可收拾。卫国乘机重整旗鼓，收拾残兵，向北攻赵，攻破了刚平，毁坏了赵邑中牟的外城。卫国并非比赵国强大，假如把卫国比作一支利箭，魏国就好比劲弩强弓，它是借助魏国的力量，才占有了赵国的河东之地。这时赵国非常恐惧，楚国救赵而伐魏，双方在州西开战，楚兵穿过魏都大梁城门，驻军林中而饮马黄河。赵国得到楚国的援助，借助楚国之力也去攻打魏国河北之地，纵火焚烧棘蒲，进而夺取黄城。所以，毁刚平、破中牟、陷黄城、焚棘蒲，这并非是赵国、魏国的初衷，然而当初他们都要竭尽全力去做，这是为什么呢？这是因为卫国善于利用时机和掌握权变的缘故。

“今世之为国者不然矣。兵弱而好敌强，国罢而好众怨，事败而好鞠之，兵弱而憎下人，地狭而好敌大，事败而好长诈。行此六者而求伯，则远矣。

【译文】“如今治理国家的君王却不是这样。自己军队弱小，却偏偏喜好挑斗强敌；国家疲惫，却偏要招惹众怒；失败已成定局，却仍然一意孤行；兵弱又没有一定实力，却不愿意屈居人下；自己地狭国小，却偏偏愿与大国为敌；事情失败了，却偏偏不改伪诈之心。

犯下这六种错误，还妄想成为霸主，建立霸业，那是离霸业越来越远了。

“臣闻善为国者，顺民之意，而料兵之能，然后从于天下。故约不为人主怨，伐不为人挫强。如此，则兵不费，权不轻，地可广，欲可成也。

【译文】“臣听说善于治理国家的君主，要顺应民意，善于正确估计自己兵力的强弱，然后才能联合其它诸侯国实现自己的理想抱负。所以缔约时不会成为众怨所归，出兵时不替他国去抵抗强敌。这样，就能保全自己的兵力不被消耗，地位也不会被降低，而且能够拓展疆土，愿望也可以实现。

“昔者，齐之与韩、魏伐秦、楚也，战非甚疾也，分地又非多韩、魏也，然而天下独归咎于齐者，何也？以其为韩、魏主怨也。且天下遍用兵矣，齐、燕战而赵氏兼中山；秦、楚战韩、魏不休而宋、赵专用其兵。此十国者，皆以相敌为意，而独举心于齐者，何也？约而好主怨，伐而好挫强也。

【译文】“以前，齐国联合韩、魏两国共同讨伐秦、楚二国，齐国作战并不是不卖力，然而分得的土地又不多于韩、魏两国，可是天下诸侯却将战争只归咎于齐国，这是为什么呢？这是因为齐国率先倡导讨伐秦、楚，触犯众怒，使诸侯把对韩、魏两国的怨恨都转移到齐国身上的缘故。而且那时诸侯都在用兵，天下正烽烟四起，齐燕争斗，又有赵国乘机图谋中山；秦、楚与韩、魏不断交战，而宋、赵两国也专事攻伐。这十个国家，都在相互敌对，勾心斗角，互相争夺，然而天下却只把怨恨指向齐国，这又是为什么呢？这是因为在缔结盟约时齐国总是喜欢站在领袖的位置而招来众怨，出兵交战时又喜欢攻打强敌的缘故。

“且夫强大之祸，常以王人为意也；夫弱小之殃，常以谋人为利也。是以大国危，小国灭也。大国之计，莫若后起而重伐不义。夫后起之籍，与多而兵劲，则是以众强适[1]罢寡也，兵必立也。事不塞天下之心，则利必附矣。大国行此，则名号不攘而至，伯王不为而立矣。

【注释】①适：通“敌”。

【译文】“再说，强大的国家之所以招致祸患，往往是因为它常想凌驾于诸侯之上；而弱小的国家遭受灾殃，常常是由于它想算计别的国家而想取得好处。所以，强国不免因此而遭致危险，弱小的国家则不免因此而覆灭。大国的策略，不如后发制人，坚决讨伐那些不讲道义的国家。后发制人能有所倚恃，盟国多而兵力又强，这就形成众多强国汇集一起来对付疲弊弱小国家的有利局面，战争必能取得胜利。做事合乎公道，不违背诸侯的心意，就能获取利益。强国依此而为，威名、尊号自然不争而自来，霸业不用刻意争取也能自然而成了。

“小国之情，莫如谨静而寡信诸侯。谨静，则四邻不反；寡信诸侯，则天下不卖。外不卖，内不反，则蓄积朽腐而不用，币帛槁蠹而不服矣。小国道此，则不祠而福矣，不贷而见足矣。故曰：'祖仁者王，立义者伯，用兵穷者亡。'何以知其然也？

【译文】"至于小国最好的策略莫过于谨慎小心从事，不轻信诸侯。谨慎小心，则四邻之国就没有借口背叛而寻仇侵扰；不轻信，就不会被诸侯欺骗、出卖，成为牺牲品。在外不被欺骗、出卖，在内没有背叛、争斗，就可远离祸患，使国家蓄积的粮食腐坏了都吃不完，丝绸被虫蛀了都用不尽。小国若能如此，那么不用祈祷就能得福，无须借贷自能用度充足。所以说：'施行仁政可以称王，树立德义可以称霸，而穷兵黩武必然会招致灭亡。为什么知道是这样呢？

"昔吴王夫差以强大为天下先，袭郢而栖越，身从诸侯之君，而卒身死国亡，为天下戮者，何也？此夫差平居而谋王，强大而喜先天下之祸也。昔者莱、莒好谋，陈、蔡好诈，莒恃晋而灭，蔡恃越而亡，此皆内长诈，外信诸侯之殃也。由此观之，则强弱大小之祸，可见于前事矣。

【译文】"过去吴王夫差倚仗国力强盛，率领诸侯征战四方，攻打楚国，拘禁越王，以君临天下之势对诸侯发号施令，最后却落得身死国亡的下场，为天下诸侯所耻笑，为什么会这样呢？原因在于夫差平时总是好居人上，想成为天下之主，倚仗国力强盛而喜欢率先挑起战争，从而招致祸患。从前莱、莒两国喜欢用阴谋，而陈、蔡两国则爱用诈术，结果，莒国因倚仗晋国而被齐所灭，蔡国因倚仗晋国而被楚国灭亡。这些都是对内实行诈术，对外轻信诸侯所招来的横祸。由此看来，国家无论强弱大小，都有各自的祸患，前车之鉴，从历史的事实就可以得到印证。

“语曰：‘麒骥之衰也，驽马先之；孟贲[1]之倦也，女子胜之。’夫驽马、女子筋骨力劲非贤于麒骥、孟贲也。何则？后起之藉也。今天下之相与也不并灭，有而案兵而后起，寄怨而诛不直，微用兵而寄于义，则亡天下可跼（jú）足[2]而须也。明于诸侯之故，察于地形之理者，不约亲，不相质而固，不趋而疾，众事而不反，交割而不相憎，俱强而加以亲。何则？形同忧而兵趋利也。何以知其然也？

【注释】①孟贲：秦武王时的勇士，力大无穷。②跼足：举足，提足。

【译文】“常言道：‘千里马一旦衰老了，劣马也会跑到它的前面；大力士孟贲一旦力乏，女子也可以打胜他。’劣马、女子的筋骨劲力，远远没有千里马和勇士孟贲强，为什么会胜过他们呢？这是因为后发制人，就会有所凭借。如今，天下诸侯相互对峙，谁也不能消灭对方，如果哪个国家能按兵不动而后发制人，同时善于把仇怨转嫁给他国，讨伐不义的国家，隐藏用兵的真正意图，假借正义之名以讨伐无道的国家，那么兼并诸侯取得天下就指日可待了。熟悉诸侯的国情，明了天下的地理形势，不用结盟，无需互相扣留人质，国与国的关系会更牢固，不急于冒进，事情不会出现反复无常，反而会进展的更为顺利，一起处事能共同坚守承诺，一起受害而不互相埋怨憎恨，彼此国势都很强大，却越发亲近。如何能做到这样呢？在于他们有共同遭遇的忧患形势，而用兵的利害关系也一致的缘故。怎么知道是这样呢？

“昔者齐、燕战于桓[1]之曲，燕不胜，十万之众尽。胡人袭燕楼烦数县[2]，取其牛马。夫胡之与齐非素亲也，而用兵又非约质而谋燕也，然而甚于相趋者，何也？形同忧而兵趋利也。由此观之，约于同形则利长，后起则诸侯可趋役也。

【注释】①桓：地名，即权。位于今河北省正安北。②楼烦数县：指楼烦族的居住地，位于今山西省宁武附近。

【译文】“从前，齐、燕两国在权地交战，燕国失败，十万大军均被消灭。胡人乘势袭击燕国楼烦等地，掠夺牛马。胡人与齐国，平素互不相亲，又没有订立攻燕盟约，然而却竭力配合齐国，这是为什么呢？就是因为他们在形势上忧患相同、在用兵上利害相关的缘故。由此可见，形势相同的国家互相联合起来，就可以最大程度地获取长远利益，后发制人可使诸侯归附并听任驱使支配。

“故明主察相诚欲以伯王为志，则战攻非所先。战者，国之残也，而都县之费也，残费已先，而能从诸侯者寡矣。彼战之为残也，士闻战则输私财而富军市，输饮食而待死士，令折辕而炊之，杀牛而觞士，则是路[1]军之道也。中人祷祝，君翳酿[2]，通都小县置社，有市之邑莫不止事而奉王，则此虚中之计也。

【注释】①路：通“露”，衰败。②翳：掩埋。酿：祭祀。

【译文】“所以，贤明的君主和有远见卓识的相国，假如有致力于完成王、霸之业的志向，就不要把使用武力摆在第一位。战争，既耗损国力，祸害国家，又让都邑消耗大的财力，滋扰民生。国家的元气遭到损耗，还有能力号令诸侯的，实在是太少了。战争给国家带来的损耗、祸患是显而易见的，士人听说将有战事，便把个人的财产捐献给军队，以充军用；又运送饮食来犒劳战士；拆下车辕当柴烧，杀牛设宴来款待军兵，其实这些都是害国坑民的做法。国人为出征的人祈祷，君王派人掩埋死者，并为他们设祭，大城小县皆设神庙祈福，凡有集市的城邑无不停业为战争服务，其实这也是虚耗国家财富的做法啊。

“夫战之明日，尸死扶伤。虽若有功也，军出费；中哭泣，则伤主心矣。死者破家而葬，夷伤者空财而共药，完者内酺（pú）[①]而华[②]乐，故其费与死伤者钧。故民之所费也，十年之田而不偿也。军之所出，矛戟折，镮[③]弦绝，伤弩、破车、罢马，亡矢之大半。甲兵之所具，官私之所出也，士大夫之所匿，厮养士[④]之所窃，十年之田而不偿也。天下有此再费者，而能从诸侯寡矣。

【注释】①酺：欢聚饮酒。②华：通“哗”，喧哗。③镮：古同“环”，泛指圆圈形物。这里指刀环。④厮养士：军中服杂役的人。

【译文】“在开战的第二天，尸横满地，死者家属需要收殓尸体，受伤的将士需要搀扶而行，表面看来将士好像立了战功，国家取得了战争的胜利，而实际上，消耗了大量的军费资财，死伤者的家属痛哭之惨，足以令国君忧心如焚。阵亡将士的家属为安葬亲人而倾尽家财，伤者的家属也耗尽积蓄来求医问药，那些侥幸平安而回的军人，则在家中大摆筵席饮酒作乐以示庆贺，花费也不在少数，基本与那些死伤的家庭均等。所以人民在战争中的耗费，用十年耕种所得的收成也难以抵偿。军队出战，矛、戟折断，弓弦、刀环断绝，弓弩损伤，战车破坏，马匹疲惫，箭损失大半。军械和武器本为公家及私人所出，有的被士大夫藏匿起来，有的被军中服杂役的人所窃取，这些造成的损失，也是用十年耕种都无法抵偿的。国家负担这两笔损耗的费用，已是精疲力尽，而能使诸侯甘心服从的，那就更少了。

“攻城之费，百姓理襜（chān）蔽[①]，举冲橹[②]，家杂总，穿窟穴，中罢于刀金，而士困于土功，将不释甲，期（jī）数[③]而能拔城者为亟耳。上倦于教，士断于兵，故三下城而能胜敌者寡矣。故曰彼战攻者非所先也。何以知其然也？

【注释】①襜蔽：车帷。②冲橹：战车。③期数：一年。

【译文】“攻城拔地的费用很大，百姓作为后方支援，修补车帷，营造战车，全家都被杂编进部队的行列中，挖掘地道，国中人为制造兵器而疲惫，战士为挖掘地道而困顿，将领铠甲不离身，一年能攻下城池就算很快了。将官因久战疲倦而无力教化，士兵的身体因兵器而导致伤残，所以连下三城，再有余力战胜敌人的简直太少了。因此说，明君贤相图谋天下，不应该把使用武力发动战争放在第一位。怎么知道会是这样呢？

“昔智伯瑶攻范、中行氏，杀其君，灭其国，又西围晋阳[①]，吞兼二国，而忧一主，此用兵之盛也。然而智伯卒身死国亡，为天下笑者，何谓也？兵先战攻，而灭二子患也。

【注释】①晋阳：今山西太原。

【译文】“过去，智伯瑶进攻范氏、中行氏，杀死了他们的君主，灭了他们的国家，接着又出兵向西，围攻晋阳，吞并两国，又逼得赵襄子走投无路，处于困窘之地，兵威可谓盛极一时。然而智伯瑶最终却落得身死国亡的下场，被天下人所耻笑，这是什么缘故呢？这是由于智伯瑶把战争放在第一位，挑起争端，灭掉范氏、中行氏所招来祸患的缘故。

“昔者，中山悉起而迎燕、赵，南战于长子[①]，败赵氏；北战于中山，克燕军，杀其将。夫中山千乘之国也，而敌万乘之国二，再战比胜，此用兵之上节也，然而国遂亡，君臣于齐者，何也？不图于战攻之患也。由此观之，则战攻之败，可见于前事。

【注释】①长子：赵邑，位于今山西省长子西。

【译文】“从前，中山国调动全国的兵力迎击燕、赵两国的军队，在南方的长子作战并打败赵兵；又在中山国灵寿以北大破燕军，并杀掉燕国的领兵大将。中山国只不过是个千乘小国，与两个万乘大国对抗，连续两次取得决定性的胜利，成为用兵上的典范。然而这样善战的国家最终也不免灭亡的命运，以致国君只得奔齐为臣，这是什么缘故呢？是因为它没有考虑战争带来的祸患，而接连不断地发动战争。由此看来，战争的弊端在史实中有很多的例证。

“今世之所谓善用兵者，终战比胜，而守不可拔，天下称为善。一国得而保之，则非国之利也。臣闻战大胜者，其士多死而兵益弱；守而不可拔者，其百姓罢而城郭露。夫士死于外，民残于内，而城郭露于境，则非王之乐也。

【译文】“如今那些称得上善于用兵的人，屡战屡胜，攻则取，守则固，天下人都说他们善于用兵，给予他们高度颂扬。而举国上下莫不倚靠他们而得以保存，其实这并非是国家的利益所在。臣听说战争取得大的胜利，他们的士卒伤亡也一定惨重，而兵力也日益削弱；严守城池不被敌人攻下的，他们的百姓都会疲惫不堪，城郭也被损毁得面目全非。士兵战死于国外，而百姓在国内受苦受难，城郭破败，这并不是国君所乐见的。

“今夫鹄（gǔ）的[①]非咎罪于人也，便弓引弩而射之，中者则喜，不中则愧，少长贵贱则同心于贯之者，何也？恶其示人以难也。今穷战比胜，而守必不拔，则是非徒示人以难也，又且害人者也，然则天下仇之必矣。夫罢士露国而多与天下为仇，则明君不居也。素用强兵而弱之，则察相不事也。彼明君察相者，则五兵不动而诸侯从，辞让而重赂至矣。

【注释】①鹄的：箭靶的中心。

【译文】“以箭靶为喻，它并没有与人结怨而得罪任何人，可是人人都会以强弓硬弩去射它，射中就高兴，射不中就会满面羞愧，不论老少尊卑，都以一射而中为快事。原因何在？是人们厌恶它令人难以射中。现在有的国家屡战屡胜而守城则不可攻拔，这不仅是示人以难，同时还妨害到别国利益，那么其它国家对他的敌视情绪也就越来越重，必然视他为仇敌了。像这样既使士卒疲惫不堪，又损耗国家，同时与各诸侯为敌而成为众矢之的的事，圣明的君主是不会干的。经常发动强兵去攻打别国，以致于损兵折将，使兵力削弱而元气大伤，有远见的相国是不会去做的。那些明君贤相，总是力求不用武力攻伐而使诸侯自然臣服，以谦恭辞让的态度来获取更多的土地财富。

“故明君之攻战也，甲兵不出于军而敌国胜，冲橹不施而边城降，士民不知而王业至矣。彼明君之从事也，用财少，旷日远而为利长者。故曰：兵后起则诸侯可趋役也。

【译文】“所以贤明的国君作战，不必出动兵力就能战胜敌国，不用攻城的战车就可使敌人的边城投降来得到土地，百姓还未察觉而王业就已经完成。贤明的君王处事，花费很少的财力，却做长期的打算，终将取得永久的利益。所以说：后发制人可让诸侯归附并加以驱使。

“臣之所闻，攻战之道非师者，虽有百万之军，北之堂上；虽有阖闾、吴起之将，禽之户内；千丈之城，拔之尊俎（zǔ）[①]之间；百尺之冲，折之衽席之上。故钟鼓竽瑟之音不绝，地可广而欲可成；和乐倡优侏儒[②]之笑不乏，诸侯可同日而致也。故名配天地不为尊，利制海内不为厚。故夫善为王业者，在劳天下而自佚，乱天下而自安。佚治在我，劳乱在天下，则王之道也。锐兵来则拒之，患至则趋之，使诸侯无成谋，则其国无宿忧矣。何以知其然矣？

【注释】①尊俎：古代盛酒食的器具。泛指宴饮、宴会。②倡优侏儒：歌舞杂技艺人。

【译文】“据臣所知，战争之道不在于军队的多少，即使对方拥兵百万，也可败之于朝堂之上；即使对方有阖闾、吴起那样的将帅，也能通过谋划将他手到擒来；虽然有千丈的城池，也可在宴席间不用一兵一卒就摧毁它；虽然有百尺高的战车，在坐席之上就可以摧折它。所以，钟鼓竽瑟等丝管之声在朝堂不绝于耳，和着歌舞杂技艺人欢笑表演之时，国土已经扩张，诸侯也已前来臣服。因此这样的君王，名号与天地相配也不算尊贵，富甲天下也不算富有。所以，善于开创王业的君主，能让诸侯劳顿而自己悠闲，让天下的诸侯国混乱而本国安宁。悠闲与安定在我方，而劳顿与混乱在其它诸侯国，这就是建立王业之道。积蓄国力以待强敌来时抵抗，祸患来时避开，让诸侯国不能对自己有所图谋，那么他的国家就没有隔夜之忧。怎么知道是这样呢？

“昔者魏王拥土千里，带甲三十六万，其强而拔邯郸，西围定阳[①]，又从十二诸侯朝天子，以西谋秦。秦王恐之，寝不安席，食不甘味，令于境内，尽堞中[③]为战具，竟[④]为守备，为死士置将，以待魏氏。

【注释】①定阳：位于今陕西省延安市东南。②从十二诸侯朝天子：指公元前344年，魏惠王在逢泽召集各诸侯会盟，结束后，率领各诸侯朝拜周天子。③堞中：城中。④竟：通“境”。

【译文】“过去魏惠王拥有上千里领地，三十六万带甲强兵，倚仗自己国力强大，攻取赵国首都邯郸，西围定阳，又率领十二家诸侯朝拜周天子，为图谋秦国作准备。秦孝公为此忧心忡忡，寝不安席，食不甘味，下令全国修缮战备器具，境内严加防守，同时招募死士，任命将领，广布重兵，以防魏国进攻。

“卫鞅谋于秦王曰：‘夫魏氏其功大而令行于天下，有十二诸侯而朝天子，其与必众。故以一秦而敌大魏，恐不如。王何不使臣见魏王，则臣请必北魏矣。’秦王许诺。

【译文】“卫鞅向秦孝公献计说：‘魏王因有匡扶周室之功而令行天下，又率领十二家诸侯朝拜周天子，诸侯都拥护他，从者甚众。现在以区区一个秦国之力对付强大的魏国，恐怕还不行。大王可否让我为使臣去见魏王？臣有把握挫败魏国。’秦王答应了卫鞅的请求。

“卫鞅见魏王曰：‘大王之功大矣，令行于天下矣。今大王之所从十二诸侯，非宋、卫也，则邹、鲁、陈、蔡，此固大王之所以鞭箠（chuí）①使也，不足以王天下。大王不若北取燕，东伐齐，则赵必从矣；西取秦，南伐楚，则韩必从矣。大王有伐齐、楚心，而从天下之志，则王业见矣。大王不如先行王服，然后图齐、楚。'魏王说于卫鞅之言也，故身广公宫，制丹衣，柱建旌九斿（liú）②，从七星之旟（yú）③。此天子之位也，而魏王处之。于是齐、楚怒，诸侯奔齐。齐人伐魏，杀其太子，覆其十万之军。魏王大恐，跣行按兵于国，而东次于齐，然后天下乃舍之。当是时，秦王垂拱受西河之外，而不以德魏王。

【注释】①箠：马鞭。②斿：古代旌旗下边或边缘上悬垂的装饰品。③旟：泛指旗帜。

【译文】"卫鞅前往拜见魏惠王，对其大加称颂：'大王因为劳苦功高而能号令天下。可如今大王率领的十二个诸侯，不是宋、卫，就是邹、鲁、陈、蔡这些小国，大王固然可以随意对他们加以驱使，然而就凭这些不算强大的力量还不足以让大王成就王业。大王不如向北攻取燕国，向东讨伐齐国，那么赵国自然就会服从魏国；向西攻取秦国，向南讨伐楚国，那么韩国自然会望风而归附魏国。大王有讨伐齐、楚的心愿，而且行事合于道义，有使天下归顺的大志，那么大王实现王业的日子便不远了。大王不如先穿戴上天子的衣冠，再去攻打齐、楚。'魏惠王听了，十分高兴，便依卫鞅所言，按照天子体制，修建宫室，制作丹衣和九斿、七星之旗，天子所享用的，魏惠王都享用了。对于魏惠王妄自尊大、越礼不轨的行为，齐、楚两国君主大为愤怒，而各路诸侯也纷纷投向齐国。齐国出兵攻打魏国，杀掉了魏太子申，歼灭魏国十万大军，魏军大败。魏惠王大为惊恐，光着脚急令收兵，又向东臣服于齐，诸侯这才放弃武力攻魏。就在那个时候，秦孝公趁机不费吹灰之力就取得了魏国河西地区的大片土地，而且对魏惠王没有丝毫的感激。

“故卫鞅之始与秦王计也。谋约不下席，言于尊俎之间，谋成于堂上，而魏将以禽[1]于齐矣；冲橹未施，而西河之外入于秦矣。此臣之所谓北[2]之堂上，禽将户内，拔城于尊俎之间，折冲席上者也。”

【注释】①禽：同“擒”。②北：打败。

【译文】“所以，这一开始就是卫鞅与秦孝公商议好的计策。他们谋约于座席之上，筹划于酒席之间，谋成于高堂之上，而魏国大将庞涓已被齐所擒；攻城的武器还未使用就已收西河之外的土地。这就是臣所讲的‘败敌于庙堂之上，擒敌将于户内，拔城于酒宴之间，折毁敌人兵车于枕席之上的策略。’”

卷十三 齐策六

扫码听谦德
君为您导读

齐六 · 齐负郭之民有狐咺者正议

齐负郭之民有狐咺①者正议，闵王斮之檀衢②，百姓不附；齐孙室子陈举直言，杀之东闾③，宗族离心；司马穰苴④为政者也，杀之，大臣不亲。以故燕举兵，使昌国君⑤将而击之。齐使触子将而应之。齐军破，触子以舆一乘亡。达子收余卒，复振，与燕战，求所以偿者，闵王不肯与，军破走。

【注释】①狐咺：齐国的一个平民百姓。②檀衢：齐国都城内的一个道路名。③东闾：齐都临淄的东门。④穰苴：即田穰苴。齐国宗室，又称“司马穰苴”。⑤昌国君：燕国的上将军乐毅。

【译文】齐都临淄近郊有个人叫狐咺，他直言批评国家，齐闵王把他处死在檀衢刑场上，从此百姓不再服从齐闵王；齐国宗室有个叫陈举的人，因直言不讳地批评朝政，被齐闵王处死于东城门外，齐国宗族从此与齐闵王离心离德；司马穰苴为政，也被齐闵王无故诛杀，大臣自此不再亲附齐闵王。因此，燕国趁机派昌国君乐毅统率大军进攻齐国，齐国派触子带兵应战。齐军大败，触子驾着一辆战车逃跑。齐将达子集合残兵败将，重整旗鼓，军威复振，又与燕兵继续交战。达子要求齐闵王对奋勇争战的军兵有所赏赐，闵王吝啬不肯给与，齐军再次大败而逃。

王奔莒[1]，淖齿[2]数之曰："夫千乘、博昌[3]之间，方数百里，雨血沾衣，王知之乎？"王曰："不知。""嬴、博[4]之间，地坼至泉，王知之乎？"王曰："不知。""人有当阙而哭者，求之则不得，去之则闻其声，王知之乎？"王曰："不知。"淖齿曰："天雨血沾衣者，天以告也；地坼至泉者，地以告也；人有当阙而哭者，人以告也。天地人皆以告矣，而王不知戒焉，何得无诛乎？"于是杀闵王于鼓里[5]。

【注释】①莒：齐邑，位于今山东省莒县。②淖齿：楚国将领。楚国派淖齿带领兵马去救齐国，被齐闵王任命为相国。③千乘、博昌：均为齐邑。千乘：位于今山东省清县高苑镇北。博昌：位于今山东省博兴南。④嬴、博：均为齐邑。嬴：位于今山东省莱芜西北。博：位于今山东省泰安东南。⑤鼓里：莒城里的里巷名。

【译文】齐闵王逃到莒邑，相国淖齿面见齐闵王，历数他的罪状说："那次在千乘与博昌之间数百里的地方，天上降下血雨，弄污了人们的衣裳，此事大王可知道？"齐闵王说："不知。""嬴、博两地之间，大地裂开涌出泉水，大王可知道？"齐闵王又是摇头说"不知。""有人在宫门前啼哭，去寻找却不见有人，走开又听见声音，大王可知道？"齐闵王还是说："不知。"淖齿此时言语激愤："天下血雨污衣，这是老天在告诫您；地裂泉涌，这是大地在警示您；有人在宫门前哭泣，这是人在警示您。天、地、人都对您作了警示，而您却不加警惕，怎能不受到天谴呢？”于是，在鼓里这个地方杀死了齐闵王。

太子[①]乃解衣免服，逃太史之家为溉园。君王后，太史氏女，知其贵人，善事之。田单以即墨[②]之城，破亡余卒，破燕兵，绐骑劫[③]，遂以复齐，遽迎太子于莒，立以为王。襄王即位，君王后以为后，生齐王建。

【注释】①太子：名法章，也就是即位后的齐襄王。②即墨：齐邑，位于今山东平度东南。③骑劫：燕国将领。

【译文】太子于是改换服装，逃到一个姓太史的人家里，为他们灌溉菜园。太史家的女儿认为他不是一般的平常人，就很善待他。齐将田单带领即墨城的残兵败将，大破燕兵，欺骗燕将骑劫，得以收复失地，于是在莒地恭迎太子，立他为襄王。襄王即位后，立太史家的女儿为王后，生下齐王建。

齐六·王孙贾年十五

王孙贾年十五，事闵王。王出走，失王之处。其母曰：“女朝出而晚来，则吾倚门而望；女暮出而不还，则吾倚闾[①]而望。女今事王，王出走，女不知其处，女尚何归？”王孙贾乃入市中，曰：“淖齿乱齐国，杀闵王，欲与我诛者，袒右！”市人从者四百人，与之诛淖齿，刺而杀之。

【注释】①闾：里巷的大门。

【译文】王孙贾当年十五岁，事奉齐闵王。齐闵王逃亡后，王孙贾不知其下落。他的母亲说："你早出晚归，我就倚着家门盼望你回来；你暮出未归，我就倚着闾门盼望你回来。你如今事奉君王，君王逃走了，你却不知道他的下落，你还回家干什么？"王孙贾于是走到集市上，说："淖齿祸乱齐国，杀死了闵王，愿意跟我一起去诛杀他的，就把右臂袒露出来！"集市上有四百人跟随他，和他一起去诛杀淖齿，最后终于把淖齿刺杀了。

齐六·燕攻齐

燕攻齐，取七十余城，唯莒、即墨不下。齐田单以即墨破燕，杀骑劫。初，燕攻下聊城①，人或谗之，燕将惧诛，遂保守聊城，不敢归。田单攻之岁余，士卒多死，而聊城不下。

【注释】①聊城：齐邑，位于今山东省聊城西。

【译文】燕国攻打齐国，夺取了七十多座城，只有莒和即墨两地还未攻下。齐将田单就以即墨的残余部队打败了燕军，杀死燕将骑劫。起初，燕将攻占了聊城，可是却有人在燕王那里进了谗言，燕将害怕被诛杀，就死守在聊城，不敢返回燕国。齐将田单攻打聊城一年多，将士死伤惨重，可聊城仍然没有攻下。

鲁连乃书约之矢，以射城中，遗燕将曰："吾闻之：'智者不倍时而弃利，勇士不怯死而灭名，忠臣不先身而后君。'今公行一朝之忿，不顾燕王之无臣，非忠也；杀身亡聊城，而威不信[①]于齐，非勇也；功废名灭，后世无称，非知也。故知者不再计，勇士不怯死。今死生荣辱，尊卑贵贱，此其一时也，愿公之详计而无与俗同也。

【注释】①信：通“伸”，伸张。

【译文】齐国谋臣鲁仲连给燕将写了一封信，绑在箭杆上，射到城内，信中这样说：“我听说：‘智者不去做违背时势、有损利益的事，勇敢的人不去做怕死而毁掉荣誉的事，尽忠的臣子总是先为君王着想而后才想到自己。’现在将军竟因一时的激愤，却不顾燕王失掉一位大臣，这不是忠臣所为；牺牲了自己，又没保住聊城，您的威名也不会在齐国传播，这不是勇士所为；战功被废弃，英名被埋没，后人不会称颂，这不是聪明人所为。因此，聪明的人不会犹豫不决，勇敢的人不会怯懦怕死。如今生死荣辱、尊卑贵贱，都在此一举，希望将军能三思而后行，不要和俗人一样的见识。

“且楚攻南阳[①]，魏攻平陆[②]，齐无南面之心，以为亡南阳之害，不若得济北[③]之利，故定计而坚守之。今秦人下兵，魏不敢东面，横秦之势合，则楚国之形危。且弃南阳，断右壤，存济北，计必为之。今楚、魏交退，燕救不至，齐无天下之规，与聊城共据期年之弊，即臣见公之不能得也。齐必决之于聊城，公无再计。

【注释】①南阳：位于泰山以南、汶水以北。②平陆：齐邑，位于今山东汶上北。③济北：指聊城。

【译文】“况且楚国进攻齐国的南阳、魏国进逼齐国的平陆，齐国已无心南顾，认为失去南阳的害处，不及攻取聊城的益处大，所以决心攻打聊城。如今秦王出兵援助齐国，魏国再不敢向齐国的平陆出兵；秦齐连横之势已成定局，楚国此刻的形势就岌岌可危了。何况即便齐国放弃南阳、平陆，只要能保住聊城之地，齐国也会一意孤行，不惜一切力量来实现这一计划。如今楚、魏两国先后退兵，可燕国的救援军队仍然没有消息，诸侯之中现在没有谁要图谋齐国，齐国和燕国在聊城相持了一年，而聊城也已疲惫不堪，以后，我恐怕就见不到将军之面了。齐国必然要在聊城和您一决胜负，您不要再举棋不定了。

“彼燕国大乱，君臣失计，上下迷惑，栗腹[①]以百万之众，五折于外，万乘之国，被围于赵，壤削主困，为天下戮，公闻之乎？今燕王方寒心独立，大臣不足恃，国弊祸多，民心无所归，今公又以弊聊之民距全齐之兵，期年不解，是墨翟[②]之守也；食人炊骨，士无反北之心，是孙膑、吴起之兵也。能以见于天下矣。

【注释】①栗腹：燕国相国。②墨翟：鲁国人，善于防守。

【译文】“现在燕国大乱，君臣失策，上下迷惑，燕将栗腹率领百万大军进攻赵国，却五战五败，燕国本来是万乘强国，却被赵国围困，土地削减，国君遭困，被天下诸侯所耻笑。现在，燕王正处在心寒又孤立无援的境地，大臣不足以倚靠，国家疲弊，祸乱连连，民心涣散，无处归依，而您却能指挥早已疲惫不堪的聊城军民，抵抗整个齐国大军，历时整整一年，聊城仍然不能解围，将军确实如墨翟一般善于防守；现今士兵们饥饿到以人为食，以骨为柴的地步，而始终没有背弃您的想法，您确实如孙膑、吴起一样善于用兵。将军的军事才能足可以成名于天下了！

“故为公计者，不如罢兵休士，全车甲，归报燕王，燕王必喜。士民见公，如见父母，交游攘臂而议于世，功业可明矣。上辅孤主，以制群臣；下养百姓，以资说士，矫国革俗于天下，功名可立也。意者，亦捐燕弃世，东游于齐乎，请裂地定封，富比陶、卫[①]，世世称孤寡，与齐久存，此亦一计也。二者显名厚实也，愿公孰计而审处一也。

【注释】①陶、卫：二人都是春秋时有名的商人。陶：指陶朱公范蠡。卫：指卫国人子贡。

【译文】“因此，我替您考虑，不如罢兵休战，保全车甲装备，回国向燕王复命，燕王看到您一定很高兴。燕国的官吏子民见到您，会如同见到父母一般尊敬亲切，新朋故友会抓着您的胳膊赞扬您战功显赫，这样您就会名扬天下了。将军对上可辅佐孤立的国君，以统制群臣；对下可抚恤百姓，蓄养说客，矫正国家弊端，移风易俗，完全能够在天下建立更大的功名。或者，将军不愿回去，抛弃燕国，是否能考虑一下抛弃世俗的成见，投奔齐国呢？我会向齐王请求让他赐给您封地，并确定封号，与陶朱公范蠡、子贡一般富有，世代享有诸侯那样的威名，与齐并存，这是另一条出路。这两者，都可以让您扬名天下，并且世代富贵，希望您能仔细考虑，慎重地选择其中一种。

“且吾闻，效小节者不能行大威，恶小耻者不能立荣名。昔管仲射桓公中钩，篡也；遗公子纠而不能死，怯也；束缚桎梏，辱身也。此三行者，乡里不通也，世主不臣也。使管仲终穷抑，幽囚而不出，惭耻而不见，穷年没寿，不免为辱人贱行矣。然而管子并三行之过，据齐国之政，一匡天下，九合诸侯，为五伯首，名高天下，光照邻国。

【译文】“而且我听说，过于看重细枝末节的人，难以建立有威望的大事；不堪忍受小辱，难以成就荣耀和美名。从前管仲弯弓射中桓公的带钩，这是篡逆；抛下公子纠不能为其死义，这是贪生怕死；身被脚镣手铐所缚，陷于囚笼，这是奇耻大辱。有了这三种行为，父老乡亲都不与他交往，君主也不会以他为臣。如果管仲终身穷困压抑，困居而不出门，羞惭而不愿见人，那他至死也免不了被认为是只能做那些卑贱的劳作。可是管仲却在身兼三种恶行的情况下，依然执掌了齐国政事，辅佐齐桓公匡正天下，九次召集诸侯会盟，使齐桓公成为春秋五霸之首，而他自己也名满天下，光辉照耀邻国。

“曹沫[①]为鲁君将，三战三北，而丧地千里。使曹子之足不离陈[②]，计不顾后，出必死而不生，则不免为败军禽将。曹子以败军禽将，非勇也；功废名灭，后世无称，非知也。故去三北之耻，退而与鲁君计也，曹子以为遭。齐桓公有天下，朝诸侯，曹子以一剑之任，劫桓公于坛位之上，颜色不变，而辞气不悖。三战之所丧，一朝而反之，天下震动惊骇，威信吴、楚，传名后世。

【注释】①曹沫：春秋时鲁国将领。②陈：通“阵”。

【译文】“曹沫是鲁国的将军，三战三败，失地千里。如果他脚不离开战场，不考虑将来，出战不计后果，一意孤行，只知拼死拼活，就只能做一个战败而被擒的将领罢了。曹沫认为一个丧军被擒的败将，不能算是勇敢；功业废弃，名声淹没，后世无人称赞，不能算是聪明。所以，曹沫能不顾三次败北的耻辱，退而与鲁庄公重新谋划，曹沫把这当成自己的际遇。齐桓公威服天下后，被诸侯所朝拜，曹沫就凭着一柄宝剑，在柯邑的祭坛上挟持齐桓公，面不改色，从容不迫，义正辞严，三次战争所失去的土地，一朝完全收回，天下诸侯为之震撼。他的声威远播吴、楚，名声传到后世。

“若此二公者，非不能行小节，死小耻也，以为杀身绝世，功名不立，非知也。故去忿恚（huì）之心，而成终身之名；除感忿之耻，而立累世之功。故业与三王争流，名与天壤相敝也。公其图之！”

【译文】“像上面说的管仲、曹沫这两个人，并不是不能遵行小节，为小耻而死，只是他们认为一旦身死，功名未立，志向也尚未实现，这是不明智的做法。所以才能抛弃愤恨之心，成就终身的功名；忍受一时短暂的耻辱，建立万世的功业。因此，他们的功业可与禹、汤、文武三代圣王争高低，声名可与天地共存。希望将军能加以考虑，三思而后行！”

燕将曰：“敬闻命矣。”因罢兵到椟[1]而去。故解齐国之围，救百姓之死，仲连之说也！

【注释】①罢兵到椟：指停战不抵抗。到：通“倒”。椟：古时盛箭的器具。

【译文】燕将很是佩服，回复鲁仲连说：“谨遵先生教诲。”于是，停止战斗，收拾装备，撤军回国。所以，解除齐兵对聊城的围困，使百姓免赴死地，这都是鲁仲连游说的功劳呀！

齐六·燕攻齐

燕攻齐，齐破，闵王奔莒，淖齿杀闵王。田单守即墨之城，破燕兵，复齐墟。襄王为太子微[1]。齐以[2]破燕，田单之立疑，齐国之众，皆以田单为自立也。襄王立，田单相之。

【注释】①微：隐匿，隐藏。②以：通“已”。

【译文】燕军攻打齐国，临淄被攻破，齐闵王逃到莒邑，被淖齿杀掉。齐将田单死守即墨，后来大败燕军，并且收复了齐国的失地临淄。当时齐襄王为太子，躲藏在民间。齐军攻破燕国，商议立国君事宜，田单对立襄王为国君犹豫不决，齐国的百姓都怀疑田单想自立为君。后来襄王被立为国君，田单身居相位。

过菑（zī）水[①]，有老人涉菑而寒，出不能行，坐于沙中。田单见其寒，欲使后车分衣，无可以分者，单解裘而衣之。襄王恶之，曰："田单之施，将欲以取我国乎？不早图，恐后之。"左右顾无人，岩下有贯珠者，襄王呼而问之曰："女闻吾言乎？"对曰："闻之。"王曰："女以为何若？"对曰："王不如因以为己善。王嘉单之善，下令曰：'寡人忧民之饥也，单收而食之；寡人忧民之寒也，单解裘而衣之；寡人忧劳百姓，而单亦忧之，称寡人之意。'单有是善而王嘉之，善单之善，亦王之善已。"王曰："善。"乃赐单牛酒，嘉其行。

【注释】①菑水：水名。菑：通"淄"。

【译文】有一次，路过淄水，田单看见一位老者渡河，禁不住寒冷，老者出水后冻得无法行走，僵坐在岸边的沙地上。田单看见老者身体寒冷，就让随从分给他一些衣服，但随从也没有多余的衣服分给老者，田单就脱下自己的裘衣给老者穿上。齐襄王内心很是憎恶田单这种行为，自语道："田单这样给人恩惠笼络人心，莫非是想图谋我的国家大权？如果不早想办法先发制人的话，恐怕到时后悔也来不及了。"说完，他看左右没什么人，只是岩石下有个采珠人，襄王把他叫过来问道："你听到我说什么了吗？"采珠者答道："听到了。"襄王顿时生出一股杀意，却故意问道："你认为我该怎么做？"那人说："大王不如顺势而为，把这件事变成自己的善行。您可以发布诏令称赞并嘉奖田单的行为，说：'寡人担心百姓挨饿，相国田单就收养并分赐给他们食物；寡人担心百姓受冻，相国田单就脱下自己的裘衣给他们穿；寡人担心百姓劳苦，相国田单也是满腹忧心，关怀他们。田单这样做，正合寡人的心意。’田单既然有这么多优点，而大王又赞扬嘉奖他，您嘉奖赞扬田单的优点，也正是宣扬大王您的圣德啊！”齐襄王赞叹道：“好主意！”于是以牛酒犒赏田单，嘉奖了他给贫民送衣的行为。

后数日，贯珠者复见王曰：“王至朝日，宜召田单而揖之于庭，口劳之。乃布令求百姓之饥寒者，收谷之。”乃使人听于闾里，闻丈夫之相与语，举曰：“田单之爱人，嗟，乃王之教泽也！”

【译文】过了几天，采珠人又去拜见襄王，进言说：“来日大王上朝时，应该特别召见田单，并在朝堂上加倍以礼相待，亲自慰问他。然后下令调查收容饥寒的百姓，给以赈济。”齐襄王按照采珠人说的一一照办后，又派人到街头巷里探听民众的言论，听见百姓都在谈论说：“田单爱护百姓，哎呀！这全是大王教导的结果啊！”

齐六·貂勃常恶田单

貂勃常恶田单，曰：“安平君[①]，小人也。”安平君闻之，故为酒而召貂勃，曰：“单何以得罪于先生，故常见誉于朝？”貂勃曰：“跖（zhí）[②]之狗吠尧，非贵跖而贱尧也，狗固吠非其主也。且今使公孙子贤，而徐子不肖，然而使公孙子与徐子斗，徐子之狗，犹时攫公孙子腓而噬之也。若乃得去不肖者，而为贤者狗，岂特攫其腓而噬之耳哉？”安平君曰：“敬闻命！”明日，任之于王。

【注释】①安平君：田单的封号。②跖：传说中春秋时期的奴隶起义领袖。

【译文】齐人貂勃经常中伤田单，说田单的坏话，他说："安平君是个小人。"安平君田单听到后，特意设宴召请貂勃，说："我在什么地方得罪了先生，为什么先生常在朝廷上和我过不去呢？"貂勃说："盗跖的狗对尧帝狂吠，并不是它认为盗跖高贵而尧帝卑贱，狗本来就向不是它主人的人狂吠。假如公孙子贤明，而徐子无能，如果公孙子和徐子互相争斗打起来，徐子的狗，还是会扑上去抓咬公孙子的小腿肚子。如果让那只狗离开无能的人，去寻找贤明的人做它的主人，那岂止是仅仅抓咬小腿肚子而已！"安平君说："敬听您的指教了。"第二天，就把貂勃推荐给了齐襄王。

王有所幸臣九人之属，欲伤安平君，相与语于王曰："燕之伐齐之时，楚王使将军将万人而佐齐，今国已定，而社稷已安矣，何不使使者谢于楚王？"王曰："左右孰可？"九人之属曰："貂勃可。"

【译文】齐襄王有九个受宠幸的侍臣在一起，想要中伤安平君，他们共同对齐襄王说："燕国攻打齐国时，楚王派将军淖齿率领万人之军帮助齐国抵抗燕军，如今国家已经安定，为什么不派使臣去向楚王表示谢意呢？"齐襄王说："左右的人哪个可以去呢？"这九个人都说："貂勃可以。"

貂勃使楚，楚王受而觞之，数日不反。九人之属相与语于王曰：“夫一人之身，而牵留万乘者，岂不以据势也哉？且安平君之与王也，君无臣礼，而上下无别，且其志欲为不善，内牧百姓，循抚其心，振穷补不足，布德于民；外怀戎翟，天下之贤士，阴结诸侯之雄俊豪英，其志欲有为也！愿王之察之！”

【译文】貂勃奉命出使到楚国，楚王接受了齐国的谢意并设宴款待貂勃，过了好几天貂勃也没有回国。这九个宠臣又到齐襄王那里说：“一个普通的貂勃，竟然被拥有万辆兵车的国君一再挽留，这难道不是因为他仰仗田单的势力吗？再说安平君平素对大王也不遵守君臣的礼节，上下没有分别，他的心里是想图谋不轨啊。他在国内治理百姓，安抚民心，救济穷困补充不足，对百姓广施恩惠，对外怀柔外族及天下的贤明之士，暗中结交诸侯中的英雄豪杰，他的阴谋和野心不小啊！希望大王详察！”

异日，而王曰：“召相单来。”田单免冠、徒跣、肉袒而进，退而请死罪。五日，而王曰：“子无罪于寡人，子为子之臣礼，吾为吾之王礼而已矣。”

【译文】有一天，齐襄王说：“把相国田单召来。”田单没戴帽子、光着脚、赤着上身惶恐地去请罪，等到退出去时又请求死罪。过了五天，齐襄王对田单说：“您对我没有罪过，您尽到您的臣子之礼，我还是行我的君王之礼就行了。”

貂勃从楚来，王赐诸前，酒酣，王曰："召相田单而来。"貂勃避席稽首曰："王恶得此亡国之言乎？王上者孰与周文王？"王曰："吾不若也。"貂勃曰："然，臣固知王不若也。下者孰与齐桓公？"王曰："吾不若也。"貂勃曰："然，臣固知王不若也。然则周文王得吕尚以为太公，齐桓公得管夷吾以为仲父，今王得安平君而独曰'单'。且自天地之辟，民人之始，为人臣之功者，谁有厚于安平君者哉？而王曰'单'，恶得此亡国之言乎？

【译文】貂勃从楚国回到齐国，齐襄王设宴当面款待他，酒兴正浓，齐襄王说："把相国田单叫来。"貂勃离开坐席，向齐襄王行大礼参拜说："大王怎么说出这种亡国的话呢？请大王向上和周文王比一比，谁更贤能？"齐襄王说："我不如周文王。"貂勃说："是的，臣下本来知道您不如周文王。请您再向下和齐桓公比一比，谁更有才能？"齐襄王说："我不如齐桓公。"貂勃说："是的，臣下本来知道您不如齐桓公。既然如此，那么周文王得到吕尚，尊他为太公，齐桓公得到管仲，尊他为仲父，如今大王得到了安平君，却偏偏叫他的名字'单'。况且自从开天辟地以来，作为治理百姓而建立功勋的臣子，有谁的功劳能比安平君更大呢？可是大王却叫他的名字'单'，大王怎么能说出这种亡国的话呢？

"且王不能守先王之社稷，燕人兴师而袭齐墟，王走而之城阳[①]之山中。安平君以惴惴之即墨，三里之城，五里之郭，敝卒七千，禽其司马，而反千里之齐，安平君之功也。当是时也，阖城阳而王，天下莫之能止。然而计之于道，归之于义，以为不可，故为栈道木阁，而迎王与后于城阳山中，王乃得反，子临百姓。今国已定，民已安矣，王乃曰'单'，且婴儿之计不为此。王不亟杀此九子者以谢安平君，不然，国危矣！"王乃杀九子而逐其家，益封安平君以夜邑[2]万户。

【注释】①城阳：齐邑，归属于今山东省菏泽东北。②夜邑：齐邑，位于今山东省莱州市。

【译文】"况且，当初大王不能守住先王遗留下的国家，燕国人发兵侵犯齐国，大王逃到城阳山中，安平君凭着区区即墨的三里内城，五里外城，率领七千疲惫之师，却擒获了燕国的司马，使千里失地返归齐国，这些都是安平君的功劳。那时，如果田单关闭城阳门而自立为王，天下的人没有谁能阻止他。然而安平君从道义上谋划，从大义出发，认为不能那样做，因此架设栈道木阁，到城阳山中去迎接大王和王后，大王才得以返回故国，治理百姓。如今国家已经安定，百姓也已经安生，大王却直呼安平君的名字'单'，就是小孩子稍加考虑也不会这样做的。大王还不赶快杀掉这九个人，向安平君道歉，不然的话，国家就危险了！"齐襄王于是杀掉了这九个宠臣，并驱逐了他们的家眷，又把万户之地的夜邑加封给安平君。

齐六·田单将攻狄

田单将攻狄[1]，往见鲁仲子。仲子曰："将军攻狄，不能下也。"田单曰："臣以五里之城，七里之郭，破亡余卒，破万乘之燕，复齐墟。攻狄而不下，何也？"上车弗谢而去。遂攻狄，三月而不克之也。

【注释】①狄：位于今山东省高青东南。

【译文】田单将要攻打狄城，前去拜见鲁仲连。鲁仲连说：“将军攻打狄城，是不能攻克的。”田单说：“我曾凭借五里内城、七里外城这样的小地方，率领残兵败将，打败了拥有万辆兵车的燕国，收复了齐国的失地。攻打狄城却不能攻克，这是为什么呢？”田单说完也没告辞就上车离开了。于是领兵攻打狄城，果然三个月都没有攻克。

齐婴儿谣曰：“大冠若箕，修剑拄颐，攻狄不能下，垒枯骨成丘。”田单乃惧，问鲁仲子曰：“先生谓单不能下狄，请闻其说。”鲁仲子曰：“将军之在即墨，坐而织蒉（kuì）①，立则丈插，为士卒倡曰：‘无可往矣，宗庙亡矣，魂魄悄矣，归于何党矣。’当此之时，将军有死之心，而士卒无生之气，闻若言，莫不挥泣奋臂而欲战，此所以破燕也。当今将军东有夜邑之奉，西有菑上之虞②，黄金横带而驰乎淄、渑③之间，有生之乐，无死之心，所以不胜者也。”田单曰：“单有心，先生志之矣。”明日，乃厉气循城，立于矢石之所，乃援枹（fú）④鼓之，狄人乃下。

【注释】①蒉：古代用草编的筐子，一般用来盛土。②虞：通“娱”，娱乐。③淄、渑：均为水名。位于今山东省淄博附近。④枹：击鼓的槌。

【译文】齐国小孩子们的歌谣唱道：“大帽子像簸箕，用长剑拄下巴，狄城攻不下，枯骨成丘没办法。”田单这才感到害怕，又去请教鲁仲连说："先生说我不能攻下狄城，请您给我讲讲原因吧。"鲁仲连说："将军在即墨时，坐下来就编织草筐，站起来就用铲挖土，对士兵鼓动说：'我们已无处可去，国家已经灭亡，魂魄已经不在，我们将到何处去安生啊？那时，将军有誓死为国效忠的决心，士兵没有贪生怕死的念头，听到您这样的话，没有一个不挥泪振臂而请求决一死战的，这就是您能打败燕国的原因。现如今，将军东面有封地夜邑的丰厚租赋，西面有淄水上游的景色让您赏心悦目，腰带的带钩上装饰着黄金，驱车驰骋在淄水、渑水之间，有活着的欢乐，没有赴死的决心，这就是不能取胜的原因。"田单说："我田单是有决心的，请先生记住我的话。"第二天，田单亲自去战士中激励士气，在攻城的部队中巡视地形，站在敌人的弓箭和雷石都能打到的地方，亲自操起鼓槌擂鼓攻城，狄城终于被攻下。

齐六·濮上之事

濮[①]上之事，赘子[②]死，章子[③]走，盼子[④]谓齐王曰："不如易余粮于宋，宋王必说，梁氏不敢过宋伐齐。齐固弱，是以余粮收宋也。齐国复强，虽复责之宋，可；不偿，因以为辞而攻之，亦可。"

【注释】①濮：水名。位于今山东省濮县西南。②赘子：齐将。③章子：齐将，匡章。④盼子：齐将，田盼。

【译文】在濮上那次战役中，齐国的将领赘子阵亡，章子逃跑，田盼对齐宣王说："您不如把我们的余粮送给宋国，宋王一定很高兴，魏国因此就不敢越过宋国来进攻齐国了。齐国目前很衰弱，这是用送余粮的办法联合宋国。将来齐国强盛起来，即使再去向宋国讨还这笔债务，也是可以的；如果宋国不肯归还，我们就以此为借口去攻打他们，也是可行的。”

齐六·齐闵王之遇杀

齐闵王之遇杀，其子法章变姓名，为莒太史家庸夫。太史敫（jiǎo）女奇法章之状貌，以为非常人，怜而常窃衣食之，与私焉。莒中及齐亡臣相聚，求闵王子，欲立之。法章乃自言于莒。共立法章为襄王。

【译文】齐闵王被杀后，他的儿子法章改名换姓，在莒地太史敫家做了仆人。太史敫的女儿觉得法章的相貌不同寻常，认为他不是普通人，于是对他很怜爱，常私下送给他一些衣服和食物，并和他私通。莒地的人以及从齐都逃亡出来的大臣聚在一起，商量要寻找齐闵王的儿子，准备立他为王。法章出来向莒地人说明了自己的身份，于是大家共同拥立他为齐襄王。

襄王立，以太史氏女为王后，生子建。太史敫曰：“女无谋而嫁者，非吾种也，污吾世矣。”终身不睹。君王后贤，不以不睹之故，失人子之礼也。

【译文】齐襄王即位后，把太史敫的女儿立为王后，生下一子名叫建。王后的父亲太史敫说："我的女儿没有通过媒人就自行出嫁，不是我们家的后代，她污辱了我的一世清名，实在给我丢尽了脸。"太史敫便终身不见他的女儿。君王后很贤惠，不因父亲和她断绝关系而失去做子女应有的礼节。

襄王卒，子建立为齐王。君王后事秦谨，与诸侯信，以故建立四十有余年不受兵。

【译文】齐襄王死后，他的儿子建被立为齐王。君王后对待秦国小心谨慎，对待诸侯诚敬守信，所以在君王后活着时，齐王建在位有四十多年没有遭受战祸。

秦昭王[①]尝使使者遗君王后玉连环，曰："齐多知，而解此环不？"君王后以示群臣，群臣不知解。君王后引椎椎破之，谢秦使曰："谨以解矣。"

【译文】秦昭王曾派使臣送给君王后一副玉连环，说："齐国人都很聪明，能解开这个玉连环吗？"君王后把玉连环拿给群臣看，群臣没有人知道怎样解开。君王后拿起椎子把它敲破，告诉秦国的使臣说："已经解开了。"

及君王后病且卒，诫建曰："群臣之可用者某。"建曰："请书之。"君王后曰："善。"取笔牍受言。君王后曰："老妇已亡[①]矣！"

【注释】①亡：通“忘”。

【译文】君王后病危将死时，告诫齐王建说：“群臣中某某人可以重用。”齐王建说：“请让我把他们的名字写下来。”君王后说：“好。”于是，齐王建取笔和木简，准备记下她说的遗言。君王后却说：“老妇已经忘记了。”

君王后死，后后胜相齐，多受秦间金玉，使宾客入秦，皆为变辞，劝王朝秦，不修攻战之备。

【译文】君王后死后，后胜担任齐国相国，接受了秦国间谍很多金玉，他派去秦国的宾客，回来都说一些符合秦国利益的变诈之辞，他们都劝齐王建去秦国朝见，完全不考虑整顿备战的问题。

齐六 · 齐王建入朝于秦

齐王建入朝于秦，雍门[1]司马前曰：“所为立王者，为社稷耶？为王立王耶？”王曰：“为社稷。”司马曰：“为社稷立王，王何以去社稷而入秦？”齐王还车而反。

【注释】①雍门：齐城门名。

【译文】齐王建去秦国朝见秦王，齐都城雍门的司马横戟挡在齐王前面，说：“请问，我们是为国家社稷立王呢？还是为大王您个人而立王呢？”齐王答道：“为了国家社稷。”司马说：“既然是为国家社稷立王，那大王您为何要抛弃国家社稷而去秦国呢？”齐王听后，便调转头折回王宫去了。

即墨大夫与雍门司马谏而听之，则以为可与为谋，即入见齐王曰："齐地方数千里，带甲数百万。夫三晋大夫皆不便秦，而在阿、鄄（juàn）[①]之间者百数，王收而与之百万之众，使收三晋之故地，即临晋之关[②]可以入矣。鄢、郢大夫不欲为秦，而在城南下者百数，王收而与之百万之师，使收楚故地，即武关[③]可以入矣。如此，则齐威可立，秦国可亡。夫舍南面之称制，乃西面而事秦，为大王不取也。"齐王不听。

【注释】①阿：位于今山东省阳谷东。鄄：位于今山东省鄄城北。②临晋之关：即临晋关，位于今陕西省朝邑西。③武关：位于今陕西省商洛市丹凤县东。

【译文】即墨大夫知道齐王听从了雍门司马官的劝谏，认为可以与齐王共同谋划，于是进宫拜见齐王，说："齐国土地方圆数千里，大军数十万。赵、魏、韩三国的大夫们都不愿为秦国效力，而在阿城、鄄城两地之间聚集了上百人，大王如果与三国联合，将他们招揽过来，给他们百万大军，让他们收复三国被秦国占领的失地，就可以攻下秦国东边的临晋关。鄢、郢的大夫也不愿为秦国谋利，在我国南部的城南之下聚集了上百人，大王如果和楚国联合，将他们招揽过来，给他们百万将士，让他们去收复楚国被秦国占领的失地，就可以攻下秦国南边的武关了。这样，齐国强大的威势就可以树立起来，还可以灭掉秦国。大王如果舍弃称王天下的机会，而甘愿向西方听命于秦国的话，这样做实在不足称道。"齐王没有听从。

秦使陈驰诱齐王内之，约与五百里之地。齐王不听即墨大夫而听陈驰，遂入秦，处之共[①]松柏之间，饿而死。先是齐为之歌曰："松邪！柏邪！住建共者，客耶！"

【注释】①共：位于今河南省南辉县东北。

【译文】秦王派宾客陈驰诱使齐王入秦，假意约定给他500里土地进行欺骗。齐王没有采纳即墨大夫的意见，却听信了陈驰的诱骗，于是到了秦国，秦王把他安置到边远的共邑，居处在松柏之间，最终被活活饿死。在这之前，齐国有人作了一首歌谣："松树啊！柏树啊！让齐王死在共邑的，就是那些能言善辩的宾客啊！"

齐六·齐以淖君之乱仇楚

齐以淖君[①]之乱仇楚。其后秦欲取齐，故使苏涓之楚，令任固之齐。

【注释】①淖君：即淖齿。

【译文】齐国因为淖齿杀掉齐闵王造成动乱而仇恨楚国。后来，秦国想要争取齐国，就派苏涓去到楚国，派任固去到齐国。

齐明谓楚王[①]曰："秦王[②]欲楚，不若其欲齐之甚也。其使涓来，以示齐之有楚，以资固于齐。齐见楚，必受固。是王之听涓也，适为固驱以合齐、秦也。齐、秦合，非楚之利也。且夫涓来之辞，必非固之所以之齐之辞也。王不如令人以涓来之辞谩固于齐，齐、秦必不合。齐、秦不和，则王重矣。王欲收齐以攻秦，汉中[3]可得也。王即欲以秦攻齐，淮泗之间亦可得也。”

【注释】①楚王：即顷襄王。②秦王：即秦昭王。③汉中：位于今陕西城固一带。

【译文】齐明对楚王说：“秦昭王想要联合楚国，不如他想联合齐国更为迫切。他派苏涓来楚国，是为了向齐国表示秦国与楚国的友好关系，并用这种办法来帮助任固在齐国游说。齐国看到楚国和秦国关系友好，一定会接受任固的游说。这样，大王听信苏涓的话，同意了他的要求，正好是帮助任固去做联合齐国和秦国的事情。如果齐国和秦国联合，对楚国是很不利的。而且苏涓来我国说的话，一定和任固到齐国说的话不一样。大王不如派人把苏涓来我国说的话告诉齐国，这样，就会让齐国明白任固是在欺骗他们，齐国、秦国必定不能联合。齐国、秦国不能联合，那么大王的地位就很重要了。大王如果想联合齐国进攻秦国，那么汉中的土地就可以收回。大王如果想联合秦国而进攻齐国，那么淮北、泗水之间的土地也可以得到了。”

卷十四 楚策一

扫码听谦德君为您导读

楚一·齐楚构难

齐楚构难（nán）[①]，宋请中立。齐急宋，宋许之。子象为楚谓宋王曰[②]：“楚以缓失宋，将法齐之急也。齐以急得宋，后将常急矣。是从齐而攻楚，未必利也。齐战胜楚，势必危宋；不胜，是以弱宋干（gān）强楚也[③]。而令两万乘之国常以急求所欲，国必危矣。”

【注释】①构难：结成怨仇，结仇交战。②子象：人名，楚人。宋王：指宋康王，亦称宋王偃、宋献王，子姓戴氏，名偃，宋剔成君之弟，战国时期宋国最后一任君王，公元前328-前286年在位。③干：触犯，冒犯，冲犯。

【译文】齐国、楚国结仇交战，宋国请求中立。齐国胁迫宋国，宋国答应帮助齐国。子象为了楚国对宋王说：“楚国因为态度和缓失去宋国的帮助，准备效法齐国胁迫宋国。齐国用胁迫的办法得到了宋国的帮助，今后将经常胁迫宋国。再说跟随齐国进攻楚国，未必会对宋国有利。如果齐国战胜楚国，势必危害宋国的利益；如果齐国不胜，这是弱小的宋国冒犯强大的楚国啊。令两个拥有万辆兵车的大国经常胁迫宋国求得它们所要的，宋国一定很危险了。”

楚一·五国约以伐齐

五国约以伐齐[①]。昭阳谓楚王曰[②]：“五国以破齐，必南图楚。”王曰：“然则奈何？”对曰：“韩氏辅国也，好利而恶难。好利，可营也[③]；恶难，可惧也。我厚赂之以利，其心必营；我悉兵以临之，其心必惧我。彼惧吾兵而营我利，五国之事必可败也。约绝之后，虽勿与地可。”

【注释】①五国：指燕、秦、赵、韩、魏五国。②昭阳：名云，字阳，谥号“山子”。战国时楚国令尹。楚昭王后裔。原为大司马，主管楚国军事，兼领柱国，卫戍楚都郢（今湖北江陵纪南城），封上爵执珪。楚王：指楚顷襄王。③营：谋求。

【译文】燕、秦、赵、韩、魏五国联盟进攻齐国。昭阳对楚王说：“五国如果打败齐国，一定会乘机向南进攻楚国。”楚王说：“这可怎么办呢？”昭阳回答说：“韩国是攻打齐国的辅助国家，贪图私利，害怕危难。贪图私利，可以谋求它；害怕危难，可以对它进行威胁。我们楚国用重利去贿赂它，它一定会被利诱；我们楚国发动大军去威胁它，它一定会感到害怕。韩国害怕我们的大军又贪图我们的重利，这样五国联盟攻齐的事必定会失败。他们的结盟失败后，即使不给韩国土地，也是可以的。”

楚王曰："善。"乃命大工尹之韩[1]，见公仲曰[2]："夫牛阑之事，马陵之难[3]，亲主之所见也[4]。主苟无以五国用兵，请效列城五，请悉楚国之众也，以图于齐。"韩之反赵、魏之后，而楚果弗与地，则五国之事困也。

【注释】①大工尹：或作大攻尹。掌管官营手工业。②公仲：公仲侈（chǐ），一名公仲倗（péng）。春秋战国时期韩国重要臣子，韩宣惠王时期得到重用。③牛阑之事：事不详。马陵之难：齐军在马陵打败魏军，斩杀魏太子申。④主：指公仲。大夫称主。

【译文】楚王说："好"。于是他派大工尹出使韩国，会见公仲说："当初牛阑之事，马陵之难，都是您亲自见到的。您如果不与五国联合攻齐，我们楚国愿意献出五个城邑，出动全军和韩国共同攻齐。"韩国与赵国、魏国解除盟约以后，楚国果然没有割地给韩国，而五国联盟攻齐之事就受到挫折。

楚一·荆宣王问群臣

荆宣王问群臣，曰[1]："吾闻北方之畏昭奚（xī）恤（xù）也[2]，果诚何如？"群臣莫对。

【注释】①荆宣王：即楚宣王，芈姓，熊氏，名良夫，楚肃王弟，公元前369—340年在位。②昭奚恤：楚国大臣，楚宣王时担任令尹。

【译文】楚宣王问群臣说："我听说北方诸侯国都害怕昭奚恤，果真是这样的吗？"群臣没有人能回答。

江乙对曰[1]：“虎求百兽而食之，得狐。狐曰：‘子无敢食我也。天帝使我长百兽[2]，今子食我，是逆天帝命也。子以我为不信，吾为子先行，子随我后，观百兽之见我而敢不走乎？’虎以为然，故遂与之行。兽见之皆走。虎不知兽畏己而走也，以为畏狐也。今王之地方五千里，带甲百万，而专属之昭奚恤；故北方之畏昭奚恤也，其实畏王之甲兵也，犹百兽之畏虎也。”

【注释】①江乙：又名江一，魏国人，仕于楚国，活动于楚宣王期间。②长：做长官，为首领。

【译文】江乙回答说：“老虎寻求各种野兽吃，捉到一只狐狸，狐狸说：‘你不敢吃我，上天让我做百兽的首领，现在你吃掉我，就违背了上天的命令。你如果不相信我的话，我在前面走，你跟在我的后面，看看群兽见了我，有敢不逃跑的吗？’老虎信以为真，就和狐狸同行。群兽见了它们都逃跑了。老虎不明白群兽是害怕自己才逃跑的，却以为它们是是害怕狐狸。如今大王的土地方圆五千里，有大军百万，而由昭奚恤独自统领；所以北方诸侯害怕昭奚恤，其实是害怕大王的军队，这就像群兽害怕老虎一样啊。”

楚一·昭奚恤与彭城君议于王前

昭奚恤与彭城君[1]议于王前，王召江乙而问焉，江乙曰：“二人之言皆善也，臣不敢言其后。此谓虑贤也。”

【注释】①彭城君：楚封君。彭城：楚邑，在今江苏徐州。

【译文】昭奚恤和彭城君在楚王面前议论问题，楚王召来江乙问他对两人议论的看法，江乙说："两个人的言论都很好，我不敢在他们议论之后再说什么，这是让大王怀疑贤者言论的行为啊。"

楚一·邯郸之难

邯郸之难[①]，昭奚恤谓楚王曰[②]："王不如无救赵而以强魏。魏强，其割赵必深矣。赵不能听，则必坚守，是两弊也。"

【注释】①邯郸之难：公元前354–前353年，魏围赵都邯郸。邯郸：今河北邯郸。②楚王：指楚宣王。

【译文】邯郸被魏军围困，昭奚恤对楚宣王说："大王不如不援救赵国而援助魏国，魏国的力量就增强了，它一定会多割取赵国的土地。赵国不能听从，那么必定坚守，这就使他们两败俱伤。"

景舍曰[①]："不然。昭奚恤不知也[②]。夫魏之攻赵也，恐楚之攻其后。今不救赵，赵有亡形，而魏无楚忧，是楚、魏共赵也，害必深矣！何以两弊也？且魏全兵以深割赵，赵有亡形而有楚之不救己也，必与魏合而以谋楚，故王不如少出兵以为赵援。赵恃楚劲，必与魏战。魏怒于赵之劲，而见楚救之不足畏也，必不释赵。赵、魏相弊，而齐、秦应楚，则魏可破也。"楚因使景舍起兵救赵。邯郸拔，楚取睢、涉（huì）之间[③]。

【注释】①景舍：景氏，名舍，字子发。纪郢（今湖北荆州）人。战国时楚国大司马。②知：通“智”，智慧，明智。③睢、涉之间：魏国的东南境，和楚国相邻。睢、涉，皆水名。

【译文】景舍说：“不是这样。昭奚恤的做法是不明智的。魏国攻打赵国，却担心楚国从后面进攻它。如今不援救赵国，赵国就有灭亡的形迹，而魏国没有楚国从后面进攻它的忧虑，这是楚国、魏国共同攻打赵国，对赵国的危害必然深重！怎么说是两败俱伤呢？况且魏国保全士兵而多割取赵国的土地，赵国已经显露出灭亡的征兆，而看见楚国不援救自己，必然与魏国联合起来图谋楚国，所以大王不如派出少量军队，作为赵国的援兵。赵国依仗楚国的援助，必定与魏国死战。魏国恼怒于赵国的顽强抵抗，而且看到楚国的援救不值得畏惧，一定不肯放弃灭亡赵国的机会。赵国、魏国互相削弱，而齐国、秦国响应楚国，那么魏国是可以被攻破的。”楚王因此派景舍领兵援救赵国。邯郸被魏国攻占后，楚国也夺取了睢水、涉水之间的大片土地。

楚一·江尹欲恶昭奚恤于楚王而力不能

江尹欲恶昭奚恤于楚王而力不能[①]，故为梁山阳君请封于楚[②]。楚王曰：“诺。”昭奚恤曰：“山阳君无功于楚国，不当封。”江尹因得山阳君与之共恶昭奚恤。

【注释】①江尹：即江乙。楚王：指楚宣王。恶：诽谤；中伤。②梁：指魏国。山阳君：魏国封君，魏惠王时封于山阳。山阳：地名，在今河南焦作东南。

【译文】江乙想要在楚宣王面前诽谤昭奚恤，可是感到自己势单力孤，所以就替魏国山阳君向楚宣王请求封赏。楚宣王说：“好。”昭奚恤说：“山阳君对楚国没有功劳，不应当封赏。”江乙因此得到山阳君跟他共同憎恶昭奚恤的成果。

楚一·魏氏恶昭奚恤于楚王

魏氏恶昭奚恤于楚王[①]，楚王告昭子[②]。昭子曰：“臣朝（zhāo）夕以事听命，而魏入吾君臣之间，臣大惧。臣非畏魏也，夫泄吾君臣之交，而天下信之，是其为人也近君矣。夫苟不难为之外，岂忘为之内乎？臣之得罪无日矣。”王曰：“寡人知之，大夫何患？”

【注释】①楚王：指楚宣王。②昭子：即昭奚恤。

【译文】魏国人在楚王面前诽谤昭奚恤，楚宣王告诉了昭奚恤。昭奚恤说：“我早晚事奉君王听从命令，然而一个魏国人在我们君臣之间进行挑拨，我很害怕。我不是害怕这个魏国人，是怕他挑拨君臣之间的关系，而天下人相信那些谣言，这样的人一定是君王身边的人。既然他们能够在外造谣，难道还能忘记在朝堂之内挑拨离间吗？我获罪的日子不远了。”宣王说：“我知道这些事情了，您还担心什么呢？”

楚一·江乙恶昭奚恤

江乙恶昭奚恤，谓楚王[①]曰：“人有以其狗为有执而爱之。

其狗尝溺（niào）井[②]，其邻人见狗之溺井也，欲入言之，狗恶之，当[③]门而噬（shì）[④]之。邻人惮之，遂不得入言。邯郸之难，楚进兵，大梁将取矣，昭奚恤取魏之宝器，以臣居魏知之，故昭奚恤常恶臣之见王。”

【注释】①楚王：指楚宣王。②溺：排泄小便。后来作“尿”。③当：通“挡”。④噬：咬。

【译文】江乙诽谤昭奚恤，他对楚王说：“有一个人因为他的狗凶猛有力而宠爱它。他的狗曾经往井里撒尿。他的邻居看见狗往井里撒尿，想要进家告诉它的主人，狗很憎恨他，挡住大门要咬他。邻居害怕被狗咬，于是就不敢进去说狗在井里撒尿的事。魏国围困邯郸时，楚国进兵大梁，即将攻占它，这时昭奚恤收取魏国很多宝器，因为我那时居住在魏国所以清楚这件事，所以昭奚恤非常讨厌我来进见大王。

楚一·江乙欲恶昭奚恤于楚

江乙欲恶昭奚恤于楚，谓楚王曰：“下比周则上危[①]；下分争则上安。王亦知之乎？愿王勿忘也。且人有好扬人之善者，于王何如？”王曰：“此君子也，近之。”江乙曰：“有人好扬人之恶者，于王何如？”王曰：“此小人也，远之。”江乙曰：“然则且有子杀其父，臣弑（shì）其主者[②]，而王终已不知者，何也？以王好闻人之美而恶闻人之恶也！”王曰：“善。寡人愿两闻之。”

【注释】①比周：和小人亲近，结党营私。②弑：古时称臣杀君、子杀父母。

【译文】江乙想要在楚国诽谤昭奚恤，他对楚王说："大臣结党营私，国君的地位就危险，大臣纷争不断，国君的地位就安全，大王也知道这个道理吗？希望大王不要忘记这一点。有人喜欢宣扬别人好的地方，大王认为这个人怎么样？"楚王说："这是个君子，可以亲近他。"江乙说："有人喜欢宣扬别人恶的地方，大王认为这个人怎么样？"楚王说："这是个小人，应该疏远他。"江乙说："既然这样，有儿子杀了他父亲，臣子杀了他的国君，然而大王最终还不知道，这是为什么？因为大王喜欢听别人的好而讨厌听别人的坏啊！"楚宣王说："好。我愿意好的坏的都听。"

楚一·江乙说于安陵君曰

江乙说于安陵君曰[①]："君无咫(zhǐ)尺之功[②]，骨肉之亲，处尊位，受厚禄，一国之众，见君莫不敛衽(liǎn rèn)[③]而拜，抚委而服[④]，何以也？"曰："王过举而已，不然，无以至此。"江乙曰："以财交者，财尽而交绝；以色交者，华(huā)落而爱渝[⑤]。是以嬖(bì)女不敝席[⑥]，宠臣不避轩[⑦]。今君擅楚国之势，而无以深自结于王，窃为君危之。"安陵君曰："然则奈何？"江乙曰："愿君必请从死，以身为殉，如是必长得重于楚国。"曰："谨受令。"

【注释】①安陵君：名坛，楚宣王的男宠，贵族出身。②咫尺：比喻微小。咫尺之功：微小的功劳。③敛衽：指整理衣襟，表示恭敬。元以后亦指女子的拜礼。④委：帽檐,冠檐。⑤华：同“花”，花朵。华落：比喻容颜衰老。渝：变。⑥嬖：宠爱，引申为受宠爱的人。嬖女：受宠爱的姬妾。⑦轩：古代一种有围棚或帷幕的车。

【译文】江乙对安陵君说：“您对楚国没有丝毫的功劳，也没有骨肉之亲可以依靠，却身居高位，享受厚禄，楚国的百姓，见到您没有不整理衣襟，抚平帽檐，恭敬地躬身下拜，这是为什么呢？”安陵君回答说：“这不过是因为楚王错误地抬爱我罢了，不然的话，不可能这样。”江乙说：“用金钱与别人结交，金钱用完了交情也就断绝；用美色与别人交往，容颜衰老了爱情也就改变。所以，受宠的姬妾床上的席子还没有被睡破，她就被遗弃；宠臣的马车还没有用坏，他就被罢黜。如今您独揽楚国的权势，可自己并没有能力与楚王结成深交，我私下里为您感到担忧。”安陵君说：“那可怎么办呢？”江乙说：“希望您一定向楚王请求随他而死，为他殉葬，这样您在楚国必能长期受到尊重。”安陵君说：“敬遵您的教令。”

三年而弗言。江乙复见曰：“臣所为君道，至今未效，君不用臣之计，臣请不敢复见矣！”安陵君曰：“不敢忘先生之言，未得间也。”

【译文】三年以后，安陵君仍然没有说什么。江乙又拜见安陵君说：“我给您说的，到现在您也没有行动，您既然不采纳我的计策，我从此不敢再见您了！”安陵君说：“我不敢忘记先生的话，只因没有遇到合适的时机啊。”

于是楚王游于云梦[①]，结驷（sì）千乘（shèng）[②]，旌（jīng）旗蔽日[③]，野火之起也若云霓（ní）[④]，虎嗥（háo）之声若雷霆，有狂兕（sì）牸车依轮而至[⑤]。王亲引弓而射，壹发而殪（yì）[⑥]。王抽旃（zhān）旄（máo）而抑兕首[⑦]，仰天而笑曰："乐矣，今日之游也！寡人万岁千秋之后，谁与乐此矣？"安陵君泣数行而进曰："臣入则编席，出则陪乘，大王万岁千秋之后[⑧]，愿得以身试黄泉，蓐（rù）蝼蚁[⑨]，又何如得此乐而乐之！"王大说[⑩]，乃封坛为安陵君。君子闻之曰："江乙可谓善谋，安陵君可谓知时矣。"

【注释】①云梦：又称云梦大泽，中国湖北省江汉平原上的古代湖泊群的总称。南以长江为界。战国时为楚王游猎区。②结：连。驷：古代同驾一辆车的四匹马；或套着四匹马的车。乘：古代称兵车，四马一车为一乘。③旌：古代用羽毛装饰的旗子。④霓：雨后天空中与虹同时出现的彩色圆弧。⑤兕：犀牛。⑥殪：杀死。⑦旃：赤色的曲柄旗。旄：用牦牛尾装饰杆头的旗。⑧万岁千秋之后：指死后。⑨蓐蝼蚁：为楚王作蓐以防御蝼蚁。蓐：草席，草垫子。⑩说：同"悦"，喜悦。

【译文】后来楚王到云梦地区游猎，套着四匹马的车有数千辆，用羽毛装饰的旗子遮蔽天日，野火烧起来好像彩虹，老虎吼叫之声好像雷霆。忽然一头像发了狂似的犀牛朝车轮横冲直撞过来。楚王亲自拉弓搭箭，一箭便射死了犀牛。楚王拔起一枝旗杆，按住犀牛的头，仰天大笑说："今天的游玩，实在太愉快了！寡人死后，谁又能与我一道享受这种快乐呢？"安陵君泪流满面，上前对楚王说："我在宫内和大王挨席而坐，出外则陪大王同车而乘，大王死后，我愿随从而死，在黄泉之下做大王的席垫，为大王防御蝼蚁，又有什么比这更快乐的呢？”楚王听了非常高兴，就封他为安陵君。君子听到这件事说：“江乙真算是善于谋划，安陵君真算是善于利用时机啊。”

楚一·江乙为魏使于楚

江乙为魏使于楚，谓楚王曰：“臣入竟[①]，闻楚之俗，不蔽人之善，不言人之恶，诚有之乎？”王曰：“诚有之。”江乙曰：“然则白公之乱得无遂乎[②]？诚如是，臣等之罪免矣。”楚王曰：“何也？”江乙曰：“州侯相楚[③]，贵甚矣而主断，左右皆曰‘无有’，如出一口矣！”

【注释】①竟：通“境”，国境。②白公：春秋时人，楚平王孙。楚惠王时，在楚国作乱，后被叶（shè）公子高所平。③州侯：楚王宠臣。州是他的封邑，在今湖北洪湖东北。

【译文】江乙为魏国出使到楚国，对楚王说：“我进入楚境，听说楚国有一种风俗，不掩盖别人的好，不谈论别人的坏，真是这样吗？”楚王说：“真是这样。”江乙说：“既然这样，白公所制造的祸乱能不成功吗？果真是这样，我们的罪过就可以免除了。”楚王说：“为什么？”江乙说：“州侯辅佐楚王，地位非常尊贵而且独断专权，可是您身边的人都说‘没有能独断专权的事’，像从一张嘴里说出来的话一样啊！”

楚一·郢人有狱三年不决者

郢(yǐng)[①]人有狱[②]三年不决者，故令人请其宅，以卜其罪[③]。客因为之谓昭奚恤曰："郢人某氏之宅，臣愿之。"昭奚恤曰："郢人某氏不当服罪，故其宅不得。"客辞而去。昭奚恤已而悔之[④]，因谓客曰："奚恤得事公，公何为以故与奚恤？"客曰："非用故也！"曰："请而不得，有说色[⑤]，非故如何也？"

【注释】①郢：楚国国都，在今湖北江陵西北。②狱：罪案，官司。③卜：推断；预料。④已而：不久；后来。⑤说：同"悦"，喜悦。

【译文】郢都有个人打官司，三年了还没有判决，所以他让人请求购买他的住宅，用这件来推断他是否有罪。受委托的人因为这件事对昭奚恤说："郢都某人的住宅，我希望买下它。"昭奚恤说："郢都某人不应当判罪，所以他的住宅你还不能买。"受委托的人告辞走了。昭奚恤不久就后悔了，就对受委托的人说："奚恤可以事奉您，您为什么借买房之事来欺诈我呢？"受委托的人说："没有用买房之事来欺诈您。"昭奚恤说："您请求买房而没有得到，但脸上有喜悦的神色，不是欺诈又是什么呢？"

楚一·城浑出周

城浑出周[①]，三人偶行，南游于楚，至于新城[②]。城浑说其令曰："郑[③]、魏者，楚之耎(ruǎn)国，而秦[④]，楚之强敌也。郑、魏之弱，而楚以上蔡应之[⑤]；宜阳之大也[⑥]，楚以弱新城圉（yǔ）之[⑦]。蒲（pú）反、安邑相去百里[⑧]，秦人一夜而袭之，安邑不知；新城、上蔡相去五百里，秦人一夜而袭之，上蔡亦不知也。今边邑之所恃者，非江南、泗上也[⑨]，故楚王何不以新城为主郡也[⑩]？边邑甚利之。”

【注释】①城浑：人名，战国时周人。②新城：地名，本为韩邑，后入楚。在今河南伊川西南。③郑：指韩国。④耎：软弱，弱。⑤上蔡：地名，楚邑，在今河南上蔡西南。⑥宜阳：地名，本为韩邑，此时为秦所得。在今宜阳西北。⑦圉：抵御；阻止。⑧蒲反：地名，即蒲坂，魏邑，在今山西永济东南。安邑：地名，战国初为魏都，今山西夏县西北。⑨泗上：泛指泗水北岸的地域。⑩楚王：指楚怀王熊槐，约公元前355—前296年，芈姓，熊氏，名槐，楚威王之子，楚顷襄王之父。

【译文】城浑离开周国，与三个人同行，向南到楚国游历，一直到新城。城浑向新城县令说：“韩国、魏国对于楚国来说是弱国，而秦国却是楚国强大的敌人。郑国、魏国虽然弱小，可是楚国却用上蔡来应对它们；秦国的宜阳强大，楚国却用弱小的新城防御它。蒲反、安邑相距百里，秦国人一夜之间偷袭蒲反，安邑不能察觉；新城、上蔡相距五百里，秦人一夜偷袭新城，上蔡也不能察觉。如今边境城邑防守所依靠的，不是江南、泗上两地，所以楚王为什么不把新城作为主郡？这对边邑的防御十分有利。”

新城公大说[①]，乃为具[②]驷马乘车五百金之尽[③]。城浑得之，遂南交于楚，楚王果以新城为主郡。

【注释】①新城公：即新城令。说：同“悦”。②具：泛指准备，备办。③尽：通“赆（jìn）”，临别时赠送给远行人的路费、礼物。

【译文】新城县令听了非常高兴，就为城浑准备了四匹马拉的兵车和五百金的路费。城浑得到这些东西，于是向南到楚国交游，楚王果然把新城设置为主郡。

楚一·韩公叔有齐、魏

韩公叔有齐、魏[①]，而太子有楚、秦以争国[②]。郑申为楚使于韩[③]，矫[④]以新城、阳人[⑤]予太子。楚王怒[⑥]，将罪之。对曰：“臣矫予之，以为国也。臣为太子得新城、阳人以与公叔争国而得之，齐、魏必伐韩；韩氏急，必悬命于楚，又何新城、阳人之敢求？太子不胜，幸而不死，在今将倒冠而至，又安敢言地？”楚王曰：“善。”乃不罪也。

【注释】①韩公叔：韩国贵族，大约是在宣惠王后期和襄王中前期接替公仲担任韩相。②太子：指韩公子几瑟。③郑申：战国时楚国大臣。④矫：假托；诈称。⑤阳人：地名，楚邑，在今河南临汝西。⑥楚王：指楚怀王。

【译文】韩国公叔有齐国、魏国支持，而太子几瑟有楚国、秦国的势力来帮助夺取政权。郑申为楚国出使韩国，假托楚王之命把新城、阳人两地给予几瑟。楚王很生气，要惩罚郑申。郑申回答说：“我假传王命把新城、阳人给予几瑟，是为了楚国啊。我为几瑟取得了新城、阳人两地，他在与公叔争夺政权中获胜，齐、魏两国必定会讨伐韩国，韩国危急，必定会把命运交给楚国支配，又怎么敢索求新城、阳人两地呢？如果几瑟争权失利，侥幸活着，将会狼狈逃到楚国，又怎么敢索求新城、阳人的土地呢？”楚王说：“好”。因此就没有惩罚他。

楚一·楚杜赫说楚王以取赵

楚杜赫说楚王以取赵[①]。王且予之五大夫[②]，而令私行。陈轸（zhěn）谓楚王曰[③]：“赫不能得赵，五大夫不可收也，是赏无功也。得赵而王无加焉，是无善也。王不如以十乘行之，事成，予之五大夫。”王曰：“善。”乃以十乘行之。杜赫怒而不行。陈轸谓王曰：“是不能得赵也。”

【注释】①杜赫：周人，战国时期的游说之士。楚王：指楚怀王。②五大夫：爵位名。战国时楚魏始设，秦汉因之，为二十等爵的第九级，属较高的爵位。战国及秦重爵，汉以后重官。③陈轸：齐人，战国时期纵横家、谋士。先仕秦，后仕楚，仕楚大致在怀王时。

【译文】楚国的杜赫游说楚王去争取赵国的支持，楚王将要授给他五大夫的爵位，并且命令他以私人身份前往。陈轸对楚王说：“如果杜赫不能取得赵国的支持，赏给他五大夫的爵位就无法收回，这是赏赐没有功劳的人。如果他能得到赵国的支持而大王对他的赏赐却没有办法增加了，这就是有功劳却没有赏赐。大王不如给他十辆兵车随行，事情成功以后，再授给他五大夫的爵位。”楚王说：“好。”于是楚王给杜赫十辆兵车随行。杜赫听后因愤怒不肯出行。陈轸对楚王说：“这说明他不能争取到赵国的支持。”

楚一·楚王问于范环

楚王问于范环曰[①]："寡人欲置相于秦，孰可？"对曰："臣不足以知之。"王曰："吾相甘茂可乎？"范环对曰："不可。"王曰："何也？"曰："夫史举[②]，上蔡之监门也[③]，大不知事君，小不知处室，以苛廉闻于世，甘茂事之顺焉。故惠王之明[④]，武王之察[⑤]，张仪之好谮（zèn）[⑥]，甘茂事之，取十官而无罪。茂，诚贤者也，然而不可相秦。秦之有贤相也，非楚国之利也。且王尝用召滑于越而纳句章[⑦]。昧之难[⑧]，越乱，故楚南塞瀨胡而郡江东[⑨]。计王之功，所以能如此者，越乱而楚治也。今王以用之于越矣，而忘之于秦，臣以为王巨速忘矣。王若欲置相于秦乎？若公孙郝者可[⑩]。夫公孙郝之于秦王，亲也，少与之同衣，长与之同车，被王衣以听事，真大王之相已。王相之，楚国之大利也。"

【注释】①楚王：指楚怀王。范环：楚国大臣。②史举：人名，下蔡的守门小吏。③上蔡："上"当为"下"。下蔡：地名，今安徽凤台县。④惠王：指秦惠文王，公元前356—前311年，又称秦惠王，嬴姓，赵氏，名驷，秦孝公之子。⑤武王：指秦武王，公元前329—前307年，又称秦武烈王、秦悼武王，嬴姓，名荡，秦惠文王之子。⑥谮：说别人的坏话，诬陷，中伤。⑦召滑：战国时楚国人。召一作邵，亦即昭。奉楚怀王命入越，五年后，乘越内乱，将越灭亡，于是楚在江东设郡。句章：越地，在今浙江余姚东南。⑧昧：越地，今地不详。⑨瀨胡：当作"厉门"，今之龙虎关，位于广西恭城县龙虎乡，与湖南江永县交界的一个著名的古关隘。是通往岭南的要道。江东：指江苏南部、浙江北部的地区。⑩公孙郝：秦昭王宠臣。

【译文】楚王问范环说："寡人想要安排人担任秦相，你看谁可以？"范环说："我的才能不足以知道此事。"楚王说："我安排甘茂可以吗？"范环回答说："不可以。"楚王间："为什么？"范环说："史举原来是下蔡的守门小吏，往大说他不知道事奉君王，往小说他不知道处理家事，以苛严廉洁闻名于世，甘茂与他相处却十分和顺。所以像惠王那样的贤明，武王那样洞察，张仪那样喜欢说别人坏话，甘茂去事奉他们，升十次官而没有获罪。甘茂的确是一个诚信贤能的人，然而却不可以让他去秦国当相国。秦国有贤能的相国，并非对楚国有利。况且大王曾经派召滑到越国为相，而得到句章。昧地有祸事，越国内乱，所以楚国向南控制厉门并以江东为郡。计算大王的功绩，之所以能达到如此程度，是因为越国内乱而楚国得到治理。如今大王对越国使用这种计策，却忘记对秦国使用，我认为大王忘得太快了。大王想在秦国安排相国吗？像公孙郝那样的人就可以。公孙郝和秦王的关系很亲密，年少时他与秦王一起穿衣，长大以与秦王一起坐车，穿着秦王的衣服听政，他真是大王心中的秦相。大王安排他去做秦相，对楚国是非常有利的。"

楚一·苏秦为赵合从

苏秦为赵合从[①]，说楚威王曰[②]："楚，天下之强国也；大王，天下之贤王也。楚地西有黔中、巫郡[③]，东有夏州、海阳[④]，南有洞庭、苍梧[⑤]，北有汾陉（xíng）之塞、郇（xún）阳[⑥]。地方五千里，带甲百万，车千乘，骑万匹，粟支十年，此霸王之资也。夫以楚之强与大王之贤，天下莫能当也[7]，今乃欲西面而事秦，则诸侯莫不西面而朝于章台之下矣[8]。

【注释】①从：通“纵”，特指合纵。战国时六国联合反对秦国的联盟。②楚威王：熊商，芈姓，熊氏，名商，楚宣王之子。③黔中：郡名，楚置，在今湖南西北部、湖北西南部及贵州东北部。巫郡：楚怀王时期设置，因巫山得名，今属于重庆巫山县，另辖有今湖北清江中、上游和四川北部。④夏州：地名，在今湖北汉阳北。海阳：地名，在今江苏泰州。⑤洞庭：湖名，古称云梦、九江和重湖，因湖中洞庭山（即今君山）而得名，在今湖南岳阳西南。苍梧：山名，即九疑山，在今湖南宁远南。⑥汾陉之塞：塞名，在今河南许昌西南。郇阳：地名，楚邑，在今陕西浔阳东。⑦当：抵敌；抵挡。⑧章台：战国时秦宫中台名。此以章台代秦。

【译文】苏秦为赵国组织合纵联盟，去游说楚王说：“楚国是天下的强国，大王是天下的贤主。楚国西面有黔中、巫郡，东面有夏州、海阳，南面有洞庭、苍梧，北面有汾径、郇阳。土地方圆五千里，战士百万，战车千辆，战马万匹，粮食可供用十年，这是建立霸业的资本。凭楚国的强大和大王的贤能，天下没有谁能比得上，可现在您却打算向西事奉秦国，那么各诸侯国都会向西朝拜在秦国的章台之下了。

“秦之所害于天下莫如楚，楚强则秦弱，楚弱则秦强，此其势不两立。故为王计，莫如从亲以孤秦。大王不从亲，秦必起两军，一军出武关[1]，一军下汉中[2]，若此，则鄢、郢动矣[3]。臣闻治之其未乱，为之其未有也。患至而后忧之，则无及已。故愿大王早计之。

【注释】①武关：地名，在陕西商南县西北。楚怀王三十年，秦昭襄王遗书诱楚王，约会于此，执以入秦。②汉中：古郡名，治所在南郑，今陕西汉中东。③鄢、郢：春秋楚文王定都于郢，惠王之初曾迁都于鄢，仍号郢。因以"鄢郢"指楚都。

【译文】"秦国在诸侯国中最害怕的的莫过于楚国，楚国强盛则秦国削弱，楚国衰弱则秦国强大，楚国、秦国势不两立。所以我为大王考虑，不如与六国合纵来孤立秦国。大王如果不组织合纵，秦国必然会从两路进军，一路出武关，一路下汉中，如果这样，楚都鄢、郢必然会震动。我听说治理天下要在它还未混乱的时候，做事要在它未发生的时候。祸患临头然后才去发愁，那就来不及了。所以我希望大王及早谋划。

"大王诚能听臣，臣请令山东之国奉四时之献[①]，以承大王之明制，委社稷宗庙，练士厉兵，在大王之所用之。大王诚能听臣之愚计，则韩、魏、齐、燕、赵、卫之妙音美人必充后宫矣。赵、代良马橐驼必实于外厩[②]。故从合则楚王[③]，横成则秦帝。今释霸王之业而有事人之名，臣窃为大王不取也。

【注释】①山东之国：指崤山以东的韩、魏、齐、燕、赵等国。②橐驼：即骆驼。③从：通"纵"，特指合纵。

【译文】"大王您如果真能听取我的意见，我可以让崤山以东各国一年四季都来进贡，奉行大王您的诏令，将国家、宗庙都委托给您，训练士兵，听从大王的命令。大王真能听从我不完善的计策，那么韩、魏、齐、燕、赵、卫各国的歌女、美人必定会充满您的后宫，越地、代地的良马、骆驼一定会填满您的马厩。因此合纵成功楚国就可以称王，连横成功秦国就会称帝。现在您放弃霸王大业，反而落下事奉秦国的名声，我私下认为大王的做法不可取啊。

“夫秦，虎狼之国也，有吞天下之心。秦，天下之仇雠①，横人皆欲割诸侯之地以事秦，此所谓养仇而奉雠者也！夫为人臣而割其主之地，以外交强虎狼之秦，以侵天下，卒有秦患，不顾其祸。夫外挟强秦之威以内劫其主，以求割地，大逆不忠，无过此者。故从亲则诸侯割地以事楚，横合则楚割地以事秦，此两策者，相去远矣，有亿兆之数，两者，大王何居焉？故弊邑赵王使臣效愚计，奉明约，在大王命之。”

【注释】①仇雠：仇敌；仇家。

【译文】“秦国就像虎狼一样是贪狠暴戾的国家，有吞并天下的野心。秦国是天下的仇敌，主张连横的人却想割让诸侯土地去事奉秦国，这就是奉养仇敌的人啊！做为臣子而割让国君的土地，去交结如虎狼般强暴的秦国，让它侵略天下诸侯，最终会为国君招来严重的祸患，他们是不管这种后果的。至于外边依靠强秦的威势，对内胁迫自己的国君，要求割地给秦国，大逆不道，为国不忠的罪过，没有比这更大的了。所以合纵成功，诸侯就会割地事奉楚国，连横成功，楚国就得割地事奉秦国，这两种谋略，相差非常远，这两者，大王到底站在哪一边呢？因此，敝国赵王派我献上不完善的计策，奉行明确的盟约，这全在大王的安排。”

楚王曰：“寡人之国，西与秦接境，秦有举巴蜀[1]、并汉中之心。秦，虎狼之国，不可亲也。而韩、魏迫于秦患，不可与深谋，恐反以入于秦，故谋未发而国已危矣。寡人自料，以楚当秦，未见胜焉。内与群臣谋，不足恃也[2]。寡人卧不安席，食不甘味，心摇摇而悬旌，而无所终薄。今君欲一天下，安诸侯，存危国，寡人谨奉社稷以从。”

【注释】①巴蜀：是指四川盆地及其附近地区。②恃：依赖，仗着。

【译文】楚王说：“我的国家，西边与秦国接壤，秦国有夺取巴蜀、吞并汉中的野心。秦国就像虎狼一样是贪狠暴戾的国家，不可能和它亲近。而韩国、魏国迫于秦国的威胁，不能和他们深入谋划，和他们深谋，恐怕他们反把消息泄露给秦国，这样，计谋还没有实行，楚国就已经处在危险中了。我自己估计，用楚国来抵抗秦国，未必能够取得胜利。在国内与群臣谋划，也没法依赖。我睡不安宁，吃饭都觉得没有味道，心神不定，如悬挂的旗子，终无所托。现在您想统一天下，安定诸侯，保全处在危亡中的国家，我愿意献出整个国家参加合纵联盟。”

楚一·张仪为秦破从连横

张仪为秦破从连横，说楚王曰：“秦地半天下，兵敌四国，被山带河[①]，四塞以为固。虎贲（bēn）之士百余万，车千乘，骑万匹，粟如丘山。法令既明，士卒安难乐死，主严以明，将知以武，虽无出兵甲，席卷常山之险[②]，折天下之脊，天下后服者先亡。且夫为从者，无以异于驱群羊而攻猛虎也。夫虎之与羊，不格明矣。今大王不与猛虎而与群羊，窃以为大王之计过矣。

【注释】①被：古同“披”，覆盖。②常山：山名，即恒山，在今河北曲阳西北，与太行山相连。汉、宋避帝讳为常山（汉文帝、宋真宗均名恒）。

【译文】张仪为秦国瓦解合纵组织连横，他对楚王说：“秦国土地占天下的一半，兵力可以对抗四周的邻国，四境覆盖着险山，又有黄河围绕，四面都还有要塞来巩固边防。有勇士一百多万，战车数千辆，战马数万匹，粮食堆积如山。法令严名，士兵安于困难乐于为国赴死，国君威严贤明，将帅智慧勇武，不出兵则已，一出兵就像卷席那样夺得常山的险隘，折断天下的脊梁，天下后归顺的先遭到灭亡。再说主张合纵联盟的人，无异于驱赶群羊去进攻猛虎。羊群与猛虎之间的较量，是再明白不过的了。现在大王不与猛虎友好，却与群羊为伍，我认为大王的计策错了。

“凡天下强国，非秦而楚，非楚而秦，两国敌侔（móu）交争①，其势不两立。而大王不与秦，秦下甲兵据宜阳，韩之上地不通；下河东②，取成皋（gāo）③，韩必入臣于秦。韩入臣，魏则从风而动。秦攻楚之西，韩、魏攻其北，社稷岂得无危哉？

【注释】①敌侔：谓力量相等。侔：相等，齐。②河东：地区名，今山西西南部。③成皋：别称虎牢，原址在古东虢国。在今河南荥（xíng）阳汜（sì）水城西。

【译文】“计算天下的强国，不是秦国就是楚国，不是楚国就是秦国，两国力量相等，互相争夺，这种形势下不可能两国并立。如果大王不结交秦国，秦国派兵占据宜阳，韩国的上地就会道路不通；秦兵攻下河东，夺取成皋，韩国必然臣服秦国。韩国臣服，魏国也必然趁此时机行动。秦国进攻楚国的西面，韩国、魏国进攻楚国的北面，楚国怎能没有危险呢？

“且夫约从者，聚群弱而攻至强也。夫以弱攻强，不料敌而轻战，国贫而骤举兵，此危亡之术也！臣闻之：‘兵不如者，勿与挑战；粟不如者，勿与持久。’夫从人者，饰辩虚辞，高主之节行，言其利而不言其害，卒有秦祸，无及为已！是故愿大王之熟计之也。

【译文】“况且合纵联盟的人，聚集了一群弱国去进攻最强的秦国。以弱国去进攻强国，不估量强敌便轻率作战，国家贫弱却经常发动战争，这是危险的做法啊！我听说：‘兵力不如对方，不要挑起战端；粮食不如对方，不要和对方打持久战。’那些主张合纵联盟的人，说好听的辩言，不切实际的虚辞，赞扬国君的节操和品行，只谈好处不谈祸害，一旦招来秦兵发生战祸，挽救就来不及了！所以希望大王要深思熟虑。

“秦西有巴蜀，方船积粟[①]，起于汶山[②]，循江而下，至郢三千余里。舫船载卒，一舫载五十人，与三月之粮，下水而浮，一日行三百余里；里数虽多，不费马汗之劳，不至十日而距扞（hàn）关[③]。扞关惊，则从竟陵已东[④]，尽城守矣，黔中、巫郡非王之有已[⑤]。秦举甲出之武关[⑥]，南面而攻则北地绝[⑦]。秦兵之攻楚也，危难在三月之内；而楚恃诸侯之救，在半岁之外，此其势不相及也。夫恃弱国之救而忘强秦之祸，此臣所以为大王患也！

【注释】①方船：并船。泛指大船。②汶山：山名，即岷山，在今四川松潘北。③扞关：古关名。故址在今湖北长阳西。后世亦称楚关。④竟陵：地名，楚邑，在今湖北潜江西北。⑤黔中：郡名，战国楚置。巫郡：郡名，楚怀王时期所置，因巫山得名，今属于重庆巫山县，另辖有今湖北清江中、上游和四川北部。⑥武关：古晋楚、秦楚国界出入检查处。位于陕西省商洛市丹凤县东武关河的北岸。⑦北地：指楚北部边境之地，在今河南信阳以北。

【译文】“秦国西面有巴蜀，用大船运粮，自汶山出发，并船而行，顺江而下，到楚都有三千多里。用船运兵，一船载五十人，和三个月的粮食，顺着水流漂浮而下，一日行三百多里；路程虽长，却不费车马拉车的辛劳，不到十天，就到达扞关。扞关为之震动，因而自竟陵以东的城邑，都用尽全城的力量加强守备，黔中、巫郡都会不为大王所有。秦国又出兵武关，向南进攻，则楚国的北部交通就被断绝。秦军攻楚，不出三月形势将十分危急；而楚国等诸侯国的援军，要在半年之后才到，这势必赶不上。依靠弱国的救援而忘记强秦的战祸，这就是我为大王所担忧的啊！

“且大王尝与吴人五战三胜而亡之，陈卒尽矣[①]；有偏守新城而居民苦矣。臣闻之：‘攻大者易危，而民弊者怨于上[②]。’夫守易危之功而逆强秦之心，臣窃为大王危之。

【注释】①陈：通“阵”。②弊：衰落，疲惫。

【译文】“再说大王曾与吴国交战，五战三胜灭亡了它，临阵的士兵死的差不多了；为了守卫新得的城邑，人民吃了不少苦。我听说：‘进攻强大的敌人容易遭到危险，百姓疲惫穷困就容易抱怨君主。’守卫易受危难的功业，而违背强秦的意愿，我暗自为大王感到危险。

“且夫秦之所以不出甲于函谷关十五年以攻诸侯者[①]，阴谋有吞天下之心也。楚尝与秦构难，战于汉中，楚人不胜，通侯执珪死者七十余人[②]，遂亡汉中[③]。楚王大怒，兴师袭秦，战于蓝田[④]，又却，此所谓两虎相搏者也。夫秦、楚相弊而韩、魏以全制其后，计无过于此者矣，是故愿大王熟计之也。

【注释】①函谷关：位于河南省灵宝市区，是中国历史上建置最早的雄关要塞之一。②执珪：春秋战国时楚国之爵名，又称上执珪，为楚最高爵位。③遂亡汉中：指秦在公元前312年夺取楚汉中。④蓝田：地名，秦邑，今陕西蓝田西。

【译文】“至于秦国之所以十五年不出兵函谷关进攻各诸侯国，是因为它暗中有吞并诸侯的野心。楚国曾与秦国结成怨仇，在汉中交战，楚国没有胜利，有侯爵、执圭官爵的死了有七十多人，于是丢掉汉中。楚王大怒，出兵偷袭秦国，在蓝田交战，又被打败，这就是所谓两虎相斗啊。秦国和楚国互相削弱，韩国、魏国却保存实力，乘机进攻它们的后方，计策没有比这更错误的了。所以希望大王要深思熟虑。

“秦下兵攻卫阳晋[①]，必扃(jiōng)天下之匈[②]。大王悉起兵以攻宋，不至数月而宋可举[③]，举宋而东指，则泗上十二诸侯尽王之有已[③]。

【注释】①阳晋：地名，卫邑，在今山东郓(yùn)城西。②扃：上闩、关门。匈：同“胸”。③举：攻克。

【译文】“秦国出兵进攻卫国的阳晋，必定会关闭天下的交通要道。大王全力进攻宋国，不到数月宋就可以攻下，攻下宋国继续向东，那么泗上十二诸侯国就全为大王所有了。

“凡天下所信约从亲坚者苏秦，封为武安君而相燕，即阴与燕王谋破齐共分其地，乃佯(yáng)有罪[①]，出走入齐，齐王因受而相之，居两年而觉，齐王大怒，车裂苏秦于市[②]。夫以一诈伪反覆之苏秦，而欲经营天下，混一诸侯，其不可成也亦明矣。

【注释】①佯：假装。②车裂：把人的头和四肢分别绑在五辆车上，套上马匹，分别向不同的方向拉，把人的身体硬撕裂为六块。

【译文】“被诸侯信任中坚持合纵联盟的人是苏秦，他被封为武安君出任燕相后，就暗地里与燕王合谋攻破齐国瓜分齐国土地，他假装在燕国获罪，逃到齐国，齐王因此接受了他并任命他为相国，过了两年被发觉，齐王很愤怒，在闹市车裂了苏秦。一贯靠着欺诈伪装反复无常的苏秦，想要图谋左右天下，统一诸侯，这明显是不可能成功的。

“今秦之与楚也，接境壤界，固形亲之国也。大王诚能听臣，臣请秦太子入质于楚，楚太子入质于秦，请以秦女为大王箕箒（jī zhǒu）之妾[①]，效万家之都以为汤沐之邑[②]，长为昆弟之国[③]，终身无相攻击。臣以为计无便于此者。故敝邑秦王使使臣[④]献书大王之从车下风[⑤]，须以决事。”

【注释】①箕箒之妾：指持箕帚的奴婢，借作妻妾之谦称。“箒”，同“帚”。②汤沐之邑：源于周代的制度，是指诸侯朝见天子，天子赐以王畿以内的、供住宿和斋戒沐浴的封邑。后指国君、皇后、公主等受封者收取赋税的私邑。而贵族受封的汤沐邑，则是一种食邑制度。③昆弟：兄弟。④使使：派遣使者。使：动词，派，差谴。使：名词，奉命办事的人。⑤从车下风：表示敬意的词，指楚王左右侍从。从车：跟随的车。下风：地位卑微的人。

【译文】“现在，秦国和楚国国土接壤，本来形式上是亲密的国家。大王果真能听从我的话，我可以奏请使秦太子到楚国做人质，使楚太子到秦国做人质，让秦王女儿做大王侍奉洒扫的侍妾，并献出拥有万户的城邑作为大王的食邑，从此秦、楚两国结为兄弟之国，永远不相互交战。我认为没有比这更便利的计策了。所以秦王派我出使楚国，呈献国书，敬俟您的决定。”

楚王曰：“楚国僻陋，托东海之上。寡人年幼，不习国家之长计。今上客幸教以明制，寡人闻之，敬以国从。”乃遣车百乘，献骇鸡之犀[①]，夜光之璧于秦王。

【注释】①骇鸡之犀：指骇鸡犀，传说中的海兽。其角可去尘，又名却尘犀。

【译文】楚王说：“楚国地处偏僻，靠近东海之滨。我又年幼不懂得国家的长远大计。如今承蒙贵宾的浅显明白的教导，我听了您的高见，愿把国事委托给您。”于是他派出马车百辆，将骇鸡犀角、夜光宝璧献给秦王。

楚一·张仪相秦

张仪相秦，谓昭雎(jū)曰[①]：“楚无鄢、郢、汉中，有所更得乎？”曰：“无有。”曰：“无昭雎、陈轸[②]，有所更得乎？”曰：“无所更得。”张仪曰：“为仪谓楚王逐昭过[③]、陈轸，请复汉中。”昭雎归报楚王，楚王说之[④]。

【注释】①昭雎：人名，战国时楚国贵族大臣。②陈轸：战国时期纵横家、谋士。③昭过：人名，楚臣。④说：同“悦”。

【译文】张仪在秦国做相国，对昭雎说："楚国失去鄢、郢、汉中，有没有办法能再次获得呢？"昭雎说："没有。"张仪说："失去昭雎、陈轸，有什么办法可以再次获得呢？"昭雎说："没有办法再次获得。"张仪说："请您替我告诉楚王驱逐昭过、陈轸，我们秦国就可以把汉中归还给楚国。"昭雎回去报告楚王，楚王听后很高兴。

有人谓昭过曰："甚矣，楚王不察于争名者也。韩求相工陈籍而周不听[①]，魏求相綦（qí）母恢而周不听[②]，何以也？周曰：'是列县畜我也。'今楚，万乘之强国也；大王，天下之贤主也。今仪曰逐君与陈轸而王听之，是楚自行不如周，而仪重于韩、魏之王也。

【注释】①工陈籍：人名。②綦母恢：人名，战国时周大臣，曾指点公孙衍与秦讲和不多效地的方法。

【译文】有人对昭过说："楚王不明察自己名声太过分了。从前，韩国请求工陈籍做相国而周朝不答应，魏国请求綦母恢做相国周朝也不答应，为什么这样？周王说：'这是把我们周国当成他们的县一样了。'如今楚国是拥有万辆兵车的强大国家；大王您是天下贤明的君主。现在张仪说驱逐您和陈轸，大王听信他的话，这是楚国使自己不如周国，而显得张仪却比韩国、魏国的君王更重要。

"且仪之所行，有功名者秦也，所欲贵富者魏也。欲为攻于魏，必南伐楚。故攻有道，外绝其交，内逐其谋臣。陈轸，夏人也[①]，习于三晋之事，故逐之，则楚无谋臣矣。今君能用楚之众，故亦逐之，则楚众不用矣，此所谓内攻之者也，而王不知察。今君何不见臣于王，请为王使齐交不绝。齐交不绝，仪闻之，其效汉中必缓矣。是昭雎之言不信也，王必簿（bó）之。”

【注释】①夏人：中原人。

【译文】“况且张仪的行为，是想在秦国建立功名，在魏国取得富贵。他想帮助魏国攻打其他国家，一定会向南进攻楚国。所以进攻有一定的方法，对外要断绝它的邦交，对内要驱逐它的谋臣。陈轸，是中原人，对韩、赵、魏三国的事情很熟悉，所以张仪要驱逐他，这样楚国就没有谋臣了。如今您因为能指挥楚国的民众，如果也要驱逐您，这样楚国的民众就没有人指挥了，这就是所说的从内部进攻的办法，然而大王却不懂得观察。如今您为什么不让我去拜见君王，请让我为大王出使齐国，使齐楚邦交不断绝。齐楚邦交不断绝，张仪听到此事，秦国献出汉中的行动一定会迟缓。这样就显得昭雎的话不可信了，楚王一定会轻视他。”

楚一·威王问于莫敖子华

威王问于莫敖子华曰[①]：“自从先君文王[②]以至不穀（gǔ）之身[③]，亦有不为爵劝，不以禄勉，以忧社稷者乎？”莫敖子华对曰：“如华不足知之矣。”王曰：“不于大夫，无所闻之。”莫敖子华对曰：“君王将何问者也？彼有廉其爵，贫其身，以忧社稷者；有崇其爵，丰其禄，以忧社稷者；有断脰（dòu）决腹[④]，一瞑而万世不视，不知所益，以忧社稷者；有劳其身，愁其志，以忧社稷者；亦有不为爵劝，不为禄勉，以忧社稷者。”

【注释】①威王：指楚威王熊商，芈姓，熊氏，名商，楚宣王之子。莫敖：楚国官名，一作“莫嚣”。地位仅次于令尹、司马。掌代王传命及备王咨询。子华：人名。②文王：指楚文王，芈姓，熊氏，名赀，楚武王之子，公元前689—前677年在位。③不穀：本为周天子所用，周室衰落后诸侯霸主僭用，楚国僭越称王后也常用此称呼。④脰：颈。决：破。断脰决腹：杀掉头，剖开腹。形容惨烈的死难。

【译文】楚威王问莫敖子华说：“从先君文王到我这一代，也有不追求爵位、不计较俸禄，而忧虑国家的大臣吗？”莫敖子华回答说：“像我这样的人是没有资格谈论这些事情的。”威王说：“我要是不问您，就无从知道了。”莫敖子华回答说：“君王您问的是哪种大臣呢？他们中有有奉公守法，安于贫困，而忧虑国家的；有享有高爵，广有俸禄，而忧虑国家的；有不怕杀头，不怕剖腹，视死如归，不顾个人利益，而忧虑国家的；有不辞辛劳，愁心苦虑，而忧虑国家的；也有既不追求爵位，又不计较俸禄，而忧虑国家的。”

王曰：“大夫此言将何谓也？”莫敖子华对曰：“昔令尹子文[1]，缁（zī）帛之衣以朝[2]，鹿裘以处，未明而立于朝，日晦而归食，朝不谋夕，无一月之积。故彼廉其爵，贫其身，以忧社稷者，令尹子文是也，

【注释】①令尹：楚国在春秋战国时代的最高官衔，对内主持国事，对外主持战争，总揽军政大权于一身。子文：姓斗氏，春秋时期楚国的政治家。②缁：黑色。

【译文】威王说："您这些话说的都是谁呢？"莫敖子华回答说："从前令尹子文上朝，身穿的是黑绸，在家时，穿着简朴的鹿皮，天还没亮，就站在宫门等着上朝，太阳落山才回家吃饭，早上不为晚上考虑，家里连一个月的粮食也没有存积。所以奉公守法，安于贫困，而忧虑国家的，就是令尹子文这种人。

"昔者叶（shè）公子高身获于表薄①，而财于柱国②，定白公之祸③，宁楚国之事，恢先君以掩方城④之外，四封不侵，名不挫于诸侯。当此之时也，天下莫敢以兵南乡⑤，叶公子高食田六百畛（zhěn）⑥。故彼崇其爵，丰其禄，以忧社稷者，叶公子高是也。

【注释】①叶公子高：楚庄王玄孙尹成子，名诸梁，字子高。为楚大夫，封于叶（今河南叶县），故称叶公。表薄，"薄"当为"著"。表著，朝臣所站立的位置。②柱国：国都。③白公之祸：指公元前479年白公胜在郢作乱，杀死令尹、司马，挟持楚王的事。④方城：山名，在今河南叶县。⑤南乡：向南。乡，通"向"。⑥食田六百畛：指赏赐很多。畛：田地间的小路。

【译文】"从前楚国的叶公子高，地位尊贵，在国都拥有大量财富，平定白公胜造成的祸乱，使楚国获得安宁，发扬先君的德行，将他的名声扩散到方城之外，四境诸侯都不敢侵犯，使楚国的威名未在诸侯中受损伤。这个时候，诸侯都不敢向南出兵，叶公子高因此得到很多赏赐，得到的封地有六百畛。所以享有高爵，广有俸禄，而忧虑国家的，就是叶公子高这种人。

“昔者吴与楚战于柏举[1]，两御之间夫卒交。莫敖大心抚其御之手[2]，顾而大（tài）息曰[3]：‘嗟乎子乎，楚国亡之日至矣！吾将深入吴军，若扑一人，若捽（zuó）一人[4]，以与大心者也。社稷其为庶几（jī）乎[5]？’故断脰决腹，一瞑而万世不视，不知所益，以忧社稷者，莫敖大心是也。

【注释】①柏举：春秋楚地。在今湖北麻城市境，为麻城东北的柏子山与举水的合称。②大心：人名，即沈尹戌，芈姓，名戌，别出楚宗，楚庄王曾孙。死于柏举之战。③大息：叹息。④捽：方言，揪，抓。⑤庶几：差不多。

【译文】“从前，吴国和楚国在柏举交战，两国兵车和士卒杀成一团。莫敖大心拉着为他驾车的战士的手，回头叹息说：‘这位兄弟啊，楚国亡国的日子就要到了！我将要冲进吴军阵营，你们如果能扑倒一个敌人，抓住一个敌人，也是对我巨大的帮助啊。我们楚国差不多还有希望吧！’所以有不怕杀头，不怕剖腹，视死如归，不顾个人利益，而忧虑国家的，就是莫敖大心这种人。

“昔者吴与楚战于柏举，三战入郢，君王身出，大夫悉属，百姓离散。棼（fén）冒勃苏曰[1]：‘吾被坚执锐[2]，赴强敌而死，此犹一卒也，不若奔诸侯。’于是赢粮潜行[3]，上峥山，逾深谷，蹠（zhí）穿膝暴[4]，七日而薄秦王之朝[5]。雀（hè）立不转[6]，昼吟宵哭，七日不得告，水浆无入口，瘨（diān）而殚（dān）闷[7]，旄（mào）不知人[8]。秦王闻而走之，冠带不相及，左奉其首，右濡其口[9]，勃苏乃苏。

【注释】①棼冒勃苏：人名，即申包胥，申氏，名包胥，又称王孙包胥。春秋时期楚国大夫。②被：古同“披”，穿着。坚：指坚固的铠甲。锐：指锐利的兵器。③赢粮：担负粮食。引申指携带粮食。④蹠：脚掌。⑤秦王：指秦哀公，嬴姓，赵氏，秦景公之子，前536—前501年在位。⑥雀：古同“鹤”。⑦瘨：古同“癫”。精神错乱失常。殚闷：气厥昏晕。⑧旄不知人：昏迷不知人事。旄，同“眊”，昏迷。⑨濡：沾湿，润泽。

【译文】“从前，吴国和楚国在柏举交战，吴军打了三仗就攻入楚都，楚王逃走，大臣们都跟着楚王，百姓流离失所。棼冒勃苏说：‘我身披铠甲手执武器，与强敌作战战死，也只起到一个普通士卒的作用，还不如向诸侯求援。’于是，他携带粮食偷偷出发，爬过高山峻岭，渡过深谷，脚掌被磨穿，裤子磨破，露出膝盖，走了七天终于到了秦王的宫廷，像鹤一样踮着脚跟期望秦王接见，日夜哭泣，经过七昼夜，也未能面见秦王，他滴水未进，气厥昏晕，昏迷不省人事。秦王知道后跑着去看他，连帽带都来不及系好，左手捧着他的头，右手给他灌水，棼冒勃苏才慢慢苏醒过来。

“秦王身问之：‘子孰谁也？’棼冒勃苏对曰：‘臣非异，楚使新造盩[①]棼冒勃苏。吴与楚人战于柏举，三战入郢，寡君身出，大夫悉属，百姓离散。使下臣来告亡，且求救。’秦王顾令之起：‘寡人闻之，万乘之君得罪一士，社稷其危，今此之谓也。’遂出革车千乘，卒万人，属之子蒲与子虎[②]，下塞以东，与吴人战于浊水[③]而大败之，亦闻于遂浦[④]。故劳其身，愁其思，以忧社稷者，棼冒勃苏是也。

【注释】①新造盭：罪臣。盭，同“戾”，罪恶，罪行。②子蒲、子虎：人名，春秋时秦国将军。③浊水：源出今湖北襄樊市北，南流注入白河。④遂浦：地名，今地不详。

【译文】“秦王亲自问他：‘您是谁呀？’棼冒勃苏回答说：‘我不是别人，是楚王派来的使者罪臣棼冒勃苏。吴国和楚国在柏举交战，吴军打了三仗就攻入楚都，楚王逃走，大臣们都跟着楚王，百姓流离失所。楚王派我来报告楚国即将亡国，并且请求援救。’秦王叫他躺好别动，说：‘我听说，万乘之国的君王如果得罪了贤士，国家就会危险，如今就是这样。’于是秦王派出战车千辆，兵士万人，让子蒲和子虎率领，出边关向东挺进，与吴军战于浊水之上，把吴军打得大败，又在遂浦打了一仗。所以不辞辛劳，愁心苦虑，而忧虑国家的，就是棼冒勃苏这种人。

“吴与楚战于柏举，三战入郢，君王身出，大夫悉属，百姓离散，蒙穀给斗于宫唐之上[①]，舍斗奔郢曰：‘若有孤，楚国社稷其庶几乎？’遂入大宫，负《鸡次之典》以浮于江[②]，逃于云梦之中。昭王反郢，五官失法，百姓昏乱。蒙穀献典，五官得法而百姓大治。比蒙穀之功，多与存国相若，封之执圭，田六百畛。蒙穀怒曰：‘穀非人臣，社稷之臣。苟社稷血食[③]，余岂患无君乎？’遂自弃于磨山之中[④]，至今无胄[⑤]。故不为爵劝，不为禄勉，以忧社稷者，蒙穀是也。”

【注释】①蒙穀：人名，楚国大将。宫唐：地名。穀：落叶乔木，树皮纤维可造纸。亦称“构”、“楮”。②《鸡次之典》：楚人将各类法律条文编辑成书，命名为《鸡次之典》。③血食：谓吃鱼肉之类荤腥食物。此指国家的延续。④磨山：山名，在今湖南安福西。⑤胄：帝王或贵族的子孙。这里指做官。

【译文】“吴国和楚国在柏举交战，吴军打了三仗就攻入楚都，楚王逃走，大臣们都跟着楚王，百姓流离失所，大将蒙穀正在宫唐与吴军作战，蒙穀放弃战斗跑到郢都说：‘如果有楚王有孤子可以继位，楚国差不多有希望复国吧。’于是他来到楚宫，背上《鸡次之典》，浮游于江上，逃到云梦大泽之中。楚昭王返回楚都，百官无法可依，百姓混乱。蒙穀献出《鸡次之典》，百官有法可依，百姓得以治理。比较蒙穀的大功，和保全楚国的功劳相同，于是，楚王封给他执珪的爵位，六百畛的封地。蒙穀生气地说：‘我不是君王个人的大臣，而是国家的大臣。如果国家延续，我难道还担忧国家没有君王吗？’于是他自动放弃赏赐隐居在磨山之中，至今他的后代也无人做官。所以既不追求爵位，也不计较俸禄，而忧虑国家的，就是蒙穀这种人。”

王乃大息曰：“此古之人也。今之人焉能有之耶！”莫敖子华对曰：“昔者先君灵王好小要[①]，楚士约食，冯（píng）而能立[②]，式而能起[③]。食之可欲，忍而不入；死之可恶，然而不避。章闻之[④]，其君好发者，其臣抉（jué）拾[⑤]。君王直不好[⑥]，若君王诚好贤，此五臣者，皆可得而致之。”

【注释】①灵王：指楚灵王，芈姓，熊氏，是楚共王的次子，杀了侄儿楚郏敖自立。是春秋时代有名的穷奢极欲、昏暴之君。要，通“腰”。

②冯：同“凭”，凭借，依靠。③式：扶着。④章：莫敖子华的名。⑤抉拾：古代射箭用具。抉，扳指，用骨制成，戴在右手大拇指上，用来钩弦。拾，臂衣，套于左臂上用以护臂。⑥直：引申为正直；公正；不偏私。

【译文】楚王听后叹息说：“这些都是古时候的人啊。现在还有这样的人吗？”莫敖子华回答说：“从前楚灵王喜欢腰细的女子，楚国的士人便节制饮食，以致要靠着东西才能站立，扶着东西才能起身。吃东西是正常的欲望，可他们忍着不吃；死亡是令人厌恶的，可是他们宁饿着也不想办法避免。我听说，国君喜好射箭，大臣也会去学习射箭。由此看来，大王您只是不喜欢正直的大臣罢了，如果真是喜好贤臣，上面所说的五种贤臣，全都是可以被大王罗致来的。”

卷十五 楚策二

扫码听谦德君为您导读

楚二·魏相翟强死

魏相翟强[1]死，为甘茂谓楚王曰[2]："魏之几相者，公子劲也[3]。劲也相魏，魏、秦之交必善。秦、魏之交完，则楚轻矣。故王不如与齐约，相甘茂于魏。齐王好高人以名[4]，今为其行人请魏之相[5]，齐必喜。魏氏不听，交恶于齐，齐、魏之交恶，必争事楚。魏氏听，甘茂与樗（chū）里疾贸首之雠也[6]，而魏、秦之交必恶，又交重楚也。"

【注释】①翟强：人名，魏臣，主张与楚国亲善。②甘茂：姬姓，甘氏，名茂，战国中期秦国名将。楚王：指楚怀王。③公子劲：人名，魏国公子，主张与秦国亲善。④齐王：指齐宣王，（约公元前350–前301年），妫姓、田氏，名辟疆，齐威王之子。⑤行人：使臣。⑥樗里疾：又称樗里子、严君疾，是战国中期秦国宗室、将领，秦孝公庶子，秦惠文王异母弟，其母为韩国人。贸首之雠：形容仇恨极深，谋取到对方的头颅才甘心。

【译文】魏国的相国翟强死了，有人为甘茂对楚王说："在魏国有希望继任相国的人是公子劲。公子劲如果做了魏相，魏国、秦国两国之间的关系必然改善。秦国、魏国两国交好，楚国就会被各诸侯国看轻。所以大王不如与齐国结盟,共同支持甘茂做魏相。齐王以好居人上而闻名，现在为他的外交使节活动，让甘茂出任魏相，齐王一定很高兴。魏国如果不同意，就会与齐国关系恶化，齐国、魏两国关系恶化，必定都争着拉拢楚国。魏国如果同意，甘茂与现在的秦相樗里疾是势不两立的仇人，那么魏国、秦国的关系一定会恶化，这样一来，他们两国都会倚重楚国了。”

楚二・齐、秦约攻楚

齐、秦约攻楚，楚令景翠以六城赂齐①，太子为质②。昭雎谓景翠曰③：“秦恐，且因景鲤、苏厉而效地于楚④。公出地以取齐，鲤与厉且以收地取秦，公事必败。公不如令王重赂景鲤、苏厉使入秦，齐恐，必不求地而合于楚。若齐不求，是公与约也。”

【注释】①景翠：人名，楚国大将。②太子：名横，即后来的楚顷襄王。③昭雎：人名，楚国谋臣，主张联合齐国救援韩国来抵抗秦国。④景鲤：人名，楚怀王相。苏厉：人名，苏秦之弟。

【译文】齐国、秦国结盟攻打楚国，楚王派景翠用六座城邑贿赂齐国，并让太子到齐国做人质。昭雎对景翠说：“秦国害怕，将要通过景鲤、苏厉献出土地给楚国。您要送出土地取悦齐国，而景鲤和苏厉却要献出土地取悦秦国，您送出土地取悦齐国的事一定会失败。您不如让楚王重重赏赐景鲤、苏厉，让他们出使秦国，齐国一定会害怕，必定不敢再要求楚国以献出土地为代价与其联合。如果齐国不再索取土地，这是您和齐王结盟的好时机啊。”

楚二·术视伐楚

术视伐楚[①]，楚令昭鼠以十万军汉中[②]。昭雎胜秦于重丘[③]，苏厉谓宛公昭鼠曰[④]：“王欲昭雎之乘秦也，必分公之兵以益之。秦知公兵之分也，必出汉中。请为公令芈（mǐ）戎谓王曰[⑤]：‘秦兵且出汉中。’则公之兵全矣。”

【注释】①术视：人名，秦国大将。②昭鼠：人名，楚国大将。封号宛公。③重丘：地名，在今河南泌阳东北。④宛：地名，在今河南南阳。⑤芈戎：又称辛戎，楚国人，秦昭襄王舅舅。

【译文】术视率领秦军攻打楚国，楚国派昭鼠率领十万大军驻扎在汉中。昭雎在重丘打败秦军，苏厉对宛公昭鼠说：“楚王想让昭雎乘胜进攻秦国，一定分调您的兵力去增强昭雎的力量。秦国知道您的兵力被分散，必定会出兵进攻汉中。我请求为您使芈戎对楚王说：‘秦国将要派兵攻打汉中。’那么您的兵力就会得以保全。”

楚二·四国伐楚

四国伐楚[①]，楚令昭雎将以距秦[②]。楚王欲击秦，昭雎不欲。桓臧为昭睢谓楚王口③：“睢战胜，三国恶楚之强也，恐秦之变而听楚也，必深攻楚以劲秦。秦王怒于战不胜④，必悉起而击楚，是王与秦相罢而以利三国也⑤。战不胜秦，秦进兵而攻。不如益昭睢之兵⑥，令之示秦必战。秦王恶与楚相弊而全天下⑦，秦可以少割而收也。秦、楚之合，而韩、齐、魏不敢不听，三国可定也。”

【注释】①四国：指秦、齐、韩、魏四国。②距：通“拒”，抵抗。③桓臧：人名，楚国大臣。④秦王：指秦昭王。⑤罢：同“疲”，疲惫，疲劳。⑥益：增加。⑦弊：衰落，疲惫。

【译文】秦国、齐国、韩国、魏国联合攻打楚国，楚王命令昭睢率领军队抵抗秦兵。楚王想要进攻秦国，昭睢不想这样做。桓臧替昭睢对楚王说：“如果昭睢获胜，齐国、韩国、魏国就会害怕楚国的强大，又担心秦国改变主意听命于楚国，齐、韩、魏三国必定会加强对楚国的进攻来增强秦国的信心。如果秦王因为战争不胜而愤怒，一定会发动全部兵力进攻楚国，这样就使我们楚国和秦国互相疲惫而对齐国、韩国、魏国有利。如果我们不能战胜秦国，秦国就会继续发兵攻打我国。不如增加昭睢的兵力，让他做出决战的样子给秦国看。秦王害怕和楚国打仗衰落而使天下诸侯得利，楚国就可以少割让土地而结束战争。如果秦国、楚国联合，那么韩国、齐国、魏国就不敢不听从命令，三国就不会进攻楚国了。”

楚二·楚怀王拘张仪

楚怀王拘张仪，将欲杀之。靳尚为仪谓楚王曰[①]：“拘张仪，秦王必怒[②]。天下见楚之无秦也，楚必轻矣。”又谓王之幸夫人郑袖曰：“子亦自知且贱于王乎？”郑袖曰：“何也？”尚曰：“张仪者，秦王之忠信有功臣也。今楚拘之，秦王欲出之。秦王有爱女而美，又简择宫中佳丽好玩习音者，以欢从之；资之金玉宝器，奉以上庸六县为汤沐邑[③]，欲因张仪内之楚王[④]。楚王必爱，秦女依强秦以为重，挟宝地以为资，势为王妻以临于楚。王惑于虞乐[⑤]，必厚尊敬亲爱之而忘子，子益贱而日疏矣。”

【注释】①靳尚：芈姓靳氏，楚怀王宠臣。②秦王：指秦昭王。③上庸：地名，在今河北竹山西南。汤沐邑：指国君、皇后、公主等受封者收取赋税的私邑。而贵族受封的汤沐邑，则是一种食邑制度。④内：古同“纳”，收入；接受。⑤虞：通“娱”，娱乐。

【译文】楚怀王囚禁张仪，想要杀他。靳尚为张仪对怀王说：“大王您把张仪囚禁，秦王一定很生气。天下诸侯一看楚国失去秦国的支持，楚国的地位就会降低。”靳尚又对怀王的宠妃郑袖说：“您可知道你马上就要在君王面前失宠了吗？”郑袖说：“为什么？”靳尚说：“张仪是秦王忠诚讲信用的有功之臣。如今楚国把他囚禁，秦国肯定要楚国把他释放。秦王有一个爱女很美丽，同时又挑选宫中美貌善玩且懂音乐的宫女，为了使她高兴给她作陪嫁；秦王还资助给她各种金玉宝器，把上庸六县的赋税送给她，秦国正想让张仪进献她给楚王。君王一定会很宠爱秦国公主，秦国公主也依靠强大的秦国来争宠，挟持珠宝土地为资本，她势必会成为君王的妻子而掌控楚国大权。君王每天都沉迷享乐，一定会非常尊重敬爱亲近宠爱她而忘记您，您被忘掉以后，就会更加失宠，被日益疏远。”

郑袖曰：“愿委之于公，为之奈何？”曰：“子何不急言王，出张子？张子得出，德子无已时，秦女必不来，而秦必重子。子内擅楚之贵，外结秦之交。畜张子以为用，子之子孙必为楚太子矣，此非布衣之利也。”郑袖遽（jù）说楚王出张子①。

【注释】①遽：遂，就。

【译文】郑袖说：“希望把这件事交给您办理，您看这件事怎么办？”靳尚说：“您为什么不赶快建议君王释放张仪？张仪如果能够获得释放，必然对您感激不尽，秦国的公主一定不会前来，那秦国一定会尊重您。您在国内拥有楚国崇高的地位，在国外与秦国结交，还留下张仪供您使用，您的子孙必然会成为楚国太子，这绝对不是一般老百姓的利益。”郑袖就去说服楚怀王释放张仪。

楚二·楚王将出张子

楚王将出张子①，恐其败己也。靳尚谓楚王曰：“臣请随之，仪事王不善，臣请杀之。”楚小臣②，靳尚之仇也，谓张旄曰③：“以张仪之知④，而有秦、楚之用，君必穷矣。君不如使人微要靳尚而刺之[5]，楚王必大怒仪也。彼仪穷，则子重矣。楚、秦相难，则魏无患矣。”张旄果令人要靳尚刺之。楚王大怒，秦、楚构兵而战。秦、楚争事魏，张旄果大重。

【注释】①楚王：指楚怀王。②臣：古代指男性奴隶。③张旄：人名，战国时魏国重要大臣。④知：通“智”，智慧。⑤要：通“邀”。拦阻；截击。

【译文】楚王准备释放张仪，又担心他欺骗自己。靳尚对楚王说：“请让我跟随他，如果张仪不能很好地事奉大王，就让我杀掉他。”楚国有一个仆隶，是靳尚的仇人，他对张旄说：“凭借张仪的智慧，并且有秦国、楚国的重用，将来您一定会处境困窘。您不如派人暗中拦阻靳尚并刺杀他，楚王一定会对张仪大怒。那时张仪处境困窘，那么您就会受到重用。如果秦国、楚国因此打起仗来，那么魏国就没有后患了。”张旄果然派人拦阻靳尚并刺杀他。楚王大怒，于是秦国、楚国打起来。秦国、楚国争着事奉魏国，张旄果然很受重用。

楚二·秦败楚汉中

秦败楚汉中[1]。楚王入秦，秦王留之[2]。游腾为楚谓秦王曰[3]：“王挟楚王而与天下攻楚，则伤行矣；不与天下共攻之，则失利矣。王不如与之盟而归之。楚王畏，必不敢倍盟[4]；王因与三国攻之[5]，义也。”

【注释】①秦败楚汉中：指公元前312年秦在汉中的丹阳大败楚军。②楚王入秦，秦王留之：指公元前299年秦昭王约楚怀王在武关相会，怀王被秦扣留，挟持到咸阳。③游腾：人名，周臣。④倍：通“背”，背叛。⑤三国：指齐、韩、魏三国。

【译文】秦军在汉中把楚军打败。楚怀王被骗入秦国，秦昭王扣留了他。游腾替楚国对秦王说：“大王挟持楚王并和天下诸侯攻打楚国，那就有伤大王的德行；但不和天下诸侯攻打楚国，就会使国家利益遭受损失。大王不如与楚王结盟，放他回国。楚王畏惧秦国，一定不敢背叛盟约，如果背盟，大王就和齐、韩、魏三国一起攻打它，这才是正义的行为。”

楚二·楚襄王为太子之时

楚襄王为太子之时，质于齐。怀王薨（hōng）[①]，太子辞于齐王而归[②]，齐王隘之[③]：“予我东地五百里[④]，乃归子。子不予我，不得归。”太子曰：“臣有傅[⑤]，请追而问傅[⑥]。”傅慎子曰：“献之地，所以为身也。爱地不送死父，不义，臣故曰献之便。”太子入，致命齐王曰：“敬献地五百里。”齐王归楚太子。

【注释】①薨：古代称诸侯或有爵位的大官死去。②齐王；指齐闵王，本名田地，齐宣王之子，又称湣王、愍王、闵王。③隘：阻拦。④东地：即东国，楚淮北近齐之地。⑤傅：教师,师傅,古时特指帝王的相或帝王、诸侯之子的老师。⑥追：当作“退”。

【译文】楚襄王做太子时，被送到齐国做人质。他父亲怀王死了，太子想要向齐王辞行回楚国，齐王阻拦他说：“你要给我割让东地五百里的土地，我才放你回去；你不给我土地，你就不能回去。”太子说：“我有个师傅，让我去问一问他。”太子的师傅慎子说：“您还是答应给齐国割让东地吧，这是为了您自身。因为吝惜土地，而不为父亲送葬，这是不道义的，所以我说献地对您有利。”太子便答复齐王说：“我愿献出东地五百里。”齐王这才放太子回国。

太子归，即位为王。齐使车五十乘，来取东地于楚。楚王告慎子曰：“齐使来求东地，为之奈何？”慎子曰：“王明日朝群臣，皆令献其计。”

【译文】太子回到楚国，即位当了楚王。齐王派五十辆车，来楚国索取东地。楚王告诉慎子说：“齐国派使臣来索取东地，该怎么办呢？”慎子说“大王明天召见群臣，让他们献出自己的计策。”

上柱国子良入见①。王曰：“寡人之得求反王坟墓、复群臣、归社稷也，以东地五百里许齐。齐令使来求地，为之奈何？”子良曰：“王不可不与也！王身出玉声，许强万乘之齐而不与，则不信，后不可以约结诸侯。请与而复攻之。与之信，攻之武，臣故曰与之。”

【注释】①上柱国：官名。为古代社会封建国家的最高武官。战国时楚国设置，原为保卫国都之官，后成为楚国的最高武官，其地位仅次于令尹。子良：人名。

【译文】上柱国子良来拜见楚王。楚王说：“寡人之所以能够回到楚国见到先王的坟墓，再次见到各位大臣，主持国政，是因为我答应齐王给他割让东地五百里的土地。齐国现在派使臣索取东地，该怎么办呢？”子良说：“大王不能不给啊！大王您金口玉言，既然答应割地给拥有万乘兵车的强齐，却又不给，这就是失去了信用，以后您很难和各诸侯国谈判结盟。应该先答应给齐国割让东地，然后再出兵攻打齐国。割地是遵守信用，攻齐是张扬武力。所以我说应该割地给齐国。”

子良出，昭常入见[①]。王曰：“齐使来求东地五百里，为之奈何？”昭常曰：“不可与也。万乘者，以地大为万乘。今去东地五百里，是去战国之半也，有万乘之号而无千乘之用也，不可。臣故曰勿与。常请守之。”

【注释】①昭常：人名，楚国大臣。

【译文】子良走后，昭常拜见楚王。楚王说：“齐国派使臣来索取东地五百里土地，该如何办呢？”昭常说：“不能给齐国。所谓万乘之国，是因为土地的广大。如今要割让东地五百里土地，这是割让国家战斗力的一半啊，楚国虽有万乘之国的名号，却没有千乘之国的实力，这是不可以的。所以我说不能割地给齐国。我愿坚守东地。”

昭常出，景鲤入见[①]。王曰：“齐使来求东地五百里，为之奈何？”景鲤曰：“不可与也。虽然，楚不能独守。王身出玉声，许万乘之强齐也，而不与，负不义天下。楚亦不能独守。臣请西索救于秦[2]。”

【注释】①景鲤：芈姓，景氏，名鲤，楚平王后裔，战国时期楚国令尹。是继昭阳之后，辅佐楚怀王执掌楚国军政大权。②索：讨取，要。

【译文】昭常走后，景鲤拜见楚王。楚王说：“齐国派使臣来索取东地五百里土地，该如何办呢？”景鲤说：“不能给齐国。纵然如此，楚国不能单独守卫东地。大王您金口玉言，既然答应割地给拥有万乘兵车的强齐，却又不给，这就在天下人面前违背了大义。楚国也不能单独守卫东地，我愿西行去秦国求救。”

景鲤出，慎子入。王以三大夫计告慎子曰：“子良见寡人曰：‘不可不与也，与而复攻之。’常见寡人曰：‘不可与也，常请守之。’鲤见寡人曰：‘不可与也，虽然，楚不能独守也，臣请索救于秦。’寡人谁用于三子之计？”慎子对曰：“王皆用之！”王怫（fú）然作色曰[1]：“何谓也？”慎子曰：“臣请效其说，而王且见其诚然也。王发上柱国子良车五十乘，而北献地五百里于齐。发子良之明日，遣昭常为大司马[2]，令往守东地。遣昭常之明日，遣景鲤车五十乘，西索救于秦。”王曰：“善。”乃遣子良北献地于齐。遣子良之明日，立昭常为大司马，使守东地，又遣景鲤西索救于秦。

【注释】①怫然：不高兴的样子。②大司马：在唐虞商周时代，有武事则以大司马掌之，而在平常则仍置大司马以备不虞，负责日常的军事行政事务。

【译文】景鲤走后，慎子入见楚王，楚王把三个大夫出的主意都告诉慎子说："子良见寡人说：'不能不给，先答应给齐国割让东地，然后再出兵攻打齐国。'昭常见寡人说：'不能给齐国，我愿坚守东地。'景鲤见寡人说：'不能给齐国，纵然如此，楚国不能单独守卫东地，我愿西行去秦国求救。'寡人该用他们三个人中谁的主意呢？"慎子回答说："大王全都采用。"楚王不高兴地说："这是什么意思？"慎子说："请让我说出我的道理，大王将会知道确实如此。大王您先派遣上柱子良带上兵车五十辆，向北到齐国去进献东地五百里土地。在派遣子良的第二天，任命昭常为大司马，令他前往东地守卫。在任命昭常的第二天，派遣景鲤带上兵车五十辆，西行去秦国求救。"楚王说："好"。于是派遣子良向北到齐国去进献土地。在派遣子良的第二天，又任命昭常为大司马，要他去守卫东地，又派遣景鲤西行去秦国求救。

子良至齐，齐使人以甲受东地①。昭常应齐使曰："我典主东地②，且与死生。悉五尺至六十③，三十余万，弊甲钝兵，愿承下尘④。"齐王谓子良曰："大夫来献地，今常守之，何如？"子良曰："臣身受命弊邑之王，是常矫也⑤。王攻之。"齐王大兴兵攻东地，伐昭常。未涉疆，秦以五十万临齐右壤。曰："夫隘楚太子弗出，不仁；又欲夺之东地五百里，不义。其缩甲则可，不然，则愿待战。"

【注释】①甲：披甲的人，即甲士。②典：主持，主管。③五尺至六十：此言老幼俱被征发。五尺：指幼童。六十：指老人。④下尘：谦词。犹下风。⑤矫：假托；诈称。

【译文】子良到了齐国，齐国派兵去接受东地。昭常对齐国使臣说："我是主管东地的大司马，要与东地共存亡。我已动员了从五尺孩童到六十岁的老人，共三十多万，虽然我们的铠甲破旧，武器不快，但也愿意奉陪到底。"齐王对子良说："您来进献东地，如今昭常却守卫它，这是怎么回事呢？"子良说："我是受敝国大王之命来进献东地的，这是昭常假托王命，大王可以去攻打他。"齐王于是大举兴兵攻打东地，讨伐昭常。当大军还未到达东地边界，秦国已经派了五十万大军逼进齐国的西境。说："你们不让楚太子回国，这是不讲仁道；又想抢夺楚国东地五百里的土地，这是不讲正义。你们如果收兵则罢，如若不然，我们等着决一死战。"

齐王恐焉，乃请子良南道楚[①]，西使秦，解齐患。士卒不用，东地复全。

【注释】①道：说，讲。

【译文】齐王听了害怕，就请求子良向南告诉楚国，向西出使秦国，解除齐国的战祸。楚国不用一兵一卒，竟保全了东地。

楚二·女阿谓苏子曰

女阿谓苏子曰[①]："秦栖楚王[②]、危太子者，公也。今楚王归、太子南，公必危。公不如令人谓太子曰：'苏子知太子之怨己也，必且务不利太子。太子不如善苏子，苏子必且为太子入矣。'"苏子乃令人谓太子，太子复请善于苏子。

【注释】①女阿：楚太子横的保姆。苏子：指苏秦。②楚王：指楚怀王。

【译文】楚国太子的保姆对苏秦说："秦国扣留楚王后，危害太子的人，是您。如今楚王死去、太子也要由齐国南归楚国，您一定会很危险。您不如派人对太子说：'苏秦知道太子怨恨自己，必将设法对太子不利。太子不如和苏子搞好关系，苏子必将帮助太子回到楚国。'"苏秦于是就派人对太子说了这番话，太子再一次请求和苏秦搞好关系。

卷十六 楚策三

扫码听谦德
君为您导读

楚三·苏子谓楚王曰

苏子谓楚王曰[①]："仁人之于民也，爱之以心，事之以善言。孝子之于亲也，爱之以心，事之以财。忠臣之于君也，必进贤人以辅之。今王之大臣父兄，好伤贤以为资，厚赋敛诸臣百姓，使王见疾于民[②]，非忠臣也。大臣播王之过于百姓，多赂诸侯以王之地，是故退王之所爱，亦非忠臣也，是以国危。臣愿无听群臣之相恶也，慎大臣父兄，用民之所善，节身之嗜欲，以百姓[③]。

【注释】①苏子谓楚王：这里的苏子和楚王都是假托的人物，不指实。②疾：怒，强狠。③以百姓："以"下恐有缺文。

【译文】苏子对楚王说："仁爱的人对于百姓，总是用真心实意去爱他们，用和善的言辞去对待他们。孝子对自己的父母，总是用真心实意去爱他们，用钱财去供养他们。忠臣对自己的国君，一定要推荐贤能的人去辅助他。现在大王的宗室子弟、文臣武将喜欢毁谤贤能的人，以此作为提高自己的资本，对臣民百姓加重赋税来敛财，使大王您被人民怨恨，这可不是忠臣啊；大臣把国君的错误在百姓中散播，多次用您的土地贿赂诸侯，排斥大王重视的人，这也不是忠臣啊，这样下去国家就会有危险。我希望大王您不要去听信大臣们互相攻击的言辞，要审慎地任用大臣和宗室，任用百姓喜欢的人为大臣，节制自己的嗜好和欲望，并将所得的财赋用于百姓。

“人臣莫难于无妒而进贤。为主死易，垂沙之事[①]，死者以千数。为主辱易，自令尹以下[②]，事王者以千数。至于无妒而进贤，未见一人也。故明主之察其臣也，必知其无妒而进贤也。贤臣之事其主也，亦必无妒而进贤。夫进贤之难者，贤者用且使己废，贵且使己贱，故人难之。”

【注释】①垂沙之事：发生于公元前301年，齐国、韩国、魏国联军攻打楚国的一场战争，楚国大败，主将唐眛被杀。垂沙：今河南省唐河西南，当时为秦、楚边境。②令尹：楚国在春秋战国时代的最高官衔，身处上位，以率下民，对内主持国事，对外主持战争，总揽军政大权于一身。

【译文】“做为臣子，最难做到的是，没有忌妒之心又能推荐贤才。为国君献身倒很容易，在垂沙之战中，死的人数以千计。为国君忍辱也很容易，从令尹以下，为大王办事的人数以千计。至于无忌妒之心又能推荐贤才的，却不见一人。所以英明的国君考察他的臣子，必须了解他们是否有忌妒之心而又能否推荐贤才。贤能的人事奉国君，也必须无忌妒之心又能推荐贤才。推荐贤才之所以很难，是因为贤能的人如果被任用，自己就会被废弃，贤能的人地位尊贵，自己就会地位低贱。所以人们难以做到无忌妒之心又能推荐贤才。”

楚三·苏秦之楚

苏秦之楚，三月乃得见乎王，谈卒，辞而行。楚王曰：“寡人闻先生若闻古人，今先生乃不远千里而临寡人，曾不肯留[1]，愿闻其说。”对曰：“楚国之食贵于玉，薪贵于桂，谒者难得见如鬼，王难得见如天帝。今臣食玉炊桂，因鬼见帝其可得乎！”王曰：“先生就舍，寡人闻命矣。”

【注释】①曾：竟，简直，还。

【译文】苏秦来到楚国，等了三个月才见到楚王，交谈完毕，就要向楚王辞行。楚王说：“我听到您的大名，就像听到古代贤人一样，现在先生不远千里来见我，竟不肯多留一些日子，我希望听到您的解释。”苏秦回答说：“楚国的粮食比宝玉还贵，柴火比桂树还贵，传达的人员像鬼一样难以见面，大王像天帝一样难以见面。现在要我拿玉当粮食，拿桂枝当柴火烧，通过小鬼见到天帝，我怎么可能留下来呢？”楚王说：“请先生到客馆住下吧，我全知道了。”

楚三·楚王逐张仪于魏

楚王逐张仪于魏[1]。陈轸（zhěn）曰[2]：“王何逐张子？”曰：“为臣不忠不信。”曰：“不忠，王无以为臣；不信，王勿与为约。且魏臣不忠不信，于王何伤？忠且信，于王何益？逐而听则可；若不听，是王令困也[3]。且使万乘之国免其相[4]，是城下之事也[5]。”

【注释】①楚王：指楚怀王。张仪：魏国安邑（今山西万荣）人，魏国贵族后裔，战国时期著名的纵横家、外交家和谋略家。②陈轸：战国时期纵横家、谋士。③困：陷在艰难痛苦或无法摆脱的环境中。④万乘之国：原指周朝，后泛指大国。乘：四匹马拉的车。战车的数量为战争主力和衡量"国家"实力的标准。⑤城下之事：指在敌人的武力威胁下，被迫签订的屈辱性盟约。

【译文】楚怀王让魏国驱逐张仪。陈轸说："大王为什么要驱逐张仪？"楚王说："他作为臣子不忠诚不讲信用。"陈轸说："张仪不忠诚，大王可以不把他当做您的臣子；张仪不讲信用，大王不要跟他订立盟约。况且张仪作为魏国的臣子不忠诚不讲信用，对于大王又有什么损害？张仪忠诚并且讲信用，对于大王又有什么益处？如果魏王听从您驱逐张仪的意见还好；如果不听，这就使大王处于尴尬的困境。况且让拥有万辆兵车的魏国罢免张仪的相国之位，这是让魏国蒙受城下之盟那样的耻辱啊。"

楚三·张仪之楚贫

张仪之楚贫，舍人怒而归[①]。张仪曰："子必以衣冠之敝，故欲归。子待我为子见楚王。"当是之时，南后、郑袖贵于楚[②]。张子见楚王，楚王不说[③]。张子曰："王无所用臣，臣请北见晋君[④]。"楚王曰："诺。"张子曰："王无求于晋国乎？"王曰："黄金珠玑犀象出于楚，寡人无求于晋国。"张子曰："王徒不好色耳？"王曰："何也？"张子曰；"彼郑[⑤]、周之女，粉白黛黑[⑥]，立于衢闾（qú lǘ）[⑦]，非知而见之者以为神。"楚王曰："楚僻陋之国也，未尝见中国之女如此其美也[8]。寡人之独何为不好色也！”乃资之以珠玉。

【注释】①舍人：左右亲近的人。②南后：楚怀王后。郑袖：楚怀王宠妃。③说：通“悦”，喜悦。④晋君：此指韩王。⑤郑：指韩国。⑥粉白：在脸上搽粉，使脸更白。黛黑：画眉毛，使眉毛更黑。泛指女子的妆饰。⑦衢间：街道里巷；当街的里门。⑧中国：指洛阳至开封一带为中心的黄河中下游地区。狭义上指今天的河南省。

【译文】张仪来到楚国，处境贫困，他的随从很生气，想要回去。张仪说：“你一定是因为衣冠破烂，才要回去的吧。你等着，让我替你去拜见楚王。”当时，南后和郑袖在楚国地位尊贵。张仪前去拜见楚王，楚王不高兴。张仪说：“既然大王不任用我，那我希望到北方去见韩王。”楚王说：“好吧。”张仪说：“难道大王对韩国没有什么要求吗？”楚王说：“黄金、珍珠、玑珠、犀角、象牙都出自楚国，我对韩国没有什么要求。”张仪说：“大王就不好女色吗？”楚王说：“怎么说？”张仪说：“那郑国和周国的女子，在脸上搽好粉，画好眉毛，站在街道里巷，如果不提前知道，初次见她们还以为是仙女下凡。”楚王说：“楚国是一个偏僻的国家，从来没有见过中原女子这样美丽，我怎么就不好色呢？”于是赠送给张仪珍珠、玉器。

南后、郑袖闻之大恐，令人谓张子曰：“妾闻将军之晋国，偶有金千斤，进之左右，以供刍秣（chú mò）[1]。”郑袖亦以金五百斤。张子辞楚王曰：“天下关闭不通，未知见日也，愿王赐之觞。”王曰：“诺。”乃觞之。张子中饮，再拜而请曰：“非有他人于此也，愿王召所便习而觞之[②]。”王曰：“诺。”乃召南后、郑袖而觞之。张子再拜而请曰：“仪有死罪于大王。”王曰：“何也？”曰：“仪行天下遍矣，未尝见人如此其美也。而仪言得美人，是欺王也！”王曰：“子释之，吾固以为天下莫若是两人也。”

【注释】①刍秣：草料，即牛马的饲料。②便习：君主左右受宠幸的近臣、后妃。

【译文】南后和郑袖知道此事，大为惊恐，就派人对张仪说：“我们听说将军要到韩国去，我这里有金千斤，送给您作为牛马的草料钱。”郑袖也给了张仪金五百斤。张仪辞别楚王说：“诸侯相互阻隔，道路不通，不可预知再见到大王的日子，希望大王赏赐我与您饮酒作别。”楚王说：“好。”于是设宴与张仪对饮。酒喝到一半，张仪拜了两拜，请求说：“这里没有外人，希望大王能邀集左右受宠幸的近臣、后妃一块畅饮。”楚王说：“好。”于是找来南后和郑袖，一起饮酒。张仪又拜了两拜，请罪说：“我对大王犯有死罪。”楚王说：“这是为什么？”张仪说：“我走遍天下，从来没有见过像南后、郑袖这样的美人。而我却说要为您找美人，这简直是欺骗大王啊！”楚王说：“您就不必挂怀，我本来就认为天下的美女没有谁能比得上她们两人。”

楚三 · 楚王令昭雎之秦重张仪

楚王令昭雎（jū）之秦重张仪[①]。未至，惠王死。武王逐张仪。楚王因收昭雎以取齐。桓臧为雎谓楚王曰[②]："横亲之不合也，仪贵惠王而善雎也。今惠王死，武王立，仪走，公孙郝、甘茂贵[③]。甘茂善魏，公孙郝善韩。二人固不善雎也，必以秦合韩、魏。韩、魏之重仪，仪有秦而雎以楚重之。今仪困秦而雎收楚。韩、魏欲得秦，必善二人者。二人将收韩、魏轻仪而伐楚，方城必危[④]。王不如复雎而重仪于韩、魏。仪据楚势，挟魏重以与秦争。魏不合秦，韩亦不从，则方城无患。"

【注释】①楚王：楚怀王。昭雎：战国时楚贵族大臣。②桓臧：人名，楚人。③公孙郝、甘茂：秦将。④方城：地名，楚邑。

【译文】楚怀王派昭雎到秦国，希望秦国重用张仪。昭雎还没有到秦国，秦惠王就死了。秦武王驱逐了张仪。楚怀王也因此召回昭雎以此来讨好齐国。桓藏替昭雎对楚怀王说："连横没有成功，这是因为张仪得到秦惠王的重用而且他和昭雎关系密切。如今秦惠王死了，武王即位，张仪被驱逐，公孙郝、甘茂被重用。甘茂和魏国关系密切，公孙郝和韩国关系密切，这两个人原本就和昭雎关系不好，所以一定主张秦国联合韩国、魏国。当年韩国、魏国重视张仪，是因为张仪掌握秦国的相权，而且昭雎又用楚国的力量重视他。如今张仪在秦国遭难而昭雎又被楚国召回，如果韩国、魏国想要得到秦国的支持，它们一定要亲近甘茂和公孙郝。这两个人也将拉拢韩国、魏国轻视张仪而进攻楚国，那么方城就危险了。大王不如恢复昭雎的地位，而使张仪在韩国、魏国得到重用。张仪依靠楚国的势力，倚仗魏国的重用，而跟秦国争斗。如果魏国不与秦国联合，韩国也不会顺从秦国，那么方城就没有祸患了。"

楚三·张仪逐惠施于魏

张仪逐惠施于魏[①]，惠子之楚，楚王受之[②]。冯郝谓楚王曰[③]：“逐惠子者，张仪也。而王亲与约，是欺仪也，臣为王弗取也。惠子为仪者来，而恶王之交于张仪，惠子必弗行也。且宋王之贤惠子也[④]，天下莫不闻也。今施之不善张仪也，天下莫不知也。今为事之故，弃所贵于雠（chóu）人[⑤]，臣以为大王轻矣，且为事耶？王不如举惠子而纳之于宋，而谓张仪曰：‘请为子勿纳也。’仪必德王。而惠子穷人[⑥]，而王奉之，又必德王。此不失为仪之实，而可以德惠子。”楚王曰：“善。”乃奉惠子而纳之宋。

【注释】①惠施：宋人，是名家的代表人物。时为魏惠王相。②楚王：楚怀王。受：容纳，接纳。③冯郝：人名，楚人。④宋王：指宋王偃。⑤雠：同“仇”。⑥穷：处境恶劣。

【译文】张仪在魏国把惠施挤走，惠施来到楚国，楚王接纳了他。冯郝对楚王说：“挤走惠施是张仪，大王与惠施结交，这是在欺辱张仪，我认为大王不可以这样做。惠施是因为张仪排挤才来到楚国，他也一定不会愿意您与张仪结交，要不然他一定不会来楚国。况且宋王善待惠施，天下没有人不知道。现在惠施与张仪结仇，天下也没有人不知晓。如今因与惠施结交的缘故，您便抛弃张仪，我认为大王这样做有些轻率了，还是这么做是为了国家的大事呢？大王您不如帮助惠子，把他送到宋国。然后对张仪说：‘我是因为您才没有接待惠施的。’张仪必然感激大王。而惠施是个处境恶劣的人，而大王帮助他到宋国，惠施也必然感激大王。这样您实际上不失为张仪着想，又可以得到惠施的感激。”楚王说：“好。”就把惠施送到宋国去了。

楚三·五国伐秦

五国伐秦[1]，魏欲和，使惠施之楚。楚将入之秦而使行和。

【注释】①五国伐秦：指公元前318年三晋与楚、燕讨伐秦国。

【译文】楚、燕、赵、魏、韩五国联合讨伐秦国，魏国想要讲和，派惠施到楚国。楚国准备让惠施到秦国主持讲和。

杜赫谓昭阳曰[1]：“凡为伐秦者楚也。今施以魏来，而公入之秦，是明楚之伐而信魏之和也。公不如无听惠施，而阴使人以讲德秦。”昭子曰：“善。”因谓惠施曰：“凡为攻秦者魏也，今子从楚为和，楚得其利，魏受其怨。子归，吾将使人因魏而和。”

【注释】①杜赫：楚臣，游说之士。昭阳：楚国大臣。

【译文】杜赫对昭阳说：“凡是参加讨伐秦国的国家都以楚国为首领。如今惠施以魏国的名义来到楚国，可是您让他到秦国去讲和，这是向秦国表明楚国主张进攻秦国而魏国主张讲和。您不如不听惠施的话，而暗中派人去讲和，来获得秦国的感激。”昭阳说，“好。因此对惠施说：“凡是参加进攻秦国的国家都以魏国为首领，如今您跟随我们去讲和，楚国就会得到秦国的好处，魏国就会受到秦国的怨恨。您先回去，我将派人通过魏国去讲和。”

惠子反[1]，魏王不说[2]。杜赫谓昭阳曰：“魏为子先战，折兵之半，谒病不听，请和不得，魏折而入齐、秦，子何以救之？东有越累，北无晋[3]，而交未定于齐、秦，是楚孤也。不如速和。”昭子曰：“善。”因令人谒和于魏。

【注释】①反：通“返”，返回。②魏王：指魏襄王。说：通“悦”，喜悦。③晋：指魏国。

【译文】惠施返回魏国，魏襄王很不高兴。杜赫对昭阳说：“魏国为您首先投入战斗，损失一半兵力，向您报告军队处于困境之中，向我们进见求援而得不到援救，请求讲和又没能办到，如果魏国调头去投靠齐国、秦国，您用什么办法来挽救呢？东面有越人制造的麻烦，北面没有魏国的援助，并且与齐国、秦国的邦交还没有确立，这样楚国就孤立了，不如迅速与秦国讲和。”昭子说：“好。”于是派人告诉魏国，请求与秦国讲和。

楚三·陈轸告楚之魏

陈轸告楚之魏。张仪恶之于魏王曰[1]：“轸犹善楚，为求地甚力。”左爽谓陈轸曰[2]：“仪善于魏王，魏王甚信之，公虽百说之犹不听也。公不如以仪之言为资，而得复楚。”陈轸曰：“善。”因使人以仪之言闻于楚，楚王喜，果欲复之。

【注释】①魏王：指魏惠王。②左爽：人名，魏人。

【译文】陈轸离开楚国到了魏国。张仪在魏惠王面前中伤陈轸说："陈轸还是对楚国好，他为楚国求得土地非常卖力。"左爽对陈轸说："张仪跟魏王关系密切，魏王对他非常信任，您即使百般游说，魏王还是不能听从您的话。您不如把张仪说您的话做为根据，还能重新回到楚国。"陈轸说："好。"于是派人把张仪的话宣扬回楚国，楚王听了很高兴，果然想让陈轸再回到楚国。

楚三·秦伐宜阳

秦伐宜阳。楚王谓陈轸曰[①]："寡人闻韩侈（péng）巧士也[②]，习诸侯事，殆（dài）能自免也[③]。为其必免，吾欲先据之以加德焉。"

【注释】①楚王：指楚怀王。②韩侈：人名，韩相国。③殆：大概，几乎。

【译文】秦军攻打韩国的宜阳。楚怀王对陈轸说："寡人听说韩侈是个聪明能干的人，熟习诸侯间的事情，大概能够避免宜阳的危亡。因为他几乎能避免宜阳的危亡，所以我想先救援宜阳，来获得他的感激。"

陈轸对曰："舍之，王勿据也。以韩侈之知[①]，于此困矣。今山泽之兽无黠（xiá）于麋[②]，麋知猎者张罔前而驱己也[③]，因还走而冒人，至数。猎者知其诈，伪举罔而进之，麋因得矣。今诸侯明知此多诈，伪举罔而进者必众矣。舍之，王勿据也。韩侈之知，于此困矣。”楚王听之。宜阳果拔，陈轸先知之也。

【注释】①知：通“智”，智慧。②黠：聪明而狡猾。③罔：同“网”。

【译文】陈轸回答说：“放弃这种想法，大王不要救援宜阳了。凭韩侈的智慧，也得困在这里。如今山泽中的野兽，没有比麋鹿更狡猾的了，麋鹿知道猎人张开大网，要把它向前赶到网里去，因此它调过头对着猎人跑，这样经过许多次。猎人了解了它的狡诈习性，举着网迎着麋鹿前进，麋鹿因此被捕获。如今诸侯明知道韩侈很狡诈，举着网控制他的人一定很多。放弃这种打算，大王不要救援宜阳。凭借韩侈的智慧，也得困在这里。”楚怀王听了他的话。宜阳果然被秦军占领，陈轸已预先料到这个结果。

楚三·唐雎见春申君曰

唐雎（jū）见春申君曰[①]：“齐人饰身修行得为益，然臣羞而不学也，不避绝江河，行千余里来，窃慕大君之义，而善君之业。臣闻之，贲（bēn）、诸怀锥刃而天下为勇[②]，西施衣褐而天下称美[③]，今君相万乘之楚，御中国之难，所欲者不成，所求者不得，臣等少也。夫枭棋之所以能为者，以散棋佐之也[④]。夫一枭之不胜五散亦明矣。今君何不为天下枭，而令臣等为散乎？”

【注释】①唐雎：魏国著名策士。春申君：楚国黄歇封号。②贲：

孟贲，古代勇士。诸：专诸，春秋时吴国勇士，为吴公子光刺杀吴王僚。③褐：粗布或粗布衣服。④枭棋、散棋：都是古代六博游戏的彩名。枭棋，在棋子上刻枭鸟形，掷得枭，可获胜。散棋，其他五个没有刻画的棋子，称为五白，掷得五白，可胜枭。

【译文】唐雎拜见春申君说：“齐国人修饰身体修养品行是为了获得禄位，然而我对他们的做法感到羞耻，不想学习。我之所以不躲避横渡江河的危险，跋涉千余里来到这里，是因为仰慕您高尚的情操，并欣赏您建立的功业。我听说，孟贲、专诸即使怀里揣着锥子和短刀，天下人都认为他们是勇土，西施即使穿着粗布衣服，天下人也称她为美女，如今您做了拥有万辆兵车的楚国的相国，抵御中原各国的兵难，所要干的事情没有成功，所要追求的目标没有达到，这是因为缺少像我这样的臣子。枭棋之所以能有所作所为，是因为有五个散棋的辅助。一个枭棋不能战胜对方五个散棋也是很明了的。如今您为什么不做天下的枭棋，而让我们做那五个散棋呢？”

扫码听谦德
君为您导读

卷十七 楚策四

楚四·或谓楚王曰

或谓楚王曰[1]："臣闻从者欲合天下以朝大王[2]，臣愿大王听之也。夫因诎为信[3]，奋患有成，勇者义之。摄祸为福，裁少为多，知者官之。夫报报之反，墨墨之化[4]，唯大君能之。祸与福相贯，生与亡为邻，不偏于死，不偏于生，不足以载大名。无所寇艾（yì）[5]，不足以横世。夫秦捐德绝命之日久矣，而天下不知。今夫横人嚂（làn）口利机[6]，上干主心，下牟百姓，公举而私取利，是以国权轻于鸿毛，而积祸重于丘山。"

【注释】①楚王：指考烈王熊完（公元前290—前238年），名完，芈姓，熊氏，楚顷襄王之子，公元前262—前238年在位，共25年。②从：通"纵"，指合纵。③诎：弯曲。信：通"伸"，伸展。④抱抱之反：指反复相寻。墨墨之化：墨，同"默"，指变化无形。⑤寇艾：指用兵侵伐别国。艾，通"刈"，杀。⑥嚂：贪求。

【译文】有人对楚考烈王说："我听说主张合纵的人想要联合天下诸侯来朝见大王，我希望大王能答应他们。弯曲的东西可以伸展，在患难中奋进获得成功，勇敢的人应该这样做。控制祸患把它转变为福事，控制少数能把它变成多数，这是聪明人管理事情的办法。事物反反复复地变化，无声无息地演进，只有品德高尚的人能驾驭它。祸与福相通，生与死为邻，不专一于致死，不专一于求生，就不能获得大的名声。没有经过战争的考验，就不能无敌于天下。秦国抛弃道德违背天命已经很长时间了，可是天下人并不知道。如今属于主张连横的人巧言利舌，向上干扰君主的心意，向下加倍谋取属于百姓的利益，表面为公家谋划，实际暗中私自取利，因此使得国家的政权像鸿毛一样轻，而积累的祸患比丘山还重。”

楚四·魏王遗楚王美人

魏王遗楚王美人①，楚王说之②。夫人郑袖知王之说新人也③，甚爱新人，衣服玩好，择其所喜而为之；宫室卧具，择其所善而为之。爱之甚于王。王曰：“妇人所以事夫者，色也；而妒者，其情也。今郑袖知寡人之说新人也，其爱之甚于寡人，此孝子所以事亲，忠臣之所以事君也！”

【注释】①魏王：不能确指何王。楚王：指楚怀王，约公元前355–前296年，芈姓，熊氏，名槐，是楚威王之子，楚顷襄王之父，公元前328–前299年在位。②说：同“悦”，喜悦。③郑袖：楚怀王宠妃。

【译文】魏王赠给楚怀王一个美女，怀王很喜欢。怀王的夫人郑袖，知道怀王宠爱新娶的美女，所以表面上也很喜爱这个新娶的美女。衣服珍玩都挑她喜欢的送去；房间和家具也都选她喜欢的让她使用。似乎比楚王更宠爱她。楚王说："女人仰仗自己的美色博取丈夫的欢心，而嫉妒是人之常情。现在郑袖明知寡人喜欢新来的魏女，可是她宠爱魏女比寡人还要厉害，这简直和孝子事奉双亲，忠臣事奉君主一样啊！"

郑袖知王以己为不妒也，因谓新人曰："王爱子美矣。虽然，恶（wù）子之鼻[①]。子为见王，则必掩子鼻。"新人见王，因掩其鼻。王谓郑袖曰："夫新人见寡人，则掩其鼻，何也？"郑袖曰："妾知也。"王曰："虽恶，必言之。"郑袖曰："其似恶闻君王之臭也。"王曰："悍哉！"令劓（yì）之[②]，无使逆命。

【注释】①恶：厌恶。下文"恶闻君王之臭中的"恶"同。②劓：割去鼻子的刑罚。

【译文】郑袖知道楚王认定她不是嫉妒以后，就去对魏女说："君王喜爱你的美貌。虽然这样说，但是他讨厌你的鼻子。所以你见到君王，一定要捂住你的鼻子。"从此魏女见了楚王就捂住自己的鼻子。楚王对郑袖说："魏女看见寡人，就捂住自己的鼻子，这是为什么呢？"郑袖回答说："我倒是知道这件事。"楚王说："即使是再难听的话，你也要说出来。"郑袖说："她好像讨厌君王身上的气味。"楚王说："真是大胆！"命人割掉魏女的鼻子，不许人们违抗命令。

楚四·楚王后死

楚王后死，未立后也。谓昭鱼曰[①]：“公何以不请立后也？”昭鱼曰：“王不听，是知困而交绝于后也。”“然则何不买五双珥[②]，令其一善而献之王，明日视善珥所在，因请立之。”

【注释】①昭鱼：人名。楚国大臣。②珥：首饰的一种，耳环。

【译文】楚王的王后死了，还没有新立王后。有人对昭鱼说：“您为什么不请求大王新立王后呢？”昭鱼说：“如果大王不听从我的意见，这不仅将使我处于困境，而且会使我与新王后关系恶化。”那人说：“那么您为什么不买五双耳环，让其中一双最漂亮，把这些耳环都献给大王，明天看那双最漂亮的耳环被谁戴着，就请大王立她为王后。”

楚四·庄辛谓楚襄王曰

庄辛谓楚襄王曰[①]：“君王左州侯[②]，右夏侯[③]，辇从鄢陵君与寿陵君[④]，专淫逸侈靡，不顾国政，郢（yǐng）都必危矣[⑤]！”襄王曰：“先生老悖乎？将以为楚国祆（yāo）祥乎[⑥]？”庄辛曰：“臣诚见其必然者也，非敢以为国祆祥也。君王卒幸四子者不衰，楚国必亡矣。臣请辟于赵[⑦]，淹留以观之。”

【注释】①庄辛：人名，楚国大臣，楚庄王的后代，故以庄为姓。

楚襄王：即楚顷襄王，芈姓，熊氏，名横，公元前298-前263年在位，楚怀王之子。②州侯：楚国封君，封邑在州（今湖北监利）。③夏侯：楚国封君，封邑在夏（今湖北汉口）。④鄢陵君：楚国封君，封邑在鄢陵（今河南郾城东南）。寿陵君：楚国封君，封邑在寿陵，今地不详。⑤郢都：地名。春秋战国时期楚国国都。在湖北省荆州市荆州区（故江陵）西北，今纪南城。⑥祆祥：吉凶祸福的先见征兆。祆，古同“妖”。古人称反常怪异的事物为祆。⑦辟：通“避”，躲避。

【译文】庄辛对楚襄王说：“君王您身边左有州侯右有夏侯，车后又有鄢陵君和寿陵君跟从，一味追求骄奢淫逸的生活，不理国家政事，如此会使郢都变得危险。”楚襄王说：“先生老糊涂了吗？还是用妖言惑乱楚国人呢？”庄辛说：“我当然是看到事情的必然结果，不敢用妖言惑乱楚国人。假如君王始终宠幸这四个人，那楚国一定会因此灭亡。请君王准许我到赵国避难，在那里来静观楚国的变化。”

庄辛去之赵，留五月，秦果举鄢、郢、巫、上蔡、陈之地①。襄王流掩于城阳②，于是使人发驺（zōu）征庄辛于赵③。庄辛曰：“诺。”

【注释】①鄢：地名，在今河南省鄢陵县一带。郢：地名，在今湖北江陵西北纪南城。巫：今重庆市巫山县东。上蔡：地名，河南省东南部，今属于驻马店市。陈：地名，今河南东部和安徽亳州一带。②掩：遮蔽，遮盖。城阳：地名。楚邑，在今河南淮阳东南。③驺：古代贵族的骑马的侍从。

【译文】庄辛离开楚国到了赵国，他在那里只住了五个月，秦国果然发兵攻占鄢、郢、巫、上蔡、陈这些地方。楚襄王也流亡躲藏在城阳，在这时襄王才派骑马的侍从到赵国召请庄辛。庄辛说："可以。"

庄辛至，襄王曰："寡人不能用先生之言，今事至于此，为之奈何？"庄辛对曰："臣闻鄙语曰：'见兔而顾犬，未为晚也；亡羊而补牢，未为迟也。'臣闻昔汤、武以百里昌，桀、纣以天下亡[①]。今楚国虽小，绝长续短，犹以数千里，岂特百里哉！

【注释】①汤：商汤，商朝开国君主。武：周武王，周朝开国君主。桀：夏桀，夏朝末代君主。纣：商纣王，商朝末代君主。

【译文】庄辛到了城阳，楚襄王对他说："寡人当初不听先生的话，如今事情发展到这地步，这可怎么办呢？"庄辛回答说："我知道一句俗语：'见到兔子后再放出猎犬去追并不算晚；羊丢掉后再去修补羊圈也不算迟。'我听说过去商汤和周武王，依靠方圆百里的土地，而使天下昌盛，夏桀和商纣王，虽然拥有天下，到头来终不免亡国。现在楚国土地虽然狭小，然而截长补短，还能有方圆数千里的土地，岂止是百里呢？

"王独不见夫蜻蛉（líng）乎[①]？六足四翼，飞翔乎天地之间，俯啄蚊虻而食之，仰承甘露而饮之，自以为无患，与人无争也。不知夫五尺童子，方将调饴胶丝[②]，加己乎四仞之上[③]，而下为蝼蚁食也。

【注释】①蜻蛉：蜻蜓。②饴：用麦芽制成的糖浆，糖稀。③仞：古代长度单位，八尺为一仞。

【译文】"大王难道没有见过蜻蜓吗？长着六只脚和四只翅膀，在天地之间飞翔，低下头来啄食蚊虻，抬头起来喝甘美的露水，自以为无忧无患，又和人没有争执。岂不知那五尺高的孩子，正在调糖稀涂在丝网上，将要在四仞之上粘住它，丢下给蝼蛄和蚂蚁吃掉。

"蜻蛉其小者也，黄雀因是以。俯噣白粒[①]，仰栖茂树，鼓翅奋翼，自以为无患，与人无争也。不知夫公子王孙，左挟弹，右摄丸，将加己乎十仞之上，以其颈为招[②]。昼游乎茂树，夕调乎酸咸，倏忽之间[③]，坠于公子之手。

【注释】①噣：同"啄"，啄食。白粒：指白米粒。②招：箭靶；目标。③倏忽：顷刻，一眨眼。

【译文】"蜻蜓还算小的，黄雀也是如此。它俯下身啄食白米粒，仰起身来栖息在茂密的树丛中，鼓动着翅膀奋力高翔，自以为没有祸患，和人也没有争执，却不知那公子王孙正左手拿着弹弓，右手按上弹丸，将要以十仞高空之上的黄雀脖子为箭靶。黄雀白天还在茂密的树丛中游玩，晚上就被调上佐料成为桌上的佳肴，顷刻之间，落入公子王孙的手中。

"夫雀其小者也，黄鹄（hú）因是以[①]。游于江海，淹乎大沼，俯噣鳝鲤，仰啮（niè）菱衡[②]，奋其六翮（hé）而凌清风[③]，飘摇乎高翔，自以为无患，与人无争也。不知夫射者，方将修其磻（bō）卢[④]，治其矰缴（zēng zhuó）[⑤]，将加己乎百仞之上。被礛磻（jiān bō）[⑥]，引微缴，折清风而抎（yǔn）矣[⑦]，故昼游乎江河，夕调乎鼎鼐（nài）[⑧]。

【注释】①黄鹄：天鹅。②啮：咬。衡：同"荇（xìng）"，水草。③翮：鸟翎的茎，翎管。④磻卢：弓箭。磻：古代射鸟用的拴在丝绳上的石箭镞。卢：黑色的弓。⑤矰缴：系在箭尾的细绳，用来把箭收回。⑥礛磻：锋利的箭。礛：锋利。磻：同"磻"，古代射鸟用的拴在丝绳上的石箭镞。⑦抎：陨落。⑧鼐：大鼎。

【译文】"黄雀还算是小的，天鹅也是如此。天鹅在江海上翱游，在湖泽里休息，低下头吞食黄鳝和鲤鱼，抬起头来吃菱角和水草，振动它的翅膀凌驾于清风之上，飘飘摇摇在高空飞翔，自认为不会有祸患，又与人无争。然而它们却不知那射箭的人，正在修理弓箭，系好拴箭的丝绳，将向百仞的高空射击它。它将带着箭，拖着细微的箭绳，逆着清风坠落下来。天鹅白天还在江河里游泳，晚上就成了锅中的佳肴。

"夫黄鹄其小者也，蔡圣侯之事因是以[①]。南游乎高陂（bēi）[②]，北陵乎巫山[③]，饮茹溪之流[④]，食湘波之鱼[⑤]，左抱幼妾，右拥嬖（bì）女[⑥]，与之驰骋乎高蔡之中[⑦]，而不以国家为事。不知夫子发方受命乎宣王[⑧]，系己以朱丝而见之也。

【注释】①蔡圣侯：蔡国的末代君主。②陂：堤岸。③巫山：山名。在今重庆巫山东。④茹溪：水名。巫山中的溪流。⑤湘波：湘水。⑥嬖女：出身卑微而受宠爱的女子。⑦高蔡：地名。在今河南上蔡。⑧子发：楚宣王将。宣王：指楚宣王，芈姓，熊氏，名良夫，楚肃王弟，公元前369–前340年在位。

【译文】“天鹅还算是小的，蔡圣侯也是如此。他曾南游高陂，北登巫山，饮茹溪里的水，吃湘江里的鱼，左手抱着年轻貌美的侍妾，右手搂着出身卑微而受宠爱的女子，和这些人同车驰骋在高蔡之上，根本不管国家大事。却不知道那子发正在接受楚宣王的进攻命令，要用红绳子绑着他去见楚宣王了。

“蔡圣侯之事其小者也，君王之事因是以。左州侯，右夏侯，辇从鄢陵君与寿陵君，饭封禄之粟，而载方府之金[①]，与之驰骋乎云梦之中[②]，而不以天下国家为事，不知夫穰侯方受命乎秦王[③]，填黾（mǐn）塞之内[④]，而投己乎黾塞之外。”

【注释】①方府：楚国藏金的国库。②云梦：又称云梦大泽，中国湖北省江汉平原上的古代湖泊群的总称。③穰侯：魏冉，亦作魏厓、魏焻，因食邑在穰，号曰穰侯。秦王：即秦昭王，（公元前325–前251年），嬴姓，赵氏，名则，又名稷，秦惠文王之子，秦武王异母弟。④黾塞：地名。在今河南信阳东南的平靖关。

【译文】“蔡圣侯的事只是小事，君王您的事也是如此。君王左边是州侯，右边是夏侯，车后跟着鄢陵君和寿陵君，吃着封地的粮食，车上载着国库的钱财，与他们驰骋在云梦之中，根本不把国家的事情放在心上。然而君王却没有料到，穰侯魏冉已经奉秦王命令，在黾塞之南布满军队，把君王赶到黾塞以北。”

襄王闻之，颜色变作，身体战栗。于是乃以执圭而授之，封之为阳陵君，与淮北之地也[①]。

【注释】①与：通“举”，攻取，夺取。

【译文】楚襄王听了庄辛这番话之后，大惊失色，全身发抖。在这时就把执圭的爵位授予庄辛，封他为阳陵君，不久庄辛就帮助楚王收复了淮河以北的土地。

楚四·齐明说卓滑以伐秦

齐明说卓滑以伐秦[①]，滑不听也。齐明谓卓滑曰：“明之来也，为樗（chū）里疾卜交也[②]。明说楚大夫以伐秦，皆受明之说也，唯公弗受也，臣有辞以报樗里子矣。”卓滑因重之。

【注释】①齐明：人名，东周人。卓滑：人名。楚国谋臣，也称“邵滑”。②樗里疾：人名，秦惠王异母弟。

【译文】齐明游说楚国大夫卓滑攻打秦国，卓滑没有答应。齐明对卓滑说：“我这次来楚国，是替樗里疾试探秦国、楚国交情的。我游说楚国大夫们攻打秦国，他们都接受了我的意见，只有您不接受，这次我可有话回报樗里疾了。”卓滑因此而看重齐明。

楚四·或谓黄齐曰

或谓黄齐曰[①]：“人皆以谓公不善于富挚[②]。公不闻老莱子之教孔子事君乎[③]？示之其齿之坚也，六十而尽相靡也[④]。今富挚能，而公重不相善也，是两尽也。谚曰：‘见君之乘，下之；见杖，起之。’今也王爱富挚而公不善也，是不臣也。”

【注释】①黄齐：人名，事迹不详。②富挚：人名，事迹不详。③老莱子：约公元前599—约前479年，存疑人物，或为老子在历史中的另一名字。春秋晚期思想家，道教人物。④靡：通“糜”，烂。

【译文】有人对黄齐说：“人们都认为您和富挚的关系不好。您没有听过老莱子教孔子事奉国君的事吗？老莱子先让孔子看自己的牙齿原先何等坚固，又说六十岁牙齿就掉光，是因为牙齿互相研磨的结果。如今富挚有才能，可是您却跟他关系不好，只会两败俱伤。谚语说：‘看见君王的马车，如果在车上就从自己车上下来；看见君王的手杖，如果坐着也要站起来。’如今大王很喜欢富挚，可是您却和他关系不好，这不是臣子应有的行为。”

楚四·垂沙之难

垂沙之难[①]，楚太子横为质于齐。楚王死，薛公归太子横，因与韩、魏之兵随而攻东国。太子惧。昭盖曰[②]：“不若令屈署以新东国为和于齐以动秦[③]。秦恐齐之败东国而令行于天下也，必将救我。”太子曰：“善。”遽（jù）令屈署以东国为和于齐[④]。秦王闻之惧[⑤]，令芈（mǐ）戎告楚曰[⑥]：“毋与齐东国，吾与子出兵矣。”

【注释】①垂沙：地名，在今河南唐河西南。②昭盖：人名，楚国大臣。③东国：楚国淮北靠近齐国的地区。④遽：遂，就。屈署：人名，楚国大臣。⑤秦王：秦昭王。⑥芈戎：又称辛戎，楚国人。秦昭襄王舅父。

【译文】垂沙祸难之后，楚国太子横作为人质被送到齐国。楚怀王死后，薛公才送太子横回楚国，随后齐国又联合韩国、魏国的军队，进攻楚国淮北靠近齐国的地区。太子横很害怕。昭盖说："不如让屈署用淮北的土地向齐国求和，以此来触动秦国，秦国害怕齐国取得淮北的土地，在天下发号施令，一定会来救援我们楚国。"太子说："好。"于是命令屈署用淮北的土地向齐国求和。秦昭王听到此事很害怕，命令芈戎告诉楚国说："不要把淮北的土地送给齐国，我们和你们一起出兵攻齐。"

楚四·有献不死之药于荆王者

有献不死之药于荆王[①]者，谒者操以入[②]。中射之士问曰[③]："可食乎？"曰："可。"因夺而食之。王怒，使人杀中射之士。

【注释】①荆王：楚王。本篇近似寓言，因此楚王不能确指。②谒者：为宾客掌管传达的人。③中射之士：善射的人，这里指负责宫廷保卫的卫士。

【译文】有人给楚王进献长生不死的药，传达的人拿着药走入宫中。有个卫士看见后问道："可以吃吗？"传达的人说："可以吃。"卫士于是抢过来吃下去。楚王为此非常恼怒，就要派人杀死这个卫士。

中射之士使人说王曰："臣问谒者，谒者曰可食，臣故食之，是臣无罪，而罪在谒者也。且客献不死之药，臣食之而王杀臣，是死药也。王杀无罪之臣，而明人之欺王。"王乃不杀。

【译文】这个卫士托人向楚王解释说："我问传达的人，他告诉我说是可以吃的，所以我才拿过药来吃下去，这件事我并没有罪，有罪的是传达的人。况且宾客所献的是长生不死药，我吃了药大王就要杀我，这岂不成了送死药。大王杀死一个没有罪的臣子，就证明有人在欺骗大王。"楚王就不杀他了。

楚四·客说春申君曰

客说春申君曰："汤以亳（bó）①，武王以鄗（hào）②，皆不过百里，以有天下。今孙子天下贤人也③，君籍（jiè）之以百里势④。臣窃以为不便。于君何如？"春申君曰："善。"于是使人谢孙子，孙子去之赵，赵以为上卿。"

【注释】①亳：地名。商朝国都。初为南亳，位于今河南商丘东南。后迁西亳，位于今河南偃师西。②鄗：通"镐"，地名。西周都城，在今陕西西安。③孙子：人名。即荀卿，约公元前313–前238年，名况，字卿，战国末期赵国人，著名思想家、文学家、政治家，时为楚兰陵令。此处"荀"作"孙"，避汉宣帝讳改。④籍：通"藉"，凭借。

【译文】有一个食客游说楚国的春申君说："商汤靠着亳京兴起，周武王靠着镐京兴起，两个地方都不超过方圆百里的面积，而商汤和周武王却因它们而获得天下。现在荀子是天下的贤人，您竟想给他方圆一百里的土地作为凭借，我私下认为对于您很不利，您认为怎么样？”春申君说：“说得好。”于是就派人谢绝荀子。荀子就离开楚国到了赵国。赵王封他为上卿。

客又说春申君曰：“昔伊尹去夏入殷①，殷王(wàng)而夏亡②。管仲去鲁入齐③，鲁弱而齐强。夫贤者之所在，其君未尝不尊，国未尝不荣也。今孙子天下贤人也，君何辞之？”春申君又曰：“善。”于是使人请孙子于赵。

【注释】①伊尹：人名。名挚。商汤相，商朝初年著名政治家、思想家。②王：古代指统治者谓以仁义取得天下。③管仲：人名。姬姓，管氏，名夷吾，字仲，谥敬，春秋时期法家代表人物。

【译文】这时宾客又对春申君说：“从前伊尹离开夏地到了殷地，结果殷王以仁义取得天下，夏朝被灭亡。管仲离开鲁国到了齐国，鲁国变得衰弱而齐国变得强盛。贤人所在的地方，那里的君王没有不受人尊敬的，那里的国家没有不繁荣的。现在荀子是天下的贤人，您怎么能谢绝他呢？”春申君说：“说得好。”于是春申君就派人到赵国迎请荀子。

孙子为书谢曰：“‘疠(lì)人怜王①’，此不恭之语也，虽然，不可不审察也，此为劫弑死亡之主言也。夫人主年少而矜(jīn)材②，无法术以知奸，则大臣主断国，私以禁诛于己也。故弑贤长而立幼弱，废正適而立不义③。

【注释】①疠：古同“癞”，癞病。②矜材：以才能自负。③正適：正妻所生的长子。適，同“嫡”。

【译文】这时荀子就写了一封信辞谢说：“‘生癞的人可怜君王’，这是一句很不礼貌的话，虽然如此，但也不能不加以审视观察，这是针对一般被臣子杀死的君王说的。如果君主年轻而又以才能自负，没有方法和手段识别奸邪的人，那么大臣就要独断专行，图谋私利，把所有权利收归于己。所以他们就要杀死有才能而又年长的君主，拥立年幼而又体弱的君主，废掉嫡子的继承权而拥立不符合礼义的人做君主。

“《春秋》记之曰：‘楚王子围聘于郑[①]，未出竟[②]，闻王病，反问疾，遂以冠缨绞王杀之，因自立也。齐崔杼（zhù）之妻美[③]，庄公通之。崔杼帅其群党而攻[④]。庄公请与分国，崔杼不许；欲自刃于庙，崔杼不许。庄公走出，逾于外墙，射中其股，遂杀之，而立其弟景公[⑤]。’

【注释】①王子围：人名。楚共王子。聘：访问，古代指代表国家访问友邦。②竟：通“境”，边境。③崔杼：人名。春秋时期齐庄公的大臣。④帅：同“率”，率领。⑤景公：名杵臼（chǔ jiù），齐灵公的儿子，齐庄公弟弟。

【译文】“《春秋》上记载说：‘楚国王子围奉命到郑国访问，还没等离开楚境，就听说楚王生病，于是他就返回楚国探问病情。竟然用帽带把楚王勒死，因而自立为王。齐国崔杼的夫人长得很美丽，齐庄公和她私通，崔杼率领他的家臣进攻庄公。庄公请求和他平分齐国，崔杼不答应；庄公又要求到祖庙自杀，崔杼也不答应。庄公逃跑，他刚翻过外墙，崔杼就射中了他的大腿，将他杀死，拥立庄公的弟弟为王，称为景公。’

“近代所见：李兑用赵，饿主父于沙丘[1]，百日而杀之；淖齿用齐，擢闵王之筋[2]，县于其庙梁[3]，宿夕而死。夫厉虽痈肿胞疾[4]，上比前世，未至绞缨射股；下比近代，未至擢筋而饿死也。夫劫弑死亡之主也，心之忧劳，形之困苦，必甚于疠矣。由此观之，‘疠虽怜王’可也。”

【注释】①李兑：战国时赵国大臣。主父：指赵武灵王。沙丘：地名，在今河北广宗县。②淖齿：人名。战国时楚将，后被齐闵王任为相。闵王：指齐闵王。③县：通“悬”悬挂。④痈：一种皮肤和皮下组织的化脓性炎症，易生于颈、背部，常伴有畏寒、发热等全身症状。胞疾：从胞胎中带来的病。

【译文】“近来所看到的，李兑在赵国掌权，在沙丘让赵国主父受困，以致饿了一百天后死掉；淖齿在齐国掌权，竟然抽齐闵王的筋，然后把闵王悬挂在宗庙的房梁上，过了一夜而死。因此说长癞疮虽然是胞胎中带的肿毒，但是如果和前代的帝王相比，还不至于被臣子用帽缨勒死，用箭射死；如果和近代帝王相比，也不至于被臣子抽筋吊死，被臣子活活饿死。那些被臣子杀害的君主，心神所受的忧虑，身体所受的痛苦，必定比生癞病的人还要厉害。由此看来，‘生癞疮的人可怜君王’是有道理的。”

因为赋曰："宝珍隋珠[①]，不知佩兮；杂布与棉，不知异兮[②]。闾姝（shū）子奢[③]，莫知媒兮，嫫母求之[④]，又甚喜之兮。以瞽为明，以聋为聪，以是为非，以吉为凶。呜呼上天，易惟其同！"《诗》曰："上天甚神，无自瘵（zhài）[⑤]也。"

【注释】①隋珠：又名随侯珠，传世的明珠。②异：分开。③闾姝：美女名，代指美女。子奢：郑国美男名，代指美男子。④嫫母：丑女名，代指丑女。⑤瘵：疾苦；困顿。

【译文】荀子因此在信尾赋了一首诗说："珍贵的隋侯珠，不知道佩戴啊；布匹和锦缎杂乱安排啊，不会分开。美女闾姝和美男子奢，没有谁来说媒啊，丑女嫫母来求婚，又反而很喜欢啊。把瞎子说成眼光明亮的人，把聋子说成听觉灵敏的人，是非颠倒，吉凶混淆。唉，天啊，为什么世间的一切是如此相同！"《诗经》上说："上天很神明，不要自取灾祸啊。"

楚四·天下合从

天下合从。赵使魏加见楚春申君曰[①]："君有将乎？"曰："有矣，仆欲将临武君[②]。"魏加曰："臣少之时好射，臣愿以射譬（pì）之[③]，可乎？"春申君曰："可。"

【注释】①魏加：赵国大臣。春申君：黄歇的封号，公元前314–前238年，是楚考烈王的相。②临武君：指赵将庞煖（xuān）。③譬：打比方。

【译文】天下诸侯联合起来抗秦。赵国派使者魏加去见楚相春申君黄歇说:“您已经安排好领兵的大将了吗?”春申君说:“是的,我想委派临武君庞煖为大将。”魏加说:“我年轻的时候喜欢射箭,因此我就用射箭来做譬喻,可以吗?”春申君说:“好的。”

加曰:“异日者,更羸与魏王处京台之下[①],仰见飞鸟。更羸谓魏王曰:‘臣为王引弓虚发而下鸟。’魏王曰:‘然则射可至此乎?’更羸曰:‘可。’有间,雁从东方来,更羸以虚发而下之。魏王曰:‘然则射可至此乎?’更羸曰:‘此孽也[②]。’王曰:‘先生何以知之?’对曰:‘其飞徐而鸣悲。飞徐者,故疮痛也;鸣悲者,久失群也,故疮未息,而惊心未忘也。闻弦音,引而高飞,故疮陨也。’今临武君,尝为秦孽,不可为拒秦之将也。”

【注释】①更羸与魏王:都是假托的人。京台:台名。是观赏游玩的地方。②孽:指未愈的隐伤。

【译文】魏加说:“有一天,魏臣更羸和魏王站在高台之下,抬头看见飞鸟。这时更羸对魏王说:‘我只要虚拨弓弦,就可以把鸟射死在大王眼前。’魏王说:‘射技有如此高超的吗?’更羸说:‘可以。’过了一会儿,有一只大雁从东方飞来,更羸虚射一箭就把这只大雁射落在地上。魏王说:‘虚射怎么会出现这种结果呢?’更羸说:‘因为它有隐伤在身。’魏王说:‘你怎么知道?’更羸说:‘这只雁飞得很缓慢,叫声又悲切。飞得缓慢是因为它旧伤疼痛;叫的悲切是因它离开雁群很久,身负旧伤且心里的惊惧未忘,一听见弓弦的声音就吓得拼命高飞,以致使它的伤口破裂而掉落下来。’现在的临武君也曾被秦军打败，您不可以派他去担任抗秦的将领啊。”

楚四·汗明见春申君

汗明见春申君[①]，候问三月，而后得见。谈卒，春申君大说之。汗明欲复谈，春申君曰：“仆已知先生，先生大息矣[②]。”汗明憱(cù)焉曰[③]：“明愿有问于君而恐固[④]。不审君之圣，孰与尧也[⑤]？”春申君曰：“先生过矣，臣何足以当尧！”汗明曰：“然则君料臣孰与舜[⑥]？”春申君曰：“先生即舜也。”汗明曰：“不然。臣请为君终言之。君之贤实不如尧，臣之能不及舜。夫以贤舜事圣尧，三年而后乃相知也。今君一时而知臣，是君圣于尧而臣贤于舜也。”春申君曰：“善。”召门吏为汗先生著客籍，五日一见。

【注释】①汗明：人名。事迹不详。②大息：好好地休息。③憱焉：不安地样子。憱，不安。④固：鄙陋，此处有“放肆”的意思。⑤尧：传说中上古时期的明君。⑥舜：传说中上古时期的明君。尧臣，后继尧为君。

【译文】汗明拜见春申君，等候了三个月，然后才得到接见。交谈完毕，春申君非常高兴。汗明想要再和春申君交谈，春申君说：“我已经了解先生了，先生先去休息吧。”汗明不安地说：“我愿意向您请教，可是害怕问得鄙陋。不知您的圣明和尧比怎么样？”春申君说：“先生说的过了，我怎么能同尧相比？”汗明说：“那么您估量一下我比舜谁更有才能？”春申君说：“先生就是舜一样的人。”汗明说："不是这样。请您让我把话都说出来。您的贤能的确不如尧，我的才能更赶不上舜。凭着贤能的舜事奉圣明的尧，三年以后尧才了解舜。如今您在很短的时间内就了解我，这是说您比尧圣明而我比舜贤能。"春申君说：讲得好。"于是叫来守门的官吏把汗明的名字登记在宾客簿上，每五天接见一次。

汗明曰："君亦闻骥乎？夫骥之齿至矣，服盐车而上太行①。蹄申膝折②，尾湛（chén）胕溃③，漉（lù）汁洒地④，白汗交流，中坂（bǎn）迁延，负辕不能上。伯乐遭之⑤。下车攀而哭之，解纻（zhù）衣以幂（mì）之⑥。骥于是俯而喷，仰而鸣，声达于天，若出金石声者，何也？彼见伯乐之知己也。今仆之不肖，厄于州部，堀穴穷巷⑦，沈污鄙俗之日久矣，君独无意湔（jiān）拔仆也⑧，使得为君高鸣屈于梁乎？"

【注释】①太行：山名。今山西与河北、河南交界处。②申：通"伸"，伸展。③湛:下垂。胕：同"肤"。④漉汁：渗出的液体。⑤伯乐：姓孙名阳，字子良，又称王良。春秋时善相马的人。⑥纻衣：麻布衣。幂：覆盖。⑦堀：通"窟"，洞窟。⑧湔：洗涤。

【译文】汗明说："您也听说过千里马的故事吗？千里马长到能驾车的年龄，驾着盐车上太行山。四蹄伸展膝盖弯曲，尾巴下垂皮肤溃烂，流出的口水洒了一地，全身汗水交流，走到太行的坡道上就不能前进，驾着车辕拉不上去。伯乐遇到它，跳下车来牵着它哭泣，脱下自己的麻衣给它盖上。千里马于是低头喷气，仰头长鸣，叫声直冲云霄，真像从金石乐器上发出，为什么会这样？因为它看到伯乐是了解自己的。如今我这个不成器的人，在地方上受压抑，住在穷巷的土屋里，埋没在污浊鄙俗的环境之中已经很长时间，您难道无意为我洗涤污浊，让我为您吐露心里的委屈在山梁上吗？”

楚四·楚考烈王无子

楚考烈王[①]无子，春申君患之，求妇人宜子者进之，甚众，卒无子。

【注释】①楚考烈王：楚顷襄王之子。

【译文】楚考烈王没有儿子，相国春申君为此很是忧愁，寻求宜于生子的妇人进献给考烈王，进献了许多，那些妇人却始终没能生儿子。

赵人李园，持其女弟欲进之楚王[①]，闻其不宜子，恐又无宠。李园求事春申君为舍人。已而谒归[②]，故失期。还谒，春申君问状。对曰：“齐王遣使求臣女弟，与其使者饮，故失期。”春申君曰：“聘入乎[③]？”对曰：“未也。”春申君曰：“可得见乎？”曰：“可。”于是园乃进其女弟，即幸于春申君。

【注释】①女弟：指妹妹。②谒：拜见。③聘：旧时称订婚、迎娶之礼。

【译文】这时赵国人李园，想把自己的妹妹献给考烈王，可是又听人说楚王不能生孩子，担心妹妹将来得不到考烈王的宠幸。李园就请求成为春申君的舍人。当上舍人不久，李园请假回家，又故意晚回。回来见到春申君，春申君问他为什么晚回。李园回答说：“齐王派人来娶我的妹妹，我和齐王的使者喝酒，所以耽误了回来的时间。”春申君说：“接受聘礼了吗？”李园说：“还没有。”春申君说：“可以让我见一下令妹吗？”李园说：“可以。”于是李园就把妹妹献给春申君，她随即受到春申君的宠爱。

知其有身，园乃与其女弟谋。园女弟承间说春申君曰：“楚王之贵幸君，虽兄弟不如。今君相楚王二十余年，而王无子，即百岁后，将更立兄弟。即楚王更立，彼亦各贵其故所亲，君又安得长有宠乎！非徒然也，君用事久，多失礼于王兄弟。兄弟诚立，祸且及身，奈何以保相印、江东之封乎[①]？今妾自知有身矣，而人莫知。妾之幸君未久，诚以君之重而进妾于楚王，王必幸妾。妾赖天而有男，则是君之子为王也，楚国封尽可得，孰与其临不测之罪乎？”春申君大然之。乃出园女弟，谨舍而言之楚王。楚王召入，幸之。遂生子男，立为太子，以李园女弟立为王后。楚王贵李园，李园用事。

【注释】①江东之封：春申君的封地。春申君初封淮北十二县，后徙封吴（今江苏苏州）。

【译文】当李园知道妹妹有了身孕，就和妹妹商量了一个计谋。李园的妹妹找机会对春申君说：“楚王宠信你，就连兄弟也不过如此。现在您给楚王当相国已经二十多年，可是楚王还没有儿子。等到楚王死后，大臣们必然会拥立他的兄弟为王。楚国王位更换，新楚王必然重用自己的亲人，您又怎么能长久得到宠信呢？不仅如此，您出任宰相已有很长时间，难免会对大王的兄弟有许多失礼得罪之处。将来大王的兄弟如果真能登上王位，您一定会遭受大祸，又拿什么保全相国的地位和江东的封地呢？现在臣妾已经知道自己怀有身孕，而旁人却不知道。臣妾受您的宠爱还不算久，假如能凭你的高贵身份把臣妾献给楚王，那楚王必然会宠爱臣妾。万一臣妾能得上天保佑生个儿子，那就是您的儿子作了楚王，到那时楚国的所有全都在您的掌握之中，这和您面临着不可猜测的罪过相比，哪一个更好呢？”春申君认为这话很对，就把李园的妹妹迁出府，另外安排住处并向楚王讲明进献李园的妹妹。楚王把李园的妹妹召来，非常宠幸她。后来她生了一个男孩，被立为太子，楚王立李园的妹妹为王后。考烈王也很重用李园，因而李园就掌握了朝政。

李园既入其女弟为王后，子为太子。恐春申君语泄而益骄，阴养死士[1]，欲杀春申君以灭口，而国人颇有知之者。

【注释】①死士：杀手，刺客。

【译文】李园把自己妹妹送入宫成了王后，所生的儿子成了太子，深恐春申君口风不紧泄漏内幕而骄纵，因此就在私下里养着刺客，想杀死春申君灭口，不过在国都中有很多人已经知道了这件事。

春申君相楚二十五年，考烈王病。朱英谓春申君曰[1]：世有无妄之福，又有无妄之祸，今君处无妄之世，以事无妄之主，安不有无妄之人乎？”

【注释】①朱英：人名。关津（今山东观城）人。春申君门下食客。

【译文】当春申君作楚国相国第二十五年的时候，考烈王生了重病。这时朱英对春申君说："世间有出人意外的洪福，也有始料不及的横祸。现在您正处在出人意外的世界里，去事奉出人意外的君主，怎能得不到意想不到的人来帮助您呢？"

春申君曰："何谓无妄之福？"曰："君相楚二十余年矣，虽名为相国，实楚王也。五子皆相诸侯，今王疾甚，旦暮且崩，太子衰弱，疾而不起，而君相少主，因而代立当国，如伊尹、周公[①]，王长而反政。不即遂南面称孤，因而有楚国，此所谓无妄之福也。"

【注释】①伊尹、周公：用贤相的身份辅佐少主的能臣，朱英用他们和春申君相比有讨好意味。

【译文】春申君说："什么叫出人意外的洪福呢？"朱英说："您当楚国的相国已经二十多年，虽然名为相国，可实际上是楚王。您的五个儿子都在别国辅佐诸侯。现在君王病得很重，早晚会死，太子体质衰弱，卧病不起，那您就得辅佐少主，代少主掌管国政，就像伊尹和周公那样，等少主长大再归还政权。要不然，您就干脆南面称王，因而掌控楚国。这就是所谓出人意外的洪福。"

春申君曰："何谓无妄之祸？"曰："李园不治国，王之舅也。不为兵将，而阴养死士之日久矣。楚王崩，李园必先入。据本议制断君命，秉权而杀君以灭口，此所谓无妄之祸也。”

【译文】春申君问：“那什么叫始料不及的横祸呢？”朱英说：“李园不是治理国家的相国，而是楚王的大舅子，他虽然不是领兵的大将，却在暗中收养了很久的刺客。楚王死后，李园必定入宫，按照他本来的计划，假传楚王命令，凭借手中的权利杀死您灭口，这就是始料不及的祸。”

春申君曰：“何谓无妄之人？”曰：“君先仕臣为郎中[1]，君王崩，李园先入，臣请为君䭾(chōng)其胸杀之[2]，此所谓无妄之人也。”春申君曰：“先生置之，勿复言已。李园软弱人也，仆又善之，又何至此？”朱英恐，乃亡去。

【注释】①郎中：指国王宫中的侍卫。②䭾：刺。

【译文】春申君说：“什么叫意想不到的人呢？”朱英说：“阁下先任命我为郎中，君王死后，李园一定先入宫，我愿替您以利剑刺入他的胸膛把他杀死，这就是所谓意想不到的人。”春申君说：“先生就把这件事搁置起来吧，李园是一个软弱的人，我又待他不薄，怎么会到这种地步呢？”朱英心里便害怕起来，就赶紧逃离了楚国。

后十七日，楚考烈王崩，李园果先入，置死士，止于棘门之内[1]。春申君后入，止棘门，园死士夹刺春申君，斩其头，投之棘门外。于是使吏尽灭春申君之家。而李园女弟初幸春申君有身，而入之王所生子者，遂立为楚幽王也[2]。

【注释】①棘门：宫门名。②楚幽王：芈姓，熊氏，名悍，楚考烈王之子公元前237—前228年在位。

【译文】十七天后，楚考烈王死了，李园果然先入宫中，埋伏刺客在棘门之内。当春申君随后经过棘门时，李园的刺客从门两边冲出来杀死他，将他的头斩下丢到棘门外，同时又派人杀死春申君的全部家人。李园的妹妹当初被春申君宠幸怀有身孕，入宫后所生的儿子，被立为楚幽王。

是岁，秦始皇立九年矣。嫪毐（lào ǎi）亦为乱于秦[①]，觉，夷三族[②]，而吕不韦废。

【注释】①嫪毐：人名，赵人。初为吕不韦门客，权势极大。秦王政八年（公元前239），封为长信侯。次年作乱失败，车裂而死。②三族：指父族、母族、妻族。

【译文】这一年，秦始皇在位九年了。嫪毐也在秦国发动叛乱，被发觉，被杀了父族、母族、妻族，而吕不韦也被废除相位。

楚四·虞卿谓春申君曰

虞卿谓春申君曰[①]："臣闻之《春秋》[②]，于安思危，危则虑安。今楚王之春秋高矣，而君之封地不可不早定也。为主君虑封者，莫如远楚。秦孝公封商君[③]，孝公死，而后不免杀之。秦惠王封冉子[④]，惠王死，而后王夺之。公孙鞅，功臣也；冉子，亲姻也。然而不免夺死者，封近故也。太公望封于齐，邵（shào）公奭

（shì）封于燕，为其远王室矣。今燕之罪大而赵怒深[5]，故君不如北兵以德赵，践乱燕以定身封[6]，此百代之一时也。”

【注释】①虞卿：人名，赵国上卿。②《春秋》：即《春秋经》，又称《麟经》或《麟史》，中国古代儒家经典“六经”之一。③秦孝公：秦献公之子，战国时期秦国国君。商君：又称卫鞅、公孙鞅，战国时期政治家、改革家、思想家，法家代表人物。④秦惠王：秦孝公之子。冉子：魏冉，昭王母宣太后弟，封穰侯。魏冉受封及被废，均在秦昭王时，不在秦惠王时，本文误记。⑤燕之罪大而赵怒深：指燕王喜用栗腹之谋伐赵，引起燕、赵之间连年战争的事。⑥践：通“翦（jiǎn）”，讨伐。

【译文】虞卿对春申君说：“我听《春秋》上说，在安定的时候要考虑到危险，在危险的时候要思虑如何安定。如今楚王的年龄大了，而您的封地，不可不及早确定。我替您考虑封地，莫如远离楚国。秦孝公封公孙鞅于商地，秦孝公死后，他没有免掉后王的杀害。秦昭王封冉子，昭王死后，后王剥夺了他的封地。公孙鞅是秦国的功臣；冉子是秦王的姻亲，然而却没有免掉被夺去封地、遭到杀害的命运，这是由于封地太靠近都城的缘故。太公望被封在齐地，邵公奭被封在燕地，因为他们的封地远离王室的缘故，所以能够国运长久。如今燕国伐赵犯有很大的罪，赵国对它的愤怒很深，所以您不如向北进军：既可以施加功德于赵国，又可以翦伐燕国来确定自己的封地，这可是百年难遇的好机会。”

君曰：“所道攻燕，非齐则魏。魏、齐新怨楚，楚虽欲攻燕，将何道哉？”对曰：“请令魏王可[1]。”君曰：“何如？”对曰：“臣请到魏，而使所以信之。”

【注释】①魏王：魏安釐（xī）王，姬姓，魏氏，名圉，魏昭王之子，公元前276—前243年在位。

【译文】春申君说："进攻燕国所经过的道路，不在齐国就在魏国。魏国、齐园刚刚与楚国结下怨仇，楚王虽然想要攻打燕国，将从什么地方通过呢？"虞卿回答说："请让魏王答应借道。"春申君说："怎么办？"虞卿回答说："我请求到魏国去，寻找机会向他们说明借道的道理。"

乃谓魏王曰："夫楚亦强大矣，天下无敌，乃且攻燕。"魏王曰："乡也[①]，子云天下无敌；今也，子云乃且攻燕者，何也？"对曰："今为马多力则有矣[②]，若曰胜千钧则不然者[③]，何也？夫千钧非马之任也。今谓楚强大则有矣，若越赵、魏而斗兵于燕，则岂楚之任也哉！非楚之任而楚为之，是敝楚也。敝楚是强魏也，其于王孰便也？"

【注释】①乡：通"向"，先前。②为马：即谓马。为，通"谓"，说。③钧：古代重量单位，一钧为三十斤。

【译文】于是虞卿到魏国对魏王说："楚国也够强大了，号称天下无敌，而且就要攻打燕国。"魏王说："先前，您说楚国天下无敌；如今，您又说楚国将要攻打燕国，这是为什么？"虞卿回答说："如今说马有很大力气，那是对的，但如果说马的力量能驮千钧，那是不对的，为什么呢？是因为千钧的重量不是马所能承担得了的。如今说楚国强大，那是真的，如果跨越赵国、魏国而跟燕国交战，难道楚国就能承担得了吗？不是楚国该承担的事，楚国偏要去做，这是使楚国疲惫啊！楚国疲惫也使魏国强大，这对大王来说，哪种情况更有利呢？”

卷十八 赵策一

扫码听谦德君为您导读

赵一·知伯从韩、魏兵以攻赵

知伯从韩、魏兵以攻赵[1]，围晋阳而水之[2]，城下不沉者三板[3]。郄疵谓知伯曰[4]；“韩、魏之君必反矣[5]。”知伯曰：“何以知之？”郄疵曰：“以其人事知之。夫从韩、魏之兵而攻赵，赵亡，难必及韩、魏矣。今约胜赵而三分其地。今城不没者三板，臼灶生蛙，人马相食，城降有日，而韩、魏之君无熹志而有忧色[6]，是非反如何也！”

【注释】①知伯：知伯即智瑶，晋国权臣。②晋阳：地名，在今山西省太原市晋源区。③板：古代用板筑城，一板长八尺，高二尺。④郄疵：春秋战国间人。晋知伯家臣。⑤韩、魏之君：指韩康子虎，魏桓子驹。⑥熹：通“喜”，欢喜。

【译文】知伯率领韩、魏的军队一道进攻赵国，包围了晋阳并用水灌城，水离淹城只有六尺。郄疵对知伯说：“韩、魏的君主肯定会背叛我们。”知伯问：“你是从何处知道的？”郄疵说：“从他们的行为举止上判断就可以知道。您率领韩国、魏国军队进攻赵国，如果赵国灭亡，那灾难必然会降到韩国、魏国头上。虽然您跟韩、魏相约灭赵后三分赵国，可是现在晋阳只差六尺就被淹没，连石臼和炉灶都生了青蛙，饿到人杀马作为军粮的地步，攻下晋阳指日可待，然而韩国、魏国的君主不但面无喜色，反倒显得很忧愁，这不是反叛的迹象又是什么呢？”

明日，知伯以告韩、魏之君曰：“郄疵言君之且反也。”韩、魏之君曰：“夫胜赵而三分其地，城今且将拔矣。夫二家虽愚，不弃美利于前，背信盟之约，而为危难不可成之事，其势可见也。是疵为赵计矣，使君疑二主之心而解于攻赵也①。今君听谗臣之言，而离二主之交，为君惜之。”趋而出。

【注释】①解：通“懈”，松懈。

【译文】第二天，知伯就把这话告诉韩、魏两国君主，说：“郄疵说两位君主要背弃盟约。”韩、魏两君说：“战胜赵国以后我们三家可以三分赵国土地，现在晋阳马上就要陷落。我们韩、魏两家虽然愚鲁，也不至于放弃就要到来的丰厚利益，甚至背弃盟约去做那种危险的、难以成功的事，这种形势发展的结局是可以预见的。这是郄疵在为赵国谋划，以便使贤君您怀疑我们韩、魏两国，使攻打赵国的计划松懈。进而瓦解三国攻赵的盟约。如今您竟听信奸臣的谗言，让他离间我们之间的关系，我们真为您感到可惜。”说完就快步走出去了。

郄疵谓知伯曰：“君又何以疵言告韩、魏之君为？”知伯曰：

“子安知之？”对曰：“韩、魏之君视疵端而趋疾。”郄疵知其言之不听，请使于齐，知伯遣之。韩、魏之君果反矣。

【译文】郄疵对知伯说：“您为什么要把臣的话告诉韩王、魏王呢？”知伯说：“你是怎么知道这件事的？”郄疵说：“因为韩王、魏两王临走时，使劲用眼睛瞪我而且快步走开。”郄疵见知伯不采纳自己的意见，就主动请求知伯派他去出使齐国，于是知伯就派他去了。不久韩国、魏国的君主果然反叛了。

赵一·知伯帅赵、韩、魏而伐范、中行氏

知伯帅赵、韩、魏而伐范、中行氏[①]，灭之。休数年，使人请地于韩。韩康子欲勿与[②]，段规谏曰[③]：“不可。夫知伯之为人也，好利而鸷愎，来请地不与，必加兵于韩矣。君其与之。与之，彼狃(niǔ)[④]，又将请地于他国。他国不听，必乡[⑤]之以兵，然则韩可以免于患难而待事之变。”康子曰：“善。”使使者致万家之邑一于知伯。知伯说。

【注释】①知伯：“知”，或作“智”，名瑶，晋国六卿之一。伐范、中行氏：范氏指范吉射，中行氏指中行寅。周定王十一年，知伯与韩、赵、魏共灭范氏、中行氏。②韩康子：人名。韩庄子子。③段规：人名，韩康子谋士。④狃：习惯。⑤乡：通“向”。

【译文】智伯率领赵国、韩国、魏国的军队进攻范氏、中行氏，灭亡了他们。休兵数年，派人向韩国索要土地。韩康子不想给他。段

规劝谏说："不可以这样做。智伯的为人，贪图货利而又凶狠残暴，他派人来索取土地如果我们不给，他一定会派兵攻打对我们韩国。您还不如给他。给了他，他就会习以为常，又将会向其它国家索要土地。其它国不听从，智伯一定用兵攻打它，这样一来，韩国可以免除患难，坐待事情发展变化。"韩康子说："好。"派出使者送一个有万家的城邑给智伯。智伯很高兴。

又使人请地于魏，魏桓子欲勿与。赵葭（jiā）谏曰[①]："彼请地于韩，韩与之，请地于魏，魏弗与，则是魏内自强而外怒知伯也。然则其错兵于魏必矣，不如与之。"桓子曰："诺。"因使人致万家之邑一于知伯。知伯说。又使人之赵，请蔺、皋狼之地[②]，赵襄子弗与[③]。知伯因阴结韩、魏，将以伐赵。

【注释】①赵葭：人名，魏桓子谋士。②蔺、皋狼：地名，赵邑。蔺在今山西离石西，皋狼在离石西北。③赵襄子：名无恤，晋国六卿之一。

【译文】知伯又派人向魏国索取土地，魏宣子不想给他。赵葭劝谏说："知伯向韩国索取土地，韩国给了他，他向魏国索取土地，魏国不给，这是魏国自以为强盛，而对外激怒了智伯，这样一来，智伯一定要对魏国用兵，不如给他土地。"魏宣子说："好。"因此派出使者送一个拥有万家的城邑给智伯，智伯很高兴。又派人到赵国去，索取蔺城、皋狼两个地方，赵襄子不给他。智伯因此暗中联络韩国、魏国，准备领兵进攻赵国。

赵襄子召张孟谈而告之曰[①]："夫知伯之为人，阳亲而阴疏，三使韩、魏，而寡人弗与焉，其移兵寡人必矣。今吾安居而可？”张孟谈曰：“夫董阏于，简主之才臣也[2]，世治晋阳，而尹铎（duó）循之[3]，其余政教犹存，君其定居晋阳。”君曰：“诺。”

【注释】①张孟谈：人名，赵襄子谋士。②董阏于：春秋人，赵鞅家臣。简主：即赵简子，名鞅，赵襄子之父。③尹铎：人名，赵简子家臣。

【译文】赵襄子召来张孟谈告诉他说：“智伯的为人，表面上跟你亲近内心里却和你疏远，他多次派人到韩、魏去，可是我都没有参加，他要出兵攻打我是一定的了。现在我方军队驻扎在什么地方据守好呢？”张孟谈说：“董阏于是先主赵简子的能干之臣，世代治理晋阳，而且尹铎继任也遵循他的方法治理，他们政治教化的遗存还在，您还是驻守在晋阳吧。”赵襄子说：“好。”

乃使延陵生将车骑先之晋阳[1]，君因从之。至，行城郭，案府库，视仓廪（lǐn）[2]，召张孟谈曰：“吾城郭已完，府库足用，仓廪实矣，无矢（shǐ）奈何[3]？”张孟谈曰：“臣闻董子之治晋阳也，公宫之垣皆以狄蒿苦楚廧之[4]，其高至丈余，君发而用之。”于是发而试之，其坚则箘簬（jùn lù）之劲不能过也[5]。君曰：“足矣，吾铜少若何？”张孟谈曰：“臣闻董子之治晋阳也，公宫之室，皆以炼铜为柱质，请发而用之，则有余铜矣。”君曰：“善。”号令以定，备守以具。

【注释】①延陵生：人名。赵襄子家臣。②仓廪：指贮藏米谷的仓库。③矢：箭。④垣：墙。狄蒿：草名，可燃火照明。苦楚：木名，可用作箭杆。廧，同“墙”。⑤箘簬：美竹名，可做箭杆。

【译文】于是就派延陵生率领车骑先到晋阳，赵襄子随后也跟了去。到晋阳以后，巡视城郭，察看府库，检查粮仓，召见张孟谈说：“我看城郭已经很完善，府库的物资足够使用，粮仓已经装满，可是没有箭怎么办？”张孟谈说：我听说董阏于治理晋阳的时候，凡是公有建筑的墙壁，都是用荻蒿苦楚筑成，墙壁的高度达一丈多，您可以打开使用它们。”于是打开一试，它们的坚硬程度就是箘簬也不能超过。赵襄子说：“箭足够了，但是我们缺少铜怎么办？”张孟谈说：“我听说董阏于治理晋阳的时候，凡是公有建筑，都是用冶炼的铜做柱子，请您打开使用它们，那么就有剩余的铜了。”赵襄子说：“好。”号令已经定好，防御的物资已经具备。

三国之兵乘晋阳城，遂战。三月不能拔，因舒军而围之，决晋水而灌之①。围晋阳三年，城中巢居而处，悬釜而炊②，财食将尽，士卒病羸③。襄子谓张孟谈曰：“粮食匮，财力尽，士大夫病，吾不能守矣。欲以城下④，何如？”张孟谈曰：“臣闻之，亡不能存，危不能安，则无为贵知士也。君释此计，勿复言也。臣请见韩、魏之君。”襄子曰：“诺。”

【注释】①晋水：在晋阳附近，今为晋河，东北流入汾河。②釜：古代的炊事用具，相当于现在的锅。③羸：瘦。④城下：城下之盟，指投降。

【译文】三国的军队来到晋阳城，于是双方开始交战。三个月没能攻克晋阳，因此散开军队包围它，掘开晋水堤岸灌向它。围困晋阳三年，城中的人在高处搭巢屋栖身，悬挂着锅做饭，财物粮食将要用光，士兵生病身体瘦弱。赵襄子对张孟谈说“粮食匮乏，钱财用尽，百姓疲惫，我不能坚守了，想要投降，您看怎么样？”张孟谈说：“我听说，国家灭亡不能使它保存，局势危险不能使它安定，那么就不用看重智谋之士了。请您放弃这个计划，不要再说了。我请求去见韩国、魏国的君主。”赵襄子说：“好。”

张孟谈于是阴见韩、魏之君曰：“臣闻唇亡则齿寒，今知伯帅二国之君伐赵，赵将亡矣，亡则二君为之次矣。”二君曰：“我知其然。夫知伯为人也，粗中而少亲，我谋未遂而知，则其祸必至，为之奈何？”张孟谈曰：“谋出二君之口，入臣之耳，人莫之知也。”二君即与张孟谈阴约三军，与之期日，夜遣入晋阳。张孟谈以报襄子，襄子再拜。

【译文】张孟谈于是暗中会见韩、魏的君主说：“我听说嘴唇没有了，那么牙齿就要受寒，现在知伯率领二位进攻赵国，赵国将要灭亡，赵国灭亡那么韩国、魏国也要依次跟着灭亡。”韩、魏之君说：“我们知道是这样的。那知伯的为人，内心严厉而很少亲近别人，我们的计谋没有成功而被他知道，那么大祸一定来到，您看这件事怎么办？”张孟谈说：“计谋从两位国君的口中说出，进入在下的耳朵，没有什么人知道。”韩、魏的君主就和张孟谈私下约定三军的行动，确定好日期，夜晚，把他送回晋阳城。张孟谈把情况报告给赵襄子，赵襄子对他拜了两拜。

张孟谈因朝知伯而出，遇知过辕门之外[①]。知过入见知伯曰："二主殆将有变。"君曰："何如？"对曰："臣遇张孟谈于辕门之外，其志矜[②]，其行高。"知伯曰："不然。吾与二主约谨矣，破赵三分其地，寡人所亲之，必不欺也。子释之勿出于口。"知过出，见二主，入说知伯曰："二主色动而意变，必背君，不如令杀之。"知伯曰："兵著晋阳三年矣，旦暮当拔之而飨其利[③]，乃有他心，必不然，子慎勿复言。"

【注释】①知过：知伯谋臣。辕门：古时军营的门或官署的外门。②矜：自尊自大；自夸。③飨：同"享"。

【译文】张孟谈拜见知伯出来，在辕门外遇见了知过。知过进去见知伯说："韩魏之君恐怕要反叛。"智伯说："为什么？"知过回答说："我在辕门之外遇到张孟谈，看见他神情傲慢，走路脚抬得很高。"知伯说："不会这样的。我和韩、魏的君主已经订立盟约，破赵之后三家瓜分它的土地，这是我和他们亲自约定的，他们一定不会欺骗我，请您放弃这种想法，不要再说了。"知过出来，拜见韩、魏之君，又进去游说知伯说："韩、魏二君神色不定意志改变，一定会背叛您，不如现在杀了他们。"知伯说："军队包围晋阳三年，早晚便可占领晋阳而享受它的利益，这时有了别的心思，必然是不可能的，您千万不要再说了。"

知过曰："不杀则遂亲之。"知伯曰："亲之奈何？"知过曰："魏宣子之谋臣曰赵葭，康子之谋臣曰段规，是皆能移其君之计，君其与二君约，破赵则封二子者各万家之县一，如是则二主之心可不变，而君得其所欲矣。”知伯曰：“破赵而三分其地，又封二子者各万之县一，则吾所得者少，不可。”知过见君之不用也，言之不听，出，更其姓为辅氏，遂去不见。

【译文】知过说：“不杀他们那么就要亲近他们。”知伯说：“那怎样亲近他们？”知过说：“魏宣子的谋臣叫赵葭，韩康子的谋臣叫段规，这都是能改变他们君主计策的人，您可以跟这两位约定，攻破赵国后各封给他们一个拥有万家的县，如果这样那韩、魏之君的心意就可以不改变，而您也可以得到自己所想要的土地了。”知伯说：“攻破赵国三家平分它的土地，可是又封给赵葭、段规各一个拥有万家的县，那么我所得到的土地就少了，不能这样做。”知过见知伯不能用他的计谋，不听他的话，出来以后，就把他的姓改为辅氏，于是就自动离开不去见知伯。

张孟谈闻之，入见襄子曰：“臣遇知过于辕门之外，其视有疑臣之心，入见知伯，出更其姓。今暮不击，必后之矣。”襄子曰：“诺。”使张孟谈见韩、魏之君，以夜期，杀守堤之吏，而决水灌知伯军。知伯军救水而乱，韩、魏翼而击之。襄子将卒犯其前，大败知伯军而禽知伯[1]。

【注释】①禽：同“擒”，活捉。

【译文】张孟谈听到这件事，进去拜见赵襄子说：“臣在辕门之外遇到知过，他看我的样子，是对我有怀疑之心，他进去拜见知伯，出来以后更改自己的姓氏，如果今夜不进攻知伯，那就会落到知伯的行动后面。”赵襄子说：“好。”赵襄子派张孟谈去见韩国、魏国的君主，约定今天夜晚杀死守护堤岸的吏卒，并掘开晋水的堤岸淹知伯的军队。知伯的军队因为救水大乱，韩国、魏国的军队像张开的翅膀一样从两翼夹击。赵襄子率领军队从正面进攻，把知伯的军队打得大败并活捉知伯。

知伯身死、国亡、地分，为天下笑，此贪欲无厌也。夫不听知过，亦所以亡也。知氏尽灭，唯辅氏存焉。

【译文】知伯被杀，国家灭亡、土地被瓜分，被天下人所讥笑，这是他贪得无厌的缘故。不听知过的计谋，也是他所以灭亡的原因。智氏被全部灭掉，唯独辅氏留存下来。

赵一·张孟谈既固赵宗

张孟谈既固赵宗，广封疆，发阡陌①，乃称简之迹以告襄子②曰：“昔者，简主之语有之曰：‘五百之所以致天下者约③，令主势能制臣，无令臣能制主。故贵为列侯者，不令在相位④，自将军以上，不为近大夫。’今臣之名显而身尊，权重而众服，臣愿捐功名，去权势以离众。”

【注释】①阡陌：田间小路。南北向的为阡，东西向的为陌。②简：赵简子，赵襄子父。迹：指前人留下的事迹。③五百：百，通“伯”，五百即春秋五霸。④故贵为列侯者，不令在相位：此时韩赵魏三国并未称侯，不合事实。

【译文】张孟谈巩固了赵氏的地位以后，扩大国土，整顿田亩，向赵襄子称赞赵简子的事迹说："从前，简子统治赵国时说过这样的话：'五霸之所以得到天下诸侯拥护的原因是约束得当，使君主的权势能控制臣下，不使臣下的权势控制君主。所以尊贵为列侯的人，不能让他担任相国，有将军以上地位的武官，不让他担任亲近大王的大夫。'如今我的名声显赫而身份尊贵，权力很大而众人服从，我愿意捐弃功名，抛弃权势而成为普通的百姓。"

襄子恨然曰①："何哉？吾闻辅主者名显，功大者身尊，任国者权重，信忠在己而众服焉。此先圣之所以集国家安社稷乎②！子何为然？"张孟谈对曰："君之所言，成功之美也；臣之所谓，持国之道也。臣观成事，闻往古，天下之美同，臣主之权均之能美，未之有也。前事之不忘，后事之师。君若弗图，则臣力不足。"怆然有决色③。襄子去之。卧三日，使人谓之曰："晋阳之政，臣下不使者何如？"对曰："死僇（lù）④。"

【注释】①恨然：不高兴的样子。②集国家：安定国家。集，通"辑"，安定。③怆然：悲伤的样子。决，通"诀"，诀别。④死僇：杀死。僇，通"戮"，杀戮。

【译文】赵襄子不高兴地说："这是为什么呢？我听说辅佐君主的人名声应该显赫，功劳大的人身份应该尊贵，执掌国政的人有重大权力，自己忠诚讲信用，众人就会服从他。这是古代圣贤安定国家的办法呀！您为什么不这样做？"张孟谈回答说："君王所说的，是成就功名的美好；我所说的，是治理国家的方法。我观察成功的事迹，听古代的传说，天下美好的事情是相同的，但是臣子和君主的权力平均起来都能很美好，是没有这种事的。记住过去的经验教训，可作以后行事的借鉴。君王如果不考虑这方面的问题，那么我是无能为力的。”张孟谈显出悲伤诀别的神色。赵襄子让他离开了。赵襄子卧床三天，派人对张孟谈说：“晋阳的政事，臣下不听从命令怎么办？”张孟谈回答说：“杀掉他。”

为张孟谈曰：“左司马见使于国家[①]，安社稷不避其死，以成其忠，君其行之！”君曰：“子从事。”乃许之。张孟谈便厚以便名，纳地、释事以去权尊而耕于肙(yuān)丘[②]。故曰，贤人之行，明主之政也。

【注释】①左司马：官职名，这里指张孟谈。②肙丘：地名，今地不详。

【译文】有人为张孟谈对赵襄子说：“左司马被国家使用，为了安定国家，不躲避死亡，以成就他的忠诚，您还是让他走吧。”赵襄子说：“那就按照您的意思办吧。”于是就答应了他的请求。张孟谈更加巩固了自己的名声，他交纳封地，放弃政事离开尊贵的权位，在肙丘耕种。所以说，圣贤的的人的行为能够实现，是靠英明君主的统治。

耕三年，韩、魏、齐、楚负亲以谋赵[①]。襄子往见张孟谈而告之曰：“昔者知氏之地，赵氏分则多十城，而今诸侯复来谋我，为之奈何？”张孟谈曰：“君其负剑而御臣以之国，舍臣于庙，授吏大夫，臣试计之。”君曰：“诺。”张孟谈乃行其妻之楚，长子之韩，次子之魏，少子之齐。四国疑而谋败。

【注释】①亲：指盟约。

【译文】张孟谈种了三年地，韩国、魏国、齐国、楚国背叛过去的联盟谋划进攻赵国。赵襄子去见张孟谈并告诉他说：“从前知伯的土地，赵氏多分得十个城邑，现在诸侯又谋划进攻我们，这件事该怎么办？”张孟谈说：“您还是背着剑为我驾驶车返回都城，让我住在宗庙里，把任命官吏的权力交给我，我为您试着谋划对策。”赵襄子说，“好。”张孟谈于是派他的妻子到楚国去，长子到韩国去，次子到魏国去，幼子到齐国去。四国产生疑心而攻打赵国的计谋失败。

赵一·晋毕阳之孙豫让

晋毕阳之孙豫让[①]，始事范、中行氏而不说，去而就知伯，知伯宠之。及三晋分知氏，赵襄子最怨知伯，而将其头以为饮器。豫让遁逃山中曰：“嗟乎！士为知己者死，女为悦己者容，吾其报知氏矣。”乃变姓名为刑人，入宫涂厕，欲以刺襄子。襄子如厕，心动，执问涂者，则豫让也，刃其扞（hàn）曰[②]：“欲为知伯报仇。”左右欲杀之，赵襄子曰：“彼义士也，吾谨避之耳。且知伯已死，无后，而其臣至为报仇，此天下之贤人也。”卒释之。

【注释】①毕阳、豫让：皆是人名。豫让：姬姓，毕氏。春秋时期晋国人。②扜：当作“圬（wū）”泥瓦工人用的抹墙器。

【译文】晋国侠客毕阳的孙子豫让，最初在范氏、中行氏手下做事，但并未受到重用，于是他就投效知伯，知伯很宠信他。后来韩、赵、魏三国瓜分知伯的土地，其中赵襄子最怨恨知伯，把知伯的头盖骨拿来作饮器。这时豫让逃到山里说：“唉！志士为了解自己的人而牺牲，女子为让自己高兴的人而打扮，所以我一定要报知伯的恩情。”于是豫让就改变姓名化装成一个受过刑的人，潜伏到赵襄子的王宫里洗刷厕所，以便趁机杀死赵襄子。不久赵襄子去厕所，忽然觉得心跳加速，就下令把洗刷厕所的人提来审问，才知道是豫让，豫让在洗刷工具上安上兵刃，说：“我要为知伯报仇。”左右卫士要杀他，可是赵襄子却说：“这是一位义士啊，我只要小心躲开他就行了。而且知伯已经死了，也没留下子孙，他的臣子中有肯来为他报仇的，一定是天下的贤人。”于是赵襄子就把豫让释放。

豫让又漆身为厉[①]，灭须去眉，自刑以变其容，为乞人而往乞。其妻不识，曰：“状貌不似吾夫，其音何类吾夫之甚也！”又吞炭为哑，变其音。其友谓之曰：“子之道甚难而无功，谓子有志则然矣，谓子知则否。以子之才而善事襄子，襄子必近幸子，子之得近而行所欲，此甚易而功必成。”豫让乃笑而应之曰：“是为先知报后知，为故君贼新君，大乱君臣之义者，无过此矣。凡吾所谓为此者，以明君臣之义，非从易也。且夫委质而事人，而求弑之，是怀二心以事君也。吾所为难，亦将以愧天下后世人臣怀二心者。”

【注释】①厉：通“癞”，恶疮。

【译文】豫让又在全身涂漆，使身上长满恶疮，剃光胡须和眉毛，自残而彻底毁容，然后假扮乞丐乞讨。连他的妻子都不认识他，只是说：“这个人长像并不像我的丈夫，可是声音却极像我的丈夫啊！”于是豫让就吞下炭想让声音变沙哑，为的是改变自己的声音。他的朋友看到他时对他说：“你这种办法难度很大而且很难成功，如果说你有志向还可以，如果说你明智就错了。凭你的才干如果竭尽忠诚去事奉赵襄子，那他必然亲近你，待你得到他的信赖以后，你再实现你的计划，这很容易而且一定能成功。”豫让听了这话笑了笑说：“这是为了老朋友而去报复新朋友，为旧君主而去杀新君主，这是极端败坏君臣大义的做法，没有比这更严重的了。我之所以要这样做，就是为了阐明君臣大义，并不在于是否顺利报仇。况且已经委身做了人家的臣子，却又在暗中计划刺杀人家，这就是事奉君主有二心。我今天之所以要做困难的事，也就是为了羞愧天下后世怀有二心的臣子。”

居顷之，襄子当出，豫让伏所当过桥下。襄子至桥而马惊。襄子曰：“此必豫让也。”使人问之，果豫让。于是赵襄子面数豫让曰：“子不尝事范、中行氏乎？知伯灭范、中行氏，而子不为报雠，反委质事知伯。知伯已死，子独何为报雠之深也？”豫让曰：“臣事范、中行氏，范、中行氏以众人遇臣①，臣故众人报之。知伯以国士遇臣②，臣故国士报之。”襄子乃喟然叹泣曰：“嗟乎，豫子！豫子之为知伯，名既成矣，寡人舍子亦以足矣。子自为计，寡人不舍子。”使兵环之。豫让曰：“臣闻明主不掩人之义，忠臣不爱死以成名。君前已宽舍臣，天下莫不称君之贤。今日之事，臣故伏诛，然愿请君之衣而击之，虽死不恨。非所望也，敢布腹心。”于是襄子义之，乃使使者持衣与豫让。豫让拔剑三跃，呼天击之曰：“而可以报知伯矣。”遂伏剑而死。死之日，赵国之士闻之，皆为涕泣。

【注释】①众人：普通人。和“国士”相对。②国士：一国的精英。

【译文】过了不久，赵襄子要外出巡视，豫让埋伏在赵襄子必经的桥下。赵襄子骑马走到桥边，马忽然受惊。赵襄子说：“这一定又是豫让在此。”于是经派人探问，果然是豫让在这。因此赵襄子就当面责备豫让说：“你不是曾经事奉过范氏、中行氏吗？知伯灭了范氏、中行氏，你不但不替范氏、中行氏报仇，反而忍辱委身去事奉知伯。如今知伯已死，你为什么如此执着地替他报仇呢？”豫让回答说：“当我事奉范氏、中行氏时，他们只把我当作普通的人看待，所以我也就用普通人的态度报答他们；而知伯把我当作精英看待，所以我也就用精英的态度报答知伯。”于是赵襄子感叹哭泣说：“唉！豫让啊，你为知伯报仇，已经使你有了忠臣义士的名声了。而我对待你，也算是仁至义尽了。你自己想一想吧，我不能再释放你了！”于是赵襄子就下令卫士把豫让包围起来。这时豫让又对赵襄子说：“我听说一个贤明的主公不会不阻挡他人的忠义行为，一个忠臣为了成全名声可以不爱惜自己的生命。您以前已经宽恕过我一次，天下没有不为这件事赞扬您贤明的。今天的事，我本来应该被处死，不过我想得到您的衣袍，在这里刺它几下，我即使死了也没有遗憾了。我的心愿不一定能实现，但我还是坦诚地说出来。”赵襄子被豫让感动了，于是让侍臣拿着衣袍交给豫让。豫让接过衣袍以后拔出佩剑起身跳跃，然后用剑刺衣袍三次仰天长叹说：总算为知伯报了仇啊！”豫让说完话就自杀而死。豫让自杀的当天，赵国的人士听说以后，都为他落泪。

赵一·魏文侯借道于赵攻中山

魏文侯借道于赵攻中山①，赵侯将不许②。赵利曰③：“过矣。魏攻中山而不能取，则魏必罢④。罢则赵重。魏拔中山，必不能越赵而有中山矣。是用兵者，魏也；而得地者，赵也。君不如许之，许之大劝，彼将知赵利之也，必辍。君不如借之道，而示之不得已。”

【注释】①魏文侯：公元前472—前396年，姬姓魏氏，名斯，一名都，安邑（今山西夏县）人，魏桓子之孙。中山：国名，公元前414—前296年，是由白狄所建立的国家，国土嵌在燕赵之间。魏文侯派大将于公元前407年占领了中山国。后来中山桓公复国。公元前296年，被赵国所灭。②赵侯：指赵烈侯，公元前408—前400年在位，嬴姓，赵氏，名籍，赵献子之子，赵国开国君主。③赵利：人名，赵国大臣。④罢：通“疲”，疲惫。

【译文】魏文侯向赵国借道想要攻打中山，赵烈侯不答应。赵利说：“您错了。魏国如果攻打中山不能占领，那么魏国一定很疲劳。魏国疲劳那么赵国地位就会变的重要。如果魏国占领中山，一定不能越过赵国而拥有中山的土地。这就是说，用兵作战的，是魏国。可是取得土地的，是赵国。君王您不如答应魏文侯的要求，但如果答应得很痛快，他们就会明白赵国利用他们的用心，就一定会停止对中山的进攻。君王不如借给他们路，而表示出不得已的样子给他们看。"

赵一·秦、韩围梁

秦、韩围梁，燕、赵救之。谓山阳君曰[①]："秦战而胜三国，秦必过周、韩而有梁。三国而胜秦，三国之力虽不足以攻秦，足以拔郑[②]。计者不如构三国攻秦。"

【注释】①山阳君：韩国封君。②郑：指韩国。

【译文】秦国、韩国围攻梁国，燕国、赵国出兵援救。有人对山阳君说：秦国如果战胜燕、赵、魏三国，秦国一定越过周国、韩国而占有魏国。如果燕、赵、魏三国战胜秦国，三国的力量即使不足以攻破秦国，但完全可以攻占韩国。为韩国考虑不如联合三国攻打秦国。"

赵一·腹击为室而巨

腹击为室而巨[①]，荆敢言之主[②]。谓腹子曰："何故为室之巨也？"腹击曰："臣，羁旅也，爵高而禄轻，宫室小而帑（tǎng）不众[③]。主虽信臣，百姓皆曰：'国有大事，击必不为用。'今击之巨宫，将以取信于百姓也。"主君曰[④]："善。"

【注释】①腹击：人名，赵国大臣。②荆敢：楚人，在赵国做官。③帑：财帛。④主君：大夫之称。三晋以大夫为诸侯，由此称。

【译文】腹击把他的宅院建造的很宏大，荆敢把这件事奏报了赵国君主。赵王对腹击说："你为什么要兴建这么大的宅院呢？"腹击回答说："我只是从外面来寄居在赵国的臣子，爵位虽高，但俸禄却很低，宅院小而财帛不多。大王您虽然信赖我，但百姓全都说：'国家一旦有难，腹击一定不堪大用。'如今我之所以要建造大宅院，是为了取得百姓的信任啊。"赵王说："好。"

赵一·苏秦说李兑曰

苏秦说李兑[①]曰："洛阳乘轩里苏秦[②]，家贫亲老，无罢车驽马[③]，桑轮蓬箧。赢縢（téng）履跻（jué）[④]，负书担橐（tuó）[⑤]，触尘埃，蒙霜露，越漳、河[⑥]，足重茧，日百而舍，造外阙，愿见于前。口道天下之事。"李兑曰："先生以鬼之言见我则可，若以人之事，兑尽知之矣。"苏秦对曰："臣固以鬼之言见君，非以人之言也。"李兑见之。

【注释】①苏秦：字季子，雒（luò）阳（今河南洛阳）人，战国时期著名的纵横家、外交家和谋略家。李兑：赵惠文王时期的相国，封奉阳君。②洛阳：地名，在今河南洛阳东。乘轩里：地名，如现在的街道。③罢车：破车。罢，同"疲"，疲劳。驽马：劣马。④赢：缠绕。縢：裹脚布。跻：草鞋。⑤橐：口袋。⑥漳、河：指漳水、黄河。

【译文】苏秦游说李兑道："洛阳乘轩里的苏秦，家境贫寒双亲年老，连个驾着劣马的、桑木做的轮子、蓬草编的车厢的破车都没有。缠着裹脚布穿着草鞋，背着书卷担着口袋，顶着飞扬的尘土，冒着寒霜和露水，越过了漳河、黄河，脚上磨出厚厚的老茧，每天走百里才投宿，这才来到您的宫门外，希望拜见您，亲口谈谈天下大事。”李兑说：“先生拿有关鬼的事情给我听倒可以，若拿的是人间的事，我已经全部知道了。”苏秦回答说：“我本来是拿鬼话来见您，不是拿人的事。”李兑接见了他。

苏秦曰：“今日臣之来也暮，后郭门①，藉席无所得②，宿寄人田中，傍有大丛。夜半，土梗与木梗斗曰③：‘汝不如我，我乃土也。使我逢疾风淋雨，坏沮④，乃复归土。今汝非木之根，则木之枝耳，汝逢疾风淋雨，漂入漳、河，东流至海，泛滥无所止。’臣窃以为土梗胜也。今君杀主父而族之⑤，君之立于天下，危于累卵。君听臣计则生，不听臣计则死。”李兑曰：“先生就舍，明日复来见兑也。”苏秦出。

【注释】①郭门：外城的门。②藉：同“借”。③土梗：指泥塑偶像。木梗：木偶人。④坏沮：犹言毁坏。⑤杀主父而族之：指李兑饿死赵武灵王一事。

【译文】苏秦说：“今天我来的时候天色已晚，外城城门已经关闭，连个草席都没借到，只好借宿在人家的田地里，旁边有一个丛祠。半夜的时候，泥偶跟木偶斗嘴说：‘你不如我，我是土做的。假如我遇到疾风暴雨，被毁坏了，我就又回到土里。如今你不是树根，而是树枝罢了，你遇上疾风暴雨，就会漂到漳河、黄河里，向东流入大海，飘浮游荡不知到了哪里。’我私下以为泥偶获得了胜利。如今您杀了赵武灵王而又灭了他的宗族，您现在的处境，比累积起来的卵还要危险。您听我的计谋就能生存，不听我的计谋就得死亡。”李兑说：“您到客舍住下吧，明天再来见我吧。”苏秦就离开了。

李兑舍人谓李兑曰：“臣窃观君与苏公谈也，其辩过君，其博过君，君能听苏公之计乎？”李兑曰：“不能。”舍人曰：“君即不能，愿君坚塞两耳，无听其谈也。明日复见，终日谈而去。舍人出送苏君，苏秦谓舍人曰：“昨日我谈粗而君动，今日精而君不动，何也？”舍人曰：“先生之计大而规高，吾君不能用也。乃我请君塞两耳，无听谈者。虽然，先生明日复来，吾请资先生厚用。”明日来，抵掌而谈。李兑送苏秦明月之珠，和氏之璧[1]，黑貂之裘，黄金百镒，苏秦得以为用，西入于秦。

【注释】①和氏之璧：中国历史上著名的美玉，又称和氏之璧、荆玉、荆虹、荆璧、和璧、和璞。和氏之璧为天下奇宝，不可能送给苏秦，这里记载有误。

【译文】李兑的食客对李兑说：“我暗中观察您与苏秦的谈话，他的辩才超过您，他的博学也都超过您，您能听从苏秦的计谋吗？”李兑说：“不能。”食客说：“您既然不能，希望您牢牢堵住两只耳朵，不要听信他的话。”第二天苏秦又来拜见李兑，谈了一整天才离去。食客出来送苏秦，苏秦对食客说：“昨天我谈得粗略而相国动了心，今天我谈得详细而相国却不动心，为什么呢？”舍人说：“您的计谋宏大而规划高远，我们的相国是不能采用的。是我请他牢牢地堵住两只耳朵，不要听信你的话。虽然如此，您明天再来，我会请相国资助您足够的财物。”第二天苏秦来，李兑同他手掌想碰，谈的很尽兴。李兑赠送苏秦夜明珠、和氏璧、黑貂裘和百镒黄金，苏秦得到这些东西便作为资用，向西进入秦国。

赵一·赵收天下

赵收天下，且以伐齐。苏秦为齐上书说赵王曰[①]：“臣闻古之贤君，德行非施于海内也，教顺慈爱非布于万民也，祭祀时享非当于鬼神也。甘露降，风雨时至，农夫登，年谷丰盈，众人喜之，而贤主恶之。今足下功力非数痛加于秦国，而怨毒积恶非曾深于齐也。臣窃外闻大臣及下吏之议，皆言主前专据，以秦为爱赵而憎齐。臣窃以事观之，秦岂得爱赵而憎齐哉！欲亡韩、吞两周之地，故以韩为饵，先出声于天下，欲邻国闻而观之也。恐其事不成，故出兵以佯示赵、魏。恐天下之惊觉，故微韩以贰之。恐天下疑己，故出质以为信。声德于与国，而实伐郑韩。臣窃观其图之也，意秦以谋计必出于是。

【注释】①赵王：指赵惠文王。约公元前309—前266年，亦称文王，嬴姓，赵氏，名何，赵武灵王次子。

【译文】赵国联合天下诸侯，准备攻打齐国。苏秦为齐国上书游说赵王说：“我听说古代贤明的君主，道德品行还未在天下施行，教育训化慈祥仁爱还未遍及百姓，祭祀天地宗庙还未符合鬼神的要求。天上降下甘露，风雨按时来到，农夫丰收，当年收获的的谷物充盈，人们对此都很高兴，然而贤明的君主却因为没有做的更好而不安。如今您对秦国并没有多次出力建功，而且与齐国多年积累的的怨恨也不深。我私下里听说大臣和下级官吏的议论，都说君王自己以前总认为秦国爱护赵国而憎恨齐国。我私下根据事实观察，秦国哪里能爱护赵国而憎恨齐国呀！秦国想要灭亡韩国、吞并两周的土地，所以把齐国作为诱饵，先在七国之间言明憎恨齐国，想使邻国听到采取观望的态度。秦国担心计谋不能成功，所以假装出兵给赵国、魏国看。秦国担心天下诸侯醒悟，所以向韩国征兵来迷惑它们。秦国担心天下诸侯对自己产生怀疑，所以派出人质来换取信任。秦国声言对盟国友好，而实际却要攻打韩国。我私下观察秦国的意图，认为秦国的计谋一定是这样。”

“且夫说士之计，皆曰韩亡三川，魏灭晋国①，市朝未罢而祸及于赵。且物固有势异而患同者，又有势同而患异者。昔者楚人久伐而中山亡②。今燕尽齐之北地③，距沙丘而至巨鹿之界三百里④，距于扞（hàn）关⑤，至于榆中千五百里⑥。秦尽韩、魏之上党⑦，则地与国都邦属而壤界者七百里。秦以三军强弩坐羊唐之上⑧，即地去邯郸百二十里⑨。且秦以三军攻王之上党而包其北，则句注之西非王之有也⑩。今逾句注、禁常山而守三百里⑪，通于燕之唐、曲吾⑫，此代马、胡犬不东，而昆山之玉不出也⑬。此三宝者，又非王之有也。今从于强秦国久伐齐，臣恐其祸出于是矣。

【注释】①三川：指黄河、洛水、伊水之间的土地，秦灭韩于此设三川郡。晋国：指晋国故都绛、安邑，为魏所有。②楚人久伐而中山亡：指楚怀王末年至顷襄王初年，楚国连年遭受讨伐，赵武灵王趁机灭亡中山。③北地：指齐国北部黄河以北的地方。④沙丘：地名，在河北广宗西北。巨鹿：地名，在河北平乡。⑤扞关：地名，当作“麋关”，在今陕西延安一带。⑥榆中：地名，在今陕西榆林东北。⑦上党：在今山西东南部。⑧羊唐：地名，即羊肠，在今山西壶关东南部，长三里盘曲如羊肠，故得名。⑨邯郸：地名，在今河北邯郸。⑩句注：山名，在今山西代县西北。⑪常山：山名，在今河北阳曲西北。⑫唐：地名，在今河北唐县东北。曲吾：地名，即曲逆，在今河北顺平县东。⑬昆山：山名，在今新疆于阗（tián）东北。

【译文】“再说一般的游说之士的计谋都认为，韩国丢失三川之地，魏国丢失晋国的绛邑之地，早市还没有散场就会殃及赵国。再说事物本来就有形势不同而祸患相同的，又有形势相同而祸患不同的。从前楚国连年被诸国进攻，而赵国乘机灭亡中山。如今燕国全部占领齐国北部的土地，从沙丘到巨鹿的边界只有三百里，从北部边境的扞关，直到榆中有一千五百里。秦国全部占有韩国、魏国的上党，那么秦国的土地就和赵国的土地有七百里的边境接壤。秦国用三军中的弩箭手据守在羊肠坂道上，则距离邯郸只有一百二十里。况且秦国率领三军进攻君王的上党地区并包围它的北部，那么句注以西的土地就不是君王您的了。如今秦国越过句注、控制常山而守卫三百里，就到了燕国的唐地、曲逆，这样代地的马、胡地的狗就不能向东来，昆山的宝玉也不能运出，这三样宝物，也不是君王所有的了。如今顺从强大的秦国长时间进攻齐国，我害怕祸患就从这里产生。

“昔者，五国之王尝合横而谋伐赵，参分赵国壤地[1]，著之盘盂，属之雠柞[2]。五国之兵有日矣，齐乃西师以禁秦国，使秦废令素服而听，反温、枳、高平于魏[3]，反王公、符逾于赵[4]，此王之明知也。

【注释】①参：通“叁”，三的大写形式。②属之雠柞：把盟誓的话写在册籍上。雠柞，指祭祀册籍。③反：通“返”，返还。温：地名，在今河南温县西南。枳：通“轵”，地名，在今河南济源南。高平：地名，在今河南济源西南。④王公、符逾：地名，今地不详。

【译文】“从前，秦、齐、韩、魏、燕五国的君主曾经采用连横之策谋划进攻赵国，把赵国的土地分成三份，盟约刻在盘盂上，写在册籍上。正当五国即将出兵的日子，齐国却向西出兵制止秦国，使秦国废除称帝之令，穿上白色的凶服听命于齐，把温地、枳地、高平归还给魏国，把王公、符逾归还给赵国，这是君王清楚知道的。

“夫齐事赵，宜正为上交，今乃以抵罪取伐，臣恐其后事王者之不敢自必也。今王收齐，天下必以王为义。齐抱社稷以事王，天下必重王。然则齐义，王以天下就之，下至齐暴，王以天下禁之，是一世之命，制于王已。臣愿大王深与左右群臣详计某言，先事成虑而熟图之也。”

【译文】“齐国帮助了赵国，应该和它好好地交往，如今却把这种交往抵偿罪责对它进攻，我害怕这以后帮助君王的人一定不敢与您交往了。如今君王联合齐国，天下诸侯一定认为君王仁义，齐国就会拿整个国家来交好君王，天下诸侯一定也尊重君王。齐国如果也讲仁义，君王就可以凭借天下诸侯的拥护屈就齐国；如果齐国凶暴，君王就率领天下诸侯制止它，这样天下的命运控制在君王手里。我希望大王和身边的大臣能深入详细地考虑我说的话，事先深思熟虑才是。”

赵一·齐攻宋

齐攻宋，奉阳君不欲[1]。客请奉阳君曰：“君之春秋高矣[2]，而封地不定，不可不熟图也。秦之贪，韩、魏危，燕、楚僻，中山之地薄，宋罪重，齐怒深。残伐乱宋，定身封，德强齐，此百代之一时也！”

【注释】①奉阳君：指李兑，赵国大臣。②春秋：年龄。

【译文】齐国进攻宋国，奉阳君不愿意帮助齐国攻打宋国。有人对奉阳君说：“您的年龄已经很大了，可是封地还没有确定，不可不仔细地为封地的事做打算。秦国贪婪，韩国、魏国的处境危险，燕国、楚国偏僻，中山的土地贫薄，宋国的罪孽深重，齐国对宋国非常愤怒，您和齐国共同攻打残暴混乱的宋国，确定自身的封地，施加恩德于强大的齐国，这是百代以来最好的时机啊！”

赵一·秦王谓公子他曰

秦王谓公子他曰[1]：“昔岁崤（xiáo）下之事[2]，韩为中军，以与诸侯攻秦。韩与秦接境壤界，其地不能千里，展转不可约。日者秦、楚战于蓝田[3]，出锐师以佐秦，秦战不利，因转与楚，不固信盟，唯便是从。韩之在我，心腹之疾。吾将伐之，何如？”公子他曰：“王出兵韩，韩必惧，惧则可以不战而深取割。”王曰：“善。”乃起兵，一军临荧阳[4]，一军临太行[5]。

【注释】①秦王：指秦昭王（公元前325-前251年），又称秦昭襄王，嬴姓，赵氏，名则，又名稷，秦惠文王之子，秦武王异母弟。公子他：人名，秦惠文王子，秦昭王兄。一作“公子池”。②崤下之事：指公元前298年，韩与齐、魏攻入秦国函谷关。崤，指崤山，在今河南洛宁北。③秦、楚战于蓝田：公元前312秦、楚在蓝田交战。蓝田，地名，秦邑，在今陕西蓝田南。④荧阳：在今河南荥（xíng）阳古荥镇。荧，通“荥”。⑤太行：山名，由河北绵延到山西。

【译文】秦昭王对公子他说：“从前韩、齐、魏三国攻入函谷关的战争，韩国作为中军主力，而与诸侯联合起来进攻秦国。韩国与秦国边界接壤，他们的土地方圆不到千里，反复无常不遵守盟约。从前秦国、楚国在蓝田交战，韩国派出精锐部队帮助秦国，当秦军战斗失利，就反转与楚国联合，不坚守盟约的信义，只追求眼前的利益。韩国对于我国来说，是心腹大患。我准备进攻他们，你看怎么样？”公子他说：“君王出兵韩国，韩国一定恐惧，韩国恐惧就可以不用战争而割取大片土地。”昭王说。“好。”于是就出动军队，一支军队逼近荥阳，一支军队逼近太行。

韩恐，使阳成君入谢于秦[1]，请效上党之地以为和[2]。令韩阳告上党之守靳黈曰[3]："秦起二军以临韩，韩不能有。今王令以上党入和与秦[4]，使是言之太守，太守其效之。"靳黈曰："人有言：'挈瓶之知[5]，不失守器。'王则有令，而臣太守，虽王与子亦其猜焉。臣请悉发守以应秦，若不能卒，则死之。"韩阳趋以报王。王曰："吾始已诺于应侯矣[6]，今不与，是欺之也。"乃使冯亭[7]代靳黈。

【注释】①阳成君：韩桓慧王时的封君。②上党：韩郡名，在今山西沁河以东。③韩阳：人名，韩国公子。④今王：指韩桓慧王，韩厘王之子，战国时期韩国国君。⑤挈瓶：汲水用的小瓶。比喻才智浅小。⑥应侯：指范雎，字叔，魏国人，著名政治家、军事谋略家，秦国宰相，因封地在应城，所以又称为"应侯"。⑦冯亭：韩国上党郡守。

【译文】韩国十分恐惧，派阳城君到秦国去谢罪，请求献出上党的土地作为讲和的条件。韩桓惠王又派韩阳告诉上党太守靳黈说："秦国出动两支军队来进攻韩国，韩国就会灭亡。现在君王命令把上党献给秦国求和，派我把情况告诉太守，太守还是把上党献给秦国吧。靳黈说："人们常说：'即使是只有用瓶子汲水那样的小智慧，也要守着它不丢失。'君王尽管有命令，但我是太守，即使是君王和您也不能不有所猜疑。我请求发动全部守军来对付秦兵，如果最后不能守住，那么我就为国战死。"韩阳迅速把情况报告给韩王。韩王说："我一开始就对应侯范雎就答应了这件事，现在不给，这是欺骗他。"于是就派冯亭取代了靳黈的太守。

冯亭守三十日，阴使人请赵王曰[1]："韩不能守上党，且以与秦，其民皆不欲为秦而愿为赵。今有城市之邑十七，愿拜内之与[2]，唯王才之[3]。”赵王喜，召平阳君而告之曰[4]：“韩不能守上党，且以与秦，其吏民不欲为秦而皆愿为赵。今冯亭令使者以与寡人，何如？”赵豹对曰：“臣闻圣人甚祸无故之利。”王曰：“人怀吾义，何谓无故乎？”对曰：“秦蚕食韩氏之地，中绝不令相通，故自以为坐受上党也。且夫韩之所以内赵者，欲嫁其祸也。秦被其劳而赵受其利，虽强大不能得之于小弱，而小弱顾能得之强大乎？今王取之，可谓有故乎？且秦以牛田，水通粮，其死士皆列之于上地，令严政行，不可与战。王自图之。”王大怒曰：“夫用百万之众，攻战逾年历岁，未得一城也。今不用兵而得城十七，何故不为？”赵豹出。

【注释】①赵王：指赵孝成王。②内：同“纳”，接纳。下同。③才：通“裁”，裁决，裁定。④平阳君：即赵豹。

【译文】冯亭坚守三十天，暗中派人对赵孝成王说：“韩国不能守住上党，将要把它献给秦国，可是上党的百姓都不想做秦国的臣民而愿意做赵国的臣民。现在上党拥有十七个城邑，愿意拜献给大王，希望君王您裁决这件事。”赵王非常高兴，召来平阳君并告诉他说：“韩国不能坚守上党，将要把它献给秦国，上党的百姓不想做秦国的臣民而都愿意做赵国的臣民。如今冯亭派使者把上党献给寡人，你看怎么样？”赵豹回答说：“我听说圣人认为无故获利是最大的祸患。”赵王说：“人们怀念我的恩义，怎么说是无故呢？”赵豹说：“秦国逐渐侵占韩国的土地，中间断绝了道路，使上党和韩国不能相通，所以自认为可以安坐而取得上党。再说韩国之所以把上党献给赵国，是想要把祸患转嫁给赵国。秦国遭受攻打上党的辛劳，而赵国却享受它的利益，即使是强大的国家也不能从弱小的国家得到这种好处，而弱小的国家怎么能从强大的国家手中得到呢？如今君王得到上党，可以说是有缘故吗？况且秦国用牛耕种，从水道运送军粮，那些勇敢的不畏死的将士全部得到上好的土地，法令严格政务推行顺利，不可以和他们交战。君王还是好好考虑一下。”赵王大怒说：“使用上百万军队，经年累岁地作战，没有得到一座城池。如今不用作战就会得到十七座城，为什么不这样做？”赵豹于是退出去。

王召赵胜、赵禹而告之曰[1]：“韩不能守上党，今其守以与寡人，有城市之邑十七。”二人对曰：“用兵逾年，未得一城，今坐而得城，此大利也。”乃使赵胜往受地。

【注释】①赵胜、赵禹：皆赵国大臣。赵胜，即平原君。

【译文】赵王召见赵胜、赵禹，告诉他们说：“韩国不能守卫上党，现在上党太守把它献给我，共有十七座城邑。”二人回答说：“用兵连年，都没有得到一座城池，现在安坐就得到城池，这是大吉大利的事啊！”于是就派遣赵胜前去上党接受土地。

赵胜至曰：“敝邑之王使使者臣胜，太守有诏，使臣胜谓曰：‘请以三万户之都封太守，千户封县令，诸吏皆益爵三级，民能相集者，赐家六金。’”冯亭垂涕而勉曰：“是吾处三不义也。为主守地而不能死，而以与人，不义一也；主内之秦，不顺主命，不义二也；卖主之地而食之，不义三也。”辞封而入韩，谓韩王曰：“赵闻韩不能守上党，今发兵已取之矣。”

【译文】赵胜到上党说：“敝国的君王委派使者赵胜，对上党的太守说：‘请把三万户的城邑封赏给太守，千户的城邑封赏给县令，各级官吏的爵位都连升三级，百姓能相安无事的，每家赏赐六金。’冯亭流泪并低头说：“这样使我自己处在三不义的境地了。为君主守卫土地而不能战死，并且把它送给别人，这是一不义；君王把土地献给秦国，我没有顺从君主的命令，这是二不义；出卖君主的土地而自己获得食邑，这是三不义啊。”辞谢了赵国的封赏而回到韩国，对韩王说：“赵国听说韩国不能坚守上党，现在已发兵占领上党了。”

韩告秦曰：“赵起兵取上党。”秦王怒①，令公孙起、王龁（qí）以兵遇赵于长平②。

【注释】①秦王：指秦昭王。②公孙起、王龁：皆秦将。公孙起即白起，中国战国时代军事家、兵家代表人物。长平：赵邑，在今山西高平西北。

【译文】韩国告诉秦国说：“赵国已经发兵夺取了上党。”秦王大怒，命令公孙起、王龁率领军队与赵军在长平交战。

赵一·苏秦为赵王使于秦

苏秦为赵王使于秦，反[1]，三日不得见。谓赵王曰："秦乃者过柱山[2]，有两木焉，一盖呼侣，一盖哭。问其故，对曰：'吾已大矣，年已长矣，吾苦夫匠人且以绳墨案规矩刻镂我。'一盖曰：'此非吾所苦也。是故吾事也。吾所苦夫铁钻然，自入而出夫人者。'今臣使于秦而三日不见，无有为臣为铁钻者乎？"

【注释】①反：通"返"，返回。②柱山：山名，即砥柱山，位于河南陕县东北的三门峡黄河中间，有神门，鬼门，人门三门。

【译文】苏秦为赵王出使秦国，返回来，三天没能得到赵王的接见。苏秦对赵王说："我从前经过柱山，看见那里有两棵树。一棵树在呼唤自已的伴侣，一棵树在哭泣。我问它们其中的缘故，一棵树回答说：'我已经长得很高大，年纪已经很老，我痛苦的是那些匠人将用绳墨裁锯我，按规矩雕刻我。'另一棵树说：'这不是我所痛苦的事情。这是我份内的事。我所痛苦的是那像铁钻一样的东西，钻进树内而把木屑挤出来。'如今我出使到秦国，归来后三天不得接见，恐怕有人想像铁钻一样把我挤走吧？"

赵一·甘茂为秦约魏以攻韩宜阳

甘茂为秦约魏以攻韩宜阳[1]，又北之赵。冷向谓强国曰[2]："不如令赵拘甘茂，勿出，以与齐、韩、秦市。齐王欲求救宜阳，必效县狐氏[③]。韩欲有宜阳，必以路、涉、端氏赂赵[④]。秦王欲得宜阳[⑤]，不爱名宝。且拘茂也，且以置公孙赫、樗（chū）里疾[⑥]。”

【注释】①甘茂：姬姓，甘氏，名茂，秦国名将，秦国左丞相。宜阳：地名，在今河南洛阳西部。②冷向：人名。强国：人名，赵国大臣。③狐氏：地名，今地不详。④路、涉、端氏：皆地名。路，在今山西潞城东北。涉：在今河北涉县西北。端氏：在今山西沁水东北。⑤秦王：指秦武王，公元前329–前307年，又称秦武烈王、秦悼武王，嬴姓，名荡，秦惠文王之子。⑥公孙赫、樗里疾：皆秦将。樗里疾：又称樗里子、严君疾，是战国中期秦国宗室、将领，秦孝公庶子，秦惠文王异母弟。

【译文】甘茂为秦国联合魏国共同进攻韩国的宜阳，又北上到赵国去游说。冷向对赵臣强国说：“您不如让赵王扣押甘茂不放他出来，以此与齐国、韩国、秦国进行交易。齐王想要救援宜阳，一定要献出狐氏给赵国。韩国想要保有宜阳，一定会用路、涉、端氏贿赂赵国。秦武王想要得到宜阳，也一定不会吝惜名贵的宝物。然而赵国扣押甘茂，秦国将因此重用公孙赫、樗里疾，赵国因此得到他们的感激。”

赵一·谓皮相国曰

谓皮相国曰[①]：“以赵之弱而据之建信君、涉孟之雠[②]，然者何也？以从为有功也[③]。齐不从，建信君知从之无功。建信者安能以无功恶秦哉？不能以无功恶秦，则且出兵助秦攻魏，以楚分齐，则是强毕矣。建信、春申从，则无功而恶秦。分齐亡魏，则有功而善秦。故两君者，奚择有功之无功为知哉！”

【注释】①皮相国：齐相。②建信君：赵相。涉孟：赵国大臣。雠：相类，相等。③从：同“纵”，合纵。

【译文】有人对皮相国说：“在赵国弱小的形势下任用建信君、涉孟之类的人，这是为什么呢？这是因为赵国相信推行合纵之策能够成功。齐国不同意合纵，建信君已经知道合纵是不能成功的。建信君怎么能明知道合纵之策不会成功，却损害与秦国的关系呢？既然不能用不成功的合纵之策来损害与秦国的关系，那么将出兵帮助秦国攻打魏国，跟楚国一起瓜分齐国的土地，赵国必定会因此强盛。建信君、春申君推行合纵，既不会成功而又会损害与秦国的关系。赵国分裂齐国土地灭亡魏国，容易成功又和秦国搞好了关系。所以您和建信君，在成功与不成功之间到底如何选择才算聪明呢？”

赵一·或谓皮相国曰

或谓皮相国曰：“魏杀吕辽而卫兵[①]，亡其比阳而梁危[②]，河间封不定而赵危[③]。文信不得志[④]，三晋倍之忧也。今魏耻未灭，赵患又起，文信侯之忧大矣。齐不从，三晋之心疑矣。忧大者不计而构，心疑者事秦急。秦、魏之构不待割而成。秦从楚、魏攻齐，独吞赵，齐、赵必俱亡矣。”

【注释】①吕辽：人名，魏国大臣。②比阳：地名，在今河北唐县。

③河间：地名，在今河北献县、乐城、河间附近。④文信：指文信侯吕不韦，著名商人，战国后期著名政治家。

【译文】有人对皮相国说："魏国杀吕辽而使卫国遭到秦兵的进攻，魏国失掉比阳而大梁情况危急，河间的疆界不确定而赵国处境危险。文信侯的愿望没有满足，这使韩、赵、魏三国更加忧虑。如今魏国受到的耻辱没未洗雪，赵国的祸患又发生，文信侯的忧虑就大了。齐国不参加合纵，韩、赵、魏就对合纵之策能否成功产生疑心。忧虑大的国家没有很好谋划就与秦国媾和，心中怀疑合纵不成的国家就急于事奉秦国。秦国、魏国没等割地就成功媾和。秦国跟楚国、魏国一起进攻齐国，独自吞并赵国，齐国、赵国一定都会灭亡了。"

赵一·赵王封孟尝君以武城

赵王封孟尝君以武城①。孟尝君择舍人以为武城吏，而遣之曰："鄙语岂不曰'借车者驰之，借衣者被之'哉？"皆对曰："有之。"孟尝君曰："文甚不取也。夫所借衣车者，非亲友则兄弟也。夫驰亲友之车，被兄弟之衣，文以为不可。今赵王不知文不肖，而封之以武城，愿大夫之往也，毋伐树木，毋发屋室，訾（zī）然使赵王悟而知文也。谨使可全而归之。"

【注释】①赵王：指赵惠文王。孟尝君：妫姓，田氏，名文，战国时期齐国贵族，因封袭其父爵于薛（今山东省滕州市官桥镇），又称薛公。武城：地名，在今山东武城西。

【译文】赵王把武城封给孟尝君。孟尝君在门客中挑选一些人去担任武城官吏，临行前对他们说："俗语不是说'借来的车子使劲跑，借来的衣服随便穿'吗？"门客全都说："有这样的说法"。孟尝君说："我可是很不赞成这种做法。那借来的衣服和车子，不是亲友的就是兄弟的。赶着亲友的车子使劲地跑，把兄弟的衣服随便穿，我认为不能这样做。现在赵王不认为我无能，而把武城封给我，希望你们去后，不要砍伐树木，不要破坏房屋，勉力治理，让赵王能够了解我。谨慎小心才可以完全地交还给赵王。"

赵一·谓赵王曰

谓赵王曰[①]："三晋合而秦弱，三晋离而秦强，此天下之所明也。秦之有燕而伐赵，有赵而伐燕；有梁而伐赵，有赵而伐梁；有楚而伐韩，有韩而伐楚，此天下之所明见也。然山东不能易其路，兵弱也。弱而不能相壹，是何秦之知，山东之愚也，是臣所为山东之忧也。虎将即禽，禽不知虎之即己也，而相斗两罢[②]，而归其死于虎。故使禽知虎之即己，决不相斗矣。今山东之主不知秦之即己也，而尚相斗，两敝而归其国于秦，知不如禽远矣[③]。愿王熟虑之也。

【注释】①赵王：武灵王（约公元前340—前295年），嬴姓，赵氏，名雍，赵肃侯之子，政治家、改革家。②罢：同"疲"，疲惫，疲劳。③知：通"知"，智慧。

【译文】有人对赵武灵王说："三晋联合秦国就弱小，三晋疏远秦国就强大，这是天下人都明白的事情。秦国占有燕国就进攻赵国，占有赵国就进攻燕国；秦国占有魏国就进攻赵国，占有赵国就进攻魏国；秦国占有楚国就进攻韩国，占有韩国就进攻楚国，这是天下人看得明白的事情。然而崤山以东的六个国家不能改变秦国的连横之路，是因为他们兵力弱小。兵力弱小而又不能团结一致，这是秦国何等明智，山东六国何等愚蠢，这也是我为山东六国所忧虑的地方。老虎将要靠近野兽，野兽不知道老虎靠近自己，反而互相斗得疲劳，最终它们都死在老虎口里。如果野兽知道老虎正在靠近自己，决不互相争斗。如今山东六国的君主不知道秦国正在靠近自己，仍在互相争斗，两败俱伤最终使自己的国家归于秦国，智慧比野兽差远了！希望君王仔细考虑这些事。

“今事有可急者，秦之欲伐韩、梁，东窥于周室甚，惟寐亡之。今南攻楚者，恶三晋之大合也。今攻楚休而复之，已五年矣，攘地千余里。今谓楚王①：‘苟来举玉趾而见寡人②，必与楚为兄弟之国，必为楚攻韩、梁，反楚之故地。’楚王美秦之语，怒韩、梁之不救己，必入于秦。有谋发使之赵，以燕饵赵，而离三晋。

【注释】①楚王：指楚怀王。②寡人：秦昭王自称。

【译文】“如今有一件十分危急的事情，秦国想要进攻韩国、魏国，窥视周王室并急于取代它，只有在睡觉的时候才会忘记。如今秦国向南进攻楚国的原因，是害怕三晋互相联合。现在秦国对楚国罢兵而又攻打，已经五年，侵夺的土地有千余里。如今秦王对楚王说：‘如果您能动大驾来会见我，秦国一定和楚国结为兄弟之国，秦国一定为楚国进攻韩国、魏国，让楚国收回原来的土地。'楚王认为秦王的话很友好，恼怒韩国、魏国以前不援救自己，一定要到秦国去。秦国又谋划派使者到赵国，用共同进攻燕国来引诱赵国，而离间三晋的关系。

"今王美秦之言而欲攻燕，攻燕，食未饱而祸已及矣。楚王入秦，秦、楚为一，东面而攻韩。韩南无楚，北无赵，韩不待伐，则挈马俛（fǔ）[1]而西走。秦与韩为上交，秦祸安移于梁矣。以秦之强，有楚、韩之用，梁不待伐矣，则挈马俛而西走。秦与梁为上交，秦祸案环中赵矣。以强秦之有韩、梁、楚，与燕之怒，割必深矣。国之举此，臣之所为来。臣故曰：'事有可急为者'。

【注释】①挈：用手提着。俛：同"俯"。

【译文】"如今君王认为秦国的话很友好而想要进攻燕国，进攻燕国，还没有从燕国得到多少利益而祸患就已经来到。楚王进入秦国朝见，秦国、楚国联合一致，就会向东面的韩国进攻。韩国南面没有楚国的援助，北面没有赵国的援助，韩国没有等到秦楚进攻，就会牵着战马俯首向西跑到秦国求和。秦国与韩国结为同盟，秦国的兵祸于是就会转移到魏国。凭借秦国的强大，有楚国、韩国的帮助，魏国没有等到秦国进攻就会牵着战马俯首向西跑到秦国求和。秦国与魏国结为同盟，秦国的兵祸就会转移到赵国。凭借秦国的强大并有韩国、魏国、楚国的支持，加上燕国对赵国恼怒，赵国一定要被割取很多土地。国家走到这种地步，这就是我到此而来的原因。所以我因此说：'现在事情有急于要做的'。

“及楚王之未入也，三晋相亲、相坚，出锐师以戍韩、梁西边，楚王闻之，必不入秦，秦必怒而循攻楚，是秦祸不离楚也，便于三晋。若楚王入，秦见三晋之大合而坚也，必不出楚王，即多割，是秦祸不离楚也，有利于三晋。愿王之熟计之也！”

【译文】“乘楚王还没有入秦的时候，三晋互相亲近坚定盟约，赵国派出精锐军队戍守韩国、魏国的西部边境，楚王听到后，一定不会到秦国去，秦国一定会恼怒并像以前一样进攻楚国，这样秦国的兵祸就不会离开楚国，就变得有利于韩、赵、魏三国。如果楚王进入秦国，秦国看到三晋联合并坚定盟约，一定不放楚王回国，就会要求楚国多割让土地，这样秦国兵祸仍然没有离开楚国，也有利于韩、赵、魏三国，希望君王能深思熟虑这些事。”

赵王因起兵南戍韩、梁之西边。秦见三晋之坚也，果不出楚王而多求地。

【译文】赵王因此向南发兵戍守韩国、魏国的西部边境。秦国看到三晋坚定盟约，果然不放楚王回国而要求楚国多割让土地。

全本全注全译

戰國策

（下）

〔西汉〕刘向 集录
谦德书院 注译

团结出版社

图书在版编目（CIP）数据

战国策 / (西汉) 刘向集录；谦德书院注译. -- 北京：团结出版社, 2018.12

（谦德国学文库）

ISBN 978-7-5126-6830-0

Ⅰ. ①战… Ⅱ. ①刘… ②谦… Ⅲ. ①中国历史—战国时代—史籍②《战国策》—注释③《战国策》—译文 Ⅳ. ①K231.04

中国版本图书馆CIP数据核字(2018)第285421号

出版：团结出版社

（北京市东城区东皇城根南街84号 邮编：100006）

电话：(010) 65228880　65244790（传真）

网址：www.tjpress.com

Email：65244790@163.com

经销：全国新华书店

印刷：三河市富华印刷包装有限公司

开本：148×210　1/32

印张：30.25

字数：660千字

版次：2019年9月 第1版

印次：2023年3月 第2次印刷

书号：978-7-5126-6830-0

定价：98.00元（全二册）

目 录

卷十九 赵策二

卷二十 赵策三

卷二十一 赵策四

卷二十二 魏策一

卷二十三 魏策二

卷二十四 魏策三

卷二十五 魏策四

卷二十六 韩策一

卷二十七 韩策二

卷二十八 韩策三

卷二十九 燕策一

卷三十 燕策二

卷三十一 燕策三

卷三十二 宋卫策

卷三十三 中山策

卷十九 赵策二

扫码听谦德
君为您导读

赵二·苏秦从燕之赵

苏秦从燕之赵，始合从，说赵王曰："天下之卿相人臣，乃至布衣之士，莫不高贤大王之行义，皆愿奉教陈忠于前之日久矣。虽然，奉阳君妒，大王不得任事，是以外客游谈之士，无敢尽忠于前者。今奉阳君捐馆舍，大王乃今然后得与士民相亲，臣故敢献其愚，效愚忠。

【译文】苏秦从燕国到赵国，开始主张联合六国抗衡秦国的合纵策略，他游说赵王说："天下的卿、相和一般大臣，以至于普通老百姓，没有一个不赞扬大王施行仁义之举的，他们早就愿意接受您的教诲，向大王进献忠心。然而，奉阳君李兑嫉妒贤能，使得大王不能直接管理国事，所以宾客和游说之士都不敢前来向您敬献忠言。现在奉阳君死了，大王从今以后能和百姓亲近了，我才敢向您献上一些不成熟的看法来敬献忠心。

“为大王计，莫若安民无事，请无庸有为也。安民之本，在于择交，择交而得则民安，择交不得则民终身不得安。请言外患：齐、秦为两敌，而民不得安；倚秦攻齐，而民不得安；倚齐攻秦，而民不得安。故夫谋人之主，伐人之国，常苦出辞断绝人之交，愿大王慎无出于口也。

【译文】“为大王考虑，没有比让百姓生活安定、平安无事更好的了。安定百姓的根本在于选择邦交，邦交选择好了百姓就可以安定了，邦交没有选择好百姓就会终身不得安定。我再来说说外敌入侵的灾祸：假如把齐、秦两国看作敌人，那么百姓不能安定；依靠秦国进攻齐国，百姓不能安定；依靠齐国进攻秦国，百姓也不能安定。可见图谋别国的君主，进攻别的国家，常常会口出恶言，并与别国断交，所以希望大王千万谨慎，不要说这样的话。

“请屏左右，白言所以异，阴阳①而已矣。大王诚能听臣，燕必致毡裘狗马之地，齐必致海隅鱼盐之地，楚必致橘柚云梦之地，韩、魏皆可使致封地汤沐之邑，贵戚父兄皆可以受封侯。夫割地效实，五伯之所以覆军禽将而求也；封侯贵戚，汤、武之所以放杀而争也。今大王垂拱而两有之，是臣之所以为大王愿也。

【注释】①阴阳：这里指合纵、连横。

【译文】“请您让身边的人回避，我来给您说说合纵、连横的不同。如果大王真能采纳我的建议，燕国一定会把出产毡、裘、狗、马的好地方献给您，齐国一定会把盛产鱼盐的海滨之地献给您，楚国一定会把盛产橘柚的云梦之地献给您，韩国、魏国也都会献出很多城池和供您住宿、斋戒沐浴的封邑，大王的贵戚父兄都可以得到封侯的赏赐。割取别国土地而得到的利益，这是五霸不惜冒着损军折将的风险去追求的；使自己的贵戚得以封侯，更是成汤放逐夏桀、周武王讨伐纣王也要去争取的。现在大王不费丝毫力气就可以得到封地的实惠，又可使贵戚封侯，这就是我为大王考虑的实现愿望的方法。

“大王与秦，则秦必弱韩、魏；与齐，则齐必弱楚、魏。魏弱则割河外①，韩弱则效宜阳。宜阳效则上党②绝，河外割则道不通。楚弱则无援。此三策者，不可不熟计也。夫秦下轵道③则南阳动，劫韩、包周则赵自销铄④，据卫取淇则齐必入朝。秦欲已得行于山东，则必举甲而向赵。秦甲涉河逾漳，据番（pán）吾⑤，则兵必战于邯郸之下矣。此臣之所以为大王患也。

【注释】①河外：指魏国西河之外地区。②上党：韩国郡名。在今山西长治等地。③轵道：道路名。在今河南修武境内。④销铄：熔化；消除。⑤番吾：赵邑，在今河北磁县境内。

【译文】“如果大王和秦国结盟，秦国必然去削弱韩国、魏国；大王与齐国结盟，齐国必然去削弱楚国、魏国。魏国削弱就必然割让河外之地，韩国削弱就会献出宜阳。献出了宜阳，则会使上党处于绝境；割让河外，通往上党的路就不通了；楚国削弱，就会使赵国失去外援。这三种策略，不能不仔细考虑。秦国如果攻下轵道，那么魏国的南阳地区就会危险；秦国如果劫持韩国、包围两周，那么赵国就会自行削弱；如果秦国占领卫地，夺取淇水之地，那么齐国必然会到秦国称臣。假如秦国的欲望已经在崤山以东得到满足，必然就会进攻赵国。秦军渡过黄河，穿过漳水，占据番吾，那么秦兵必将交战于邯郸城下。这就是我为大王担心的事。

“当今之时，山东之建国莫如赵强。赵地方二千里，带甲数十万，车千乘，骑万匹，粟支十年。西有常山，南有河、漳，东有清河[①]，北有燕国。燕固弱国，不足畏也。且秦之所畏害于天下者莫如赵，然而秦不敢举兵甲而伐赵者，何也？畏韩、魏之议其后也。然则韩、魏，赵之南蔽也。秦之攻韩、魏也则不然，无有名山大川之限，稍稍蚕食之，傅[②]之国都而止矣。韩、魏不能支秦，必入臣于秦，秦无韩、魏之隔，祸中于赵矣。此臣之所以为大王患也。

【注释】①清河：古河名。战国时介于齐、赵两国之间。②傅：靠近、迫近。

【译文】“现在，崤山以东地区的国家，没有哪个能比得上赵国那么强大。赵国的领土达到两千里，精兵几十万，战车几千辆，战马上万匹，军粮可以供应十年。西边有常山，南边有黄河、漳水，东边有清河，北边有燕国。燕国本是个弱国，不足以害怕。在诸侯国中，秦国最害怕的就是赵国。然而，秦国不敢发兵讨伐赵国的原因是什么呢？是因为秦国担心韩、魏两国在背后算计它。这样看来，韩、魏两国就是赵国南边的屏障。秦国攻打韩、魏就不是这样了，韩、魏没有高山、大河的阻隔，秦国只要一点点地吞食它们的土地，一直到靠近它们的国都为止就可以了。韩、魏不能抵抗秦国，必然会向秦称臣。秦国没有韩、魏的阻隔，战祸就将降到赵国头上。这也是我为大王忧虑的地方。

“臣闻尧无三夫之分，舜无咫尺之地，以有天下；禹无百人之聚，以王诸侯；汤、武之卒不过三千人，车不过三百乘，立为天子，诚得其道也。是故明主外料其敌国之强弱，内度其士卒之众寡、贤与不肖，不待两军相当，而胜败存亡之机固已见于胸中矣，岂掩于众人之言而以冥冥决事哉？

【译文】“我听说尧过去连三百亩这么小的地盘都没有，舜连一尺那么大的地盘都没有，他们却拥有了天下；禹只有一个不满百人的部落，却能成为诸侯的共主；商汤、周武王的士兵不满三千，战车不满三百辆，却能成为天子，这都是因为他们真正获得了治国安邦的正道。所以英明的国君，对外能估计敌国的强弱，对内能衡量自己士兵的多少、贤与不贤，不必等到两军交战，对胜败存亡的关键已经心中有数了，怎么会被众人的言论所蒙蔽，糊里糊涂地决定事情呢？

“臣窃以天下地图案之，诸侯之地五倍于秦，料诸侯之卒十倍于秦，六国并力为一，西面而攻秦，秦破必矣。今见破于秦，西面而事之，见臣于秦。夫破人之与破于人也，臣人之与臣于人也，岂可同日而言之哉！

【译文】“我私下察看天下地图，各诸侯国的土地加起来相当于秦国的五倍，各诸侯国的兵力加起来相当于秦国的十倍。假如六国能够团结一致，合力向西攻打秦国，秦国必定被攻破。现在各诸侯国就要被秦国攻破了，反而向西侍奉秦国，向秦国称臣。灭掉别国或被别国灭掉，让别国臣服或臣服于别国，这两者难道可以相提并论么！

“夫横人者，皆欲割诸侯之地以与秦成，与秦成则高台榭（xiè）[①]，美宫室，听竽瑟[②]之音，察五味之和，前有轩悬[③]，后有长庭，美人巧笑，卒（cù）[④]有秦患而不与其忧。是故横人日夜务以秦权恐猲（hè）[⑤]诸侯，以求割地，愿大王之熟计之也。

【注释】①榭：建筑在台上的房屋。②竽瑟：即吹奏乐器竽与弹拨乐器瑟合奏。③轩悬：悬钟磬奏乐时，只在三面悬挂。④卒：同“猝”，突然。⑤猲：同“喝”，恐吓，吓唬。

【译文】“那些主张连横的人，他们都想割让诸侯的土地来与秦国谈和。一旦能和秦国讲和，他们就可以高筑台榭，装饰宫室，倾听优美的音乐，品尝山珍海味的滋味，前面悬挂着乐器，后面有美人住的庭院，美人发出妩媚的笑声，然而一旦秦国突然发兵攻打诸侯，他们却不会分担诸侯国的忧患。因此那些主张连横的人日夜寻求靠秦国的权势来恐吓诸侯，以求得向秦国割地，希望大王能好好考虑这个问题。

“臣闻明王绝疑去谗，屏流言之迹，塞朋党之门，故尊主广地强兵之计，臣得陈忠于前矣。故窃为大王计，莫如一韩、魏、齐、楚、燕、赵，六国从亲，以畔秦。令天下之将相，相与会于洹水[①]之上，通质刑白马以盟之。约曰：‘秦攻楚，齐、魏各出锐师以佐之，韩绝食道，赵涉河、漳，燕守常山之北。秦攻韩、魏，则楚绝其后，齐出锐师以佐之，赵涉河、漳，燕守云中[②]。秦攻齐，则楚绝其后，韩守成皋[③]，魏塞午道[④]，赵涉河、漳、博关[⑤]，燕出锐师以佐之。秦攻燕，则赵守常山，楚军武关，齐涉渤海，韩、魏出锐师以佐之。秦攻赵，则韩军宜阳，楚军武关[⑥]，魏军河外，齐涉渤海，燕出锐师以佐之。诸侯有先背约者，五国共伐之。’六国从亲以摈秦，秦必不敢出兵于函谷关以害山东矣。如是则伯业成矣。”

【注释】①洹水：又名安阳河，位于河南省北部。②云中：郡名。战国时期，属赵国的一部分，由赵武灵王置，在今内蒙古托克托东北。③成皋：韩邑，在今河南省荥阳市汜水镇西。④午道：位于赵东齐西的要道。⑤博关：关名。在今山东茌平县西北。⑥武关：关名。古时晋楚、秦楚国界出入检查处，在今陕西商南东南，与函谷关、萧关、大散关成为“秦之四塞”。

【译文】“我听说贤明的君主不怀疑他人，不轻信谗言，摒弃一切流言蜚语的滋生，堵塞结党营私的门路，这就使得君主威望提升、领土扩大、兵力增强，我也就有机会在大王面前陈述我的忠心了。所以我私下为大王谋划，不如团结韩、魏、齐、楚、燕、赵，使六国合纵，互相亲近，以此抵抗秦国。通令天下各诸侯国的将相，一起到洹水边上结盟，互相交换人质，宰杀白马，缔结盟约。盟约可以这样约定：‘假如秦国攻打楚国，那么齐、魏都要各自派出精兵帮助楚国作战，韩国负责切断秦国的粮道，赵国渡过黄河、漳水，燕国则派大军死守常山以北。假如秦国攻打韩、魏，那么楚国就切断秦国的后路，齐国派精兵支援韩、魏，赵国则渡过黄河、漳水，至于燕国则派兵死守云中郡。秦国如果攻打齐国，楚国就负责切断秦国的后路，韩国守住成皋，魏国封锁秦国通过的要道，赵国越过黄河、漳水、博关，燕国则派精兵援助齐国。假如秦兵攻打燕国，那赵国就守住常山，楚国驻军武关，齐军渡过渤海，韩、魏两国各出精兵援救。秦兵如果攻打赵国，那韩国就要镇守宜阳，楚军驻军武关，魏军则驻扎在河外，齐军渡过渤海，燕国则发精兵支援赵国。六个诸侯国中有先背弃盟约的，那其他五国就共同出兵讨伐它。’如果六国形成合纵，亲密合作来抵抗秦国，那么秦国一定不敢出兵函谷关来危害崤山以东六国。这样大王的霸业就可以顺利完成了。”

赵王曰：“寡人年少，莅国之日浅，未尝得闻社稷之长计。今上客有意存天下，安诸侯，寡人敬以国从。”乃封苏秦为武安君，饰车百乘，黄金千镒，白璧百双，锦绣千纯，以约诸侯。

【译文】赵王说：“我年纪轻，执政时间短，还没有听到过治国的长远计划。现在您有意保全天下，安定诸侯，我诚恳地将国家托付给您。”于是赵王就封苏秦为武安君，拨给他有文饰的车子一百辆，黄金一千镒，白璧一百双，锦锈一千匹，用这些财物邀请其他诸侯国结盟。

赵二·秦攻赵

秦攻赵，苏子为谓秦王曰："臣闻明王之于其民也，博论而技艺之，是故官无乏事而力不困；于其言也，多听而时用之，是故事无败业而恶不章。臣愿王察臣之所谒，而效之于一时之用也。臣闻怀重宝者不以夜行，任大功者不以轻敌。是以贤者任重而行恭，知者功大而辞顺。故民不恶其尊，而世不妒其业。

【译文】秦国攻打赵国，苏秦为赵国对秦王说："我听说，贤明的君王对待他的臣民，广泛选拔，量才适用，因此官吏都能各尽其责，民力也不困乏；对于他们的言论，广泛听取，随时采用，因此国家的各类事业就不会衰败，丑恶的东西就不会显露出来。我希望大王详察我所陈述的主张，并验证它在实际中的效用。我听说，揣有贵重宝器的人，不会在夜间走路，担任重要职务的人，不应该轻敌。因此贤能的人责任重大而行为恭谨，聪明的人功劳很大而言辞和顺。所以百姓不会讨厌他们的尊贵，世人也不会嫉妒他们的功业。

"臣闻之：'百倍之国者，民不乐后也；功业高世者，人主不再行也；力尽之民，仁者不用也；求得而反静，圣主之制也；功大而息民，用兵之道也。'今用兵终身不休，力尽不罢，赵怒必于其己邑，赵仅存哉，然而四输之国也。今虽得邯郸，非国之长利也。意者，地广而不耕，民羸而不休，又严之以刑罚，则虽从而不止矣。

【译文】“我听说：‘土地广阔的国家，百姓不愿再有战争；功业盖世的大臣，国君不愿再有奖赏；力量耗尽的百姓，仁爱的国君不愿再动用他们；想要得到什么反而不去硬求，这是圣明的国君一贯的做法；建立大的功业以后，要让百姓休养生息，这是用兵应该遵守的法则。’如今长久用兵不知停止，百姓力量用尽也不罢手。秦国激怒赵国，它一定会把赵国当作秦国的一个邑，这样赵国的领土就会所存无几了。然而，赵国是个四面通达的国家，如今秦国即使得到了赵国的都城邯郸，也不是秦国的长远利益。试想，土地广大而不耕种，民众疲困而不使他们休息，又用严刑峻法约束他们，赵国百姓虽然服从，但是留在秦国终究不是长远之计。

“语曰：‘战胜而国危者，物不断也；功大而权轻者，地不入也。’故过任之事，父不得于子；无已之求，君不得于臣。故微之为著者强，察乎息民之为用者伯，明乎轻之为重者王。”

【译文】“俗话说：‘打了胜仗而国家还处于危险境地，这是因为战事不断的缘故；功劳很大而掌握的权力仍然很小，这是因为并没有真正取得土地。’所以超过承担能力的事情，父亲不会从儿子那里得到什么；无尽地索取，君王也不会从臣子那里得到什么。所以，见微知著的人力量强大，知道让百姓休养生息以使他们发挥更大作用的人可以做霸主，明白暂时地位低下可以转为高位的人可以称王。”

秦王曰："寡人案兵息民，则天下必为从，将以逆秦。"苏子曰："臣有以知天下之不能为从以逆秦也。臣以田单、如耳为大过也。岂独田单[①]、如耳[②]为大过哉，天下之主亦尽过矣！夫虑收亡齐、罢楚、敝魏与不可知之赵，欲以穷秦、折韩，臣以为至愚也。

【注释】①田单：战国时齐国名臣。凭借孤城即墨（今山东平度东南），巧布火牛阵，最终击败燕军，收复失土，重建齐国。②如耳：魏国大臣。

【译文】秦王说："如果我按兵不动，使百姓休养生息，那么天下各诸侯国一定会推行合纵之策，来对付秦国。"苏秦说："我可以断定，天下各诸侯国不可能实现合纵来对付秦国。我认为田单、如耳犯了大错。难道唯独田单、如耳的作为是特别错误的吗？天下各诸侯国的君主也完全错了！大体上说，他们谋划联合破亡的齐国、疲惫的楚国、破败的魏国与存亡不可知的赵国，想去困扰秦国、折服韩国，我认为他们已经愚蠢到极点了。

"夫齐威、宣，世之贤主也，德博而地广，国富而用民，将武而兵强。闵王用之，后逼韩、威魏以南伐楚，西攻秦，秦为齐兵困于峭塞之上，十年攘地，秦人远迹不服，而齐为虚戾[①]。夫齐兵之所以破，韩、魏之所以仅存者，何也？是则伐楚、攻秦，而后受其殃也。

【注释】①虚戾：指田舍荒废，人民灭绝。

【译文】“齐国的威王、宣王，是当代贤明的君主，德行高尚而土地广阔，国家富强而百姓听命，将领勇武而兵力强大。齐闵王利用这些条件，后来逼近韩国、威胁魏国、向南讨伐楚国，向西进攻秦国，秦军被齐兵围困在崤山以西，十年间经常侵夺秦国土地，秦国人虽然远避但始终不服，以至齐国终落得国空人绝。齐兵之所以被打败，韩国、魏国之所以所存无几，这是什么原因呢？这是因为齐国讨伐楚国、进攻秦国，然后自己遭受了战争的灾祸啊。

“今富非有齐威、宣之余也，精兵非有逼韩、劲魏之军也，而将非有田单、司马[①]之虑也。收破齐、罢楚、弊魏、不可知之赵，欲以穷秦、折韩，臣以为至误。臣以从一不可成也。客有难者，今臣有患于世。夫刑名之家[②]皆曰‘白马非马’[③]也，已如白马实马，乃使有白马之为也，此臣之所患也。

【注释】①司马：指齐国名将田穰苴，又称司马穰苴。田穰苴是继姜尚之后一位承上启下的著名军事家，曾率齐军击退晋、燕入侵之军。因功被封为大司马，子孙后世称司马氏。②刑名之家：即名家学派，代表人物是公孙龙。③白马非马：这是名家学派代表人物公孙龙提出的一个著名的逻辑问题。他认为“马”指的是马的形态，“白马”指马的颜色，形态不等于颜色，所以说“白马非马”。

【译文】“当今各诸侯国没有齐威王、宣王时那么富有，军队也没有齐国当初逼近韩国、威胁魏国时那么精锐强大，并且将领也没有田单、司马穰苴那样的谋略。联合破亡的齐国、疲惫的楚国、破败的魏国和存亡不可知的赵国，却想去困扰秦国、折服韩国，我认为是最大的失误。我认为合纵为一是不可能成功的。有人责难我的看法，这是我现在最忧虑的。刑名家们都说‘白马不是马’，但白马的确是马，如今竟然有‘白马非马’之说，这就是我所忧虑的事情。

“昔者秦人下兵攻怀，服其人，三国救之。赵奢、鲍佞将，楚人四起而从之，临怀而不救，秦人去而不从。不识三国之憎秦而爱怀邪？亡其憎怀而爱秦邪？夫攻而不救，去而不从，是以三国之兵困，而赵奢、鲍佞之无能也！故裂地以效于秦。田单将齐之良，以兵横行于中十四年，终身不敢设兵以攻秦、折韩也，而驰于封内。不识从之一成恶存也。”

【译文】“从前秦国发兵攻占魏国的怀城，使那里的人屈服，赵国、齐国、楚国要去援救怀城。赵将赵奢、齐将鲍佞，加上楚国从四面八方都前来援救，当大军临近怀城，却不前进，当秦军撤退，却不追击。不知道三国是憎恨秦国而爱惜怀城？还是憎恨怀城而爱惜秦国？敌国攻打而不援救，敌兵撤退而不追击，这是因为三国的军队疲劳困倦，而赵奢、鲍佞的无能啊！所以才割地以效忠秦国。田单率领齐国精良的军队，在国内领兵称雄十四年，然而始终不敢率兵攻打秦国、挫败韩国，他只是称雄于国内。我不知道合纵为一成功的希望在哪里。”

于是秦王解兵不出于境，诸侯休，天下安，二十九年不相攻。

【译文】于是秦王息兵，不出国境，诸侯休战，天下安定，二十九年诸侯之间没有互相攻战。

赵二·张仪为秦连横说赵王曰

张仪为秦连横说赵王曰："弊邑秦王使臣敢献书于大王御史[1]。大王收率天下以傧(bìn)[2]秦，秦兵不敢出函谷关十五年矣。大王之威行于天下山东，弊邑恐惧慑伏，缮甲厉兵，饰车骑，习驰射，力田积粟，守四封之内，愁居慑处，不敢动摇，唯大王有意督过之也。

【注释】①御史：史官。负责传达国君命令，记载国家大事。②傧：通"摈"，排除，抛弃，拒绝。

【译文】张仪替秦国推行连横主张而游说赵王说："敝国的君王派我为使臣，通过御史给大王献上国书。大王率领天下诸侯对抗秦国，使秦军不敢出函谷关已十五年了。大王的威信遍播于崤山以东，我们秦国对此非常恐惧，于是便修缮铠甲，磨励兵器，整顿战车，苦练骑射，勤于耕作，聚积粮食，闭守国内不出，过着忧愁恐惧的日子，不敢轻举妄动，只因为大王您有意责备我们的过错。

"今秦以大王之力，西举巴蜀，并汉中，东收两周而西迁九鼎，守白马之津[1]。秦虽辟远，然而心忿悁含怒之日久矣。今寡君有敝甲钝兵，军于渑(miǎn)池，愿渡河逾漳，据番吾，迎战邯郸之下。愿以甲子之日[2]合战，以正殷纣之事。敬使臣先以闻于左右。

【注释】①白马之津：在今河南省滑县北。②甲子之日：周武王战胜商纣的日子。

【译文】“现在秦国仰仗大王的威力，西面攻占巴、蜀，兼并汉中，东面征服东、西两周，把象征天子的九鼎运移到西方，镇守白马渡口。秦国虽然地处僻远，但是心怀愤恨已经很久了。如今秦王只有一支战甲破旧、兵器粗劣的军队，驻扎在渑池，准备渡过黄河，越过漳水，占领番吾，与赵军会战于邯郸城下。希望在甲子之日和赵军会战，以仿效武王伐纣的旧事。秦王特派我将此事事先敬告大王。

“凡大王之所信以为从者，恃苏秦之计。荧惑诸侯，以是为非，以非为是，欲反覆齐国而不能，自令车裂于齐之市。夫天下之不可一亦明矣。今楚与秦为昆弟之国，而韩、魏称为东蕃之臣，齐献鱼盐之地，此断赵之右臂也。夫断右臂而求与人斗，失其党而孤居，求欲无危，岂可得哉！

【译文】“总的来说，大王相信合纵的原因，不过靠的是苏秦的计谋。苏秦迷惑诸侯，颠倒是非黑白，但是他阴谋颠覆齐国却没有成功，自己反而被车裂于齐国集市上。由此看来，天下各诸侯国是不可能联合为一的。现在楚国和秦国结为兄弟之国，韩、魏两国也自称是秦国东边的藩属，齐国向秦国献出盛产鱼盐的领地，这就切断了赵国的右臂。一个被割断了右臂的人去与人搏斗，就如同失去了朋友而孤立无援，所以要想没有危险，这怎么可能呢？

“今秦发三将军：一军塞午道，告齐使兴师度清河，军于邯郸之东；一军军于成皋，驱韩、魏而军于河外[1]；一军军于渑池。约曰：'四国为一以攻赵，破赵而四分其地。'是故不敢匿意隐情，先以闻于左右。臣窃为大王计，莫如与秦遇于渑池，面相见而身相结也。臣请案兵无攻，愿大王之定计。"

【注释】①河外：指黄河以南的赵地。

【译文】"现在秦国派出三个将军：一路堵塞午道，通知齐国派出大军渡过清河，驻扎在邯郸以东；一路驻扎在韩国成皋，指挥韩、魏军队驻扎在河外；另一路军队驻扎在渑池。我们盟誓说：'四国团结一致攻打赵国，灭掉赵国后由四国瓜分赵国领土。'因此我不敢隐瞒真相，事先通知大王。我私下为大王考虑，您不如和秦王在渑池相会，见面以后使得两国互结友好。我请求秦王停兵不进攻赵国，希望大王急速决定计划。"

赵王曰："先王之时，奉阳君相，专权擅势，蔽晦先王，独制官事。寡人宫居，属于师傅，不能与国谋。先王弃群臣，寡人年少，奉祠祭之日浅，私心固窃疑焉。以为一从不事秦，非国之长利也。乃且愿变心易虑，剖地谢前过以事秦。方将约车趋行，而适闻使者之明诏。"于是乃以车三百乘入朝渑池，割河间以事秦。

【译文】赵王说："先王在位的时候，奉阳君为相，他为人专权跋扈，蒙蔽先王，一人独断朝政。我的生活归师傅安排，不能参与国政。当先王丢下群臣离开人世的时候，我年龄还小，亲政的时日不多，内心本来就暗自疑惑。认为与各诸侯订立合纵之盟抗拒秦国，根本不是治国安邦的长久之计。因此我正想重新考虑，改变战略国策，向秦国割让土地，对以前参加合纵的错误表示谢罪，希望与秦国友好。我正准备车马要到秦国去时，恰好听到您的英明指示。”于是赵王率领三百辆战车，到渑池去朝见秦王，并把河间之地献给秦国。

赵二·武灵王平昼闲居

武灵王平昼闲居，肥义[①]侍坐曰：“王虑世事之变，权甲兵之用，念简、襄之迹，计胡狄之利乎？”王曰：“嗣立不忘先德，君之道也；错质务明主之长，臣之论也。是以贤君静而有道民便事之教，动有明古先世之功。为人臣者，穷有弟长辞让之节，通有补民益主之业。此两者，君臣之分也。今吾欲继襄主之业，启胡、翟之乡，而卒世不见也。敌弱者，用力少而功多，可以无尽百姓之劳，而享往古之勋。夫有高世之功者，必负遗俗之累；有独知之虑者，必被庶人之恐。今吾将胡服骑射以教百姓，而世必议寡人矣。”

【注释】①肥义：赵武灵王的相国。

【译文】赵武灵王平日闲居时，肥义在旁边陪坐，说：“大王您是在考虑天下形势的变化，权衡兵力的合理使用，思念简主、襄主的光辉业绩，盘算抗击胡、狄的好处吗？”赵武灵王回答说：“继承君位不忘祖先的功德，这是做君王应遵循的原则；委身于君，致力于光大君主的长处和功绩，这是做臣子应遵循的原则。所以贤明的君王在平时就要做引导百姓、便民行事的教育，行动时则要发扬光大祖先的功绩。做臣子的，在没有做官时要保持尊敬长辈、谦虚退让的品行；做官以后要做出有益于百姓和君王的事业。这两个方面，是做君王和做大臣应尽的职责。现在，我想继承襄主的事业，开发胡、狄居住的地区，但是我担心一辈子也没有人理解我的用心。敌人的力量薄弱，我们付出的力量不多，就会取得非常大的成果，不必使百姓疲惫，就会得到简主、襄主那样的功业。建立了盖世功勋的人，必然要遭受一些世俗小人的责难；而有独到见解的人，也必然会招致一般人的怨恨。现在我准备教导百姓穿着胡服、练习骑马射箭，这样一来，国内一定会有人非议指责我。”

肥义曰：“臣闻之，疑事无功，疑行无名。今王即定负遗俗之虑，殆毋顾天下之议矣。夫论至德者不和于俗，成大功者不谋于众。昔舜舞有苗，而禹袒入裸国，非以养欲而乐志也，欲以论德而要功也！愚者暗于成事，智者见于未萌，王其遂行之。”

【译文】肥义说：“我听说，做事情犹豫不决就不可能成功，行动在即还顾虑重重就不会取得功名。现在大王既然下定决心舍弃世俗偏见，那就一定不要再顾虑天下人的非议了。凡是追求崇高道德的人都不去附和俗人的意见；成就伟大功业的人都不会去和一般人商量。从前舜跳干戚之舞，苗族归顺；禹赤身进入裸国，裸国也服从了。他们并不是想放纵情欲，怡乐心志，而是想借此宣扬德政，建立功业啊！愚蠢的人对即使成功的事也看不明白，而聪明的人却能在事情未发生之前就有所察觉，大王您还是马上按您的想法去付诸实施吧。”

王曰：“寡人非疑胡服也，吾恐天下笑之。狂夫之乐，知者哀焉；愚者之笑，贤者戚焉。世有顺我者，则胡服之功未可知也。虽驱世以笑我，胡地、中山吾必有之。”

【译文】赵武灵王说：“我不是对改穿胡服这件事有什么顾虑，而是担心天下人笑话我这种做法。发疯的人觉得高兴的事，有理智的人却为此感到悲哀；愚蠢的人觉得可笑的事，有才能的人却对此担忧。如果国人都支持我的话，那么改穿胡服的功效就不可估量。那时即使天下人都讥笑我，胡地和中山国也一定会归我所有。”

王遂胡服。使王孙绁（xiè）告公子成曰[①]：“寡人胡服且将以朝，亦欲叔之服之也。家听于亲，国听于君，古今之公行也；子不反亲，臣不逆主，先王之通谊也。今寡人作教易服而叔不服，吾恐天下议之也。夫制国有常，而利民为本，从政有经，而令行为上。故明德在于论贱，行政在于信贵。今胡服之意，非以养欲而乐志也。事有所出，功有所止，事成功立，然后德且见也。今寡人恐叔逆从政之经，以辅公叔之议。且寡人闻之：‘事利国者行无邪，因贵戚者名不累。’故寡人愿慕公叔之义，以成胡服之功。使绁谒之叔，请服焉。”

【注释】①王孙绁：赵国大臣。公子成：赵国贵族。

【译文】赵武灵王于是改穿胡服。派王孙绁告诉公子成说："我已经改穿胡服了，而且将要穿着它上朝，我希望王叔也改穿胡服。在家里听命于父母，在朝廷要听命于君王，这是自古至今公认的道理；子女不能违背父母，臣子不能违抗君王，这是先王时就已定下的规矩。现在我下令改穿胡服，如果王叔您不穿，我担心天下人对此会有所议论。治理国家要有一定的原则，而要以有利于民众为出发点；处理政事要有一定的法则，而首先是政令能够顺利施行。所以，要想修明朝廷的德政，必须考虑百姓的利益；要想推行政令，首先要使贵族接受君命。现在我改穿胡服的目的，并不是想纵情恣欲只顾自己享乐。事情一旦开了头，就有成功的基础；等到事情成功以后，道德才能显现出来。现在我担心王叔违背从政的原则，以至助长贵族们对我的非议。何况我曾听说：'只要你做的事情有利于国家，行动就不会出现偏差；依靠宗室贵戚们的支持，名声就不会遭到伤害。'所以我希望仰仗王叔的威望，促成改穿胡服的成功。我派王孙绁特地来拜望您，希望您也穿上胡服。"

公子成再拜曰："臣固闻王之胡服也，不佞寝疾，不能趋走，是以不先进。王今命之，臣固敢竭其愚忠。臣闻之：'中国者，聪明睿知之所居也，万物财用之所聚也，贤圣之所教也，仁义之所施也，诗、书、礼、乐之所用也，异敏技艺之所试也，远方之所观赴也，蛮夷之所义行也。'今王释此而袭远方之服，变古之教，易古之道，逆人之心，畔学者，离中国，臣愿大王图之。"

【译文】公子成拜了两拜，说："我本来已经听说大王改穿胡服这件事了，只是因我卧病在床，行动不便，所以没能尽快去拜见大王，当面陈述我的意见。现在大王您命令我改穿胡服，我就理应大胆地说出我的一点愚见。我听说：'中原地区是聪明而有远见之人居住的地方，是各种物资和财富聚集的地方，是圣贤对人进行教化的地方，是德政仁义普遍施行的地方，是诗、书、礼、乐所使用的地方，是各种奇巧技艺得以施展的地方，是各国诸侯不远千里前来参观学习的地方，是四方落后少数民族应该效仿的地方。'现在大王却舍弃这些优秀文化，而去套用落后部族的服装，这是改变了传统教育方法，更新了古代的道德准则，违背了众人的心意，背离了圣贤们的教导，抛弃了中原的传统文化，我希望大王您慎重地考虑这件事。"

使者报王。王曰："吾固闻叔之病也。"即之公叔成家自请之曰："夫服者所以便用也，礼者所以便事也。是以圣人观其乡而顺宜，因其事而制礼，所以利其民而厚其国也。祝发①文身，错臂左衽（rèn）②，瓯（ōu）越③之民也。黑齿雕题④，鳀（tí）冠秫（shú）缝⑤，大吴之国也。礼服不同，其便一也。

【注释】①祝发：断发、剃短头发，指未开化者的打扮。②错臂：以丹青刺绘于手臂作为装饰。左衽：衣襟向左开。中原风俗是衣襟向右开。③瓯越：古代百越的一支。分布在今浙江、福建一带。④雕题：一种古代蛮人的习俗。先在额头上雕刻花纹，再涂以丹青。⑤鳀冠：鳀鱼皮做成的帽子。秫缝：用长针缝纫，指针线粗拙。

【译文】王孙绁把公子成的话报告给赵武灵王。武灵王说："我早就听说叔父生病了。"于是，马上去公子成家里，亲自向他阐述自己的观点："衣服是为了穿着方便，而礼制是为了方便办事。所以圣贤之人观察当地的习俗然后制定与之相适应的措施，根据具体的情况来制定礼法，这样做既有利于民众，也有益于国家。至于剪掉头发，在身上刺花纹，手臂刻着文身，衣襟向左开，这是瓯越百姓的风俗。那些染黑牙齿，在额头雕画，头戴鱼皮帽子，身穿缝纫粗拙的衣服，这是吴国百姓的风俗。他们的礼制和服饰虽然不同，但在利国便民方面却是一致的。

"是以乡异而用变，事异而礼易。是故圣人苟可以利其民，不一其用；果可以便其事，不同其礼。儒者一师而礼异，中国同俗而教离，又况山谷之便乎！故去就之变，知者不能一；远近之服，贤圣不能同。穷乡多异，曲学多辨。不知而不疑，异于己而不非者，公于求善也。

【译文】"所以说地方不同，举止措施也就不一样，情况不同，使用的礼仪制度也有所改变。因此，圣人认为，只要有利于百姓，在措施上就不求一致；只要可以方便行事，礼制上就可以不同。儒生虽都师从同一老师，可是传下来的礼法却各不相同；中原地区风俗相同，但各国的政令却不同，更何况地处偏僻山区的人们，不更应该考虑方便行事嘛！所以说对于风俗礼制的取舍，即使聪明人也无法强求统一；不同地区的服饰打扮，即使圣贤也难以使其一致。偏僻的地方人们少见多怪，孤陋寡闻的人喜欢争辩。不熟悉的事情，不要轻易怀疑；对和自己不同的意见，也不要轻易非议，这才是无私追求真理的态度。

“今卿之所言者，俗也；吾之所言者，所以制俗也。今吾国东有河、薄洛之水[①]，与齐、中山同之，而无舟楫之用。自常山以至代、上党，东有燕、东胡[②]之境，西有楼烦[③]、秦、韩之边，而无骑射之备。故寡人且聚舟楫之用，求水居之民，以守河、薄洛之水；变服骑射，以备其燕、东胡、楼烦、秦、韩之边。且昔者简主不塞晋阳以及上党，而襄王兼戎取代，以攘诸胡。此愚知之所明也。

【注释】①薄洛之水：古漳水的一段。②东胡：古族名。先秦时居于中国及匈奴之东的北方游牧民族。③楼烦：北狄的一支，约在春秋之际建国，其疆域大致在今山西省西北部的保德、岢岚、宁武一带。

【译文】“现在王叔您所说的话，都是有关世俗的言论；而我所说的话，则是如何改变旧的传统。现在，我国东面有黄河、薄洛水两条河流，是我国和齐国、中山国共同拥有的边界，但我们却没有战船守御它。从常山到代郡、上党郡，东面与燕国和东胡接壤，西面与楼烦、秦国、韩国紧紧相邻，但我们没有骑兵部队防守。所以我准备筹集船只，招募习于水战的居民，让他们来防守黄河、薄洛水；改穿胡服，练习骑马射箭，防备我国与燕国、东胡、楼烦、秦国、韩国的边界。从前简主不把我国的疆域限于晋阳和上党，襄主又兼并了戎狄和代郡，以抵御胡人。这些道理不论是愚笨之人还是聪明之人都能明白。

“先时中山负齐之强兵，侵掠吾地，系累吾民，引水围鄗（hào），非社稷之神灵，即鄗几不守。先王忿之，其怨未能报也。今骑射之服，近可以备上党之形，远可以报中山之怨。而叔也顺中国之俗以逆简、襄之意，恶变服之名，而忘国事之耻，非寡人所望于子！”

【注释】①鄗：赵邑，在今河北省柏乡县北。

【译文】“过去，中山国依仗齐国的雄厚兵力，侵犯掠夺我国的土地，掳掠囚禁我国的人民，引水围灌我们的鄗城，假若不是祖宗神灵的保佑，鄗城几乎被攻破。先王对这事非常气愤，但是直到今天，这个仇还没有报。现在我们推行‘胡服骑射’的政策，从近处说，可以扼守上党这个形势险要的地方；从远处说，可以报中山侵略我国的仇恨。可王叔您偏偏要依从中原的旧俗，却违背了简主和襄主的遗愿，憎恶改变服式的做法，却忘记了国家曾遭受的耻辱，这决不是我期望您做的啊！”

公子成再拜稽首曰：“臣愚不达于王之议，敢道世俗之闻。今欲继简、襄之意，以顺先主之志，臣敢不听令。”再拜，乃赐胡服。

【译文】公子成听了，对武灵王拜了再拜，叩头说：“我太愚蠢了，竟没有体会到大王的良苦用心，所以才冒昧地说了一些世俗的言论。现在大王想要继承简主、襄主的遗愿，实现先王未完成的遗志，我怎么敢不服从命令呢！”公子成说完又拜了两拜，于是赵武灵王就赐给他胡服。

赵文[①]进谏曰："农夫劳而君子养焉，政之经也。愚者陈意而知者论焉，教之道也。臣无隐忠，君无蔽言，国之禄也。臣虽愚，愿竭其忠。"王曰："虑无恶扰，忠无过罪，子其言乎。"赵文曰："当世辅俗，古之道也；衣服有常，礼之制也；修法无愆，民之职也。三者，先圣之所以教。今君释此，而袭远方之服，变古之教，易古之道，故臣愿王之图之。"

【注释】①赵文：赵国大臣。

【译文】赵文劝谏武灵王说："农夫辛勤耕作以供养治国之士，这是治理国家的根本。愚笨的人表达意见，明智的人加以决策，这是朝廷教化的准则。做臣子的不隐瞒自己的意见，做君王的不阻塞臣下的言路，这是国家的福气。我虽然愚笨，但还是愿意竭尽自己的忠心。"武灵王说："替别人着想的人不要讨厌不同意见的干扰，竭尽忠心的人不能指责他的错误，您就直言吧。"赵文说："适应时势，顺从当地民俗，这是自古以来的法则；衣服有一定的款式，这是礼法的规定；遵守法纪，不犯错误，这是老百姓的职责。这三个方面，都是古代圣贤用来教导我们的。现在大王您对这些都弃之不顾，去改穿远方胡人的衣服，改变古代的教化，改变自古以来的准则，所以我希望大王能认真考虑考虑。"

王曰："子言世俗之闻。常民溺于习俗，学者沉于所闻。此两者，所以成官而顺政也，非所以观远而论始也。且夫三代不同服而王，五伯不同教而政。知者作教，而愚者制焉。贤者议俗，不肖者拘焉。夫制于服之民，不足与论心；拘于俗之众，不足与致意。故势与俗化，而礼与变俱，圣人之道也。承教而动，循法无私，民之职也。知学之人，能与闻迁，达于礼之变，能与时化，故为己者不待人，制今者不法古，子其释之。”

【译文】武灵王说：“你所说的只是世俗的见解。一般人只是一味沉溺于旧的习俗之中，而读书人又总是拘泥于书本上的东西，这两种人，只能谨守职责，遵守法令，却不能和他们一道谋划长远的事业，建立开创之功。而且夏、商、周三个朝代虽然服装不同，但都能统一天下；春秋五霸政教各异，却都能治理好国家。常常是聪明人制订法令，而愚蠢的人被法令制约。有才能的人可以议论礼法、教化，而没才能的人却拘泥于旧风陋俗。因此对那些受世俗礼法制约的人，是没有必要和他们交流思想的；对那些拘泥于旧风陋俗的人，也是没有必要向他们说明意图的。所以习俗随时势的变化而变化，礼法也要随时势的变化而变化，这才是圣人治国的根本原则啊！接到国家的政令就马上行动，遵守法制而抛弃个人私念，这才是做老百姓的本分。真正有学问的人，能随着新事物的变化而改变观点，真正通晓礼法的人能跟着时代的变化而变化。因此真正修身者不期待他人的赞誉，治理当世的人不会完全效法古代，您还是放弃那些不正确的想法吧！”

赵造①谏曰：“隐忠不竭，奸之属也；以私诬国，贼之类也。犯奸者身死，贱国者族宗。此两者，先圣之明刑，臣下之大罪也。臣虽愚，愿尽其忠，无遁其死。”王曰：“竭意不讳，忠也。上无蔽言，明也。忠不辟危，明不距人，子其言乎！”

【注释】①赵造：赵国大臣。

【译文】赵造也去劝谏赵武灵王，他说：“不竭尽忠心，知而不言，这是奸臣一样的行为；为了私利去欺骗君主，这是有损于国家的做法。犯了奸佞罪的人应处以死刑，危害国家的人应夷灭全族。这两种，是先王明确的刑罚，也是作臣子的人所犯的大罪。我虽然愚笨，但愿尽自己的忠心，绝不逃避死罪。”武灵王说：“毫不保留地说出自己的想法而不加任何隐讳，这就是忠臣啊。君主不阻塞臣下的言路，虚心接受意见，这是明主啊。忠臣不畏惧危险，明主不拒绝臣子发表意见，您就说吧！”

赵造曰：“臣闻之：‘圣人不易民而教，知者不变俗而动。’因民而教者，不劳而成功；据俗而动者，虑径而易见也。今王易初不循俗，胡服不顾世，非所以教民而成礼也。且服奇者志淫，俗辟者乱民。是以莅国者不袭奇辟之服，中国不近蛮夷之行，所以教民而成礼者也。且循法无过，修礼无邪，臣愿王之图之。”

【译文】赵造说：“我听说：‘圣贤之人不去变更民众的习俗而行教化，聪明的人不改变习俗而去治理国家。’根据民意进行教化，不费多大力气就能收到成效；根据不同的习俗治理国家，考虑问题简捷方便，做起来也容易见到效果。现在大王您改变原来的服饰，不遵循习俗，改穿胡服而不顾世人的议论，这可不是按照礼仪法则教化民众的方式。而且穿着奇装异服的人，心思不正，习俗怪僻的地方，会扰乱民心。所以治理国家的人不应去接受奇异怪僻的衣服，中原地区的人民不应效法蛮夷的生活方式，因为这是按礼法要求来教化百姓的途径。况且遵循以往的法令就不会出差错，按照旧有的礼节行事就不会生出邪念。我希望大王慎重考虑这件事情。”

王曰：“古今不同俗，何古之法？帝王不相袭，何礼之循？宓(fú)戏、神农教而不诛[①]，黄帝、尧、舜诛而不怒。及至三王[②]，观时而制法，因事而制礼，法度制令，各顺其宜，衣服器械，各便其用。故治世不必一道，便国不必法古。圣人之兴也，不相袭而王；夏、殷之衰也，不易礼而灭。然则反古未可非，而循礼未足多也。且服奇而志淫，是邹、鲁无奇行也；俗辟而民易，是吴、越无俊民也。是以圣人利身之谓服，便事之谓教。进退之谓节，衣服之制，所以齐常民，非所以论贤者也。故圣与俗流，贤与变俱。谚曰：‘以书为御者，不尽于马之情；以古制今者，不达于事之变。’故循法之功不足以高世，法古之学不足以制今，子其勿反也。”

【注释】①宓戏：即伏羲。宓，通“伏”。诛，责罚。②三王：夏、商、周三朝开国的圣王。

【译文】武灵王说：“自古至今，习俗都不同，为什么要效法古代呢？帝王的礼法也不是世代相承的，为什么要遵循古代的礼法呢？伏羲和神农时代，对民众只是进行教化，而不用刑罚，黄帝、尧、舜时代，虽然有了死刑，但并不愤怒。到了夏、商、周三代圣王时，都是观察当时的形势来建立法制，根据具体情况来制定礼俗，法令、制度都因时制宜，衣服器用都方便使用。所以，治理国家不一定要走同一条路，只要对国家有利，就不一定要效法古代。圣人的兴起，不承袭前代而兴旺；夏朝和殷朝的衰亡，因不改变礼法而灭亡。这样说来，反对古法的，不应该受到非议；而谨守旧礼陋俗的，也未必值得称赞。如果说服饰奇异就会使人心思不正的话，那么最遵守礼法的邹国和鲁国，就不会有怪僻的行为了；如果说习俗怪僻的地方，百姓就会变坏的话，那么风俗特殊的吴、越地区，就不会出现出类拔萃的人才了。所以说圣人把便于穿着的叫好衣服，把方便行事的叫好教化。送往迎来的礼节，服饰上的规定，只是用来让普通百姓取得一致，而不是用来评论贤能的人的。因此，圣明的人能适应任何习俗，有才能的人能紧随时势变化。有句谚语说：'按照书本来驾车的人，不能充分发挥马的实际能力；采用古代礼法来治理当今国家的人，不懂社会的变化。'所以，遵循旧有制度建立的功业不可能超过当世，效法古人的作法不可能治理当代，希望您还是不要反对改穿胡服了。"

赵二·王立周绍为傅

王立周绍[①]为傅，曰："寡人始行县，过番吾，当子为子之时，践石以上者皆道子之孝，故寡人问子以璧，遗子以酒食，而求见子。子谒病而辞。人有言子者曰：'父之孝子，君之忠臣也。'故寡人以子之知虑为辨足以道[②]人，危足以持难，忠可以写意，信可以远期。诗云：'服难以勇，治乱以知，事之计也。立傅以行，教少以学，义之经也。循计之事，失而不累；访议之行，穷而不扰。’故寡人欲子之胡服以傅王子。”

【注释】①周绍：赵国人。②道：同“导”，引导。

【译文】赵武灵王让周绍做王子的师傅，对周绍说：“我刚开始视察各县，路过番吾，当时您还很年轻，凡是能骑马的人都称道您的孝心，所以我把玉璧赠给您，把酒食送给您，并要求拜见您。可是您托病推辞了。有人在我面前谈论您说：‘是父亲的孝子，是君王的忠臣。’所以我认为您的智慧及明察完全可以引导别人，正直的品格完全可以扶助危难，忠诚可以表露心意，守信可以长久不变。诗中说：‘用勇气征服困难，用智慧治理动乱，这是对事情谋划的结果。根据品行选择师傅，依靠学问教导年轻人，这是仁义的规范。遵循计划办事，虽失败了但不会有大的偏差；依据义理行事，虽处于困境但不会造成忧患。’所以我想让您穿上胡服，做王子的师傅。”

周绍曰：“王失论矣，非贱臣所敢任也。”王曰：“选子莫若父，论臣莫若君。君，寡人也。”周绍曰：“立傅之道六。”王曰：“六者何也？”周绍曰：“知虑不躁达于变，身行宽惠达于礼，威严不足以易于位，重利不足以变其心，恭于教而不快，和于下而不危。六者傅之才，而臣无一焉。隐中不竭，臣之罪也。傅命仆官，以烦有司，吏之耻也。王请更论。”

【译文】周绍说：“大王选错人了，这不是我所能担任的职务。”赵武灵王说：“挑选儿子，没有谁能赶得上他的父亲；选择臣子，没有谁能赶得上他的国君。这个国君就是我。”周绍说：“作为王子的师傅，有六条标准。”赵武灵王说：“六条标准是什么？”周绍说：“智谋远虑，又通达权变；宽厚仁慈，又明白礼法；威武不能改变他的志向，富贵不能改变他的心意；恭守教化而不放纵，对属下和蔼而公正。具有这六条，才是担任太子太傅应具备的德才标准，可是我不具备任何一条。隐瞒实情不能竭尽全力，是我的罪过。顺从君命，就玷污了太傅的职责，以此来烦劳下属，是大王的耻辱。请大王重新选择。”

王曰：“知此六者，所以使子。”周绍曰：“乃国未通于王胡服，虽然，臣王之臣也，而王重命之，臣敢不听令乎！”再拜，赐胡服。

【译文】赵武灵王说：“我了解这六条标准，所以才委派您担任这个职务。”周绍说：“如今国内百姓还没有明白大王穿胡服的意图，即使这样，我是大王的臣子，而大王又任命我这么重要的职位，我怎么敢不听从命令呢？”周绍拜了两拜，赵武灵王赏赐给他胡服。

王曰：“寡人以王子为子任，欲子之厚爱之，无所见丑。御道之以行义，勿令溺苦于学。事君者，顺其意，不逆其志；事先者，明其高，不倍其孤。故有臣可命，其国之禄也。子能行是，以事寡人者毕矣。《书》云：‘去邪无疑，任贤勿贰。’寡人与子，不用人矣。”遂赐周绍胡服衣冠、贝带、黄金师比[①]，以傅王子也。

【注释】①贝带：以贝壳为装饰的腰带。师比：带钩，古代束在腰间皮带上的钩。

【译文】赵武灵王说："我把辅佐王子的事交给您，想让您好好爱护他，不要让他做出令人不高兴的事。引导他实行仁义，不要让他因为沉溺于诵习之事而感到苦恼。侍奉国君的人，应该顺从君王的心意，不违背君王的意志；侍奉先君的人，应该发扬先君的高明，不背叛先君的遗孤。所以有您这样的臣子可以任命，是国家的福气。您能做到这样，侍奉我的职责就完成了。《尚书》说：'去掉邪恶不要犹豫，任用贤能不要有二心。'我信任您，就不用别人了。"于是武灵王赏赐周绍胡服衣帽、以贝壳为装饰的腰带、用黄金做成的带钩，任命他为王子的师傅。

赵二·赵燕后胡服

赵燕[1]后胡服，王令让之曰："事主之行，竭意尽力，微谏而不哗[2]，应对而不怨，不逆上以自伐，不立私以为名。子道顺而不拂，臣行让而不争。子用私道者家必乱，臣用私义者国必危。反亲以为行，慈父不子；逆主以自成，惠主不臣也。寡人胡服，子独弗服，逆主罪莫大焉。以从政为累，以逆主为高，行私莫大焉。故寡人恐亲犯刑戮(lù)之罪，以明有司之法。"

【注释】①赵燕：人名。赵国贵族。②哗：人声嘈杂，喧闹。

【译文】赵燕迟迟不穿胡服，赵武灵王派人责备他说："侍奉君王，应该尽心竭力，委婉规劝而不喧闹，回答君王提出的问题没有怨言，不违背君王的意愿而自夸功绩，不树立私人的威信借此扬名。做儿子的应该孝顺而遵循教导，不违背父母的意愿，做臣子的应该行为谦让，不与君王争执。做儿子的一心为私，家庭必定混乱；做臣子的一心为私，国家必定危险。有违背父母的行为，慈爱的父亲也不把他当儿子看待；违背君王的意愿而成就自己，慈祥的君主也不会把他当臣子。我改穿胡服，您唯独不穿，罪过没有比违背君王意愿更大的了。您把改穿胡服的政事作为累赘，把违背君王的意愿作为高尚，推行私欲没有比这更大的了。所以我担心您犯下杀身之罪，以表明国法严明。"

赵燕再拜稽首曰："前吏命胡服，施及贱臣，臣以失令过期，更不用侵辱教，王之惠也。臣敬循衣服，以待令。"

【译文】赵燕拜了两拜叩头说："前些日子，上级命令改穿胡服，我已接到命令，而我却没有执行，且超过了限期，可是君王没有惩罚我而改用教诲，这是君王对我的恩惠。我已经恭敬地准备好胡服，正等待君王的诏令。"

赵二·王破原阳以为骑邑

王破原阳[①]以为骑邑，牛赞[②]进谏曰："国有固籍，兵有常经。变籍则乱，失经则弱。今王破原阳以为骑邑，是变籍而弃经也。且习其兵者轻其敌，便其用者易其难。今民便其用而王变之，是损君而弱国也。故利不百者不变俗，功不什者不易器。今王破卒散兵以奉骑射，臣恐其攻获之利不如所失之费也！”

【注释】①原阳：赵邑，在今内蒙古呼和浩特市东南。②牛赞：赵国大臣。

【译文】赵武灵王把原阳改为训练骑射的基地，赵国大臣牛赞向赵武灵王进谏说：“国家有固定的法令，军队有长久不变的兵制。改变法令，国家就会混乱；改变兵制，军队就会削弱。如今大王把原阳作为训练骑射的基地，这是改变法令，并抛弃常规的做法。况且熟习以前兵制的将士，容易克敌制胜，对以前武器使用习惯的人，就不会觉得是什么难事。如今将士用惯了以前的装备，而大王却要全部改换，这是损害君王声誉并削弱国家力量的做法。所以利益不到百倍就不要改变习俗，功效不能增加十倍就不要更换器具。如今大王撤销原来的步兵编制，实行胡人的骑射，我担心这样做会得不偿失啊！”

王曰：“古今异利，远近易用，阴阳不同道，四时不一宜。故贤人观时而不观于时，制兵而不制于兵。子知官府之籍，不知器械之利；知兵甲之用，不知阴阳之宜。故兵不当于用，何兵之不可易？教不便于事，何俗之不可变？

【译文】武灵王说：“古时和今日的利害各不相同，边远之地和中原地区使用器具也各不一样，阴阳的变化有不同的规律，四季节气也各不统一。所以贤能的人观察时机而不被时机所牵制，操纵兵器而不被兵器所操纵。只知道官府的旧法令，而不知道改换器械的便利；只知道一般兵器铠甲的用途，而不知道根据不同的条件而变化。所以兵器如果不适合使用，为什么就不可以改换？教化如果不便于施行，为什么旧的习俗就不可以改变呢？

“昔者先君襄主与代[①]交地，城境封之，名曰无穷之门[②]，所以昭后而期远也。今重甲循兵不可以逾险，仁义道德不可以来朝。吾闻信不弃功，知不遗时。今子以官府之籍，乱寡人之事，非子所知。”

【注释】①代：古国名。位于今河北省蔚县东北。②无穷之门：隘口名。在今河北张家口市张北县南。

【译文】“从前先君襄主当政时，边界与代国接壤，在边界筑城加强防卫，城门叫无穷之门，这是用来昭示后代，希望他们开拓远地的意思。如今穿着厚重的铠甲，拿着长长的兵器，是不能越过险要地形的；讲究仁义道德，是不能使胡人来臣服的。我听说讲信用不能放弃功利，有智慧不会忘记时机。如今您以官府的旧法令，扰乱我变服骑射、强兵拓地的大事，这些是您不明智的地方。”

牛赞再拜稽首曰：“臣敢不听令乎！”王遂胡服，率骑入胡，出于遗遗之门[①]，逾九限[②]之固，绝五陉[③]之险，至榆中[④]，辟地千里。

【注释】①遗遗之门：地名。又作挺关、扞关，赵地。在今陕西榆林市西北。②九限：指多重关隘。③五陉：指井陉关，为太行八陉中第五陉，古九塞之一。在今河北省井陉县北井陉山上。④榆中：古地名。在今内蒙古伊金霍洛旗一带。

【译文】牛赞拜了两拜，叩头说："我怎么敢不听从您的命令呢！"于是武灵王穿上胡服，率领骑兵攻入胡地，从挺关出发，越过重重关隘，跨过井陉关险地，到达榆中，开拓了千里疆土。

卷二十 赵策三

扫码听谦德
君为您导读

赵三·赵惠文王三十年

赵惠文王三十年①，相都平君田单问赵奢曰②：“吾非不说将军之兵法也，所以不服者，独将军之用众。用众者，使民不得耕作，粮食輓赁③不可给也。此坐而自破之道也，非单之所为也。单闻之，帝王之兵，所用者不过三万，而天下服矣。今将军必负十万、二十万之众乃用之，此单之所不服也。”

【注释】①赵惠文王三十年：此处有误，应为“赵孝成王二年”。②田单：原为齐国大将，被封为安平君。后担任赵国相国，被封都平君。赵奢：即马服君。赵武灵王之子，战国时期六国八名将之一。③輓赁：运输。

【译文】赵惠文王三十年，赵国相国都平君田单问赵奢说：“我不是不喜欢将军的用兵策略，我只是不佩服您用兵太多。用兵太多，百姓就不能很好地进行耕种，粮食供应也会出现问题。这是坐以待毙的办法，我是不会这样做的。我听说，帝王用兵不超过三万人，天下就能归顺。现在将军您每次一定要用十万、二十万的兵员才能作战，这是我所不佩服的地方。”

马服[1]曰：“君非徒不达于兵也，又不明其时势。夫吴干之剑[2]，肉试则断牛马，金试则截盘匜（yí）[3]；薄之柱上而击之，则折为三；质之石上而击之，则碎为百。今以三万之众而应强国之兵，是薄柱、击石之类也。且夫吴干之剑材，难夫毋脊之厚而锋不入；无脾之薄而刃不断。兼有是两者，无钩[4]锷镡、蒙须之便，操其刃而刺，则未入而手断。君无十余、二十万之众而为此钩锷镡蒙须之便，而徒以三万行于天下，君焉能乎？且古者，四海之内，分为万国，城虽大，无过三百丈者；人虽众，无过三千家者，而以集兵三万，距此奚难哉！今取古之为万国者，分以为战国七，能具数十万之兵，旷日持久数岁，即君之齐已。齐以二十万之众攻荆，五年乃罢。赵以二十万之众攻中山，五年乃归。今者齐、韩相方，而两国围攻焉，岂有敢曰，我其以三万救是者乎哉？今千丈之城、万家之邑相望也，而索以三万之众，围千丈之城，不存其一角，而野战不足用也，君将以此何之？”都平君喟然[5]太息曰：“单不至也。”

【注释】①马服：即赵奢，马服君。②吴干之剑：吴国名剑“干将”。③盘匜：供盥洗的器具，形状似盘。④钩：古代兵器，剑头环。锷：刀剑的刃。镡：剑柄与剑身连接处两旁的突出部分。蒙须：剑绳。⑤喟然：叹息、叹气的样子。

【译文】马服君赵奢说：“看来您不但不通晓用兵之道，而且也不明白当今天下的形势。那吴国的干将宝剑，可以用它砍断牛马，可以用它砍断金属盘子。如果用它去敲击柱子，宝剑就会断成几截；如果用它去敲击石头，宝剑就会碰得粉碎。现在用三万兵力去应对强国的军队，就像用宝剑去敲击柱子、石头一样。而且，吴国出产的利剑难以得到，如果剑脊不厚，剑刃就容易损坏；剑近刃处不够轻薄，就无法砍断东西。如果同时具备了剑脊厚，近刃处薄，但是没有配好剑环、剑绳和剑柄等辅助之物，就这样拿着剑刃去刺杀，还没有伤敌，自己的手就先被割断了。您如果没有十几万、二十万的兵力当作剑来用，只想凭借三万军队就横行于天下，怎么能做到呢？古时天下分成很多诸侯国，即使是大的城邑也没有超过三百丈的；人口多的也没有超过三千家的，在这种情况下，如果用三万军队去攻打这些国家，还有什么困难呢！现如今，古代众多的诸侯国已经变成了战国七雄，都可以聚集数十万的兵力，战争会持续数年，就会出现像您曾任职的齐国一样的状况。齐国用二十万军队进攻楚国，五年没有取胜。赵国派兵二十万去攻打中山国，整整打了五年才得胜回国。现在齐、韩两国势均力敌，如果两国相互围攻，有谁敢说他能用三万兵力去援救呢？现在，方圆千丈的大城、户口上万的大邑到处都是，如果用三万的兵力去包围千丈之城，恐怕只能围住城的一角，要进行战斗就更不用说了，您想用这么少的兵力去干什么呢？”田单长叹了一口气，说：“我确实考虑不周啊！”

赵三·赵使仇郝之秦

赵使仇郝[①]之秦，请相魏冉。宋突[②]谓仇郝曰：“秦不听，楼缓[3]必怨公。公不若阴辞楼子曰：'请无急秦王。'秦王见赵之相魏冉之不急也，且不听公言也，是事而不成，魏冉固德公矣。"

【注释】①仇郝：赵国大臣。②宋突：赵国大臣。③楼缓：赵武灵王的大臣，前后侍奉赵武灵王和秦昭襄王两位君王，当时为秦丞相。

【译文】赵国派仇郝到秦国，请求秦王任命魏冉为相国。宋突对仇郝说："如果秦王不肯听从您的意见，楼缓一定会怨恨您。您不如暗中告诉楼缓说：'让我去请求秦王不要急于任命魏冉。'秦王见赵国并不急于要求任命魏冉，一定不会听您的话，这样，秦王任命魏冉为相国的事如果不成，楼缓一定会感激您，如果成功，魏冉也一定会感激您。"

赵三·齐破燕

齐破燕，赵欲存之。乐毅谓赵王曰[1]："今无约而攻齐，齐必仇赵，不如请以河东[2]易燕地于齐。赵有河北[3]，齐有河东，燕[4]、赵必不争矣，是二国亲也。以河东之地强齐，以燕、赵辅之，天下憎之，必皆事王以伐齐。是因天下以破齐也。"王曰："善。"乃以河东易齐，楚、魏憎之，令淖滑、惠施之赵[5]，请伐齐而存燕。

【注释】①乐毅：魏将乐羊后裔，拜燕上将军，受封昌国君。后因受燕惠王猜忌，投奔赵国，被封于观津，号为望诸君。赵王：赵武灵王。②河东：古时一般指山西西南部，位于秦晋大峡谷中黄河段乾坤湾，壶口瀑布及禹门口（古龙门）至鹳雀楼以东的地区，是华夏文明的摇篮。一说这里指当时临近齐国的赵地，位于今河北省清河附近。③河北：一般泛指今黄河以北地区。一说这里指今河南省新密市一带。④燕：当作“齐”。⑤淖滑：楚国大臣。惠施：名家的代表人物，魏国相国。

【译文】齐军攻破燕国，赵国想保存燕国。乐毅对赵王说：“如今没有约结同盟国就去单独攻打齐国，齐国一定怀恨赵国。不如向齐国提出用河东之地来换取燕国的土地。赵国拥有河北的土地，齐国拥有河东的土地，齐国和赵国就一定不会有争端，这样两国就互相亲近友善了。用河东的土地来使齐国强大，而用燕国和赵国来辅助它，天下诸侯就都会憎恨它，一定会来侍奉大王而共同讨伐齐国，这就是联合天下诸侯一起击破齐国啊！”赵王说：“好。”于是就用河东的土地与齐国交换，楚国和魏国都憎恨它，就派淖滑、惠施来到赵国，请求合力讨伐齐国，保住燕国。

赵三·秦攻赵蔺、离石、祁拔

秦攻赵蔺、离石、祁拔。赵以公子部为质于秦，而请内焦、黎、牛狐之城[1]，以易蔺、离石、祁于赵。赵背秦，不予焦、黎、牛狐。秦王[2]怒，令公子缯请地，赵王乃令郑朱[3]对曰：“夫蔺、离石、祁之地，旷远于赵，而近于大国，有先王之明与先臣之力，故能有之。今寡人不逮，其社稷之不能恤，安能收恤蔺、离石，祁乎！寡人有不令之臣，实为此事也，非寡人之所敢知。”卒倍秦。

【注释】①焦：赵邑，位于今河南陕县老城东北。黎：赵邑，位于今河南浚县西。牛狐：赵邑。②秦王：秦昭王。③赵王：赵惠文王。郑朱：赵国大臣。

【译文】秦国攻下赵国的蔺地、离石、祁地。赵国派公子郚到秦国做人质，并请求献出焦、黎、牛狐三地给秦国，用来与秦国交换蔺地、离石、祁地。秦国把蔺地、离石、祁地归还给赵国以后，赵国背约，不肯献出焦、黎、牛狐三地。秦王大怒，派公子缯去要求赵国交出三地。赵王派大臣郑朱对公子缯说："那蔺地、离石、祁地距离赵国遥远，却离贵国很近，因为有了先王的贤明和先臣的努力，我们才能拥有它。现如今我不及先王，连国家都治理不好，哪里能顾得上收复蔺地、离石、祁地呢！是守城的人自作主张，做出这些事，我什么都不知道。"赵国终究还是违背了约定。

秦王大怒，令卫胡易（yáng）[①]伐赵，攻阏（yù）与[②]。赵奢将救之。魏令公子咎以锐师居安邑以挟秦。秦败于阏与，反攻魏几[③]，廉颇救几，大败秦师。

【注释】①胡易：卫国人，当时为秦国大将。②阏与：战国时韩邑，后属赵，在今山西和顺。③几：赵邑，位于今河北大名东南地区。

【译文】秦王大怒，派大将胡易讨伐赵国，进攻阏与。赵国大将赵奢率兵援救。魏国派公子咎率领精锐部队驻扎在安邑，以牵制秦军。秦军在阏与大败，返回来进攻魏国几地。赵国大将廉颇救援几地，大败秦军。

赵三·富丁欲以赵合齐、魏

富丁[1]欲以赵合齐、魏，楼缓欲以赵合秦、楚。富丁恐主父[2]之听楼缓而合秦、楚也。司马浅[3]为富丁谓主父曰："不如以顺齐。今我不顺齐伐秦，秦、楚必合而攻韩、魏。韩、魏告急于齐，齐不欲伐秦，必以赵为辞，则伐秦者赵也，韩、魏必怨赵。齐之兵不西，韩必听秦违齐。违齐而亲秦，兵必归于赵矣。今我顺而齐不西，韩、魏必绝齐，绝齐则皆事我。且我顺齐，齐无不西。日者楼缓坐魏三月，不能散齐、魏之交。今我顺而齐、魏果西，是罢齐、敝秦也，赵必为天下重国。"

【注释】①富丁：赵国大臣。②主父：赵惠文王。③司马浅：赵国大臣。

【译文】富丁想让赵国联合齐国、魏国，楼缓却想让赵国联合秦国、楚国。富丁害怕主父听信楼缓的话与秦、楚两国联合。司马浅为富丁对主父说："不如顺从齐国。如果我们不跟随齐国去讨伐秦国，秦、楚两国一定会联合起来进攻韩国和魏国。韩国、魏国就会向齐国求救，齐国不想攻秦，必定用赵国不联合齐国攻打秦国作为借口，那么不讨伐秦国的就是赵国了，这样韩国、魏国必定怨恨赵国。齐国不向西进攻，韩国必然会听从秦国，对抗齐国。违背齐国而亲近秦国，必定会出兵攻打赵国。如果我们与齐国一起行动，而齐国不向西攻打秦国，韩、魏两国必定会与齐国绝交，韩、魏两国与齐国绝交就都会来侍奉我们。而且，我们与齐国一起行动，齐国就不会不攻打秦国了。从前，楼缓住在魏国三个月，没能拆散齐、魏两国的邦交。现如今我们和齐国采取一致行动，而齐国、魏国果真向西进攻秦国的话，这将是使齐、秦两国疲惫的好办法，赵国一定会成为诸侯中重要的国家。”

主父曰：“我与三国攻秦，是俱敝也。”曰：“不然。我约三国而告之，以未构中山也。三国欲伐秦之果也，必听我，欲和我。中山听之，是我以三国挠中山而取地也；中山不听，三国必绝之，是中山孤也。三国不能和我，虽少出兵可也。我分兵而孤烁中山，中山必亡。我已亡中山，而以余兵与三国攻秦，是我一举而两取地于秦、中山也。”

【译文】主父说：“我们和齐、韩、魏三国一起进攻秦国，都会累得疲惫不堪。”司马浅说：“不会这样。我们联络三国，把赵国没有与中山讲和的消息告诉他们。三国决定进攻秦国，他们必定听信赵国的话，想让赵国和中山讲和后再去攻打秦国。中山如果同意与赵国讲和，这样我们就以三国的力量使得中山屈服，让它割地；如果中山不听从，三国必定与中山绝交，这样中山就被孤立了。三国如果不能使我们和中山讲和，那么我们少出兵攻秦也是可以的。我们分兵进攻遭到孤立和削弱的中山，中山一定灭亡。我们灭亡了中山以后，用剩余的兵力与三国一起攻打秦国，这样我们一举就可以获得秦国和中山两处土地。”

赵三·魏因楼缓且合于秦

魏因楼缓且合于秦，赵恐，请效地于魏而听薛公[①]。李欬（kài）[②]谓李兑曰："赵畏横之合也，故欲效地于魏而听薛公。公不如令主父以地资周最，而请相之于魏。周最以天下辱秦者也，今相魏，魏、秦必虚矣；齐、魏虽劲，无秦不能伤赵。魏不听，是轻齐也；秦、魏虽劲，无齐不能得赵。此利于赵而便于周最也。

【注释】①薛公：即田文，当时为魏国相国。②李欬：赵国大臣。

【译文】魏国想通过楼缓与秦国联合，赵国害怕，请求割地给魏国并听从薛公的命令。李欬对赵相李兑说："赵国害怕连横成功，所以请求割地给魏国，从而听从薛公的命令。您不如让主父拿土地去资助周最，请求魏国任命周最担任相国。周最在诸侯中对秦国是很不友好的，如果他做了魏相，魏、秦两国一定会分离；齐、魏两国虽然是强国，可是没有秦国的支持，就不能伤害赵国。魏国如果不同意任命周最为相，这就是看不起齐国；秦、魏两国虽然是强国，没有齐国的支持，也不可能得到赵国。这样做既有利于赵国，又有利于周最。"

赵三·魏使人因平原君请从于赵

魏使人因平原君[①]请从于赵。三言之，赵王[②]不听。出遇虞卿[③]曰："为入必语从。"虞卿入，王曰："今者平原君为魏请从，寡人不听。其于子何如？"虞卿曰："魏过矣。"王曰："然，故寡人不听。”虞卿曰：“王亦过矣。”王曰：“何也？”曰：“凡强弱之举事，强受其利，弱受其害。今魏求从而王不听，是魏求害而王辞利也。臣故曰魏过，王亦过矣。”

【注释】①平原君：即赵胜，赵武灵王之子，战国四公子之一，此时担任赵国的相国。②赵王：赵孝成王。③虞卿：名信，卿是他的官职，战国时期名士。此时是赵国的上卿。

【译文】魏国派人到赵国去，依靠平原君请求与赵国结成合纵联盟。平原君与赵王谈了多次，赵王不听。平原君出来后遇到虞卿说：“您如果进去见到君王一定要谈合纵的事情。”虞卿进去见到赵王，赵王说：“现在平原君为魏国主张合纵，我没有听从，您对于这件事有什么看法？”虞卿说：“魏国错了。”赵王说：“是的，所以我没有听从。”虞卿说：“大王也错了。”赵王说：“为什么？”虞卿说：“凡是强国与弱国一起做事，强国得到的是利益，弱国得到的是危害。现如今魏国主张合纵，而大王不听，其实这是魏国自求祸害，可是大王却是拒绝利益。所以我说，魏国错了，大王也错了。”

赵三·平原君谓冯忌曰

平原君谓冯忌[①]曰：“吾欲北伐上党[②]，出兵攻燕，何如？”冯忌对曰：“不可。夫以秦将武安君公孙起[③]乘七胜之威，而与马服子[④]战于长平之下，大败赵师，因以其余兵围邯郸之城。赵以七败之余，收破军之敝，而秦罢于邯郸之下，赵守而不可拔者，以攻难而守者易也！今赵非有七克之威也，而燕非有长平之祸也，今七败之祸未复，而欲以罢赵攻强燕，是使弱赵为强秦之所以攻，而使强燕为弱赵之所以守。而强秦以休兵承赵之敝。此乃强吴之所以亡，而弱越之所以霸。故臣未见燕之可攻也。”平原君曰：“善哉！”

【注释】①冯忌：平阳君的门客。②上党：古邑名，在今山西省东南部。③公孙起：即白起，战国时期秦国名将。④马服子：即赵括，赵国将领。其父为赵国名将马服君赵奢，这是他承袭了父亲的封号。

【译文】平原君对门客冯忌说：“我想向北进攻上党，出兵攻打燕国，您觉得怎么样？”冯忌回答说：“不可以。当初秦将武安君白起乘七战七胜的威势，和马服子赵括在长平展开大战，把赵国打得大败，又用剩余兵力包围了邯郸城。赵国以七战七败的剩余兵力，招集残兵败将守卫邯郸城，而秦国的攻城军队却在邯郸城下疲惫不堪，无法攻下城池，这是因为防守容易而攻城难啊！现如今赵国没有七战七胜的威势，而燕国也没有长平之战的祸患。现在赵国七战七败的灾难还没有恢复，却想要用疲弱之师去进攻强大的燕国，这就等于弱赵替强秦去进攻燕国，而让强大的燕国固守自己的国家来消耗弱赵的力量，强大的秦国就会休整兵力，乘着赵军疲惫的时候突然来进攻。这就像当年强吴之所以灭亡，而弱小的越国之所以称霸那样。所以我没有看出这是攻打燕国的最佳时机。”平原君说：“说得好！”

赵三·平原君谓平阳君曰

平原君谓平阳君[①]曰："公子牟[②]游于秦，且东，而辞应侯[③]。应侯曰：'公子将行矣，独无以教之乎？'曰：'且微君之命命之也，臣固且有效于君。夫贵不与富期而富至；富不与梁肉期而梁肉至；梁肉不与骄奢期而骄奢至；骄奢不与死亡期而死亡至。累世以前，坐此者多矣。'应侯曰：'公子之所以教之者厚矣。'仆得闻此，不忘于心，愿君之亦勿忘也。"平阳君曰："敬诺。"

【注释】①平阳君：即赵豹。平原君赵胜的兄弟，赵惠文王的弟弟。②公子牟：魏国公子。③应侯：即范雎，秦国相国，著名政治家、军事谋略家，因封地而得名。

【译文】平原君赵胜对平阳君赵豹说："公子牟在秦国游历后，准备向东返回魏国，去向应侯辞行。应侯说：'公子您就要走了，难道没有什么指教的吗？'公子牟说：'就算您不说，我也有话要对您说。如果人尊贵了，不去追求财富，财富自然会到来；富裕之后不会再去追求精美的食物，而精美的食物也自然会到来；已经享用精美的食物而不追求骄奢，而骄奢也会自然到来；生活骄奢而不想死亡，死亡也会自然到来。从前世世代代就这样被毁掉的人太多了。'应侯说：'公子的教导使我受益良多。'我听到这样的话，一定牢记在心，希望您也不要忘记。"平阳君说："遵命。"

赵三·秦攻赵于长平

秦攻赵于长平[①]，大破之，引兵而归。因使人索六城于赵而讲。赵计未定。楼缓新从秦来，赵王[②]与楼缓计之曰："与秦城何如？不与何如？"楼缓辞让曰："此非臣之所能知也。"王曰："虽然，试言公之私。"

【注释】①秦攻赵于长平：即长平之战，公元前260年，秦国与赵国在长平大战。最终，赵国战败。秦国进占长平，坑杀赵军四十多万人。长平，今在山西省晋城高平市西北。②赵王：赵孝成王。

【译文】秦国在长平和赵国进行决战，把赵军打得大败，随即撤兵。于是秦国就派人向赵国索取六座城邑作为讲和条件。赵国还没有拿定主意。楼缓刚从秦国前来，赵王与楼缓商量道："把城邑给秦国好呢？还是不给好呢？"楼缓推辞说："这不是我所能知道的。"赵王说："即便如此，还是请您谈一下个人的见解吧。"

楼缓曰："王亦闻夫公甫文伯[①]母乎？公甫文伯官于鲁，病死，妇人为之自杀于房中者二人。其母闻之，不肯哭也。相室[②]曰：'焉有子死而不哭者乎？'其母曰：'孔子，贤人也，逐于鲁，是人不随。今死而妇人为死者二人，若是者，其于长者薄而于妇人厚。'故从母言之，之为贤母也；从妇言之，必不免为妒妇也。故其言一也，言者异则人心变矣。今臣新从秦来，而言勿与，则非计也；言与之，则恐王以臣之为秦也，故不敢对。使臣得为王计之，不如予之。”王曰：“诺。”

【注释】①公甫文伯：名歜，春秋时期鲁国三桓季悼子之孙，季康子的叔伯兄弟。②相室：古时为卿大夫管理家务的人。

【译文】楼缓说：“大王听说过公甫文伯的母亲吗？公甫文伯在鲁国做官，病死了。妇人为他在房中殉情自杀的有两人。他的母亲听说这件事后，不肯为他哭泣。他家的佣人说：‘哪里有儿子死了而不哭的人呢？’他的母亲说：‘孔子是个贤明的人，曾经被鲁国驱逐在外，这个人却没有跟随孔子一起流亡。现如今他死了，却有两个女人为他自杀。如此看来，说明他对长者情薄，而对女人的情意太深厚了。’这话由他母亲说出来，她就会被看成是一位贤德的母亲；如果这话是从妻子嘴里说出，不免会被人看成是一位爱嫉妒的妇人。因此同样的话，由于说话的人身份不同，那么别人的的看法也就不同了。现如今我刚从秦国来，如果说不割城给秦国，那不是好办法；如果说割城给秦国吧，恐怕大王又会认为我在为秦国说话。所以不敢回答，如果让我为大王谋划此事的话，倒不如把城给秦国。”赵王说：“好”。

虞卿闻之，入见王，王以楼缓言告之。虞卿曰：“此饰说也。”王曰：“何谓也？”虞卿曰：“秦之攻赵也，倦而归乎？王以其力尚能进，爱王而不攻乎？”王曰：“秦之攻我也，不遗余力矣，必以倦而归也。”虞卿曰：“秦以其力攻其所不能取，倦而归。王又以其力之所不能攻以资之，是助秦自攻也。来年秦复攻王，王无以救矣。”

【译文】虞卿听到这件事后，上朝去拜见赵王，赵王把楼缓的话告诉虞卿。虞卿说："这是骗人的话啊。"赵王说："为什么这样说呢？"虞卿说："秦国这次攻打赵国，是他们疲倦了才退兵呢？或者是大王认为他们还有能力进攻，只是因为怜恤大王才不继续进攻呢？"赵王说："秦国攻打我们，可以说是不遗余力了，必然是疲倦了才退兵的。"虞卿说："秦国用它的力量去进攻它所不能得到的地方，因为疲倦才退兵。大王却用他们兵力攻不下来的地方去资助他们，这是帮助秦国攻打我们自己啊。明年秦国再来攻打大王，大王就没有什么办法自救了。"

王又以虞卿之言告楼缓。楼缓曰："虞卿能尽知秦力之所至乎？诚不知秦力之所不至，此弹丸之地，犹不予也，令秦来年复攻王，得无割其内而媾（gòu）[①]乎？"王曰："诚听子割矣，子能必来年秦之不复攻我乎？"楼缓对曰："此非臣之所敢任也。昔者三晋之交于秦，相善也。今秦释韩、魏而独攻王，王之所以事秦必不如韩、魏也。今臣为足下解负亲之攻，启关通币，齐交韩、魏。至来年而王独不取于秦，王之所以事秦者，必在韩、魏之后也。此非臣之所敢任也。"

【注释】①媾：讲和；求和。

【译文】赵王又把虞卿的话转告楼缓。楼缓说："虞卿完全了解秦国的兵力能够打到哪里吗？如果他的确不知道秦军能打到哪里，那么弹丸之地也不愿意给，如果秦国明年再来攻打赵国，大王能够不割让内地的城邑去讲和吗？"赵王说："如果听了您的话割让城邑，您能保证明年秦国不再来攻打我们吗？”楼缓回答说：“这可不是我敢担保的事情。从前韩、魏、赵三国都与秦国交好，互相亲善。现如今秦国放着韩、魏两国不打，偏偏来攻打大王，看来大王在侍奉秦国方面一定不如韩国、魏国了。现如今我可以解除您因背弃秦国而招致的进攻，使得秦、赵两国彼此开放边关，互通使节，让赵国像韩国和魏国一样与秦国亲善。如果到了明年大王还是不能取得秦王的欢心，那么一定是大王侍奉秦国又落在了韩国、魏国的后面。这可不是我所敢担保的事情了。”

王以楼缓之言告。虞卿曰：“楼缓言，不媾，来年秦复攻，王得无更割其内而媾。今媾，楼缓又不能必秦之不复攻也，虽割何益！来年复攻，又割其力之所不能取而媾也，此自尽之术也。不如无媾。秦虽善攻，不能取六城，赵虽不能守，而不至失六城。秦倦而归，兵必罢。我以五城收天下以攻罢秦，是我失之于天下，而取偿于秦也，吾国尚利，孰与坐而割地，自弱以强秦？

【译文】赵王把楼缓的话告诉虞卿。虞卿说：“楼缓说到如果我们不割地与秦国讲和，明年秦国会再来攻打赵国，大王难免不割让国内的土地去讲和。如果现在讲和，楼缓又不能保证秦国不会再来进攻赵国，那么割让土地又有什么好处呢？如果明年秦国再来攻打赵国，又割让秦国兵力所无法夺取的土地去讲和，这是自取灭亡啊，还不如不与秦国讲和。秦国虽然善于进攻，也不能一下就攻占六座城邑，赵国虽然不善于防守，也不会一下丢失六座城邑。这次秦国由于疲乏而退兵，士卒们一定疲惫不堪。如果我们用五座城邑换取其他国家的支援，而去攻打疲惫的秦国，这样，我们虽然失地于其他国家，却可以从秦国得到补偿。这对我们还是比较有利的，怎么可以白白地割让土地，削弱自己反而使秦国强大呢？

“今楼缓曰：‘秦善韩、魏而攻赵者，必王之事秦不如韩、魏也。’是使王岁以六城事秦也，即坐而地尽矣。来年秦复求割地，王将予之乎？不与，则是弃前功而挑秦祸也；与之，则无地而给之。语曰：‘强者善攻，而弱者不能自守。’今坐而听秦，秦兵不敝而多得地，是强秦而弱赵也。以益愈强之秦，而割愈弱之赵，其计固不止矣。且秦虎狼之国也，无礼义之心。其求无已，而王之地有尽。以有尽之地，给无已之求，其势必无赵矣。故曰：此饰说也。王必勿与。”王曰：“诺。”

【译文】“现如今楼缓说：‘秦国之所以不攻打韩、魏两国而攻打赵国，一定是因为大王侍奉秦国不如韩、魏两国那般殷勤。’这是让大王每年都用六座城邑去孝敬秦国，也就是白白地把土地都丢光了。等到明年秦国再要求割让土地，大王还准备给吗？如果不给的话，就会前功尽弃，挑起秦国继续攻打我们的灾祸；如果给它，却没有土地可以割让了。俗话说：‘强大的是因为善于进攻，而弱小的就是因为缺少自卫防守的能力。’如果现在任由秦国摆布，秦军不费吹灰之力就会得到更多的土地，这是使秦国强大而使赵国衰弱啊。以越来越强大的秦国来宰割越来越弱小的赵国，秦国的要求一定是没完没了的。再说秦国是一个如猛虎恶狼一样的国家，根本不讲什么礼仪，它的欲望永远没有止境，而大王的土地是有限的。用有限的土地去满足无止境的贪欲，那结果必然是亡国的下场。所以我认为：楼缓这是在诡辩。大王千万不能割让土地给秦国。"赵王说："好。"

楼缓闻之，入见于王，王又以虞卿言告之。楼缓曰："不然。虞卿得其一，未知其二也。夫秦、赵构难，而天下皆说，何也？曰：'我将因强而乘弱。'今赵兵困于秦，天下之贺战胜者，则必尽在于秦矣。故不若亟割地求和以疑天下，慰秦心。不然天下将因秦之怒，乘赵之敝而瓜分之。赵且亡，何秦之图！王以此断之，勿复计也。"

【译文】楼缓听说以后又入宫觐见赵王，赵王又把虞卿的话告诉了他。楼缓说："事情并不是这样。虞卿只知其一而不知其二。如果秦、赵两国互相结怨而造成祸乱，天下诸侯都会抱着幸灾乐祸的态度，这是为什么呢？他们说：'我将要依靠强大的一方而欺凌弱小的一方'。现如今赵国被秦国所困，天下诸侯祝贺战胜的一方，一定都去了秦国。因此大王不如赶快割地求和，借此扰乱天下诸侯和秦、赵之间的关系，以此来缓和秦国侵略赵国的野心。否则，天下诸侯就会利用秦国的愤怒，乘赵国疲惫的时候将赵国瓜分。赵国将要灭亡了，还奢谈什么图谋秦国？希望大王就此作出决断，不要再作其他考虑了。"

虞卿闻之，又入见王曰："危矣，楼子之为秦也！夫赵兵困于秦，又割地为和，是愈疑天下，而何慰秦心哉！是不亦大示天下弱乎？且臣曰勿予者，非固勿予而已也。秦索六城于王，王以五城赂齐。齐，秦之深雠（chóu）也，得王五城，并力而西击秦，齐之听王，不待辞之毕也。是王失于齐而取偿于秦，一举结三国之亲，而与秦易道也。”赵王曰：“善！”因发虞卿东见齐王，与之谋秦。

【译文】虞卿听到这个消息以后，又再次进宫拜见赵王说：“危险啊，楼缓这是在为秦国办事啊！赵国已经被秦国所困，又去割地求和，这是使天下诸侯更加怀疑赵国的力量，又怎么能安抚秦王的野心呢？这岂不是大肆向天下诸侯暴露赵国的软弱吗？再说我不主张割让土地，并不是这样就算完事了。秦国向大王索取六座城邑，大王可以用五座城邑来贿赂齐国。齐、秦两国有着深仇大恨，齐国得到五座城邑后，就会与我们合力向西一起攻打秦国，齐王不等您把话说完就会听从您的旨意。这就是大王虽然在齐国有损失，却在秦国取得了补偿，一举就可以使我们与韩、魏、齐三国结成友好同盟，到那时我们就与秦国交换了处境。”赵王说：“很好。”于是派虞卿向东去拜见齐王，与齐王一同谋划攻打秦国。

虞卿未反，秦之使者已在赵矣。楼缓闻之，逃去。

【译文】虞卿还没有从齐国回来，秦国派来讲和的使者就已来到了赵国。楼缓听到这个消息，就从赵国逃走了。

赵三·秦攻赵

秦攻赵，平原君使人请救于魏。信陵君发兵至邯郸城下，秦兵罢。虞卿为平原君请益地，谓赵王[1]曰："夫不斗一卒，不顿一戟，而解二国患者，平原君之力也。用人之力，而忘人之功，不可。"赵王曰："善。"将益之地。公孙龙[2]闻之，见平原君曰："君无覆军杀将之功，而封以东武城[3]。赵国豪杰之士，多在君之右，而君为相国者，以亲故。夫君封以东武城不让无功，佩赵国相印不辞无能，一解国患，欲求益地，是亲戚受封，而国人计功也。为君计者，不如勿受便。"平原君曰："谨受令。"乃不受封。

【注释】①赵王：赵孝成王。②公孙龙：赵国人，名家学派的代表人物。③东武城：赵邑，位于今河北省清河县东北。

【译文】秦国进攻赵国，平原君派人去魏国请求援救。信陵君派兵到邯郸城下，秦国这才罢兵。虞卿请求为平原君增加封地，对赵王说："您不费一兵一卒，不损一件武器，就解除了两个国家的祸患，这是平原君的功劳啊。得了人家的帮助，却忘了人家的功劳，这是不行的。"赵王说；"好。"于是准备给平原君增加封地。公孙龙听说了这件事，去拜见平原君说："您当初没有立下败军杀将的功劳，而赵王却把东武城封给了您。赵国有才能的英雄豪杰能力大多在您之上，然而您却因为是赵王亲属的原因得到东武城的封地。您接受东武城的封地，没有因无功而谦让；让您佩戴赵国相印，也没有因为无能而推辞；一旦为国家消除祸患之后，您就想追加封地，当初因为亲戚的身份受封，现在又以普通人的身份计功受赏。我为您考虑，不如不接受封地比较合适。”平原君说：“谨遵您的教诲。”于是就没有接受封赏。

赵三·秦、赵战于长平

秦、赵战于长平，赵不胜，亡一都尉[①]。赵王召楼昌与虞卿曰：“军战不胜，尉复死，寡人使卷甲而趍[②]之，何如？”楼昌曰：“无益也，不如发重使而为媾。”虞卿曰：“夫言媾者，以为不媾者军必破，而制媾者在秦。且王之论秦也，欲破王之军乎？其不邪？”王曰：“秦不遗余力矣，必且破赵军。”虞卿曰：“王聊听臣，发使出重宝以附楚、魏。楚、魏欲得王之重宝，必入吾使。赵使入楚、魏，秦必疑天下合从也，且必恐，如此，则媾乃可为也。”

【注释】①都尉：官名，次于将军的军官。②趍：同“趋”。

【译文】秦、赵两国在长平交战，赵国无法取得胜利，死了一名都尉。赵王召见楼昌和虞卿，说：“现在军队没有打胜，又战死了一个都尉，我想派全部铠甲袭击秦军，你们认为怎么样？”楼昌说：“这没有什么用，不如派人去和秦国讲和。”虞卿说：“那些主张讲和的人，一定认为不讲和的话赵国军队必败。可是掌握讲和主动权的是秦国。大王认为秦国是想打败赵国的军队？还是不想打败呢？”赵王说：“秦国不遗余力，一定想打败赵国的军队。”虞卿说：“大王姑且听从我的建议，派使者带上贵重的珍宝去贿赂楚、魏两国。楚、魏两国想要得到大王的珍宝，定会让我们的使者进入他们的国家。赵国使者进入楚国、魏国，秦国必定会怀疑天下诸侯在合纵抗秦，一定会恐惧。只有这样，和谈才可以成功。”

赵王不听，与平阳君为媾，发郑朱入秦，秦内[1]之。赵王召虞卿曰：“寡人使平阳君媾秦，秦已内郑朱矣，子以为奚如？”虞卿曰：“王必不得媾，军必破矣，天下之贺战胜者皆在秦矣。郑朱，赵之贵人也，而入于秦，秦王[2]与应侯必显重以示天下。楚、魏以赵为媾，必不救王。秦知天下不救王，则媾不可得成也。”赵卒不得媾，军果大败。王入秦，秦留赵王而后许之媾。

【注释】①内：同“纳”，收入；接受。②秦王：秦昭王。

【译文】赵王没有听从虞卿的建议，派平阳君主持和议，派郑朱到秦国，秦国接纳了郑朱。赵王召见虞卿说：“我派平阳君与秦国讲和，秦国已经接纳郑朱了，您认为结果会怎么样？”虞卿说：“大王与秦国的讲和一定不会成功，赵国的军队定会被打败，天下诸侯全都会来祝贺秦国。郑朱，是赵国的贵人，现在进入秦国去讲和，秦王和应侯一定会隆重接待，以此给天下诸侯看。楚国、魏国认为赵国已与秦国讲和，一定不会派兵援救赵国。秦国知道天下诸侯不敢援救赵国，那么讲和是不会成功的。”赵国最终没能与秦国讲和，赵军果然大败。赵王到了秦国，秦国扣留赵王后才同意讲和。

赵三·秦围赵之邯郸

秦围赵之邯郸。魏安釐（xī）王使将军晋鄙救赵[①]，畏秦，止于荡阴[②]不进。魏王使客将军辛垣衍[③]间入邯郸，因平原君谓赵王曰："秦所以急围赵者，前与齐湣王争强为帝，已而复归帝，以齐故。今齐已益弱，方今唯秦雄天下，此非必贪邯郸，其意欲求为帝。赵诚发使尊秦昭王为帝，秦必喜，罢兵去。"平原君犹豫未有所决。

【注释】①魏安釐王：名圉（yǔ），魏昭王之子，魏国第六任国君，公元前276—前243年在位。晋鄙：魏国大将。②荡阴：魏邑，位于今河南汤阴县。③辛垣衍：魏国将军。

【译文】秦国围困了赵国的都城邯郸。魏安釐王派将军晋鄙领兵援救赵国，由于畏惧秦军，所以魏军驻扎在赵、魏两国相互接壤的荡阴，不敢继续前进。魏王又派客将军辛垣衍秘密潜入邯郸城，通过平原君对赵王说："秦国之所以紧紧围攻邯郸，是因为秦之前与齐王互相争强称帝，可是后来不久就把帝号取消了。就是因为齐国最先取消帝号的缘故。现如今，齐国越来越衰弱，天下只有秦国最强大，可见，秦国并不是贪图邯郸之地，它真正的目的是想再次称帝。所以只要赵国能派遣使者，尊奉秦昭王为帝，秦国肯定会高兴，这样秦兵就会撤离邯郸。"平原君对此犹豫不决。

此时鲁仲连适游赵，会秦围赵。闻魏将欲令赵尊秦为帝，乃见平原君曰："事将奈何矣？"平原君曰："胜[1]也何敢言事！百万之众折于外，今又内围邯郸而不能去。魏王使将军辛垣衍令赵帝秦。今其人在是，胜也何敢言事！"鲁连曰："始吾以君为天下之贤公子也，吾乃今然后知君非天下之贤公子也。梁客辛垣衍安在？吾请为君责而归之。"

【注释】①胜：平原君自称其名。

【译文】这时，鲁仲连恰巧到赵国游历，正赶上秦军围攻邯郸，他听说魏国想让赵国尊奉秦王为帝，就去见平原君说："事情现在怎么样了？"平原君回答说："我还能说什么呢！赵国的百万大军在外受损，秦军现在又深入赵国，围困邯郸，没有什么办法可以让他们退兵。魏王派客将军辛垣衍叫赵国尊秦为帝，现在辛垣衍将军就在邯郸，我还能说什么呢！"鲁仲连说："之前我一直以为您是天下最圣明的贤公子，现如今才发现您并不是这样的人。魏国那位叫辛垣衍的客人在哪里？我愿意为您去责备他，让他回到魏国去。"

平原君曰："胜请召而见之于先生。"平原君遂见辛垣衍曰："东国有鲁连先生，其人在此，胜请为绍介而见之于将军。"辛垣衍曰："吾闻鲁连先生，齐国之高士也。衍，人臣也，使事有职。吾不愿见鲁连先生也。"平原君曰："胜已泄之矣。"辛垣衍许诺。

【译文】平原君说："那我请他来跟先生您见见面吧！"平原君于是就去见辛垣衍，说："齐国有位叫鲁仲连的先生，他现在就在这里，我把他介绍给将军，让他来跟您见见面。”辛垣衍说：“我早就听说过鲁仲连先生，他是齐国的清高人物。而我辛垣衍，只是魏王的使臣，此次出使是职责在身，我不愿与鲁仲连先生见面。”平原君说：“可是我已经把您在这里的消息告诉他了。”辛垣衍不得已，只好答应了。

鲁连见辛垣衍而无言。辛垣衍曰：“吾视居此围城之中者，皆有求于平原君者也。今吾视先生之玉貌，非有求于平原君者，曷为久居此围城之中而不去也？”鲁连曰：“世以鲍焦[①]无从容而死者，皆非也。今众人不知，则为一身。彼秦者，弃礼义而上首功[②]之国也。权使其士，虏使其民。彼则肆然而为帝，过而遂正于天下，则连有赴东海而死矣。吾不忍为之民也！所为见将军者，欲以助赵也。”辛垣衍曰：“先生助之奈何？”鲁连曰：“吾将使梁及燕助之，齐、楚则固助之矣。”辛垣衍曰：“燕则吾请以从矣；若乃梁，则吾乃梁人也，先生恶能使梁助之耶？”

【注释】①鲍焦：周朝隐士，因不满时政，遁入山林，抱树而死。②首功：以斩获敌首计功。

【译文】鲁仲连见到辛垣衍后一言不发。辛垣衍说：“据我观察，留在这围城中的人，都是有求于平原君的。现如今我看到先生的仪容相貌，不像是有求于平原君的人，为什么久留在这个围城之中不走呢？”鲁仲连说：“世人都认为鲍焦是因为心胸不够宽广而绝食自杀，事实上完全不是这样。由于人们不了解他的内心，才会误认为他是为了自身利益而死。那秦国是一个不讲仁义礼制而崇尚杀人的国家，以权术驾驭士人，像对待奴隶一样役使百姓。如果让秦国肆无忌惮地称帝，甚至再进一步对天下发号施令，那我鲁仲连只好跳东海而死了，我是坚决不肯做它的臣民的！我之所以要见将军，只是想帮助赵国。”辛垣衍问：“先生您想怎样帮助赵国呢？”鲁仲连说：“我准备让魏国和燕国发兵援救赵国，因为齐国、楚国本来已经援救赵国了。”辛垣衍说：“燕国么，我倒是可以相信先生说的；至于魏国，我就是魏国人啊，先生怎么能让魏国来援救赵国呢？”

鲁连曰：“梁未睹秦称帝之害故也，使梁睹秦称帝之害，则必助赵矣。”辛垣衍曰：“秦称帝之害将奈何？”鲁仲连曰：“昔齐威王①尝为仁义矣，率天下诸侯而朝周。周贫且微，诸侯莫朝，而齐独朝之。居岁余，周烈王②崩，诸侯皆吊，齐后往。周怒，赴于齐曰：‘天崩地坼，天子下席。东藩之臣田婴齐后至，则斫③之！’威王勃然怒曰：‘叱嗟！而母婢也。’卒为天下笑。故生则朝周，死则叱之，诚不忍其求也。彼天子固然，其无足怪。”

【注释】①齐威王：田氏，名婴齐，战国时期齐国第四代国君，公元前356—前320年在位。②周烈王：姬姓，名喜，周安王之子。③斫：用刀斧等砍、劈。

【译文】鲁仲连回答：“那是因为魏国还没有看到秦国称帝的危害。如果魏国看到秦国称帝的坏处，那么它一定会救助赵国的！”辛垣衍又问道：“秦国称帝的危害到底在哪里呢？”鲁仲连说：“当初齐威王曾施行仁义之政，率领天下诸侯去朝见周天子。当时的周王室既贫穷又衰弱，诸侯们都没有去朝见，只有齐国去了。过了一年多时间，周烈王死了，各诸侯都去吊丧，齐威王去得晚了。周室大臣都很生气，在给齐国的讣告里说：‘天崩地裂，新天子守丧都要离开宫室，而东部藩国之臣田婴齐竟敢迟到，按理应该斩首。’齐威王勃然大怒，骂道：‘呸！你妈也不过是个奴婢。’结果这件事成了天下的笑柄。周天子活着的时候齐威王去朝见他，死后又辱骂他，是因为实在忍受不了周室过分的苛求啊！然而做天子的，本来就是这样，没有什么可大惊小怪的。”

辛垣衍曰：“先生独未见夫仆乎？十人而从一人者，宁力不胜、智不若耶？畏之也。”鲁仲连曰：“然梁之比于秦若仆耶？”辛垣衍曰：“然。”鲁仲连曰：“然吾将使秦王烹醢[1]梁王。”辛垣衍怏然不悦曰：“嘻，亦太甚矣，先生之言也！先生又恶能使秦王烹醢梁王？”鲁仲连曰：“固也，待吾言之。昔者，鬼侯、鄂侯、文王，纣之三公也[2]。鬼侯有子而好[3]，故入之于纣，纣以为恶，醢鬼侯。鄂侯争之急，辨之疾，故脯（fǔ）[4]鄂侯。文王闻之，喟然而叹，故拘之于牖（yǒu）里[5]之库百日，而欲舍之死。曷为与人俱称帝王，卒就脯醢之地也？

【注释】①醢：古代的一种酷刑，把人杀死后剁成肉酱。②鬼侯：殷诸侯名。鄂侯：商纣王大臣。文王：即周文王姬昌。③子：女儿。好：形容貌美。④脯：肉干。此处用作动词，把……做成肉干。⑤牖里：古地名，在今河南汤阴北，又称羑里。

【译文】辛垣衍说：“先生您没有见过那些奴仆吗？十个仆人受一个主人的役使，难道是因为他们的力量和智慧都比不过主人吗？当然不是，只是因为他们畏惧主人！”鲁仲连问：“这样说来，魏国对秦国就像是仆人对主人一样吗？”辛垣衍回答：“正是这样啊。”鲁仲连问：“既然这样，我去让秦王把魏王烹煮成肉酱。”辛垣衍很不高兴地说：“唉，先生的话也太过分了！您又怎能让秦王把魏王煮成肉酱呢？”鲁仲连说：“当然可以啦，您听我说。从前，鬼侯、鄂侯、文王三个人是商纣王的三公。鬼侯有个女儿很漂亮，所以就把她送给了纣王，纣王仍嫌弃她长得丑，就把鬼侯剁成了肉酱。鄂侯急忙为鬼侯争辩，因为语言有些激烈，所以就被纣王杀死制成了肉干。文王听说这件事后，不由得喟然长叹，就被纣王抓起来投入牖里的监牢里，关了上百天，还想把他杀了。为什么有些人与别人同样称王，却甘心处在任人宰割的地位呢？”

“齐闵王将之鲁[①]，夷维子[②]执策而从，谓鲁人曰：‘子将何以待吾君？’鲁人曰：‘吾将以十太牢待子之君。’夷维子曰：‘子安取礼而来待吾君？彼吾君者，天子也。天子巡狩，诸侯辟舍，纳筦（guǎn）键[③]，摄衽抱几，视膳于堂下。天子已食，乃退而听朝也。’鲁人投其籥（yuè）[④]，不果纳，不得入于鲁。将之薛，假涂于邹。当是时，邹君死，闵王欲入吊。夷维子谓邹之孤曰：‘天子吊，主人必将倍殡柩，设北面于南方，然后天子南面吊也。’邹之群臣曰：‘必若此，吾将伏剑而死。’故不敢入于邹。

【注释】①鲁：国名，在今山东南部一带。②夷维子：人名，此人以邑为姓。夷维：齐邑，在今山东高密。③筦键：钥匙和锁。键：指锁簧。④籥：通“钥”，锁钥。

【译文】“齐闵王准备到鲁国去，夷维子拿着马鞭驾车随行。他先去对鲁国人说：‘您打算用什么样的礼节来接待我们的国君呢？’鲁国人回答：‘我们准备用牛、羊、猪各十头的礼节来款待贵国国君。’夷维子说：‘你们这样对待我们的国君是哪儿的礼节啊？我们的国君，是天子啊。天子巡视四方，诸侯要让出自己的宫室，交出钥匙，还要提起衣襟恭敬地立在几案旁，侍候天子用膳。等天子吃完饭，诸侯才能告退去处理政务。’鲁国人听了这番话，立刻把城门上了锁，没有接纳齐闵王等人进入鲁国。齐闵王不能进入鲁国，只好到薛城去，途经邹国。恰巧在当时，邹国国君刚刚去世，齐闵王想入城吊丧，夷维子就对邹国的新国君说：‘天子来吊丧，主人一定要把灵柩移到相反的方向，使灵柩朝向北面，以便让天子面向南祭吊。’邹国的大臣们一致反对，说：‘如果非要这样做的话，我们就拔剑自杀了。’所以齐闵王又没敢进入邹国。

“邹、鲁之臣，生则不得事养，死则不得饭含。然且欲行天子之礼于邹、鲁之臣，不果纳。今秦万乘之国，梁亦万乘之国。俱据万乘之国，交有称王之名，睹其一战而胜，欲从而帝之，是使三晋之大臣不如邹、鲁之仆妾也。

【译文】鲁国和邹国两个小国的臣子，在国君活着的时候不能侍奉供养，死后又不能举行把米和玉放入口中的殡礼，然而当齐闵王想要把对待天子的礼节强加给邹、鲁两国的臣子时，他们都不能接受。现如今秦国是拥有万辆战车的大国，魏国也是拥有万辆战车的大国。它们均为万乘之国，都有称王的名分，只是看见秦国打了一次胜仗，就要尊秦为帝，这样看来，三晋的大臣连鲁国和邹国这两个小国的臣子都不如。

“且秦无已而帝，则且变易诸侯之大臣。彼将夺其所谓不肖，而予其所谓贤；夺其所憎，而与其所爱。彼又将使其子女谗妾为诸侯妃姬，处梁之宫，梁王安得晏然而已乎？而将军又何以得故宠乎？”于是，辛垣衍起，再拜，谢曰：“始以先生为庸人，吾乃今日而知先王为天下之士也。吾请去，不敢复言帝秦。”

【译文】“再说秦国的野心是没有止境的，一旦称帝，就会对诸侯的大臣进行调整。他们将撤换他们认为不好的人，而提拔他们认为有才能的人；撤换他们所憎恶的人，任用他们所亲近的人。他们还会把秦国的女子和那些说坏话的女人嫁给诸侯们做姬妾，住进魏王的王宫，魏王还能安然度日吗？而将军又怎么能像原来那样受宠呢？”于是，辛垣衍站起来，向鲁仲连拜了两拜，道歉说：“起初我还以为先生是个平庸的人，如今我才知道先生是天下少有的贤能之人啊！请让我离开这里，今后我再也不敢说尊奉秦国为帝的事了。”

秦将闻之，为却军五十里。适会魏公子无忌夺晋鄙军以救赵击秦，秦军引而去。于是平原君欲封鲁仲连。鲁仲连辞让者三，终不肯受。平原君乃置酒，酒酣，起前以千金为鲁连寿。鲁连笑曰："所贵于天下之士者，为人排患、释难、解纷乱而无所取也。即有所取者，是商贾之人也，仲连不忍为也。"遂辞平原君而去，终身不复见。

【译文】秦军将领听说这件事后，为此撤退了五十里。恰巧正赶上魏国的公子无忌夺取了晋鄙的兵权来援救赵国，抗击秦军，秦军就撤退回去了。于是，平原君想封赏鲁仲连。鲁仲连再三辞让，坚决不肯接受。平原君就设宴款待他。酒喝得正畅快时，平原君起身向前，献上千金向鲁仲连祝福。鲁仲连笑着说："我之所以受到天下贤士的尊重，就是为人排忧解难而不收取任何报酬。如果收取报酬，那就和商人没有什么区别了。我不忍心这样做啊。"于是辞别平原君而去，从此以后再也没有相见。

赵三·说张相国曰

说张相国曰："君安能少赵人而令赵人多君？君安能憎赵人而令赵人爱君乎？夫胶漆至靭[①]也，而不能合远；鸿毛至轻也，而不能自举，夫飘于清风，则横行四海。故事有简而功成者，因也。今赵万乘之强国也，前漳、滏[②]，右常山，左河间，北有代，带甲百万，尝抑强齐四十余年，而秦不能得所欲。由是观之，赵之于天下也不轻。今君易万乘之强赵，而慕思不可得之小梁，臣窃为君不取也。"君曰："善。"自是之后，众人广坐之中，未尝不言赵人之长者也，未尝不言赵俗之善者也。

【注释】①昵：通“黏”，粘。②漳、滏：二者皆是水名，滏：即滏阳河。发源于河北磁县，向东南注入漳水。

【译文】有人劝说赵国的张相国说：“您怎么能轻视赵国人却要求他们尊重您呢？您怎么能讨厌赵国人却要求他们喜爱您呢？胶和漆是最粘的东西，但却不能把两个相距很远的东西粘合在一起；鸿毛是最轻的东西，可是也不能自己飞起来。只有借助清风才能飘浮于四海。所以，即使是一件很简单的事，要能成功，总是需要借助外力。现今赵国是拥有万辆兵车的强国，它前面有漳、滏二水，右面有常山，左面有河间，北面有代郡，甲兵百万，曾经遏制强大的齐国四十多年，使秦国也不能为所欲为。由此看来，赵国在天下诸侯中并不是一个无足轻重的国家。现如今，您轻视拥有万辆兵车的强大赵国，而羡慕不可预料的弱小魏国，我私下认为您的做法不可取。”张相国说：“好。”从此以后，他在大庭广众之下总要谈论赵国人的长处，总是称赞赵国人美好的风俗。

赵三·郑同北见赵王

郑同[①]北见赵王。赵王曰：“子南方之博士也，何以教之？”郑同曰：“臣南方草鄙之人也，何足问？虽然，王致之于前，安敢不对乎？臣少之时，亲尝教以兵。”赵王曰：“寡人不好兵。”郑同因抚手仰天而笑之曰：“兵固天下之狙喜也，臣故意大王不好也。臣亦尝以兵说魏昭王[②]，昭王亦曰：‘寡人不喜。’臣曰：‘王之行能如许由乎？许由无天下之累，故不受也。今王既受先王之传，欲宗庙之安、壤地不削、社稷之血食乎？’王曰：‘然。’

【注释】①郑同：人名。善于游说之人。②魏昭王：姬姓，魏氏，名遬。魏襄王之子。东周魏国第五代国君。公元前294—前277年在位。

【译文】楚国人郑同北上拜见赵王。赵王说："您是南方有学问的人，来这里有何见教？"郑同回答说："我是南方鄙陋无知的人，哪有什么值得您请教的？尽管如此，大王您既然已经问了，我又怎么敢不回答呢？我年轻的时候，父亲曾教我用兵。"赵王说："我不喜欢用兵。"郑同听了这话拍手仰天大笑，说："用兵本来就是天下的大害，我原本就猜想大王您不会喜欢。我也曾用兵法劝说过魏昭王，昭王也说：'我不喜欢。'我就说：'大王的行为能比得上许由吗？许由心中并没有被世俗的名利牵累，所以当尧让位给他时，他不接受。可是现在大王已经继承了先王的王位，您想让宗庙平安、国土不被侵占、国家永远存在吗？'魏昭王说：'那是当然的。'

"今有人操随侯之珠[①]，持百丘之环[②]，万金之财，特宿于野，内无孟贲之威、荆庆之断[③]，外无弓弩之御，不出宿夕，人必危之矣。今有强贪之国，临王之境，索王之地，告以理则不可，说以义则不听。王非战国守圉之具，其将何以当之？王若无兵，邻国得志矣。"赵王曰："寡人请奉教。"

【注释】①随侯之珠：即隋侯珠。春秋战国时期隋国的宝物。②百丘之环：价值连城的玉环。③孟贲：战国时期秦国人，著名的武士。荆庆：古代勇士。

【译文】"现在如果有人带着随侯之珠，持着贵重的百丘之环，揣着万金之财，独自在野外住宿，既没有孟贲那样的威力、荆庆那样的果敢，身边又没有强弓利箭来防卫，那么不过一夜他必然会面临危险。现在有强大贪婪的国家，进逼大王的边境，向大王索取国土，给它讲道理，行不通，和它论道义，它也不会听从。大王您如果没有卫国防御敌人的武器装备，又如何去抵挡它呢？大王您如果没有防御敌人的强兵，那么邻国就会为所欲为。"赵王说："我敬受您的指教。"

赵三·建信君贵于赵

建信君①贵于赵。公子魏牟②过赵，赵王③迎之，顾反至坐，前有尺帛，且令工以为冠。工见客来也，因辟。赵王曰："公子乃驱后车，幸以临寡人，愿闻所以为天下。"魏牟曰："王能重王之国若此尺帛，则王之国大治矣。"

【注释】①建信君：赵国封君。②公子魏牟：战国时期魏国公子，著名思想家。③赵王：赵孝成王。

【译文】建信君在赵国的地位很尊贵。魏国公子魏牟经过赵国，赵王去迎接他，回宫以后，坐到自己的位置上，看到座前摆着一小块绸子，正让工匠为他做帽子。工匠看见客人到来，就回避了。赵王说："幸蒙公子驱车驾临敝国，希望能听您谈谈治理国家的道理。"魏牟说，"大王如果能像重视这块小小的绸子一样重视治国，那么您的国家就会治理得很好了。"

赵王不说，形于颜色。曰："先王不知寡人不肖，使奉社稷，岂敢轻国若此！”魏牟曰：“王无怒，请为王说之。”曰：“王有此尺帛，何不令前郎中以为冠？”王曰：“郎中不知为冠。”魏牟曰：“为冠而败之，奚亏于王之国？而王必待工而后乃使之。今为天下之工，或非也，社稷为虚戾，先王不血食，而王不以予工，乃与幼艾。且王之先帝驾犀首而骖马服[①]，以与秦角逐，秦当时适其锋。今王憧憧[②]，乃辇建信以与强秦角逐，臣恐秦折王之轫[③]也！”

【注释】①马服：即赵奢。②憧憧：往来不绝。③折王之轫：这里比喻秦将败赵。轫：指车厢两旁可以倚靠的木板。

【译文】赵王听了很不高兴，脸色难看，他说：“先王不知道我的无能，让我继承王位，我怎么敢如此轻率地对待国家大事！”魏牟说：“大王不要发怒，请让我为您说明。”他说：“大王有这么一块小小的绸子，为什么不让您的侍从为您做成帽子呢？”赵王说：“我的侍从不会做帽子。”魏牟说：“如果让侍从来为您做帽子，做坏了对您的国家会有什么损害呢？可是大王一定要等工匠来。现如今您对待治理天下的工匠却不是这样，这样下去，国家将会变成废墟，先王再也得不到祭祀，然而大王却不把国家大事交给真正适合的人，竟然交给年轻漂亮的近臣。再说大王的先祖，拥有犀首、马服这样善于谋略，勇于战斗的大臣，足以与秦国相较量，秦国当时也要躲避赵国的锋芒。现在大王与建信君来往不绝，同车而坐，想要与秦国争霸，我担心秦国会毁掉您的国家啊！”

赵三·卫灵公近雍疸、弥子瑕

卫灵公近雍疸、弥子瑕[①]。二人者，专君之势以蔽左右。侏儒谓君曰："昔日臣梦见君。"君曰："子何梦？"曰："梦见灶。"君忿然作色曰："吾闻梦见人君者，梦见日。今子曰梦见灶而言君也，有说则可，无说则死。"对曰："日，并烛天下者也，一物不能蔽也。若灶则不然，前之人炀，则后之人无从见也。今臣疑人之有炀（yàng）[②]于君者也，是以梦见灶。"君曰："善。"于是因废雍疸、弥子瑕而立司空狗[③]。

【注释】①卫灵公：姬姓，名元。春秋时期卫国第二十八代国君，公元前534—前493年在位。雍疸、弥子瑕：二者皆是卫灵公的宠臣。②炀：向火（取暖）；烤火。③司空狗：即史狗，在卫国担任司空之职。

【译文】卫灵公宠幸雍疸和弥子瑕。这两个人就挟持了君权，蒙蔽左右的人。有个侏儒对卫灵公说"前些日子我做了一个梦，现在果然见到了君王。"卫灵公说："您梦见了什么？"侏儒回答说："梦见了灶。"卫灵公听后怒形于色说："我听说梦见了国君，就会梦见太阳。如今您说梦见灶，就见到国君，如果有道理可说那就算了，如果没有道理可说就判你死刑。"侏儒说："太阳，是普照天下的，任何东西都不能遮蔽它。而灶就不是这样，前面的人在灶前烤火，那么后面的人就烤不到火了。如今我怀疑，有人蒙蔽了君王，所以我梦见了灶。"卫灵公说："好。"于是就废黜了雍疸、弥子瑕而任用了司空狗。

赵三·或谓建信

或谓建信："君之所以事王者色也。葺[1]之所以事王者知也。色老而衰，知老而多。以日多之知，而逐衰恶之色，君必困矣。"建信君曰："奈何？"曰："并骥而走者，五里而罢；乘骥而御之，不倦而取道多。君令葺乘独断之车，御独断之势，以居邯郸；令之内治国事，外刺诸侯，则葺之事有不言者矣。君因言王而重责之，葺之轴今折矣。"建信君再拜受命，入言于王。厚任葺以事能重责之，未期年而葺亡走矣。

【注释】①葺：赵国大臣。

【译文】有人对建信君说："您之所以能事奉大王，是因为您容貌漂亮。葺之所以能事奉大王，是因为他有智谋。人的年纪大了，美色就要衰减，智谋却会增多。用与日俱增的智谋和日渐衰退的容貌去竞争，您一定会处于困境而走投无路。"建信君说："那该怎么办呢？"那人说："如果与千里马一同赛跑，跑五里之后就会疲惫不堪；乘坐千里马拉的车子，既不会疲倦，又会跑很远。您让葺呆在国都邯郸独立工作，对内处理国事，对外与各国诸侯周旋。那么，全部重担就会落在他身上。您就对君王说予以葺重任，葺一定会垮台的。"建信君听后再次拜谢，接受教导，入宫向赵王进言，赵王派给葺繁重的任务并严格要求他。没到一年，葺就逃走了。

赵三·苦成常谓建信君曰

苦成常[1]谓建信君曰："天下合从，而独以赵恶秦，何也？魏杀吕辽[2]而天下交之，今收河间[3]，是与杀吕辽何以异？君唯释虚伪疾，文信犹且知之也。从而有功乎，何患不得收河间？从而无功乎，收河间何益也？"

【注释】①苦成常：赵国大臣。②吕辽：秦国大臣。③河间：漳水与黄河之间的地区。

【译文】苦成常对建信君说："天下各诸侯国都参与合纵联盟一起对抗秦国，可是为什么秦国偏偏最憎恨赵国呢？魏国杀了秦臣吕辽，诸侯却与魏国很亲近，现今赵国要收复河间，这与魏国从前杀了吕辽有什么不同呢？您虽然不顾及秦国与赵国的矛盾，假托有病，可是文信侯吕不韦还是会知道赵国的态度。如果合纵能够成功的话，还怕不能收复河间吗？如果合纵不成功的话，收复河间又有什么用呢？"

赵三·希写见建信君

希写[1]见建信君。建信君曰："文信侯之于仆[2]也，甚无礼。秦使人来仕，仆官之丞相，爵五大夫[3]。文信侯之于仆也，甚矣其无礼也！"希写曰："臣以为今世用事者不如商贾。"建信君悖然曰："足下卑用事者而高商贾乎？"曰："不然。夫良商不与人争买卖之贾而谨司时[4]。时贱而买，虽贵已贱矣；时贵而卖，虽贱已贵矣。昔者文王之拘于牖里，而武王羁于玉门[5]，卒断纣之头而悬于太白[6]者，是武王之功也。今君不能与文信侯相伉以权，而责文信侯少礼，臣窃为君不取也。”

【注释】①希写：赵国人。②仆：古时男子对自己的谦称。③五大夫：授赏有功者的爵位。战国时楚魏始设，秦汉因之，为二十等爵的第九级。④贾：同“价”，价格；价钱。司：通“伺”。侦察，观察。⑤玉门：成皋的北门。⑥太白：旗名。

【译文】希写拜见建信君。建信君对他说：“秦相文信侯对我太没礼貌了。秦国派人来赵国做官，我让他做丞相的下属，赐给他五大夫的爵位。可是文信侯对我太无礼了！”希写说：“我认为现如今执政的人都不如商人。”建信君怒气冲冲地说：“您是要故意贬低执政者而抬高商人吗？”希写说：“并不是这样的。高明的商人不去与别人争论价格，而是谨慎地观察时机。当物价低的时候买进来，即使出高一点的价钱，这也是很便宜的；当物价高的时候就卖出，即使卖的价格低一些，也是有很大利润的。从前周文王被囚禁在牖里，而周武王被拘禁在玉门，最终砍下殷纣王的头悬挂在太白旗上，这是周武王的功劳。如今您无力跟文信侯以权对抗，却又责备文信侯做事缺少礼仪，我私下认为您的想法是不可取的。”

赵三·魏魁谓建信君曰

魏魁谓建信君曰：“人有置系蹄[1]者而得虎。虎怒，决蹯[2]而去。虎之情，非不爱其蹯也，然而不以环寸之蹯害七尺之躯者，权也。今有国，非直七尺躯也，而君之身于王，非环寸之蹯也。愿公之熟图之也。”

【注释】①系蹄：一种可以用绳套住兽足的捕兽工具。②蹯：野兽的足掌。

【译文】魏魁对建信君说：“有人设置了一个捕捉野兽的绳套，可是却捉住了老虎。老虎大怒，奋力挣扎，挣断了自己的虎爪逃跑了。实际上并不是老虎不爱惜自己的虎爪，然而它不能因为爱惜这小小的虎爪，就伤害了自己的性命，这就需要衡量事情的利害、轻重。如今赵王拥有一个国家，这就不只是七尺大小的身躯，而您的身体对于君王来说，还不如小小的虎爪。希望您认真考虑这些事！”

赵三·秦攻赵

秦攻赵，鼓铎之音闻于北堂[①]。希卑曰：“夫秦之攻赵，不宜急于如此。此召兵也。必有大臣欲衡[②]者耳。王欲知其人，旦日赞群臣而访之，先言横者，则其人也。”建信君果先言横。

【注释】①铎：大铃，形如铙、钲而有舌，古代宣布政教法令用的，亦为古代乐器。北堂：古代居室东房的后部。②衡：同“横”。

【译文】秦国进攻赵国，摇动大铃报警的声音在城内的屋里都能听到。希卑说：“秦国攻打赵国不应该如此紧急。摇动大铃报警的声音恐怕是内奸以此为信号。可见一定有大臣想要与秦国连横。君王想要知道那个人是谁，明天可以召集大臣们探查一下，那个最先主张连横的人就是内奸。”建信君果然最先主张连横。

赵三·齐人李伯见孝成王

齐人李伯见孝成王，成王说之，以为代郡[1]守。而居无几何，人告之反。孝成王方馈，不堕食。无几何，告者复至，孝成王不应。已，乃使使者言：“齐举兵击燕，恐其以击燕为名，而以兵袭赵，故发兵自备。今燕、齐已合，臣请要其敝，而地可多割。”自是之后，为孝成王从事于外者，无自疑于中者。

【注释】①代郡：位于今河北蔚县西南。

【译文】齐国人李伯拜见赵孝成王，赵孝成王很喜欢他，任命他为代郡太守。李伯就任太守不长时间，有人向孝成王报告他谋反。当时孝成王正在吃饭，听到消息后，无动于衷继续吃。没多久，那人又来到孝成王面前报告，孝成王不予理会。随后，李伯派使者报告孝成王，说：“齐国派兵攻打燕国，我担心他们以攻燕为名偷袭赵国，所以派兵做好自卫。现今燕、齐两国已经交战，我请求乘两国疲惫之机进行袭击，这就可以得到更多的割地。”从此之后，为孝成王在外办事的人，心中都不怀疑孝成王对自己的信任。

扫码听谦德
君为您导读

卷二十一　赵策四

赵四·为齐献书赵王曰

为齐献书赵王曰："臣一见而能令王坐而天下致名宝，而臣窃怪王之不试见臣而穷臣也。群臣必多以臣为不能者，故王重见臣也。以臣为不能者非他，欲用王之兵成其私者也；非然，则交有所偏者也；非然，则知不足者也；非然，则欲以天下之重恐王，而取行于王者也。

【译文】有人为齐国上书赵王说："只要我一见到大王，就能使大王安坐而天下诸侯会为大王献上珍宝名器。可是我私下感到奇怪，大王为何不接见我反而还阻拦我，使我无法见到您呢？这样一来，大臣们一定认为我是一个无能的人，所以大王才不愿意召见我。大臣们认为我是一个无能的人，没有别的原因，是他们想要利用大王的兵力，成就他们自己的私利；不然，那就是在外交上有偏爱；不然，那他们就是一些缺乏才智的人；不然，就是他们想借重天下侯的力量来威胁大王，而让大王按照他们的想法去行事。

“臣以齐循事王，王能亡燕，能亡韩、魏，能攻秦，能孤秦。臣以为齐致尊名于王，天下孰敢不致尊名于王？臣以齐致地于王，天下孰敢不致地于王？臣以齐为王求名宝于燕及韩、魏，孰敢辞之？臣之能也，其前可见已。

【译文】“我让齐国来恭谨地侍奉大王，大王就能够灭掉燕国，能够灭掉韩国、魏国，能够进攻并孤立秦国。我让齐国把尊名献给大王，天下谁敢不向大王献上尊名呢？我让齐国割让土地给大王，天下谁又敢不割地给大王呢？我让齐国为大王向燕、韩、魏三国求取名宝，他们谁敢推辞不办呢？我的能力，事先就可以显现出来了。

“齐先重王，故天下尽重王；无齐，天下必尽轻王也。秦之强，以无齐之故重王，燕、魏自以无齐故重王。今王无齐独安得无重天下？故劝王无齐者，非知不足也，则不忠者也；非然，则欲用王之兵成其私者也；非然，则欲轻王以天下之重取行于王者也；非然，则位尊而能卑者也。愿王之熟虑无齐之利害也。”

【译文】“如果齐国首先尊重大王，那么天下各诸侯都会尊重大王；如果齐国不尊重大王，那么天下诸侯必定都会轻视大王。秦国如此强大，因为它没有齐国的帮助，所以才尊重大王，燕、韩、魏三国自认为得不到齐国的帮助，所以才尊重大王。现如今如果大王没有齐国的支持，又怎会受到天下诸侯的尊重呢？所以那些劝说大王不要与齐国联合的人，不是缺乏才智，那就是对大王不忠；不然，就是想利用大王的军队去成就他们自己的私利；不然，就是想借助天下诸侯的力量来威胁大王，而让大王按照他们的想法行事；不然，他们就是些位尊而才低的人。希望大王慎重考虑没有齐国支持的利害得失。”

赵四·齐欲攻宋

齐欲攻宋，秦令起贾[①]禁之。齐乃捄[②]赵以伐宋。秦王怒，属怨于赵。李兑约五国[③]以伐秦，无功，留天下之兵于成皋，而阴构于秦。又欲以秦攻魏，以解其怨而取封焉。

【注释】①起贾：秦国御史。②捄：同“救”，救援。③五国：齐国、燕国和赵、韩、魏（三晋）。

【译文】齐国打算攻打宋国，秦国派起贾前去阻止。于是齐国就联合赵国去攻打宋国。秦王大怒，把怨恨都归结于赵国。赵国的李兑联合五国去攻打秦国，没有成功，就把诸侯的大军留驻在成皋，自己却想暗中与秦国讲和。同时又准备和秦国联合攻打魏国，以此来消除秦国对赵国的怨恨，并取得自己的封地。

魏王[①]不说。苏秦之齐，谓齐王[②]曰：“臣为足下谓魏王曰：‘三晋皆有秦患，今之攻秦也，为赵也。五国伐赵，赵必亡矣。秦逐李兑，李兑必死。今之伐秦也，以救李子之死也。今赵留天下之甲于成皋，而阴鬻(yù)[③]之于秦，已讲，则令秦攻魏以成其私封，王之事赵也，何得矣？

【注释】①魏王：魏昭王。②齐王：齐闵王。③鬻：卖。

【译文】魏王很不高兴。苏秦就到齐国去对齐王说：“我愿意为您对魏王说：‘赵、魏、韩三国都遭受秦国的侵犯，现在联合起来进攻秦国，是为了赵国。如果秦、齐、燕、韩、魏五国联合进攻赵国，赵国一定会灭亡。如果秦国赶走李兑，李兑就只有死路一条。现在去进攻秦国，实际上是在救李兑，让他免于一死。如果赵国把诸侯联军都留驻在成皋，暗中却出卖诸侯和秦国讲和，一旦成功，就联合秦国一起进攻魏国，以此达到为李兑取得封地的目的，这样一来，大王您倾向赵国又能得到什么好处呢？

“且王尝济于漳，而身朝于邯郸，抱阴成[①]，负葛孽[②]，以为赵蔽，而赵无为王行也。今又以河阳、姑密封其子[③]，而令秦攻王，以便取阴[④]。人比而后知贤不如。王若用所以事赵之半收齐，天下有敢谋王者乎？

【注释】①阴成：魏邑。位于今河南卢氏东北。②葛孽：魏邑。位于今河北肥乡县西南二十里。③河阳：魏邑。位于今河南孟县西。姑密：魏邑。位于今河南孟县东北。④阴：宋邑。位于今山东定陶西北。

【译文】“更何况，大王您曾经亲自渡过漳水到邯郸去拜见赵王，把阴成、葛孽之地献给赵国，用来作为赵国的屏障，但是赵国并不肯为大王效力。现在您又把河阳、姑密封给李兑的儿子，而赵国却让秦国去攻打魏国，以便夺取阴邑作为李兑的封地。人和人只有通过比较才会知道贤与不贤。大王如果拿出对待赵国一半的诚意去联合齐国，天下又会有哪个诸侯敢图谋大王呢？

“王之事齐也，无入朝之辱，无割地之费。齐为王之故，虚国于燕、赵之前，用兵于二千里之外，故攻城野战，未尝不为王先被矢石也。得二都，割河东，尽效之于王。自是之后，秦攻魏，齐甲未尝不岁至于王之境也。请问王之所以报齐者可乎？韩珉[①]处于楚，去齐三千里，王以此疑齐，曰‘有秦阴。’今王又挟故薛公以为相，善韩徐[②]以为上交，尊虞商以为大客，王固可以反疑齐乎？”

【注释】①韩珉：曾任齐相，力主亲秦。②韩徐：即韩徐为，赵国大将。

【译文】“大王如果倾向于齐国，就不会有称臣朝拜的屈辱，也不会有割地的损失。而齐国因为大王这样对它，就会举全国之兵全力奔赴燕、赵两国边界，用兵于两千里之外，攻城野战，没有不为大王打头阵当先锋的。如果攻占两座城邑，割取河东之地，也会全部献给大王。从此以后，秦国进攻魏国，齐军未尝不会每年来到魏国境内对您施予援助。请问大王，您要如何报答齐国呢？韩珉在楚国，距离齐国三千里，大王却因此怀疑齐国说‘齐国和秦国暗中有私交’。现在大王又任用齐国过去的薛公为相，把赵将韩徐当作知己，把虞商当作贵客，大王怎么反倒对齐国产生怀疑呢？”

“于魏王听此言也甚诎，其欲事王也甚循，甚怨于赵。臣愿王之日闻魏而无庸见恶也，臣请为王推其怨于赵。愿王之阴重赵，而无使秦之见王之重赵也。秦见之，且亦重赵。齐、秦交重赵，臣必见燕与韩、魏亦且重赵也，皆且无敢与赵治。五国事赵，赵从亲以合于秦，必为王高矣。

【译文】“魏王听了这番话，也没什么好说的，他一定很想归顺大王，也会特别怨恨赵国。我希望大王尽早让魏王了解到您对他的友好，不要抱怨他，我请求为您把秦国对魏国的怨恨转移到赵国去。希望大王您能暗中尊重赵国，而且不让秦国知道您对赵国的尊重。秦国发现齐国尊重赵国，那么它也会尊重赵国。齐、秦两国都尊重赵国，我会见到燕、韩、魏三国也会尊重赵国，而且都不敢和赵国抗衡。这样，五国都倾向于赵国，赵国又与秦国结成友好联盟，赵国的地位一定会高居于齐国之上的。

“臣故欲王之遍劫天下而皆私甘之也。王使臣以韩、魏与燕劫赵，使丹①也甘之；以赵劫韩、魏，使臣也甘之；以三晋劫秦，使顺②也甘之；以天下劫楚，使珉也甘之。则天下皆偪③秦以事王，而不敢相私也。交定然后王择焉。”

【注释】①丹：即公玉丹，齐国大臣。②顺：齐闵王的子侄，曾在赵国做人质。③偪：同“逼”，逼迫。

【译文】“所以我想让大王使诸侯之间互相发生冲突，然后大王暗中进行调解。大王让我使韩、魏、燕三国与赵国发生冲突，派公玉丹暗中进行调解；让赵国与韩、魏两国发生冲突，派我去进行调解；让韩、赵、魏三国和秦国发生冲突，派顺子从中调解；让诸侯和楚国发生冲突，派韩珉从中调解。这样，诸侯都会背离秦国而倒向大王这边，而且不敢暗中与秦国交往。大王与诸侯的邦交稳定后，您再从中选择，看看哪国与您友好并对您有利。”

赵四·齐将攻宋

齐将攻宋，而秦阴禁之。齐因欲与赵，赵不听。齐乃令苏秦说李兑，以攻宋而定封焉。苏秦乃谓齐王[①]曰：“臣之所以坚三晋以攻秦者，非以为齐得利秦之毁也，欲以使攻宋也。而宋置太子以为王，下亲其上而守坚，臣是以欲足下之速归休士民也。今太子走，诸善太子者，皆有死心。若复攻之，其国必有乱，而太子在外，此亦举宋之时也。

【注释】①齐王：齐闵王。

【译文】齐国准备攻打宋国，而秦国在暗中阻止这件事。齐国因此想联合赵国，赵国没有同意。齐国就派苏秦去游说李兑，让他赞成一起进攻宋国并确定李兑的封地。苏秦就对齐王说：“我之所以使三晋坚定不移地去攻打秦国，并不是认为秦国失败后齐国可以从中获利，而是想以此便于攻打宋国。可是宋国让太子登上了王位，百姓们支持他们的新君并防守坚固，我因此想让您迅速撤兵回国休整。现如今宋国太子逃亡，那些支持太子的人，都感到心灰意冷。如果再去攻打它，宋国定会发生动乱，而太子却在国外，这正是占领宋国的大好时机。

“臣为足下说奉阳君曰：‘君之身老矣，封不可不早定也。为君虑封，莫若于宋，他国莫可。夫秦人贪，韩、魏危，燕、楚辟[①]，中山之地薄，莫如于陶[②]。失今之时，不可复得已。宋之罪重，齐之怒深，残乱宋，德大齐，定身封，此百代之一时也。’以奉阳君甚食之，虽得大封，齐无大异。

【注释】①辟：通“僻”。偏僻。②陶：宋邑。位于今山东定陶西北。

【译文】“我为您游说奉阳君说：‘您年事已高，封地不能不早些确定下来。为您考虑封地的位置，不如定在宋国，其它国家都不可行。秦国人贪婪，韩、魏两国都因靠近秦国会变得危险，燕、楚两国地处偏远，中山国土地贫瘠，不如就定在陶邑。如果失去当下的大好时机，就再也无法得到了。宋国罪孽深重，齐国怒气很深，攻打混乱的宋国，而使强大的齐国来感激您，以此来决定自己的封地，这是千载难逢的好机会啊。’奉阳君听了特别高兴。他虽然得到了一个大的封地，但是对于齐国却没有多大影响。

“臣愿足下之大发攻宋之举，而无庸致兵，以观奉阳君之应足下也。悬陶以甘之，循有燕以临之，而臣待忠之封，事必大成。臣又愿足下有地效于襄安君[①]以资臣也。足下果残宋，此两地之封也，足下何爱焉？若足下不得志于宋，与国[②]何敢望也。足下以此资臣也，臣循燕观赵，则足下击溃而决天下矣。”

【注释】①襄安君：燕国王族，燕昭王时封君，此时在齐国做人质。②与国：友邦，相交好的国家，同盟国。这里指燕、赵两国。

【译文】“我希望您大举进攻宋国，而不用等待赵国援军的到来，以此来观察奉阳君是如何响应您的。公开把陶地给他，让他尝到甜头，再加上有顺从齐国的燕国来震慑他，而我还要将封地给他以示忠诚，事情一定会大功告成的。我还希望您能拿出一块土地给襄安君让他协助我。您果真能攻占宋国的话，这两块封地，又有什么值得吝惜的呢？如果您不能攻占宋国，燕、赵那两个同盟国也就没什么指望了。您用这两块土地帮助我，我使燕国顺服，再观察赵国的动静，那么您就可以打败残破的宋国，而决胜于天下了。”

赵四·五国伐秦无功

五国伐秦无功，罢于成皋。赵欲构[①]于秦，楚与魏、韩将应之，齐弗欲。苏代谓齐王曰：“臣以[②]为足下见奉阳君矣。臣谓奉阳君曰：‘天下散而事秦，秦必据宋。魏冉必妒君之有陶也。秦王贪，魏冉妒，则陶不可得已矣。君无构，齐必攻宋。齐攻宋，则楚必攻宋，魏必攻宋，燕，赵助之。五国据宋，不至一二月，陶必得矣。得陶而构，秦虽有变，则君无患矣。若不得已而必构，则愿五国复坚约。五国愿得赵，足下雄飞，与韩氏大吏东免[③]，齐王必无召珉也。使臣守约，若与国有倍约者，以四国攻之。无倍约者，而秦侵约，五国复坚而宾[④]之。今韩、魏与齐相疑也，若复不坚约而讲，臣恐与国之大乱也。齐、秦非复合也，必有踦重者矣。复合与踦重者，皆非赵之利也。且天下散而事秦，是秦制天下也。秦制天下，将何以天下为？臣愿君之蚤计也。

【注释】①构：和解。②以：通“已”，已经。③免：通“勉”，勉励。④宾：通“摈”，排斥。

【译文】赵、魏、韩、燕、齐五国联合进攻秦国，没有取得胜利，休战驻兵成皋。赵国想与秦国讲和，楚、魏、韩三国打算响应，但齐国不同意。苏秦对齐闵王说：“我已经为您去见了奉阳君。我对奉阳君说：‘天下诸侯国分散了去投奔秦国，秦国一定会占领宋国，魏冉必然会妒忌您得到陶邑。秦王贪得无厌，魏冉又非常妒忌，您就不可能得到陶邑了。如果您不与秦国讲和，齐国肯定会攻打宋国。齐国一旦攻打宋国，楚国和魏国也定会进攻宋国，燕、赵二国再出兵相助。五国军队进攻宋国，不出一两个月，就可以得到陶地了。得到陶邑后再和秦国讲和，即使秦国有什么变故，您也没有后顾之忧了。如果逼不得已要和秦国讲和，希望五国依旧坚守盟约。各诸侯国都与赵国亲近，而您又坚强有力，和韩国的重臣一起东去鼓励齐王，坚持合纵策略，齐国就肯定不会召回韩珉了。您就让我来监督盟约的执行，如果盟国中有违背盟约的，就让其他四国联合去攻打它。五国都没有违背盟约，秦国要是侵犯同盟国家，五国就坚守盟约，一起对抗秦国。现在，韩、魏两国和齐国互相猜疑，如果五国不能坚守盟约而贸然与秦国讲和，我担心盟国会出现内乱啊！齐、秦两国如果不是复和，两国的地位就会有轻有重。不管他们是复合还是哪个占上风，都不会对赵国有利。再说，天下分散去投靠秦国，秦国就能控制天下。一旦秦国控制了天下，那么还有什么诸侯国可言呢？我希望您能尽早考虑这件事。

“天下争秦，秦有六举，皆不利赵矣。天下争秦，秦王受负海之国[①]，合负亲之交，以据中国，而求利于三晋，是秦之一举也。秦行是计，不利于赵，而君终不得陶，一矣。

【注释】①负海之国：齐国。

【译文】“各诸侯国都争着侍奉秦国，秦国有六种举动，都对赵国极为不利。天下诸侯争着想侍奉秦国，秦国与齐国结盟，化敌为友，控制中原地区，在三晋谋取利益，这是秦国的第一个举动。秦国如果采取这个行动，将对赵国不利，而您最终也得不到陶地，这是其一。

“天下争秦，秦王内韩珉于齐，内成阳君[①]于韩，相魏怀[②]于魏，复合衡交两王，王贲、韩他[③]之曹皆起而行事，是秦之一举也。秦行是计也，不利于赵，而君又不得陶，二矣。

【注释】①成阳君：韩国的封君，主张亲秦。②魏怀：魏国人，主张亲秦。③王贲、韩他：二人皆为秦臣，均主张攻打赵国。

【译文】“天下诸侯都争着侍奉秦国，秦王就会让韩珉去齐国，让成阳君去韩国，让魏怀担任魏相，重新组成连横阵线，恢复与赵、燕两国的邦交。同时，像王贲、韩他等人都会再次被任用，执掌国家大权，这是秦国采取的第二种举动。秦国如果采取这个方案，会对赵国不利，而您还是得不到陶地，这是其二。

“天下争秦，秦王受齐受赵，三强已亲，以据魏而求安邑，是秦之一举也。秦行是计，齐、赵应之，魏不待伐，抱安邑而倍秦，秦得安邑之饶，魏为上交，韩必入朝秦，过赵已安邑矣，是秦之一举也。秦行是计，不利于赵，而君必不得陶，三矣。

【译文】“各诸侯国都争着侍奉秦国，秦王接纳齐国和赵国，三个强国的关系得到改善，接下来就会进逼魏国而索取安邑，这是秦国采取的又一种举动。秦国如果实施这个方案，齐、赵两国都会同时响应，魏国不等秦军进攻就会主动献上安邑来与秦国修好。秦国不仅得到安邑这样富饶的地方，又与魏国交好，那么韩国必然也会归顺秦国，秦国就会拿魏国献出安邑为理由，威胁赵国也割让土地。秦国这样做，会对赵国不利，而您又必然不会得到陶地了，这是其三。

“天下争秦，秦坚燕、赵之交，以伐齐收楚，与韩珉而攻魏，是秦之一举也。秦行是计，而燕、赵应之。燕、赵伐齐，兵始用，秦因收楚而攻魏，不至一二月，魏必破矣。秦举安邑而塞女戟①，韩之太行绝，下轵道、南阳而伐魏②，绝韩，包二周，即赵自消烁矣。国烁于秦，兵分于齐，非赵之利也，而君终身不得陶，四矣。

【注释】①女戟：魏地，靠近韩国，位于太行山以西。②轵、南阳：均为魏地，位于今河南济源附近。

【译文】“天下诸侯都争着侍奉秦国，秦国就会加强与燕、赵两国的邦交，并借用攻打齐国来拉拢楚国，与韩珉一起攻打魏国，这是秦国的又一举动。秦国实施这个方案，燕、赵两国就会加以响应。

燕、赵两国刚一攻齐，秦国就会趁机联合楚国攻打魏国，不出一两个月，魏国必然会被攻破。秦国占领安邑，堵塞女戟，切断韩国的太行之路，经轵道、南阳去进攻魏国，切断韩国的后路，包围东周和西周，那么赵国就自然削弱了。国力被秦国削弱，兵力又被分出去攻打齐国，这对赵国是不利的，而您终身也得不到陶地，这是其四。

“天下争秦，秦坚三晋之交攻齐，国破财屈，而兵东分于齐，秦按兵攻魏，取安邑，是秦之一举也。秦行是计也，君按救魏，是以攻齐之已弊，与秦争战也。君不救也，韩、魏焉免西合？国在谋之中，而君有终身不得陶，五矣。

【译文】“诸侯们都争着侍奉秦国，秦国使赵、魏、韩三国加强联合而去进攻齐国，使其国家残破，财力耗尽，而兵力又分散到东边的齐国，于是秦国将出兵攻打魏国，占领安邑，这是秦国采取的又一举措。秦国如果实行这个方案，您要是援救魏国，就是用进攻齐国已经耗损的兵力再与秦国交战，您若不援救魏国，韩、魏两国怎么能避免倒向西方呢？赵国处在被秦国的算计之中，而您终此一生都无法得到陶地，这是其五。

“天下争秦，秦按为义，存亡继绝，固危扶弱，定无罪之君，必起中山与滕[1]焉。秦起中山与滕，而赵、宋同命，何暇言陶？六矣。故曰君必无讲，则陶必得矣。’

【注释】①滕：诸侯国名，位于今山东省滕县一带。

【译文】“天下诸侯们都争着侍奉秦国，秦国于是假装施行仁义于天下，打着保存灭亡的国家、延续绝灭的国家、安定面临危亡的国家、扶持衰弱的国家、稳定无罪的君主的旗号，一定是想要恢复中山和滕国，秦国复兴中山和滕国，赵国就和宋国同命相连了，还怎么可能谈到陶地呢？这是其六。所以说您一定不要和秦国和解，那么陶邑就必然能得到了。’

“奉阳君曰：‘善。’乃绝和于秦，而收齐、魏以成取陶。”

【译文】“奉阳君说：‘好。’于是放弃和秦国讲和，联合齐国和魏国，以求实现取得陶地的愿望。”

赵四·楼缓将使

楼缓将使，伏事辞行，谓赵王①曰：“臣虽尽力竭知，死不复见于王矣。”王曰：“是何言也？固且为书而厚寄卿。”楼子曰：“王不闻公子牟夷②之于宋乎？非肉不食。文张善宋，恶公子牟夷，寅然。今臣之于王，非宋之于公子牟夷也，而恶臣者过文张，故臣死不复见于王矣。”王曰：“子勉行矣，寡人与子有誓言矣。”楼子遂行。后以中牟③反入梁，候者来言而王弗听，曰：“吾已与楼子有言矣。”

【注释】①赵王：赵惠文王。②公子牟夷：宋国公子。③中牟：赵邑，位于今河南省鹤壁西。

【译文】楼缓将要奉命出使，领受任务后向赵王辞行，对赵王说："我虽然竭尽能力和智慧，但是到死也不能再见到大王了。"赵王说："这是什么话呢？我本来准备写封书信，对您委以重任的。"楼缓说："大王没听过公子牟夷的事吗？他在宋国，地位显贵。文张和宋王关系很好，讨厌公子牟夷，就排斥他。现如今我的地位远不如公子牟夷，并且讨厌我的人超过文张，所以我到死也无缘再见大王了。"赵王说："您尽力去做吧，寡人发誓一直信任您。"楼缓就出发了。后来占据中牟，楼缓反叛投靠了魏国。侦查的人向赵王报告，赵王不相信，说："我已和楼缓立下誓言了。"

赵四·虞卿谓赵王曰

虞卿谓赵王曰①："人之情，宁朝人乎？宁朝于人也？"赵王曰："人亦宁朝人耳，何故宁朝于人？"虞卿曰："夫魏为从主，而违者范座②也。今王能以百里之地，若万户之都，请杀范座于魏。范座死，则从事可移于赵。"赵王曰："善。"乃使人以百里之地，请杀范座于魏。魏王许诺，使司徒③执范座而未杀也。

【注释】①虞卿：赵相，名信，卿是他的官职，赵国中牟（今河南鹤壁）人，战国时期名士。赵王：赵惠文王。②范座：魏国相国。③司徒：官职名，主要负责掌管土地和民政。

【译文】虞卿对赵王说："一般人的心思，是愿意让他人来朝见自己呢？还是愿意去朝见他人呢？"赵王说："人们都愿意让人来朝见自己，怎么会愿意去朝见别人呢？”虞卿说：“现在魏国是合纵的盟主，促成这件事的是范座。如果大王能用方圆百里的土地，或以万户的城邑，请求魏国杀掉范座。范座死后，赵国就是实行合纵联盟的盟主了。”赵王说：“好。”于是就派人拿魏国方圆百里的土地去向魏国请求杀掉范座。魏王答应了他的请求，派司徒逮捕了范座，可是却没有杀他。

范座献书魏王曰：“臣闻赵王以百里之地，请杀座之身。夫杀无罪范座，薄故也；而得百里之地，大利也。臣窃为大王美之。虽然，而有一焉，百里之地不可得，而死者不可复生也，则主必为天下笑矣。臣窃以为与其以死人市，不若以生人市也。”

【译文】范座上书给魏王说：“我听说赵王要用方圆百里的土地来要求杀掉我范座。杀死一个无罪的范座，这是小事；而得到方圆百里的土地，是大利。我私下为大王感到高兴。但是，有这样一种情况，既得不到方圆百里的土地，而死去的人又不能复生，如此一来，大王定会成为天下人的笑柄。我私下认为与其把死人交给对方，不如把活人交给他们。”

又遗其后相信陵君书曰：“夫赵、魏，敌战之国也。赵王以咫尺之书来，而魏王轻为之杀无罪之座，座虽不肖，故魏之免相也，尝以魏之故，得罪于赵。夫国内无用臣，外虽得地，势不能守。然今能守魏者，莫如君矣。王听赵杀座之后，强秦袭赵之欲，倍赵之割，则君将何以止之？此君之累也。”信陵君曰：

"善。"遽言之王而出之。

【译文】范座又写信给继任相国的信陵君说："赵、魏两国是敌对之国。赵王写来一封简短的书信，而魏王就要轻易地为他杀掉无罪的范座，范座虽然没有才能，却也是魏国原来免职的相国，曾经因为魏国的关系而得罪了赵国。现如今国内没有可用之臣，在外虽然得到了土地却未必能守得住。如今能防守魏国的，非您莫属。大王听信赵王的要求杀了我以后，强大的秦国就会用与赵国相同的办法，而到时割地面积将会比赵国多上一倍，到时您又用什么方法来制止他呢？这就是您要遇到的麻烦啊。"信陵君说："好。"于是就向魏王进言，让他放了范座。

赵四·燕封宋人荣蚠为高阳君

燕封宋人荣蚠（fén）①为高阳君，使将而攻赵。赵王因割济东三城令卢、高唐、平原陵地②城邑市五十七，命以与齐，而以求安平君③而将之。

【注释】①荣蚠：宋国人，被燕国封为高阳君，曾率兵攻打赵国。②卢：赵邑，位于今山东省长清西南。高唐：赵邑，位于今山东省禹城市西南。平原：赵邑，位于今山东省平原西南。③安平君：即田单，齐国大将。

【译文】燕国封宋国人荣蚠为高阳君，派他率兵进攻赵国。赵王因此割让济东三座城池卢、高唐、平原，合计共有据点五十七处，下令交给齐国，以此来换取安平君到赵国担任将领。

马服君谓平原君曰："国奚无人甚哉！君致安平君而将之，乃割济东三城市邑五十七以与齐，此与敌国战，复军杀将之所取，割地于敌国者也。今君以此与齐，而求安平君而将之，国奚无人甚也！且君奚不将奢也？奢尝抵罪居燕，燕以奢为上谷[1]守，燕之通谷要塞，奢习知之。百日之内，天下之兵未聚，奢已举燕矣。然则君奚求安平君而为将乎？"平原君曰："将军释之矣，仆已言之仆主矣，仆主幸以听仆也。将军无言已。"

【注释】①上谷：又称上谷郡，位于今河北怀来县南。

【译文】马服君赵奢对平原君赵胜说："赵国就这样没有人才了吗！您请安平君来带兵，割让济东三城以及五十七处据点给齐国，这是您率领军队跟敌国战斗，打败敌军、杀死敌将，从敌国手里得来的土地。现如今您把它们给了齐国，以此来要求安平君带兵，难道赵国就这么没有人了吗！再说，您为什么不让我带兵呢？我曾经因抵罪住在燕国，燕国任命我为上谷郡郡守，燕国通往上谷的关口、要塞我完全了解，百日之内，诸侯的援兵还没聚集起来，我就已经一举攻下燕国了。然而，您为什么一定要安平君带兵呢？"平原君说："将军您就放弃这个想法吧，我已经告诉了我的君主，君主已经同意了。将军您就不要再说了。"

马服君曰："君过矣！君之所以求安平君者，以齐之于燕也，茹肝涉血[1]之仇耶？其于奢不然。使安平君愚，固不能当荣蚠；使安平君知，又不肯与燕人战。此两言者，安平君必处一焉。虽然，两者有一也。使安平君知，则奚以赵之强为？赵强则齐不复霸矣。今得强赵之兵以杜燕，将旷日持久数岁，令士大夫余子[2]之力尽于沟垒，车、甲、羽毛[3]裂敝，府库、仓廪虚；两国交敝，乃引其兵而归。夫尽两国之兵，无明此者矣。”

【注释】①涉血：形容血流遍地，流血多。②余子：古代卿大夫嫡长子之外的儿子。③羽毛：羽旗。

【译文】赵奢说：“您错了！您之所以要求安平君任将军，是因为齐国跟燕国有不共戴天之仇吗？对于这件事我不这样看。假如安平君是一个愚蠢的人，那他本来就敌不过荣蚠；假如安平君是一个聪明人，他又不会愿意与燕国交战。这两种情况，安平君必居其一。如果安平君是一个聪明人，那他为什么会让赵国强大呢？如果赵国强大，齐国就不能再称霸了。现如今齐国利用强大的赵国军队去对抗燕国，旷日持久，花费了好几年的时间，使赵国的士卒全部去挖战壕、筑堡垒，使得战车、铠甲、羽旗破损，府库、粮仓空虚；两国由于不停交战变得两败俱伤，于是安平君就会率兵回国了。而燕、赵两国的军队却都耗尽了力量，这不是很明显的道理吗？”

已而得三城也，城大无能过百雉[1]者，果如马服之言也。

【注释】①雉：古代计算城墙面积的单位，长三丈、高一丈为一雉。

【译文】不久安平君就攻占了三座城池，可是没有一个能超过三百平方丈的，果然像马服君说的那样。

赵四·三国攻秦

三国[1]攻秦，赵攻中山，取扶柳[2]，五年以擅呼沱[3]。齐人戍郭[4]。宋突[5]谓仇郝[6]曰："不如尽归中山之新地。中山案此言于齐曰："赵国将假道于卫，以遏章子[7]之路。齐闻此，必效鼓[8]。"

【注释】①三国：齐、韩、魏。②扶柳：中山邑。位于今河北冀州市西北。③呼沱：即滹沱河。源出山西省繁峙县东之泰戏山，穿割太行山，东流入河北平原，至天津市，会北运河入海。④郭：即下文的鼓邑。⑤宋突：赵国人，仇郝的门客。⑥仇郝：赵国大臣，曾任宋国相国。⑦章子：即匡章。齐国将领。⑧鼓：齐邑。位于今河北省晋州西。

【译文】韩、齐、魏三国联合进攻秦国，赵国攻打中山国，占领了扶柳，五年后，控制了中山国滹沱河一带。齐国派兵镇守鼓邑以防备赵国。宋突对仇郝说："您不如把刚占领的中山土地全部归还给中山国。中山国根据这种情况会对齐国说："赵国打算向卫国借道，以切断章子的后路，齐国听到这件事，一定会献出鼓邑的。"

赵四·赵使赵庄合从欲伐齐

赵使赵庄[1]合从欲伐齐。齐请效地，赵因贱赵庄。齐明为谓赵王[2]曰："齐畏从人之合也，故效地。今闻赵庄贱，张懃(qín)贵[3]，齐必不效地矣。"赵王曰："善。"乃召赵庄而贵之。

【注释】①赵庄：赵国大将。②赵王：赵武灵王。③张懃：赵国大臣。

【译文】赵王派赵庄负责合纵联盟，准备攻打齐国，齐国请求割地求和，赵国因此疏远赵庄。齐明为赵庄对赵王说："齐国害怕那些主张合纵的人成功，所以才请求割地。现在听说赵庄被您冷落，地位也被贬低，而反对合纵政策的张懃地位却提高了，齐国一定不会割地了。"赵王说："说得好。"于是召见赵庄，提高了他的地位。

赵四·翟章从梁来

翟章[①]从梁来，甚善赵王。赵王三延之以相，翟章辞不受。田驷谓柱国韩向[②]曰："臣请为卿刺之。客若死，则王必怒而诛建信君[③]。建信君死，则卿必为相矣。建信君不死，以为交，终身不敝，卿因以德建信君矣。"

【注释】①翟章：魏国人。②柱国：职官名。战国时楚所设置，原指保卫国都之官，地位很高。后世则指最高级的武官或勋官。韩向：赵国大臣。③建信君：赵孝成王时期的相国。

【译文】翟章从魏国来到赵国，和赵王相谈甚欢。赵王多次想聘请他为相国，翟章一直推辞不受。田驷对柱国韩向说："我请求为您杀掉翟章。翟章如果死了，大王一定怀疑是建信君所为，就会杀了他。建信君死后，您一定会担任相国。如果建信君不死，您就和他交好，终身保持这种友谊，这样建信君一定会被您感动的。"

赵四·冯忌为庐陵君谓赵王曰

冯忌为庐陵君谓赵王曰[①]："王之逐庐陵君，为燕也？"王曰："吾所重者，无燕、秦也。"对曰："秦三以虞卿为言，而王不逐也。今燕一以庐陵君为言，而王逐之。是王轻强秦而重弱燕也。"王曰："吾非为燕也，吾固将逐之。""然则王逐庐陵君，又不为燕也。行逐爱弟，又兼无燕，臣窃为大王不取也。"

【注释】①庐陵君：赵孝成王时的封君。赵王：赵孝成王。

【译文】冯忌为庐陵君对赵王说："大王驱逐庐陵君，是因为燕国吗？"赵王说："我所看重的，并不包括燕国、秦国。"冯忌说："秦国多次提出对虞卿的意见，可是大王并没有驱逐他。现如今燕国刚刚对庐陵君表示不满，您就驱逐他，这岂不是轻视强大的秦国而重视弱小的燕国吗？"赵王说："我并不是为了燕国，我本来就想驱逐他。"冯忌说："那么大王驱逐庐陵君和燕国并没有关系了。将要驱逐爱弟，又没有得到燕国的支持，我私下认为大王的这种做法是不可取的。"

赵四·冯忌请见赵王

冯忌请见赵王，行人[①]见之。冯忌接手俛[②]首，欲言而不敢。王问其故，对曰："客有见人于服子[③]者，已而请其罪。服子曰：

'公之客独有三罪：望我而笑，是狎也；谈语而不称师，是倍也；交浅而言深，是乱也。'

【注释】①行人：职官名。掌朝觐聘问，接待宾客之事。②俛：同"俯"。③服子：即宓子贱。春秋时鲁国人。名不齐，字子贱，孔子的弟子。服，通"宓"。

【译文】冯忌请求拜见赵王，掌管外交事务的官员安排他谒见。冯忌拱手低头，想要说话而又不敢。赵王问他是什么原因，冯忌回答说："有一个客人推荐一个人去见服子，服子对这个人很有意见，不久，客人问服子这人有什么罪过。服子说：'您推荐的人有三条错误：看着我发笑，这是不够端庄；谈话却不提及老师，这是背叛师门；交浅而言深，这是违反常情。'

"客曰：'不然。夫望人而笑，是和也；言而不称师，是庸说也；交浅而言深，是忠也。昔者尧见舜于草茅之中，席陇亩而荫庇桑，阴移而受天下传。伊尹[1]负鼎俎而干[2]汤，姓名未著而受三公[3]。使夫交浅者不可深谈，则天下不传，而三公不得也。'"赵王曰："甚善。"冯忌曰："今外臣交浅而欲深谈，可乎？"王曰："请奉教。"于是冯忌乃谈。

【注释】①伊尹：商汤大臣，名伊，一名挚，尹是官名。②干：求见。③三公：人臣中最高的三个官位。

【译文】"客人说：'并不是这样的。看着人发笑，这是和蔼；言谈没有提及老师，这是因为谈的都是一些平常话；交浅而言深，这是对您忠心。从前尧在茅草之中接见舜，在桑麻间设席而坐，伴随着树荫的移动，凭借简短的一番话，就把天下禅让给了舜。伊尹背着烹调器具去拜见商汤，还没有显赫的名声就接受了三公的职位。如果交情浅就不可以深谈，那么尧就无法把天下禅让给舜，并且伊尹也不可能得到三公的职位。'"赵王说："您说的太好了。"冯忌说："现如今我和大王交情浅却想深谈，可以吗？"赵王说："请您指教。"于是冯忌就谈了起来。

赵四·客见赵王曰

客见赵王曰："臣闻王之使人买马也，有之乎？"王曰："有之。""何故至今不遣？"王曰："未得相马之工也。"对曰："王何不遣建信君乎？"王曰："建信君有国事，又不知相马。"曰："王何不遣纪姬[①]乎？"王曰："纪姬妇人也，不知相马。"对曰："买马而善，何补于国？"王曰："无补于国。""买马而恶，何危于国？"王曰："无危于国。"对曰："然则买马善而若恶，皆无危补于国。然而王之买马也，必将待工。今治天下，举错非也，国家为虚戾，而社稷不血食，然而王不待工，而与建信君，何也？"赵王未之应也。

【注释】①纪姬：赵孝成王的宠妃。

【译文】有辩士去拜见赵王，说："我听说大王要派人去买马，有这回事吗？"赵王回答："是有这回事。"辩士问："那为什么至今还没有派人去买呢？"赵王说："因为还没有找到会相马的人。"

辩士又问："大王为什么不派建信君去呢？"赵王答道："建信君要处理政务，而且他又不懂相马。"辩士又问："大王为何不派纪姬去呢？"赵王回答："纪姬是个女人，不懂得相马。"辩士继续问道："买来的马匹是好是坏，对国家有什么补益吗？"赵王回答："没有什么影响。"此人又问："那么买了劣马，又会对国家有什么危害吗？"赵王答道："对国家没什么危害。"辩士说："既然买来的马无论好坏，对国家都没什么补益或危害。然而大王买马却一定要等待一个会相马的人。如今在治理国家方面，如果政策实施不当，就会造成国家的衰败，可是大王不等待有才能的人，却把大权交给建信君，这是为什么呢？"赵王无言以对。

客曰："燕郭之法[①]，有所谓柔痈者，王知之乎？"王曰："未之闻也。""所谓柔痈者，便辟[②]左右之近者，及夫人、优笑、孺子[③]也。此皆能乘王之醉昏，而求所欲于王者也。是能得之乎内，则大臣为之枉法于外矣。故日月晖于外，其贼在于内。谨备其所憎，而祸在于所爱。"

【注释】①燕郭之法：即郭偃之法。郭偃，春秋时晋国大夫。主张从经济领域入手实施改革，进而扩展到用人制度。②便辟：善于迎合他人。这里指国君身边那些亲信的小臣。③孺子：年轻漂亮的女子。

【译文】辩士继续说："郭偃之法，有所谓'柔痈'的说法，大王您知道吗？"赵王说："没听说过。""所谓'柔痈'，是指您左右受宠信的亲近之臣以及您的夫人、会调笑的艺人和年轻漂亮的女子。这些人都是可以乘国君醉昏之时向您提出非分要求并能得到满足的人。这些人的欲望如果能在朝中得到满足，那么大臣就能在外面贪赃枉法。所以说，太阳和月亮如果被蚀，周围仍旧有亮光，但是它们内部已经有了黑点。虽然人们谨慎地防备自己所憎恶的人，可祸患往往却发生在自己所爱的人身上。”

赵四·秦攻魏

秦攻魏，取宁邑①，诸侯皆贺。赵王②使往贺，三反不得通。赵王忧之，谓左右曰：“以秦之强，得宁邑，以制齐、赵。诸侯皆贺，吾往贺而独不得通，此必加兵于我，为之奈何？”左右曰：“使者三往不得通者，必所使者非其人也。有谅毅者，辨士也，大王可试使之。”

【注释】①宁邑：即安邑，位于今山西省夏县西北。②赵王：赵惠文王。

【译文】秦国攻打魏国，占领了宁邑，诸侯都去祝贺。赵王也派使者前去祝贺，使者往返三次都没有得到接见。赵王为此感到忧虑不安，对身边的人说：“凭借秦国的强大，攻占宁邑以后，就可以控制齐国、赵国。诸侯都去祝贺，我们前往祝贺却不被接见，秦国一定是要攻打我们，这该怎么办呢？”左右的人说：“使者多次往返没能得到接见，肯定是派出的人不是合适人选。有一个叫谅毅的，是个能言善辩的人，大王可以让他去试试。”

谅毅亲受命而往。至秦，献书秦王①曰：“大王广地宁邑，诸侯皆贺，敝邑寡君亦窃嘉之，不敢宁居，使下臣奉其币物三至王廷，而使不得通。使若无罪，愿大王无绝其欢；若使有罪，愿得请之。”秦王使使者报曰：“吾所使赵国者，小大皆听吾言，则受书币。若不从吾言，则使者归矣！”谅毅对曰：“下臣之来，固愿承大国之意也，岂敢有难？大王若有以令之，请奉而行之，无所敢疑。”

【注释】①秦王：秦昭王。

【译文】谅毅接受赵王的命令前往秦国。到秦国后，给秦王上书说：“大王攻取了安邑，诸侯都来祝贺，敝国的国君王也私下为大王高兴，不敢视而不见，派人带着礼物三次来到大王的宫廷，可是都没能得到接见。使臣如果没有罪过，希望大王不要断绝我们两国的友好邦交；如果使臣有罪，愿闻其详。”秦王派使者告诉谅毅说：“我派到赵国的人，无论大事小情都要听我的，这样我才能接受送来的书信和礼物。如果不听我的，那就请回去吧。”谅毅回答说：“我这次来，本来就愿意接受大国的意见，怎么敢有和大王不同的意见呢？大王如果有什么吩咐，我愿意一切照办，不敢有丝毫迟疑和怠慢的地方。”

于是秦王乃见使者曰：“赵豹、平原君数欺弄寡人，赵能杀此二人，则可，若不能杀，请今率诸侯受命邯郸城下。”谅毅曰：“赵豹、平原君，亲寡君之母弟也，犹大王之有叶阳、泾阳君也。大王以孝治闻于天下，衣服之便于体，膳啖之嗛[①]于口，未尝不分于叶阳、泾阳君。叶阳君、泾阳君之车马衣服，无非大王之服御者。臣闻之：‘有覆巢毁卵而凤凰不翔，刳胎焚夭[2]而麒麟不至。’今使臣受大王之令以还报，敝邑之君畏惧不敢不行，无乃伤叶阳君、泾阳君之心乎？”

【注释】①嗛：古同“衔”，用嘴含。②夭：幼兽。

【译文】这时秦昭王才接见了赵国使者谅毅，说：“赵豹、平原君多次欺骗、愚弄我，如果赵国能杀掉这两个人也就罢了，如果不杀，我现在就率领各诸侯国的人马到邯郸城下去讨个公道。”谅毅说：“赵豹和平原君都是敝国国君的亲兄弟，就像大王有叶阳君和泾阳君两个同母兄弟一样亲近。大王因用孝悌之道治理国家而闻名于天下，但凡是好的衣服、美味可口的食物都要让叶阳君和泾阳君一同分享。叶阳君和泾阳君的车马、衣服，都和大王没有两样。我听过这样的话：‘打翻鸟巢、毁坏鸟卵，凤凰就不会飞来，伤害小兽，麒麟就不会再出现。’现如今如果我接受大王的命令回国向敝国君主报告，敝国君主会因为害怕而不敢不执行，这恐怕也会伤了叶阳君和泾阳君的心吧？”

秦王曰：“诺。勿使从政。”谅毅曰：“敝邑之君，有母弟不能教诲，以恶大国，请黜之，勿使与政事，以称大国。”秦王乃喜，受其币而厚遇之。

【译文】秦昭王说：“好。那就不要让他们从政好了。”谅毅说：“敝国的君主对兄弟教导无方，因而得罪了大国，现在就决定罢免他们，不让他们参与国事，好让贵国称心如意。”秦王听后，很是高兴，接受了谅毅献上的礼物，并且很好地接待了他。

赵四·赵使姚贾约韩、魏

赵使姚贾[①]约韩、魏，韩、魏以而反之。举茅为姚贾谓赵王[②]曰："贾也，王之忠臣也。韩、魏欲得之，故友之，将使王逐之，而己因受之。今王逐之，是韩、魏之欲得，而王之忠臣有罪也。故王不如勿逐，以明王之贤，而折韩、魏之招。"

【注释】①姚贾：战国时期魏国人，出身"世监门子"，先后在赵、秦两国为官。②赵王：赵悼襄王。

【译文】赵国派姚贾和韩、魏两国缔结盟约，不久，韩、魏两国就背叛了盟约。举茅为姚贾对赵王说："姚贾是大王的忠臣。韩、魏两国都想得到他，所以就故意违反盟约，背叛赵国，准备让大王驱逐他，而这两国好乘机接收他。现如今大王如果驱逐姚贾，那么韩、魏两国的愿望就将得以实现，然而大王的忠臣却有了罪名。所以大王最好不要驱逐姚贾，以表明大王的贤明，以此来挫败韩、魏两国想招请姚贾的打算。"

赵四·魏败楚于陉山

魏败楚于陉山，禽唐明[①]。楚王[②]惧，令昭应奉太子以委和于薛公。主父欲败之，乃结秦连宋之交，令仇郝相宋，楼缓相秦。秦王离赵、宋，齐、楚之和卒败。

【注释】①唐明：楚国将领。②楚王：楚怀王。

【译文】魏军在陉山之役中打败了楚军，擒获楚将唐明。楚怀王十分害怕，便派昭应送太子去齐国做人质，通过薛公田文以求与齐国讲和。赵武灵王想要破坏这件事，就与秦国和宋国联合，派仇郝担任宋相，楼缓担任秦相。秦王与赵、宋两国联合，楚、齐两国讲和的事也就以失败告终了。

赵四·秦召春平侯

秦召春平侯[①]，因留之。世钧[②]为之谓文信侯[③]曰："春平侯者，赵王[④]之所甚爱也，而郎中甚妒之，故相与谋曰：'春平侯入秦，秦必留之。'故谋而入之秦。今君留之，是空绝赵，而郎中之计中也。故君不如遣春平侯而留平都侯。春平侯者，言行于赵王，必厚割赵以事君，而赎平都侯。"文信侯曰："善。"因与接意而遣之。

【注释】①春平侯：曾任赵国相国。②世钧：秦国人。③文信侯：即吕不韦，战国后期著名政治家，后担任秦国相国。④赵王：赵悼襄王。

【译文】秦国邀请赵国的春平侯，乘机扣留了他。世钧为春平侯对文信侯吕不韦说："春平侯是赵王最宠爱的大臣，可是近侍们都很嫉妒他，所以他们互相谋划说：'春平侯到秦国必定会被扣留。'因此故意让春平侯到秦国来。现如今您扣留了他，这是白白断送了与赵国的关系，还会使近侍们的阴谋得逞。所以您不如让春平侯回去，把平都侯留下来。春平侯在赵王那里说得上话，他一定会割让赵国的大片土地来讨好您，以赎回平都侯。”文信侯说：“好。”于是盛情招待春平侯并让他返回了赵国。

赵四·赵太后新用事

赵太后[①]新用事，秦急攻之。赵氏求救于齐。齐曰：“必以长安君[②]为质，兵乃出。”太后不肯，大臣强谏。太后明谓左右：“有复言令长安君为质者，老妇必唾其面。”

【注释】①赵太后：赵惠文王后，赵孝成王母。亦称惠文后。②长安君：赵太后的幼子。

【译文】赵太后刚刚执政，秦国就加紧攻打赵国。赵国向齐国请求救援。齐国说：“必须要用长安君做人质，我们才会发兵援救。”赵太后不同意，大臣们都极力劝谏。赵太后明确地告诫身边的大臣：“谁要是再提起让长安君做人质的事，老婆子一定吐他一脸唾沫。”

左师触龙[①]言愿见太后。太后盛气而胥[②]之。入而徐趋，至而自谢，曰：“老臣病足，曾不能疾走，不得见久矣。窃自恕，而恐太后玉体之有所郄[③]也，故愿望见太后。”太后曰：“老妇恃辇而行。”曰：“日食饮得无衰乎？”曰：“恃粥耳。”曰：“老臣今者殊不欲食，乃自强步，日三四里，少益嗜食，和于身也。”太后曰：“老妇不能。”太后之色少解。

【注释】①左师：职官名。春秋时代宋赵等国执政官名。触龙：赵国大臣。②胥：通“须”。等待。③郄：通“隙”。这里指身体不好。

【译文】左师触龙说自己想谒见太后，太后怒气冲冲地等着他。触龙刚进宫的时候以小步移动来表示敬畏，走到太后跟前就谢罪，说：“老臣的脚有毛病，一直没有办法正常行走，所以很久没有来谒见您了。虽然私下原谅自己，但又担心太后您的身体劳累，所以希望能谒见太后。”赵太后说：“老婆子现在行动只能靠车子了。”触龙问：“每天饮食怕会有所减少了吧？”太后说：“靠稀饭维持。”触龙说：“老臣最近很不想吃东西，于是就勉强散散步，每天走上三四里，渐渐地想吃东西了，身体也舒服些了。”太后说：“老婆子可做不到这些啊。”太后的脸色稍微有些缓和。

左师公曰：“老臣贱息①舒祺，最少，不肖，窃爱怜之，愿令得补黑衣②之数，以卫王宫，没死以闻。”太后曰：“敬诺。年几何矣？”对曰：“十五岁矣。虽少，愿及未填沟壑③而托之。”太后曰：“丈夫亦爱怜其少子乎？”对曰：“甚于妇人。”太后笑曰：“妇人异甚。”对曰：“老臣窃以为媪之爱燕后贤于长安君④。”曰：“君过矣，不若长安君之甚。”左师公曰：“父母之爱子，则为之计深远。媪之送燕后也，持其踵为之泣，念悲其远也，亦哀之矣。已行，非弗思也，祭祀必祝之，祝曰：‘必勿使反。’岂非计久长，有子孙相继为王也哉？”太后曰：“然。”

【注释】①贱息：对自己子女的谦称。②黑衣：这里指侍卫。③填沟壑：把尸体填埋于沟壑之中。④媪：对老年妇女的敬称。燕后：赵太后的女儿，嫁于燕王，故称燕后。

【译文】左师公触龙说：“我有个儿子叫舒祺，年龄最小，没什么本事。我年纪大了，私下里很疼爱他。我希望能让他充当一名黑衣卫士，保卫王宫，因此我冒着死罪来向太后提出这一请求。”太后说：“非常同意。他今年多大了？”触龙答道：“十五岁了。虽然年幼，希望能在我死之前把他托付给您。”太后说：“男人们也疼爱自己的小儿子吗？”触龙答道：“远超过女人家。”太后笑着说：“妇人家疼爱小儿子可是特别厉害呢！”触龙说：“老臣私下里认为您疼爱燕后要远远超过长安君呢。”太后说：“你错了，我疼爱燕后远比不上疼爱长安君啊。”触龙说：“父母疼爱子女，都会替他们作长远考虑。您送燕后出嫁时，在车下握着她的足跟哭泣，悲伤她要离家远嫁，那是极度伤心啊！她走后，您并不是不思念她，祭礼时总要为她祝福，说：‘千万别叫她回来。’这难道不是替她作长远考虑，希望她的子孙世代继承王位吗？”太后说：“正是这样。”

左师公曰：“今三世以前，至于赵之为赵，赵主之子孙侯者，其继有在者乎？”曰：“无有。”曰：“微独赵，诸侯有在者乎？”曰：“老妇不闻也。”“此其近者祸及身，远者及其子孙。岂人主之子侯则必不善哉？位尊而无功，奉厚而无劳，而挟重器多也。今媪尊长安君之位，而封之以膏腴之地，多予之重器，而不及今令有功于国。一旦山陵崩，长安君何以自托于赵？老臣以媪为长安君计短也，故以为其爱不若燕后。”太后曰：“诺。恣君之所使之。”于是为长安君约车百乘质于齐，齐兵乃出。

【译文】左师公触龙问：“从现在上推到三代以前，直到赵氏立国的时候，赵王的子孙被封侯的，他们的后代还有存在的吗？”太后答道：“没有。”触龙又问：“不单是赵国，就是其他诸侯国与此情况相同的还有存在的吗？”太后答道：“没有听说过。”触龙说：“这些封君们近则祸及自己，远则殃及子孙。难道说国君的子孙们封侯的都不会有好结果吗？只是因为他们地位尊贵却没有建功立业，俸禄丰厚却没有劳绩，同时又拥有大量的宝物啊。现在您让长安君处在尊贵的地位，又把肥沃的土地封给他，给他很多贵重的宝物，却不让他趁现在为国立功。一旦太后您不幸去世，长安君将怎么在赵国立足呢？老臣认为您应该替长安君做长远的打算，所以说您疼爱长安君不如爱燕后。”太后说：“有道理，那就听凭您的安排吧！”于是为长安君准备了一百辆随行的车子，送他到齐国去做人质，齐国这才出兵援救赵国。

子义闻之曰：“人主之子也，骨肉之亲也，犹不能恃无功之尊，无劳之奉，而守金玉之重也，而况人臣乎？”

【译文】子义听说这件事后，感叹道：“国君的儿子，是国君的亲骨肉啊，尚且不能依靠无功而得到高位，无劳而得到俸禄，坐拥金玉等贵重器物，更何况是做臣子的呢？”

赵四·秦使王翦攻赵

秦使王翦[①]攻赵，赵使李牧[②]、司马尚[③]御之。李牧数破走秦军，杀秦将桓齮(yǐ)。王翦恶之，乃多与赵王宠臣郭开[4]等金，使为反间，曰："李牧、司马尚欲与秦反赵，以多取封于秦。"赵王疑之，使赵葱及颜最[5]代将，斩李牧，废司马尚。后三月，王翦因急击，大破赵，杀赵葱，虏赵王迁及其将颜最，遂灭赵。

【注释】①王翦：战国时期秦国名将，杰出的军事家。②李牧：战国时期赵国名将，著名军事家，与白起、王翦、廉颇并称"战国四大名将"。③司马尚：赵国将领。④郭开：赵王迁的宠臣，历仕赵悼襄王、赵幽缪王两代君主。⑤赵葱：战国末期赵国将领。颜最：原为齐国将领，后仕赵。

【译文】秦国派王翦攻打赵国，赵国派李牧、司马尚率兵迎战。李牧多次打败秦军，杀掉秦国将领桓齮。王翦为此很是担忧，于是送给赵王宠臣郭开等人很多金钱，让他们在赵王面前实行反间计，说："李牧、司马尚想要勾结秦国一起反对赵国，以便在秦国得到更多封地。"赵王对李牧和司马尚产生怀疑，便派赵葱和颜最取代他们，杀了李牧，罢免了司马尚的官职。三个月后，王翦紧急攻打赵国，大败赵军，杀掉赵葱，俘虏了赵王迁及其将领颜最，于是灭了赵国。

卷二十二 魏策一

扫码听谦德
君为您导读

魏一·知伯索地于魏桓子

知伯索地于魏桓子①，魏桓子弗予。任章②曰："何故弗予？"桓子曰："无故索地，故弗予。"任章曰："无故索地，邻国必恐；重欲无厌，天下必惧。君予之地，知伯必㤭③；㤭而轻敌，邻国惧而相亲。以相亲之兵，待轻敌之国，知氏之命不长矣。《周书》曰：'将欲败之，必姑辅之；将欲取之，必姑与之。'君不如与之，以骄知伯。君何释以天下图知氏，而独以吾国为知氏质④乎？"君曰："善。"乃与之万家之邑一。知伯大说，因索蔡、皋狼于赵，赵弗与，因围晋阳。韩、魏反于外，赵氏应之于内，知氏遂亡。

【注释】①知伯：即智伯。魏桓子：又称魏宣子，晋国魏氏领袖，姬姓，名驹。②任章：魏国人，战国时期道家学者。魏桓子家臣。③㤭：同"骄"。④质：箭靶。

【译文】智伯向魏桓子索要土地，魏桓子不给。大臣任章问他：

“为什么不给？”魏桓子说：“无缘无故来索要土地，所以不给。”任章说：“他没有任何理由就向我们索取土地，智伯的邻国一定会很害怕；贪得无厌，诸侯们一定会很担忧。如果您把土地给了他，智伯一定会越来越骄傲；骄傲必定就会轻敌，而邻国因为害怕就会相互团结。用相互团结的军队去抵御轻敌的国家，智伯必然命不久矣了！《周书》上说：‘想要打败他，一定先要帮助他；想要有所获取，必须先要有所给予。’所以您不如把土地给他，以此使得智伯越来越骄傲。您为什么要放弃让诸侯共同图谋智伯的机会，却偏偏把我国作为智伯的攻击对象呢？”魏桓子：“好。”于是就把一个万户之城给了智伯。智伯非常高兴，于是就又向赵国索要蔡、皋狼两地，赵国不答应，智伯就围攻晋阳。这时韩、魏两国联军从外部反击，赵军则在城内接应，智伯于是就灭亡了。

魏一·韩、赵相难

韩、赵相难。韩索兵于魏曰：“愿得借师以伐赵。”魏文侯[1]曰：“寡人与赵兄弟，不敢从。”赵又索兵以攻韩，文侯曰：“寡人与韩兄弟，不敢从。”二国不得兵，怒而反。已乃知文侯以讲于己也，皆朝魏。

【注释】①魏文侯：战国时期魏国开国君主。

【译文】韩、赵两国开战。韩国向魏国借兵说：“希望能够借兵给我去攻打赵国。”魏文侯说：“我们国家与赵国是兄弟之国，不能从命。”赵国又向魏国借兵去进攻韩国，魏文侯说：“我们国家与韩国是兄弟之国，不敢从命。”赵、韩两个国家都没有借到援兵，非常生气地回国了。后来才知道是魏文侯在中间做了调解，于是都来朝拜魏文侯。

魏一·乐羊为魏将攻中山

乐羊[1]为魏将攻中山。其子在中山，中山之君烹其子而遗之羹，乐羊坐于幕下而啜之，尽一杯。文侯谓睹师赞[2]曰：“乐羊以我之故，食其子之肉。”赞对曰：“其子之肉尚食之，其谁不食！”乐羊既罢中山，文侯赏其功而疑其心。

【注释】①乐羊：战国时期魏国将领。②睹师赞：魏国大臣。

【译文】乐羊担任魏将攻打中山国，当时他的儿子也在中山国内，中山国国君把他的儿子煮成人肉羹送给他。乐羊坐在军帐内把一杯羹全都喝了。魏文侯对睹师赞说：“乐羊为了我，竟吃了自己儿子的肉。”睹师赞却说：“连自己儿子的肉都能吃，还有谁的肉不能吃呢！”乐羊攻占中山国胜利返回，魏文侯虽然奖赏了他的战功，却开始怀疑他的居心。

魏一·西门豹为邺令

西门豹为邺令[1]，而辞乎魏文侯。文侯曰：“子往矣，必就子之功，而成子之名。”西门豹曰：“敢问就功成名亦有术乎？”文侯曰：“有之。夫乡邑老者而先受坐之士，子入而问其贤良之士而师事之，求其好掩人之美而扬人之丑者而参验之。夫物多相类而非也，幽莠之幼也似禾，骊牛[2]之黄也似虎，白骨疑象，武夫类玉，此皆似之而非者也。”

【注释】①西门豹：魏国安邑人。魏文侯时任邺令，是著名的政治家、水利家，把人烟稀少、田地荒芜、无比萧条的邺城治理成魏国的东北重镇。邺令：县级最高行政长官，相当于现在的县长。邺：魏邑，在今河北临漳西南。②骊牛：黑色的牛。

【译文】西门豹担任邺令，向魏文侯辞行。魏文侯说：“您去吧，一定要功成名就。”西门豹说：“请问成就功名也有方法吗？”魏文侯说：“有方法。对于乡邑里的老者就要让他们比其他人先行就座；当有读书士子来到，就把他们中德才兼备的人尊为老师；对于那些喜欢掩盖别人优点而喜欢张扬别人缺点的人，要依据事实进行检验。事物总是似是而非，莠草的幼苗就像禾苗一样，骊牛的皮毛颜色很像老虎，白骨疑似象牙，一种名叫武夫的石头类似美玉，这些都是似是而非的东西啊！”

魏一·文侯与虞人期猎

文侯与虞人[1]期猎。是日饮酒乐，天雨。文侯将出，左右曰：“今日饮酒乐，天又雨，公将焉之？”文侯曰：“吾与虞人期猎，虽乐，岂可不一会期哉！”乃往，身自罢之。魏于是乎始强。

【注释】①虞人：古代掌山泽之官，亦主苑囿田猎。

【译文】魏文侯和虞人约好日期准备一同去打猎。到了那天，魏文侯酒正喝到兴头上，天下起了雨。魏文侯准备出去，身边的大臣说："今天酒喝得正高兴，天又下着雨，您准备到哪里去呢？"魏文侯说："我和虞人约好一同去打猎，虽然现在很高兴，怎么能不按时去赴约呢！"于是动身前往，亲自告诉虞人因为下雨不能与他继续打猎的事。魏国于是逐渐强盛起来。

魏一·魏文侯与田子方饮酒而称乐

魏文侯与田子方[1]饮酒而称乐。文侯曰："钟声不比乎？左高。"田子方笑。文侯曰："奚笑？"子方曰："臣闻之，君明则乐官，不明则乐音。今君审于声，臣恐君之聋于官也！"文侯曰："善，敬闻命。"

【注释】①田子方：魏国人，道家学者，魏文侯的友人及老师。

【译文】魏文侯和田子方一边饮酒，一边谈论音乐。魏文侯说："钟的声音不协调吧？左面的音高。"田子方笑了起来。魏文侯说："你为什么笑？"田子方说："我听说，贤明的国君就喜欢关心国家政事，不贤明的国君就喜欢关心音乐。现在您对音乐是那么了解，我担心您对国家大事就有些搞不明白了！"魏文侯说："好，敬听您的教诲。"

魏一·魏武侯与诸大夫浮于西河

魏武侯①与诸大夫浮于西河②，称曰："河山之险，岂不亦信固哉！"王错侍坐，曰："此晋国③之所以强也。若善修之，则霸王之业具矣。"吴起对曰："吾君之言，危国之道也；而子又附之，是重危也。"武侯忿然曰："子之言有说乎？"

【注释】①魏武侯：魏文侯之子，战国初期魏国国君，公元前395—前370年在位。②西河：是指流经魏国西部的黄河由北向南的那一段。③晋国：即魏国。

【译文】魏武侯和诸位大夫在西河乘船游玩，魏武侯赞叹道："河山如此险要，难道不是真的很坚固吗？"大臣王错陪坐在旁，说："这就是魏国之所以强大的原因啊。如果再好好治理它，那么我们魏国称霸天下的条件就具足了。"吴起接着说："我们君主的话，是要把国家引入危途的言论；可是你又来附和，这就更加危险了。"武侯生气地说："你说这话有什么理由吗？"

吴起对曰："河山之险，不足保也；伯王之业，不从此也。昔者三苗①之居，左彭蠡（lǐ）②之波，右有洞庭③之水，文山④在其北，而衡山⑤在其南。恃此险也，为政不善，而禹放逐之。夫夏桀之国，左天门⑥之阴，而右天谿⑦之阳，庐、皋⑧在其北，伊、洛⑨出其南。有此险也，然为政不善，而汤伐之。殷纣之国，左孟门而右漳、釜⑩，前带河，后被山。有此险也，然为政不善，而武王伐之。且君亲从臣而胜降城，城非不高也，人民非不众也，然而可得并者，政恶故也。从是观之，地形险阻，奚足以霸王矣！”武侯曰：“善。吾乃今日闻圣人之言也！西河之政，专委之子矣。”

【注释】①三苗：古部落名。②彭蠡：湖泊名。在江西省北境，长江以南。即今鄱阳湖。③洞庭：湖泊名。在今湖南省北部。④文山：即岷山。从甘肃西南部延伸至四川北部的一褶皱山脉。⑤衡山：又名南岳、南山，“五岳”之一，位于今湖南衡山西北。⑥天门：即天井关。为晋豫边境雄关，在今山西晋城市境内。⑦天谿：指黄河和济水。⑧庐、皋：均为山名，位于今山西太原、交城一带。⑨伊：即伊河，在河南境内。洛：即洛水。源于陕西洛南，东流经河南省入黄河。古作“雒”。⑩孟门：太行山的隘口，今位于河南辉县西。漳：即漳河。位于河北、河南两省边境。釜：即滏阳河。位于今河北南部。

【译文】吴起回答说：“山河形势的险要，不能确保国家的安全；称王称霸的伟业，也不是从这里开始的。过去三苗部落居住的地方，左有彭蠡湖，右有洞庭湖，文山在他们的北面，衡山在他们的南面。尽管依靠这些天险，可是政事治理不好，大禹就放逐了他们。夏桀的国家，左面是天门险关，右边是黄河和济水，庐、皋二山在他们的北部，伊河和洛水流经他们的南面。尽管有这样的险要，但是仍旧治理不好国政，于是商汤开始讨伐它。殷纣的国家，左边有孟门山，右边有漳水、滏水，前临黄河，后面靠山。尽管有这样的天险，但政务处理不当，周武王就攻占了它。再说，您曾经亲自率领我们占领敌国的城邑，他们的城墙不是不高，百姓不是不多，但是我们依旧能够攻破它，就是因为他们政治腐败的原因啊！由此看来，只凭地形险峻，怎么能说足以成就霸业呢？”武侯说：“您说得真好。我今天终于听到圣人的政论了！西河郡的政务，就全托付给您了。”

魏一·魏公叔痤为魏将

魏公叔痤（cuó）[①]为魏将，而与韩、赵战浍[②]北，禽乐祚[③]。魏王说，郊迎，以赏田百万禄之。公叔痤反走，再拜辞曰：“夫使士卒不崩，直而不倚，挠而不辟者，此吴起余教也，臣不能为也。前脉地形之险阻，决利害之备，使三军之士不迷惑者，巴宁、爨(cuàn)襄[④]之力也。县赏罚于前，使民昭然信之于后者，王之明法也。见敌之可也鼓之，不敢怠倦者，臣也。王特为臣之右手不倦赏臣，何也？若以臣之有功，臣何力之有乎？”王曰：“善。”于是索吴起之后，赐之田二十万，巴宁、爨襄田各十万。

【注释】①公叔痤：战国时期魏国大臣。继田文死后，担任魏国相国，并娶魏国公主为妻。②浍：浍水，汾河的一级支流。发源于山西高原南部临汾市与晋城市的南北分界岭。③乐祚：赵国大将。④巴宁、爨襄：均为魏国将领。

【译文】魏国的公叔痤担任将领，同韩、赵两国在浍水北面展开大战，擒获了赵将乐祚。魏王非常高兴，到郊外迎接公叔痤，并赐给公叔痤田地百万亩作为他的俸禄。公叔痤反身就走，拜了两拜辞谢说：“能使士兵不溃散，勇往直前，百折不挠的，是吴起曾经的教导，我做不到这些。事前勘察复杂、险要的地形，权衡利害关系并加以防备，使将士们不被迷惑的，是巴宁和爨襄的功劳。制定赏罚制度在前，使百姓明白遵守在后，这是大王法度的圣明。看见出兵攻打敌人的时机到了，就击鼓进军奋勇杀敌而不敢懈怠的，那是我的责任。大王只是因为我的右手没有懈怠就赏赐我，这是为什么呢？假如认为我有功劳，那我到底又有什么功劳呢？”魏王说：“说得好。”于是就派人寻找吴起的后人，赏赐他土地二十万亩。同时也赏赐了巴宁和爨襄各十万亩土地。

王曰：“公叔岂非长者哉！既为寡人胜强敌矣，又不遗贤者之后，不掩能士之迹，公叔何可无益乎？”故又与田四十万，加之百万之上，使百四十万。故《老子》曰：“圣人无积，既以为人，己愈有；既以与人，己愈多。”公叔当之矣。

【译文】魏王说：“公叔痤难道不是一个德高望重的人吗！他已经为我打败了强大的敌人，又没有遗忘先贤的后代，不埋没将士、能人的功劳，公叔痤怎么能不得到赏赐呢？”因此魏王又赏赐给公叔痤土地四十万亩，加上之前赏赐的一百万亩，共一百四十万亩土地。《老子》上说：“圣人不去积蓄，只是全心全力地去帮助他人，自己得到的也越来越多；尽自己所能地给予他人，自己也会更充分地拥有。”公叔痤应该就是这样的人啊。

魏一·魏公叔痤病

魏公叔痤病，惠王①往问之。曰：“公叔病，即不可讳，将奈社稷何？”公叔痤对曰：“痤有御庶子公孙鞅②，愿王以国事听之也；为弗能听，勿使出竟[3]。”王弗应，出而谓左右曰：“岂不悲哉！以公叔之贤，而谓寡人必以国事听鞅，不亦悖乎！”

【注释】①惠王：即魏惠王，也称梁惠王，魏武侯之子，魏文侯之孙。公元前369—前319年在位。②公孙鞅：即商鞅。战国时期政治家、改革家、思想家，法家代表人物。③竟：通“境”，边境，国境。

【译文】魏国的公叔痤病重，魏惠王前去探望。说：“您现在病得很重，如果不幸去世，国家该怎么办呢？”公叔痤回答说：“我有个御庶子叫公孙鞅，希望大王把国家政事交给他处理；如果不能这样做的话，一定不要让他离开魏国。”魏惠王没有说话，出来后对身边的大臣说，“真是可悲啊！凭借公叔痤的贤能，却让我把国家大事交给公孙鞅处理，岂不是不明事理吗？”

公叔痤死，公孙鞅闻之，已葬，西之秦，孝公[1]受而用之。秦果日以强，魏日以削。此非公叔之悖也，惠王之悖也。悖者之患，固以不悖者为悖。

【注释】①孝公：即秦孝公。战国时秦国国君，公元前361—前338年在位。

【译文】公叔痤去世了，公孙鞅听到这个消息，等公叔痤下葬后，就向西去到了秦国。秦孝公接纳并重用了他。秦国果然一天比一天强大，而魏国却一天比一天削弱。这不是公叔痤糊涂，而是魏惠王糊涂啊！糊涂者的毛病，就是把不糊涂的人说成是糊涂的人。

魏一·苏秦为赵合从

苏秦为赵合从，说魏王曰："大王之地，南有鸿沟、陈、汝南、许、鄢、昆阳、邵陵、舞阳、新郪（qī）[1]；东有淮、颍、沂、黄、煮枣[2]、海盐、无疏；西有长城之界；北有河外、卷、衍、酸枣[3]，地方千里。地名虽小，然而庐田庑舍之数，曾无所刍牧牛马之地。人民之众，车马之多，日夜行不休已，无以异于三军之众。臣窃料之，大王之国不下于楚。然横人怵[4]王外交强虎狼之秦，以侵天下。卒有国患，不被其祸。夫挟强秦之势，以内劫其主，罪无过此者。且魏天下之强国也，大王天下之贤主也。今乃有意西面而事秦，称东藩，筑帝宫，受冠带，祠春秋，臣窃为大王愧之。

【注释】①鸿沟：古代运河，在今河南省荥阳市，古代连接黄河与淮河的通道。陈：位于今河南省淮阳县一带。汝南：位于今河南南部汝水中游一带。许：位于今河南省许昌市东。鄢：位于今河南省鄢陵县一带。昆阳：位于今河南省叶县北。邵陵：位于今河南省郾城东。舞阳：位于今河南省叶县东南。新郪：位于今安徽省太和县北。②淮、颍、沂、黄：均为水名。煮枣：地名。位于今山东省东明县南。③河外：此处指黄河以南的魏地。卷：位于今河南省原阳西。衍：位于今河南省郑州北。酸枣：位于今河南省延津西南。④怵：引诱，诱惑。

【译文】苏秦为赵国组织合纵联盟，游说魏王说："大王的国土，南有鸿沟、陈、汝南，许、鄢、昆阳、邵陵、舞阳、新郪；东有淮水、颍水、沂水、黄池、煮枣、海盐、无疏；西有长城与秦国为界；

北有河外、卷、衍、酸枣，国土纵横千里。国家的名声虽小，但房屋田舍十分密集，甚至没有地方放牧牛马。人口稠密，车水马龙，日夜川流不息，如同大军正在穿行。我个人认为，大王的国家并不比楚国差。然而那些主张连横的人却想引诱大王与虎狼一般的秦国联合去侵犯天下。倘若国家因此遭受强秦的加害，他们又会对您不管不顾。他们依仗强秦的势力来胁迫自己的君主，罪过没有比这更大的了。魏国是天下的强国，大王是天下的贤主。如今却心甘情愿向西侍奉秦国，自称是秦国东方的属国，为秦王建造行宫，接受秦国的礼仪制度，春秋两季进贡祭品，帮助他们祭祀，我私下里为大王感到惭愧。”

“臣闻越王勾践以散卒三千，禽夫差于干遂[①]；武王卒三千人，革车三百乘，斩纣于牧之野[②]。岂其士卒众哉？诚能振其威也。今窃闻大王之卒，武力[③]二十余万，苍头[④]二十万，奋击[⑤]二十万，厮徒[⑥]十万，车六百乘，骑五千匹。此其过越王勾践、武王远矣！今乃于辟臣之说，而欲臣事秦。夫事秦必割地效质，故兵未用而国已亏矣。凡群臣之言事秦者，皆奸臣，非忠臣也。夫为人臣，割其主之地以求外交，偷取一旦之功而不顾其后，破公家而成私门，外挟强秦之势以内劫其主，以求割地。愿大王之熟察之也。

【注释】①夫差：春秋时吴国末代国君，阖闾之子，公元前495—前473年在位。干遂：位于今江苏吴县西北。②牧之野：即牧野。位于今河南省汲县西南。③武力：严格选拔的步兵。④苍头：指以青巾裹头的军队。⑤奋击：奋力击敌的勇士。⑥厮徒：杂役兵。

【译文】“我听说越王勾践依靠三千疲惫的兵士与吴国作战，在干隧擒获了吴王夫差；周武王也用三千兵士、三百辆战车，在牧野之战中斩杀了商纣王。难道是他们兵力众多吗？实在是因为他们能振奋自己的兵威啊！我个人听说了大王的兵力，有武力二十多万，苍头二十万，奋击二十万，厮徒十万，还有六百辆战车，五千匹战马，这就远远超过越王勾践和武王的兵力了！如今您却听信群臣的话，想要归顺秦国。向秦国臣服必定要割让土地并献上珍宝，所以在没有发生战争的情况下，国家就已经蒙受了损失。群臣之中凡是主张归顺秦国的人，都是奸臣，绝非忠臣。为人臣子，却割让自己国家的土地去讨好外国，只贪图眼前利益却不顾及后患，损害国家利益，去满足个人的私欲，对外倚仗强秦的势力来胁迫自己的君主，以求割让土地给秦国。希望大王慎重考虑。

“《周书》[①]曰：‘绵绵[②]不绝，缦缦[③]奈何？毫毛不拔，将成斧柯。’前虑不定，后有大患。将奈之何？大王诚能听臣，六国从亲，专心并力，则必无强秦之患。故敝邑赵王使使臣献愚计，奉明约，在大王诏之。”魏王曰：“寡人不肖，未尝得闻明教。今主君以赵王之诏诏之，敬以国从。”

【注释】①《周书》：即《逸周书》。②绵绵：细微，连续不断的样子。③缦缦：广远的样子。

【译文】“《周书》上说：‘铲除杂草，在它刚萌芽的时候不进行处理，等到枝叶蔓延时该怎么办呢？在细微的时候不及早铲除，等将来长大了就要用斧子砍了。’事先没有全面的考虑，事后必有大的祸患。到那时又该怎么办呢？如果大王真能听从我的意见，使六国合纵相亲，齐心协力，就必然不会遭受强秦的侵犯。因此，敝国的赵王派我来向您进献愚计，接受您贤明的盟约，最终究竟会如何，全都听从大王的指示。”魏王说：“我没有才能，以前从未有机会听取您这样圣明的指教。现在您以赵王的指示来教导我，我愿意率领全国民众听从您的安排。”

魏一·张仪为秦连横

张仪为秦连横，说魏王曰：“魏地方不至千里，卒不过三十万人。地四平，诸侯四通，条达辐辏，无有名山大川之阻。从郑至梁，不过百里；从陈至梁，二百余里。马驰人趋，不待倦而至。梁南与楚境，西与韩境，北与赵境，东与齐境，卒戍四方。守亭障①者参列，粟粮漕庾②，不下十万。魏之地势，故战场也。魏南与楚而不与齐，则齐攻其东；东与齐而不与赵，则赵攻其北；不合于韩，则韩攻其西；不亲于楚，则楚攻其南。此所谓四分五裂之道也！

【注释】①亭障：边塞险要处，筑墙置亭，使人看守，用以守御。②漕庾：水运中的粮仓。

【译文】张仪为秦国组织连横之事，游说魏王道：“魏国的国土方圆不到千里，士兵不超过三十万。地势四面平坦，与诸侯各国四面通达、交通便利，就好像车轮辐条都集聚在车轴上一样，更没有高山大河的阻隔。从郑国到大梁不过百里；从陈国到大梁，也只有二百多里；无论是车马还是步兵，没等到疲倦就到了魏国。魏国的南面与楚国交界，西面紧挨着韩国，北面靠近赵国，东面与齐国相邻，军队镇守四方，守境的兵士有序排列，存放粮食的仓库，不少于十万。魏国的地势，原本就是战场。如果魏国与南边的楚国亲善而在东边却不与齐国交好，那齐国就会从东面进攻；如果在东面亲近齐国而不与北边的赵国交好，那赵国就会从北面进攻；不与韩国联合，那么韩国就会攻打魏国的西面；不与楚国交好，那魏国的南面就会受到侵犯。这正是人们所说的四分五裂的地理位置啊！

“且夫诸侯之为从者，以安社稷、尊主、强兵、显名也。合从者，一天下，约为兄弟，刑白马以盟于洹水[①]之上，以相坚也。夫亲昆弟，同父母尚有争钱财。而欲恃诈伪反覆苏秦之余谋，其不可以成亦明矣。

【注释】①洹水：源出河南林州林虑山，至内黄县注入卫河。

【译文】“再说各国诸侯之所以组织合纵联盟，是为了国家社稷安定，巩固君位，增强兵力，发扬国威。现在各合纵国把天下当作一家，相互之间结为兄弟，在洹水之滨宰杀白马歃血为盟，以此坚定彼此的信念。然而即使是同一父母所生的亲兄弟，彼此之间尚且还会为钱财争夺，而合纵联盟各国却想凭借虚假的盟约来维持苏秦残损的计策，这必然是不可能成功的。

“大王不事秦，秦下兵攻河外，拔卷、衍、燕[①]、酸枣，劫卫取阳晋[②]，则赵不南；赵不南则魏不北；魏不北则从道绝；从道绝，则大王之国欲求无危，不可得也。秦挟韩而攻魏，韩劫于秦，不敢不听。秦、韩为一国，魏之亡可立而须也。此臣之所以为大王患也。为大王计，莫如事秦，事秦则楚、韩必不敢动；无楚、韩之患，则大王高枕而卧，国必无忧矣。

【注释】①燕：即南燕国。位于今河南省滑县。②阳晋：卫邑。位于今山东郓城县西。

【译文】"如果大王不归顺秦国，那么秦国就会率兵进攻河外，占领卷、衍、燕、酸枣等地，胁迫卫国占领阳晋，那么赵国就不能南下援救魏国；赵国不能南下，那么魏国也就不能北上与赵国联合；魏国不能联合赵国，那么合纵各诸侯国的交通就会断绝。如果合纵各国的交通断绝，那么大王的国家再想没有危险就不可能了。再有，秦国如果挟持韩国来攻打魏国，韩国害怕秦国，一定不敢不服从。秦、韩两国合为一体，那魏国灭亡的日子就近在眼前了，这就是我为大王担心的事情啊。我为大王考虑，不如归顺秦国。归顺了秦国，那么楚、韩两国必然不敢轻举妄动；没有了楚、韩两国的侵扰，大王就可以高枕而卧，国家也一定不会有忧患的事情了。

"且夫秦之所欲弱莫如楚，而能弱楚者莫若魏。楚虽有富大之名，其实空虚；其卒虽众多，然而轻走易北，不敢坚战。悉魏之兵南面而伐，胜楚必矣。夫亏楚而益魏，攻楚而适秦，嫁祸安国，此善事也。大王不听臣，秦甲出而东，虽欲事秦而不可得也。

【译文】“况且秦国最想削弱的就是楚国，而最能削弱楚国的就是魏国。楚国虽然有民富国强的名声，但实际上却很空虚；它的军队人数虽然众多，但容易临阵逃脱，不能打硬仗。如果调动魏国全部兵力向南进攻楚国，必定能大获全胜。这样看来，割裂楚国而魏国就会从中得到好处，损害楚国就会使秦国高兴，把灾祸转嫁出去，就安定了国家，这的确是件好事啊。大王如果不听我的意见，秦国率兵向东进攻魏国，到那个时候即使想归顺秦国也不可能了。

“且夫从人多奋辞而寡可信，说一诸侯之王，出而乘其车；约一国而反，而成封侯之基。是故天下之游士，莫不日夜搤[①]腕、瞋目、切齿以言从之便，以说人主。人主览其辞，牵其说，恶得无眩哉？臣闻积羽沉舟，群轻折轴，众口铄金，故愿大王之熟计之也！”

【注释】①搤：同“扼”。

【译文】“再说那些主张合纵政策的人吧，他们当中大多都夸大其辞、很少有靠得住的，他们只要说服了一个君主，出来的时候就乘坐那个君主赏赐的车子；与一个国家相约反对秦国，就会被封侯。所以天下游说之士，没有不随时随地都扼着手腕、瞪着眼睛、咬牙切齿地宣扬合纵的好处，以图博得国君欢心的。君王们觉得他们能言善辩并且深受影响，又怎能不被迷惑呢？我听过这样的话，羽毛多了也可以把船只压沉，轻的东西装多了也可以把车轴压断，众口一词就足以把金属熔化，所以希望大王能慎重考虑这个问题。”

魏王曰："寡人蠢愚，前计失之。请称东藩，筑帝宫，受冠带，祠春秋，效河外。"

【译文】魏王说："我愚昧无知，以前的算盘打错了。我愿意做秦国东方的藩臣，为秦王修建行宫，接受秦国的礼仪制度，春、秋两季进贡祭品，并献上河外之地。"

魏一·齐魏约而伐楚

齐、魏约而伐楚，魏以董庆①为质于齐。楚攻齐，大败之，而魏弗救。田婴怒，将杀董庆。盰(gàn)夷②为董庆谓田婴曰："楚攻齐，大败之，而不敢深入者，以魏为将内之于齐而击其后。今杀董庆，是示楚无魏也。魏怒合于楚，齐必危矣。不如贵董庆以善魏，而疑之于楚也。"

【注释】①董庆：魏国大臣。②盰夷：齐国大臣。

【译文】齐、魏两国联合共同攻打楚国，魏国把董庆送到齐国去做人质。楚国进攻齐国，大败齐军，而魏国却不去援救。田婴大怒，打算杀了董庆。盰夷为董庆对田婴说："楚国进攻并大败齐国却不敢深入的原因，是因为魏国要使楚军深入到齐国腹地，然后再截击它的后方。现在杀了董庆，就是告诉楚国，齐国和魏国断绝了关系。魏国在盛怒下就会与楚国联合，那齐国一定危险了。您不如尊重董庆，以此来向魏国表示友好，而使得楚国开始怀疑魏国。"

魏一·苏秦拘于魏

苏秦拘于魏，欲走而之齐，魏氏闭关而不通。齐使苏厉[1]为之谓魏王曰："齐请以宋地封泾阳君[2]，而秦不受也。夫秦非不利有齐而得宋地也，然其所以不受者，不信齐王[3]与苏秦也。今秦见齐、魏之不合也，如此其甚也，则齐必不欺秦，而秦信齐矣。齐、秦合而泾阳君有宋地，则非魏之利也。故王不如复东苏秦，秦必疑齐而不听也。夫齐、秦不合，天下无变，伐齐成则地广矣。"

【注释】①苏厉：苏秦的弟弟，著名谋士。②泾阳君：秦昭王的弟弟。封地在今陕西泾阳，故称泾阳君。③齐王：齐闵王。

【译文】苏秦被扣留在魏国，想要逃往齐国，魏国紧闭城门，不让他出去。齐国派苏厉为他对魏王说："齐国请求把宋国的土地分封给泾阳君，可是秦国没有接受。秦国并不是不想同齐国交好，同时又可以得到宋国的土地，然而秦国之所以没有接受的原因，是不相信齐国和苏秦。现在秦国看到齐、魏两国的关系如此恶化，那么齐国必然不会欺骗秦国，而秦国也会相信齐国了。齐、秦两国联合而泾阳君又拥有宋国的土地，这并非对魏国有利。所以大王不如让苏秦回到齐国去，秦国一定怀疑齐国而不相信它。齐、秦两国不能联合，天下诸侯的关系也没有变化，这时讨伐齐国就可以成功了，那么您的土地也扩张了。"

魏一·陈轸为秦使于齐

陈轸为秦使于齐，过魏求见犀首。犀首谢陈轸。陈轸曰："轸之所以来者，事也。公不见轸，轸且行，不得待异日矣。"犀首乃见之。陈轸曰："公恶事乎？何为饮食而无事？"犀首曰："衍不肖，不能得事焉，何敢恶事？"陈轸曰："请移天下之事于公。"犀首曰："奈何？"陈轸曰："魏王使李从①以车百乘使于楚，公可以居其中而疑之。公谓魏王②曰：'臣与燕、赵故矣，数令人召臣也，曰无事必来。今臣无事，请谒而往，无久，旬五之期。'王必无辞以止公。公得行，因自言于廷曰：'臣急使燕、赵，急约车为行具。'"犀首曰："诺。"谒魏王，王许之，即明言使燕、赵。

【注释】①李从：魏国大臣。②魏王：魏惠王。

【译文】陈轸为秦国出使齐国，经过魏国的时候，求见公孙衍。公孙衍拒绝了陈轸。陈轸说："我之所以来这里，是因为有重要的事情。既然您不见我，我就要走了，不能再等了。"公孙衍这才会见了他。陈轸说："您讨厌做事吗？为什么只是吃吃喝喝而没有事可做呢？"公孙衍说："我没有才能，所以才没有事可做，又怎么敢讨厌做事呢？"陈轸说："把天下各诸侯国的政事都交给您处理吧。"公孙衍说："怎么能做到呢？"陈轸说："魏王派李从率领百辆车马出使楚国，您可以从中使楚王对他产生怀疑。您对魏王说：'我与燕、赵两国的国君都是故交，他们多次派人邀请我，说如果没事一定要来。现如今我没什么事，请允许我去拜见他们。我不会去很久，十五天就足够了。’魏王肯定想不到用什么理由来拒绝您。您要是能够出行，就公开说：‘我马上要出使燕、赵两国，请赶快为我准备车马及出行所需的装备。’”公孙衍说：“好。”他便去拜见魏王，魏王答应了他，于是公孙衍就公开宣扬自己要出使燕、赵两国。

诸侯客闻之，皆使人告其王曰：“李从以车百乘使楚，犀首又以车三十乘使燕、赵。”齐王①闻之，恐后天下得魏，以事属犀首，犀首受齐事。魏王止其行。燕、赵闻之，亦以事属犀首。楚王②闻之，曰：“李从约寡人，今燕、齐、赵皆以事因犀首，犀首必欲寡人，寡人欲之。”乃倍李从而以事因犀首。魏王曰：“所以不使犀首者，以为不可。今四国属以事，寡人亦以事因焉。”犀首遂主天下之事，复相魏。

【注释】①齐王：齐威王。②楚王：楚怀王

【译文】各诸侯国派出的人听说这件事后，都派人告诉他们的国君说：“李从率车百辆出使楚国，公孙衍又率车三十辆出使燕、赵两国。”齐王听说后，担心与魏国交好落在其它诸侯后面，就把齐国的国事交给公孙衍，公孙衍接受了齐国的委托。但魏王这时却不允许公孙衍出使。燕、赵两国听说后，也把国事交给了公孙衍。楚王听说后，说：“李从虽然同我有约定，可是现如今燕、齐、赵三国都把国事交给了公孙衍，公孙衍也一定希望我把国事交给他，我也想这么办。”于是就背弃了李从，而把国事交给了公孙衍。魏王说：“我之所以不派公孙衍出使的原因，是因为他不能胜任。现如今四个国家

都把国事交给了他，那我也把国事交给他吧。”公孙衍于是就掌管了五个国家的政事，又重新担任了魏国的相国。

魏一·张仪恶陈轸于魏王曰

张仪恶陈轸于魏王[1]曰：“轸善事楚，为求壤地也，甚力。”左华谓陈轸曰：“仪善于魏王，魏王甚爱之。公虽百说之犹不听也。公不如仪之言为资，而反于楚。”陈轸曰：“善。”因使人先言于楚王。

【注释】①魏王：魏惠王。

【译文】张仪在魏王面前诽谤陈轸说：“陈轸对楚国非常友好，很卖力地为楚国求取土地。”魏人左华对陈轸说：“张仪受到魏王的优待，魏王特别器重他。您即使费尽唇舌，魏王也不会相信您。您不如借着张仪诽谤您的话返回楚国。”陈轸说：“太好了。”于是派人先把张仪的话告诉给楚怀王。

魏一·张仪欲穷陈轸

张仪欲穷陈轸，令魏王召而相之，来将悟之。将行，其子陈应止其公之行，曰：“物之湛者，不可不察也！郑彊[1]出秦曰，应为知。夫魏欲绝楚、齐，必重迎公。郢中不善公者，欲公之去也，必劝王多公之车。公至宋，道称疾而毋行，使人谓齐王曰：‘魏之所以迎我者，欲以绝齐、楚也。”齐王曰：“子东，无之魏而见寡人也，请封子。”因以鲁侯之车迎之。

【注释】①郑彊：原为郑国人，后因郑被韩所灭，成为韩人。

【译文】张仪想陷害陈轸，就让魏王邀请陈轸来做相国，准备等他来了就囚禁他。陈轸准备出行时，他的儿子陈应阻止父亲前去，说：“要深谋远虑，不可以不详察啊。郑彊离开秦国说，陈应是知道该怎么办的。魏国想与楚、齐两国断绝关系，一定会隆重地迎接您。楚国郢都中对您不友好的人，本来就想要让您离开楚国，一定会劝说楚王多给您配备出使的车辆。等您到了宋国，中途就称病，不再前行，派人对齐王说：‘魏国之所以迎接我，是因为他们想要与楚国、齐国断绝关系。’”齐王说：“如果您向东行，没有去魏国而来看望寡人，我一定封赏您。”于是就用鲁侯用过的车马迎接陈轸。

魏一·张仪走之魏

张仪走之魏，魏将迎之。张丑[①]谏于王，欲勿内，不得于王。张丑退。复谏于王曰：“王亦闻老妾事其主妇者乎？子长色衰，重嫁而已。今臣之事王，若老妾之事其主父者。”魏王因不纳张仪。

【注释】①张丑：曾为齐国大臣，善计谋，有辩才。

【译文】张仪到魏国去，魏国打算迎接他。张丑劝阻魏王，想让魏王不要接纳张仪，魏王不听。张丑只好退下。张丑再次向魏王进谏说："大王是否曾听过老妾侍奉主父的事？当女人年长色衰时，只好另寻门路。现如今我侍奉大王，就好比老妾侍奉主父一样。"魏王听后没有接纳张仪。

魏一·张仪欲以魏合于秦、韩而攻齐、楚

张仪欲以魏合于秦、韩而攻齐、楚。惠施欲以魏合于齐、楚以案兵。人多为张子于王所。惠子谓王曰："小事也，谓可者谓不可者正半，况大事乎？以魏合于秦、韩而攻齐、楚，大事也。而王之群臣皆以为可。不知是其可也，如是其明耶？而群臣之知术也，如是其同耶？是其可也，未如是其明也；而群臣之知术也，又非皆同也，是有其半塞也。所谓劫主者，失其半者也！"

【译文】张仪打算让魏国联合秦、韩两国，去攻打齐国和楚国。惠施想让魏国联合齐、楚两国去对抗秦国和韩国，以此来休兵。多数大臣在魏王面前都赞成张仪的主张。惠施对魏王说："一件小事，同意的人与不同意的人恰好各占一半，何况是大事呢？主张魏国联合秦、韩两国，去攻打齐国和楚国，这是大事。而大王的群臣都认为可以做。不知这件事是真的显而易见呢？还是群臣的智谋竟然完全相同呢？这件事是否可行，还没弄明白；大臣们的认识也并非完全相同，这其中有一半人还没有把意见表达出来。所谓胁迫君主，就是有一半的意见都没有听到啊！"

魏一·张子仪以秦相魏

张子仪以秦相魏，齐、楚怒而欲攻魏。雍沮[①]谓张子曰：“魏之所以相公者，以公相则国家安，而百姓无患。今公相而魏受兵，是魏计过也。齐、楚攻魏，公必危矣。”张子曰：“然则奈何？”雍沮曰：“请令齐、楚解攻。”

【注释】①雍沮：张仪的门客。

【译文】张仪依靠秦国的势力在魏国担任相国，齐、楚两国对此很愤怒，就想进攻魏国。雍沮对张仪说：“魏国之所以让您做相国，是认为您做了相国就可以使魏国安宁。如今您出任相国，魏国却因此遭受兵祸，这说明魏国打错了算盘。如果齐、楚两国进攻魏国，那您的地位就危险了。”张仪说：“既然这样，那该怎么办呢？”雍沮说：“请让我去劝说齐、楚两国放弃攻魏。”

雍沮谓齐、楚之君[①]曰：“王亦闻张仪之约秦王乎？曰：‘王若相仪于魏，齐、楚恶仪，必攻魏。魏战而胜，是齐、楚之兵折，而仪固得魏矣；若不胜，魏必事秦以持其国，必割地以赂王。若欲复攻，其敝不足以应秦。’此仪之所以与秦王阴相结也。今仪相魏而攻之，是使仪之计当于秦也，非所以穷仪之道也。”齐、楚之王曰：“善。”乃遽解攻于魏。

【注释】①齐、楚之君：齐宣王、楚怀王。

【译文】雍沮对齐、楚的国君说："大王可曾听说张仪和秦王定有盟约的事情？张仪说：'大王如果能让我到魏国担任相国，齐、楚两国憎恨我，必会攻打魏国。若是魏国战胜，齐、楚两国的兵力就会被削弱，我就顺理成章地在魏国执掌政权；如果魏国战败，魏国定会投靠秦国来保全自己，必会割地给大王。齐、楚两国如果再想进攻魏国，它们已十分疲惫，怎么能能对付秦国呢。'这就是张仪和秦王暗中定有的盟约。现在张仪担任魏相，你们去攻打魏国，会促使张仪的计谋应验，这可不是让张仪难堪的办法。"齐、楚两国的国君都说："说得好。"于是就放弃了攻打魏国。

魏一 · 张仪欲并相秦、魏

张仪欲并相秦、魏，故谓魏王①曰："仪请以秦攻三川②，王以其间攻南阳③，韩氏必亡。"史厌谓昭鱼④曰："公何不以楚佐仪求相之于魏，韩恐亡，必南走楚。仪兼相秦、魏，则公亦必并相楚、韩也。"

【注释】①魏王：魏惠王。②三川：韩地。位于今河南洛阳东北部地区。③南阳：韩地。位于今河南西南部地区。④昭鱼：楚国人，曾担任韩相。

【译文】张仪想同时担任秦、魏两国的相国，就对魏王说："我请求让秦兵去攻打韩国的三川郡，大王可以乘机攻占南阳，韩国一定会灭亡。"史厌对昭鱼说："您为什么不借助楚国的力量去帮助张仪，让他担任魏国的相国，韩国害怕自己灭亡，一定向南归顺楚国。张仪同时担任秦、魏两国的相国，那么您也会同时担任楚、韩两国的相国了。”

魏一·魏王将相张仪

魏王[1]将相张仪，犀首弗利，故令人谓韩公叔[2]曰：“张仪以合秦、魏矣。其言曰：‘魏攻南阳，秦攻三川，韩氏必亡。’且魏王所以贵张子者，欲得地也，则韩之南阳举矣。子盍少委焉，以为衍功，则秦、魏之交可废矣。如此，则魏必图秦而弃仪，收韩而相衍。”公叔以为便，因而委之，犀首以为功，果相魏。

【注释】①魏王：魏惠王。②公叔：韩国相国。

【译文】魏王想要任命张仪为相，公孙衍认为对自己不利，于是派人对韩国的公叔说：“张仪已经联合秦、魏两国，并扬言：‘如果魏国进攻南阳，秦国进攻三川，韩国必定会灭亡。’更何况魏王之所以重用张仪，是想要得到土地，那么韩国的南阳就要被攻占。您何不将小部分土地割让给魏国，以此作为公孙衍的功劳，那么秦、魏两国之间的盟约就可以废除了。如此一来，魏国就会图谋秦国而抛弃张仪，还会亲近韩国并任命公孙衍为相国。”公叔认为这样对韩国有利，因而将南阳割给魏国，以此作为公叔衍的功劳，公叔衍果然做了魏相。

魏一·楚许魏六城

楚许魏六城，与之伐齐而存燕。张仪欲败之，谓魏王曰："齐畏三国[①]之合也，必反燕地以下楚、赵，楚、赵必听之，而不与魏六城。是王失谋于楚、赵，而树怨于齐、秦也。齐遂伐赵，取乘丘[②]，收侵地，虚[③]、顿丘危。楚破南阳、九夷[④]，内沛[⑤]，许、鄢陵危。王之所得者新观[⑥]也。而道涂宋、卫为制。事败为赵驱，事成功县宋、卫。"魏王弗听也。

【注释】①三国：楚、赵、魏。②乘丘：古邑名。位于今山东省兖州市西北。③虚：魏邑。位于今河南省延津东南。④南阳：齐邑。位于今山东省泰山以南、汶河以北地区。九夷：位于楚国和齐国的接壤处。⑤沛：齐邑。位于今江苏省沛县。⑥新观：齐邑。位于今河南省清丰南。

【译文】楚国答应给魏国六座城池，同它一起去攻打齐国，以保全燕国。张仪想要破坏这个计划，便对魏王说："齐国害怕楚、赵、魏三国联合，一定会归还燕国的土地，并且谦恭地对待楚国和赵国，楚、赵两国一定会同意的，因而楚国就不会给魏国六座城池了。这是大王失策于楚国和赵国，而又与齐国和秦国结了仇。齐国会因此攻打赵国，攻下乘丘，收回被侵占的土地，魏国的虚和顿丘就会危险了。楚国攻取南阳、九夷，侵入沛地，魏国的许、鄢陵就危险了。大王所能得到的就只有新观了，而去往新观的道路又受到宋国和卫国的控制。讨伐齐国失败，就会被赵国所驱使；讨伐齐国成功，又会受到宋国和卫国的限制。"魏王没有听从。

魏一·张仪告公仲

张仪告公仲，令以饥故，赏韩人以近河外。魏王惧，问张子。张子曰："秦欲救齐，韩欲攻南阳，秦、韩合而欲攻南阳无异也。且以遇卜王。王不遇秦，韩之卜也决矣。"魏王遂尚遇秦，信韩、广魏、救赵，尺[①]楚人遽于华下[②]。伐齐之事遂败。

【注释】①尺：通"斥"。②华下：韩邑。位于今河南省新郑北。

【译文】张仪告诉韩相公仲，让他以韩国遭受饥荒为由，让饥民去靠近河外的地方就食。魏王很害怕，就去问张仪。张仪说："秦国要援救齐国，韩国要攻取南阳，秦、韩两国要联合起来进攻南阳的态度是一致的。况且他们会根据大王是否参加会晤来推断大王的态度。如果大王不与秦国交好，韩国对大王的推测就得到了肯定。"于是魏王就与秦国会晤，取信于韩国，同时也安慰了魏国，解救了赵国，斥责了楚国派到华下的使者。攻打齐国的事也就失败了。

魏一·徐州之役

徐州[①]之役，犀首谓梁王[②]曰："何不阳与齐而阴结于楚？二国恃王，齐、楚必战。齐战胜楚，而与乘之，必取方城之外；楚战胜齐，而与乘之，是太子之仇[③]报矣。"

【注释】①徐州：齐邑。位于今山东省滕州市东南。②梁王：魏惠王。③太子之仇：指魏太子申在公元前341年的齐、魏马陵之战中被杀一事。

【译文】徐州之战即将爆发，公孙衍对魏王说："何不表面上帮助齐国而暗地里与楚国联络呢？齐、楚两国都认为只要依靠大王，就一定会取得胜利。如果齐国能战胜楚国，我们就乘机与它联合攻打楚国，定会取得方城以北的土地；如果楚国战胜齐国，我们就乘机与它联合攻打齐国，太子被杀之仇就可以报了。"

魏一·秦败东周与魏于伊阙

秦败东周与魏于伊阙[①]，杀犀武[②]，乘胜而留于境。魏令公孙衍请卑辞割地以讲于秦。

【注释】①伊阙：位于今河南洛阳市南。②犀武：魏国将领。

【译文】秦国在伊阙打败了东周和魏国的联军，杀了魏将犀武，乘胜驻扎在伊阙境内。魏国派公孙衍到秦国，用卑下的言辞答应割让土地，请求讲和。

为窦屡[①]谓魏王曰："臣不知衍之所以听于秦之少多，然而臣能半衍之割，而令秦讲于王。"王曰："奈何？"对曰："王不若与窦屡关内侯，而令之赵。王重其行而厚奉之，因扬言曰：'闻周、魏令窦屡以割魏地于奉阳君而听秦矣。'夫周君、窦屡、奉阳君之与穰侯，贸首之仇也。今行和者，窦屡也；制割者，奉阳君也。太后恐其不因穰侯也，而欲败之，必以少割请和于王，而和于东周与魏也。"

【注释】①寠屡：魏国大臣。

【译文】有人为寠屡对魏王说："我不知道公孙衍答应给秦国多少土地，但是我能用公孙衍答应割让土地的一半，让秦国与大王讲和。"魏王说："那该怎么办呢？"这人回答说："大王不如让寠屡做关内侯，让他出使赵国，使赵王重视他的这次出行而且给他优厚的待遇。与此同时，扬言说：'听说东周与魏国已让寠屡割让魏国土地给赵国的奉阳君，从而听命于秦国。'东周君、寠屡、奉阳君与穰侯是不共戴天的仇人。现在进行讲和的是寠屡；控制割地的是奉阳君。秦国太后担心这件事不是由穰侯办成，就想从中破坏，一定会同意少割地，要求秦王与东周和魏国讲和。"

魏一·齐王将见燕、赵、楚之相于卫

齐王将见燕、赵、楚之相于卫，约外魏。魏王惧，恐其谋伐魏也，告公孙衍。公孙衍曰："王与臣百金，臣请败之。"王为约车，载百金。犀首期齐王至之日，先以车五十乘至卫间齐，行以百金，以请先见齐王。乃得见，因久坐，安从容谈。三国之相怨。

【译文】齐王准备在卫国同燕、赵、楚三国的相国会面，却把魏国排斥在外。魏王很害怕，担心齐国和三国合谋进攻魏国，魏王就把这件事告诉了公孙衍。公孙衍说："大王给我百金，我愿意去破坏他们的计谋。”魏王便为他准备车马，载上百金。公孙衍估计好齐王到达卫国的时间，便先率车五十辆到达卫国，私下以百金送给齐国的使者，请求拜见齐王。等见到齐王就长时间坐在那里，从容不迫地交谈，那三个国家派来会晤的相国都十分不满。

谓齐王曰：“王与三国约外魏，魏使公孙衍来，今久与之谈，是王谋三国也已。”齐王曰：“魏王闻寡人来，使公孙子劳寡人，寡人无与之语也。”三国之相不信齐王之遇，遇事遂败。

【译文】有人对齐王说：“大王与燕、赵、楚三国会晤，没有邀请魏国，魏国却派公孙衍前来，今天您长时间同他交谈，这是大王与他合谋对付燕、赵、楚三国啊。”齐王说：“魏王听说我来到卫国，派公孙衍来慰劳我，我没有同他密谈什么啊。”三个国家的相国都不相信齐王的话，因此会晤的事就被破坏了。

魏一·魏令公孙衍请和于秦

魏令公孙衍请和于秦，綦（qí）母恢[①]教之曰：“无多割。和成固有秦重，以与王遇；和不成，则后必莫能以魏合于秦者矣。”

【注释】①綦母恢：周臣。

【译文】魏国派公孙衍向秦国求和，这时周相国綦母恢指点他说：“不要多割让土地给秦国。如果讲和成功，必然会得到秦国的支持，受到魏王的重视；如果讲和不成，那么以后再也没有人能使魏、秦两国联合了。”

魏一·公孙衍为魏将

公孙衍为魏将，与其相田需不善。季子[①]为衍谓梁王曰：“王独不见夫服牛骖骥乎？不可以百步。今王以衍为可使将，故用之也；而听相之计，是服牛骖骥也。牛马俱死，而不能成其功，王之国必伤矣！愿王察之。”

【注释】①季子：即季梁，杨朱的友人。

【译文】公孙衍担任魏国大将，他与相国田需的关系不好。宾客季子为公孙衍对魏王说：“大王难道没见过用牛和良马同驾一车吗？走不上百步就无法前进了。现在大王认为公孙衍是可以领兵的将才，所以任用他；然而您又总听信相国田需的意见，这明显是用牛和马同时并驾一车的做法啊。最后牛和马都会倒毙，不能成功，到那时，大王的国家利益必定要受到损害啊！希望大王明察。”

扫码听谦德
君为您导读

卷二十三 魏策二

魏二·犀首、田盼欲得齐、魏之兵以伐赵

犀首、田盼[①]欲得齐、魏之兵以伐赵，梁君与田侯[②]不欲。犀首曰："请国出五万人，不过五月而赵破。"田盼曰："夫轻用其兵者，其国易危；易用其计者，其身易穷。公今言破赵大易，恐有后咎。"

【注释】①田盼：齐国大将。②梁君：魏惠王。田侯：齐威王。

【译文】公孙衍和田盼想率领齐、魏两国的军队去攻打赵国，可是魏王和齐王都不同意。公孙衍说："我请两国各出兵五万，不出五个月就能攻破赵国。"田盼说："轻易动用兵力的人，他们的国家容易陷入危险；轻易使用计谋的人，他们自己也容易陷入困境。您现在把攻下赵国说得也太容易了，恐怕会招来后患。"

犀首曰："公之不慧也。夫二君者，固已不欲矣，今公又言有难以惧之，是赵不伐而二士之谋困也。且公直言易，而事已

去矣。夫难拘而兵结，田侯、梁君见其危，又安敢释卒不我予乎？”田盼曰：“善。”遂劝两君听犀首。犀首、田盼遂得齐、魏之兵。兵未出境，梁君、田侯恐其至而战败也，悉起兵从之，大败赵氏。

【译文】公孙衍说：“您太糊涂了。齐、魏两国君主本来就不同意出兵。您现在又说出困难来吓唬他们，让他们心生畏惧，这样，不但不能攻打赵国，我们两人的计划也要落空了。如果您干脆就说很容易，那么战事就开始了。等到双方交战，短兵相接，齐王和魏王看到形势危急，又怎么敢不给我们派兵增援呢？”田盼说：“好。”于是就劝说齐、魏两位君主听从公孙衍的意见。公孙衍、田盼就得到了齐、魏两国军队的指挥权。军队还没有开出国境，魏王和齐王担心他们到了赵国会战败，就调集全部军队作为后援紧随其后，最后彻底击败了赵军。

魏二·犀首见梁君曰

犀首见梁君[①]曰：“臣尽力竭知，欲以为王广土取尊名，田需从中败臣，王又听之，是臣终无成功也。需亡，臣将侍；需侍，臣请亡。”王曰：“需，寡人之股掌之臣也。为子之不便也，杀之亡之，外之毋谓天下何，内之无若群臣何也！今吾为子外之，令毋敢入子之事。入子事者，吾为子杀之亡之，胡如？”犀首许诺。于是东见田婴[②]，与之约结，召文子[③]而相之魏，身相于韩。

【注释】①梁君：魏襄王。②田婴：号靖郭君。战国时期齐国宗室、大臣。③文子：即田婴子田文。

【译文】公孙衍拜见魏王说："我想尽办法为大王扩张疆土，取得至高无上的名分，可田需总是从中阻挠，大王您又听信他的谗言，这使得我想做的事情一直没有成功。田需要能离开，我愿意留下来侍奉您；田需要是留下来侍奉您，那我就请求离开。"魏王说："田需，是寡人的左右手。怎能因为您对他有意见，寡人就杀了他或让他离开呢，无论是朝中的群臣还是外面的人，都会对此不以为然的！现在我让他站在一边，不再干预您的事。要是他从中破坏，我就为您杀了他或让他离开，您看怎么样？"公孙衍答应了。于是就向东来到齐国，与田婴会面，和他缔结了盟约，召来田文做了魏国的相国，自己则做了韩国的相国。

魏二·苏代为田需说魏王曰

苏代为田需说魏王[①]曰："臣请问文之为魏，孰与其为齐也？"王曰："不如其为齐也。""衍之为魏孰与其为韩也？"王曰："不如其为韩也。"而苏代曰："衍将右韩而左魏，文将右齐而左魏。二人者，将用王之国举事于世，中道而不可，王且无所闻之矣。王之国虽操药而从之可也。王不如舍需于侧，以稽二人者之所为。二人者曰：'需非吾人也，吾举事而不利于魏，需必挫我于王。'二人者，必不敢有外心矣。二人者之所为，利于魏与不利于魏，王厝（cuò）[②]需于侧以稽之，臣以为便于事。"王曰："善。"果厝需于侧。

【注释】①魏王：魏襄王。②厝：放置，安置。

【译文】苏代为田需游说魏王说：“我冒昧地请问大王，田文对魏国和齐国哪一个更尽力呢？”魏王说，“他对魏国不及对齐国尽力。”苏代又问：“公孙衍对魏国和韩国哪一个更尽力呢？”魏王说：“他对魏国不如韩国尽力。”苏代说：“公孙衍日后一定会亲近韩国而疏远魏国；田文也会亲近齐国而疏远魏国。这两个人将要利用大王的国家在诸侯间办事，办事过程中如果发生什么问题，大王却无从知晓。大王的国家现在重病垂危，急需医治。大王不如把田需安置在身边，随时观察他们二人的所作所为。这二人就会想：‘田需不是我们的人，如果我们办事不利于魏国，他一定会报告给魏王。’他们二人一定不敢再有外心。他们的所作所为，有利于魏国和不利于魏国的，大王把田需安置在身边考察他们，我认为这样会方便处理。”魏王说：“好吧。”果然把田需安置在了身边。

魏二·史举非犀首于王

史举[①]非犀首于王，犀首欲穷之，谓张仪曰：“请令王让先生以国，王为尧、舜矣；而先生弗受，亦许由也。衍请因令王致万户邑于先生。”张仪说，因令史举数见犀首。王闻之而弗任也，史举不辞而去。

【注释】①史举：甘茂的老师，楚国下蔡守城门的人。

【译文】史举在魏惠王面前污蔑公孙衍，公孙衍想让史举陷于困境，就对张仪说：“我去请求魏王把魏国的政权让给您，魏王就成了尧、舜一样的贤君了；如果您不肯接受，就会和贤人许由一样。接下来我再让魏王赐给先生万户之邑。”张仪听后很是高兴，于是就让史举多次与公孙衍会面。魏王听说后，认为史举表里不一，便不再信任他，史举只好不告而别了。

魏二·楚王攻梁南

楚王攻梁南，韩氏因围蔷[①]。成恢[②]为犀首谓韩王曰："疾攻蔷，楚师必进矣。魏不能支，交臂而听楚，韩氏必危，故王不如释蔷。魏无韩患，必与楚战，战而不胜，大梁不能守，而又况存蔷乎？若战而胜，兵罢敝，大王之攻蔷易矣。"

【注释】①蔷：魏邑，今在河南新安县西北。②成恢：魏国人。

【译文】楚怀王派兵进攻魏国南面，韩国乘机围困了魏国的蔷邑。成恢为公孙衍对韩宣惠王说："韩军猛攻蔷地，楚国必然也会进攻。魏国支持不住，就会归顺楚国，那么韩国就会因孤立无援而发生危险，所以大王最好放弃进攻蔷地。魏国没了韩国的威胁，就一定会同楚国交战，如果战败，首都大梁都会难保，又何况蔷邑呢？如果胜利，士兵也会疲惫不堪，大王再攻打蔷邑就容易多了。"

魏二·魏惠王死

魏惠王死[①]，葬有日矣。天大雨雪，至于牛目，坏城郭，且为栈道而葬。群臣多谏太子者，曰："雪甚如此而丧行，民必甚病之。官费又恐不给，请驰期更日。”太子[②]曰：“为人子而以民劳与官费用之故，而不行先王之丧，不义也。子勿复言。”群臣皆不敢言，而以告犀首。犀首曰：“吾未有以言之也，是其唯惠公[③]乎！请告惠公。”

【注释】①魏惠王死：事发于公元前319年。②太子：即继位后的魏襄王。③惠公：魏国大臣惠施。

【译文】魏惠王死后，下葬的日子已经确定下来。可是却赶上天降大雪，积雪深达数尺，城郭都被毁坏了，准备修栈道来安葬魏惠王。群臣都去劝阻太子，说：“雪下得这么大还要举行葬礼，百姓一定会感到非常困苦。国家的经费恐怕也不充足，希望太子可以暂缓时间，另外择日安葬。”太子说：“身为人子只因为百姓困苦和国家经费不足，就不按期举行先王的葬礼，这不合乎礼法。你们不要再说了。”群臣都不敢再去劝说，就把这件事告诉了公孙衍。公孙衍说：“我也没什么好办法，这事只能靠惠公来解决了！你们去告诉惠公吧。”

惠公曰：“诺。”驾而见太子。曰：“葬有日矣？”太子曰：“然。”惠公曰：“昔王季历[①]葬于楚山之尾，栾水[②]啮其墓，见棺之前和。文王曰：‘嘻！先君必欲一见群臣百姓也夫，故使栾水见之。’于是出而为之张于朝，百姓皆见之，三日而后更葬。此文王之义也。今葬有日矣，而雪甚及牛目，难以行，太子为及日之故，得毋嫌于欲亟葬乎？愿太子更日。先王必欲少留而扶社稷、安黔首也，故使雪甚。因驰期而更为日，此文王之义也。

若此而弗为，意者羞法文王乎！”太子曰：“甚善。敬驰期，更择日。”

【注释】①王季历：周文王的父亲。②栾水：从地下渗出的水。

【译文】惠公听到此事后说：“好吧。”于是就驾车去见太子。说：“安葬先王的日期已经定下来了吗？”太子说：“定下来了。”惠公说：“从前周王季历埋葬在楚山脚下，渗出来的水冲坏了他的坟墓，棺材头部的横木都露了出来。周文王说：‘唉！先王一定是想再见各位大臣和百姓一面吧，所以才让渗漏的水把棺木冲了出来。’于是文王就把棺木挖出来放在朝堂之上，用幕布遮起来，百姓和群臣都来朝见，三天以后才重新安葬。这是文王的义举啊。现在葬期虽然已经定了下来，可是雪下得很大，厚度都要没过牛眼了，葬礼很难正常举行，太子为了能按期下葬就不顾困难，这是不是显得太急躁了呢？希望太子还是另外选择一个日期安葬先王。先王一定是想停留一下来亲近他的国家，安顿他的子民，所以雪才下得这么大。因此推迟葬期而另外选择吉日，这是如文王一般的大义。如果您依然坚持决定，我会认为您是羞于效法文王啊！”太子说：“你说得太对了。那我就推迟葬期，另外再重新选择吉日安葬先王。”

惠子非徒行其说也，又令魏太子未葬其先王而因又说文王之义。说文王之义以示天下，岂小功也哉！

【译文】惠子不仅说服太子采纳了自己的建议，又让魏太子没有强行安葬先王，并阐释了文王的义举。将文王的道义彰显于天下，这个功劳可真不小啊!

魏二·五国伐秦

五国伐秦,无功而还。其后,齐欲伐宋,而秦禁之。齐令宋郭①之秦,请合而以伐宋。秦王②许之。魏王畏齐、秦之合也,欲讲于秦。

【注释】①宋郭:齐国人。②秦王:秦昭王。

【译文】齐、赵、燕、魏、韩五国联合攻打秦国,没有成功就收兵了。此后,齐国要进攻宋国,秦国制止了它。齐国派宋郭去秦国,请求与秦国联合进攻宋国,秦王答应了。魏王害怕齐、秦两国联合,想与秦国讲和。

谓魏王①曰:"秦王谓宋郭曰:'分宋之城,服宋之强者,六国也。乘宋之敝,而与王②争得者,楚、魏也。请为王毋禁楚之伐魏也,而王独举宋。王之伐宋也,请刚柔而皆用之。如宋者,欺之不为逆,杀之不为雠者也。王无与之讲以取地,既已得地矣,又以力攻之,期于啖宋而已矣。'

【注释】①魏王:魏昭王。②王:齐闵王。

【译文】苏秦对魏王说:"秦王对宋郭说:'瓜分宋国的城邑,制服宋国逞强的是六国。趁着宋国衰弱,而与齐王争利的是楚国和魏国。请您对齐王说,不要阻止楚国去进攻魏国,那么齐王就可以独自攻取宋国了。齐王进攻宋国，请使用刚柔并用的办法。像宋国这样的国家，欺侮它不能算违背道德，灭掉它也不能算结下仇怨。大王不要再和宋国讲和来得到土地，已经得到土地了又加紧进攻，目的只是要灭掉宋国而已。’

“臣闻此言，而窃为王悲。秦必且用此于王矣，又必且困王以求地，既已得地，又且以力攻王。又必讲王，因使王轻齐，齐、魏之交已丑，又且收齐以更索于王。秦尝用此于楚矣，又尝用此于韩矣。愿王之深计之也。

【译文】“我听了这些话，私下为大王感到悲哀。秦国一定会用这种方法来对付大王，也定会要挟大王来索求土地，已经得到了土地，又会用武力来进攻大王。它又会与大王讲和，于是让大王轻视齐国，等到齐国和魏国的关系恶化，它又会联合齐国，更加得寸进尺地向大王索要土地。秦国曾对楚国用过这种办法，又曾对韩国也用过这种办法，希望大王慎重考虑这件事。

“秦善魏不可知也已。故为王计，太上伐秦，其次宾秦，其次坚约而详讲，与国无相离也。秦、齐合，国不可为也已。王其听臣也，必无与讲。

【译文】“秦国对魏国友好的居心是深不可测的。所以为大王考虑，最上策是讨伐秦国，中策是排斥秦国，下策是坚守合众盟约而同秦国继续假意讲和，同其它盟国之间保持密切的关系。秦国和齐国联合，魏国就不能有什么作为了。大王还是听我的，一定不要同秦国讲和。

“秦权重，魏冉明孰，是故又为足下伤秦者，不敢显也。天下可令伐秦，则阴劝而弗敢图也。是天下之伤秦也，则先鬻（yù）与国而以自解也。天下可令宾秦，则为劫于与国而不得已者。天下不可，则先去，而以秦为上交以自重也。如是人者，鬻王以为资者也，而焉能免国于患？

【译文】“秦国势力强大，秦相魏冉又十分熟悉各诸侯间的情况，因此有为大王损害秦国的，也不敢明显表现出来。天下诸侯可以合力攻秦，却只是在暗中进行而不敢公开图谋。看到诸侯伤害秦国的时候，就会先出卖盟国来解脱自己。天下诸侯可以合力排斥秦国，但只能说是受到盟国的胁迫，不得已而为之。诸侯认为不能进攻秦国，自己就会抢先背叛盟国，而把秦国作为友好邻邦来保全自己。像这样的人，是把出卖大王当作资本，这怎么能免除国家的忧患呢？

“免国于患者，必穷三节而行其上，上不可则行其中，中不可则行其下，下不可则明不与秦两生以残秦，使秦皆无百怨百利，唯已之曾安。令足下鬻之以合于秦，是免国于患者之计也。臣何足以当之！虽然，愿足下之论臣之计也。

【译文】“可以使国家免除祸患的人，一定要深入研究上、中、下三等计策之后，首先推行上策，上策不行，就推行中策，中策不行就推行下策，下策不行，就表明与秦国势不两立，必须一举击败秦国，使秦国没有过多的怨恨和贪婪，只有停止攻打魏国才能得到安宁。现在有人让您出卖盟国来同秦国联合，认为这是免除国家祸患的计策，我不知道这样做的可取之处在哪里！但是，我还是希望您能慎重考虑我的计策。

“燕，齐雠国也，秦兄弟之交也。合雠国以伐婚姻，臣为之苦矣。黄帝战于涿鹿之野，而西戎之兵不至；禹攻三苗，而东夷之民不起。以燕伐秦，黄帝之所难也，而臣以致燕甲而起齐兵矣。

【译文】“燕国和齐国是仇敌，而燕国与秦国是兄弟之交，如果使相互敌对的燕国和齐国联合起来攻打燕国的盟友秦国，我认为这很难办到。黄帝和蚩尤在涿鹿之野大战时，蚩尤的兄弟之邦西戎的军队没有来支援黄帝；大禹攻打三苗，三苗的兄弟之邦东夷也没有起来响应大禹。让燕国进攻秦国，就算是黄帝也很难做到，可是我已经让燕、齐两国发兵了。

“臣又偏事三晋之吏，奉阳君、孟尝君、韩珉、周最、韩徐为[①]从而下之，恐其伐秦之疑也，又身自丑于秦。初之请焚天下之秦符者，臣也；次传焚符之约者，臣也；欲使五国约闭秦关者，臣也。奉阳君、韩徐为既和矣，苏脩、朱婴[②]既皆阴在邯郸，臣又说齐王而往败之。天下共讲，因使苏脩游天下之语，而以齐为上交，兵请伐魏。臣又争之以死，而果西因苏脩重报。臣非不知秦权之重也，然而所以为之者，为足下也。”

【注释】①韩徐为：赵国大臣。②苏脩、朱婴：皆为主张连横之人。

【译文】“我和韩、魏、赵三国的官吏都有交往，对奉阳君、孟尝君、韩珉、周最、韩徐为等人谦恭卑下，我担心他们对攻打秦国一事犹豫不定，而我自身又与秦国关系恶化。当初，请求各诸侯与秦国断绝往来的是我；联合五国不与秦国通好的，也是我。奉阳君、韩徐为已经同意进攻秦国，主张连横的苏脩、朱婴都已暗中留在了邯郸，我又游说齐王去瓦解了苏脩和朱婴的阴谋。诸侯缔结成共同攻打秦国的盟友，于是秦国就派苏脩去游说各国诸侯，使得他们无法形成联合攻秦的统一战线，而把齐国当成友好盟国，请求齐国发兵攻打魏国。我又以死相劝，并让苏脩西入秦国把齐国并不想攻打魏国的消息告诉给秦王。我并不是不知道秦国势力的强大，然而我之所以这样做的原因，都是为了足下您啊。”

魏二·田需、周宵相善

田需、周宵[1]相善，欲罪犀首。犀首患之，谓魏王曰：“今所患者，齐也。婴子言行于齐王，王欲得齐，则胡不召文子而相之？彼必务以齐事王。”王曰：“善。”因召文子而相之。犀首以倍田需、周宵。

【注释】①周宵：魏国大臣。

【译文】田需、周宵关系很好，他们想要加罪于公孙衍。公孙衍担心此事，就对魏襄王说："现在所要担忧的是齐国。齐宣王对田婴的话言听计从，大王想要和各国交好，为什么不召请田婴的儿子田文来担任魏国的相国呢？他一定会使齐国友好地对待大王。"魏王说："太好了。"于是召来田文任命他为相国。公孙衍便让田文去反对田需和周宵。

魏二·魏王令惠施之楚

魏王令惠施[1]之楚，令犀首之齐。钧[2]二子者乘数，钧将测交也。施因令人先之楚，言曰："魏王令犀首之齐，惠施之楚，钧二子者乘数，将测交也。"楚王闻之，因郊迎惠施。

【注释】①魏王：魏惠王。惠施：当时为魏国相国。著名政治家、哲学家，名家学派的主要代表人物，合纵抗秦的主要组织者。②钧：通"均"，同样的，对等的，相等的。

【译文】魏王命惠施出使楚国，命公孙衍出使齐国。两人出使的车辆数相等，这样做是要推测两国与魏国交情的深浅。惠施于是派人先去楚国，声言说："魏王派公孙衍出使齐国，派惠施出使楚国，两人出使所带的随从车辆数相同，将以此来推测两国与魏国交情的深浅。"楚王听说后，就亲自到郊外迎接惠施。

魏二·魏惠王起境内众

魏惠王起境内众，将太子申而攻齐。客谓公子理[①]之傅曰：“何不令公子泣王太后，止太子之行？事成则树德，不成则为王矣。太子年少，不习于兵。田盼宿将[②]也，而孙子[③]善用兵，战必不胜，不胜必禽。公于争之于王，王听公子，公子必封；不听公子，太子必败；败，公子必立；立，必为王也。”

【注释】①公子理：太子申的弟弟。②宿将：作战经验丰富的老将。③孙子：即孙膑。战国时期著名的军事家，孙武的后代。

【译文】魏惠王调动全国的军队，任命太子申为将攻打齐国。有人对公子理的老师说：“为什么不让公子理到王太后那里去哭诉，以此阻止太子出征呢？如果事情成功，太子申就会感激公子理；如果不成功，那被立为王的就是公子理了。太子申年少，不熟悉用兵。而田盼是齐国久经沙场的老将，孙膑又善于用兵，太子此次出战必定不能取胜，战败后定会被擒。公子理在大王面前力争，如果大王听从公子理的建议，公子理一定会受到封赏；如果不听从，太子申一定会战败；战败后，公子理一定会被立为太子；立为太子后，一定会继承王位。”

魏二·齐、魏战于马陵

齐、魏战于马陵[①]，齐大胜魏，杀太子申，覆十万之军。魏王[②]召惠施而告之曰：“夫齐，寡人之仇也，怨之至死不忘。国虽小，吾常欲悉起兵而攻之，何如？”对曰：“不可。臣闻之，王者得度，而霸者知计。今王所以告臣者，疏于度而远于计。王固先属怨于赵，而后与齐战。今战不胜，国无守战之备，王又欲悉起而攻齐，此非臣之所谓也。王若欲报齐乎，则不如因变服折节而朝齐，楚王[③]必怒矣。王游人而合其斗，则楚必伐齐，以休楚而伐罢齐，则必为楚禽矣。是王以楚毁齐也！”魏王曰：“善。”乃使人报于齐，愿臣畜而朝。田婴许诺。

【注释】①马陵：位于今河北大名东南。②魏王：魏惠王。③楚王：楚威王。

【译文】齐国和魏国在马陵开战，齐国打败了魏国，杀了魏国太子申，歼灭魏军十万大军。魏惠王召见惠施告诉他说：“齐国是我的敌人，我对它的怨恨，至死也不会忘记。魏国虽小，我常想调动全部兵力去进攻齐国，您觉得怎么样？”惠施回答说：“不可以这样做。我听说，王者要有宽宏大量的气度，称霸者要懂得使用计谋。如今大王告诉我的话，气度狭小、谋略不当。大王本来先同赵国结下仇怨，而后又同齐国作战。现如今战败，国家没有守卫作战的准备，大王又要调动全部兵力进攻齐国，这不是我所说的王者风范。大王如果想报复齐国，不如脱下君主的服装卑躬折节去朝拜齐国，楚威王一定会大怒。大王派人到齐、楚两国游说，促使它们相互争斗，那么楚国一定会攻打齐国，以休整后的楚国去进攻疲敝的齐国，齐国定会被楚国击败。这是大王用楚国来毁掉齐国啊！”魏惠王说：“太好了。”就派人向齐国报告，魏王愿意称臣朝拜，田婴答应了。

张丑[①]曰："不可。战不胜魏，而得朝礼，与魏和而下楚，此可以大胜也。今战胜魏，覆十万之军而禽太子申，臣万乘之魏而卑秦、楚，此其暴戾定矣。且楚王之为人也，好用兵而甚务名，终为齐患者，必楚也！"田婴不听，遂内魏王，而与之并朝齐侯再三。赵氏丑之。楚王怒，自将而伐齐，赵应之，大败齐于徐州。

【注释】①张丑：齐国大臣。

【译文】张丑说："不行。如果我们打不赢魏国，互行朝见之礼，与魏国讲和而共同攻楚，这可以获得大胜。如今战胜魏国，歼灭了它十万大军，而且擒杀了太子申，使拥有万辆兵车的魏国俯首称臣而轻视秦国和楚国，齐王定会暴戾行事。况且楚王的为人，喜欢用兵而且很想出名，最终成为齐国大患的，一定是楚国啊！"田婴没有听从，于是接纳魏王，并同他多次一起朝见齐侯。赵国感到羞辱。楚王大怒，亲自率兵进攻齐国，赵国响应楚王的行动，在徐州大败齐军。

魏二·惠施为齐、魏交

惠施为齐、魏交，令太子鸣为质于齐。王[①]欲见之，朱仓[②]谓王曰："何不称病？臣请说婴子曰：'魏王之年长矣，今有疾，公不如归太子以德之。不然，公子高[③]在楚，楚将内而立之，是齐抱空质而行不义也。'"

【注释】①王：魏惠王。②朱仓：魏国大臣。③公子高：魏国公子。

【译文】惠施为了齐、魏两国的邦交，让魏太子鸣去齐国做人质。魏王想见太子鸣，朱仓对魏王说："大王为何不称自己生病？我愿去说服田婴说：'魏王年事已高，现在有病，您不如让太子鸣回国，以施恩于魏国。不然，公子高在楚国，楚国定会送回公子高，立他为太子，如此一来，齐国就留了一个空有其名的人质，又做了不合情理的事情。'"

魏二·田需贵于魏王

田需贵于魏王，惠子曰："子必善左右。今夫杨，横树之则生，倒树之则生，折而树之又生。然使十人树杨，一人拔之，则无生杨矣。故以十人之众，树易生之物，然而不胜一人者，何也？树之难而去之易也！今子虽自树于王，而欲去子者众，则子必危矣。"

【译文】田需在魏王那里很受信任，惠施对田需说："您一定要与大王身边的人好好相处。就像那杨树一样，横着种能成活，倒着种也能成活，折断了种也能成活。但是如果让十个人来种树，一个人来拔树，那么就没有一棵杨树能成活了。所以用十人之力去栽种容易成活的杨树，却敌不过一个人的毁坏，这是为什么呢？种树困难而拔掉容易啊！现如今您虽然在魏王面前得到信任并打下了根基，可是想除掉您的人太多了，那您就必然要遭遇危险了。"

魏二·田需死

田需死，昭鱼[①]谓苏代曰："田需死，吾恐张仪、薛公[②]、犀首之有一人相魏者。"代曰："然则相者以谁而君便之也？"昭鱼曰："吾欲太子[③]之自相也。"代曰："请为君北见梁王[④]，必相之矣。"

【注释】①昭鱼：楚国令尹。②薛公：即田文。③太子：魏襄王太子，即后来即位的魏昭王。④梁王：魏襄王。

【译文】田需死后，昭鱼对苏代说："田需死了，我担心张仪、薛公田文、公孙衍三人中会有一人出任魏国的相国。"苏代说："那么用谁做魏相对您有利呢？"昭鱼说："我想让魏国太子自己做相国。"苏代说："请让我为您北上面见魏王，一定会让魏太子担任相国的。"

昭鱼曰："奈何？"代曰："君其为梁王，代请说君。"昭鱼曰："奈何？"对曰："代也从楚来，昭鱼甚忧。代曰：'君何忧？'曰：'田需死，吾恐张仪、薛公、犀首有一人相魏者。'代曰：'勿忧也。梁王，长主也，必不相张仪。张仪相魏，必右秦而左魏；薛公相魏，必右齐而左魏；犀首相魏，必右韩而左魏。梁王，长主也，必不使相也。'王曰：'然则寡人孰相？'代曰：'莫如太子之自相。是三人皆以太子为非固相也，皆将务以其国事魏，而欲丞相之玺。以魏之强，而持三万乘之国辅之，魏必安矣。故曰，不如太子自相也。'"遂北见梁王，以此语告之，太子果自相。

【译文】昭鱼说："那怎么办呢？"苏代说："假设您是魏王，我来游说您。"昭鱼说："那该如何游说呢？"苏代回答说："我从楚国来，昭鱼很担心。我问：'您有什么可担忧的？'昭鱼回答说：'田需死了，我担心张仪、薛公田文、公孙衍之中必有一人会做魏国的相国。'我说：'不用担忧。魏王是位贤明的君主，一定不会任命张仪为相国的。如果张仪做了魏国的相国，一定会亲近秦国而疏远魏国；薛公做了魏国的相国，一定会亲近齐国而疏远魏国；公孙衍做了魏国的相国，一定会亲近韩国而疏远魏国。魏王是贤明的君主，一定不会让他们做相国的。'魏王问道：'那我让谁来做魏国的相国呢？'我又说：'不如让太子自己做相国。这三个人都会认为太子不会长时间为相，必然都会尽心尽力用他们的国家来讨好魏国，想得到魏国的相印。凭借魏国的强大，又有秦、韩、齐三个拥有万辆兵车的国家来辅助，魏国一定很安全了。因此说不如太子自己为相。'"苏代于是北上拜见魏王，把这番话告诉了魏王，魏国太子果真自己做了相国。

魏二·秦召魏相信安君

秦召魏相信安君，信安君不欲往。苏代为说秦王曰："臣闻之，忠不必当，当不必忠。今臣愿大王陈臣之愚意，恐其不忠于下吏，自使有要领[①]之罪，愿大王察之。今大王令人执事于魏，以完其交，臣恐魏交之益疑也。将以塞赵也，臣又恐赵之益劲也。

【注释】①要领：特指腰斩或枭首。

【译文】秦王召见魏国相国信安君，信安君不想去。苏代为他游说秦王说："我听说，忠心的人不一定都聪明，聪明的人不一定都忠心。现在我愿意为大王陈述一下我的愚见，我担心信安君对大王不忠心，使自己犯下杀头之罪，希望大王明察。现在大王派人到魏国执掌政事，来增进秦国与魏国的邦交关系，我担心秦国与魏国的邦交会更加不稳定。大王想要以此来破坏赵、魏两国的关系，我担心赵、魏两国的关系反而会更加牢固。

"夫魏王之爱习魏信也，甚矣；其智能而任用之也，厚矣；其畏恶严尊秦也，明矣。今王使人入魏而不用，则王之使人入魏无益也。若用，魏必舍所爱习而用所畏恶，此魏王之所以不安也。夫舍万乘之事而退，此魏信之所难行也。

【译文】"魏王非常宠爱魏相信安君；把他当做有智慧、有能力的人加以重用；魏王畏惧尊敬秦国是很明显的。如果大王派人到魏国去而未能受到任用，那么大王派人去魏国就显得徒劳无益。如果被派去的人受到任用，那魏王一定是舍弃自己宠信的人，而任用所畏惧讨厌的人，这就是魏王会感到不安的原因。放弃万乘之国的相国不做，这是魏相信安君难以做到的。

“夫令人之君处所不安，令人之相行所不能，以此为亲，则难久矣。臣故恐魏交之益疑也。且魏信舍事，则赵之谋者必曰：‘舍于秦，秦必令其所爱信者用赵，是赵存而我亡也，赵安而我危也。’则上有野战之气，下有坚守之心，臣故恐赵之益劲也。

【译文】“使别国的国君处于惶恐不安的境地，使别国的相国做自己不能做的事，用这种办法让彼此亲善，这关系就很难持久了。我担心魏国对同秦国的邦交会更加怀疑。况且信安君放着魏国的相国不做，那么赵国的谋臣一定会说：‘与秦国联合，秦国一定会派秦王所宠信的人来执掌赵国，如此一来，赵国虽然得到保全，但我却失权了；赵国平安而我却危险了。’这样赵国处于上位的人就一定会抱持决战的勇气，在下位的人就会有坚守国土、防御敌人的决心，所以我担心赵国因此会更加强大起来。

“大王欲完魏之交，而使赵小心乎？不如用魏信而尊之以名。魏信事王，国安而名尊；离王，国危而权轻。然则魏信之事王也，上所以为其主者忠矣，下所以自为者厚矣，彼其事王必完矣。

【译文】“大王想增进与魏国的关系，而使赵国小心翼翼地侍奉秦国吗？不如重用魏国的相国信安君，给他相国的尊位。如果信安君侍奉大王，就能使魏国平安，并能使他自己名声尊贵；如果信安君不侍奉大王，魏国将会处于危险境地，信安君的权力也会因此被削弱。既然如此，信安君侍奉大王，对上为其主尽忠，对下可以为自己谋取私利，他一定会尽心尽力侍奉大王的。

“赵之用事者必曰：‘魏氏之名族不高于我，土地之实不厚于我。魏信以魏事秦，秦甚善之，国得安焉，身取尊焉。今我构难于秦，兵为招质，国处削危之形，非得计也。结怨于外，生患于中，身处死亡之地，非完事也。’彼将伤其前事，而悔其过行；冀其利，必多割地以深下王。则是大王垂拱多割地以为利重，尧、舜之所求而不能得也！臣愿大王察之。”

【译文】“赵国的执政者一定会说：‘魏国的名号、地位并不比我们高贵，土地出产的作物也并不比我们丰厚。信安君用魏国来侍奉秦国，秦国对他很友善，魏国得以安宁，同时他自己也获得尊贵的地位。如果现在我们同秦国开战，赵军就会成为众矢之的，赵国也会处在被削弱的危险形势当中，这并不是一个好的策略。在外与秦国结仇，对内又滋生祸患，使自身陷于绝境，这并不是一个万全之策。’赵国的执政者将痛惜自己以前没有和秦国联合，后悔自己以前的错误行为；希望赵国能够平安，自己可以获得尊荣，日后一定会割让更多的土地来侍奉大王，如此一来，对于赵国割地的巨大利益，大王那是垂手可得了，这是尧、舜想求都求不到的啊！我希望大王能够明察。”

魏二·秦、楚攻魏

秦、楚攻魏，围皮氏[①]。为魏谓楚王[②]曰：“秦、楚胜魏，魏王[3]之恐也见亡矣，必合于秦，王何不倍秦而与魏王？魏王喜，必内太子。秦恐失楚，必效城地于王，王虽复与之攻魏可也。”楚王曰：“善。”乃倍秦而与魏，魏内太子于楚。

【注释】①皮氏：战国魏皮氏的封地，现为山西河津市古称。县址在今山西河津市阳村乡。②楚王：楚怀王。③魏王：魏襄王。

【译文】秦国和楚国联合进攻魏国，围困了皮氏。有人替魏国对楚王说：“秦国和楚国战胜了魏国，魏王担心魏国被灭掉，一定会归顺秦国，大王为什么不背弃秦国而同魏王亲近呢？魏王高兴，一定会把太子送来楚国做人质。秦国害怕失去楚国的支持，一定把城邑和土地献给大王，到那时大王再同秦国联合攻打魏国也为时不晚啊。楚王说：“好。”于是就背弃秦国而同魏国讲和，魏国果然把太子送到楚国做人质。

秦恐，许楚城地，欲与之复攻魏。樗里疾怒，欲与魏攻楚，恐魏之以太子在楚不肯也。为疾谓楚王曰：“外臣疾使臣谒之，曰：‘敝邑之王欲效城地，而为魏太子之尚在楚也，是以未敢。王出魏质，臣请效之，而复固秦、楚之交，以疾攻魏。”楚王曰：“诺。”乃出魏太子。秦因合魏攻楚。

【译文】秦国十分恐慌，答应把城邑和土地给楚国，准备联合楚国再次攻打魏国。樗里疾非常生气，想联合魏国攻打楚国，担心魏国会因为太子在楚国而不肯出兵。有人为樗里疾对楚王说：“国外的大臣樗里疾派臣下拜见您，让我禀告您说：‘敝邑的国君想献上城邑和土地，但是因为魏国太子还在楚国，所以没敢采取行动。大王放走魏国的人质，我就请求把城邑和土地献上，使秦国和楚国的邦交重新巩固，来加紧攻打魏国。”楚王说：“好。”就放走了魏国太子。秦国于是就联合魏国来攻打楚国。

魏二·庞葱与太子质于邯郸

庞葱①与太子质于邯郸，谓魏王曰：“今一人言市有虎，王信之乎？”王曰：“否。”“二人言市有虎，王信之乎？”王曰：“寡人疑之矣。”“三人言市有虎，王信之乎？”王曰：“寡人信之矣。”庞葱曰：“夫市之无虎明矣，然而三人言而成虎。今邯郸去大梁也远于市，而议臣者过于三人矣。愿王察之矣！”王曰：“寡人自为知。”于是辞行，而谗言先至。后太子罢质，果不得见。

【注释】①庞葱：魏国大臣。

【译文】庞葱和魏太子一起到赵国的邯郸去做人质，庞葱对魏王说：“现在如果有一个人说集市上有老虎，大王相信吗？”魏王说：“不相信。”庞葱说：“如果现在有两个人说集市上有老虎呢？”魏王说：“那我就有些怀疑了。”庞葱又说：“如果现在有三个人说集市上有老虎，大王相信吗？”魏王说：“我相信了。”庞葱说：“集市上没有老虎那是很明显的事，但是三个人说有老虎，就变成真有老虎了。现如今邯郸距离大梁比我们到王宫距离集市要远得多，而到大王面前毁谤我的人也远不止三个。希望大王您能明察啊！”魏王说：“我自己会判断的。”于是庞葱辞别魏王而去，当他还在途中时，毁谤他的话就已传到了魏王那里。后来魏太子回国后，庞葱果然没有再得到魏王的信任。

魏二 · 梁王魏婴觞诸侯于范台

梁王魏婴觞诸侯于范台①。酒酣，请鲁君举觞。鲁君兴，避席择言曰："昔者，帝女仪狄作酒而美，进之禹，禹饮而甘之，遂疏仪狄，绝旨酒。曰：'后世必有以酒亡其国者！'齐桓公夜半不嗛（qiè）②，易牙乃煎敖燔（fán）炙③，和调五味而进之，桓公食之而饱，至旦不觉，曰：'后世必有以味亡其国者！'晋文公得南之威④，三日不听朝，遂推南之威而远之，曰：'后世必有以色亡其国者。'楚王登强台而望崩山⑤，左江而右湖，以临彷徨，其乐忘死，遂盟强台而弗登，曰：'后世必有以高台陂池亡其国者！'今主君之尊，仪狄之酒也；主君之味，易牙之调也；左白台而右闾须⑥，南威之美也；前夹林而后兰台⑦，强台之乐也。有一于此，足以亡其国。今主君兼此四者，可无戒与！"梁王称善相属。

【注释】①梁王魏婴：即魏惠王。觞：此处指宴饮。②嗛：满足。③易牙：齐桓公的宠臣，擅烹调，善逢迎。桓公死后，易牙与竖刁等谋乱，导致齐国大乱。敖：通"熬"。燔炙：烤肉。④南之威：即南威，春秋时晋国美女。⑤楚王：即楚昭王。崩山：即巫山。⑥白台、闾须：皆为战国时期美女。⑦夹林、兰台：均为游乐之地。

【译文】魏惠王魏婴在范台宴请各国诸侯。大家酒喝得正畅快时，魏惠王向鲁恭公敬酒。鲁恭公很高兴，站起身离开自己的坐席，恭敬地说："从前，尧帝的女儿仪狄擅长酿制美酒，她把美酒献给大禹，大禹喝后也觉得味道醇美，但因此疏远了仪狄并从此戒酒。大禹说：'后世定会有因饮酒而亡国的君主！'齐桓公有一次半夜觉得肚子饿，想吃东西，易牙就放置各种调料煎熬烧烤出美味的饭食献给齐桓公，齐桓公吃得很饱，一觉睡到天亮都没有醒，醒了以后为此感叹：'后世一定有因贪图美食而亡国的君主！'晋文公得到美女南威，三天都没有上朝处理政务，于是就疏远了南威，并说：'后世一定有因贪恋美色而亡国的君主！'楚王登上强台远眺巫山，左边是长江，右边是洞庭湖，下临彷徨之水，流连于山水之乐而忘乎所以，于是他发誓再也不登强台，他说：'后世一定有因为观赏美景而亡国的君主！'现在大王酒杯里盛的好似仪狄酿的美酒；大王吃的就如易牙烹调出的美味；大王左边的白台和右边的闾须，都是如南威一样的美女；大王前边有夹林，后边有兰台，都是如强台一样的游乐之所。只需这其中的一种就足以让国家灭亡，现在大王却同时拥有这四种，怎么能不引以为戒呢？"魏惠王听后对鲁恭公的谏言赞不绝口。

扫码听谦德
君为您导读

卷二十四 魏策三

魏三·秦、赵约而伐魏

秦、赵约而伐魏，魏王[①]患之。芒卯[②]曰："王勿忧也。臣请发张倚使谓赵王[③]曰：'夫邺[④]，寡人固弗有也。今大王收秦而攻魏，寡人请以邺事大王。'"赵王喜，召相国而命之曰："魏王请以邺事寡人，使寡人绝秦。"相国曰："收秦攻魏，利不过邺；今不用兵而得邺，请许魏。"

【注释】①魏王：魏昭王。②芒卯：战国时期齐国人，当时为魏国将领。③张倚：魏国大臣。赵王：赵惠文王。④邺：魏邑，位于今河北省临漳县西南。

【译文】秦、赵两国相约进攻魏国，魏王为此很是担忧。芒卯说："大王不要忧虑，请允许我派张倚为使臣，去对赵王说：'邺邑这个地方，我们本来就不该再占有了。如今大王如果与秦国断绝关系而与魏国联合，敝国国君愿意把邺邑献给大王。'"赵王很高兴，召来相国，告诉他说："魏王请求把邺邑献给我，让我同秦国断绝关系。"赵国的相国说："联合秦国进攻魏国，所得到好处也不过是拥有郱邑；现在无需动用一兵一卒就可以得到郱邑，请答应魏国。”

张倚因谓赵王曰：“敝邑之吏效城者已在郱矣，大王且何以报魏？”赵王因令闭关绝秦，秦、赵大恶。芒卯应赵使曰：“敝邑所以事大王者，为完郱也。今效郱者，使者之罪也，卯不知也。”赵王恐魏承秦之怒，遽割五城以合于魏而支秦。

【译文】张倚于是对赵王说：“敝国献城的官吏已经在郱邑了，大王打算用什么来回报魏国呢？”赵王于是下令封锁通往秦国的关隘，同秦国断交，秦、赵两国的关系急剧恶化。芒卯对赵国的使者说；“敝国之所以事奉大王，就是为了保全郱邑。如今我们已经献出郱邑，都是使者张倚的罪过，我是什么也不知道。”赵王担心魏国趁秦国恼怒之机联合秦国攻打赵国，立即割让五座城邑给魏国，联合魏国一起抵抗秦国。

魏三・芒卯谓秦王曰

芒卯谓秦王[①]曰：“王之士未有为之中者也。臣闻明王必胥中而行。王之所欲于魏者，长羊、王屋、洛林之地也[②]。王能使臣为魏之司徒[③]，则臣能使魏献之。”秦王曰：“善。”因任之以为魏之司徒。

【注释】①秦王：秦昭王。②王屋：即王屋山。位于山西省阳城、垣曲两县之间。长羊、洛林：均在王屋山附近。③司徒：掌管国家土地和人民教化的官职。

【译文】芒卯对秦王说："大王的臣子中，目前还没有在诸侯国中做内应的。我听说，英明的君王都要等到有内应的帮助才会行动。大王想要从魏国求取的，是长羊、王屋、洛林等地。您如果能让我去做魏国的司徒，那么我就能让魏国献出这些地方。"秦王说："好。"于是就举荐芒卯做了魏国的司徒。

谓魏王曰："王所患者上地[①]也。秦之所欲于魏者，长羊、王屋、洛林之地也。王献之秦，则上地无忧患。因请以下兵东击齐，攘地必远矣。"魏王曰："善。"因献之秦。地入数月，而秦兵不下。魏王谓芒卯曰："地已入数月，而秦兵不下，何也？"芒卯曰："臣有死罪。虽然，臣死则契折于秦，王无以责秦。王因赦其罪，臣为王责约于秦。"

【注释】①上地：即上郡之地，位于今陕西省榆林。

【译文】芒卯对魏王说："大王担心的是上郡的土地。秦国想从魏国得到的是长羊、王屋、洛林等地。如果大王把这三地献给秦国，那么上郡的土地就不用再担忧了。因而请求秦国派兵向东进攻齐国，那么得到的土地一定很多。"魏王说："好。"就把长羊、王屋、洛林之地献给了秦国。三地献给秦国已数月，而秦国军队依旧没有发兵。魏王对芒卯说："土地已经献给秦国几个月了，而秦国仍未发兵，这是为什么呢？"芒卯说："我犯下了死罪。即便如此，就算我死了，等于把与秦国的契约折毁了，大王就没有什么根据可以向秦国提出要求了。大王如果赦免了我的罪过，我愿意替大王到秦国去责备他们的失信。”

乃之秦，谓秦王曰：“魏之所以献长羊、王屋、洛林之地者，有意欲以下大王之兵东击齐也。今地已入，而秦兵不可下，臣则死人也。虽然，后山东之士无以利事王者矣。”秦王戄（qú）然[1]曰：“国有事，未澹下兵也，今以兵从。”

【注释】①戄然：惊惶的样子。

【译文】芒卯就来到秦国，对秦王说：“魏国之所以献出长羊、王屋、洛林的土地，目的是想与秦国联合一起向东进攻齐国。现在秦国已接受我们献出的土地，却不肯发兵东下，我就要被处死了。如此一来，以后崤山以东的人就再也不会来侍奉大王了。”秦王惊恐地说：“因为国内有事，没有来得及出兵东下，现在就派兵攻齐。”

后十日，秦兵下。芒卯并将秦、魏之兵，以东击齐，启地二十二县。

【译文】十天以后，秦国就派兵东下。芒卯同时率领秦、魏两国军队向东进攻齐国，拓展了二十二个县的土地。

魏三·秦败魏于华

秦败魏于华[①]，走芒卯而围大梁。须贾为魏谓穰侯[②]曰："臣闻魏氏大臣父兄皆谓魏王[③]曰：'初时惠王伐赵，战胜乎三梁[④]，十万之军拔邯郸，赵氏不割，而邯郸复归。齐人攻燕，杀子之[⑤]，破故国，燕不割，而燕国复归。燕、赵之所以国全兵劲，而地不并乎诸侯者，以其能忍难而重出地也。宋、中山数伐数割，而随以亡。臣以为燕、赵可法，而宋、中山可无为也。夫秦，贪戾之国而无亲，蚕食魏，尽晋国，战胜暴子[⑥]，割八县，地未毕入而兵复出矣。夫秦何厌之有哉！今又走芒卯，入北宅[⑦]，此非但攻梁也，且劫王以多割也，王必勿听也。今王循楚、赵而讲，楚、赵怒而与王争事秦，秦必受之。秦挟楚、赵之兵以复攻，则国求无亡不可得也已。愿王之必勿讲也。王若欲讲，必少割而有质，不然必欺。'是臣之所闻于魏也，愿君之以是虑事也。

【注释】①华：即华阳，位于今河南新郑市北。②穰侯：即魏冉，当时为秦国相国。③魏王：魏安釐王。魏昭王之子，战国时期魏国第六任国君，公元前276-前243年在位。④三梁：赵地，位于今河北望都县东。⑤子之：燕国权臣。燕王哙即位后，拜为相国。⑥暴子：韩国名将暴鸢。⑦北宅：魏邑，位于今河南原荥泽东。

【译文】秦国在华阳打败了魏军，魏国大将芒卯逃跑，秦军继而围困了魏都大梁。须贾替魏国前去拜见秦国的主帅穰侯，说："我听闻魏国大臣、父兄都对魏王说：'当初惠王讨伐赵国，在三梁打了胜仗，率领十万大军攻克邯郸，赵国没有割让土地，而邯郸又重新归还了赵国。齐国进攻燕国，杀了子之，攻破了这个历史悠久的国家，燕国没有割让土地而后来也重新恢复了国家。燕国、赵国之所以能保全国土、兵力不衰，也没有割让土地给其它诸侯，是因为它们能够忍受苦难而不轻易割让土地。宋国、中山国屡次被攻屡次割让土地，它们也随着土地的割让而快要灭亡了。我认为燕国、赵国是可以效法的，而不应像宋国和中山国那样。秦国是一个贪婪凶暴的国家，没有情面可讲，蚕食魏国，吞并了魏国的大片土地，打败了韩将暴鸢，魏国被迫割让了八县的土地，割让的土地还没被完全接收而秦国军队又出兵攻打了。秦国的贪欲哪有满足的时候呢！现在又打败了芒卯，攻进了北宅，这不只是要进攻魏国，而是要威胁大王割让更多的土地，大王一定不要听从。现在大王背着楚国、赵国去和秦国讲和，楚、赵两国必然会恼怒而争相投奔秦国，秦国一定非常高兴地接受它们。秦国率领楚国、赵国的军队再次进攻魏国，那么魏国想要不灭亡都是不可能的了。希望大王一定不要与秦国讲和。如果大王想要讲和，一定要少割土地而且还要秦国送来人质，不然一定会被欺骗。’这都是我在魏国听到的。希望您以此来考虑问题。

“《周书》曰：‘维命不于常。’此言幸之不可数也。夫战胜暴子而割八县，此非兵力之精，非计之工也，天幸为多矣。今又走芒卯，入北地，以攻大梁，是以天幸自为常也。知者不然。

【译文】“《周书》上说：‘天命无常。’这句话是说幸运不可能屡次降临。秦军战胜暴鸢而割占了魏国八县土地，这不是因为兵力精锐，也不是由于计谋巧妙，而是幸运占了多数。现在秦军打败芒卯，攻占北宅，围攻大梁，这是自以为幸运会经常出现，有智慧的人是不会依靠所谓的天命的。

"臣闻魏氏悉其百县胜兵，以止戍大梁，臣以为不下三十万。以三十万之众，守十仞之城，臣以为虽汤、武复生，弗易攻也。夫轻信楚、赵之兵，陵十仞之城，犯三十万之众，而志必举之，臣以为自天下之始分以至于今，未尝有之也。攻而不能拔，秦兵必罢，陶必亡，则前功必弃矣。今魏方疑，可以少割收也。愿君逮楚、赵之兵未至于大梁也，亟以少割收。魏方疑，而得以少割为和，必欲之，则君得所欲矣。楚、赵怒于魏之先己讲也，必争事秦，从是以散，而君后择焉。且君之尝割晋国取地也，何必以兵哉？夫兵不用，而魏效绛①、安邑，又为陶启两道，几尽故宋，卫效单父②秦兵可全，而君制之，何求而不得？何为而不成？臣愿君之熟计而无行危也。"穰侯曰："善。"乃罢梁围。

【注释】①绛：古都名。春秋晋地，位于今山西侯马市西。②单父：卫地，位于今山东单县。

【译文】"我听说魏国召集它境内近百个县的所有精兵，来防守国都大梁，我认为魏国的兵力应该不下三十万。用三十万的兵力来防守十几丈高的城市，我认为即使是商汤、周武王复生，也不能轻而易举就攻下。现如今轻易背离楚国、赵国的军队，进犯十几丈高的城市，去和三十万大军作战，而且志在必得，我认为从开天辟地以来，都不曾有过这样的事。进攻却又攻不下，秦国的军队一定会很疲惫，陶邑一定会被灭掉，这样就会前功尽弃。现在魏国正在犹豫，愿意少割一些土地来了结这件事。希望您趁楚、赵两国的军队还没有赶到大梁，抓紧用少割地的办法拉拢魏国。魏国正在犹豫时，能够以少割地的形式来讲和，它一定非常愿意这么做，那您就会如愿以偿。楚国、赵国因魏国先与秦国讲和而恼怒，一定会争相投奔秦国，合纵联盟就会解散，而您就可以选择更有利的办法。况且您曾经割取过魏国的土地，哪里还必须用兵呢？不需要动用军队而魏国就献上绛和安邑两地，又为陶邑开辟了两条道路，几乎占尽了宋国原来的全部土地，卫国献上单父城，秦国军队没有丝毫损失，又由您掌管，您还有什么要求是达不到的呢？想要办什么还有办不到的吗？我希望您能仔细考虑而不要走险路。”穰侯说：“好。”于是就解除了对大梁的围困。

魏三·秦败魏于华

秦败魏于华，魏王[①]且入朝于秦。周䜣谓魏王曰：“宋人有学者，三年反而名其母。其母曰：‘子学三年，反而名我者，何也？’其子曰：‘吾所贤者无过尧、舜，尧、舜名。吾所大者无大天地，天地名。在今母贤不过尧、舜，母大不过天地，是以名母也。’其母曰：‘子之于学者，将尽行之乎？愿子之有以易名母也。子之于学也，将有所不行乎？愿子之且以名母为后也。’今王之事秦，尚有可以易入朝者乎？愿王之有以易之，而以入朝为后。”

【注释】①魏王：魏安釐王。

【译文】秦军在华阳打败了魏军，魏王准备入秦朝见。魏臣周䜣对魏王说："宋国有个人出外求学，三年后回家，竟然直呼他母亲的名字。他的母亲说：'您在外学习了三年本应更知书达理，回来却直呼我的名字，这是为什么？'她的儿子说：'我认为贤能的人没有超过尧、舜的，可是我对尧、舜都直接称呼他们的名字。我认为最伟大的事物没有超过天地的，可是对天地我也是直呼它们的名字。如今母亲的贤德不能超过尧、舜，伟大不能超过天地，所以我才直呼母亲的名字。'他的母亲说：'您对于所学的知识，打算全部实行吗？那就希望您换一种方式称呼我。您对于所学的知识，将有不能实行的吗？那希望您暂且把直呼母亲名字的事往后放一放。'现在大王要侍奉秦王，还有可以代替朝拜秦王的办法吗？希望大王换一种办法来代替，把朝拜秦王的事往后放一放。"

魏王曰："子患寡人入而不出邪？许绾[①]为我祝曰：'入而不出，请殉寡人以头。'"周䜣对曰："如臣之贱也，今人有谓臣曰'入不测之渊而必出，不出，请以一鼠首为女殉'者，臣必不为也。今秦不可知之国也，犹不测之渊也；而许绾之首，犹鼠首也。内王于不可知之秦，而殉王以鼠首，臣窃为王不取也。且无梁孰与无河内[②]急？"王曰："梁急。""无梁孰与无身急？"王曰："身急。"曰："以三者论，身，上也；河内，其下也。秦未索其下，而王效其上，可乎？"

【注释】①许绾：秦国大臣。②河内：古称黄河以北地区。

【译文】魏王说："您是担心我进入秦国以后再也出不来吗？许绾曾对我发誓说：'如果您去秦国后无法出来，请用我的人头为您做担保。'"周䜣对魏王说："像我这样低贱的人，如果有人对我说：'你跳入不可测的深渊，一定能出来，如果出不来，我就用一只老鼠的头为你做担保。'我一定不会同意。现如今秦国是一个变幻莫测的国家，就像不可测的深渊一样；而许绾的头就好比一个鼠头一般。让大王进入不可预知的秦国，却用一只老鼠的头为您担保，我私下认为大王的这个做法实在不可取。再说，您觉得失去大梁和失掉河内哪个更重要？"魏王说："大梁更重要。"周䜣又说："失掉大梁和丢掉性命哪个更重要？"魏王说："性命更重要。"周䜣说："河内、大梁、性命，这三者中性命是最重要的；河内是最不重要的。秦国还没有要求最不重要的，而大王就主动送上最重要的，这合适吗？"

王尚未听也。支期曰："王视楚王①。楚王入秦，王以三乘先之；楚王不入，楚、魏为一，尚足以捍秦。"王乃止。王谓支期曰："吾始已诺于应侯②矣，今不行者，欺之矣。"支期曰："王勿忧也。臣使长信侯③请无内王，王待臣也。"

【注释】①楚王：楚考烈王。②应侯：即范雎，战国时期魏国人，著名政治家、军事谋略家，秦国宰相，因封地在应城，所以又称为"应侯"。③长信侯：魏国的相国，与应侯交好。

【译文】魏王没有听取周䜣的意见还在犹豫。支期说："大王可以观察楚王的态度。如果他要去秦国，大王就派三辆战车抢先入秦；如果楚王不去秦国，楚、魏两国联合在一起，还足以抵抗秦军。”魏王这才打消了入秦的念头。魏王对支期说：“我当初已经答应应侯要去秦国了，如今不去的话，就是在欺骗人家。”支期说：“大王不要担心，我让长信侯去应侯那里想办法让您不去秦国，大王请等着我的回信吧。”

支期说于长信侯曰：“王命召相国。”长信侯曰：“王何以臣为？”支期曰：“臣不知也，王急召君。”长信侯曰：“吾内王于秦者，宁以为秦邪？吾以为魏也。”支期曰：“君无为魏计，君其自为计。且安死乎？安生乎？安穷乎？安贵乎？君其先自为计，后为魏计。”长信侯曰：“楼公①将入矣，臣今从。”支期曰：“王急召君，君不行，血溅君襟矣。”

【注释】①楼公：即楼缓，秦国相国。前后侍奉赵武灵王和秦昭襄王两位君王。

【译文】支期对长信侯说：“大王下令召见您。”长信侯问：“大王有何要事召见我？”支期说：“我不知道，大王急着召见您。”长信侯说：“我让大王去秦国朝见，难道是为了秦国吗？我是为了魏国啊。”支期说：“您不要替魏国打算了，您还是先替自己想想吧。您是愿意死呢，还是愿意活？愿意穷困呢，还是愿意富贵？您最好还是先为自己考虑，然后再替魏国打算。”长信侯说：“楼缓将要来魏国了，请让我同他商量一下。”支期说：“大王紧急召见您，您如果不去，恐怕鲜血就要溅到您衣襟上了。”

长信侯行，支期随其后。且见王，支期先入谓王曰："伪病者乎而见之，臣已恐之矣。"长信侯入见王，王曰："病甚奈何？吾始已诺于应侯矣，意虽道死，行乎？"长信侯曰："王毋行矣！臣能得之于应侯，愿王无忧。"

【译文】长信侯出发了，支期紧随其后。将要见到魏王的时候，支期抢先入宫对魏王说："大王您装成有病的样子来接见长信侯，我已经恐吓过他了。"长信侯进宫拜见魏王。魏王说："我病得这么重，怎么办呢？我一开始就已经答应了应侯，所以即使是死在路上，也得动身前往秦国吧？"长信侯说："大王不要去了！我能让应侯同意您不去秦国，请大王不必为此担忧。"

魏三·华阳之战

华阳之战，魏不胜秦。明年，将使段干崇割地而讲。

【译文】华阳之战，魏国没有战胜秦国。第二年，魏王派段干崇割地与秦国讲和。

孙臣谓魏王曰："魏不以败之上割，可谓善用不胜矣；而秦不以胜之上割，可谓不能用胜矣。今处期年乃欲割，是群臣之私而王不知也。且夫欲玺者，段干子也，王因使之割地；欲地者，秦也，而王因使之授玺。夫欲玺者制地，而欲地者制玺，其势必无魏矣！且夫奸臣固皆欲以地事秦。以地事秦，譬犹抱薪而救火也，薪不尽则火不止。今王之地有尽，而秦之求无穷，是薪火之说也。”

【译文】魏国大臣孙臣对魏王说：“魏国不在战败的时候割地，可以说是善于运用失利的条件；而秦国不在取得胜利的时候割取魏国的土地，可以说是不善于利用取胜的时机。如今过了整整一年才想起来割地，这是群臣怀有私心而大王却不知道啊。况且想得到玺的是段干崇，大王却派他去割让土地；想要得到土地的是秦国，而大王却让秦国授玺。想要得到玺的控制着土地，想要得到土地的掌管着玺，这种形势发展下去魏国必定要灭亡了。再说奸臣本来都想用割让土地去讨好秦国。割地去讨好秦国，犹如抱着柴火去救火，柴火烧不完火就不会熄灭。如今大王的土地总有割完的时候，而秦国的贪欲却没有止境，这就如同抱薪救火一样啊。”

魏王曰：“善。虽然，吾已许秦矣，不可以革也。”对曰：“王独不见夫博者之用枭（xiāo）①邪？欲食则食，欲握则握。今君劫于群臣而许秦，因曰不可革，何用智之不若枭也？”魏王曰：“善。”乃按其行。

【注释】①枭：古代的一种游戏，叫“樗蒲”（相当于现在的掷骰子），一为枭，六为卢。

【译文】魏王说：“对。话虽如此，可是我已经答应了秦国，不可以改变主意了。”孙臣回答说：“大王难道没见过下棋的人使用枭棋吗？得到枭棋的，想走就走，想停就停。如今您受到群臣的胁迫而答应了秦国，就说不能改变主意，为什么您考虑问题还不如下棋时运用枭棋的人呢？”魏王说：“好。”于是不再让段干崇出使秦国。

魏三·齐欲伐魏

齐欲伐魏，魏使人谓淳于髡曰：“齐欲伐魏，能解魏患唯先生也。敝邑有宝璧一双，文马二驷，请致之先生。”淳于髡曰：“诺。”入说齐王曰：“楚，齐之仇敌也；魏，齐之与国也。夫伐与国，使仇敌制其余敝，名丑而实危，为王弗取也。”齐王曰：“善。”乃不伐魏。

【译文】齐国想要攻打魏国，魏国派人游说淳于髡说：“齐国想要攻打魏国，能解除魏国祸患的，只有先生您了。敝国有宝璧一对，纹彩亮丽的宝马八匹，把它们敬献给先生。”淳于髡说：“好吧。”淳于髡进宫劝说齐王：“楚国，是齐国的仇敌；魏国，是齐国共患难的盟国。攻打盟国，却让仇敌楚国乘机来进攻我们疲惫的军队，这样做，不但落下恶名还会变得很危险，我认为大王这样做实在不可取。”齐王说：“好。”于是就不去攻打魏国了。

客谓齐王曰：“淳于髡言不伐魏者，受魏之璧、马也。”王以谓淳于髡曰：“闻先生受魏之璧、马，有诸？”曰：“有之。”“然则先生之为寡人计之何如？”淳于髡曰；“伐魏之事便，魏虽刺髡，于王何益？若诚不便，魏虽封髡，于王何损？且夫王无伐与国之诽，魏无见亡之危，百姓无被兵之患，髡有璧、马之宝，于王何伤乎？”

【译文】有人对齐王说：“淳于髡之所以不想让您攻打魏国，是因为他接受了魏国送的宝璧和宝马啊。”于是齐王就问淳于髡说：“听说先生接受了魏国的宝璧和宝马，有这回事吗？”淳于髡说：“确实有这事。”齐王说：“既然这样，那先生为我怎么考虑的呢？”淳于髡说：“如果攻打魏国有利于齐国，魏国即使杀了我，对大王又有什么好处呢？如果大王真的知道攻打魏国对于齐国没有利，魏国即使封赏了我，对大王来说又有什么损失呢？况且大王没有因为攻打魏国而受到别人的非议，魏国也没有被灭亡的危险，两国的百姓更不会遭受战争带来的灾祸，我得到宝璧和宝马，对于大王又有什么损害呢？”

魏三·秦将伐魏

秦将伐魏。魏王①闻之，夜见孟尝君②，告之曰：“秦且攻魏，子为寡人谋，奈何？”孟尝君曰：“有诸侯之救则国可存也。”王曰：“寡人愿子之行也。”重为之约车百乘。

【注释】①魏王：魏昭王。②孟尝君：即田文。

【译文】秦国准备攻打魏国。魏王听到这个消息后，连夜召见孟尝君，告诉他说：“秦国准备攻打魏国了，您为我想想办法，该怎么办呢？”孟尝君说：“如果有诸侯来援救的话，魏国就可以保存下来。”魏王说：“我希望您能出行游说各国诸侯来帮助我们。”魏王郑重地为孟尝君准备了百辆马车。

孟尝君之赵，谓赵王[①]曰：“文愿借兵以救魏。”赵王曰：“寡人不能。”孟尝君曰：“夫敢借兵者，以忠王也。”王曰：“可得闻乎？”孟尝君曰：“夫赵之兵非能强于魏之兵，魏之兵非能弱于赵也。然而赵之地不岁危，而民不岁死；而魏之地岁危，而民岁死者，何也？以其西为赵蔽也。今赵不救魏，魏歃（shà）盟[②]于秦，是赵与强秦为界也，地亦且岁危，民亦且岁死矣。此文之所以忠于大王也。”赵王许诺，为起兵十万，车三百乘。

【注释】①赵王：赵惠文王。②歃盟：歃血为盟。古代盟誓时，用牲血涂在嘴边，表示诚信不渝。

【译文】孟尝君来到赵国，对赵王说：“我希望可以向赵国借些军队去援救魏国。”赵王说：“我不能借兵给您。”孟尝君说：“我冒昧地借兵，其实是为了效忠大王啊。”赵王说：“您可以说给我听听吗？”孟尝君说：“赵国的军队并非比魏国的军队强，魏国的军队也并非比赵国的军队弱。然而赵国没有连年受到战争威胁，百姓也没有大量死亡；魏国却连年受到战争威胁，百姓也大量死亡，这是为什么呢？这是因为魏国在西面为赵国作了屏障。如今如果赵国不援救魏国，魏国就只能同秦国歃血结盟，这样一来，赵国就将直接面对强大的秦国，必将连年受到战争的威胁，百姓每年也会大量死亡。这就是我所说的效忠大王的意思。”赵王于是答应了孟尝君的请求，派兵十万，战车三百辆去援救魏国。

又北见燕王[①]曰："先日公子[②]常约两王之交矣，今秦且攻魏，愿大王之救之。"燕王曰："吾岁不熟二年矣，今又行数千里而以助魏，且奈何？"田文曰："夫行数千里而救人者，此国之利也。今魏王出国门而望见军，虽欲行数千里而助人，可得乎？"燕王尚未许也。

【注释】①燕王：燕昭王。②公子：燕、魏两国公子。

【译文】孟尝君又北上拜见了燕王，说，"从前两国公子组织燕、魏两国结盟，现在秦国将要进攻魏国，希望大王出兵援救。"燕王说："我国已经连续两年收成不好，现在又要我们远赴几千里去援助魏国，这怎么能办得到呢？"孟尝君说："跋涉几千里去援救魏国，这对于燕国来说是有好处的。如今魏王一出国门就看到了秦军，就算想跋涉几千里来援救魏国，还有可能做到吗？"燕王还是没有答应。

田文曰："臣效便计于王，王不用臣之忠计，文请行矣。恐天下之将有大变也。"王曰："大变可得闻乎？"曰："秦攻魏，未能克之也，而台已燔，游已夺矣。而燕不救魏，魏王折节割地，以国之半与秦，秦必去矣。秦已去魏，魏王悉韩、魏之兵，又西借秦兵，以因赵之众，以四国攻燕，王且何利？利行数千里而助人乎？利出燕南门而望见军乎？则道里近而输又易矣，王何利？"燕王曰："子行矣，寡人听子。"乃为之起兵八万，车二百乘，以从田文。

【译文】孟尝君说："我献上好的计策给大王，大王却不采用，我只好请求离开，恐怕天下的局势将有大的变化了。"燕王说："您说的大的变化，可以说给我听听吗？"孟尝君说："秦国攻打魏国，就算不能攻下，但是高台已被焚毁，游乐之地已被夺走。然而燕国却不去援救，魏王就会屈节割地，把半个魏国割让给秦国，秦国一定会撤兵。秦兵从魏国撤离后，魏王就会发动韩、魏两国的全部军队，又西借秦兵，再同赵国联合，以四国的兵力来攻打燕国，大王能得到什么好处呢？燕国是跋涉几千里去援救魏国好呢？还是一出国门就看到四国攻打燕国的军队好呢？而且四国的军队距离燕国很近，交通运输也很方便，这对大王有什么好处呢？"燕王说："您可以回去复命了，我听从您的建议。"于是为孟尝君派出精兵八万，二百辆战车。

魏王大说，曰："君得燕、赵之兵甚众且亟矣。"秦王[①]大恐，割地请讲于魏。魏因归燕、赵之兵而封田文。

【注释】①秦王：秦昭王。

【译文】魏王非常高兴，说："您这么快就借到了燕、赵两国的大军，真是厉害。"秦王大为恐慌，割让土地与魏国讲和。魏国于是让燕、赵两国的军队返回并封赏了孟尝君。

魏三·魏将与秦攻韩

魏将与秦攻韩，无忌谓魏王[①]曰："秦与戎翟[②]同俗，有虎狼之心，贪戾好利而无信，不识礼义德行。苟有利焉，不顾亲戚兄弟，若禽兽耳。此天下之所同知也，非有所施惠积德也。故太后母也，而以忧死；穰侯舅也，功莫大焉，而竟逐之；两弟无罪，而再夺之国。此于亲戚兄弟若此，而又况于仇雠之国也？今大王与秦伐韩而益近秦，臣甚惑之，而王弗识也，则不明矣。群臣知之，而莫以此谏，则不忠矣。

【注释】①魏王：魏安釐王。②戎翟：戎，我国古代西部民族。翟，同“狄”，我国古代北方民族。

【译文】魏国准备同秦国联合一起去攻打韩国，无忌对魏王说：“秦国与戎狄习俗相同，有虎狼一样的野心，贪暴好利，不守信用，不懂得礼义德行。如果有利可图，就不顾父母兄弟，像禽兽一样。这是天下人所共知的，它根本不是一个施惠积德的国家。所以，秦太后即使是秦昭王的母亲，也因忧愤而死；穰侯是秦昭王的舅舅，没有谁比他的功劳更大，竟然被驱逐；两个弟弟高陵君和泾阳君即使没有罪过，却两次被剥夺封地。秦王对待自己的亲戚兄弟尚且如此，更何况对于他所敌对的国家呢！如今大王与秦国联合攻打韩国，这就更加接近秦国，这让我很不理解，可大王还是不明白这个道理，这就是不够明智了。群臣对此事很了解，却没有人劝谏，这就是没有尽到忠心了。

“今夫韩氏以一女子承一弱主，内有大乱，外安能支强秦、魏之兵，王以为不破乎？韩亡，秦尽有郑地，与大梁邻，王以为安乎？王欲得故地，而今负强秦之祸，王以为利乎？

【译文】"现在韩国以一个女子辅佐一个幼主在执政,国内有大的混乱,对外又怎能抵抗强大的秦、魏两国联军,大王还认为韩国不会灭亡吗?韩国灭亡了,秦国将全部占有其土地,就会与魏都大梁为邻,大王认为这样能安全吗?大王想要收回原来失去的土地,如今却要遭受强秦的祸患,大王认为这样有利吗?

"秦非无事之国也,韩亡之后,必且更事,更事必就易与利;就易与利,必不伐楚与赵矣。是何也?夫越山逾河,绝韩之上党而攻强赵,则是复阏与之事①也,秦必不为也。若道河内,倍邺、朝歌②,绝漳、滏之水,而以与赵兵决胜于邯郸之郊,是受智伯之祸也,秦又不敢。伐楚,道涉谷③,行三千里而攻黾隘之塞④,所行者甚远,而所攻者甚难,秦又弗为也。若道河外,背大梁,而右上蔡、召陵⑤,以与楚兵决于陈⑥郊,秦又不敢也。故曰,秦必不伐楚与赵矣,又不攻燕与齐矣。韩亡之后,兵出之日,非魏无攻矣。

【注释】①阏与之事:公元前269年,赵国大将赵奢率兵援救韩国,在阏与(今山西和顺西)击败秦军。②朝歌:殷纣的都城,在今河南省淇县东北。③涉谷:秦国通往楚国的要道。位于今陕西褒城境内。④黾隘之塞:位于今河南信阳与湖北应山之间,是楚国北方的险隘之地。⑤召陵:位于今河南郾城东。⑥陈:位于今河南省淮阳一带。

【译文】"秦国绝对不是一个安分守己的国家,韩国灭亡以后,必定会再次挑起战事,如果再次爆发战争,一定会选择容易侵占和有利可图的事去做;选择容易和有利可图的事,就必然不会进攻楚国和赵国。这是什么原因呢？秦国要越过高山，跨过黄河，穿过韩国的上党去攻打强大的赵国，那么就将重演阏与战败的旧事，秦国一定不会这样做。如果取道河内，背朝邺邑、朝歌，渡过漳水、滏水，在邯郸的郊外同赵国军队决一胜负，就将遭致智伯曾受过的灭国大祸，秦国又不敢。如果进攻楚国，取道涉谷，跋涉三千里去攻打黾隘要塞之地，要走的路太远，要攻打的目标又太难，秦国不会这样做。如果取道河外，背朝大梁，右靠上蔡、召陵，在陈地郊外同楚军决战，秦国又不敢。所以说，秦国一定不会进攻楚国和赵国，又不会进攻燕国和齐国。当韩国灭亡以后，秦国出兵之日，除了魏国再没有可以进攻的目标了。

“秦故有怀、茅、邢丘①、城垝津②，以临河内，河内之共、汲③莫不危矣。秦有郑地，得垣雍④，决荥泽而水大梁，大梁必亡矣。王之使者大过矣，乃恶安陵氏于秦，秦之欲许久矣。然而秦有叶、昆阳与舞阳邻，听使者之恶也，随安陵氏而欲亡之。秦绕舞阳之北以东临许，则南国必危矣。南国⑤虽无危，则魏国岂得安哉？且夫憎韩不爱安陵氏，可也，夫不患秦，不爱南国，非也。

【注释】①怀：地名。位于今河南省武陟县西南。茅：地名。位于今河南省获嘉东北。邢丘：古邑名。春秋属晋，战国属魏。在今河南温县东。②垝津：地名。位于今河南省滑县东北。③共：地名。位于今河南省辉县。汲：地名。位于今河南省卫辉市西南。④垣雍：地名。位于今河南省原阳县西北。⑤南国：这里指魏国南境。

【译文】"秦国本来有怀、茅、刑丘，现在又在垝津筑城，而逼近河内，河内的共、汲等地都会有危险了。秦国占领郑地，获取了垣雍，使荧泽之水决堤以淹大梁，大梁一定会被攻陷。大王的使者犯了大错，竟然在秦国诋毁魏国的附属国安陵氏，秦国很久以来就想占领许地了。然而秦国的叶、昆阳与魏国的舞阳为邻，如果秦国听信了使者的诋毁之言，随后就将灭亡安陵氏了。秦军绕过舞阳的北面向东逼近许地，那么魏国的南部地区就会危险了。即使魏国的南部地区没有危险，魏国难道就能得到安宁吗？如果只是憎恨韩国、不爱惜安陵氏，这还算说得过去，然而不担心秦国，不爱惜魏国南部的土地，这就不对了。

"异日者，秦乃在河西①，晋国②之去梁也，千里有余，有河山以阑之，有周、韩而间之。从林军以至于今，秦七攻魏，五入囿③中，边城尽拔，文台堕，垂都焚，林木伐，麋、鹿尽，而国继以围。又长驱梁北，东至陶、卫之郊，北至乎阚④，所亡乎秦者，山⑤南、山北、河外、河内，大县数百，名都数十。秦乃在河西，晋国之去大梁也尚千里，而祸若是矣，又况于使秦无韩而有郑地，无河山以阑之，无周、韩以间之，去大梁百里，祸必百此矣。

【注释】①河西：泛指黄河以西之地，春秋战国时，把黄河南段之西今山西、陕西两省交界处称为河西。②晋国：这里指安邑及晋国故都绛一带地区。③囿：即圃田，位于今河南省郑州市中牟县北。④阚：地名，位于今山东省汶上县西南。⑤山：这里指中条山。

【译文】"从前，秦国还在黄河以西，魏国的安邑距离大梁有千里之遥，中间有河、山阻隔，又有周、韩两国在中间隔开。从秦国攻打魏国的林乡之战一直到现在，秦国七次进攻魏国，五次攻入圃田囿中。边境的城邑都被占领，文台被毁坏，垂都被焚烧，林木被砍伐，麋、鹿都被杀尽，接着国都被包围。秦军长驱直入到魏国北部，东面打到了陶、卫两地的郊外，北面打到了阚地，被秦国侵占的地方有：山南、山北，河外、河内，大的县邑有数百个，有名的都邑数十个。秦国在黄河以西，魏国的旧都安邑距离大梁还有千里之遥，而祸患竟然达到了这种程度，更何况让秦国灭掉了韩国，占据了郑国故地，失去了河、山的阻隔，没有周、韩两国相间，距离大梁的路程只有百里，那灾祸一定会超过原来的百倍了。

"异日者，从之不成也，楚、魏疑而韩不可得而约也。今韩受兵三年矣，秦挠之以讲，韩知亡弗听，投质于赵，而请为天下雁行顿刃[①]。以臣之观之，则楚、赵必与之攻矣。此何也？则皆知秦之欲无穷也，非尽亡天下之兵而臣海内，必不休矣。是故臣愿以从事王，王速受楚、赵之约而挟韩之质，以存韩为务，因求故地于韩，韩必效之。如此则士民不劳而故地得，其功多于与秦共伐韩，而必无与强秦邻之祸。

【注释】①雁行：居前的行列，前锋。顿刃：军队驻屯。

【译文】"过去合纵连横不成功，是因为楚、魏两国互相猜疑而韩国一直又没有参与缔结盟约。现在韩国遭受秦国的进攻已有三年，秦国想使韩国屈服求和，韩国知道要被灭亡，依然不愿听命，给赵国送去人质，请求准备好武器为天下诸侯打前阵。在我看来，楚国和赵国必定会联合韩国一起攻打秦国。这是为什么呢？因为诸侯都知道秦国的贪欲是永无止境的，不全部消灭天下的军队，不征服海内的百姓，它一定不会罢休。因此，我愿意用合纵的政策来为大王效力，请大王尽快接受楚国和赵国的盟约，与此同时保留韩国的人质，把保存韩国作为首要任务，所以，向韩国索要原来被其占领的土地，韩国一定会献出。这样，军民无需付出辛劳就收回了原来失去的土地，这个功绩要比联合秦国攻打韩国大得多，而且还能避免同强秦为邻的祸患。

“夫存韩、安魏而利天下，此亦王之大时已。通韩之上党于共、宁，使道安成[1]之关，出入者赋之，是魏重质韩以其上党也。共有其赋，足以富国，韩必德魏、爱魏、重魏、畏魏。韩必不敢反魏，韩是魏之县也。魏得韩以为县，则卫大梁、河外必安矣。今不存韩，则二周必危，安陵必易。楚、赵大破，燕、齐甚畏，天下西乡而驰秦，入朝为臣之日不久矣。”

【注释】①安成：即安城，位于今河南省原阳县西南。

【译文】“再说能够保全韩国、安定魏国，又对天下有利，这也是大王的大好时机啊。使韩国的上党与共、宁两地的道路相通，通过安城的关卡，对出入的人收取赋税，这是因为韩国把其上党作为献给魏国的一份大礼。魏国和韩国共同享有赋税，必然可以使国家富强，韩国也一定会感激魏国、爱戴魏国、尊重魏国、敬畏魏国。韩国一定不敢背叛魏国，这样，韩国就变成魏国下属的一个县了。魏国把韩国作为自己的一个属县，那么就可以用来捍卫国都大梁，河外一定可以安定了。如果不保全韩国，那么东、西周一定危险，安陵必会被秦国占有。秦国打败楚、赵两国，燕国、齐国会更加恐惧，诸侯会争着向西奔向秦国，朝拜秦王、俯首称臣的日子就不会远了。”

魏三·奉阳君约魏

奉阳君约魏，魏王将封其子。谓魏王曰：“王尝身济漳，朝邯郸，抱葛孽、阴成以为赵养邑，而赵无为王有也。王能又封其子河阳、姑密乎？臣为王不取也。”魏王乃止。

【译文】奉阳君李兑与魏国缔结了盟约，魏王将要封赏奉阳君的儿子。有人对魏王说：“大王曾渡过漳水，亲自到赵国的国都邯郸去朝拜赵王，奉上葛孽、阴成等地作为赵国的供养之地，而赵国却什么也没有给大王。大王难道还能把河阳、姑密封赏给奉阳君的儿子吗？我认为大王这种做法不可取。”魏王这才没有封赏。

魏三·秦使赵攻魏

秦使赵攻魏，魏谓赵王曰：“攻魏者，亡赵之始也。昔者，晋人欲亡虞[①]而伐虢[②]，伐虢者，亡虞之始也。故荀息以马与璧假道于虞，宫之奇谏而不听，卒假晋道。晋人伐虢，反而取虞。故《春秋》书之，以罪虞公。今国莫强于赵，而并齐、秦，王贤而有声者相之，所以为腹心之疾者，赵也。魏者，赵之虢也；赵者，魏之虞也。听秦而攻魏者，虞之为也。愿王熟计之也。”

【注释】①虞：国名。位于今山西省平陆县北。②虢：国名，有东、西、南、北四虢。此处指北虢，在今山西省平陆县。

【译文】秦国驱使赵国攻打魏国，魏王派人对赵王说：“赵国攻打魏国，这正是赵国灭亡的开始。从前，晋国想要灭掉虞国就先进攻虢国，攻打虢国就是灭掉虞国的开始。所以在晋国大夫荀息拿出宝马和宝璧向虞国借路时，虞国的大夫宫之奇劝说虞公，虞公没有听从，最后借道给晋国。晋国灭掉虢国后，在返回的途中就灭掉了虞国。所以《春秋》记载此事时对虞公进行了谴责。现在诸侯中没有比赵国更强大的了，而能与齐、秦两国并驾齐驱的，赵王不仅贤明而且得到声望高的人辅佐，所以秦国的心腹大患就是赵国。魏国就好比赵国的虢国一样，赵国就如魏国的虞国一样，如果听任秦国攻打魏国，就等于从前虞国借道给晋国去攻打虢国一样，定会自取灭亡，希望大王能够深思熟虑。”

魏三·魏太子在楚

魏太子在楚。谓楼子[①]于鄢陵曰：“公必且待齐、楚之合也，以救皮氏。今齐、楚之理必不合矣。彼翟子[②]之所恶于国者，无公若矣。其人皆欲合齐、秦外楚以轻公，必谓齐王[③]曰：‘魏之受兵，非秦实首伐之也，楚恶魏之事王也，故劝秦攻魏。’齐王故欲伐楚，而又怒其不己善也，必令魏以地听秦而为和。以张子之强，有秦、韩之重，齐王恶之，而魏王[④]不敢据也。

【注释】①楼子：即魏臣楼鼻。②翟子：即当时的魏相翟强。③齐王：齐宣王。④魏王：魏襄王。

【译文】魏太子在楚国做人质。有人在鄢陵对楼鼻说："您一定要等待齐国和楚国联合起来拯救皮氏。现在看齐国、楚国的局势，一定不会联合。那翟强在魏国最厌恶的人莫过于您了。翟强的人都想联合齐、秦两国来疏远楚国以降低您的地位，他们一定会对齐王说：'魏国遭到兵祸，秦国本没有攻打魏国的意思，而是楚国憎恶魏国讨好大王，所以才劝说秦国攻打魏国。'齐王原本打算进攻楚国，并且又因楚国的不友好而十分愤怒，他一定会让魏国向秦国割地求和。从前张仪凭借秦国和韩国的雄厚实力，颇具权威，可是齐王憎恶他，只是因为齐国，魏王就不敢接纳张仪了。

"今以齐、秦之重，外楚以轻公。臣为公患之。钧之出地，以为和于秦也，岂若由楚乎？秦疾攻楚，楚还兵，魏王必惧，公因寄汾北以予秦而为和，合亲以孤齐。秦、楚重公，公必为相矣。臣意秦王[①]与樗里疾之欲之也，臣请为公说之。"

【注释】①秦王：秦昭王。

【译文】如今翟强等人凭借齐、秦两国的雄厚实力，疏远楚国以降低您的地位。我很为您担忧。以割让土地的方式来同秦国联和，或者任由楚国来割地其实都是一样的，为什么不任由楚国来割地呢？秦国加紧进攻楚国，楚国如果收兵，魏王一定害怕，于是您就把汾水以北的土地献给秦国来求和，秦、楚、魏三国联合起来就孤立了齐国。秦、楚两国就会重视您了，到时您一定能做魏国的相国。

我猜想秦王和樗里疾也是这样希望的，我请求为先生去游说。”

乃谓樗里子曰：“攻皮氏，此王之首事也，而不能拔，天下且以此轻秦。且有皮氏，于以攻韩、魏，利也。”樗里子曰：“吾已合魏矣，无所用之。”对曰：“臣愿以鄙心意公，公无以为罪。有皮氏，国之大利也，而以与魏；公终自以为不能守也，故以与魏。今公之力有余守之，何故而弗有也？”樗里子曰：“奈何？”曰：“魏王之所恃者，齐、楚也，所用者，楼鼻、翟强也。今齐王谓魏王曰：‘欲讲攻于齐，王兵之辞也。’是弗救矣。楚王[①]怒于魏之不用楼子，而使翟强为和也，怨颜已绝之矣。

【注释】①楚王：楚怀王。

【译文】于是那人就对樗里疾说：“攻占魏国的皮氏，这是大王要做的头等大事，如果不能攻下，天下诸侯将因此看轻秦国。而占据皮氏，对于进攻韩国、魏国，将非常有利。”樗里疾说：“我已同魏国联合，占领皮氏也没什么用了。”那人回答说：“我愿意用自己的愚见来为您做参考，您不要因此酿成大错。占据皮氏，对国家来讲是非常有利的，而您却把它还给魏国；您一直以为无法守住皮氏，所以把它给了魏国。如今依您的力量来镇守皮氏，可以说绰绰有余，为什么不占有皮氏呢？”樗里疾说：“那该怎么办呢？”那人说：“魏王所凭借的，是齐国和楚国殷实的国力，所重用的，是楼鼻和翟强。现在齐王对魏王说：‘想要同秦国讲和或是攻打齐国，取决于掌握军事主动权的人。’齐国的本意并不是救援魏国。楚王因魏国没有重用楼鼻而恼怒，派翟强去同秦、齐两国联合，准备与魏国断交的心思已经表现得非常明显了。

“魏王之惧也见亡，翟强欲合齐、秦外楚，以轻楼鼻；楼鼻欲合秦、楚外齐，以轻翟强。公不如按魏之和，使人谓楼子曰：‘子能以汾北与我乎？请合于楚外齐，以重公也，此吾事也。’楼子与楚王必疾矣。又谓翟子：‘子能以汾北与我乎？必为合于齐，外于楚，以重公也。’翟强与齐王必疾矣。是公外得齐、楚以为用，内得楼鼻、翟强以为佐，何故不能有地于河东乎？”

【译文】“魏王害怕自己的国家被灭掉，翟强打算联合齐、秦两国而疏远楚国，以此来削弱楼鼻的作用；楼鼻打算联合秦、楚两国而疏远齐国，以此来削弱翟强的作用。您不如掌握同魏国讲和的主动权，派人对楼鼻说：“您能把汾河之北的土地送给我吗？我请求联合楚国而疏远齐国，以此使您受到重用。这是我所能做到的事。’楼鼻和楚王一定会迅速行事。再派人对翟强说：‘您能把汾河之北的土地送给我吗？我一定与齐国联合而疏远楚国，以此来使您受到重用。’翟强同齐王一定会迅速做出反应。如此一来，您在外有齐国和楚国的支持，对内又得到楼鼻和翟强的帮助，又有什么原因不能在河东占有皮氏呢？”

卷二十五 魏策四

魏四·献书秦王曰

（阙文）献书秦王曰：“臣窃闻大王之谋出事于梁，谋恐不出于计矣，愿大王之熟计之也。梁者，山东之要①也。有蛇于此，击其尾，其首救；击其首，其尾救；击其中身，首尾皆救。今梁者天下之脊也。秦攻梁者，是示天下要断山东之脊也，是山东首尾皆救中身之时也。山东见亡必恐，恐必大合，山东尚强，臣见秦之必大忧可立而待也。

【注释】①要：同“腰”。

【译文】有人上书给秦昭王说：“我听说大王准备出兵攻打魏国，这个计划恐怕不妥，希望大王慎重考虑一下。魏国，是崤山以东各诸侯国的腰身。假如这里有一条蛇，你打它的尾巴，它的头就会来救护；你打它的头，它的尾巴就会来救护；击打它的腰部，首、尾都会来救护。现在的魏国就好比是天下诸侯的腰身。秦国攻打魏国，就是向天下诸侯表明要斩断诸侯们的脊梁，这势必就形成了崤山以东六国‘首尾皆救腰身’的形势。到时各诸侯国看到危机必定害怕，害怕就一定会加强联合。魏国的力量还很强大，我料想秦国的大灾祸就在眼前了。

“臣窃为大王计，不如南出事于南方，其兵弱，天下不能救，地可广，国可富，兵可强，主可尊。王不闻汤之伐桀乎？试之弱密须氏[①]以为武教，得密须氏而汤之服桀矣。今秦欲与山东为雠，不先以弱为武教，兵必大挫，国必大忧。”秦果南攻蓝田、鄢、郢。

【注释】①密须氏：古国名。商时姞姓之国，周文王灭之，以封姬姓。后又为周共王所灭。在今甘肃省灵台县西。

【译文】“我私下替大王考虑，不如向南方出兵，楚国兵力弱，各诸侯一定不能前去援救。如此一来，秦国的土地就可以扩大，国家能够富足，兵力将会增强，主上也会受到天下人的尊敬。大王没听说过商汤讨伐夏桀的事吗？在商汤讨伐夏桀以前，他先对弱小的密须国用兵，以此训练和整顿自己的武装力量，等攻占了密须国以后，商汤就知道如何对付夏桀了。现在秦国与各诸侯国为敌，如果不以先进攻弱楚来训练作战力量，那么兵力必然遭受严重挫折，国家必定面临更大的忧患。”秦兵果然向南攻打了蓝田和鄢、郢二城。

魏四·八年，谓魏王曰

八年[①]，（阙文）谓魏王[②]曰：“昔曹恃齐而轻晋，齐伐釐、莒[③]

而晋人亡曹。缯恃齐以悍越，齐和子乱而越人亡缯[4]。郑恃魏以轻韩，伐榆关而韩氏亡郑。原恃秦、翟以轻晋，秦、翟年谷大凶而晋人亡原[5]。中山恃齐、魏以轻赵，齐、魏伐楚而赵亡中山。此五国所以亡者，皆其所恃也。非独此五国为然而已也，天下之亡国皆然矣。

【注释】①八年：指秦始皇六年。此处“八”应为“六”的残损，②魏王：魏景湣王。魏安釐王之子，魏国国君，公元前242-前228年在位。③釐：即莱国。位于今山东省黄县东南。莒：国名。位于今山东省莒县一带。④缯：即鄫，被莒所灭，非被越灭。其故城约在今山东省苍山县西北。和子：即田和。⑤原：周邑，位于今河南省济源西北。

【译文】秦始皇六年，有人对魏王说：“从前曹国依恃齐国而轻视晋国，当齐国去攻打莱、莒两国时，晋国就乘机灭掉了曹国。鄫国依恃齐国而抗拒越国，当齐国和子之乱发生时，越国就攻占了鄫国。郑国依恃魏国而轻视韩国，在魏国攻打榆关时，韩国就攻占了郑国。原国依恃秦国和狄人而轻视晋国，当秦国和狄族发生饥荒时，晋国就攻占了原国。中山国依恃齐、魏两国而轻视赵国，当齐、魏两国讨伐楚国时，赵国就攻占了中山国。这五国之所以灭亡，都是自认为有所依恃。不只是这五个国家如此，天下被灭亡的国家都是这样啊。

“夫国之所以不可恃者多，其变不可胜数也。或以政教不修，上下不辑，而不可恃者；或有诸侯邻国之虞，而不可恃者；或以年谷不登，稸[1]积竭尽，而不可恃者；或化于利，比于患。臣以此知国之不可必恃也。

【注释】①稸：同“蓄”，积蓄。

【译文】不可以依靠别国的原因有很多，因为这其中的变故不可胜数。有的因为国内政治教化不上轨道，上下不团结，而不可依恃；有的因为邻国为祸而不可依恃；有的因为收成不好，蓄积耗尽，所以不可以依恃；有的被利益驱使，接近祸患。我因此知道别的国家一定不可以依恃。

今王恃楚之强，而信春申君之言，以是质秦，而久不可知。即春申君有变，是王独受秦患也。即王有万乘之国而以一人之心为命也，臣以此为不完，愿王之熟计之也。”

【译文】如今大王依靠楚国的强大，而听信春申君的话，因此与秦国对抗，后果难以预料。一旦春申君态度有变，这将只有大王独自承受秦国的祸患了。这是大王以一个万乘之国，却对春申君一个人的计策唯命是从。臣下认为这样的做法并不是万全之策，希望大王仔细考虑。”

魏四·魏王问张旄曰

魏王问张旄[1]曰：“吾欲与秦攻韩，何如？”张旄对曰：“韩且坐而胥亡乎？且割而从天下乎？”王曰：“韩且割而从天下。”张旄曰：“韩怨魏乎？怨秦乎？”王曰：“怨魏。”张旄曰：“韩强秦乎？强魏乎？”王曰：“强秦。”张旄曰：“韩且割而从其所强，与所不怨乎？且割而从其所不强，与其所怨乎？”王曰：“韩将割而从其所强，与其所不怨。”张旄曰：“攻韩之事，王自知矣。”

【注释】①魏王：魏安釐王。张旄：魏国重要大臣。中年时，曾派人刺杀楚国大臣靳尚；晚年时，力劝魏安釐王放弃联合秦国攻打韩国。

【译文】魏王问张旄说：“我想联合秦国一起攻打韩国，怎么样？”张旄回答说：“韩国是准备坐以待毙呢？还是割地与其他诸侯结盟呢？”魏王说：“韩国一定会割让土地同各诸侯联盟。”张旄说：“韩国是怨恨魏国呢？还是怨恨秦国？”魏王说：“怨恨魏国。”张旄说：“韩国是认为秦国强呢？还是认为魏国强？”魏王说：“一定是认为秦国强大。”张旄说：“韩国是准备割地依从它所认为强大的国家而联合它所不怨恨的国家呢？还是割地归顺它认为不强大和心怀怨恨的国家呢？”魏王说：“韩国会将割地给它认为强大且没有怨恨的国家。”张旄说：“攻打韩国的事大王您已经明白了吧！”

魏四·客谓司马食其曰

客谓司马食其（yì jī）①曰：“虑以天下为可一者，是不知天下者也。欲独以魏支秦者，是又不知魏者也。谓兹公②不知此两者，又不知兹公者也。然而兹公为从，其说何也？从则兹公重，不从则兹公轻，兹公之处重也，不实为期。子何不疾及三国方坚也，自卖于秦，秦必受子。不然，横者将图子以合于秦，是取子之资，而以资子之雠也。”

【注释】①司马食其：魏国人。②兹公：此人。不愿明说，所以这样称呼。

【译文】有位客人对司马食其说："认为各诸侯可以联合在一起的，是不了解天下形势的人。打算单独用魏国去对抗秦国的，是不了解魏国的人。认为此公不了解这两种人的，又是不了解此公的人。然而此公主张合纵联盟，他的理由又是什么呢？如果实行合纵之策，此公的地位就提高了；如果不主张合纵，此公就会受到轻视。此公主张合纵必然不会成功。您为何不赶快趁赵、魏、楚三国关系友好的时候，与秦国亲近，秦国一定会接受您的。不主张连横的人将会想办法对付您，去同秦国联合，这是在用您的资本帮助主张连横的人啊。"

魏四 · 魏、秦伐楚

魏、秦伐楚，魏王不欲。楼缓谓魏王曰："王不与秦攻楚，楚且与秦攻王。王不如令秦、楚战，王交制之也。"

【译文】魏、秦两国联合攻打楚国，魏王不想参战。楼缓对魏王说："大王不和秦国一起攻打楚国，楚国就会和秦国一起攻打大王。大王不如让秦国和楚国开战，这样就可以同时控制它们了。"

魏四 · 穰侯攻大梁

穰侯攻大梁，入北宅[1]，魏王且从。谓穰侯曰："君攻楚，得宛、穰以广陶；攻齐，得刚、寿[2]以广陶；得许、鄢陵以广陶，秦王不问者，何也？以大梁之未亡也。今日大梁亡，许、鄢陵必议，议则君必穷。为君计者，勿攻便。”

【注释】①北宅：魏邑，位于今河南省郑州北。②刚：齐邑，位于今山东省宁阳东北。寿：齐邑，位于今山东省东平县西南。

【译文】秦穰侯攻打魏国的都邑大梁，攻进了北宅，魏安釐王打算服从。有人对穰侯说：“您攻打楚国，得到宛地和穰地，用来扩大您的封地陶邑；攻打齐国，得到刚地、寿地来扩大您的封地陶邑；进攻魏国，得到许地和鄢陵用来扩大您的封地陶邑，秦王都没有问过，这是为什么呢？这是因为魏都大梁还没有攻下。现在如果大梁被攻占，您私占许地、鄢陵的事一定会遭到非议，这样就会使您陷入困境。为您考虑，还是不攻打大梁为好。”

魏四 · 白圭谓新城君曰

白圭[1]谓新城君[2]曰：“夜行者能无为奸，不能禁狗使无吠己也。故臣能无议君于王[3]，不能禁人议臣于君也。”

【注释】①白圭：名丹，字圭。曾任魏国相国，此时已仕秦。②新城君：芈戎，秦国的封君。③王：秦昭王。

【译文】白圭对新城君说：“一个夜行人能不做坏事，却不能阻止狗对自己狂叫。所以我能做到在秦王面前不议论您，但却无法阻止别人在您面前议论我。”

魏四·秦攻韩之管

秦攻韩之管[①]，魏王发兵救之。昭忌[②]曰："夫秦强国也，而韩、魏壤掔。不出攻则已，若出攻，非于韩也，必于魏也。今幸而于韩，此魏之福也。王若救之，夫解攻者，必韩之管也；致攻者，必魏之梁也。"魏王不听，曰："若不救韩，韩怨魏，西合于秦，秦、韩为一则魏危。"遂救之。

【注释】①管：韩邑，位于今河南省郑州北。②昭忌：楚人，在魏为臣。

【译文】秦国攻打韩国的管地，魏王发兵援救韩国。昭忌对魏王说："秦国是强国，而韩、魏两国与秦国接壤。秦国不发兵则罢，如果发兵，不是进攻韩国，就是进攻魏国。现今幸好进攻的是韩国，这是魏国的幸运啊。大王如果援救韩国，那么解除围攻的必定是韩国的管地；招致进攻的，必定是魏国的大梁了。"魏王不听，说："如果不去援救韩国，韩国就会怨恨魏国，它会向西与秦国联合，秦、韩两国一旦结盟，那么魏国不就危险了吗？"于是魏国出兵援救韩国。

秦果释管而攻魏。魏王大恐，谓昭忌曰："不用子之计而祸至，为之奈何？"昭忌乃为之见秦王曰："臣闻明主之听也，不以挟私为政，是参行也。愿大王无攻魏，听臣也。"秦王曰："何也？"昭忌曰："山东之从，时合时离，何也？"秦王曰："不识也。”曰：“天下之合也，以王之不必也；其离也，以王之必也。今攻韩之管，国危矣，未卒而移兵于梁，合天下之从，无精于此者矣。以为秦之求索，必不可支也。故为王计者，不如制赵。秦已制赵，则燕不敢不事秦，荆、齐不能独从。天下争敌于秦，则弱矣。”秦王乃止。

【译文】秦国果然放下管地来攻打魏国。魏王十分惊恐，对昭忌说：“没有采纳您的建议，现如今大祸临头，这可如何是好呢？”昭忌就为此事去拜见秦王说：“我听说英明的君主治理国家，不会只根据自己的想法行事，而是参考大家的建议再采取行动。希望大王能听从我的建议，不要进攻魏国。”秦王说：“为什么呢？”昭忌回答说：“崤山以东的诸侯国搞合纵联盟，时而联合时而分离，这是为什么呢？”秦王说：“不知道。”昭忌说：“诸侯之所以合纵，是因为大王言而无信；它们之所以分离，是因为大王言而有信。如今秦国攻打韩国管地，韩国就危险了，可是攻管还没有结果就把军队转移到了魏国，那么诸侯要组织合纵联盟的想法，就没有比现在更强烈的了。诸侯认为秦国对他们提出割让土地的要求，他们实在无法接受。所以为大王考虑，不如去制服赵国。如果秦国制服了赵国，那燕国也就不得不服从秦国，楚国和齐国就不可能单独合纵。如果天下诸侯分别与秦国为敌，那么秦国就要削弱了。”于是秦王停止了进攻魏国。

魏四·秦、赵构难而战

秦、赵构难而战[①]。谓魏王曰："不如收赵而构之秦。王不构赵，赵不以毁构矣；而构之秦，赵不复斗，必重魏。是并制秦、赵之事也。王欲焉而收齐、赵攻荆，欲焉而收荆、赵攻齐。欲王之东长之，待之也。"

【注释】①秦、赵构难而战：指长平之战。

【译文】秦、赵两国因相互仇怨而发生战争。有人对魏安釐王说："魏国不如联合赵国一同与秦国讲和。大王如果不使赵国与秦国讲和，赵国就不会以残败的国家去求和；赵国同秦国讲和，它们便不会再次开战，两国必定都会重视魏国。这就控制了秦、赵两国的战事。大王或是想联合齐、赵两国进攻楚国，或是想联合楚、赵两国攻打齐国。祝大王成为东方之长，期待这一天早日到来。"

魏四·长平之役

长平之役，平都君说魏王曰："王胡不为从？"魏王曰："秦许吾以垣雍[①]。"平都君曰："臣以垣雍为空割也。"魏王曰："何谓也？"平都君曰："秦、赵久相持于长平之下而无决。天下合于秦则无赵，合于赵则无秦，秦恐王之变也，故以垣雍饵王也。秦战胜赵，王敢责垣雍之割乎？"曰：'不敢。'秦战不胜赵，王能令韩出垣雍之割乎？曰：'不能。'臣故曰，垣雍空割也。"魏王曰："善。"

【注释】①垣雍：韩邑，后属秦。位于今河南原阳县附近。

【译文】秦、赵长平战役中，赵国的平都君游说魏王说："大王为何不组织合纵联盟呢？"魏王说："秦国答应把垣雍归还给我们。"平都君说："我认为归还垣雍只是一句空话。"魏王说："这话怎么讲？"平都君说："秦、赵两国一直在长平城下相持不下，不能决出胜负。如果诸侯与秦国联合，赵国就会被灭掉；如果诸侯与赵国联合，秦国就会被灭掉，秦国担心大王会改变主意，所以用垣雍作诱饵来引诱大王。如果秦国战胜赵国，大王敢要求秦国归还垣雍吗？我说：'不敢。'如果秦国不能战胜赵国，大王还能要求韩国归还垣雍吗？我说：'不能。'所以我说归还垣雍只是一句空话。"魏王说："好。"

魏四·楼梧约秦、魏

楼梧约秦、魏，将令秦王①遇于境。谓魏王②曰："遇而无相，秦必置相。不听，则交恶于秦；听之，则后王之臣，将皆务事诸侯之能令于王之上者。且遇于秦而相有秦者，是无齐也，秦必轻王之强矣。有齐者不若相之，齐必喜，是以有齐者与秦遇，秦必重王矣。"

【注释】①秦王：秦武王。②魏王：魏襄王。

【译文】楼梧策动秦、魏两国结盟，打算让秦王同魏王在两国边境上会面。楼梧对魏王说："如果在会晤时魏国还没有相国，秦王一定会为您推荐人选。如果不听从，魏国同秦国的关系就会恶化；如果听从，那么以后大王的臣下就都将一味讨好那些能左右大王的诸侯。况且与秦王会晤，任命秦国推荐的的臣子为相，就会失去齐国这个盟国，秦国一定会轻视大王。大王不如任命亲齐的臣子为相，齐国一定会高兴，如此一来，让亲齐的臣子去与秦王会晤，秦国一定会重视大王的。"

魏四·芮宋欲绝秦、赵之交

芮宋①欲绝秦、赵之交，故令魏氏收秦太后之养地②。秦王怒。芮宋谓秦王曰："魏委国于王而王不受，故委国于赵也。李郝③谓臣曰：'子言无秦，而养秦太后以地，是欺我也。'故敝邑收之。"秦王怒，遂绝赵也。

【注释】①芮宋：魏国大臣。②养地：指供养之地。③李郝：赵国大臣。

【译文】魏臣芮宋想要断绝秦、赵两国的邦交，故意让魏国收回了曾经赠送给秦太后的养地。秦王大怒。芮宋对秦王说："魏国把国家托付给大王，可是大王却不接受，所以只好听命于赵国了。赵臣李郝对我说：'您说魏国同秦国的关系不友好，可是却把土地供养给秦太后，这不是欺骗我们吗？'因此敝国才收回了赠送给秦太后的养地。"秦王大怒，于是断绝了与赵国的邦交。

魏四·为魏谓楚王曰

为魏谓楚王[1]曰："索攻魏于秦，秦必不听王矣，是智困于秦而交疏于魏也。楚、魏有怨，则秦重矣。故王不如顺天下遂伐齐。与魏易地，兵不伤，交不变，所欲必得矣。"

【注释】①楚王：楚顷襄王。

【译文】有人为魏国对楚王说："要求秦国进攻魏国，秦国一定不会听从大王的要求，这样就失策于秦国而使魏国同我们的的关系疏远。楚、魏两国一旦结怨，那秦国的地位就显得重要了。所以大王不如顺应诸侯的伐齐之势，攻打齐国。用占领的齐国土地同魏国交换，这样不但兵力不会受到损伤，与魏国的邦交也不会受到影响，想从魏国得到的就一定会得到了。"

魏四·管鼻之令翟强与秦事

管鼻之令翟强与秦事。谓魏王曰："鼻之与强，犹晋人之与楚人也。晋人见楚人之急，带剑而缓之；楚人恶其缓而急之。今鼻之入秦之传（zhuàn）舍[1]，舍不足以舍之。强之入，无蔽于秦者。强，王贵臣也，而秦若此其甚，安可！"

【注释】①传舍：驿站所设供行人休息的房舍。

【译文】楼鼻让翟强参与出使秦国一事。有人对魏王说："楼鼻同翟强，就如同晋国人和楚国人一样。晋国人见楚国人很急躁，便佩好宝剑来使自己变得舒缓；楚国人讨厌晋国人的缓军之举，就让他们抓紧进攻。现今楼鼻住进了秦国的传舍，传舍无法容纳他众多的属下。翟强来到秦国，却没有安身之所。翟强是大王的贵臣，而秦国竟如此对待他，怎么可以这样呢？"

魏四·成阳君欲以韩、魏听秦

成阳君欲以韩、魏听秦，魏王[1]弗利。白圭谓魏王曰："王不如阴使人说成阳君曰：'君入秦，秦必留君而以多割于韩矣。韩不听，秦必留君而伐韩矣。故君不如安行求质于秦。'成阳君必不敢入秦，秦、韩不敢合，则王重矣。"

【注释】①魏王：魏昭王。

【译文】成阳君想让韩、魏两国听从秦国，魏王认为会对自己不利。白圭对魏王说："大王不如暗中派人劝成阳君说：'您到秦国去，秦国一定会扣留您，以此来达到要求韩国割取更多土地的目的。韩国如果不听从，秦国定会扣留您，还会讨伐韩国。因此您不如先不要急着出发，要求秦国派出人质。'成阳君一定不敢去秦国，秦、韩两国也必然不能联合，那么大王就非常重要了。"

魏四·秦拔宁邑

秦拔宁邑[1]，魏王令人谓秦王曰：“王归宁邑，吾请先天下构。”谓秦王曰：“王无听。魏王见天下之不足恃也，故欲先构。夫亡宁者，宜割二宁以求构；夫得宁者，安能归宁乎？”

【注释】①宁邑：位于今河南省修武东。

【译文】秦国攻占了魏国的宁邑，魏安釐王派人对秦昭王说：“如果大王归还宁邑，魏国将率先与秦国讲和。”有人对秦王说：“大王不要听信他。魏王看到诸侯不能依靠，所以才想首先讲和。失掉宁邑的国家，应该割让两个宁邑的土地来求和；得到宁邑的国家，又怎能轻易归还呢？”

魏四·秦罢邯郸

秦罢邯郸，攻魏，取宁邑。吴庆[1]恐魏王之构于秦也，谓魏王曰：“秦之攻王也，王知其故乎？天下皆曰王近也。王不近秦，秦之所劫。皆曰王弱也。王不弱二周，秦人去邯郸，过二周而攻王者，以王为易制也。王亦知弱之召攻乎？”

【注释】①吴庆：魏国大臣。

【译文】秦国停止进攻邯郸，转而进攻魏国，攻取了宁邑。吴庆担心魏安釐王与秦国讲和，就对魏王说：“秦国进攻魏国，大王知道这是什么原因吗？天下诸侯都说大王的土地和秦国相接。其实大王的国土并不接近秦国，却受到秦国的威胁。天下诸侯都认为大王兵力衰弱。其实大王的兵力并不弱于东、西二周，秦国之所以离开邯郸，越过二周来进攻大王，是他们认为大王容易被制服，大王您知道示弱会招来秦国的进攻吗？”

魏四·魏王欲攻邯郸

魏王欲攻邯郸，季梁闻之，中道而反，衣焦不申①，头尘不浴，往见王曰：“今者臣来，见人于大行。方北面而持其驾，告臣曰：‘我欲之楚。’臣曰：‘君之楚，将奚为北面？’曰：‘吾马良。’臣曰：‘马虽良，此非楚之路也。’曰：‘吾用多。’臣曰：‘用虽多，此非楚之路也。’曰：‘吾御者善。’此数者愈善，而离楚愈远耳。今王动欲成霸王，举欲信于天下。恃王国之大，兵之精锐，而攻邯郸，以广地尊名，王之动愈数，而离王愈远耳。犹至楚而北行也。”

【注释】①衣焦不申：衣服皱缩不伸展。申：伸展。

【译文】魏惠王准备进攻邯郸，魏臣季梁听说这件事，中途而返，衣服上的皱折都来不及抚平，头上的尘土都顾不上洗，就急着去见魏惠王，说：“今天我回来的时候，在大路上看见一个人，正驾着他的车朝北走，他告诉我说：‘我想到楚国去。’我说：‘您既然要到楚国去，为什么往北走呢？’他说：‘我的马是好马。’我说：‘马虽然不错，但这也不是去楚国的路啊！’他说：‘我有足够的路费。’我说：'路费虽多，但这不是去楚国的路啊。'他又说：'我的车夫驾车技术非常高明。'但这几个条件越好，距离楚国就会越远啊。如今大王的每个行动都想成就霸业，总想在天下取得威信。凭借大王广袤的国土，精良的部队，去攻打邯郸，以此来扩张土地提高名声，大王这样的行动越频繁，离霸业就越远。这就好像那位想到楚国却向北走的人一样啊。"

魏四·周宵谓宫他曰

周宵谓宫他曰[①]："子为宵谓齐王曰，宵愿为外臣。令齐资我于魏。"宫他曰："不可，是示齐轻也。夫齐不以无魏者以害有魏者，故公不如示有魏。公曰：'王之所求于魏者，臣请以魏听。'齐必资公矣。是公有齐，以齐有魏也。"

【注释】①周宵：魏国大臣。宫他：周臣。

【译文】周宵对宫他说："请您为我对齐王说，周宵愿意做一个在别的国家为齐国办事的外臣，让齐国支持我在魏国做事。"宫他说："不可以这样做，这是向齐国表明您在魏国没有被重用。齐国不会帮助一个在魏国不受重用的人，而去伤害一个在魏国受重用的人，所以您不如显示自己在魏国很有地位。您就说：'大王向魏国所提出的要求，我都会使魏王答应。'齐国一定会帮助您。这样您就得到了齐国的支持，因为齐国的支持，您在魏国的地位也会提升。"

魏四·周最善齐

周最善齐，翟强善楚。二子者欲伤张仪于魏。张子闻之，因使其人为见者啬夫，间见者，因无敢伤张子。

【译文】周最亲近齐国，翟强与楚国的关系很好。两人都想在魏王面前诋毁张仪。张仪听说后，就派他的人担任给魏王传达命令的啬夫，监视前来拜见魏王的人。因此，再没人敢诋毁张仪了。

魏四·周最入齐

周最入齐，秦王怒，令姚贾让魏王。魏王为之谓秦王曰："魏之所以为王通天下者，以周最也。今周最遁寡人入齐，齐无通于天下矣。敝邑之事王，亦无齐累矣。大国欲急兵，则趣赵而已。"

【译文】周最从魏国到了齐国，秦王大怒，派姚贾去责备魏王。魏王为周最对秦王说："魏国之所以能帮助齐国联合天下诸侯，是因为周最的缘故。如今周最从魏国逃到了齐国，齐国就不能再和天下诸侯交往了。敝国事奉大王，也就不会再受到齐国拖累了。贵国要紧急出兵攻打齐国，那么只要督促赵国就行了。"

魏四·秦、魏为与国

秦、魏为与国。齐、楚约而欲攻魏，魏使人求救于秦，冠盖相望，秦救不出。

【译文】秦、魏两国结为盟国。齐、楚两国相约要进攻魏国，魏国派人向秦国求救，道路上魏国使者的车辆络绎不绝，秦国却不肯出兵援救。

魏人有唐雎者，年九十余，谓魏王[①]曰："老臣请出西说秦，令兵先臣出，可乎？"魏王曰："敬诺。"遂约车而遣之。

【注释】①魏王：魏安釐王。

【译文】魏国有个叫唐雎的人，九十多岁了，他对魏王说："我愿意向西到秦国去游说秦王，让救兵在我回来前赶到，可以吗？"魏王说："太好了。"于是就准备车辆送他出发了。

唐雎见秦王，秦王曰："丈人芒然[①]乃远至此，甚苦矣。魏来求救数矣，寡人知魏之急矣。"唐雎对曰："大王已知魏之急而救不至者，是大王筹筴（cè）[②]之臣无任矣！且夫魏一万乘之国，称东藩，受冠带，祠春秋者，以为秦之强足以为与也。今齐、楚之兵已在魏郊矣，大王之救不至，魏急则且割地而约齐、楚，王虽欲救之，岂有及哉？是亡一万乘之魏，而强二敌之齐、楚也，窃以为大王筹筴之臣无任矣！”

【注释】①芒然：疲倦的样子。②筹筴：筹划计策。筴，同“策”。

【译文】唐雎见到秦昭王，秦昭王说：“老先生不辞劳苦，远道至此，太辛苦了。魏国已经多次派人来求救，寡人知道魏国情况紧急。”唐雎回答说：“大王已经知道魏国情况紧急，但是救兵却迟迟未到，这是为大王出谋划策的那些大臣们无能啊！再说魏国是一个拥有万辆兵车的大国，都甘愿自称为秦国东方的属国，接受秦国的封赠，为秦王立庙，春秋祭祀，是认为秦国足够强大才结成盟友。现在齐、楚两国的军队已经兵临魏都郊外，大王的救兵还没有赶到，魏国在形势危急的时刻就会割让土地与齐、楚两国结盟，那时大王就是想救魏国，哪里还来得及呢？这是失去一个拥有万辆兵车的盟友魏国，而且还让秦国的两个敌国齐、楚变得更加强大。我私下认为为大王出谋划策的大臣们太无能了！”

秦王喟（kuì）然愁悟，遽发兵，日夜赴魏。齐、楚闻之，乃引兵而去。魏氏复全，唐雎之说也。

【译文】秦王幡然醒悟，马上发兵，日夜兼程奔赴魏国援救。齐、楚两国听说秦国发兵来援救魏国，就收兵撤离了。魏国之所以能够再次得以保全，全靠唐雎的游说。

魏四·信陵君杀晋鄙

信陵君[1]杀晋鄙[2]，救邯郸，破秦人，存赵国，赵王[3]自郊迎。唐雎谓信陵君曰："臣闻之曰，事有不可知者，有不可不知者；有不可忘者，有不可不忘者。"信陵君曰："何谓也？"对曰："人之憎我也，不可不知也；吾憎人也，不可得而知也。人之有德于我也，不可忘也；吾有德于人也，不可不忘也。今君杀晋鄙，救邯郸，破秦人，存赵国，此大德也。今赵王自郊迎，卒然见赵王，臣愿君之忘之也。"信陵君曰："无忌谨受教。"

【注释】①信陵君：即魏无忌，魏国公子，战国四公子之一。是战国时期魏国著名的军事家、政治家。②晋鄙：战国时期魏国将领。③赵王：赵孝成王。

【译文】信陵君杀了晋鄙，救了邯郸，击破秦兵，保全了赵国，赵王亲自到郊外迎接他。唐雎对信陵君说："我听人说，有些事情不能知道，有些事情不能不知道；有些事情不能忘记，有些事情不能不忘记。"信陵君说："您说这话是什么意思呢？"唐雎回答说："别人憎恨我，不能不知道；我憎恨别人，是不可能知道的。别人对我有恩德，不可以忘记；我对人家有恩德，不可以不忘记啊。如今您杀了晋鄙，救了邯郸，破了秦兵，保住了赵国，这对赵王是很大的恩惠啊。现在赵王亲自到郊外迎接您，突然见到赵王，我希望您能忘记您所施的恩惠。"信陵君说："谨遵您的教诲。"

魏四·魏攻管而不下

魏攻管[1]而不下。安陵人缩高，其子为管守。信陵君使人谓安陵君曰："君其遣缩高，吾将仕之以五大夫[2]，使为持节尉[3]。"安陵君曰："安陵，小国也，不能必使其民。使者自往，请使道使者至缩高之所，复信陵君之命。"缩高曰："君之幸高也，将使高攻管也。夫以父攻子守，人大笑也。见臣而下，是倍主也。父教子倍，亦非君之所喜也。敢再拜辞。"

【注释】①管：位于今河南省郑州北。②五大夫：爵位名，大夫中的最高爵位。③持节尉：官名，战国魏置。持符节的使臣。

【译文】魏国进攻秦国的管邑，没有攻下。安陵人缩高的儿子担任管邑的守官。信陵君派人对安陵君说："请派缩高前往，我将任命他为五大夫，并担任持节尉。"安陵君说："安陵是一个小国，我无法强行让自己的百姓听从我的命令。您请自己前往，我派人把您引领到缩高的住处，以便您传达信陵君的命令。"缩高说："您来到我这里，是为了让我去攻打管邑吧。做父亲的去攻打儿子守卫的城邑，这会成为别人的笑话。我的儿子见到我就丢弃城邑而投降，这是背叛自己的君主。父亲让儿子背叛君主，这也不是您所愿意看到的吧。真的对不起，我只好辞谢了。"

使者以报信陵君，信陵君大怒，遣大使之安陵曰："安陵之地，亦犹魏也。今吾攻管而不下，则秦兵及我，社稷必危矣。愿君之生束缩高而致之。若君弗致也，无忌将发十万之师以造安陵之城。”安陵君曰：“吾先君成侯[1]受诏襄王[2]以守此地也，手受大府[3]之宪。宪之上篇曰：‘子弑父，臣弑君，有常不赦。国虽大赦，降城亡子不得与焉。’今缩高谨辞大位，以全父子之义，而君曰‘必生致之’，是使我负襄王诏而废大府之宪也，虽死，终不敢行。”

【注释】①成侯：安陵之地最初的封君。②襄王：魏襄王。③大府：朝廷的府库。

【译文】使者回来把这些情况汇报给信陵君，信陵君大怒，派特使到安陵对安陵君说：“安陵的土地，也算是魏国的土地。现在我无法攻下管邑，那么秦国的军队就会攻打我，魏国就会因此而危险。希望您能把缩高捆上送到我这里。如果您不把他送来，我将派十万大军直抵安陵城下。”安陵君说：“我的先君成侯受襄王的命令来镇守这块土地，亲自接受了大府的法令。法令的上篇中说：‘儿子杀死父亲，臣下杀死君主，有规定的刑罚不能赦免。虽然国家有大赦，但是弃城而降和逃到国外的人是不能被赦免的。’现在缩高辞谢高官来保全父子之间的道义，而您却说‘一定要把他活捉到我这儿来。’这是让我辜负襄王的诏令并且废除大府的法令啊，就算是死，我也不敢这样做啊。”

缩高闻之曰：“信陵君为人，悍而自用也。此辞反，必为国祸。吾已全己，无为人臣之义矣，岂可使吾君有魏患也？”乃之使者之舍，刎颈而死。信陵君闻缩高死，素服缟素辟舍，使使者谢安陵君曰："无忌小人也，困于思虑，失言于君，敢再拜释罪。"

【译文】缩高听说这件事后，说："信陵君为人刚愎自用。这番话一说，必然会给国家带来祸患。我已经保全了父子道义，也没有违背作人臣的大义，怎么可以让我的君主遭受来自魏国的危害呢？"缩高于是来到使者住地，拔剑自刎而死。信陵君听到缩高的死讯，穿上白色的孝服离开住地，派使者向安陵君谢罪说："我是小人，考虑不周，所求不当，我恭敬地向您谢罪。"

魏四·魏王与龙阳君共船而钓

魏王与龙阳君[①]共船而钓，龙阳君得十余鱼而涕下。王曰："有所不安乎？如是，何不相告也？"对曰："臣无敢不安也。"王曰："然则何为涕出？"曰："臣为臣之所得鱼也。"王曰："何谓也？"对曰："臣之始得鱼也，臣甚喜，后得又益大，今臣直欲弃臣前之所得矣。今以臣凶恶，而得为王拂枕席。今臣爵至人君，走人于庭，辟人于途。四海之内，美人亦甚多矣，闻臣之得幸于王也，必褰裳[②]而趋王。臣亦犹曩臣之前所得鱼也，臣亦将弃矣，臣安能无涕出乎？"魏王曰："诶！有是心也，何不相告也？"于是布令于四境之内曰："有敢言美人者族。"

【注释】①龙阳君：魏安釐王的宠臣。②褰裳：撩起下裳。

【译文】魏王和宠臣龙阳君坐在同一条船上钓鱼，龙阳君钓了十几条鱼便流下了眼泪。魏王说：“你有什么不开心的事吗？如果有，为什么不告诉我呢？”龙阳君说：“我没有什么不高兴的事。”魏王说：“那你为什么流泪呢？”龙阳君说，“我为我所钓到的鱼流泪。”魏王说：你这是什么意思呢？”龙阳君回答说：“我刚开始钓到鱼的时候，心里很高兴，可是后来钓到更大的鱼了，便想把之前所钓到的鱼丢掉。如今凭我这样丑陋的相貌，却能有机会侍奉大王左右。现今我的爵位被封为龙阳君，在朝廷上大臣们见了我都要趋附我，在道路上人们见了我也要为我让道。四海之内美人很多，他们听说我受到大王的宠幸，一定会提着衣裙奔向大王的。到那时我就像先前所钓到的鱼一样，也会被抛弃了，想到这里我怎能不流泪呢？”魏王说：“哎！你有这样的想法，为什么不告诉我呢？”于是魏王在全国发布号令说：“有谁敢再来推荐美人的，将处以灭族之罪。”

由是观之，近习之人，其挚谄也固矣，其自幂[1]系也完矣。今由千里之外，欲进美人，所效者庸必得幸乎？假之得幸庸必为我用乎？而近习之人相与怨，我见有祸，未见有福；见有怨，未见有德，非用知之术也。

【注释】①幂：覆盖，遮盖。

【译文】由此来看，君王身边那些受到宠信的人，他们谄媚的手段已经非常在行了，他们自我遮饰过失、蒙蔽君王的手法也非常完善了。如今有人想从千里之外进献美人，可进献来的美人，就一定能得到宠幸吗？假如真得到了君王的宠幸，又一定会为我所用吗？而且君王身边那些受宠幸的人都会抱怨那个进献美人的人，只看到了祸患，没看到福；只看到了互相怨恨，没看到好处，这并不是运用智谋的方法啊。

魏四·秦攻魏急

秦攻魏急。或谓魏王[①]曰："弃之不如用之之易也，死之不如弃之之易也。能弃之弗能用之，能死之弗能弃之，此人之大过也。今王亡地数百里，亡城数十，而国患不解，是王弃之，非用之也。今秦之强也，天下无敌，而魏之弱也甚，而王以是质秦，王又能死而弗能弃之，此重过也。今王能用臣之计，亏地不足以伤国，卑体不足以苦身，患解而怨报。

【注释】①魏王：魏景湣王。魏安釐王之子，魏国国君，公元前242—前228年在位。

【译文】秦国加紧攻打魏国。有人对魏王说："放弃土地不如使用土地容易，因镇守土地而亡不如割让土地求生存容易。愿意割让土地求生存，而不愿意用土地来防守；愿意为土地去死，而不愿意割让土地以求生存，这是人们的大错。现如今大王已经失去数百里土地，丢掉数十座城邑，而国家的祸患依然没有消除，这是因为大王只知道放弃土地，而没有利用土地来防守。如今秦国强大，天下无敌，魏国弱小，因此大王才成为秦国进攻的目标，大王宁愿去死，也不愿意割地，这是极严重的错误。观在大王如果能采用臣下的建议，割让一些土地而不至于损害国家，谦卑而不至于使自身受苦，不但可以解除祸患并且还可以报仇。

“秦自四境之内，执法以下至于长挽者，故毕曰：‘与嫪氏乎？与吕氏乎①？’虽至于门闾②之下，廊庙③之上，犹之如是也。今王割地以赂秦，以为嫪毐功；卑体以尊秦，以因嫪毐。王以国赞嫪毐，以嫪毐胜矣。王以国赞嫪氏，太后之德王也，深于骨髓，王之交最为天下上矣。秦、魏百相交也，百相欺也。今由嫪氏善秦而交为天下上，天下孰不弃吕氏而从嫪氏？天下必合吕氏而从嫪氏，则王之怨报矣。”

【注释】①嫪氏：即嫪毐。战国末期秦国人。倍受太后宠信，被封为长信侯。吕氏：即吕不韦。②门闾：一般指乡里。这里指普通百姓。③廊庙：朝廷。这里指达官贵人。

【译文】“秦国国内，上至执政大臣，下至普通百姓都会问：‘秦王亲近嫪氏？还是亲近吕氏？’不管是普通百姓还是达官贵人都是如此。现在大王如果割让土地来贿赂秦国，以此作为嫪毐的功劳；放低身份来尊奉秦国，以此来巩固嫪毐的地位。大王用国家来帮助嫪毐，那么嫪毐就会获胜。大王用国家来帮助嫪毐，秦太后一定会感激大王的恩德，这种感激会深入骨髓，大王对秦的交情在诸侯中就是最上等了。从前，秦、魏两国互相欺骗。如今通过嫪毐的关系而同秦国交好，两国的关系成为诸侯之间上等的邦交，诸侯中又有谁不抛弃吕氏而去跟从嫪毐呢？如此一来，大王的怨仇也算是报了。”

魏四·秦王使人谓安陵君曰

秦王[1]使人谓安陵君曰："寡人欲以五百里之地易安陵，安陵君其许寡人？"安陵君曰："大王加惠，以大易小，甚善。虽然，受地于先生，愿终守之，弗敢易。"秦王不说。安陵君因使唐雎使于秦。

【注释】①秦王：嬴政，秦王朝的建立者。公元前246—前210年在位。

【译文】秦王派人对安陵君说："我准备用方圆五百里的土地交换安陵，安陵君可以答应我吗？"安陵君说："承蒙大王对弊国施加恩惠，以大换小，这非常好。但安陵是我从先王那里继承来的，我愿意一直守着它，不敢拿来交换。"秦王为此很不高兴。安陵君因而派唐雎出使秦国。

秦王谓唐雎曰："寡人以五百里之地易安陵，安陵君不听寡人，何也？且秦灭韩亡魏，而君以五十里之地存者，以君为长者，故不错意[1]也。今吾以十倍之地，请广于君，而君逆寡人者，轻寡人与？"唐雎对曰："否，非若是也。安陵君受地于先生而守之，虽千里不敢易也，岂直五百里哉！"

【注释】①错意：留意，用心，在意。错，通"措"。

【译文】秦王对唐雎说："我拿五百里的土地换取安陵，安陵君却不答应，这是为什么呢？况且秦国灭掉韩国和魏国，只有安陵君仅凭五十里的土地得以保全下来，那是因为我看在他是厚德的长者，所以才没有在意。如今我拿十倍的土地同安陵君交换，使他拓宽地盘，他却不肯听从我，这是在轻视我吗？"唐雎说："不，不是这样的。安陵君从先王手里继承了封地就要守住它，即使用一千里的土地也不敢交换，更何况是五百里呢！"

秦王怫然怒，谓唐雎曰："公亦尝闻天子之怒乎？"唐雎对曰："臣未尝闻也。"秦王曰："天子之怒，伏尸百万，流血千里。"唐雎曰："大王尝闻布衣之怒乎？"秦王曰："布衣之怒，亦免冠徒跣，以头抢地尔。"唐雎曰："此庸夫之怒也，非士之怒也。夫专诸①之刺王僚也，彗星袭月②；聂政③之刺韩傀也，白虹贯日；要离之刺庆忌④也，仓鹰击于殿上。此三子者，皆布衣之士也，怀怒未发，休祲⑤降于天，与臣而将四矣。若士必怒，伏尸二人，流血五步，天下缟素，今日是也。"挺剑而起。

【注释】①专诸：吴国勇士。②彗星袭月：彗星俗称扫把星，彗星袭月即彗星的光芒扫过月亮，按迷信的说法是重大灾难的征兆。和下文的"白虹贯日"、"仓鹰击于殿上"，都是古人认为有重大历史变故发生时，与之对应的自然现象，均为迷信说法。③聂政：战国时期四大刺客之一，与韩国大臣严遂交好，为报答严遂，聂政孤身一人去刺杀韩相韩傀。事后，为了不连累自己的姐姐，聂政毁坏面目，惨烈死去。④要离：吴国勇士。庆忌：吴王僚的儿子。⑤休祲：凶兆和吉兆。这里侧重于祲，凶兆。

【译文】秦王勃然大怒，对唐雎说："您可曾听过天子发怒吗？"唐雎说："我没听说过。"秦王说："天子发怒的时候，会有百万个尸体倒地，血流千里！"唐雎说："那大王听说过平民发怒吗？"秦王说："平民发怒，不过是摘下帽子，披头赤脚，拿脑袋往地上撞罢了。"唐雎说："这是庸人的发怒，不是侠士的发怒。当专诸刺杀吴王僚的时候，慧星遮盖了月亮；当聂政刺杀韩傀的时候，白虹穿过了太阳；当要离刺杀庆忌的时候，苍鹰在宫殿上扑击。这三个人都是平民中的侠士，他们心中的怒气还没发泄出来，凶兆就从天而降，加上我就是第四个这样的侠士了。如果侠士发起怒来，将会有两具尸体倒下，血流五步，天下人都会穿白戴孝，今天就是这样的时候。"说着便拔出剑，挺身而起。

秦王色挠，长跪[①]而谢之曰："先生坐，何至于此！寡人谕矣。夫韩、魏灭亡，而安陵以五十里之地存者，徒以有先生也。"

【注释】①长跪：古代的一种礼节，指直身而跪，其礼节较轻。直身而跪，也叫"跽"。古时席地而坐，坐时两膝据地，以臀部着足跟。跪则伸直腰股，以示庄敬。

【译文】秦王吓得脸色大变，慌忙从座位上挺直身体，向唐雎道歉说："先生快请坐下！哪里会弄到这般地步呢？我已经明白了。韩、魏两国灭亡，可是安陵却凭着方圆五十里之地而得以保存，就是因为有先生您这样的人在啊。"

卷二十六 韩策一

韩一·三晋已破智氏

三晋已破智氏，将分其地。段规谓韩王[①]曰："分地必取成皋[②]。"韩王曰："成皋石溜之地也，寡人无所用之。"段规曰："不然。臣闻一里之厚而动千里之权者，地利也；万人之众而破三军者，不意也。王用臣言，则韩必取郑矣。"王曰："善。"果取成皋，至韩之取郑也，果从成皋始。

【注释】①段规：战国初期著名策士，韩康子的谋臣。韩王：这里指韩康子虎。②成皋：又称虎牢，位于今河南省汜水县西北境。

【译文】韩、赵、魏三国已经击破了智伯，正准备分割他的土地。段规对韩康子说："分地时一定要得到成皋。"韩康子说："成皋是流水不存的贫瘠之地，我要它有什么用处。"段规说："不是这样，我听说一里大小的地盘却能撼动千里之地的政权，就是因为地势有利；万人之所以能攻破三军，就是因为乘其不备。大王如果能采用我的意见，那么韩国一定能消灭郑国。"韩王说："好。"果然得到了成皋。后来韩国攻取郑国，果然是从成皋开始的。

韩一·大成午从赵谓申不害于韩曰

大成午[1]从赵谓申不害[2]于韩曰："子以韩重我于赵，请以赵重子于韩，是子有两韩，而我有两赵也。"

【注释】①大成午：赵国的相国。②申不害：亦称申子，郑国人，法家重要创始人之一。

【译文】大成午从赵国告诉韩国的申不害说："您通过韩国使赵国重用我，我可以通过赵国使韩国重用您，这样您就相当于拥有了两个韩国，而我也就等于拥有了两个赵国。"

韩一·魏之围邯郸

魏之围邯郸也，申不害始合于韩王，然未知王之所欲也，恐言而未必中于王也。王问申子曰："吾谁与而可？"对曰："此安危之要，国家之大事也。臣请深惟而苦思之。"乃微谓赵卓、韩晁[1]曰："子皆国之辩士也。夫为人臣者，言可必[2]用，尽忠而已矣。"二人各进议于王以事，申子微视王之所说以言于王，王大说之。

【注释】①赵卓、韩晁：均为韩国大臣。②可必：何必。可：通"何"。

【译文】魏国围困赵国邯郸时，申不害刚和韩王接触，但又不知韩王是如何想的，害怕说出的话未必能合韩王心意。韩王问申不害说："我同哪个国家结盟比较好？"申不害回答说："这是社稷安危的关键，国家的大事，我要深思熟虑一下才能回答。"于是私下对韩国大臣赵卓、韩晁说："你们都是国家能言善辩的人才，为人臣子的，进谏的话何必一定要被采纳呢，只要竭尽忠心就好了。"赵卓、韩晁二人分别在韩王面前议论国家大事，申不害暗中察看韩王赞赏谁的主张，再把这种意见进谏给韩王，韩王因而十分喜欢他。

韩一·申子请仕其从兄官

申子请仕其从兄官，昭侯[1]不许也，申子有怨色。昭侯曰："非所学于子者也。听子之谒而废子之道乎？又亡其行子之术而废子之谒乎？子尝教寡人，循功劳，视次第。今有所求，此我将奚听乎？"申子乃辟舍请罪，曰："君真其人也。"

【注释】①昭侯：即韩昭侯，战国时期韩国第六任君主。

【译文】韩相申不害请求韩昭侯为自己的堂兄谋一个官职，韩昭侯没有同意，申不害流露出不悦之色。韩昭侯说："这不是从您那里学到的吗？您是让我答应您的请求，而废弃您执法的主张呢？还是实行您的主张，而不答应您的请求呢？您曾经教导我，要按照功劳大小来给予奖赏，根据能力强弱来担任官职。如今您又有所请求，这让我如何是好呢？"申不害于是离席请罪，对韩昭侯说："君主真是一个英明的好国君啊。"

韩一·苏秦为楚合从说韩王曰

苏秦为楚合从说韩王曰:“韩北有巩、洛、成皋之固,西有宜阳、常阪[①]之塞,东有宛、穰(rǎng)、洧(wěi)水[②],南有陉山[③],地方千里,带甲数十万。天下之强弓劲弩皆自韩出,谿子、少府时力、距黍[④],皆射六百步之外。韩卒超足而射,百发不暇止,远者达胸,近者掩心。韩卒之剑戟皆出于冥山、棠谿、墨阳、合伯[⑤]。邓师、宛冯、龙渊、太阿[⑥],皆陆断马牛,水击鹄雁,当敌即斩,坚甲、鞮鍪(dī móu)、革抉、㕹芮[⑦],无不毕具。以韩卒之勇,被坚甲,蹠劲弩,带利剑,一人当百,不足言也。夫以韩之劲与大王之贤,乃欲西面事秦,称东藩,筑帝宫,受冠带,祠春秋。交臂而服焉。夫羞社稷而为天下笑,无过此者矣。是故愿大王之熟计之也。

【注释】①常阪:山名。位于今陕西商洛市商州区东南。②宛:地名,位于今河南省南阳。穰:位于今河南省邓州市。洧水:古水名。即今双洎河。源出今河南省登封县阳城山,自长葛县以下,故道原经鄢陵、扶沟两县南,至西华县西入颍水。③陉山:位于今河南省郾城县东。④谿子、少府时力、距黍:均为古代强弓劲弩名。⑤冥山:即今石城山。位于今河南省信阳县东南。棠谿:位于今河南省西平县西北,以铸剑戟有名。墨阳:位于今河南省淅川北。合伯:古地名。一作合膊。战国属韩。在今河南舞钢。产利剑,相传韩卒所用剑戟,都出于合伯等地。⑥邓师、宛冯、龙渊、太阿:皆为宝剑的名字。⑦鞮鍪:古代战士的头盔。革抉:古代弓箭手戴在右手大拇指上用以钩弦的工具。以革为之，故称。吠：盾。芮：结在盾上的丝带。

【译文】苏秦为楚国组织合纵联盟去游说韩宣王说："韩国北面有巩地、洛邑、成皋这样坚固的边防，西面有宜阳、常阪这样险要的关塞，东面有宛地、穰地和洧水，南面有陉山，土地方圆千里，士兵有数十万。全天下的强弓劲弩都出自韩国，像谿子、少府时力、距黍这些良弓，都能将箭射到六百步以外的地方。韩国士兵举足踏地而射，可以不停发射上百次，远处能够直接射入敌人胸膛，近处可以射穿他的心脏。韩国士兵使用的剑戟都出自冥山、棠谿、墨阳、合伯等地。邓师、宛冯、龙渊、大阿等宝剑，在陆地上都能砍断牛、马，在水里可以截击鸿雁，面对敌人可以无坚不摧，至于说铠甲、头盔、扳指、盾牌更是无不齐备。凭着韩国士兵的骁勇善战，再穿上坚固的铠甲，脚踏强劲的弩弓，佩带锋利的宝剑，以一当百，不在话下。凭借着韩国的强盛和大王您的贤明，竟然想要向西归顺秦国，做秦国东方的属国，为秦王筑造宫殿，接受秦国赏赐的冠服，春秋两季供奉祭品，拱手称臣，使整个国家蒙受耻辱，受到天下人的耻笑，没有比这更严重的问题了。因此，希望大王您能认真考虑这个问题。

"大王事秦，秦必求宜阳、成皋。今兹效之，明年又益求割地。与之，即无地以给之；不与，则弃前功而后更受其祸。且夫大王之地有尽，而秦之求无已。夫以有尽之地而逆无已之求，此所谓市怨而买祸者也，不战而地已削矣。臣闻鄙语曰：'宁为鸡口，无为牛后。'今大王西面交臂而臣事秦，何以异于牛后乎？夫以大王之贤，挟强韩之兵，而有牛后之名，臣窃为大王羞之。”

【译文】大王如果归顺了秦国，秦国一定会要求您割让宜阳、成皋。今年把土地给它，明年又会进一步要求割让更多的土地。如果给它吧，又没有那么多的土地可以满足它；如果不给吧，就会前功尽弃，也会因此带来后患。况且，大王的土地也是有限的，而秦国的贪欲却是无止境的。拿着有限的土地去应付那无止境的贪欲，这就是所谓自己去购买怨恨和灾祸啊，不用开战，土地就直接拱手让人了。我听俗语说：‘宁肯当鸡群的头领，也不做牛群的随从。’现在大王您如果向西边的秦国称臣，事奉秦国，这跟做牛群的随从又有什么区别呢？以大王您的贤能，又拥有韩国如此强大的军队，却有做‘牛群随从’的丑名，我私下里为您感到羞愧。”

韩王忿然作色，攘臂按剑，仰天太息曰：“寡人虽死，必不能事秦。今主君以楚王之教诏之，敬奉社稷以从。”

【译文】韩王气得脸色大变，卷起袖子，露出胳膊，手按宝剑，仰天长叹说：“我就算一死，也决不会屈服于秦国。现在多亏您把楚王的高见告诉我，我愿意让全国上下都追随您。”

韩一・张仪为秦连横说韩王曰

张仪为秦连横说韩王曰：“韩地险恶山居，五谷所生，非麦而豆，民之所食，大抵豆饭藿（huò）羹；一岁不收，民不厌糟糠，地方不满九百里，无二岁之所食。料大王之卒，悉之不过三十万，而厮徒负养在其中矣，为除守徼（jiào）亭鄣塞[①]，见卒[②]不过二十万而已矣。秦带甲百余万，车千乘，骑马匹，虎贲之士，跿跔（tú jū）科头[③]，贯颐奋戟者，至不可胜计也。秦马之良，戎兵之众，探前趹后，蹄间三寻[④]者，不可称数也。山东之卒，被甲冒胄以会战，秦人捐甲徒裎（chéng）以趋敌，左挈人头，右挟生虏。夫秦卒之与山东之卒也，犹孟贲之与怯夫也；以重力相压，犹乌获[⑤]之与婴儿也。夫战孟贲、乌获之士，以攻不服之弱国，无以异于堕千钧[⑥]之重，集于鸟卵之上，必无幸矣。

【注释】①徼亭：边境的哨所。鄣塞：古代防守国境的城堡关塞。②见卒：现有的兵卒。③跿跔：腾跳踊跃。科头：谓不戴冠帽，裸露头髻。这里指不戴头盔。④寻：古代的长度单位，一寻等于八尺。⑤乌获：战国时秦国的大力士。⑥钧：古代重量单位，合三十斤。

【译文】张仪为秦国连横去游说韩襄王说："韩国地势险恶，处于山野之中，产出的粮食不是豆类就是麦子，百姓吃的大部分是豆子，喝的都是豆叶汤；如果一年没有收成，百姓就连糟糠都吃不上。韩国土地纵横不到九百里，也没有储备两年的粮食。估计大王手下的军队总共加起来也不足三十万，这其中还包括了杂役和苦力，如果除去守卫边境哨所的士兵，现有可供调动的兵力最多不过二十万而已。而秦国的军队有一百多万，战车千辆，战马万匹。勇猛的士兵光着脚，不戴头盔奋勇冲杀，弯弓射敌，持戟冲锋向前的，多得不计其数。而秦国战马精良，士兵众多，战马前蹄飞腾，后腿猛蹬，速度快到前后蹄之间一跃可以达到三寻的，同样数不胜数。崤山以东的六国，士兵披盔戴甲来与秦国会战，秦军脱掉铠甲袒臂赤足迎战，个个左边提着人头，右边挟着俘虏。秦兵与崤山以东的六国士兵相比，就像勇士孟贲与懦夫；重兵相接，就像大力士乌获和婴儿。用孟贲、乌获那样的军队去攻打不愿降服的弱国，就等于把千钧重量直接压在鸟蛋上一样，肯定没有能够幸免的了。

"诸侯不料兵之弱，食之寡，而听从人之甘言好辞，比周[①]以相饰也，皆言曰：'听吾计则可以强霸天下。'夫不顾社稷之长利，而听须臾之说，诖误[②]人主者，无过于此者矣。

【注释】①比周：结党营私。②诖误：贻误；连累。

【译文】"各国诸侯都不考虑自己兵力弱、粮食短缺的情况，却去听信宣扬合纵者的甜言蜜语，他们互相勾结，相互吹捧，个个都说：'听了我的计策便可以称霸天下了。'像这样不顾及国家的长远利益，只听信一时的谬论，贻误国君，没有比这更严重的了。

"大王不事秦，秦下甲据宜阳，断绝韩之上地，东取成皋、宜阳，则鸿台之宫、桑林之苑[①]，非王之有已。夫塞成皋，绝上地，则王之国分矣。先事秦则安矣，不事秦则危矣。夫造祸而求福，计浅而怨深，逆秦而顺楚，虽欲无亡，不可得也。

【注释】①鸿台之宫，桑林之苑：都是韩国的宫苑，即鸿台宫、桑林苑。

【译文】"如果大王不归顺秦国，秦国定会发兵攻占宜阳，截断韩国上党地区，再向东攻取成皋和宜阳，那么鸿台宫、桑林苑就不再属于大王了。秦军如果阻塞成皋、截断上党，那大王的国土就要被分割了。及早归顺秦国将会获得安宁，不归顺秦国将会招来祸端。如果制造的是祸患却还想得到福报，计谋粗浅，结怨太深，违背秦国而去顺从楚国，想要国家不灭亡，那是不可能的。

“故为大王计，莫如事秦。秦之所欲莫如弱楚，而能弱楚者莫如韩。非以韩能强于楚也，其地势然也。今王西面事秦以攻楚，为敝邑，秦王必喜。夫攻楚而私其地，转祸而说秦，计无便于此者也。是故秦王使使臣献书大王御史，须以决事。”

【译文】“所以为大王您着想，不如去事奉秦国。秦国最希望的，莫过于削弱楚国，而最能削弱楚国的正是韩国。不是因为韩国比楚国强大，而是韩国在地势上占了优势。如今大王向西归顺秦国，攻打楚国，做秦国的城邑，秦王一定很高兴。攻打楚国有利于韩国扩大自己的领土，转祸为福，还取悦了秦国，没有比这更好的计策了。因此秦王派使臣给大王的御史献上书信，期待大王做出明智的决定。”

韩王曰：“客幸而教之，请比郡县，筑帝宫，祠春秋，称东藩，效宜阳。”

【译文】韩王说：“承蒙您的教诲，我国愿做秦国的一个郡县，为秦王修建行宫，春、秋祭祀，做秦国东方的属国，并把宜阳献给秦国。”

韩一·宣王谓摎留曰

宣王谓摎（jiū）留曰[①]："吾欲两用公仲、公叔，其可乎？"对曰："不可。晋用六卿[②]而国分，简公用田成、监止而简公弑，魏两用犀首、张仪而西河之外亡。今王两用之，其多力者内树其党，其寡力者籍外权。群臣或内树其党以擅其主，或外为交以裂其地，则王之国必危矣。"

【注释】①宣王：即韩宣惠王，亦称韩威侯，韩昭侯之子。战国时期韩国国君，公元前332–前312年在位。摎留：韩国大臣。②六卿：晋国的范、中行、知、赵、韩、魏六氏。

【译文】韩宣惠王对摎留说："我想同时用公仲和公叔执掌国政，是否可以？"摎留回答说："不可以。晋国并用六卿执政导致国家分裂，齐简公用田成和监止执政，导致自己被杀，魏国曾同时任用公孙衍和张仪为相，失去了西河之外的土地。现在大王想任用他们二人同时执政，那个势力强的必然会在朝廷上树立自己的党羽，势力弱的也一定会借助国外的势力。如果群臣中有人在国内树立党羽以专权，有人与国外结交，使国土分裂，那么大王的国家一定会面临危险了。"

韩一·或谓张仪

或谓张仪："臣谓齐王[①]曰：'王不如资韩朋，与之逐张仪于魏。魏相犀首，因以齐、魏废韩倗，而相公叔以伐秦。'公仲闻之，必不入于齐，据公于魏，是公无患。"

【注释】①齐王：齐威王。

【译文】有人对张仪说："我对齐威王说：'大王不如帮助韩相公仲倗，和他一同把张仪驱逐出魏国。这样，魏国就会任命公孙衍为相国，再凭借齐、魏两国的势力废掉公仲倗，而任命公叔为相，同公孙衍一起进攻秦国。'公仲倗听后，一定不会与齐国合作，就会来魏国依靠您，如此一来您就没有忧患了。"

韩一·楚昭鱼相韩

楚昭鱼相韩。秦且攻韩，韩废昭鱼。昭鱼令人谓公叔曰："不如贵昭鱼以固楚、韩，秦必曰楚、韩合矣。"

【译文】楚国的昭鱼在韩国为相。秦国将要进攻韩国，韩国罢免了昭鱼。昭鱼派人对韩相公叔说："您不如重用昭鱼来巩固楚、韩两国的邦交，如此一来，秦王一定会以为楚、韩两国已经联合了。"

韩一·秦攻陉

秦攻陉，使人驰南阳之地。秦已驰，又攻陉，韩因割南阳之地。秦受地，又攻陉。陈轸谓秦王[①]曰："国形不便故驰，交不亲故割。今割矣而交不亲，驰矣而兵不止，臣恐山东之无以驰割事王者矣。且王求百金于三川而不可得，求千金于韩，一旦而具。今王攻韩，是绝上交而固私府也，窃为王弗取也。”

【注释】①秦王：秦昭王。

【译文】秦国进攻韩国的陉地，同时又派人用秦地交换韩国的南阳。秦、韩两国换地的协议已经达成，秦军又进攻陉地。于是韩国就割让了南阳的土地给秦国。秦国接受了南阳，又继续攻打陉地。陈轸对秦王说：“两国因为地形不便才相互交换，两国因为关系不好才会割地。现在韩国已经割让了土地给秦国，而两国的关系仍旧恶化，两国换地的协议已经达成，而秦国依然继续进攻。我担心六国诸侯不会再拿割地、换地来事奉大王了。况且大王在三川求取百金都不可能，而在韩国求取千金一下就得到了。现今大王继续进攻韩国，这是断绝了极好的邦交而阻塞了从各诸侯获取利益的通道，臣私下认为大王的做法不可取。”

韩一·五国约而攻秦

五国[①]约而攻秦，楚王[②]为从长，不能伤秦，兵罢而留于成皋。魏顺谓市丘君曰[③]：“五国罢，必攻市丘以偿其费。君资臣，臣请为君止天下之攻市丘。”市丘君曰：“善。”因遣之。

【注释】①五国：燕、楚与三晋（赵、魏、韩）。②楚王：楚怀王。③魏顺：魏国相国。市丘君：韩国封君。市丘，位于今河南郑州市西北。

【译文】楚、燕、赵、魏、韩五国联合进攻秦国，以楚王为盟主，但是没能击败秦国，停战之后，五国联军驻扎在成皋。魏顺对市丘君说："五国停战之后必然会进攻市丘，以此来补偿军费。如果您资助我，我愿意为您制止五国诸侯进攻市丘。"市丘君说："好。"于是就派他出使楚国。

魏顺南见楚王曰："王约五国而西伐秦，不能伤秦，天下且以是轻王而重秦，故王胡不卜交乎？"楚王曰："奈何？"魏顺曰："天下罢，必攻市丘以偿兵费。王令之勿攻市丘。四国重王，且听王之言而不攻市丘；不重王，且反王之言而攻市丘。然则王之轻重必明矣。"故楚王卜交而市丘存。

【译文】魏顺南下拜见楚王说："大王联合五国军队向西进攻秦国，却没有打败它，天下人将因此看轻大王而重视秦国，所以，大王为什么不考察一下诸侯对您的态度呢？"楚王说："那该如何是好呢？"魏顺说："这次五国停战后，必然会进攻市丘以补偿军费。大王可以命令他们不要进攻市丘。如果四国尊重您，就一定会听从您的命令而不进犯市丘；如果他们不尊重您，必然不会听从大王的命令而去进攻市丘。如此一来，大王地位的轻重自然就可以明白了。"因此，楚王就按照这个方法来考察五国的态度，而市丘也得以保全了。

韩一·郑彊载八百金入秦

郑彊[1]载八百金入秦，请以伐韩。泠向[2]谓郑彊曰："公以八百金请伐人之与国，秦必不听公。公不如令秦王[3]疑公叔。”郑彊曰：“何如？”曰：“公叔之攻楚也，以几瑟之存焉，故言先楚也。今已令楚王[4]奉几瑟以车百乘居阳翟，令昭鱼转而与之处，旬有余，彼已觉。而几瑟，公叔之仇也；而昭鱼，公叔之人也。秦王闻之，必疑公叔为楚也。”

【注释】①郑彊：韩国人。原为郑国遗民。②冷向：秦国大臣。③秦王：秦昭王。④楚王：楚怀王。

【译文】郑彊载着八百金进入秦国，请求秦国进攻韩国。冷向对郑彊说：“您用八百金请求秦国攻打它自己的盟国，秦国一定不会听从的。您不如让秦王怀疑韩相公叔。”郑彊说：“那要怎么做呢？”冷向说：“公叔当年进攻楚国时，因为几瑟当时在楚国，所以他才主张率先进攻楚国。现在已经让楚王用一百辆车把几瑟送回阳翟了，公叔又让昭鱼到阳翟与几瑟住在一起，十几天后，公叔已察觉这会对自己不利。几瑟是公叔的仇人；昭鱼是公叔的同党。秦王听说后，一定怀疑公叔在帮助楚国。”

韩一·郑彊之走张仪于秦

郑彊之走张仪于秦，曰仪之使者，必之楚矣。故谓太宰[1]曰：“公留仪之使者，彊请西图仪于秦。”故因西请秦王曰：“张仪使人致上庸[2]之地，故使使臣再拜谒王。”秦王怒，张仪走。

【注释】①太宰：职官名，负责总管王室事务。②上庸：原本是楚邑，此时为秦地。位于今湖北省竹山县西南。

【译文】郑彊想让秦国赶走张仪，就扬言张仪的使者一定去了楚国。因此对楚国太宰说："您留住张仪的使者，我请求西去秦国对付张仪。"随后他就西去秦国拜见秦王说："张仪派人把上庸之地还给了楚国，所以楚王派我做使臣来拜见大王。"秦王大怒，张仪逃走。

韩一·宜阳之役

宜阳之役，杨达谓公孙显曰①："请为公以五万攻西周，得之，是以九鼎抑甘茂也；不然，秦攻西周，天下恶之，其救韩必疾，则茂事败矣。"

【注释】①杨达：秦国人。公孙显：秦国大臣。

【译文】宜阳战役时，杨达对公孙显说："我愿为您率领五万军队去攻打西周，如果成功了，就可用得到九鼎的功劳来压倒甘茂；如果不成功，秦国攻打西周，一定会引起天下诸侯的憎恶，他们一定会迅速派兵援救韩国，那么甘茂攻韩的事就必然会失败。"

韩一·秦围宜阳

秦围宜阳，游腾谓公仲曰："公何不与赵蔺、离石、祁，以质许地，则楼缓必败矣。收韩、赵之兵以临魏，楼鼻必败矣。韩、赵为一，魏必倍矣，甘茂必败矣。以成阳资翟强于齐，楚必败之，须秦必败。秦失魏，宜阳必不拔矣。”

【译文】秦军围攻宜阳，游腾对韩相公仲说：“您为何不让赵国派人质来，然后割让蔺、离石、祁等地给赵国，那么楼缓一定会失败了。如果韩、赵两国的军队联合进攻魏国，楼鼻也必然会失败。韩、赵两国联合，魏国必然会背弃秦国，甘茂必然会失败。用奉送成阳给齐国的办法去资助翟强，楚国感到不利，一定会加以破坏，如此一来，秦国的计划也会失败。秦国失去了魏国的支持，宜阳一定不会被攻下的。”

韩一·公仲以宜阳之故仇甘茂

公仲以宜阳之故仇甘茂。其后，秦归武隧①于韩。已而，秦王②固疑甘茂之以武遂解于公仲也。杜赫为公仲谓秦王曰：“倗也愿因茂以事王。”秦王大怒于甘茂，故樗里疾大说杜赫③。

【注释】①武隧：位于今山西省临汾市西南。②秦王：秦昭王。③樗里疾大说杜赫：当时樗里疾与杜赫分别为秦国的左、右丞相，甘茂被疑，樗里疾必然受到秦王重视。因此，樗里疾十分感激杜赫。

【译文】韩相公仲因宜阳之战而仇视甘茂。之后，秦国把武隧归还给了韩国。不久，秦王就怀疑甘茂借归还武隧化解了公仲对他的仇怨。杜赫为公仲对秦王说：“公仲希望通过甘茂来事奉大王。”秦王听后，对甘茂十分恼怒。因此，樗里疾十分感激杜赫。

韩一·秦、韩战于浊泽

秦、韩战于浊泽[1]，韩氏急。公仲倗谓韩王曰："与国不可恃。今秦之心欲伐楚，王不如因张仪为和于秦，赂之以一名都，与之伐楚。此以一易二之计也。"韩王曰："善。"乃儆公仲之行，将西讲于秦。

【注释】①浊泽：韩地，位于今河南省长葛县西。

【译文】秦、韩两国在浊泽大战，韩国处境危险。公仲倗对韩宣惠王说："盟国是不可依靠的，现在秦国想攻打楚国，大王不如通过张仪与秦国讲和，送给它一座大城，让秦国去攻打楚国。这是一举两得的计策。"韩王说："好。"于是就为公仲倗准备好一切，派他到秦国去讲和。

楚王[1]闻之，大恐，召陈轸而告之。陈轸曰："秦之欲伐我久矣，今又得韩之名都一而具甲，秦、韩并兵南乡[2]，此秦所以庙祠而求也。今已得之矣，楚国必伐矣。王听臣，为之儆四境之内，选师言救韩，令战车满道路。发信臣，多其车，重其币，使信王之救己也。韩为不能听我，韩必德王也，必不为雁行以来。是秦、韩不和，兵虽至楚，国不大病矣。为能听我，绝和于秦，秦必大怒，以厚怨于韩。韩得楚救，必轻秦；轻秦，其应秦必不敬。是我困秦、韩之兵，而免楚国之患也。"

【注释】①楚王：楚怀王。②乡：通“向”。

【译文】楚王听到这个消息后，十分恐慌，马上召见陈轸并把这件事告诉给他。陈轸说：“秦国想攻打楚国已经很久了，现今又得到韩国一座大城，并且准备好了军队，秦、韩两国起兵南进，这是秦国多次祈求宗庙神灵所盼望的事情。现在终于实现了，楚国必然会被攻打。大王要听我一句，在全国调集军队，声言出兵援助韩国，让战车布满道路。与此同时派遣使者，准备更多的车辆，带上厚礼，使韩国真的相信大王是在救它。韩国就算不相信我们楚国，也一定会感激大王，绝对不会和秦国联合来攻打楚国。这样秦、韩两国就不能联合在一起，就算要攻打楚国，楚国也不会遭受大的祸患。如果韩国相信我们，不和秦国联合，秦国必然会大怒，因而痛恨韩国。韩国得到楚国的援助，就会轻视秦国；如果轻视秦国，那对于秦国的要求一定不会全部听从。这样我们便可以阻挡秦、韩两国军队的进攻，从而免除楚国的忧患。”

楚王大说，乃儆四境之内选师，言救韩，发信臣，多其车，重其币，谓韩王曰：“敝邑虽小，已悉起之矣。愿大国遂肆意于秦，敝邑将以楚殉韩。”

【译文】楚王非常高兴，于是就在全国挑选、调集军队，声言要去援救韩国；派出使者，带上车辆和厚礼，对韩王说：“我们国家虽小，但已调动全部兵力来援助，希望贵国能够坚定抵抗秦国的决心，楚国将与韩国共存亡。”

韩王大说，乃止公仲。公仲曰："不可。夫以实困我者，秦也；以虚名救我者，楚也。恃楚之虚名，轻绝强秦之敌，必为天下笑矣。且楚、韩非兄弟之国也，又非素约而谋伐秦也。秦欲伐楚，楚因以起师言救韩，此必陈轸之谋也。且王以使人报于秦矣，今弗行，是欺秦也。夫轻强秦之祸，而信楚之谋臣，王必悔之矣。"韩王弗听，遂绝和于秦。秦果大怒，兴师与韩氏战于岸门①，楚救不至，韩氏大败。

【注释】①岸门：位于今河南省许昌市西北。

【译文】韩王十分高兴，让公仲倗停止出使秦国。公仲倗说："不能这样。通过战争使我们陷入困境的是秦国；用谎言欺骗声称来援救我们的是楚国。相信楚国的谎言而与强秦为敌，必然会被天下人耻笑。何况楚、韩两国又不是友好国家，也没有事先约定要共同进攻秦国。秦国想要攻打楚国，因此楚国就扬言要援救韩国，这一定是陈轸的计谋。再说大王已经派人通知秦国要去讲和，现在使者又不去，这是欺骗秦国。轻视强秦的威胁，却听信楚国的谋臣，大王一定会后悔的。"韩王没有听从，断然与秦国绝交。秦国果然大怒，兴兵与韩军在岸门交战，楚国的救兵根本没有来救援，韩军大败。

韩氏之兵非削弱也，民非蒙愚也，兵为秦禽，智为楚笑，过听于陈轸，失计于韩也。

【译文】韩国的军队并没有被削弱，韩国的人民也并不愚昧，可是军队却被秦国打败，计谋被楚国耻笑，是因为错误地听信了陈轸的谎言而没有采纳公仲倗的计策啊。

韩一·颜率见公仲

颜率见公仲，公仲不见。颜率谓公仲之谒者曰：“公仲必以率为阳也，故不见率也。公仲好内，率曰好士；仲啬于财，率曰散施；公仲无行，率曰好义。自今以来，率且正言之而已矣。”公仲之谒者以告公仲，公仲遽起而见之。

【译文】颜率拜见韩相公仲，公仲没有接见他。颜率对公仲的传达官说：“公仲一定认为我华而不实，所以不肯接见我。公仲贪图女色，而我却说他好士；公仲对钱财吝啬，而我却说他乐善好施；公仲举止不端，而我却说他崇尚道义。从今以后，我直言不讳就是了。”公仲的传达官把这些话告诉给公仲，公仲急忙起身接见颜率。

韩一·为韩公仲谓向寿曰

为韩公仲谓向寿①曰：“禽困覆车。公破韩，辱公仲，公仲收国复事秦，自以为必可以封。今公与楚解口②地，封小令尹以杜阳③。秦、楚合，复攻韩，韩必亡。公仲且躬率其私徒以斗于秦，愿公之熟计之也。”

【注释】①向寿：秦昭襄王之母宣太后的外族，秦武王的近臣。②解口：秦邑，位于今河南洛阳东北。③小令尹：官名。战国楚置，楚国的执政大臣。杜阳：秦邑。位于今陕西麟游西北招贤镇。

【译文】有人为韩相公仲对向寿说："野兽被追急的时候也能把猎人的车子撞翻。您攻破了韩国，羞辱了公仲，公仲收拾了韩国的残局来事奉秦国，他自认为一定可以得到秦国的封赏。现在您把秦地解口给了楚国，又把杜阳封给楚国的令尹。秦、楚两国联合起来，再次攻打韩国，韩国一定会被灭亡。公仲将亲自率领自己的部属到秦国来和您决斗，希望您能慎重考虑。"

向寿曰："吾合秦、楚，非以当韩也，子为我谒之公仲，曰：'秦、韩之交可合也。'"对曰："愿有复于公。谚曰：'贵其所以贵者贵。'今王之爱习公也，不如公孙郝[①]；其知能公也，不如甘茂。今二人者，皆不得亲于事矣，而公独与王主断于国者，彼有以失之也。公孙郝党于韩，而甘茂党于魏，故王不信也。今秦、楚争强，而公党于楚，是与公孙郝、甘茂同道也，公何以异之？人皆言楚之多变也，而公必亡之，是自为责也。公不如与王谋其变也，善韩以备之，若此，则无祸矣。韩氏先以国从公孙郝，而后委国于甘茂，是韩，公之雠也。今公言'善韩以备楚'，是'外举不辟雠'也。"

【注释】①公孙郝：亦作公孙赫、公孙奭。秦国贵臣。

【译文】向寿说："我主张秦、楚两国联合，并不是为了对付韩国，请您替我告诉公仲，说：'秦、韩两国的邦交是可以恢复的。'"那人回答说："我还有话想要对您说。谚语说：'尊重别人所尊重的，就会受到别人的尊重。'现在论秦王所宠信的人，您比不上公孙郝；论智能，您比不上甘茂。现今这两人都不能执掌国政，唯有您能同秦王决断国事，这都是因为他们有所偏向。公孙郝亲近韩国，而甘茂亲近魏国，所以秦王不能相信他们。当今秦、楚两国争霸，而您却亲近楚国，这与公孙郝、甘茂走的是一样的道路，您与他们又有什么不同呢？人们都说楚国善变，而您却不这样认为，这是在秦王面前自找责备。您不如和秦王商量如何应付楚国的善变，亲近韩国以防范楚国，这样就没有祸患了。当初韩国把国家政权交给公孙郝，之后又交给甘茂，由此可见，韩国就是您的仇敌。如果您提出'亲近韩国来防范楚国'的策略，这是'推举外贤而不回避仇敌'的贤臣啊！"

向寿曰："吾甚欲韩合。"对曰："甘茂许公仲以武隧，反宜阳之民，今公徒令收之，甚难。"向子曰："然则奈何？武隧终不可得已。"对曰："公何不以秦为韩求颍川于楚？此乃韩之寄地也。公求而得之，是令行于楚，而以其地德韩也。公求而弗得，是韩、楚之怨不解，而交走秦也。秦、楚争强，而公徐过楚以收韩，此利于秦。"向子曰："奈何？"对曰："此善事也。甘茂欲以魏取韩，公孙郝欲以韩取齐，今公取宜阳以为功，收楚、韩以安之，而诛齐、魏之罪，是以公孙郝、甘茂无事也。"

【译文】向寿说："我很想和韩国联合。"那人回答说："甘茂已经答应公仲把武隧还给韩国了，让宜阳的百姓重返家园，现今您什么都不付出，就想去亲近韩国，这可太难了。"向寿说："那该怎么办呢？韩国最终也得不到武隧了。"那人回答说："您为什么不借秦国的力量替韩国向楚国索要颍川呢？颍川本就是韩国被楚国夺去的土地，您一旦索求颍川成功，说明您的话在楚国是有效的，并且会因为颍川而使韩国感激您。如果您索求颍川失败，说明韩、楚两国的怨仇还没有化解，那样两国就会竞相与秦国交好。秦、楚两国争霸，您指责楚国，而亲近韩国，这将对秦国有利。”向寿说：“那该怎么办呢？”那人回答说：“这是件好事。甘茂想借助魏国来亲近齐国，公孙郝也想依靠韩国联合齐国，现在您夺取宜阳立了战功，又联合楚国、韩国，那守卫宜阳就没有后患了。您再声讨齐国、魏国不与秦国联合的罪过，如此一来，公孙郝和甘茂就会失去权势了。”

韩一・或谓公仲曰

或谓公仲曰：“听者听国，非必听贵也。故先王听谚于市，愿公之听臣言也。公求中立于秦而弗能得也，善公孙郝以难甘茂，劝齐兵以劝止魏，楚、赵皆公之仇也。臣恐国之以此为患也，愿公之复求中立于秦也。”

【译文】有人对韩相公仲说：“要多从民众那里听取意见，并不一定非要听取权贵之言。因此，先王会在市井中聆听街谈巷议，希望您能听听臣下的话。您在秦国那里表示韩国将在齐、魏的冲突中保持中立，这很难实现，您就与公孙郝交好而为难甘茂，您帮助齐国的军队进攻魏国，楚、赵两国都成了您的仇敌。我担心国家将因此招来祸患，希望您再次向秦国表示韩国会保持中立。”

公仲曰："奈何？"对曰："秦王以公孙郝为党于公而弗之听，甘茂不善于公而弗为公言，公何不因行愿[1]以与秦王语？行愿之为秦王臣也公，臣请为公谓秦王曰：'齐、魏合与离，于秦孰利？齐、魏别与合，于秦孰强？'秦王必曰：'齐、魏离，则秦重；合，则秦轻。齐、魏别则秦强；合则秦弱。'臣即曰：'今王之听公孙郝，以韩、秦之兵应齐而攻魏，魏不敢战，归地而合于齐，是秦轻也，臣以公孙郝为不忠。今王听甘茂，以韩、秦之兵据魏而攻齐，齐不敢战，亦求割地而合于魏，是秦轻也，臣以甘茂为不忠。

【注释】①行愿：秦国大臣。

【译文】公仲说："那该怎么办呢？"那人回答说："秦王认为公孙郝亲近您而又不听您的，甘茂因与您不友好而不会为您说话，您何不通过行愿来和秦王交谈呢？行愿作为秦王的大臣公正无私，我愿为您请求行愿对秦王说：'齐、魏两国是联合还是分裂，哪种情况对秦国有利？齐、魏两国是分裂还是联合，哪种情况可以使秦国变得更强大？'秦王一定会说：'齐、魏两国分裂，秦国就显得更重要了；齐、魏两国联合，秦国就无足轻重了。齐、魏两国分离，秦国就会变得更强盛；齐、魏两国联合，秦国就会被削弱。'我说：'如果大王听信公孙郝的话，以韩、秦两国的军队响应齐国而去进攻魏国，魏国不敢应战，将献出土地同齐国联合，这样秦国就变得无足轻重了，我认为公孙郝不忠。现在如果大王听信甘茂的话，以韩、秦两国的军队依靠魏国去攻打齐国，齐国不敢应战，也会要求割让土地同魏国讲和，这样秦国也会变得无足轻重，我认为甘茂不忠。

“故王不如令韩中立以攻齐，王言救魏以劲之，齐、魏不能相听，久离兵事。王欲则信公孙郝于齐，为韩取南阳、易谷川以归，此惠王之愿也。王欲则信甘茂于魏，以韩、秦之兵据魏以郄（xì）齐，此武王之愿也。臣以为令韩中立以攻齐，最秦之大急也。公孙郝党于齐而不肯言，甘茂薄而不敢谒也，此二人，王之大患也。愿王之熟计之也。’”

【译文】“所以，大王不如让韩国保持中立，以此来打击齐国，声言援救魏国来壮大魏国的声势，齐、魏两国相互攻击、互不相让，就必然会长时间遭受战争困扰。大王如果想让公孙郝到齐国，替韩国争取魏国的南阳，用来换取韩国的谷川等地为秦国所有，这是秦惠王的心愿。大王如果想让甘茂到魏国，用韩、秦两国的军队依靠魏国来进攻齐国，这是秦武王的愿望。我认为让韩国保持中立，使得齐、魏两国相互攻击，这是秦国最要紧的事。公孙郝亲近齐国而不肯对公仲说，甘茂受到魏国的冷遇也不敢说，甘茂和公孙郝两个人是大王的祸患，希望大王能慎重考虑这件事。’”

韩一·韩公仲相

韩公仲相，齐、楚之交善。秦、魏遇，且以善齐而绝齐乎楚。楚王使景鲤之秦[1]，鲤与于秦、魏之遇。楚王怒景鲤，恐齐以楚遇为有阴于秦、魏也，且罪景鲤。

【注释】①楚王：楚怀王。景鲤：楚国大臣。

【译文】韩国公仲做了相国，当时齐、楚两国和睦亲善。这时秦、魏两国在边境上会晤，将以与齐国交好为条件而断绝齐国同楚国的关系。楚王派景鲤出使秦国，景鲤却参加了秦王与魏王的会见。楚王因此很恼怒景鲤，担心齐国会认为楚国参与了秦、魏两国的会晤，暗中同秦、魏两国有来往，因此将要降罪景鲤。

为谓楚王曰："臣贺鲤之与于遇也。秦、魏之遇也，将以合齐、秦而绝齐于楚也。今鲤与于遇，齐无以信魏之合己于秦而攻于楚也，齐又畏楚之有阴于秦、魏也，必重楚。故鲤之与于遇，王之大资也。今鲤不与于遇，魏之绝齐于楚明矣。齐信之，必轻王，故王不如无罪景鲤以视于齐有秦、魏，齐必重楚，而且疑秦、魏于齐。"王曰："诺。"因不罪而益其列。

【译文】有人为景鲤对楚王说："我祝贺景鲤参与了秦、魏两国的会晤。秦、魏两国会晤的目的，是要齐、秦两国联合起来，以此拆散齐国同楚国的邦交。现在景鲤参加了秦、魏两国的会晤，秦国便不会相信魏国会使齐国同秦国联合而与楚国对立，齐国又害怕楚国暗中与秦、魏两国有来往，一定会重视楚国。所以景鲤参加这次会晤，对大王是非常有利的。如果景鲤没有参加这次会晤，魏国和楚国断绝邦交的行动就会表现得很明显了。如果齐国相信了，一定会轻视大王，所以，大王不如不惩治景鲤，以此向齐国表示楚国已得到秦、魏两国的支持，齐国一定会重视楚国，而且会让齐国对秦、魏两国产生怀疑。"楚王说："好。"因此楚王不仅没有惩治景鲤还提升了他的官职。

韩一·王曰向也

王曰："向也，子曰'天下无敌'；今也，子曰'乃且攻燕'者，何也？"对曰："今谓'马多力'则有矣，若曰'胜千钧'则不然者，何也？夫千钧非马之任也。今谓'楚强大'则有矣，若夫'越赵、魏而斗兵于燕'，则岂楚之任也哉！且非楚之任而楚为之，是弊楚也。强楚、弊楚，其于王孰便也？"

【译文】魏王说："刚才您说'楚国天下无敌'，现在您又说'将要进攻燕国'，这是为什么？"虞卿回答说："如果说'马的力量很大'，这确实是事实，如果说'马可以载得动千钧的重量'这就不是事实了，为什么呢？因为千钧的重量绝不是马可以胜任的。如果说'楚国很强大'，这是事实，如果说'楚国能够跨越赵国、魏国去攻打燕国'，这是楚国所办不到的！楚国既无法胜任，又要去进攻燕国，这是自取其损啊。使楚国疲惫，还是使楚国强大，这两种结果哪种对大王更有利呢？"

韩一·或谓魏王

或谓魏王[①]："王儆四疆之内，其从于王者，十日之内，备不具者死。王因取其游之舟上系之。臣为王之楚，王胥臣反，乃行。"春申君闻之，谓使者曰："子为我反，无见王[②]矣。十日之内，数万之众，今涉魏境。”秦使闻之，以告秦王[3]。秦王谓魏王曰：“大国有意必来，以是而足矣。”

【注释】①魏王：魏景闵王。②王：楚考烈王。③秦王：嬴政。

【译文】有人对魏王说：“大王告诫全国百姓，那些随军出征的人，若在十天之内准备不全的，就处死。于是，大王就取下旌旗上下垂的装饰物系在车辕之上，准备出发。我愿为大王出使楚国，大王等我返回后再出兵。”楚相春申君听说后，对魏国的使者说：“您为我返回魏国去吧，不必见楚王了。十天之内，数万楚国大军就会开赴魏国边境。”秦国的使者听说后，把此事报告了秦王。秦王对魏王说：“贵国若执意来攻，凭你们自己的兵力就已经足够了。”

韩一·观津人朱英谓春申君曰

观津人朱英[1]谓春申君曰：“人皆以楚为强，而君用之弱，其于英也不然。先君时，二十余年未尝见攻，何也？秦欲逾兵于渑隘[2]之塞而攻楚，不便；假道两周，倍韩、魏以攻楚，不可。今则不然，魏旦暮亡矣，不能爱其许、鄢陵，其计割以予秦，秦兵去陈[3]百六十里。臣之所见者，秦、楚斗之日也已。”

【注释】①观津：位于今河北武邑东。朱英：春申君的门客。②渑隘：位于今河南省信阳西南。③陈：地名。位于今河南省淮阳。

【译文】观津人朱英对春申君说：“人们都认为楚国本为强国，从您执政后才衰弱了，但我并不这样看。先君还在时，楚国二十多年没有受到秦国的进攻，这是为什么？因为秦国想越过渑隘险塞来攻打楚国，很不方便；向两周借道，背着韩、魏两国去进攻楚国，更不行。如今却不然，魏国危在旦夕，不可能再吝惜他们的许地、鄢陵，而是会把它们割让给秦国，这样秦国军队距离楚国的陈地就只有一百六十里了。依我所看，秦国和楚国开战的日子不会太远了。"

韩一·公仲数不信于诸侯

公仲数不信于诸侯，诸侯锢之。南委国于楚，楚王弗听。苏代为楚王曰："不若听而备于其反也。倗之反也，常仗赵而畔楚，仗齐而畔秦。今四国锢之，而无所入矣，亦甚患之。此方其为尾生[①]之时也。"

【注释】①尾生：传说中古代的守信之士，和女子约定在桥下相会，久候女子不到，水涨不肯离去，最后抱桥柱而死。

【译文】韩相公仲倗因数次对诸侯不守信，诸侯都不愿再同他往来。他要把国事委托给南边的楚国，楚怀王不同意。苏代为他向楚怀王说："不如就听信他，同时又防备他的反复无常。公仲倗反复无常，经常是依恃赵国而背叛楚国，依恃齐国而背叛秦国。现今四国都对他实行封锁，他已经走投无路了，现在他也是十分忧虑，该是他像尾生那样坚守信义的时候了。"

扫码听谦德
君为您导读

卷二十七 韩策二

韩二·楚围雍氏五月

楚围雍氏[1]五月。韩令使者求救于秦，冠盖相望也，秦师不下崤。韩又令尚靳使秦，谓秦王曰："韩之于秦也，居为隐蔽，出为雁行。今韩已病矣，秦师不下崤。臣闻之，唇揭者其齿寒，愿大王之熟计之。"

【注释】①雍氏：韩邑，位于今河南禹州东北。

【译文】楚军包围了韩国的雍氏，已经长达五个月了。韩国派使者向秦国求救，使者车辆络绎不绝、冠盖相望，秦军依然不肯出崤山来援救韩国。韩国又派尚靳出使秦国，对秦昭王说："韩国对于秦国来说，平时就像秦国的屏障，发生战争时就是先锋。现在韩国处境危急，秦国不肯派兵相救。我听说'唇亡齿寒'，希望大王您认真考虑这个问题。"

宣太后曰："使者来者众矣，独尚子之言是。"召尚子入。宣太后谓尚子曰："妾事先王也，先王以其髀[①]加妾之身，妾困不支也；尽置其身妾之上，而妾弗重也，何也？以其少有利焉。今佐韩，兵不众，粮不多，则不足以救韩。夫救韩之危，日费千金，独不可使妾少有利焉？"

【注释】①髀：大腿，亦指大腿骨。

【译文】秦国宣太后说："韩国的使者来了不少，但只有尚先生的话说得有道理。"于是召见尚靳。宣太后对尚靳说："我服侍先王时，先王把大腿压在我身上，我感到难以支撑；可他把整个身子都压在我身上时，我却不感觉重，这是为什么呢？因为这对我有好处。现今秦国援救韩国，如果兵力不足，粮食不多，就无法援救韩国。解救韩国被困的危难，每天要耗费上千金，难道不能稍微让我得到一点好处吗？"

尚靳归报韩王，韩王遣张翠[①]。张翠称病，日行一县。张翠至，甘茂曰："韩急矣？先生病而来。"张翠曰："韩未急也，且急矣。"甘茂曰："秦重国知王也，韩之急缓莫不知。今先生言不急，可乎？"张翠曰："韩急，则折而入于楚矣，臣安敢来？"甘茂曰："先生毋复言也。"

【注释】①张翠：韩国大臣。

【译文】尚靳回国后把宣太后的话告诉了韩王，韩王又派张翠前往秦国。张翠称自己生病，每天只走一个县。张翠到了秦国，甘茂说："韩国的局势很危急吗，先生竟然抱病而来。"张翠说："韩国还没有到紧急的时刻，只是快要紧急了。”甘茂说：“秦为大国，而君王又贤明，韩国是否紧急秦国知道的一清二楚。而现在先生却说韩国并不紧急，这样可以吗？”张翠说：“韩国如果紧急就会归顺楚国了，我怎么还敢来秦国？”甘茂说：“先生不要再说了。”

甘茂入言秦王曰：“公仲柄得秦师，故敢捍楚。今雍氏围而秦师不下崤，是无韩也。公仲且抑首而不朝，公叔且以国南合于楚。楚、韩为一，魏氏不敢不听，是楚以三国谋秦也。如此，则伐秦之形成矣。不识坐而待伐，孰与伐人之利？”秦王曰：“善。”果下师于崤以救韩。

【译文】甘茂入朝对秦昭王说：“公仲执掌韩国大权，得到秦国的援助，所以才敢对抗楚国。现在雍氏被楚国围攻，而秦军不肯去崤山援救，这样下去必然要失去韩国。况且公仲因得不到援救而忧心忡忡不上朝，公叔就会让韩国向南去跟楚国联盟。楚国和韩国合为一体，魏国就不敢不服从，这样一来楚国就可以用楚、韩、魏三国的力量来图谋秦国。这样，合力进攻秦国的局势就形成了。我不知是坐等别人来进攻有利，还是主动进攻别人有利？”秦昭王说：“好。”于是就派兵出崤山援救韩国。

韩二·楚围雍氏

楚围雍氏，韩令冷向[①]借救于秦，秦为发使公孙昧[②]入韩。公仲曰：“子以秦为将救韩乎？其不乎？”对曰：“秦王[③]之言曰，请道于南郑、兰田以入攻楚，出兵于三川以待公，殆不合矣。”

【注释】①冷向：当时为韩国大臣。②公孙昧：秦国大臣。③秦王：秦惠文王。

【译文】楚国围困雍氏，韩国派冷向到秦国请求救援，秦国为此派公孙昧出使韩国。韩相公仲倗说：“您认为秦国将会出兵救韩国呢？还是不会出兵呢？”公孙昧回答说：“秦王说了，一路出兵由南郑、蓝田经商洛攻打楚国，又一路出兵进驻三川等待您。这样恐怕秦国不会与韩国真正会合了。”

公仲曰：“奈何？”对曰：“秦王必祖张仪之故谋。楚威王攻梁，张仪谓秦王曰：‘与楚攻梁，魏折而入于楚。韩固其与国也，是秦孤也。故不如出兵以劲魏。’魏氏劲，威王怒，楚与魏大战，秦取西河之外以归。今也其状阳言救韩而阴善楚，公恃秦而劲，必经与楚战。楚阴得秦之不用也，必易与公相支也。公战胜楚，遂与公乘楚，易三川而归。公战不胜楚，塞三川而守之，公不能救也。臣甚恶其事。司马康[1]三反之郢矣，甘茂与昭鱼遇于境，其言曰收玺，其实类有约也。”

【注释】①司马康：秦国大臣。

【译文】公仲说：“那要怎么办呢？”公孙昧回答说：“秦王一定会效仿张仪以前的计谋。当时楚威王进攻魏国，张仪对秦王说：‘秦国和楚国一起攻打魏国，魏国就会转而归向楚国。韩国本来就是魏国的盟友，这样秦国就被孤立了。所以不如出兵魏国以增强其实力。’魏国因为秦国的增援而兵力增强，楚威王大怒，楚国和魏国大战，结果秦军占领西河之外的土地后返回。现今秦国表面上宣称救韩，而暗地里与楚国亲近，您依仗秦国态度强硬，一定会轻易与楚国作战。楚国已暗中明白秦国不会帮助韩国，定会轻易和您开战。您如果战胜楚国，秦国就会乘机占领楚国的土地，再用这土地交换韩国的三川而归。如果您不能战胜楚国，秦国就会据守三川险地，您也不能去援救。我为此很是担忧。秦臣司马康多次往返于楚国郢都，甘茂又同昭鱼在秦、楚两国边境上会面，声称昭鱼想取得秦国的官印，其实是在背后秘密约定攻打韩国。”

公仲恐曰：“然则奈何？”对曰：“公必先韩而后秦，先身而后张仪。公不如亟以国合于齐、楚，秦必委国于公以解伐。是公之所以外者仪而已，其实犹之不失秦也。”

【译文】公仲惊恐地说：“那该怎么办呢？”公孙昧回答说：“您一定要先考虑韩国的自救，而后再考虑秦国的援助，先为自己谋划，而后考虑张仪的帮助。您不如赶快让韩国与齐、楚两国联合，秦国一定会把国家托付给您，以避免遭受楚国的进攻。这样您疏远的不过是张仪罢了，而事实上并没有失去秦国的支援。”

韩二·公仲为韩、魏易地

公仲为韩、魏易地，公叔争之而不听，且亡。史惕[1]谓公叔曰：“公亡，则易必可成矣。公无辞以复反，且示天下轻公，公不若顺之。夫韩地易于上，则害于赵；魏地易于下，则害于楚。公不如告楚、赵，楚、赵恶之。赵闻之，起兵临羊肠；楚闻之，发兵临方城，而易必败矣。”

【注释】①史惕：韩国史官。

【译文】公仲为韩、魏两国交换土地，公叔竭力劝阻而公仲不听，公叔打算出走。史惕对公叔说：“如果您真的出走了，韩、魏两国交换土地的事就一定会成功了。到时您没有任何借口再回来，这将使得天下的诸侯都知道韩国轻视您，因此您不如就听公仲的。如果韩国换得北面的土地就会损害赵国，魏国换得南面的土地就会损害楚国。您不如把这件事告诉楚国和赵国，楚、赵两国必然会厌恶这件事。赵国听说后，就会出兵守卫羊肠；楚国听说后，就会出兵守卫方城，韩、魏两国交换土地的事必定会失败了。”

韩二·锜宣之教韩王取秦曰

锜宣[1]之教韩王取秦曰：“为公叔具车百乘，言之楚易三川，因令公仲谓秦王曰：‘三川之言曰，秦王必取我。韩王之心不可解矣。王何不试以襄子[2]为质于韩，令韩王知王之不取三川也。’因以出襄子而德太子。”

【注释】①锜宣：韩国大臣。②襄子：秦国公子中与太子不睦的人。

【译文】锜宣劝说韩襄王与秦国联合，说：“为公叔准备百辆车子，告诉他到楚国去，用三川交换楚地，再让公仲对秦昭王说：'三川的人说，秦王一定会占领三川，韩王对此心有不安。大王何不派襄子到韩国做人质，让韩王知道大王不想夺取三川。'因为让襄子离开秦国，太子必然会对您心怀感激。"

韩二·襄陵之役

襄陵之役，毕长[①]谓公叔曰："请毋用兵，而楚、魏皆德公之国矣。夫楚欲置公子高[②]，必以兵临魏。公何不令人说昭子[③]曰：'战未必胜，请为子起兵以之魏。'子有辞以毋战，于是太子与昭阳、梁王[④]皆德公矣。"

【注释】①毕长：魏国大臣。②公子高：魏公子。③昭子：即楚国大司马昭阳。④太子：魏惠王太子，后来的魏襄王。梁王：即魏惠王。

【译文】在襄陵战役中，毕长对韩国公叔说："请您不要出兵参战，这样楚、魏两国都会感激您的国家。楚国想拥立在楚国的公子高为魏国太子，所以必然会动用武力送公子高返回魏国。您为什么不派人去说服昭阳说：'这次战争您未必能获胜，我愿替您起兵攻魏。'接下来您再找借口不战，这样一来，魏国太子和昭阳、魏王都会感激您。"

韩二·公叔使冯君于秦

公叔使冯君于秦，恐留，教阳向[①]说秦王曰："留冯君以善韩辰[②]，非上知也。主君不如善冯君而资之以秦。冯君德王而不听公叔，以与太子争，则王泽布而害于韩矣。”

【注释】①阳向：韩国人。②韩辰：韩国相国。

【译文】韩国公叔派冯君到秦国，冯君担心会被扣留，他让阳向去劝秦昭王说：“扣留冯君来讨好韩辰，这不是上策。大王不如善待冯君并以秦国资助他。冯君就会亲附大王而不再听从公叔，以此来和太子争夺权力，那样大王就会有恩于冯君又和韩国友善了。”

韩二·谓公叔曰

谓公叔曰：“公欲得武隧于秦，而不患楚之能伤河外也。公不如令人恐楚王，而令人为公求武隧于秦。谓楚王[①]曰：‘发重使为韩求武隧于秦。秦王[②]听，是令得行于万乘之主也。韩得武隧以限秦，毋秦患而得楚。韩，楚之县而已。秦不听，是秦、韩之怨深而交楚也。’”

【注释】①楚王：楚怀王。②秦王：秦昭王。

【译文】有人对公叔说：“您想从秦国要回武隧，而不担心楚国侵扰河外之地。您不如派人去恐吓楚王，再派人到秦国讨回武隧。您对楚王说：‘公叔已派特使去秦国为韩国索要武隧。如果秦王听从，那么韩国的命令对万乘的国君就起到了效用。韩国要收回武隧就可以限制秦国，没有秦国的祸患就有利于楚国。这样韩国只是楚国的一个郡县而已。秦国如果不同意，就会使秦、韩两国的仇怨加深，秦、韩两国都会争着来同楚国结交。”

韩二·谓公叔曰

谓公叔曰：“乘舟，舟漏而弗塞，则舟沉矣；塞漏舟而轻阳侯[1]之波，则舟覆矣。今公自以辩于薛公[2]而轻秦，是塞漏舟而轻阳侯之波也，愿公之察也。”

【注释】①阳侯：古代传说中的波涛之神。②薛公：指田婴。

【译文】有人对公叔说：“乘船的时候，船漏了却不知道堵塞，船就会沉没；如果只知道堵塞船的漏洞，却不顾波涛之神掀起的大波，那么船也会被掀翻。如今您自认为能力超过薛公就忽略秦国，这就等于只堵塞漏船却不顾波涛之神掀起的的大波，希望您能详察。”

韩二·齐令周最使韩

齐令周最使韩，立韩咎[1]而废公叔。周最患之，曰：“公叔之与周君交也，今我使韩，立韩咎而废公叔。语曰：‘怒于室者色于市。’今公叔怨齐，无奈何也，必周君而深怨我矣。”史舍[2]曰：“公行矣，请令公叔必重公。”

【注释】①韩咎：韩国公子，后被立为太子。②史舍：齐国的使臣。

【译文】齐国派周最出使韩国，要立韩咎而罢免公叔。周最为此很是担忧，说："公叔和周君的交情一直很好，如今我出使韩国，要让韩国废掉公叔而立韩咎。俗话说：'人在家里生气，一定会在大庭广众之下表露出来。'如今公叔怨恨齐国，那是没有办法的事，他和周君的关系必然会恶化，而且还会对我产生很深的怨恨。"史舍劝道："您就去吧，我一定让公叔看重您。"

周最行至郑，公叔大怒。史舍入见曰："周最固不欲来使，臣窃强之。周最不欲来，以为公也；臣之强之也，亦以为公也。"公叔曰："请闻其说。"对曰："齐大夫诸子[①]有犬，犬猛不可叱，叱之必噬人。客有请叱之者，疾视而徐叱之，犬不动；复叱之，犬遂无噬人之心。今周最固得事足下，而以不得已之故来使，彼将礼陈其辞而缓其言，郑王[②]必以齐王为不急，必不许也。今周最不来，他人必来。来使者无交于公，而欲德于韩咎，其使之必疾，言之必急，则韩王必许之矣。"公叔曰："善。"遂重周最。王果不许韩咎。

【注释】①诸子：人名，齐国大臣。②郑王：韩襄王。

【译文】周最来到韩国，公叔非常生气。史舍入见公叔说："周最本来不想出使韩国，是我强迫他来的。周最不想来，是为了您好；我强迫他来，也是为了您好。"公叔说："愿意听听您的说法。"史舍回答道："齐国的一个大夫诸子养了条狗，狗非常凶猛不能被呵斥，呵斥它就要咬人。有一个想斥责狗的客人，他先小心地盯着狗，轻轻地呵斥，狗没有动；又大声呵斥它，狗竟没有了咬人的意思。周最以前有幸能够事奉您，这次是迫不得已才出使韩国。他将按照礼节慢慢地陈述他的意见，韩王一定以为齐王并不着急，一定不会同意这个请求。如果周最不来，其他人也一定会来。来的人和您没什么旧交，又想讨好韩咎，那他办事肯定很快，说话也一定很急切，那么韩王必然会答应他。”公叔说：“好。”于是公叔特别敬重周最。韩王果然没有同意重用韩咎而罢免公叔一事。

韩二·韩公叔与几瑟争国

韩公叔与几瑟争国。郑彊为楚王[①]使于韩，矫以新城、阳人[②]予世子，以与公叔争国。楚怒将罪之。郑彊曰：“臣之矫与之，以为国也。臣曰，世子得新城、阳人以与公叔争国，而得全，魏必急韩氏；韩氏急，必县（xuán）命于楚，又何新城、阳人敢索？若战而不胜，走而不死，今且以至，又安敢言地？”楚王曰：“善。”乃弗罪。

【注释】①郑彊：楚国大臣。楚王：楚怀王。②新城、阳人：地名，两处均为楚邑。新城位于今河南伊川西南，阳人位于今河南汝州西。

【译文】韩公叔帮助公子咎与几瑟争夺国家政权。郑彊为楚王出使韩国，假传楚王命令，把楚国的新城、阳人两邑划给了几瑟，以此来帮助几瑟同公叔争权。楚王很生气，打算惩处郑彊。郑彊说：“我假传王命送给几瑟土地是为了楚国的利益。我认为，几瑟得到新城、阳人两地之后，会同公叔争夺政权，如果真能成功，魏国一定会猛攻韩国；韩国局势危急，必定会把自己的命运托付给楚国，又怎么敢要求新城、阳人呢？如果没有成功，几瑟侥幸不死，他势必会逃到楚国，又怎么敢提及要土地的事呢？”楚王说，“好。”于是没有惩处郑彊。

韩二·韩公叔与几瑟争国

韩公叔与几瑟争国，中庶子彊谓太子[①]曰：“不若及齐师未入，急击公叔。”太子曰：“不可。战之于国中，国必分。”对曰：“事不成，身必危，尚何足以图国之全为？”太子弗听，齐师果入，太子出走。

【注释】①中庶子：太子的属官。彊：即郑彊。太子：几瑟。

【译文】韩公叔与几瑟争夺国家政权。中庶子郑彊对太子说，“您不如乘齐国军队还没有攻入韩国，就加紧袭击公叔。”几瑟说：“不行。在国内打内战，国家必然会分裂。”郑彊回答说：“这件事不成功，您自身就难以保全，哪里还能考虑国家的完整呢？”太子不听，齐国军队果然攻入韩国，几瑟被迫逃亡国外。

韩二·齐明谓公叔曰

齐明[①]谓公叔曰：“齐逐几瑟，楚善之。今楚欲善齐甚，公何不令齐王谓楚王[②]：‘王为我逐几瑟以穷之。’楚听，是齐、楚合，而几瑟走也；楚王不听，是有阴于韩也。”

【注释】①齐明：东周大臣。②齐王：齐闵王。楚王：楚怀王。

【译文】齐明对公叔说："齐国把几瑟驱逐出韩国，而楚国却优待他。现在楚国很想同齐国搞好关系，您为何不让齐王对楚王说：'请大王为我赶走几瑟，使他走投无路。'楚王如果听从，齐国、楚国就会联合，几瑟只好逃亡；楚王如果不听，那就说明楚、韩两国在暗中互相联络。"

韩二·公叔将杀几瑟

公叔将杀几瑟也。谓公叔曰："太子[1]之重公也，畏几瑟也。今几瑟死，太子无患，必轻公。韩大夫见王老，冀太子之用事也，固欲事之。太子外无几瑟之患，而内收诸大夫以自辅也，公必轻矣。不如无杀几瑟，以恐太子，太子必终身重公矣。"

【注释】①太子：指公子咎。

【译文】公叔打算派人杀掉几瑟。有人劝公叔说："太子之所以重视您，是因为他害怕几瑟。如果现在几瑟死了，太子就没有后顾之忧，必定会轻视您。韩国大夫看到韩王年迈，都希望太子执掌政事，他们本来就想拥立太子。太子在外没了几瑟带来的威胁，在国内又有诸大夫辅佐，您一定会被看轻。倒不如不杀几瑟，以此让太子感到威胁，这样，太子必然会终生重视您的。"

韩二·公叔且杀几瑟

公叔且杀几瑟也，宋赫为谓公叔曰：“几瑟之能为乱也，内得父兄[①]而外得秦、楚也。今公杀之，太子无患，必轻公。韩大夫知王之老而太子定，必阴事之。秦、楚若无韩，必阴事伯婴[②]。伯婴亦几瑟也。公不如勿杀，伯婴恐，必保于公。韩大夫不能必其不入也，必不敢辅伯婴以为乱。秦、楚挟几瑟以塞伯婴，伯婴外无秦、楚之权，内无父兄之众，必不能为乱矣。此便于公。”

【注释】①父兄：指公仲侈。②伯婴：韩国公子，参与争立太子一事。

【译文】韩相公叔打算杀掉几瑟，宋赫替几瑟对公叔说：“几瑟之所以能制造叛乱，是因为他在国内得到了父兄的支持，在国外得到了秦、楚两国的援助。现在如果您杀了他，公子咎就没有后患了，一定会轻视您。韩国的大夫知道韩王年迈，已经确定了太子，他们一定会在暗中讨好太子。秦、楚两国如果没能得到韩国支持，必然会暗中支持伯婴争立太子之位。这样伯婴也就和几瑟一样了。您不如不杀几瑟，伯婴感到威胁，必定会依附于您。韩国的大夫无法确定几瑟是否能返回韩国，因此也就不敢帮助伯婴制造叛乱。秦、楚两国就会帮助几瑟来对付伯婴。如此一来，伯婴既得不到秦、楚两国的外援，在内又得不到父兄的支持，肯定不能制造动乱，这将对您十分有利。”

韩二·谓新城君曰

谓新城君[①]曰："公叔、伯婴恐秦、楚之内几瑟也，公何不为韩求质子于楚？楚王听而入质子于韩，则公叔、伯婴必知秦、楚之不以几瑟为事也，必以韩合于秦、楚矣。秦、楚挟韩以窘魏，魏氏不敢东，是齐孤也。公又令秦求质子于楚，楚不听则怨结于韩，韩挟齐、魏以眄楚，楚王必重公矣。公挟秦、楚之重以积德于韩，则公叔、伯婴必以国事公矣。"

【注释】①新城君：秦国的封君。秦宣太后的弟弟芈戎。

【译文】有人对新城君说："公叔、伯婴担心秦、楚两国会拥戴几瑟，您为什么不替韩国请求楚国派人质呢？楚怀王如果听从，愿意把人质送到韩国，那么公叔、伯婴一定可以明白秦、楚两国并不重视几瑟，他一定会使韩国同秦、楚两国联合，如此一来，齐国就被孤立了。您再让秦国向楚国索要人质，如果楚国不同意，那么楚国就必然与韩国结下怨仇，韩国倚仗齐国、魏国和楚国结怨，楚王一定会重用您。您倚仗自己在秦、楚两国的重要地位，对韩国施加恩惠，那么公叔、伯婴必然会用韩国来侍奉您。"

韩二·胡衍之出几瑟于楚

胡衍[①]之出几瑟于楚也，教公仲谓魏王[②]曰："太子在楚，韩不敢离楚也。公何不试奉公子咎，而为之请太子。因令人谓楚王曰，韩立公子咎而弃几瑟，是王抱虚质也。王不如亟归几瑟。几瑟入，必以韩权报雠于魏而德王矣。”

【注释】①胡衍：韩国人。②魏王：魏襄王。

【译文】胡衍让几瑟离开韩国回到楚国的时候，告诉公仲说：“您这样对魏王说，只要几瑟在楚国，韩国就不敢背弃楚国。您为何不试着支持公子咎，请求立公子咎为太子。紧接着再派人对楚王说，韩国要立公子咎为太子，废弃几瑟，这样大王就只是拥有一个没有任何用处的人质。大王不如赶快让几瑟回去，几瑟回国后，一定会凭借在韩国的权力向魏国报仇，同时也会感激大王的。”

韩二·几瑟亡之楚

几瑟亡之楚，楚将收秦而复之。谓芈戎曰：“废公叔而相几瑟者，楚也。今几瑟亡之楚，楚又收秦而复之，几瑟入郑之日，韩、楚之县已。公不如令秦王贺伯婴之立也。韩绝于楚，其事秦必疾，秦挟韩亲魏，齐、楚后至者先亡，此王业也。”

【译文】几瑟逃亡到楚国，楚国打算联合秦国把几瑟送回韩国并重新拥立他。有人对芈戎说：“废除公叔又去帮助几瑟的是楚国。如今几瑟逃到楚国，楚国又联合秦国想要把他送回韩国并重新拥立他，恐怕他回到韩国那天，韩国就如同楚国的一个县了。您不如让秦王去祝贺伯婴被立为太子。如果韩国同楚国断绝往来，就会极力向秦国示好，秦国挟持了韩国，又亲近了魏国，齐、楚两国中最后归顺秦国的，一定会被最先灭亡，如此一来，王业就可以成功了。”

韩二·冷向谓韩咎曰

冷向谓韩咎曰：“几瑟亡在楚，楚王[1]欲复之甚，令楚兵十余万在方城之外。臣请令楚筑万家之都于雍氏之旁，韩必起兵以禁之，公必将矣。公因以楚、韩之兵奉几瑟而内之郑，几瑟得入而德公，必以韩、楚奉公矣。”

【注释】①楚王：楚怀王。

【译文】冷向对韩咎说：“几瑟逃亡在楚国，楚王很想把他送回韩国并重新拥立他，于是就派十多万楚军驻扎在方城之外。我请求让楚国在雍氏旁边修建一个拥有万户人家的大城来屯兵，韩国一定会派兵防御，您必定会成为领兵的将领。您就乘机率领楚、韩两国军队护送几瑟回国，几瑟能够回到韩国就会感激您，一定会让韩国和楚国都来尊奉您的。”

韩二·楚令景鲤入韩

楚令景鲤[1]入韩，韩且内伯婴于秦，景鲤患之。冷向谓伯婴曰：“太子[2]入秦，秦必留太子而合楚，以复几瑟也，是太子反弃之。”

【注释】①景鲤：芈姓，景氏，楚平王后裔，楚怀王的相国。②太子：伯婴。

【译文】楚国派景鲤到韩国，韩国打算把伯婴送回秦国，景鲤为此很是担忧。冷向对伯婴说："太子一旦到了秦国，秦国一定会扣留您，而与楚国联合，合力恢复几瑟的太子之位，这样，您反而会丢了太子的地位。"

韩二·韩咎立为君而未定

韩咎立为君而未定也。其弟在周，周欲重而送之，恐韩咎不立也。綦母恢曰："不如以车百乘送之，韩咎立，因曰以为戒；不立，则曰来效贼也。"

【译文】韩咎将立为太子的事还没有最后确定下来。他的弟弟正在周地，周君准备隆重地送他弟弟回国，但又担心韩咎不能被立为太子。綦毋恢说："不如用一百辆车送他的弟弟，如果韩咎被立为太子，就说这是为了戒备；如果韩咎没有被立为太子，就说是用来押送罪犯的。"

韩二·史疾为韩使楚

史疾①为韩使楚，楚王问曰："客何方所循？"曰："治列子圉（yǔ）寇②之言。"曰："何贵？"曰："贵正。"王曰："正亦可为国乎？"曰："可。"王曰："楚国多盗，正可以圉③盗乎？"曰："可。"曰："以正圉盗，奈何？"顷间有鹊止于屋上者，曰："请问楚人谓此鸟何？”王曰：“谓之鹊。”曰：“谓之乌，可乎？”曰：“不可。”曰：“今王之国有柱国、令尹、司马、典令，其任官置吏，必曰廉洁胜任。今盗贼公行而弗能禁也，此乌不为乌，鹊不为鹊也。”

【注释】①史疾：韩国大臣。②列子圉寇：即列御寇，也称列子。战国时郑国著名学者。道家学派杰出代表人物，著名的思想家、寓言家和文学家。③圉：防御。

【译文】史疾替韩国出使楚国，楚王问他：“先生在研究什么学问？”史疾回答道：“我在研究列子圉寇的学问。”楚王又问：“那看重的是什么？”史疾说：“看重正。”楚王问：“正也可以用来治理国家吗？”史疾回答说：“可以。”楚王问：“楚国盗贼很多，正可以防御盗贼吗？”史疾回答说：“可以。”楚王接着又问：“用正来防御盗贼，该如何实施呢？”不久，有只鹊飞来停在屋顶，史疾问楚王：“请问楚国把这种鸟称为什么？”楚王说：“叫鹊。”史疾又问：“叫它乌鸦，可以吗？”回答说：“不可以。”史疾就说：“如今大王的国家设有柱国、令尹、司马、典令等官职，任用官吏时，一定要求他们廉洁胜任。现在盗贼公然横行却不能加以禁止，就因为乌鸦不成其为乌鸦，鹊不成其为鹊啊！”

韩二·韩傀相韩

韩傀[1]相韩，严遂重于君，二人相害也。严遂政议直指，举韩傀之过。韩傀叱之于朝，严遂拔剑趋之，以救解。于是严遂惧诛，亡去游，求人可以报韩傀者。

【注释】①韩傀：即侠累，战国初期韩国贵族，任韩国相国，韩烈侯的叔父。

【译文】韩傀担任韩国相国，严遂也受到韩国君主的器重，他们二人却相互忌恨。严遂曾公开直言指责韩傀的过失。韩傀因此在朝堂上怒骂严遂，严遂气得拔剑刺向韩傀，幸而有人劝阻才得以化解了这场纷争。事后，严遂担心被韩傀杀害，就逃离韩国，开始游历各国，四处寻找可以替自己报仇的人。

至齐，齐人或言："轵深井里[①]聂政，勇敢士也，避仇隐于屠者之间。"严遂阴交于聂政，以意厚之。聂政问曰："子欲安用我乎？"严遂曰："吾得为役之日浅，事今薄，奚敢有请？"于是严遂乃具酒觞聂政母前。仲子奉黄金百镒，前为聂政母寿。聂政惊，愈怪其厚，固谢严仲子。仲子固进，而聂政谢曰："臣有老母，家贫，客游以为狗屠，可旦夕得甘脆以养亲。亲供养备，义不敢当仲子之赐。"

【注释】①轵：韩邑，位于今河南省济源东南。深井里：轵的里名。

【译文】严遂到了齐国，齐国有人说："轵地深井里的聂政是一个勇敢的人，因为躲避仇人才隐居在屠户中间。"严遂就暗地里和聂政交往，有意厚待他。聂政问严遂说："您想让我为您做些什么呢？"严遂说："我为您效劳的日子还不长，服侍也不够周到，怎么敢要求您为我做事呢？”于是，严遂就准备了酒席，向聂政的母亲敬酒，又拿出百镒黄金献给聂政的母亲，以此来表示祝福。聂政大惊，越发奇怪严遂为何以厚礼相待，就坚定地谢绝了严遂的厚礼。严遂坚持要送，聂政又推辞说：“我尚有老母在世，家中贫困，离乡背井，以杀狗为生，每天可以挣钱买些甘美可口的食物来奉养母亲，现在我已能让母亲不愁吃穿，哪里敢再接受您的厚赐呢。”

严仲子辟[①]人，因为聂政语曰：“臣有仇，而行游诸侯众矣。然至齐，闻足下义甚高，故直进百金者，特以为大人粗粝[②]之费，以交足下之欢，岂敢以有求邪？”聂政曰：“臣所以降志辱身，居市井者，徒幸而养老母。老母在，政身未敢以许人也。”严仲子固让，聂政竟不肯受。然仲子卒备宾主之礼而去。

【注释】①辟：通“避”。②粗粝：糙米。泛指粗劣的食物。

【译文】严遂避开周围的人，趁机对聂政说：“我有仇人，为了报仇我曾周游列国。我来到齐国，听闻您是一个极重义气的人。我之所以特地送上百金，作为老夫人购置粗茶淡饭的费用，只是想同您交个朋友，哪里敢有什么请求呢？”聂政说：“我之所以降低志向，辱没自己，隐居于市井之中，只是为了奉养老母。只要老母在世，我就不能用生命去承诺别人。”严遂再三让聂政收下赠金，聂政始终不肯接受。然而严遂还是尽了宾主之礼才告辞离开。

久之，聂政母死，既葬，除服[①]。聂政曰：“嗟乎！政乃市井之人，鼓刀以屠，而严仲子乃诸侯之卿相也，不远千里，枉车骑而交臣，臣之所以待之至浅鲜矣，未有大功可以称者。而严仲子举百金为亲寿，我虽不受，然是深知政也。夫贤者以感忿睚眦之意，而亲信穷僻之人，而政独安可嘿然而止乎？且前日要政，政徒以老母。老母今以天年终，政将为知己者用。”

【注释】①除服：脱去丧服。谓不再守孝。

【译文】过了很久，聂政的母亲去世，安葬完毕，守孝期已满。聂政感叹地说：“唉！我不过是个市井之人，整日举刀杀狗，而严遂却是诸侯下面的卿相大臣，不远千里屈尊前来与我相识，我对他太薄情了，没有什么功劳可以补偿他待我的情谊，而他却拿百镒黄金来为我母亲祝寿，我虽然没有接受，但他却很能理解我。这位身份显赫的人为了伸冤报仇，而来亲近我这个小人物，我怎么能独自默然不语就完了呢？再说以前他邀请我，我因母亲健在而未能答应。如今母亲得享天年，我要去为知己效力了！”

遂西至濮阳[①]，见严仲子曰：“前所以不许仲子者，徒以亲在。今亲不幸，仲子所欲报仇者为谁？请得从事焉。”严仲子具告曰：“臣之仇，韩相傀。傀又韩君之季父也，宗族盛，兵卫设，臣使人刺之，终莫能就。今足下幸而不弃，请益车骑壮士以为羽翼。”政曰：“韩与卫中间相去不远，今杀人之相，相又国君之亲，此其势不可以多人。多人不能无生得失，生得失则语泄，语泄则韩举国而与仲子为雠也，岂不殆哉！”遂谢车骑人徒，辞，独行仗剑至韩。

【注释】①濮阳：卫邑。位于今河南省濮阳西南。

【译文】聂政往西到了濮阳，见到严遂说："我以前之所以没有应允您，只是因为母亲健在。如今老母不幸去世，请问您想报仇的人是谁？我愿意帮您解决此事。"严遂将详细情况告诉了聂政："我的仇人是韩国相国韩傀。他又是国君的叔父。他的家族势力很大，居住的周围又有士兵守卫，我曾派人刺杀过他，一直没能成功。如今有幸得到您的支持，我要为您多准备些车马和勇士作为您的帮手。"聂政说："韩国和卫国相距不远，如今去刺杀韩国的相国，同时他又是国君的亲戚，这种情况下不适合带过多的人去。人多了就不可能不出差错，出了差错就难免会泄露机密，一旦泄露了机密就会使韩国上下与您结下仇怨，那岂不是太危险了吗！"于是谢绝了车马和随从，辞别严遂，孤身一人仗剑前往韩国。

韩适有东孟之会[1]，韩王及相皆在焉，持兵戟而卫者甚众。聂政直入，上阶刺韩傀。韩傀走而抱烈侯，聂政刺之，兼中哀侯，左右大乱。聂政大呼，所杀者数十人。因自皮面抉眼，自屠出肠，遂以死。

【注释】①东孟：韩邑，位于今河南省延津西南。

【译文】正好韩国在东孟举行会议，韩国的国君和相国都在那里，手拿武器的侍卫很多。聂政直接闯了进去，冲上台阶就刺向韩傀，韩傀惊慌失措地逃到韩哀侯的身边，抱住了烈侯，聂政冲上去刺死了韩傀，同时也刺中了哀侯。左右的人一片混乱，聂政大吼一声冲上去，一口气杀死了几十人。接着自己用剑划破面容，挖出眼珠，又剖腹挑出肠子，就死去了。

韩取聂政尸暴于市，县（xuán）购之千金，久之莫知谁子。政姊闻之，曰："弟至贤，不可爱妾之躯，灭吾弟之名，非弟意也。"乃之韩，视之曰："勇哉，气矜之隆！是其轶贲、育而高成荆矣[1]。今死而无名，父母既殁矣，兄弟无有，此为我故也。夫爱身不扬弟之名，吾不忍也。"乃抱尸而哭之曰："此吾弟轵深井里聂政也。"亦自杀于尸下。

【注释】①贲、育：古时勇士。即孟贲、夏育。成荆：古代著名勇士。

【译文】韩国把聂政的尸体陈放在街市上，悬赏千金给能辨认出他的人。过了很久，还是没人知道他究竟是谁。聂政的姐姐听说这事后，说："我弟弟真是贤德啊，我不能因为爱惜自己的生命，而埋没弟弟的名声。虽然这也不是弟弟的本意，但是我还是要去认尸。"于是她就去了韩国，看着弟弟的尸体说："真是英勇啊！气势是多么豪迈啊！你的行为超过了孟贲、夏育，比成荆还伟大啊！如今你死了却不肯留下姓名，我们的父母都已不在人世，又没有旁的兄弟，你这样做都是为了使我不受牵连啊。如果我因为爱惜自己的生命而不去彰显你的英名，我实在于心不安啊！"于是她就抱着聂政的尸体痛哭着说："这是我弟弟，轵邑深井里的聂政啊！"说完也自杀在聂政的尸体旁。

晋、楚、齐、卫闻之曰："非独政之能，乃其姊者，亦列女也。”聂政之所以名施于后世者，其姊不避菹醢（zū hǎi）[1]之诛以扬其名也。

【注释】①菹醢：古时一种残酷的刑罚，将人杀死后剁成肉酱。

【译文】晋、楚、齐、卫等国的人听说这件事，都赞叹道：“不只是聂政勇敢，就连他姐姐也是个刚烈的女子啊！”聂政之所以能名垂青史，就是因为他姐姐不怕遭受菹醢之刑而替他彰显名声的缘故啊！

卷二十八 韩策三

扫码听谦德
君为您导读

韩三·或谓韩公仲曰

或谓韩公仲[①]曰："夫孪子之相似者，唯其母知之而已；利害之相似者，唯智者知之而已。今公国，其利害之相似，正如孪子之相似也。得以其道为之，则主尊而身安；不得其道，则主卑而身危。今秦、魏之和成，而非公适束之，则韩必谋矣。若韩随魏以善秦，是为魏从也，则韩轻矣，主卑矣。秦已善韩，必将欲置其所爱信者，令用事于韩以完之，是公危矣。

【注释】①韩公仲：韩国贵族，仕韩昭侯、宣惠王、襄王、僖王四朝，担任韩国相国。

【译文】有人对韩国的相国公仲说："双胞胎长得非常相似，只有他们的母亲才能分辨；利害关系也非常相似，只有聪明的人才能分辨。如今您的国家，利害关系非常相似，正如双胞胎长得非常相似。如果能够用正确的治国之道治理国家，就可以使国君尊贵，自身心安；如果不能够用正确的治国之道治理国家，就会让君主卑贱，自己陷入危险。如今秦、魏两国成功联合，却不是您促使它们联合在一起，那么韩国必定会被秦、魏两国图谋。如果韩国跟随魏国结交秦国，那韩国就成了魏国的附庸，韩国必将受到轻视，国君的地位卑微。如果秦国已经和韩国结交，秦国必定会在韩国安置它亲近的、信任的人，让他在韩国掌权，以此确保秦国的利益。这样，您就处境危险了。

“今公与安成君①为秦、魏之和，成固为福，不成亦为福。秦、魏之和成，而公适束之，是韩为秦、魏之门户也，是韩重而主尊矣。安成君东重于魏而西贵于秦，操右契②而为公责德于秦、魏之王，裂地而为诸侯，公之事也。若夫安韩、魏而终身相，公之下服，此主尊而身安矣。秦、魏不终相听者也。齐怒于不得魏，必欲善韩以塞魏；魏不听秦，必务善韩以备秦，是公择布而割也。秦、魏和则两国德公，不和则两国争事公，所谓‘成为福，不成亦为福’者也。愿公之无疑也。”

【注释】①安成君：韩宣惠王的封君，曾与公仲倗主张联合秦、魏，应付兼并。②右契：契约的右半部分，也称右券，可拿着取债。

【译文】“如今您和安成君促使秦、魏两国联合，成功了固然是您的福气，就算不能成功也是您的福气。秦、魏两国联合成功，正好是您促使它们联合的。这样一来，韩国就成了秦、魏两国往来交通的门户，韩国的地位肯定会受到重视，国君也会受到尊敬。安成君在东面受到韩国的重视，在西面受到秦国的重视，这样就可以拿着右半部分契约替您向魏王、秦王索求好处，受封土地成为诸侯，这是您该做的事了。至于韩魏两国安定，您终身是相国，不但韩国的君王受到尊重，而且您也会自身安稳。然而秦、魏两国不可能永远友好。齐国恼怒不能同魏国的联合，必然会结交韩国断绝和魏国的联系；魏国也不会全部听从秦国，必定会想方设法和韩国结交来防备秦国，这样您就可以像选择布匹随意裁剪般调整韩国与其他国家的关系，如果秦、魏两国讲和，那么两国一定都会感激您；如果两国不能讲和，那么两国必然都争着来结交您。这就是所谓的'成功了是福气，不成功也是您的福气'，希望您不要产生怀疑。"

韩三·或谓公仲曰

或谓公仲曰："今有一举而可以忠于主，便于国，利于身，愿公之行之也。今天下散而事秦，则韩最轻矣；天下合而离秦，则韩最弱矣；合离之相续，则韩最先危矣。此君国长民之大患也。

【译文】有人对韩国的相国公仲说："现在有一种做法，可以对国君忠诚，对国家方便，对自己有利，希望您能去实现它。如今天下诸侯分散，都去事奉秦国，那么韩国是最被轻视的；天下诸侯联合背弃秦国，那么韩国是最弱小的。如果天下诸侯联合起来断断续续地对抗秦国，那么韩国就会最先遇到危险，这是治理国家、统治百姓的忧患。

"今公以韩先合于秦，天下随之，是韩以天下事秦，秦之德韩也厚矣。韩与天下朝秦，而独厚取德焉，公行之计，是其于主也至忠矣。

【译文】“现在您让韩国先和秦国联合，天下诸侯也都会跟着事奉秦国，这是韩国率领天下的诸侯事奉秦国，秦国必定会感激韩国，厚待韩国。韩国同天下诸侯朝拜秦国，却独自接受秦国的感激，您实施的这一计策，对于国君来说，也是最大的忠诚了。

“天下不合秦，秦令而不听，秦必起兵以诛不服。秦久与天下结怨构难而兵不决，韩息士民以待其衅，公行之计，是其于国也，大便也。

【译文】“如果天下诸侯不愿意与秦国联合，秦国发布的号令就没有人听从，秦国必然会派兵讨伐不听从号令的诸侯。秦国长期与天下的诸侯结怨交战，兵祸不断，韩国正好借此机会休养生息，等待有利时机，您实行这一计策，对于国家来讲，也是很有便利的。

“昔者，周佼以西周善于秦而封于梗阳[①]；周启以东周善于秦而封于平原[②]。今公以韩善秦，韩之重于两周也无计，而秦之争机也，万于周之时。今公以韩为天下先合于秦，秦必以公为诸侯，以明示天下，公行之计，是其于身大利也，愿公之加务也。”

【注释】①周佼：西周大臣。梗阳：秦邑，今在山西清徐。②周启：东周大臣。平原：赵邑，今在山东平原西南。

【译文】“从前，周佼让西周同秦国亲近，因此被封在梗阳；周启让东周同秦国联合，因此被封在平原。如今您让韩国亲近秦国，韩国的重要性比起东西二周，更是无法计算，而秦国争着与韩国结交的愿望，超过同两周结交时的万倍。如今您让韩国在天下诸侯之前同秦国联合，秦国必定会推举您来做诸侯，以此昭示天下，您能实行这一计策，对于您自身也有非常大的好处，希望您赶紧实施。”

韩三·韩珉攻宋

韩珉[①]攻宋，秦王[②]大怒曰：“吾爱宋与新城、阳晋[③]同也。韩珉与我交，而攻我甚所爱，何也？”苏秦为齐说秦王曰：“韩珉之攻宋，所以为王也。以齐之强，辅之以宋，楚、魏必恐，恐，必西面事秦。王不折一兵，不杀一人，无事而割安邑，此韩珉之所以祷于秦也。”

【注释】①韩珉：齐国相国，主张亲近秦国。②秦王：指秦昭王。③新城：韩邑，今在河南伊川西南。阳晋：卫邑，今在山东郓城西。

【译文】韩珉为了齐国攻打宋国，秦王愤怒地说：“我爱宋国，就和爱新城、阳晋是相同的。韩珉同我交往，却攻打我最喜欢的地方，这是为什么呢？”苏秦为了齐国游说秦王说：“韩珉之所以攻打宋国，正是为了大王啊。凭借齐国的强大，再加上宋国，楚国、魏国必定惊恐，两国一惊恐，必定会到西面来事奉秦国。如此一来大王不费一兵，不杀一人，不用开战就可以割取安邑，这正是韩珉为秦国祈求的事。”

秦王曰：“吾固患韩之难知，一从一横，此其说何也？”对曰：“天下固令齐可知也。齐故已攻宋矣，其西面事秦，以万乘自辅，不西事秦，则宋地不安矣。中国白头游敖①之士，皆积智欲离秦、齐之交。伏轼结靷（yǐn）西驰者②，未有一人言善齐者也；伏轼结靷东驰者，未有一人言善秦者也。皆不欲齐、秦之合者，何也？则晋、楚智而韩、秦愚也。晋、楚合，必伺齐、秦，齐、秦合，必图晋、楚。请以决事。”秦王曰：“善”。

【注释】①游敖：指游说。②轼：古代车厢前面用作扶手的横木。靷：引车前进的皮带，一端套在车轴上，一端套在牲口胸前。

【译文】秦王说：“我本来就担心齐国的行动让人难以琢磨，一会儿要合纵一会儿要连横，您说的又是什么呢？”苏秦回答说：“天下诸侯都知晓齐国的行动了。齐国原本已经攻占了宋国，如果到西面事奉秦国，秦国就会来帮助；如果凭借自己万辆兵车的国力来自救，就算不向西面事奉秦国，那么宋国也不会获得安宁。中原白发的说客，都千方百计的想离间秦、齐两国的交往，那些伏在车前的横木上，系好拉车皮带向西而来的说客，没有一个说应该同齐国亲近；另外一些伏在车前的横木上，系好拉车皮带向东而去的说客，没有一个说应该同秦国亲近。他们都不希望齐、秦两国联合，这是为什么呢？就是因为就是魏、楚两国聪明，而齐、秦两国愚蠢。魏国、楚国联合，一定会窥探齐国、秦国的动静，齐国、秦国联合必然想图谋魏国、楚国。希望您可以根据这种局势来做出决定。”秦王说：“好吧。”

韩三·或谓韩王曰

或谓韩王[①]曰：“秦王[②]欲出事于梁，而欲攻绛、安邑[③]，韩计将安出矣？秦之欲伐韩以东窥周室甚，唯寐忘之。今韩不察，因欲与秦，必为山东大祸矣。秦之欲攻梁也，欲得梁以临韩，恐梁之不听也，故欲病之以固交也。王不察，因欲中立，梁必怒于韩之不与己，必折为秦用，韩必举矣，愿王熟虑之也。不如急发重使之赵、梁，约复为兄弟，使山东皆以锐师戍韩、梁之西边，非为此也，山东无以救亡，此万世之计也。

【注释】①韩王：指韩襄王。②秦王：指秦昭王。③绛：魏邑，即新绛，古称绛州，今在山西省临汾侯马。安邑：魏邑，今在山西夏县西北。

【译文】有人对韩王说：“秦王想要攻打魏国，而且想攻占新绛、安邑，不知韩国有什么对策来应对？秦国想攻打韩国，以此来图谋东方的周王室，恐怕只有睡着了才会忘记。如今如果韩国不了解事实，就想要和秦国结盟，必然会给崤山以东的诸侯们带来灾祸。秦国想要攻打魏国，主要是想进攻魏国后再率军逼近韩国，唯恐魏国不听从号令，所以就想让魏国陷入困境来巩固秦、魏之间的交往。如果大王还没有了解事实，就妄想保持中立，魏国必然会因为韩国不帮助自己而恼怒，必然会听从秦国的驱使，到那时韩国必然会被攻下，希望大王好好考虑！不如尽快派出重要的使者前往赵国、魏国，和赵、魏两国结盟为兄弟之国，使崤山以东的诸侯都派出精锐的士兵，戍守韩国、魏国的西方边界，如果不这样做的话，那么崤山以东的诸侯将无法拯救危亡，这是千秋万世的大计。

“秦之欲并天下而王之也，不与古同。事之虽如子之事父，犹将亡之也。行虽如伯夷，犹将亡之也。行虽如桀、纣，犹将亡之也。虽善事之，无益也。不可以为存，适足以自令亟亡也。然则山东非能从亲，合而相坚如一者，必皆王矣。”

【译文】“秦国想兼并天下而称霸，与古时候的称霸者迥然不同。就算是像儿子事奉父亲一样去事奉秦国，最后还是会被秦国灭亡。国君的品行即使像伯夷，仍旧会被灭掉；国君的品行即使像夏桀王和殷纣王，也同样会被灭掉。即使很好地事奉秦国，也没有益处，不但不能使国家保全，反而会因此加速国家的灭亡。如果崤山以东的诸侯不能联盟合纵，坚决地团结一致，最后必定都会被秦国灭亡。”

韩三·谓郑王曰

谓郑王[①]曰：“昭釐侯[②]，一世之明君也；申不害[③]，一世之贤士也。韩与魏敌侔（móu）[④]之国也，申不害与昭釐侯执珪而见梁君[⑤]，非好卑而恶尊也，非虑过而议失也。申不害之计事曰：‘我执珪于魏，魏君必得志于韩，必外靡于天下矣，是魏弊矣。诸侯恶魏必事韩，是我免于一人之下，而信[⑥]于万人之上也。夫弱魏之兵，而重韩之权，莫如朝魏。’昭釐侯听而行之，明君也；申不害虑事而言之，忠臣也。

【注释】①郑王：指韩桓惠王。②昭釐侯：即韩昭侯。战国时韩国的第六任君主。③申不害：也称申子，战国时期法家重要创始人之一。④敌侔：指力量相等。⑤珪：古代的一种玉器。梁君：指魏惠王。⑥信：通“伸”。

【译文】有人对韩王说：“昭釐侯，是一代明君，申不害，是一代贤士。韩国与魏国是力量相等的国家，申不害与昭釐侯手拿珪去朝拜魏王，他们并不是喜欢卑贱而讨厌尊贵，也不是考虑不周密而议事出现过失。申不害在谋划此事时说：‘我们手拿珪去朝拜魏国，魏王必然会对韩国感到志得意满，他必然会向天下诸侯用兵，魏国国力消耗，魏国就衰败了。天下诸侯厌恶魏国必然事奉韩国，这样我们屈居一人之下，却高居万人之上。想要削弱魏国的军队，而增强韩国的权势，没有什么比朝见魏君更有效的。’昭釐侯能听取意见并加以施行，是明君；申不害能认真谋划并说出来，是忠臣。

“今之韩弱于始之韩，而今之秦强于始之秦。今秦有梁君之心矣，而王与诸臣不事为尊秦以定韩者，臣窃以为王之明为不如昭釐侯，而王之诸臣忠莫如申不害也。

【译文】如今的韩国比过去的韩国弱小，而如今的秦国却比过去的秦国强大。如今的秦王有过去魏王那样的野心，而大王和大臣们却不事奉秦国来安定韩国，我私下认为大王的明智不如昭釐侯，大王大臣们的忠心也不如申不害。

“昔者，穆公[①]一胜于韩原[②]而霸西州，晋文公[③]一胜于城濮[④]而定天下，此以一胜立尊令，成功名于天下。今秦数世强矣，大胜以十数，小胜以百数，大之不王，小之不霸，尊名无所立，制令无所行，然而春秋用兵者，非以求主尊成名于天下也。昔先王之攻，有为名者，有为实者。为名者攻其心，为实者攻其形。

【注释】①穆公：即秦穆公，秦国国君，春秋五霸之一。②韩原：晋邑，今在陕西韩城西南。公元前645年秦穆公和晋惠公在韩原开战，晋军惨败，晋惠公也被秦军俘获。③晋文公：名重耳，春秋时期晋国国君，春秋五霸之一。④城濮：卫地，位于山东鄄城西南临濮集。公元前632年，晋文公和齐、宋、秦等国联军，战败楚国于此。城濮之战使晋文公成为中原霸主。

【译文】“从前，秦穆公在韩原打晋惠公就称霸了西方，晋文公在城濮打败楚军就平定了天下，这都是打了一次胜仗就确立尊贵的名声，使自己天下扬名。如今秦国已经连续几代强盛，打的大胜仗用十来记数，打的小胜仗用百来记数，打了大胜仗没有称王，打了小胜仗也没有称霸，尊贵的名分没有确立，制定的法令也未能实行，可是秦国连年发动战争，不是为了求得国君在天下扬名。从前先王进行攻伐，有的是为获得名声，有的是为获得利益。为名声发动战争，就瓦解对方的斗志，为利益发动战争，就要占领土地、掠夺人口。

“昔者，吴与越战，越人大败，保于会（kuài）稽[①]之上。吴人入越而户抚之。越王[2]使大夫种[3]行成于吴，请男为臣，女为妾，身执禽[4]而随诸御。吴人果听其辞，与成而不盟，此攻其心者也。其后越与吴战，吴人大败[5]，亦请男为臣，女为妾，反以越事吴之礼事越。越人不听也，遂残吴国而禽夫差[6]，此攻其形者也。今将攻其心乎，宜使如吴；攻其形乎，宜使如越。夫攻形不如越，而攻心不如吴，而君臣上下少长贵贱，毕呼霸王，臣窃以为犹之井中而谓曰：'我将为尔求火也。'"

【注释】①会稽：指会稽山，亦称茅山、亩山，位于浙江绍兴与东阳之间。②越王：即越王勾践，春秋末年越国国君。③大夫种：指文种，春秋末期著名谋略家，越王勾践谋臣。④执禽：手中拿着禽鸟朝见，表示臣服。⑤吴人大败：指公元前473年，越军大败吴军。⑥夫差：春秋时期吴国末代国君。

【译文】"从前，吴国同越国交战，越国被打的大败，退守在会稽山上。吴国攻入越国后，按户安抚越国的百姓。越王派遣大夫文种到吴国讲和，让越国的男子做奴隶，越国的女子做侍妾，自己亲自拿着禽鸟，跟在各位女官身后。吴国人果真听信了他们的话，与他们讲和而没有订立盟约，这就是瓦解斗志的攻心战术啊。后来，越国与吴国交战，吴国被打的大败，也请求让吴国的男子做奴隶，吴国的女子做侍妾，反过来用越国人事奉吴国人的礼节事奉越国人，越国人没有听从，于是就灭掉吴国，擒获了吴王夫差，这就是占领土地、掠夺人口的攻形战术啊。现在您想用攻心战术吗？就该像吴国那样；您想用攻形战术吗？应该像越国那样。攻取土地、夺取人口赶不上越国，而瓦解敌人斗志赶不上吴国，君臣上下、年少的年长的、富贵的贫贱的却全都高喊称王称霸，我私下认为这就好比落入了井中却对别人说：‘我将会为您找火。’”

韩三·东孟之会

“东孟[①]之会，聂政、阳坚[②]刺相兼君。许异蹴（cù）烈侯而殪（yì）之[③]，立以为郑君，韩氏之众无不听令者，则许异为之先也。是故烈侯为君，而许异终身相焉。而韩氏之尊许异也，犹其尊烈侯也。今曰郑君不可得而为也，虽终身相之焉，然而吾弗为云者，岂不为过谋哉？昔齐桓公九合诸侯，未尝不以周襄王之命。然则虽尊襄王，桓公亦定霸矣。九合之尊桓公也，犹其尊襄王也。今日天子不可得而为也，虽为桓公吾弗为云者，岂不为过谋而不知尊哉？

【注释】①东孟：韩邑，今在河南延津西南。②聂政：战国时韩国轵人，春秋战国四大刺客之一。阳坚：聂政的帮手。③许异：韩国大臣。蹴：踢。殪：死。

【译文】“东孟集会，聂政、阳坚刺杀韩国相国时伤到烈侯。许异暗中踢烈侯，让他装死，韩烈侯被立为国君后，韩国的百姓没有不听从命令的，那都是因为许异的关系。因此韩烈侯成为国君，许异终身做他的相国。韩国人尊敬许异，就如同他们尊重烈侯那样。今日‘韩王’是不可能做成了，即使终生做他的相国也是好事，然而我们却没有去做，这难道不是谋划的错误吗？从前齐桓公九次会盟诸侯，何尝不是遵照周襄王的命令。然而他虽然遵照周襄王，但齐桓公还是称霸了天下。齐桓公九次会盟的诸侯，尊重齐桓公，就如同尊重周襄王一样。如今天子不可能做成了，即使可以做‘桓公’，我们也不会去做，这难道不是谋划失误，不懂得怎样尊重别人吗？

“韩氏之士数十万，皆戴烈侯以为君，而许异独取相焉者，无他；诸侯之君无不任事于周室也，而桓公独取霸者，亦无他也。今强国将有帝王之衅[①]，而以国先者，此桓公，许异之类也。岂可不谓善谋哉！夫先与强国之利，强国能王，则我必为之霸；强国不能王，则可以辟[②]其兵，使之无伐我。然则强国事成，则我立帝而霸；强国之事不成，犹之厚德我也。今与强国，强国之事成则有福，不成则无患。然则先与强国者，圣人之计也。”

【注释】①衅：征兆。②辟：躲避。

【译文】“韩国的士人有几十万，都拥戴烈侯做国君，只有许异做了相国，这其中没有其它的原因；各诸侯国的国君没有一个不在周王朝任职，而仅有齐桓公称霸天下，这也没有其他的原因。如今强大的秦国有成就帝王霸业的征兆，能最先和秦国联合，就可以收到同齐桓公、许异一样的效果，这难道不能称得上善于谋划吗？先帮助强大的秦国必定能得到好处，强国称王，那么我们必定称霸；如果强国不能称王，我们就可以避免它带来的兵祸，让它不攻打我们。一旦强国的事情成功了，我们就可以依靠他的帝业成就自己的霸业；如果强国的大事没有成功，它仍然会深深地感激我们。现在帮助强大的秦国，秦国的大事成功，我们就会有后福；秦国的大事没有成功，我们也没有后祸。既然这样，先帮助强国，这是圣人的计策啊。”

韩三·韩阳役于三川而欲归

韩阳[①]役于三川而欲归，足强[②]为之说韩王[③]曰：“三川服矣，王亦知之乎？役且共贵公子。”王于是召诸公子役于三川者而归之。

【注释】①韩阳：韩国公子。②足强：韩国人。③韩王：指韩桓惠王。

【译文】韩阳率兵在三川作战，想要回国，足强为他游说韩王说：“三川已经归顺韩阳，大王知道这件事吗？那里所有的服役将士都准备拥立公子韩阳为君。”于是韩王召在三川服役的公子们回国。

韩三·秦大国

秦大国也，韩小国也。韩甚疏秦，然而见亲秦。计之，非金无以也，故卖美人。美人之贾贵，诸侯不能买，故秦买之三千金。韩因以其金事秦，秦反得其金与韩之美人。韩之美人因言于秦曰：“韩甚疏秦。”从是观之，韩亡美人与金，其疏秦乃始益明。故客有说韩者曰：“不如止淫用，以是为金以事秦，是金必行，而韩之疏秦亦明。美人知内行者也，故善为计者，不见内行。”

【译文】秦国是大国，韩国是小国。韩国很是疏远秦国，可是现在想与秦国交好。考虑了一下，非用黄金不可，所以韩国出售美人。美人的价钱昂贵，诸侯都不能买，秦王花了三千金把美人买下来。于是韩国就把这三千金献给秦国来事奉秦国，这样秦国不但收回了它的三千金，还得了韩国的美人。韩国的美人对秦王说："韩国对秦国非常厌烦。"由此可知，韩国失去了美人和黄金，而且使自己疏远秦国的态度更加明显。所以有宾劝说韩王说："不如停止奢侈生活，然后积存黄金来事奉秦国，只要有黄金必然有效果，而韩国疏远秦国的事也就不会过于明显。美人知道韩国的机密，因此善于谋划的人，就不能让别人知道国家的机密。"

韩三・张丑之合齐、楚讲于魏

张丑①之合齐、楚讲于魏也，谓韩公仲曰："今公疾攻魏之运②，魏急，则必以地和于齐、楚，故公不如勿攻也。魏缓则必战。战胜，攻运而取之，易矣；战不胜，则魏且内之。"公仲曰："诺。"张丑因谓齐、楚曰："韩已与魏矣，以为不然，则盖观公仲之攻也。"公仲不攻，齐、楚恐，因讲于魏而不告韩。

【注释】①张丑：齐国大臣。②运：即郓，魏邑。时有二郓，一在今山东省沂水县北。公元前616年，季孙行父所筑。鱼莒屡次争夺，称"东郓"。一在今山东省郓城县东。公元前588年鲁成公所筑，称"西郓"。

【译文】张丑联合齐、楚两国与魏国讲和，他对韩国相国公仲说："如今您急着攻打魏国的郓地，魏国形势危急，必定会割让土地同齐国、楚国讲和，所以您不如暂停攻打魏国。等到魏国的形势得到缓和，必定会和齐国、楚国交战，如果魏国打胜了，韩国就乘机攻取郓邑；如果魏国没有获胜，魏国就会把郓邑送给韩国。”公仲说：“好。”张丑因此就对齐国和楚国说：“韩国已经与魏国联合，你们如果不相信，就看一看公仲是否还攻打郓邑。”公仲没有攻打郓邑，齐、楚两国感到恐慌，因此就同魏国讲和，而且没有告诉韩国。

韩三·或谓韩相国

或谓韩相国曰：“人之所以善扁鹊[①]者，为有痈肿[②]也；使善扁鹊而无痈肿也，则人莫之为之也。今君以所事善平原君[③]者，为恶于秦也；而善平原君乃所以恶于秦也，愿君之熟计之也。”

【注释】①扁鹊：姬姓，秦氏，名缓，字越人，又号卢医，战国时期名医。②痈肿：脓疮，即恶性肿毒。③平原君：战国四公子之一。赵武灵王之子，赵惠文王之弟。因贤能而闻名。

【译文】有人对韩国相国公仲说：“人们之所以尊敬扁鹊，是因为他们长有脓疮；如果因为尊敬扁鹊而使自己长有脓疮，那么就没有人尊重敬他了。如今您之所以与平原君交好，是因为您受到秦国的憎恨；可是正是因为您与平原君交好，才被秦国憎恨，希望能您认真考虑这件事。”

韩三·公仲使韩珉之秦求武隧

公仲使韩珉之秦求武隧[1]，而恐楚之怒也。唐客[2]谓公仲曰："韩之事秦也，且以求武隧也，非弊邑之所憎也。韩已得武隧，其形乃可以善楚。臣愿有言而不敢为楚计。今韩之父兄得众者毋相，韩不能独立，势必不善楚。王曰：'吾欲以国辅韩倗而相之可乎？父兄恶倗，倗必以国保楚。'"公仲说，士[3]唐客于诸公，而使之主韩、楚之事。

【注释】①武隧：今在山西省临汾市西南，春秋战国时为韩国城邑，后被秦所占。②唐客：楚国大臣。③士：通"仕"。

【译文】韩国相国公仲派遣韩珉去秦国索要武隧，又担心楚国因此恼怒，这时楚国大臣唐客对公仲说："韩国之所以事奉秦国，就是想要索回武隧，这不是我们楚国所憎恶的。如果韩珉索回武隧，在此形势下就可以与楚国交好。这是我的心里话，并不敢为楚国谋划。如今韩国的大臣们得到百姓支持的都不想做相国，如果韩国不能因此独立，势必不会同楚国交好。楚王必然会说：'我想用楚国的力量去辅佐韩倗做韩国的相国，可以吗？韩国的大臣们厌恶韩珉，韩倗一定会用韩国来保全楚国。'"公仲听了非常高兴，就向大臣们推荐唐客，让他管理韩、楚两国之间的政务。

韩三·韩相公仲倗使韩珉之秦

韩相公仲倗使韩珉之秦，请攻魏，秦王①说之。韩珉在唐②，公仲倗死。韩珉谓秦王曰："魏之使者谓后相韩辰③曰：'公必为魏罪韩珉。'韩辰曰：'不可。秦王仕之，又与约事。'使者曰：'秦之仕韩珉也，以重公仲也。今公仲死，韩珉之秦，秦必弗入。入，又奚为挟之以恨魏王乎？'韩辰患之，将听之矣。今王不召韩珉，韩珉且伏于山中矣。"秦王曰："何意寡人如是之权也！令安伏？"召韩珉而仕之。

【注释】①秦王：指秦昭王。②唐：韩去往秦国的要道，今在河南洛阳东北。③韩辰：韩国国相。

【译文】韩国相国公仲倗派遣韩珉出使秦国，请求秦国攻打魏国，秦王非常高兴地同意了。韩珉走到唐地，公仲倗死了。韩珉对秦王说："魏国的使者对继任的韩相韩辰说：'您一定要替魏国处罚韩珉。'韩辰说：'不能这样做。秦王封他做官，又同他定约出兵攻打魏国。'使者说：'秦国之所以让韩珉做官，是因为看重公仲。如今公仲死了，韩珉去秦国，秦国必然不会让他进入。如果他进入秦国，秦国又怎么会同他一起敌视魏国呢？'韩辰很忧虑，准备听从魏国使者的话。今天大王不召见我，我就要到山里隐居去了。"秦王说："为什么认为我如此反复无常呢？您现在在哪里隐居呢？"于是召来韩珉让他在秦国出仕。

韩三・客卿为韩谓秦王曰

客卿为韩谓秦王[①]曰："韩珉之议，知其君不知异君，知其国不知异国。彼公仲者，秦势能诎[②]之。秦之强，首之者，珉为疾矣。进齐、宋之兵至首垣[③]，远薄梁郭，所以不及魏者，以为成[④]而过南阳之道，欲以四国西首也。所以不者，皆曰以燕亡于齐，魏亡于秦，陈、蔡亡于楚，此皆绝地形，群臣比周以蔽其上，大臣为诸侯轻国也。

【注释】①客卿：官名，相国下一级的官位。秦王：指秦武王。②诎：屈服，折服。③首垣：魏邑，今在河南长垣东北。④成：和解，讲和。

【译文】客卿为韩国对秦王说："韩珉的计策，只了解自己的国君，而不了解别国的国君，只知道自己的国家，而不知道其它的国家。对于公仲来说，只有秦国的势力能使他屈服。像秦国这么强大的国家，韩珉竟敢带兵进行对抗，他的做法必然会为自己的国家带来祸患。韩国发动齐国、宋国的军队到达首垣，远远就能望见大梁的城郊，之所以没有进一步攻占魏国的大梁，是想同魏国讲和然后再取道南阳，率领韩、齐、宋、魏四国的军队向西攻打秦国。之所以没有进攻，是因为人们都说燕国差点被齐国攻破，魏国的旧都被秦国占领，陈国、蔡国被楚国灭掉，这些都是由于地形险要，群臣结党营私蒙蔽君王，大臣为了别的国家而轻视自己国家的缘故。

“今王位正[①]，张仪之贵不得议公孙郝，是从臣不事大臣也；公孙郝之贵不得议甘茂，则大臣不得事近臣矣。贵贱不相事，各得其位，辐[②]凑以事其上，则群臣之贤不肖可得而知也。王之明一也。

【注释】①位正：莅政。正，通“政”。②辐：车轮中连接车毂和轮圈的一条条直棍或钢条。

【译文】“如今大王执政，像张仪那样显贵的大臣也不得议论公孙郝，这说明从臣不得干涉大臣的事；像公孙郝那样显贵的大臣也不能议论甘茂，这就是大臣不得干涉近臣的行事。上下级之间不相互干涉，官员各司其职，团结一致共同事奉君王，那么群臣中贤能的人无能的人就可以清楚的知道。这是大王的第一个圣明之处。

“公孙郝尝挟齐、韩而不加贵，则为大臣不敢为诸侯轻国矣。齐、韩尝因公孙郝而不受，则诸侯不敢因群臣以为能矣。外内不相为，则诸侯之情伪可得而知也。王之明二也。

【译文】“公孙郝曾经联合齐国、韩国，而他自己并没有因此变得更加显贵，如此一来做大臣的也就不敢为了其他国家而轻视自己的国家了。齐国、韩国曾想通过公孙郝来讨好秦国，秦王没有接受，如此一来，诸侯就不敢通过群臣为自己谋求利益了。朝廷内外不能互相勾结，那么诸侯国情的真伪就可以清楚的知道。这是大王的第二个圣明之处。

“公孙郝、樗里疾请无攻韩，陈而辟去，王犹攻之也。甘茂约楚、赵而反敬魏，是其讲我。茂且攻宜阳，王犹校之也。群臣之知无几于王之明者，臣故愿公仲之国以侍于王，而无自左右也。”

【译文】“公孙郝、樗里疾请求不要进攻韩国，陈述完毕就退下了，可是大王仍旧继续进攻。甘茂联合楚国、赵国，又敬重魏国，让他们同秦国和解。甘茂打算攻打宜阳，大王还是衡量了其中的利弊才做决断。群臣的智慧赶不上大王的圣明，所以我希望让公仲用韩国来事奉大王，而大王不要听从左右近臣的意见。”

韩三·韩珉相齐

韩珉相齐，令吏逐公畴竖[①]，大怒于周之留成阳君[②]也。谓韩珉曰：“公以二人者为贤人也，所入之国，因用之乎？则不如其处小国，何也？成阳君为秦去韩，公畴竖，楚王善之。今公因逐之，二人者必入秦、楚，必为公患。且明公之不善于天下。天下之不善公者，与欲有求于齐者，且收之以临齐而市公。”

【注释】①公畴竖：人名，时在周。②成阳君：韩封君，因封地在成阳而得名，主张联合秦国、韩国，时在周。

【译文】韩珉在齐国做相国的时候，派人驱逐公畴竖，而且对周地收留成阳君感到非常生气。有人对韩珉说：“您认为这两个人是贤人，他们所到的国家都会重用他们吗？那么还不如让他们留在周地。为什么呢？成阳君为了秦国才离开韩国，而公畴竖很受楚王的看重。现在您派人驱逐他们，他们一定会去秦国、楚国，将来定会成为您的祸患，这也将表明您同天下诸侯的关系不友好。天下诸侯中与您关系不友好的，和那些有求于齐国的人，就会收留他们进逼齐国，进而夺取您的相位。”

韩三·或谓山阳君曰

或谓山阳君①曰："秦封君以山阳②，齐封君以莒。齐、秦非重韩则贤君之行也。今楚攻齐取莒，上及不交齐，次弗纳于君，是棘齐、秦之威而轻韩也。”山阳君因使之楚。

【注释】①山阳君：韩釐王时的封君。②山阳：本是魏邑，当时为秦所占，今在河南焦作东南。

【译文】有人对山阳君说："秦国把山阳封赏给您，齐国把莒地封赏给您。齐、秦两国要不是重视韩国，那就是看重您的品行。现在楚国进军齐国，攻取莒地，首先您再也不能同齐国结交，其次楚国也不会把莒地交给您，这就损害了齐国、秦国的威严，而且也轻视了韩国。”于是山阳君就派遣他出使楚国。

韩三·赵、魏攻华阳

赵、魏攻华阳①，韩谒急于秦。冠盖②相望，秦不救。韩相国谓田苓（líng）③曰："事急，愿公虽疾，为一宿之行。”田苓见穰侯，穰侯曰："韩急乎？何故使公来？"田苓对曰："未急也。"穰侯怒曰："是何以为公之王使乎？冠盖相望，告弊邑甚急，公曰未急，何也？"田苓曰："彼韩急，则将变矣。"穰侯曰："公无见王矣，臣请今发兵救韩。"八日中，大败赵、魏于华阳之下。

【注释】①华阳：韩邑，今在河南新郑以北。②冠盖：车辆的顶盖。③田苓：韩国的大臣。

【译文】赵国、魏国联合攻打华阳，韩国向秦国告急，求救使者车辆上的冠盖彼此都可以望见，但秦国不肯援救。韩国相国对田苓说："事态紧急，您虽然抱病在身，但还是希望您能走一趟。"于是田苓就去拜见穰侯，穰侯说："韩国的形势危急了吗？为什么派您前来？"田苓回答说："韩国并没有形势危急。"穰侯愤怒地说："既然韩国没有形势危急，为什么您来秦国出使呢？使者连续不断，告诉弊国说你们情况危急，您却说情况不危急，这是为什么呢？"田苓说："如果韩国情况危急，就会背叛秦国，屈从赵、魏两国了。"穰侯说："您不要见大王了，我立刻请求发兵援救韩国。"于是秦国在八天之内出兵援救韩国，在华阳把赵、魏两国的军队打得大败。

韩三·秦招楚而伐齐

秦招楚而伐齐，冷向[①]谓陈轸曰："秦王[②]必谓向：'楚之齐者，知西不合于秦，必且务以楚合于齐。齐、楚合，燕、赵不敢不听。齐以四国敌秦，是齐不穷也。'向曰：''秦王诚必欲伐齐乎？不如先收于楚之齐者，楚之齐者无务以楚合于齐，则楚必即秦矣。以强秦而有楚，则燕、赵不敢不听，是齐孤矣。’向请为公说秦王。”

【注释】①冷向：秦国大臣。②秦王：指秦惠王。

【译文】秦国邀请楚国进攻齐国，冷向对陈轸说：“秦王一定会对我说：‘楚国那些亲近齐国的人，知晓楚国不可能同西面的秦国联合，必定会拼尽全力使楚国与齐国联合。齐国、楚国一旦联合，燕国、赵国就不敢不服从命令。齐国用四个国家的力量来对抗秦国，这样齐国就不会陷入困境。’我会回答说：‘您真的一定要讨伐齐国吗？不如先联合楚国内部亲近齐国的人，楚国内部那些亲近齐国的人不做同齐国联合的事，那么楚国就一定会靠向秦国。凭借秦国的强大，再加上楚国的支持，那么燕国、赵国就不敢不听从命令，这样齐国被孤立了。’我请求替您去游说秦王。”

韩三·韩氏逐向晋于周

韩氏逐向晋[①]于周，周成恢[②]为之谓魏王曰：“周必宽而反之，王何不为之先言？是王有向晋于周也。”魏王曰：“诺。”成恢因为谓韩王曰：“逐向晋者韩也，而还之者魏也，岂如道韩反之哉！是魏有向晋于周，而韩王失之也。”韩王曰：“善。”亦因请复之。

【注释】①向晋：周朝大臣。②成恢：周朝大臣。

【译文】韩国把向晋从周驱逐，周朝大臣成恢替向晋对魏王说："周王一定会宽宏大量而让向晋返回。大王为什么不在周君说这话之前说呢？这样大王就得到了向晋在周国的效命。"魏王说："好。"成恢又为向晋对韩王说："驱逐向晋的是韩国，而使向晋回去的是魏国，这样哪里比得上由韩国让向晋回去呢？否则魏国就会有向晋在周国为它效力，而韩国却错失了一位内应。"韩王说："好。"于是就也请求向晋回到周国。

韩三·张登谓费绁曰

张登请费绁（xiè）①曰："请令公子年②谓韩王曰：'费绁，西周雠之，东周宝之。此其家万金，王何不召之以为三川之守，是绁以三川与西周戒也，必尽其家以事王。西周恶之，必效先王之器以止王。'韩王必为之。西周闻之，必解子之罪，以止子之事。"

【注释】①张登：中山大臣。费绁：韩国人。②公子年：韩国公子。

【译文】张登对费绁说："请您让公子年对韩王说：'费绁，西周痛恨他，东周重视他，他家拥有万金，大王为什么不召他做三川的太守呢？这样费绁就会紧守三川对西周加强戒备，必定会倾尽钱财来事奉大王。西周痛恨费绁，必定会献上先王时的宝器来阻止大王。'韩王一定会这样做。西周听说后，必然会赦免您的罪，以此来阻止您做三川太守的事。"

韩三·安邑之御史死

安邑[①]之御史[②]死，其次恐不得也。输[③]人为之谓安邑令曰：“公孙綦（qí）[④]为人请御史于王，王曰：‘彼固有次乎？吾难败其法。’”因遽置之。

【注释】①安邑：魏邑，今在山西省运城夏县西北。②御史：中国古代官名，邑令属官。③输：安邑里名。④公孙綦：人名。

【译文】安邑的御史死了，他的副手担心自己不能升任御史。输里的人就替他去对安邑令说：“公孙綦为别人向魏王请求做安邑御史，可是魏王说：‘那里本来就有御史的副手，我不能破坏法度。’”于是安邑令马上任命副手接任御史。

韩三·魏王为九里之盟

魏王为九里[①]之盟，且复天子。房喜谓韩王[②]曰：“勿听之也，大国恶有天子，而小国利之。王与大国弗听，魏安能与小国立之。”

【注释】①魏王：指魏惠王。九里：周地，今在河南登封西北。②房喜：韩国大臣。韩王：指韩昭侯。

【译文】魏惠王同各诸侯在九里会盟，准备恢复周天子的尊位。房喜对韩王说：“不要听从魏王的号令，大国厌恶天子的存在，而小国却认为天子的存在对自己是有利的。大王与其它大国不听魏王的号令，魏国又怎能和几个小国复立天子的尊位呢？”

韩三·建信君轻韩熙

建信君[①]轻韩熙[②]，赵敖[③]为谓建信君曰：“国形有之而存，无之而亡者，魏也。不可无而从者，韩也。今君之轻韩熙者，交善楚、魏也。秦见君之交反善于楚、魏也，其收韩必重矣。从则韩轻，横则韩重，则无从轻矣。秦出兵于三川，则南围鄢（yān）[④]，蔡、邵[④]之道不通矣。魏急，其救赵必缓矣。秦举兵破邯郸，赵必亡矣。故君收韩可以无衅。”

【注释】①建信君：赵孝成王时赵国相国。②韩熙：韩国大臣。③赵敖：赵国大臣。④鄢：即鄢陵，在今河南鄢陵县西南。⑤蔡、邵：二者皆为地名。蔡，即上蔡，今在河南上蔡县、新蔡县一带。邵：即召陵，在今山西垣曲县。

【译文】赵相建信君轻视韩熙，赵敖为此对建信君说：“从赵国现在的局势上看，有邻国的联合就能生存，没有邻国的联合就会灭亡，那就是魏国。不能舍弃邻国而必须进行合纵的，是韩国。如今您之所以轻视韩熙，是因为想同楚国、魏国结交。秦国看到您与楚国、魏国结交，必定更加重视招揽韩国。如果实行合纵，韩国就受到轻视，如果实行连横，韩国就受到重视，韩国必然不会使自己受到轻视。秦国从三川出兵，就会向南围困鄢陵，上蔡、召陵之间的道路就无法通行。魏国的形势危急，诸侯们出兵援救赵国就的行动会变得延缓。秦国发兵攻破邯郸，赵国必定灭亡。所以您只要同韩国联盟，就可以避免出现错误。”

韩三·段产谓新城君曰

段产谓新城君[①]曰：“夫宵行者能无为奸，而不能令狗无吠己。今臣处郎中[②]，能无议君于王，而不能令人毋议臣于君。愿君察之也。”

【注释】①段产：秦人。新城君：指芈戎，秦国相国。②郎中：官名，帝王侍从官的通称。

【译文】段产对新城君说：“走夜路的人能不做奸邪之事，却不能阻止狗朝自己狂叫。现在我是宫中的侍从，可以做到不在大王面前非议您，却无法阻止别人在您面前不非议我。希望您能仔细观察。”

韩三·段干越人谓新城君

段干（gàn）越人[①]谓新城君曰：“王良[②]之弟子驾，云取千里，遇造父[③]之弟子。造父之弟子曰：‘马不千里。’王良弟子曰：‘马[④]，千里之马也；服[⑤]，千里之服也。而不能取千里，何也？’曰：‘子纆（mò）牵[⑥]长。’故纆牵于事，万分之一也，而难千里之行。今臣虽不肖，于秦亦万分之一也，而相国见臣不释塞者，是纆牵长也。”

【注释】①段干越人：魏国人。段干，复姓，出自李姓，为春秋时道家鼻祖李宗子之后，以封地名为氏。越人，名。②王良：晋国大夫赵简子的车夫，善驾马车。③造父：周穆王的车夫，著名的善御者。④马：当指“骖（cān）”。古代以四马为驾，两边是骖马，中间夹辕的是服马。⑤服：指服马。⑥纆牵：马缰绳。

【译文】段干越人对新城君说：“王良的弟子驾车，说要日行千里，遇到了造父的弟子。造父的弟子说：‘你的马每天走不了千里的路。’王良的弟子说：‘我的骖马，是千里马，服马，也是千里马，你说不能日行千里，这是为什么呢？’造父的弟子说：‘你牵马的缰绳拉得太长。’牵马缰绳对于驾车来说，作用只占万分之一，却影响到马的千里之行。如今我虽然没有才能，但对秦国的作用也算是万分之一吧，而相国不为我排除障碍，这就是把牵马的缰绳拉得太长啊。”

扫码听谦德
君为您导读

卷二十九 燕策一

燕一·苏秦将为从

苏秦将为从，北说燕文侯[1]曰："燕东有朝鲜[2]、辽东[3]，北有林胡、楼烦[4]，西有云中、九原[5]，南有呼沱、易水[6]。地方二千余里，带甲数十万，车七百乘，骑六千匹，粟支十年。南有碣石、雁门之饶[7]，北有枣栗之利。民虽不田作，枣栗之实足食于民矣，此所谓天府也。

【注释】①燕文侯：即燕后文公，燕后桓公之子，战国时燕国国君。②朝鲜：今在朝鲜半岛，并非燕地。③辽东：今辽东半岛。④林胡、楼烦：战国时期，北方游牧民族统称"胡"，其中主要为"林胡"和"楼烦"。林胡：今在内蒙古鄂尔多斯高原东部。楼烦：今在山西北部。二者并非在燕地。⑤云中：赵武灵王置。今在内蒙古托克托东北。九原，赵邑，今在内蒙古乌拉特前旗东南。二地都属赵地，不属燕。⑥呼沱：即"滹沱"（hū tuó），源出山西繁峙县泰戏山，流入河北省。易水：有中易、北易、南易之分，其源皆出于河北省易县境。⑦碣石、雁门：都为山名。碣石：今在河北卢隆东南。雁门：今在山西代县西北。碣石在燕东，海上的货物由此入燕；雁门在西北，沙漠的货物由此入燕，两条路都连接燕南。

【译文】苏秦将要组织诸侯国合纵，他向北游说燕文侯道："燕国东有朝鲜、辽东，北有林胡、楼烦，西有云中、九原，南有呼沱河、易水。土地方圆二千多里，军队数十万，战车七百多辆，战马六千多匹，贮备的粮食够食用十年。南边有碣石山和雁门山运输的丰富货物，北边种植枣和栗子可以获取利益。百姓即使不耕地种田，仅仅靠枣栗的收入也够吃饭了，这就是所谓的天然府库啊！

"夫安乐无事，不见覆军杀将之忧，无过燕矣。大王知其所以然乎？夫燕之所以不犯寇被兵者，以赵之为蔽于南也。秦、赵五战，秦再胜而赵三胜。秦、赵相蔽，而王以全燕制其后，此燕之所以不犯难也。且夫秦之攻燕也，逾云中、九原，过代、上谷①，弥地踵道②数千里，虽得燕城，秦计固不能守也。秦之不能害燕亦明矣。

【注释】①代：赵郡名，秦代治在山西代县。上谷，燕郡名，秦代治在河北怀来东南。②弥地踵道：弥地：满地。踵道：接踵于道。形容人流连续不断。

【译文】"安居乐业，没有战事，见不到军队覆灭、将领被杀的忧愁，这种景象没有哪国比燕国更好。大王知道这其中的原因吗？燕国之所以不被侵犯，就是因为赵国在它的南面做屏障。秦国和赵国发生了五次战争，秦国胜了两次而赵国胜了三次，秦、赵两国互相削弱疲敝，而大王用完好无损的燕国从后面控制它们，这就是燕国不受侵犯的原因。更何况秦国攻打燕国，就要越过云中、九原，经过代郡和上谷，接踵于道几千里，即使攻占燕城，秦国也知道本来就不能坚守。秦国不能侵犯燕国，是显而易见的了。

“今赵之攻燕也，发兴号令，不至十日，而数十万之众军于东垣（yuán）①矣。度呼沱，涉易水，不至四五日，距②国都矣。故曰，秦之攻燕也，战于千里之外；赵之攻燕也，战于百里之内。夫不忧百里之患，而重千里之外，计无过于此者。是故愿大王与赵从亲，天下为一，则国必无患矣。”

【注释】①东垣：赵邑，今在河北石家庄东北。②距：至，到达。

【译文】“如今赵国想要攻打燕国，只要发布号令，不出十天，数十万军队就能进驻到东垣。然后渡过呼沱河和易水，不到四五天，就可以到达燕国的都城了。所以说，秦国要攻打燕国，是在千里之外作战，而赵国想要攻打燕国，是在百里之内开战。不担心百里之内的祸患而看重千里以外的祸患，计策没有比这更错误的了。所以我希望大王您和赵国联合，天下诸侯联合为一体，那么燕国必定没有忧患。”

燕王曰：“寡人国小，西迫强赵，南近齐，齐、赵强国也，今主君①幸教诏之，合从以安燕，敬以国从。”于是赍苏秦车马金帛以至赵。

【注释】①主君：对人的敬称。

【译文】燕文侯说："我的国家是小国，西面靠近强大的赵国，南面临近齐国。齐、赵两国都是强大的国家，现在很荣幸听到您的教诲，同各诸侯国合纵来安定燕国，我愿意让燕国听从您的安排。"于是供给苏秦车马和金银布帛，资助他去赵国。

燕一·奉阳君李兑甚不取于苏秦

奉阳君李兑甚不取于苏秦。苏秦在燕，为苏秦谓奉阳君曰："齐、燕离则赵重，齐、燕合则赵轻。今君之齐，非赵之利也。臣窃为君不取也。"

【译文】奉阳君李兑对苏秦非常不满意。苏秦回到燕国，有人为苏秦对奉阳君说："齐国和燕国分离，赵国就显得重要，齐国和燕国联合，赵国就受到轻视，如今您使燕国交好齐国，这不符合赵国的利益，我私下认为您的做法不可取。"

奉阳君曰："何吾合燕于齐？"对曰："夫制于燕者苏子也，而燕弱国也，东不如齐，西不如赵，岂能东无齐、西无赵哉？而君甚不善苏秦，苏秦能抱弱燕而孤于天下哉？是驱燕而使合于齐也。且燕亡国之余也，其以权立，以重外，以事贵。故为君计，善苏秦则取之，不善亦取之，以疑燕、齐。燕、齐疑，则赵重矣。齐王疑苏秦，则君多资。"奉阳君曰："善。"乃使使与苏秦结交。

【译文】奉阳君说："为什么说我要让燕国同齐国联合呢？"那个人回答说："在燕国掌权的是苏秦，然而燕国是弱国，在东面不如齐国，在西面不如赵国，它怎么可以东面失去齐国的邦交、西面失去赵国的联合呢？而您又对苏秦非常不友善，苏秦怎能守着弱小的燕国而被天下诸侯孤立呢？这就是逼着燕国与齐国联合啊。况且燕国被齐国攻破亡国之后，燕昭王凭借权力才重新立国，对外倚仗其他国家的支持，在内利用燕国的变故而显得尊贵。所以为您考虑，喜欢苏秦就应该与他结交，不喜欢苏秦也应该与他结交，以此使燕、齐两国相互猜疑。如果燕、齐两国互相猜疑，赵国就显得重要了。齐王怀疑苏秦，那么您就会得到苏秦更多的资助。"奉阳君说："好。"于是就派使者去与苏秦结交。

燕一·权之难

权之难[①]，燕再战不胜，赵弗救。郭任谓昭王曰[②]："不如以地请合于齐，赵必救我。若不吾救，不得不事。"文公曰："善。"令郭任以地请讲于齐。赵闻之，遂出兵救燕。

【注释】①权之难：齐国同燕国的大战，燕国大败。权，中山邑，今在河北正定北。②郭任：燕国大臣。昭王：指燕昭王。

【译文】齐国同燕国在权地开战，燕国两次作战都没有获胜，赵国没有派兵援助。郭任对燕昭王说："不如用土地向齐国求和，这样赵国必定会出兵援救我们。如果赵国不来援救我们，我们就不得不事奉齐国。"燕昭王说："好。"于是派郭任用土地向齐国求和。赵国听到这个消息，马上就发兵援救燕国。

燕一·燕王哙时

燕王哙时，秦惠王以其女为燕太子妇。王哙卒，昭王立。齐宣王因燕丧攻之，取十城。

【译文】燕王哙时，秦惠王把他的女儿嫁给燕国太子。燕王哙去世，燕昭王继位。齐宣王乘着燕国大丧而攻打燕国，夺取了燕国的十座城池。

武安君苏秦为燕说齐王，再拜而贺，因仰而吊。齐王按戈而卻（què）①曰："此一何庆吊相随之速也？"对曰："人之饥所以不食乌喙②者，以为虽偷充腹，而与死同患也。今燕虽弱小，强秦之少婿也。王利其十城，而深与强秦为仇。今使弱燕为雁行，而强秦制其后，以招天下之精兵，此食乌喙之类也。"

【注释】①卻：同"却"。②乌喙：中药附子的别称。以其块茎形似得名。叶茎有毒，根尤剧，未经炮制直接食用，会造成心脏麻痹、呼吸急促，甚至死亡。

【译文】武安君苏秦为燕国游说齐王，苏秦先拜了两拜表示祝贺，又仰起头表示吊唁。齐王用手压着戈责问道："你怎么先贺喜后吊唁呢？"苏秦回答说："人在饥饿的时候，之所以不吃附子，就是因为吃了虽然能填满肚子，但是不久就会死去。如今燕国虽然弱小，但也是强秦的小女婿。大王只贪图十座城池的利益，却与强大的秦国结下了深仇。如今让弱小的燕国做先锋，而强大的秦国随其后，从而招致天下精兵的攻击，这与吃附子充饥是同样的事啊。”

齐王曰：“然则奈何？”对曰：“圣人之制事也，转祸而为福，因败而为功。故桓公负妇人而名益尊①，韩献开罪而交愈固②，此皆转祸而为福，因败而为功者也。王能听臣，莫如归燕之十城，卑辞以谢秦。秦知王以己之故归燕城也，秦必德王。燕无故而得十城，燕亦德王。是弃强仇而立厚交也。且夫燕、秦之俱事齐，则大王号令天下皆从。是王以虚辞附秦，而以十城取天下也。此霸王之业矣。所谓转祸为福，因败成功者也。”

【注释】①桓公：即春秋时的齐桓公。妇人：指蔡姬。齐桓公休弃了蔡姬，接着就侵蔡伐楚，所以说他有负于蔡姬。名益尊：指齐桓公伐楚后成为霸主。②韩献开罪而交愈固：指春秋晋国大臣韩献子（韩厥），他处罚了晋国大臣赵盾的下属，赵盾没有责怪他，反而与他的交情更加深厚。

【译文】齐王说：“那怎么办呢？”苏秦回答说：“圣人做事，能够把祸事转为得福，把失败转化为成功。所以齐桓公有负于蔡姬，却成就霸业，名声却更加的显赫，韩献子处罚了赵盾的下属，却与赵盾的交情更加深厚，这些都是转祸得福、把失败转化为成功的例子。大王如果能听从我的意见，不如归还燕国的十座城池，并用谦恭的言辞来向秦国道歉。当秦王知道大王因为他的缘故而归还燕国的城邑，一定会感激大王。燕国毫不费力的收回十座城邑，也会感激大王。这样大王就避免了同强国结仇，反而同它们建立了深厚的友谊。况且燕、秦两国都事奉齐国，那么大王发号施令，天下诸侯都会听从。大王仅仅用言辞亲附秦国，用十座城邑取得天下，这就是霸主的伟业。也就是所谓的转祸为福，把失败转为成功的办法啊。”

齐王大说，乃归燕城。以金千斤谢其后，顿首涂中，愿为兄弟而请罪于秦。

【译文】齐宣王听后非常高兴，就把燕国的十座城池都归还，随后又送千金向秦国表示歉意，希望与秦国结为兄弟之国，并向秦国请罪。

燕一·人有恶苏秦于燕王者曰

人有恶苏秦于燕王者①曰："武安君②，天下不信人也。王以万乘下之，尊之于廷，示天下与小人群也。"

【注释】①燕王：即燕昭王。②武安君：苏秦在燕国的封号。

【译文】有人在燕王面前中伤苏秦说："武安君，是天下不讲信义的人。大王以万乘之君的身份，谦恭地对待他，在朝堂上推崇他，这是向天下表明燕王与小人为伍啊。"

武安君从齐来，而燕王不馆①也。谓燕王曰："臣东周之鄙人也，见足下身无咫尺之功，而足下迎臣于郊，显臣于廷。今臣为足下使，利得十城，功存危燕，足下不听臣者，人必有言臣不信，伤臣于王者。臣之不信，是足下之福也。使臣信如尾生[2]，廉如伯夷[3]，孝如曾参[4]，三者天下之高行，而以事足下可乎？”燕王曰：“可。”曰：“有此，臣亦不事足下矣。”

【注释】①馆：招待宾客或旅客食宿的房舍。②尾生：春秋时尾生与女子约定在桥梁相会，久候女子不到，水涨，抱桥柱而死。后用“尾生抱柱”比喻坚守信约。③伯夷：商朝末年孤竹国君的儿子。他和弟弟叔齐，在商朝灭亡后，不愿意吃周朝的粮食，一起饿死在首阳山。后人称颂他们能忠于故国。④曾参：即曾子，春秋末年鲁国南武城人。著名的思想家，孔子的弟子，主张孝恕忠信的儒家思想。

【译文】武安君从齐国回来以后，燕王没有准备馆舍招待他。苏秦对燕王说：“我本是东周的乡野之人，第一次见您时，没有一点儿功劳，而您却到郊外迎接我，让我在朝廷上居于显要位置。现在我为您出使齐国，使齐国归还夺取的十座城池，有保全处境危险的燕国的功劳，您反而不相信我，一定是有人在君王面前说我不讲信用，在您面前重伤我。我不讲信义，是您的福气。如果我像尾生一样守信、像伯夷一样廉洁、像曾参一样孝顺，他们三人拥有天下高尚的品行，用这三人的美德来事奉您可以吗？”燕昭王说：“可以。”苏秦说：“如果我有这三种美德，我也就不会来事奉您了。”

苏秦曰：“且夫孝如曾参，义不离亲一夕宿于外，足下安得使之之齐？廉如伯夷，不取素餐[1]，污武王之义而不臣，焉辞孤竹[2]之君，饿而死于首阳之山[3]。廉如此者，何肯步行千里，而事弱燕之危主乎？信如尾生，期而不来，抱梁柱而死。信至如此，何肯扬燕、秦之威于齐而取大功哉？且夫信行者，所以自为也，非所以为人也。皆自覆[4]之术，非进取之道也。且夫三王代兴，五霸迭盛，皆不自覆也。君以自覆为可乎？则齐不益于营丘[5]，足下不逾楚境[6]，不窥于边城之外。且臣有老母于周，离老母而事足下，去自覆之术，而谋进取之道，臣之趣固不与足下合者。足下皆自覆之君也，仆者进取之臣也，所谓以忠信得罪于君者也。"

【注释】①素餐：不劳而食，多指无功受禄。②孤竹：古国名，今在河南卢龙西北。③首阳之山：山名，今在山西永济市蒲州镇南。④自覆：自大，自满。⑤营丘：齐国早期的都城，在今山东省淄博市临淄北，以营丘山而得名。⑥足下不逾楚境：应为"楚境不逾沮、漳"。沮、漳二水在湖北汉水西，合流后在江陵西流入长江。

【译文】苏秦又说："我如果像曾参一样孝顺，他的行为准则就不能离开父母在外面住宿一夜，您又怎么能让他到齐国出使呢？我像伯夷那样廉洁，无功不受禄，认为周武王的举动不符道义，不去做他的臣子，便辞去孤竹国的君位，饿死在首阳山。像他一样廉洁的人，又怎么肯步行千里来到弱小的燕国，事奉处境危险的国君呢？如果我像尾生那样讲信用，和女子约定日期，女子失期，他抱着桥柱被淹死也不愿离去。讲信义到这种地步，怎么会到齐国去宣扬燕国、秦国的威望，并取得巨大的成功呢？更何况讲信义的人，都是用来完善自我，而不是为了帮助他人，都是自满现状，而不谋求进取的道路。再说，三王轮流兴起，五霸更迭兴盛，他们都没有自满。您认为满足现状是可行的吗？那么齐国的国土就不会超过营丘，楚国的势力也不能越过沮水、漳水，不可能窥探边城之外。况且我的老母还在周地，离开老母来事奉您，抛开自满的做法，谋求进取的道路，我的志趣，本来就和您不相同。大王是自满现状的君主，而我是谋求进取的臣子，这就是所谓因忠信而得罪于君主的人啊。”

燕王曰：“夫忠信又何罪之有也？”对曰：“足下不知也。臣邻家有远为吏者，其妻私人[1]。其夫且归，其私之者忧之。其妻曰：‘公勿忧也，吾已为药酒以待之矣。’后二日，夫至。妻使妾奉卮（zhī）酒[2]进之。妾知其药酒也，进之则杀主父，言之则逐主母。乃阳僵弃酒。主父大怒而笞之。故妾一僵而弃酒，上以活主父，下以存主母也。忠至如此，然不免于笞，此以忠信得罪者也。臣之事，适不幸而有类妾之弃酒也。且臣之事足下，亢义益国，今乃得罪，臣恐天下后事足下者，莫敢自必也。且臣之说齐，曾不欺之也？使说齐者，莫如臣之言也，虽尧、舜之智不敢取也。”

【注释】①私人：通奸的情人。②卮酒：一杯酒。卮：古代盛酒的器皿。

【译文】燕昭王说：“忠信又有什么罪过的呢？”苏秦回答说：“您不清楚，我有个邻居在远地做官，他的妻子跟别人私通。她的丈夫将要回来，和他私通的人很担忧。官员的妻子对她的情夫说：‘你不要担心，我已经准备好了药酒等待他。’过了两天，她的丈夫回到家，他让侍妾捧着药酒进献给丈夫。侍妾知道那是药酒，进献就会杀死男主人，说出实情女主人就会被驱逐，于是她假装摔倒，泼洒了药酒。男主人非常生气，就用竹板打她。侍妾摔倒泼洒了药酒，对上使男主人存活，对下保全了女主人。如此忠心的人，仍然免不了被打，这就是因为忠信而获得罪责的人啊。现在我的事，恰恰和那个泼掉药酒反而受罚的不幸侍妾的遭遇类似。况且我事奉大王，合乎道义，有益国家，如今却获得罪责，我担心以后事奉您的人，都会丧失信心啊。况且我劝说齐王的话，不是曾经欺骗他吗？要是游说齐国的使者，都不像我那样进言。即使他们有尧、舜的智慧，也不能给国家带来任何利益。”

燕一·张仪为秦破从连横

张仪为秦破从连横，谓燕王曰：“大王之所亲莫如赵。昔赵王①以其姊为代王②妻，欲并代，约与代王遇于句注之塞③。乃令工人作为金斗④，长其尾，令之可以击人。与代王饮，而阴⑤告厨人曰：‘即酒酣乐，进热歠（chuò）⑥，即因反斗击之。’于是酒酣乐，取热歠，厨人进斟羹，因反斗而击之，代王脑涂地。其姊闻之，摩笄（jī）⑦以自刺也。故至今有摩笄之山⑧，天下莫不闻。

【注释】①赵王：指赵襄子。赵在武灵王时称王，赵襄子不得称赵王。②代王：当时该国未称王，当称“代君”。代：国名，在今河北蔚（yù）县东北。③句注之塞：即句注山，一般指雁门山，今在山西代县西北。④金：这里指铜。斗：盛酒的器皿。⑤阴：暗中，暗地里。⑥歠：指羹汤之类。⑦摩：古同“磨”，磨擦。笄：古代的一种簪子，用来插住挽起的头发，或插住帽子。⑧摩笄之山：山名，今为河北张家口东南的鸡鸣山。

【译文】张仪为秦国破坏合纵推行连横，对燕王说："大王最亲近的国家莫过于赵国。从前赵襄子把他的姐姐嫁给代君为妻，后来他想要吞并代国，于是就跟代君约定在句注山的要塞会面。他命令工匠制作了一个金斗，把金斗的斗柄做长，使斗柄可以袭击别人。赵襄子在和代君喝酒前，暗中吩咐厨夫说：'趁着我们酒喝得正高兴时，你献上羹汤，乘机转掉金斗击打代君。'当时酒喝得正畅快，要上羹汤了，厨夫进来盛羹汤，趁机倒转金斗击打代君，代君的脑浆流了一地。赵襄子的姐姐听说了这件事，便磨尖金簪子自刺了，所以至今就有了摩笄山。这件事天下没有人不知道。

"夫赵王之狼戾无亲，大王之所明见也。且以赵王为可亲邪？赵兴兵而攻燕，再围燕都而劫大王，大王割十城乃郤以谢。今赵王已入朝渑池，效河间以事秦①。大王不事秦，秦下甲云中、九原，驱赵而攻燕，则易水、长城②非王之有也。

【注释】①赵王已入朝渑池，效河间以事秦：朝渑池时，无割河间事。张仪死于公元前309年，渑池之会发生在三十年后的公元前279年。渑：地名，秦邑，在今河南渑池西。河间：地名，赵邑，在今河北献县东南。②长城：地名，此段指燕南的长城，在今河北易县西南，与赵国接壤。

【译文】"赵王凶狠残暴，六亲不认，大王应该看得很清楚吧。又怎么能把赵国当做可以亲近的人呢？赵国曾派兵攻打燕国，两次围困燕都，要挟大王，迫使大王割让十座城池谢罪。现在赵王已经到渑池去朝见秦王，献出河间的土地来事奉秦国。如果大王不事奉秦国，秦国发兵攻打云中、九原，驱使赵国攻打燕国。那么易水、长城，就不是大王的领土了。

“且今时赵之于秦，犹郡县也，不敢妄兴师以征伐。今大王事秦，秦王必喜，而赵不敢妄动矣。是西有强秦之援，而南无齐、赵之患，是故愿大王之熟计之也。”

【译文】“况且赵国对于秦国，就如同郡县，不敢妄自出兵征讨别国。如今大王事奉秦国，秦王必定会高兴，而赵国也不敢轻举妄动了。这样燕国西面有强大的秦国援助，南边没有齐国、赵国的忧患，所以希望大王好好考虑。”

燕王曰：“寡人蛮夷辟处，虽大男子裁如婴儿，言不足以求正，谋不足以决事。今大客幸而教之，请奉社稷西面而事秦，献常山之尾五城[①]。”

【注释】①献常山之尾五城：此处不合地理与史实。常山，指北岳恒山。

【译文】燕王说：“我像蛮夷一样居住野蛮偏远的地方，虽然是成年男子，举止行为却像小孩一般，言辞不值得当作正确的意见来看，智谋不能决断事情。如今幸好得到贵客的指教，我愿意献上燕国，向西事奉秦国，并献上恒山末端的五座城池。”

燕一·宫他为燕使魏

宫他[1]为燕使魏，魏不听，留之数月。客谓魏王[2]曰：“不听燕使何也？”曰：“以其乱也。”对曰：“汤之伐桀，欲其乱也。故大乱者可得其地，小乱者可得其宝。今燕客之言曰：‘事苟可听，虽尽宝、地，犹为之也。’王何为不见？”魏王说，因见燕客而遣之。

【注释】①宫他：周人，在燕国任职。②魏王：指魏襄王。

【译文】宫他为燕国出使魏国，魏王没有接纳他的意见，还扣留了他几个月。有人对魏王说：“为什么不接纳燕国使者的意见呢？”魏王说：“因为燕国国内动乱。”那人说：“商汤讨伐夏桀，就是希望夏桀国内混乱。所以对方国内发生大乱，就可以得到它的土地；对方国内发生小乱，就可以得到它的宝物。如今燕国使者宫他说：‘大王如果能够听从我的意见，就算把燕国全部的宝物和土地献上，我仍然愿意。’大王为什么不接见他呢？”魏王听后非常高兴，于是召见宫他，并且把他遣送回燕国。

燕一·苏秦北见燕昭王曰

苏秦北见燕昭王曰：“臣东周之鄙人也，窃闻王义甚高甚顺，鄙人不敢，窃释锄耨[1]而干大王，至于邯郸，所闻于邯郸者，又高于所闻东周。臣窃负其志，乃至燕廷，观王之群臣下吏，大王天下之明主也。”

【注释】①释：放开，放下。锄耨（nòu）：古代锄草的农具。

【译文】苏秦北行见燕昭王说：“我是东周偏远之地的小民，私下里听说大王的德义崇高，我没有才能，就放下锄耨来拜见大王，到了邯郸，所听说的对您的评价，又比在东周时听到的更高。我怀有志向，来到燕国朝廷，见到了大王的众多臣子，更懂得大王是天下英明的君主。”

王曰：“子之所谓天下之明主者，何如者也？”对曰：“臣闻之，明主者务闻其过，不欲闻其善，臣请谒[①]王之过。夫齐者，王之仇雠也，楚、魏者，王之援国也。今王奉仇雠以伐援国，非所以利燕也。王自虑此则计过，无以谏者，非忠臣也！”

【注释】①谒：说明，陈述，告发。

【译文】燕昭王说：“您所说的天下英明的君主，是什么样的人呢？”苏秦回答说：“我听说，英明的君主喜欢听别人指出他的过错，不愿听别人对他的称赞，所以，我请求说明大王的过错。齐国，是大王的仇敌，楚国、魏国，是援助大王的国家。如今大王事奉仇敌去讨伐支援您的国家，这不是对燕国有利的。大王自己考虑这样做，是错误的决策，而臣下没有劝谏大王，就不是忠臣啊！”

王曰：“寡人之于齐也，非所敢欲伐也。”曰：“夫无谋人之心而令人疑之，殆[①]；有谋人之心而令人知之，拙；谋未发而闻于外则危。今臣闻王居处不安，食饮不甘，思念报齐，身自削甲扎（zā）[②]，曰有大数矣，妻自组甲絣（bēng）[③]，曰有大数矣，有之乎？”

【注释】①殆：危，危险，不安全。②甲：古代军人打仗穿的护身衣服，用皮革或金属叶片制成。扎：铠甲上的叶片。③絣：编甲的绳子。

【译文】燕王说：“我对于齐国来说，并不敢去讨伐它。”苏秦说：“没有图谋别人的心却让人产生怀疑，这是不安全的；有图谋别人的心却被人知道，这是愚笨的；计划尚未实施就被别人知道，这是危险的。如今我听说大王睡不安稳，吃不香甜，一心想着报复齐国，自己亲自制作铠甲上的叶片，说是有定额的，您的妻子亲自制作编制甲片的绳子，也说是有定额的，有这样的事吗？”

王曰：“子闻之，寡人不敢隐[①]也。我有深怨积怒于齐，而欲报之二年矣。齐者，我雠国也，故寡人之所欲伐也。直患国敝，力不足矣。子能以燕敌齐，则寡人奉国而委之于子矣。”

【注释】①隐：藏匿，不显露，这里指隐瞒。

【译文】燕王说：“既然您知道了，我也不敢有所隐瞒了。我对齐国有着深仇大恨，想要报复已经有两年之久了。齐国，是我的敌国，所以我想要讨伐它。只是担忧国家疲敝，国力不足。您如果能率燕国打败齐国，我愿意把国家大事交给您。”

对曰：“凡天下之战国七，而燕处弱焉。独战则不能，有所附则无不重。南附楚则楚重，西附秦则秦重，中附韩、魏则韩、魏重。且苟所附之国重，此必使王重矣。今夫齐王长（cháng）主[①]也，而自用也。南攻楚五年，蓄积散；西困秦三年，民憔瘁，士罢弊；北与燕战，覆三军，获二将[②]；而又以其余兵南面而举五千乘之劲宋[③]，而包十二诸侯。此其君之欲得也，其民力竭也，安犹取哉？且臣闻之，数战则民劳，久师则兵疲弊。”

【注释】①齐王：指齐闵王。长主：年长的君主。②北与燕战，覆三军，获二将：指公元前296年，齐国同燕国在权地的大战，燕军大败，损失惨重。③举五千乘之劲宋：指公元前286年，齐灭宋。

【译文】苏秦回答说：“全天下相互攻伐的国家有七个，而燕国是其中弱小的国家。独自作战则不能，依附哪国则哪国就显得重要。向南依附楚国则楚国显得重要，向西依靠秦国则秦国显得重要。中间依附韩国、魏国则韩、魏两国显得重要。如果所依附的国家显得重要，这必定会使大王也显得重要。如今齐闵王是诸侯最年长的，自认为实力强大。向南攻打楚国五年，积蓄的物资被散尽；向西侵扰秦国三年，百姓憔悴，战士疲困；在北边和燕国交战，歼灭燕军，擒获两名燕国将领；又率领残兵向南面重创拥有五千辆战车的宋国，又囊括了泗水流域的许多小诸侯国。这都是齐王想要得到的，而齐国民力耗尽，齐国还能有什么作为呢？而且我听说，多次经过战争就会使百姓疲敝，长期作战就会使军队疲困。”

王曰：“吾闻齐有清济、浊河[①]可以为固，有长城、巨防[②]足以为塞，诚有之乎？”对曰：“天时不与，虽有清济、浊河，何足以为固？民力穷弊，虽有长城、巨防，何足以为塞？且异日也，济西不役[3]，所以备赵也；河北[4]不师，所以备燕也。今济西、河北尽以役矣，封内弊矣。夫骄主必不好计，而亡国之臣贪于财。王诚能毋爱宠子、母弟以为质，宝珠、玉帛以事其左右，彼且德燕而轻亡宋，则齐可亡已。”

【注释】①清济、浊河：济水清澈，黄河浑浊，都位于齐国的西北。②长城：齐长城西起平阴，沿汶水经泰山千余里，东至琅琊台入海。巨防：大堤。③济西：济水之西，在今山东聊城、高唐附近。不役：免于征调，养兵备敌。役：服劳力之事。④河北：今在河北沧县、景县附近。

【译文】燕王问：“我听说齐国有清澈的济水、浑浊的黄河可以作为屏障，有长城、大堤可以作为要塞，齐国真是这样吗？”苏秦回答说：“不顺应天时，即使有清澈的济水、浑浊的黄河，怎么能作为屏障呢？百姓疲弊，虽然有长城、大堤，又怎么称为要塞呢？何况从前济水以西的百姓不被征调服役，这是为了防备赵国；黄河以北的军队不被征调，是为了防备燕国。现在济西、河北的兵力都已被动用，齐国国内已经很疲敝了。骄纵的君主必定不善于用计谋，亡国的大臣都非常贪财。大王真能不疼爱的儿子、亲弟弟，把他们送去做人质，再拿宝珠、玉帛拉拢齐王身边的人，他们一定会感激燕国，并把灭亡宋国看得轻松容易，到那时就可以乘机灭亡齐国了。”

王曰：“吾终以子受命于天矣。”曰：“内寇不与，外敌不可距。王自治其外，臣自报其内，此乃亡之之势也。”

【译文】燕昭王说："我会始终顺应天命信任您。"苏秦说："国内不发生动乱，向外不轻易进犯。大王在外谋划对付齐国，我在齐国内部制造混乱，灭亡齐国的局势就形成了。"

燕一·燕王哙既立

燕王哙既立，苏秦死于齐[①]。苏秦之在燕也，与其相子之为婚，而苏代与子之交。及苏秦死，而齐宣王复用苏代[②]。燕哙三年，与楚、三晋攻秦，不胜而还。子之相燕，贵重主断。苏代为齐使于燕，燕王问之曰："齐宣王何如？"对曰："必不霸。"燕王曰："何也？"对曰："不信其臣。"苏代欲以激燕王以厚任子之也。于是燕王大信子之。子之因遗（wèi）[③]苏代百金，听其所使。

【注释】①燕王哙既立，苏秦死于齐：公元前284年，苏秦为为燕间谍在齐做事泄露，被车裂，而这里所说的与史实不符，下文中他与燕相子之为婚也不符合史实。②及苏秦死，而齐宣王复用苏代：苏秦死于齐闵王（齐宣王之子）末年，这里应为附会。③遗：给予；馈赠。

【译文】燕王哙继位之后，苏秦已经在齐国被杀害。苏秦在燕国的时候，与燕国的相国子之结为儿女亲家，并且苏代与子之也有交往。等到苏秦死去，齐宣王又重新任用苏代。燕王哙三年，燕国与楚国及韩、赵、魏三国共同攻打秦国，没有获得胜利而返回。子之做燕国的相国，地位高，独断专权。苏代为齐国出使燕国，燕王问苏代说："齐宣王为人怎么样？"苏代说："齐王一定不能称霸。"燕王说：

“为什么呢？”苏代回答说：“齐王不相信自己的大臣。”苏代想以此话激发燕王，让燕王重用子之。从此燕王更加信任子之。子之因此就送给苏代百金，供苏代使用。

鹿毛寿[1]谓燕王曰：“不如以国让子之。人谓尧贤者，以其让天下于许由[2]，由必不受，有让天下之名，实不失天下。今王以国让相子之，子之必不敢受，是王与尧同行也。”燕王因举国属子之，子之大重。

【注释】①鹿毛寿：燕国大臣。②许由：尧时的高尚清节之士，终身隐居不仕。

【译文】鹿毛寿对燕王说：“不如把国位让给子之。人们称颂尧贤能，是因为他把天下让给许由，许由必定不肯接受，所以尧就有推让天下的美名，而实际上没有失去天下。如今大王把国家让给相国子之，子之必定不敢接受，这样大王就有同尧一样的行为了。”燕王就把整个国家都托付给子之，子之的权势就更大了。

或曰：“禹授益[1]而以启[2]为吏，及老，而以启为不足任天下，传之益也。启与支党攻益而夺之天下，是禹名传天下于益，其实令启自取之。今王言属国子之，而吏无非太子人者，是名属子之，而太子用事。”王因收印自三百石吏而效之子之。子之南面行王事，而哙老不听政，顾为臣，国事皆决子之。

【注释】①益：禹的大臣，早年治水有功，皋陶死后他成为禹的继承人，禹驾崩之后，与启争夺王位，失败，另一说为益主动让位与启。②启：也称夏启，禹的儿子，夏朝的第二任君王。

【译文】又有人对燕王说："禹想要把国位禅让给益，而任用启手下的人做官吏，禹老了的时候，认为启不能担负统治天下的大任，就把国位禅让给了益，启就和他的党羽攻打益从而夺取天下，这样看禹把国位禅让给了益，而实际上是让启自己夺取。如今大王说把国家交给子之，而官吏全都是太子的亲信，这就是名义上把国家托付给子之，而实际上是太子掌有大权。"于是燕王收回三百石以上俸禄官吏的大印，把官印都交给子之。子之向南登上君位，行使国君的权利，而燕王哙年老不再处理政事，反而成为了臣下，国家大事都由子之决定。

子之三年，燕国大乱，百姓恫（dòng）①怨。将军市被②、太子平③谋，将攻子之。储子④谓齐宣王："因而仆之，破燕必矣。"王因令人谓太子平曰："寡人闻太子之议，将废私而立公，饬（chì）⑤君臣之义，正父子之位。寡人之国小，不足先后⑥。虽然，则唯太子所以令之。"太子因数党聚众，将军市被围公宫⑦，攻子之，不克。百姓乃反攻太子平，将军市被死已殉，国构难数月，死者数万众，燕人恫怨，百姓离意。

【注释】①恫：恫吓（hè），恐吓，吓唬。②市被：燕国大将。③太子平：燕太子平，燕王哙的长子，燕昭王的哥哥。④储子：齐国的相国。⑤饬：整顿，使整齐。⑥先后：辅佐。⑦公宫：泛指官府。

【译文】子之执政的第三年，燕国大乱，百姓惊恐怨恨。将军市被、太子平商量，准备攻打子之。齐相储子对齐宣王说："乘机攻打燕国，燕国必定能被攻破。"于是齐宣王派人对太子平说："我听说太子的谋划，打算废除私权确立公道，整顿君臣之间的道义，端正父子继承的顺序。我的国家小，不能辅佐您。虽然如此，还是愿意听从太子的号令。"于是太子平聚集自己的党羽亲信，将军市被围攻官府，攻打子之，没有攻下。百姓反而转头攻打太子平，将军市被和太子平都被杀死，燕国的此次动乱持续了几个月，死去的人达数万之多。燕国百姓惊恐怨恨，百姓都离心离德。

孟轲[①]谓齐宣王曰："今伐燕，此文、武之时[②]，不可失也。"王因令章子将五都之兵[③]，以因北地[④]之众以伐燕。士卒不战，城门不闭，燕王哙死。齐大胜燕，子之亡。二年，燕人立公子职，是为燕昭王。

【注释】①孟轲：即孟子，战国时期邹国人。儒家学派的代表人物，与孔子并称"孔孟"，当时在齐国。②文、武之时：指周文王、周武王兴兵伐商。③章子：指匡章，齐将。五都之兵：指齐国的精兵。都：大邑。④北地：指齐国北边靠近燕国的地方。

【译文】孟子对齐宣王说："如今讨伐燕国，就像周文王、周武王当年伐纣的时机一样，千万不能错过。"齐宣王于是派遣匡章率领齐国的精锐士兵，依靠齐国北部的军队进攻燕国。燕国的士兵不愿作战，连城门都不关闭，燕王哙被杀。齐国大胜燕国，子之也被杀死。两年后，燕国人拥立公子职，公子职就是燕昭王。

燕一·初苏秦弟厉因燕质子而求见齐王

初苏秦弟厉因燕质子而求见齐王。齐王怨苏秦，欲囚厉，燕质子为谢乃已，遂委质[1]为臣。燕相子之与苏代婚，而欲得燕权，乃使苏代持质子于齐。齐使代报燕，燕王哙问曰："齐王其伯也乎？"曰："不能。"曰："何也？"曰："不信其臣。"于是燕王专任子之，已而让位，燕大乱。齐伐燕[2]，杀王哙、子之。燕立昭王。而苏代、厉遂不敢入燕，皆终归齐，齐善待之。

【注释】①委质：也作"委挚"、"委贽"，放下礼物。古代卑幼往见尊长，不敢行宾主授受之礼，把礼物放在地上，然后退出，引申为臣服、归附。②齐伐燕：发生在公元前314年。

【译文】起初苏秦的弟弟苏厉通过燕国的质子求见齐王。由于齐王怨恨苏秦，就想把苏厉囚禁，因为燕国的质子替苏厉请谢罪才停止，于是就献上臣下见君王的礼物，成为齐臣。燕国的相国子之与苏代是儿女亲家，子之又想得到燕国的大权，就让苏代到齐国事奉质子。齐国派苏代回燕国复命，燕王哙问苏代说："齐王能称霸吗？"苏代说："不能。"燕王说，"为什么呢？"苏代说："他不信任他的臣字。"因此燕王就把政事托付给子之，不久又禅让出王位，燕国就发生了大的混乱。齐国讨伐燕国，杀死燕王哙和子之。燕国人拥立燕昭王，而苏代、苏厉就不敢进入燕国，都最终回到齐国，齐王对待他们非常优渥。

燕一·苏秦过魏

苏秦过魏，魏为燕执秦。齐使人谓魏王曰："齐请以宋封泾阳君①，秦不受。秦非不利有齐而得宋地也，不信齐王与苏秦也。今齐、魏不和如此其甚，则齐不欺秦。秦信齐，齐、秦合，泾阳君有宋地，非魏之利也。故王不如东苏秦，秦必疑而不信苏子秦矣。齐、秦不合，天下无变，伐齐之形成矣。"

【注释】①泾阳君：本名嬴芾，秦惠文王之子。秦宣太后次子，秦昭襄王的弟弟。封地在今陕西泾阳，故称泾阳君。

【译文】苏秦经过魏国，魏国为燕国扣押了苏秦。齐国派使者对魏王说："齐国请求把宋地封赏给泾阳君，秦国不肯接受。秦国并非不希望同齐国联合而得到宋地，只是不信任齐王和苏秦。现在齐国、魏国的矛盾如此尖锐，那么齐国就不会欺骗秦国。秦国相信齐国，齐国、秦国联合，泾阳君得到宋地，这对魏国是不利的。所以大王不如让苏秦东去齐国，秦国必定怀疑而不信任苏秦。齐国、秦国不能联合，天下又没有变故，那么攻打齐国的局势就形成了。"

燕一·燕昭王收破燕后即位

燕昭王收破燕后即位，卑身厚币，以招贤者，欲将以报仇。故往见郭隗（wěi）①先生曰："齐因孤国之乱，而袭破燕。孤极知燕小力少，不足以报。然得贤士与共国，以雪先王之耻，孤之愿也。敢问以国报仇者奈何？”

【注释】①郭隗：战国中期燕国人。燕国大臣、贤者。

【译文】燕昭王收拾了残破的燕国后即位，谦卑有礼，用丰厚的礼物来招贤纳士，准备依靠他们来报仇。所以他去拜见郭隗先生，说：“齐国趁着燕国发生动乱，而袭击攻破燕国，我深知燕国土地小国力弱，不能去报仇。然而能得到贤士与我一同治理国家，以雪洗先王的耻辱，这是我的心愿。敢问如何才能为国报仇呢？”

郭隗先生对曰：“帝者与师处，王者与友处，霸者与臣处，亡国与役处。诎指而事之，北面而受学，则百己者至。先趋而后息，先问而后嘿[①]，则什己者至。人趋己趋，则若己者至。冯[②]几据杖，眄（miǎn）视指使[③]，则厮役之人至。若恣睢（zì suī）[④]奋击，呴（hǒu）籍叱咄（chì duō）[⑤]，则徒隶之人至矣。此古服道致士之法也。王诚博选国中之贤者，而朝其门下，天下闻王朝其贤臣，天下之士必趋于燕矣。”

【注释】①嘿：同“默”。②冯：古同“凭”。③眄：斜视，不正眼看。④恣睢：骄傲，放纵的样子。⑤呴籍：脚踏地跳跃的样子。叱咄：训斥，呵责。

【译文】郭隗先生回答说：“成就帝业的君主，把贤者当做老师相处，成就王业的主君，把贤者当做朋友相处，成就霸业的君主，把贤者当做臣子相处，亡国的君主把贤者当做仆役相处。如果您可以卑躬曲节地事奉贤者，像弟子一样接受贤者的教导，那么才能超出自己百倍的人就会到来。如果做事在先而休息在后，求教在先沉默在后，那么才能超过自己十倍的人就会到来。如果跟着他人亦步亦趋，那么才能与自己相当的人就会到来。如果靠着几案，手拄着拐杖，斜视看人，对人指手画脚，那么供跑腿当差的人就会到来。如果放纵骄横，举止粗暴，盛气凌人，大声喝斥，那么就只有奴隶一样的人到来了。这就是古往今来招致贤者的方法啊。大王真想广泛地选用国内的贤才，就应该亲自登门拜访，天下的贤人听说大王拜访贤臣，必定会赶着到燕国来。”

昭王曰：“寡人将谁朝而可？”郭隗先生曰：“臣闻古之君人，有以千金求千里马者，三年不能得。涓(juān)人[①]言于君曰：‘请求之。’君遣之。三月得千里马，马已死，买其首五百金，反以报君。君大怒曰：‘所求者生马，安事死马而捐五百金？’涓人对曰：‘死马且买之五百金，况生马乎？天下必以王为能市马，马今至矣。’于是不能期年，千里之马至者三。今王诚欲致士，先从隗始。隗且见事，况贤于隗者乎？岂远千里哉？”

【注释】①涓人：古代宫中担任洒扫清洁的人，也泛指君王身边亲近的内侍。

【译文】燕昭王说：“那我先去拜访谁好呢？”郭隗先生说：“我听说古时候有一位国君，想用千金买一匹千里马，可是三年了也没有买到。宫中有个侍从对国君说道：‘请您让我去买吧。’于是国君便派他前去。三个月后终于找到千里马，只是千里马已经死了，但是他依旧用五百金买下了那匹马的脑袋，回去向国君复命。国君非常生气地说：‘我要的是活马，你怎么为了一匹死马而白白花费五百金？’侍从对君主说：‘买一匹死马都肯花费五百金，更何况是活马呢？这样一来天下人都以为大王您喜欢千里马，那千里马很快就会有人送来了。’于是不到一年，就买到了三匹千里马。现在如果大王真的想要招贤纳士，就请先从我郭隗开始吧。我如果被重用了，何况那些胜过我郭隗的人呢？他们难道还会嫌千里的路程太遥远不肯来吗？”

于是昭王为隗筑宫而师之。乐毅①自魏往，邹衍②自齐往，剧辛③自赵往，士争凑燕。燕王吊死问生，与百姓同甘共苦。二十八年，燕国殷富，士卒乐佚（yì）④轻战。于是遂以乐毅为上将军⑤，与秦、三晋合谋以伐齐。齐兵败，闵王出走于外。燕兵独追北入至临淄，尽取齐宝，烧其宫室宗庙。齐城之不下者，唯独莒、即墨⑥。

【注释】①乐毅：战国后期杰出的军事家，魏将乐羊后裔，拜燕上将军，受封昌国君，辅佐燕昭王振兴燕国。②邹衍：战国时期齐国人。阴阳家代表人物、五行创始人，主要学说是五行学说、“五德终始说”和“大九州说”。③剧辛：赵国人。战国时期燕国将领，兵家代表人物，著有《剧子》九篇。燕王喜十二年（公元前243年），率兵攻打赵国。轻敌冒进，损兵折将，为赵将庞煖俘杀。④乐佚：悠闲安乐。⑤上将军：古代武将的官名，行军作战时军中的主帅。⑥莒：春秋时齐邑，在今山东省莒县一带。即墨：战国时齐邑，在今山东平度东南。

【译文】于是燕昭王为郭隗修建了房屋，并拜他为师。消息传开，乐毅从魏国赶来，邹衍从齐国赶来，剧辛从赵国赶来，贤者们都争着集聚到燕国。燕昭王又在国中祭奠死去的人，慰问活着的人，和百姓同甘共苦。燕昭王二十八年，燕国殷实富足，士兵们悠闲安乐甘愿效命。于是燕昭王封乐毅为上将军，和秦国及赵、魏、韩三国联合策划讨伐齐国。齐兵战败，齐闵王逃到国外。燕军又独自追击败军，一直向北打到齐都临淄，掠取了齐国的全部珍宝，烧毁了齐国宫殿宗庙。齐国的城邑，没有被攻下的只剩下莒和即墨。

燕一·齐伐宋

齐伐宋，宋急。苏秦乃遗燕昭王书曰："夫列在万乘而寄质于齐①，名卑而权轻。奉齐助之伐宋，民劳而实费。破宋，残楚淮北，肥大齐，雠强而国弱也。此三者，皆国之大败也！而足下②行之，将欲以取信于齐也。而齐未加信于足下，而忌燕也愈甚矣。然则足下之事齐也，失所为矣。

【注释】①寄质于齐：指燕昭王派其弟襄安君到齐国做人质。②足下：古代下对上或同辈相称的敬辞。

【译文】齐国讨伐宋国，宋国形势危急。苏秦就写信给燕昭王说："燕国是拥有万辆兵车的大国，却派出人质寄居在齐国，这使得燕国名声低下，势力卑微。事奉齐国帮助它攻打宋国，百姓疲敝，财物花费。攻破宋国，占领楚国的淮北，这就使齐国的领土扩大，强大了敌国而削弱了本国。这三种情况，都是国家的大患啊，然而您还愿意这样做，就是想让齐国相信我们。然而齐国未必会增加对我们的信任，反而会更加忌恨燕国。所以说您去事奉齐国，是错误的做法。

“夫民劳而实费，又无尺寸之功，破宋肥雠，而世负其祸矣。夫以宋加之淮北，强万乘之国也，而齐并之，是益一齐也。九夷[①]方七百里，加之以鲁、卫，此所谓强万乘之国也。而齐并之，是益二齐也。夫一齐之强而燕犹不能支也，今乃以三齐临燕，其祸必大矣。

【注释】①九夷：先秦时对居于今山东东部、淮河中下游江苏、安徽一带的部族的泛称，古时谓东夷有九种。南与楚接，北与齐接。

【译文】“百姓疲敝，财物花费，又没有一点功劳，攻破宋国扩大仇敌的领土，使得后代子孙遭受齐国的祸患。宋国再加上淮北，就会比万乘之国还要强大，齐国吞并了它，就如同增加了一个齐国。九夷的土地方圆七百里，再加上鲁国、卫国的土地，这又是远超万乘之国的土地，齐国如果吞并了它，这就如同增加了两个齐国。一个强大的齐国，燕国都不能抵抗，如今用三个齐国的力量攻打燕国，那祸患就非常大了。

“虽然，臣闻知者之举事也，转祸而为福，因败而成功者也。齐人紫，败素[①]也，而贾[②]十倍。越王勾践栖于会稽，而后残吴霸天下。此皆转祸而为福，因败而为功者也。今王若欲转祸而为福，因败而为功乎？则莫如遥伯[③]齐而厚尊之，使使盟于周室，尽焚天下之秦符，约曰：‘大上破秦，其次长宾[④]之。’秦挟宾以待破；秦王必患之。秦五世以伐诸侯，今为齐下，秦王之志，苟得穷齐，不惮以一国都为功。然而王何不使布衣之人以穷齐之说说秦？

【注释】①败：破旧的。素：洁白的绢。②贾：同“价”。③伯：称“霸”。④宾：通“摈（bìn）”，排除，抛弃。

【译文】“虽然如此，但是我也听有学问的人做事，能够转祸为福，把失败转化为成功。齐国的紫色绢帛，原本是用破旧的白色生绢染上紫色，它的价格反而上涨十倍。起初越王勾践被困在会稽山，但后来灭了吴国称霸天下。这都是转祸为福，把失败转化为成功的例子啊。现在大王如果也想转祸为福，把失败转化为成功，那么不如让齐国称霸并极力尊重它，让各国派使者在周室结盟，烧掉秦国的全部符节，宣告说：‘最好的办法是攻破秦国，其次是排斥秦国。’秦国受到排斥同时会时刻刻担心自己被攻破，秦王必然十分恐惧。秦国的五代君主一直都同各诸侯作战，如今却居于齐国之下，秦王的想法，一旦齐国陷入困顿，不惜花费全国的力量也要取得成功。既然这样，大王为什么不派一个普通百姓，用使齐国陷入困境的办法游说秦国呢？

“谓秦王曰：‘燕、赵破宋肥齐，尊齐而为之下者，燕、赵非利之也。弗利而势为之者，何也？以不信秦王也。今王何不使可以信者接收燕、赵。今泾阳君若高陵君[①]先于燕、赵曰，秦有变，因以为质，则燕、赵信秦矣。秦为西帝，赵为中帝，燕为北帝，立为三帝而以令诸侯。韩、魏不听，则秦伐之；齐不听，则燕、赵伐之，天下孰敢不听？天下服听，因驱韩、魏以攻齐，曰，必反宋地而归楚之淮北。夫反宋地，归楚之淮北，燕、赵之所同利也。并立三帝，燕、赵之所同愿也。夫实得所利，名得所愿，则燕、赵之弃齐也，犹释弊屣（xǐ）②。今不收燕、赵，则齐伯必成矣。诸侯戴齐而王独弗从也，是国伐也；诸侯戴齐，而王从之，是名卑也。王不收燕、赵，名卑而国危；王收燕、赵，名尊而国安。夫去尊安而就卑危，知者不为也。'

【注释】①泾阳君：本名嬴芾，秦宣太后次子，秦昭襄王同母弟，封地在今陕西泾阳。高陵君：即秦公子悝（kuī），秦惠文王之子，秦宣太后三子，秦昭襄王同母弟。②屣：鞋。

【译文】"对秦王说：'燕国、赵国攻破宋国就会壮大齐国，并且尊重齐国屈居齐国之下，这对燕国、赵国都是不利的。得不到利益却又不得不这样做，这是为什么呢？是因为不相信秦王。如今大王为什么不派可以让燕、赵两国信赖的人去联合它们。让泾阳君或高陵君先去燕国、赵国，一旦秦国发生变故，就把他们当做人质，那样燕国、赵国就会相信秦国了。秦王做西帝，赵王做中帝，燕王做北帝，并立三帝而号令天下诸侯。如果韩、魏两国不听从，秦国就讨伐它们；如果齐国不听从，燕、赵两国就讨伐它，天下还有哪个国家敢不听从？天下诸侯都听从命令，再驱使韩、魏两国攻打齐国，并对齐国说，必须归还宋国的土地及楚国的淮北。归还宋国的土地，归还楚国的淮北，这对燕、赵两国都是有好处的。并立三帝，是燕、赵两国相同的愿望。这样，实际上能获得利益，名义上也能得偿所愿，燕、赵两国抛弃齐国，就像扔掉破鞋一样。如今大王不联合燕国、赵国，那么齐王称霸就一定能成功。诸侯们拥戴齐王，只有大王不服从，国家必然会遭到进攻；诸侯们拥戴齐王，大王也跟着听从，这就显得大王名声卑下。如果大王不联合燕、赵两国，就会使国家名声卑下，国家危险；如果大王联合燕、赵两国，就会使国家名声尊贵，国家安定。抛弃尊贵的名声和国家安宁，去追求低贱的名声和国家危险，聪明的人不会这样做的。'

"秦王闻若说也，必如刺心，然则王何不务使知士以若此言说秦？秦伐齐必矣。夫取秦，上交也；伐齐，正利也。尊上交，务正利，圣王之事也。"

【译文】"秦王听了这个说法，心中必定感到刺痛，那么大王为什么不派一位有智慧的人用这样的说法去游说秦王呢？秦国必然会讨伐齐国。同秦国的联合，是重要的外交；进攻齐国，也是正当的利益。处理好重要的外交，追求正当的利益，这是圣王应该从事的事业啊。"

燕昭王善其书，曰："先人尝有德苏氏，子之之乱，而苏氏去燕。燕欲报仇于齐，非苏氏莫可。"乃召苏氏，复善待之，与谋伐齐，竟破齐，闵王出走。

【译文】燕昭王认为苏秦的信写得很好，说："先王曾经对苏家有过恩，发生子之之乱，苏家才离开燕国。燕国要想向齐国报仇，唯有苏家兄弟才行。"于是召来苏秦，又友好地对待他，同他谋划攻打齐国，最终攻破齐国，使齐闵王出逃。

燕一·苏秦谓燕昭王曰

苏秦谓燕昭王曰："今有人于此，孝如曾参、孝己[①]，信如尾生高，廉如鲍焦、史鳅（qiū）[②]，兼此三行以事王，奚如？"王曰："如是足矣。"对曰："足下以为足，则臣不事足下矣。臣且处无为之事，归耕乎周之上地，耕而食之，织而衣之。"

【注释】①孝己：即祖己，商王武丁长子。以孝行著，因遭后母谗言，被放逐而死。后用作孝子的典范。②鲍焦：周朝人，隐士，与介子推齐名，他因不满时政，廉洁自守，遁入山林，抱树而死。史鳅：字子鱼，春秋时卫国大夫，为官忠诚、正直，活着的时候没能说服国君，死后还以尸谏。卫灵公最后听从了他的建议，卫国政治得到改善。

【译文】苏秦对燕昭王说："如今有这样一个人，像曾参、孝己一样孝顺，像尾生高一样守信，像鲍焦、史鳅一样廉洁，拥有这三样品行来事奉大王，您觉得怎么样？"燕昭王说："这样就够了。"苏秦回答说："您认为这样够了，那么我就不会事奉您。我就会无事可做，回到老家周地的土地上，耕田吃饭，织布穿衣。"

王曰："何故也？"对曰："孝如曾参、孝己，则不过养其耳。信如尾生高，则不过不欺人耳。廉如鲍焦、史鳅，则不过不窃人之财耳。今臣为进取者也。臣以为廉不与身俱达，义不与生俱立，仁义者，自完之道也，非进取之术也。"

【译文】燕昭王说："这是什么缘故呢？"苏秦回答说："像曾参、孝己那样孝顺，只不过是奉养自己的父母罢了。像尾生高那样守信，只不过是不欺骗他人而已。像鲍焦、史鰌那样廉洁，只不过是不偷窃别人的财物罢了。如今我是有进取心的人。我认为廉洁不会为我带来显贵，信义不能同生命兼得。仁义，不过是自我完善的道路，不是追求进取的方法。"

王曰："自忧不足乎？"对曰："以自忧为足，则秦不出崤（xiáo）塞[①]，齐不出营丘[②]，楚不出疏章[③]。三王代位，五伯改政，皆以不自忧故也。若自忧而足，则臣亦之周负笼耳，何为烦大王之廷耶？昔者楚取章武[④]，诸侯北面而朝。秦取西戎，诸侯西面而朝。曩（nǎng）[⑤]者，使燕毋去周室之王，则诸侯不为别驾而朝矣。臣闻之，善为事者，先量其国之大小，而揆（kuí）[⑥]其兵之强弱，故功可成而名可立也。不能为事者，不先量其国之大小，不揆其兵之强弱，故功不可成而名不可立也。今王有东向伐齐之心，而愚臣知之。"

【注释】①崤塞：崤山，也叫崤陵。以地势险峻、关隘坚固、易守难攻著称。今在河南西部。②营丘：临淄原名营丘，周武王封吕尚于齐，建都于此。③疏章：水名，疏即为沮，在湖北中部偏西。在当阳与漳会合为沮漳，南流到江陵西入长江。④章武：即上文的疏章。⑤曩：以往，从前，过去的。⑥揆：度（duó），揣测。

【译文】燕昭王说："自我完善还不够吗？"苏秦回答说："如果自己对现状感到满足，那么秦国的土地就不会超过崤山，齐国的土地就不会越过营丘，楚国也不会超出疏章。三代明君相互更替，五霸轮换改革政治，都是因为不自我满足的缘故。如果自我满足，那么我还不如回到家乡种地，何必到大王的朝廷叨扰呢？从前楚国攻取章武，诸侯们向北面朝拜。秦国攻取西戎，诸侯们就向西面朝拜。以前，如果燕国的先王不从周朝的土地撤离，那么诸侯们就不会调转车辆去朝拜燕国了。我听说，善于处理国事的人，先衡量自己国家的大小，再揣测自己兵力的强弱，所以功业可以成就，名声可以树立。不善于处理国事的人，不能够先衡量自己国家的大小，也不去揣测自己兵力的强弱，所以功业不能成就，名声不能树立。如今大王有向东攻打齐国的心，而我心知肚明。”

王曰：“子何以知之？”对曰：“矜（qín）戟砥剑①，登丘东向而叹，是以愚臣知之。今夫乌获举千钧之重，行年八十而求扶持。故齐虽强国也，西劳于宋，南罢于楚，则齐军可败，而河间可取。”

【注释】①矜：矛柄。砥：细的磨刀石，引申为磨。

【译文】燕昭王问道：“您是怎么知道的？”苏秦回答说：“您常常手持长戟，磨砺宝剑，登上山丘面向东叹息，所以我就知道了。即使现在有乌获那样的力士，能举起千钧的重量，等他到了八十岁的时候，也需要有人搀扶。所以齐国虽然是强国，在西面因同宋国开战而劳累，在南面因攻打楚国而疲乏，那么齐国的军队就可以被打败，而河间可以被夺取。”

燕王曰：“善。吾请拜子为上卿，奉子车百乘，子以此为寡人东游于齐，何如？”对曰：“足下以爱之故与，则何不与爱子与诸舅、叔父，负床之孙，不得，而乃以与无能之臣，何也？王之论臣，何如人哉？今臣之所以事足下者，忠信也。恐以忠信之故，见罪于左右。”

【译文】燕昭王说：“好。请允许我拜您为上卿，送给您百辆马车，请您带上这些东西替我向东游说齐国，怎么样？”苏秦说：“您因为爱护我的缘故才赏赐我，那么为什么不赏赐您的爱子及各位舅父、叔父、和靠床而立的还不会走路的孙子呢？他们得不到赏赐，却把这些赏赐赐给没有才能的我，这是为什么？大王评论我，认为我是什么样的人呢？如今我之所以来事奉您，是为了竭尽忠信。我恐怕正是因为竭忠守信的缘故，而得罪了大王左右的侍从。”

王曰：“安有为人臣尽其力，竭其能，而得罪者乎？”对曰：臣请为王譬[①]。昔周之上地尝有之。其丈夫官三年不归，其妻爱人。其所爱者曰：‘子之丈夫来，则且奈何乎？’其妻曰：‘勿忧也，吾已为药酒而待其来矣。’已而其丈夫果来，于是因令其妾酌药酒而进之。其妾知之，半道而立。虑曰：‘吾以此饮吾主父，则杀吾主父；以此事告吾主父，则逐吾主母。与杀吾父、逐吾主母者，宁佯踬（zhì）[②]而覆之。’于是因佯僵而仆之。其妻曰：‘为子之远行来之，故为美酒，今妾奉而仆之。’其丈夫不知，缚其妾而笞之。故妾所以笞者，忠信也。

【注释】①譬：打比方，作比喻。②佯：假装。踬：被东西绊倒，跌倒。

【译文】燕昭王说："怎么会有做人臣子的竭心尽力，反而获罪的呢？"苏秦回答说："我请求为大王做个比喻。从前周国的上地曾经有这样一件事。丈夫在外做官三年没有回家，他的妻子和别人有了私情。和他妻子有私情的男子说：'你的丈夫要回来了，那么该怎么办呢？'他的妻子说，'不要担心，我已经准备好了药酒，就等着他回来呢。'不久，她的丈夫果然回来了，于是她让侍妾斟上药酒进献给丈夫。侍妾知道这件事，走到半路站住，考虑到：'我把这些药酒给男主人喝，就会把他杀死；如果把这件事告诉男主人，那么女主人就会被驱逐。与其杀死男主人、驱赶女主人，那么我宁愿假装跌倒把酒倾洒。'于是就假装跌倒弄洒药酒。他的妻子说：'为您远行归来，所以准备了美酒，现在侍妾却端酒跌倒。'她的丈夫不知实情，就把侍妾绑起来打。所以侍妾被打的原因，就是因为她竭尽忠信。

"今臣为足下使于齐，恐忠信不谕于左右也。臣闻之曰：万乘之主，不制于人臣；十乘之家，不制于众人；匹夫徒步之士，不制于妻妾，而又况于当世之贤主乎？臣请行矣，愿足下之无制于群臣也。"

【译文】"如今我为您出使齐国，恐怕我的忠信不被大王的身边的左右近臣理解。我曾经听说：拥有万辆兵车的君主，不受臣子的摆布；拥有十辆马车的家长，不受手下的摆布。无车可乘，徒步而行的士人，不受妻妾的摆布，更何况是当代的贤明君主呢？我请求出发了，希望您不要受手下群臣的摆布啊。”

燕一·燕王谓苏代曰

燕王谓苏代曰：“寡人甚不喜訑（tuó）[①]者言也。”苏代对曰：“周地贱媒，为其两誉也。之男家曰女美，之女家曰男富。然而周之俗不自为取妻。且夫处女无媒，老且不嫁；舍媒而自衒（xuàn）[②]，弊而不售。顺而无败，售而不弊者，唯媒而已矣。且事非权不立，非势不成。夫使人坐受成事者，唯訑者耳。”王曰：“善矣。”

【注释】①訑：欺骗。②衒：炫耀，自夸。

【译文】燕王对苏代说：“我很不喜欢骗子说的话。”苏代回答说：周地的人看不起媒人，因为媒人一般都是两边说好话。到了男方家说女子貌美，到了女方家说男子家里富有。然而周地的风俗是男子不能自行娶妻。而且年轻的女子如果没有媒人说媒，即使到老了也不能嫁出去；舍弃媒人而去自夸，用尽办法也嫁出去。按照风俗把婚聘之事办好，要想出嫁而又不费唇舌，只有通过媒人才能办到。况且事情不用权谋就不能办好，无法认清形式就不能成功。使一个人坐享成功，只有依靠说谎的骗子了。”燕王说：“您说的对。”

卷三十 燕策二

扫码听谦德君为您导读

燕二·秦召燕王

秦召燕王①，燕王欲往。苏代约燕王曰：“楚得枳（zhì）而国亡②，齐得宋而国亡，齐、楚不得以有枳、宋事秦者，何也？是则有功者，秦之深雠（chóu）③也。秦取天下，非行义也，暴也。

【注释】①燕王：指燕昭王。②枳：地名。属巴地，在今重庆涪陵。公元前279年，楚军西上，攻占枳邑。次年，秦将白起攻陷楚国郢都，重创楚军主力。③雠：同“仇”。仇敌。

【译文】秦国邀请燕昭王，燕昭王准备前往。苏代劝阻燕昭王说：“楚国因得枳地而丢失了国都，齐国因灭宋国而亡国，齐、楚两国不能因为得到枳地和灭掉宋国而能讨好秦国，这是为什么呢？这是因为取得战功的国家，都是秦国最仇视的。秦国夺取天下，不是靠实行仁义，而是靠使用暴力。

“秦之行暴于天下，正告楚曰：‘蜀地之甲，轻舟浮于汶①，乘夏水而下江，五日而至郢（yǐng）。汉中之甲，乘舟出于巴，乘夏水而下汉，四日而至五渚[②]。寡人积甲宛[③]，东下随[④]，知者不及谋，勇者不及怒，寡人如射隼（sǔn）矣。工乃待天下之攻函谷，不亦远乎？’楚王为是之故，十七年事秦。

【注释】①汶：同“岷”，水名。即四川中部的岷江。②五渚：水名。在湖南洞庭湖。沅、澧、资、湘四水自南流入，荆江从北面流过，洞庭潴留它们。③宛：地名。时为秦邑，在今河南南阳。④随：地名。楚邑，在今湖北随州。

【译文】“秦国对天下使用暴力，直言不讳地告诉楚国说：‘蜀地的军队在岷江乘轻舟，趁夏季水涨，直入长江，五天就可到达楚国郢都。汉中的军队从巴水乘船出发，趁夏季水涨，进入汉江，四天就能到达五渚。我在宛地集结军队，东下进军随地，楚国的智士来不及谋划，勇士来不及发怒，我就像射鹰一样迅速取得胜利。大王你却要等待天下诸侯攻打函谷，这不是为时过晚了吗？’楚王因为这个缘故，十七年来一直事奉秦国。

“秦正告韩曰：‘我起乎少曲[①]，一日而继太行。我起乎宜阳而触平阳[②]，二日而莫不尽繇（yáo）[③]。我离两周而触郑，五日而国举。’韩氏以为然，故事秦。

【注释】①少曲：地名。韩邑，在今河南沁阳西北。②平阳：地名。韩邑，在今山西临汾西南。③繇：同“摇”，动摇。

【译文】“秦王直言不讳地告诉韩国说：‘我从少曲起兵，一天之内就可以阻断太行要道。我从宜阳起兵，进逼平阳，两天之内就会让韩国全境动摇。我离开两周，进逼郑地，五天时间就可以攻占整个韩国。’韩国认为就是这样，因此开始事奉秦国。

“秦正告魏曰：‘我举安邑，塞女戟[①]，韩氏太行卷。我下枳[②]，道南阳、封、冀，包两周，乘夏水，浮轻舟，强弩在前，铦（xiān）[③]戈在后，决荥口[④]，魏无大梁；决白马之口，魏无济阳；决宿胥之口，魏无虚、顿丘。陆攻则击河内，水攻则灭大梁。’魏氏以为然，故事秦。

【注释】①女戟：地名。韩邑，在太行山西侧。②枳：地名。作“轵”，魏邑，在今河南济源东南十二里。③铦：锋利。④荥口：地名。即荥泽之口，在今河南郑州西北。

【译文】“秦王公开直言不讳地告诉魏国说：‘我攻下安邑，阻塞女戟要道，再断韩国通往太行的交通。我从枳地出发，取道南阳、封、冀，包围两周，趁夏季水涨之时，乘着轻舟，强劲的弓弩在前面开道，锋利的长戈在后面随行，掘开荥泽口，魏国就会失去大梁；掘开白马口，魏国就没有了济阳；掘开宿胥河口，魏国就会丧失虚地、顿丘。从陆地进攻，可以攻破河内，从水路进攻，就可以灭掉大梁。’魏国认为是这样，因此就去事奉秦国。

“秦欲攻安邑，恐齐救之，则以宋委于齐曰：‘宋王[①]无道，为木人以写寡人，射其面。寡人地绝兵远，不能攻也。王苟能破宋有之，寡人如自得之。’已得安邑，塞女戟，因以破宋为齐罪。

【注释】①宋王：指宋王偃。

【译文】“秦国打算攻打安邑，又担心齐国来救援，就把宋国抛给了齐国，秦王对齐王说：‘宋王暴虐无道，做了一个木头人，刻成我的模样，还射木人的脸。我国与宋国隔绝，军队遥远，不能进攻它。大王如果能攻破宋国并占领它，就如同我自己得到了宋国一样。’秦国已经得到安邑，堵塞女戟要道，于是就把攻破宋国算做齐国的罪过。

“秦欲攻韩，恐天下救之，则以齐委于天下曰：‘齐王[1]四与寡人约，四欺寡人，必率天下以攻寡人者三。有齐无秦，无齐有秦，必伐之，必亡之。’已得宜阳、少曲，致蔺、石[2]，因以破齐为天下罪。

【注释】①齐王：指齐闵王。②蔺、石：地名。赵地，非韩地，此处有误。

【译文】“秦王打算攻打韩国，担心天下诸侯援救韩国，就把齐国丢给天下诸侯，对诸侯说：‘齐王四次与我订约，四次欺骗我，三次率领诸侯坚决攻打我。因此，有齐国就没有秦国，没有齐国才能有秦国，一定要讨伐它，一定要灭掉它。’秦国已经得到宜阳、少曲，夺取了蔺、石两地，于是又把攻破齐国说成是天下诸侯的罪过。

“秦欲攻魏，重楚，则以南阳委于楚曰：‘寡人固与韩且绝矣，残均陵，塞黾（měng）隘，苟利于楚，寡人如自有之。’魏弃与国而合于秦，因以塞黾隘为楚罪。

【译文】“秦王打算攻打魏国，又担心楚国救援，就把南阳抛给楚国，对楚王说：‘我本来要同韩国绝交。所以，攻下韩国的均陵，封锁韩国要塞黾隘，只要能对楚国有利，就如同我自己得到好处一样。’魏国抛弃盟国而与秦国联合，于是把封锁黾隘定为楚国的罪过。

“兵困于林中，重燕、赵，以胶东委于燕，以济西委于赵。已得讲于魏，质公子延①，因犀首②属行而攻赵。

【注释】①公子延：秦国公子。②犀首：官名，往往称公孙衍为犀首。

【译文】“秦国军队在林中被围困，担心燕国、赵国乘火打劫，就把胶东给了燕国，把济西给了赵国。这之后，秦国同魏国讲和，秦国把公子延送去魏国做人质，要魏将公孙衍连续进攻赵国。

“兵伤于离石，遇败于马陵，而重魏，则以叶、蔡委于魏。已得讲于赵，则劫魏不为割。困则使太后、穰侯为和，嬴则兼欺舅与母。

【译文】“秦军在离石受到挫伤，在马陵遭到失败后，担心魏国趁火打劫，就把叶、蔡两地给了魏国。同赵国讲和后，便开始威迫魏国，魏国没有给它割地。秦国陷入困境，就让太后和穰侯去讲和，秦国获胜，就欺凌舅舅和母亲。

“适（zhé）[1]燕者曰以胶东，适赵者曰以济西，适魏者曰以叶、蔡，适楚者曰以塞黾隘，适齐者曰以宋。此必令其言如循环，用兵如刺绣，母不能制，舅不能约。

【注释】①适：同“谪”，谴责。

【译文】“用占领胶东的事来谴责燕国，用占领济西的事来谴责赵国，用占领叶、蔡两地的事来谴责魏国，用阻断要塞黾隘的事来谴责楚国，用占领宋国的事来谴责齐国，这样一定会使秦国的借口像反复循环一样，无休无止。秦国发动战争就像绣花一样轻松，母亲管不了，舅舅也约束不了。

“龙贾之战[1]，岸门之战[2]，封陵之战[3]，高商之战，赵庄之战[4]，秦之所杀三晋之民数百万，在今其生者，皆死秦之孤也。西河之外、上雒（luò）[5]之地、三川，晋国之祸，三晋之半。秦祸如此其大，而燕、赵之秦者，皆以争事秦说其主，此臣之所大患。”

【注释】①龙贾之战：公元前330年，秦在雕阴（今陕西延安甘泉县）打败魏军，擒魏将龙贾。龙贾，人名，魏国大将军。②岸门之战：公元前314年，秦军在岸门打败韩军。岸门，韩邑，在今山西河津南。③封陵之战：公元前303年，秦军攻下魏国的封陵。封陵，在今山西芮城县西南。④赵庄之战：公元前313年，秦军攻下赵国的蔺城，俘虏赵将赵庄。⑤上雒：古地区名。陕西省商洛市古称。

【译文】“龙贾的战役，岸门的战役，封陵的战役，高商的战役，赵庄的战役，秦国所杀的三晋百姓有数百万，现在活着的，都是死在秦王手里三晋百姓的遗孤。西河之外、上雒之地、三川都受到秦国的攻击，秦国差不多占领了三晋的一半。秦国的祸患如此之大，而燕、赵两国亲近秦国的人，都争着讨好秦国，并劝说他们自己的国君，这是我最担忧的事。”

燕昭王不行，苏代复重于燕。燕乃约诸侯从亲，如苏秦时，或从或不，而天下由此宗苏氏之从约。代、厉皆以寿死，名显诸侯。

【译文】燕昭王因此没有去秦国，苏代在燕国重新受到重用。燕国联络诸侯缔结合纵盟约，像苏秦活着的时候那样。有的同意合纵，有的不同意，但是天下诸侯却从此推崇苏氏兄弟的合纵之约。苏代、苏厉都长寿而死尽享天年，他们在诸侯中名声显赫。

燕二·苏秦说奉阳君合燕于赵以伐齐

苏秦说奉阳君①合燕于赵以伐齐，奉阳君不听。乃入齐恶赵，令齐绝于赵。齐已绝于赵，因之燕，谓昭王曰：“韩为②谓臣曰：‘人告奉阳君曰：使齐不信赵者，苏子也；令齐王召蜀子③使不伐宋者，苏子也；与齐王谋，道取秦以谋赵者，苏子也；令齐守赵之质子以甲者，又苏子也。请告子以情。齐果以守赵之质子以甲，吾必守子以甲。’其言恶矣。

【注释】①奉阳君：本名李兑，战国时赵国大臣。②韩为：人名。此为韩徐为，赵臣。③蜀子：人名。齐将。

【译文】苏秦游说赵国奉阳君李兑联合燕国、赵国攻打齐国，可是奉阳君没有听从。于是苏秦到齐国去诬蔑赵国，让齐国和赵国绝交。齐国已经和赵国绝交，他就回到了燕国，对燕昭王说："韩徐为对我说：'有人告诉奉阳君说：让齐国不相信赵国的，是苏秦；让齐王召回蜀子，叫他不要攻打宋国的，是苏秦；同齐王谋划，要争取秦国图谋赵国的，是苏秦；让齐国派士兵看守赵国做人质的公子的，又是苏秦。请让我告诉您实情，如果齐国真的让士兵看守赵国做人质的公子，我一定让士兵看守您。'这话真恶毒。

"虽然，王勿患也。臣故知入齐之有赵累也，由为之以成所欲。臣死而齐大恶于赵，臣犹生也。今齐、赵绝，可大纷已。特臣非张孟谈[1]也，使臣也如张孟谈也，齐、赵必有为智伯者矣。

【注释】①张孟谈：人名。战国初赵襄子的家臣，曾经在晋阳之战策动了韩氏、魏氏，合灭了智氏，使赵氏转危为安。

【译文】"尽管如此，大王也不必担心。我本来就知道进入齐国要受赵国的迫害，我去齐国就是为了实现大王想要达到的目的。即使我死了，如果齐国万分憎恨赵国，我就等于还活着。现在齐、赵两国绝交，就可以使天下大乱。只可惜我不是赵国的张孟谈，如果让我像张孟谈一样行事，齐、赵两国中必有一个会像智伯那样灭亡。

"奉阳君告朱讙（huān）与赵足[1]曰：'齐王使公玉丹命说

曰[②]，必不反韩珉[③]，今召之矣。必不任苏子以事，今封而相之。必不合燕，今以燕为上交。吾所恃者，顺[④]也，今其言变，有甚于其父。顺始与苏子为仇，见之如厉（lài）[⑤]，今贤之两之，已矣，吾无齐矣！'

【注释】①朱讙、赵足：人名。都为赵臣。②公玉丹：齐臣。说，此为奉阳君李兑自称。③韩珉：人名。齐国中主张亲秦的大臣。④顺：人名。称顺子，齐国公子，这时在赵国做人质。⑤厉：通"癞"。癞疮，恶疮。

【译文】"奉阳君告诉朱讙和赵足说：'齐王让公玉丹传命我，坚决不要召回韩珉，如今却把他叫回来。坚决不给苏秦委派政事，如今却封赏他，任命他为相国。坚决不同燕国联合，如今却同燕国有很好的邦交。我所依靠的人是顺子，现在他说话的变化比他父亲还大。顺子开始的时候同苏秦有仇，见到苏秦就像见到有癞疮的人一样讨厌，现在竟然认为苏秦有贤能，与苏秦和平共处，完了，我失去齐国的支持了！'

"奉阳君之怒甚矣。知齐王之不信赵，而小人奉阳君也，因是而倍之。不以今时大纷之，解而复合，则后不可奈何也。故齐、赵之合苟可纷也，死不足以为臣患，逃不足以为臣耻，为诸侯不足以为臣荣，被发自漆为厉不足以为臣辱。然而臣有患也，臣死而齐、赵不纷，恶交纷于臣也，而复相交，是臣之患也。若臣死而必相攻也，臣必勉之而求死焉。尧、舜之贤而死，禹、汤之知而死，孟贲（bēn）[①]之勇而死，乌获[②]之力而死，生之物固有不死者乎？在必然之物以成所欲，王何疑焉？

【注释】①孟贲：人名。战国时齐的勇士。力大无穷，相传能生拔牛角。②乌获：战国时秦国的大力士。后用作力士的泛称。

【译文】“奉阳君非常生气。知道齐王不信任赵国，又小看奉阳君，就会因此而背叛齐国。不趁现在大乱的时机拆散齐、赵两国，它们的矛盾解开后就会重新联合起来，那么以后对它们就无可奈何了。所以假如齐、赵两国的联合可以拆散，即使我死了，也不会认为是灾患；即使逃亡隐居，我也不会认为是耻辱；即使做了诸侯，我也不会认为是光荣的事；即使披散头发漆黑脸面满身长疮，我也不会以此为耻辱。然而我仍有担心的事，就是我死了，齐、赵两国没有产生矛盾，它们的邦交没有因为我的干扰而恶化，我死后，它们又重新交好，这是我所忧虑的。如果我死后它们互相攻打，我一定用尽全力舍生求死。尧、舜是天下的贤君，终究要死；禹、汤是天下的明君，终究要死；孟贲是天下的勇士，终究要死；乌获是天下的力士，也终究要死。活着的万物难道有不死的吗？死是必然的事。我用死来完成您的志向，大王还有什么疑虑的呢？

“臣以为不若逃而去之。臣以韩、魏纷齐，而为之取秦，深结赵以劲之。如是则近于相攻。臣虽为之，累燕。奉阳君告朱讙曰：‘苏子怒于燕王之以吾故弗予相，又不予卿也，殆无燕矣。’其疑至于此，故臣虽为之，不累燕，又不辱王。伊尹再逃汤而之桀，再逃桀而之汤，果与鸣条之战[①]，而以汤为天子。伍子胥逃楚而之吴，果与柏举之战[②]，而报其父之雠。今臣逃而纷齐、赵，殆可著于春秋。

【注释】①鸣条之战：是夏朝末年，伊尹助汤伐桀，与夏军在鸣条(今河南封丘东，一说在山西运城夏县之西)进行的一场决战，结果夏朝军队大败。②柏举之战：伍子胥父兄都被楚王杀害，他逃到吴国，鼓励吴王阖闾伐楚。公元前506年，由吴王阖闾率领军队深入楚国，在柏举(今湖北省麻城东北，一说湖北汉川北)击败楚军主力，继而占领楚国郢都。

【译文】“我认为不如逃离这里。我率韩、魏两国反对齐国，争取和秦国联合，又努力结交赵国来加强三晋的势力，这样，就差不多形成了赵、魏、韩三国与齐国互相攻击的形势。我虽然这样做，仍担心连累燕国。奉阳君告诉朱讙说：‘苏秦恼恨燕王是因为我的缘故，若不任命他为相国，又不认命他为卿士，则差不多要失去燕国了。’他如此疑心，所以我这样做是为了不连累燕国，又不玷辱大王的名声。伊尹多次逃离成汤而投奔夏桀，又多次逃离夏桀而投奔成汤，最后与夏桀战于鸣条，而拥立成汤为天子。伍子胥逃离楚国到了吴国，最后帮助吴王阖闾与楚昭王战于柏举，攻入郢都，而报了自己父亲被杀的深仇。如今我的逃亡造成齐、赵两国邦交大乱，将可以载入史册。

“且举大事者孰不逃？桓公之难[①]，管仲逃于鲁；阳虎之难，孔子逃于卫[②]；张仪逃于楚[③]；白圭逃于秦[④]；望诸相中山也使赵，赵劫之求地，望诸攻关而出逃；外孙之难，薛公释载逃出于关[⑤]，三晋称以为士。故举大事，逃不足以为辱矣。”卒绝齐于赵，赵合于燕以攻齐，败之。

【注释】①桓公之难：公元前686年，齐襄公被杀，齐国发生内乱，鲍叔牙保护公子小白逃到莒国；管仲保护公子纠逃到鲁国。后来公子小白返回齐国，成为国君，即齐桓公。②阳虎之难，孔子逃于卫：阳虎，人名，春秋末期鲁国掌权者季孙氏的家臣。公元前502年，他想杀鲁国当权的孟孙氏、叔孙氏、季孙氏，没有成功，后逃奔齐国。公元前497年，孔子为缩小三桓都邑的规模，与三桓发生矛盾，离开鲁国逃到卫国。阳虎之难与孔子出逃没有必然联系。③张仪逃于楚：张仪欺骗楚怀王，楚怀王准备杀他，通过楚宠臣靳向和宠姬郑袖求情，楚怀王才赦免了张仪。④白圭逃于秦：白圭，人名，战国时期中原(洛阳)人，名丹，字圭。有“商祖”之誉。先在魏惠王属下做大臣，善于修筑堤坝，兴修水利。后去秦国，因事出逃。⑤薛公释载逃出于关：公元前299年，齐国孟尝君田文入秦为相。第二年，秦昭王罢免田文的宰相职务，把他囚禁起来，图谋杀掉他。他通过秦宠姬求情，才被释放。田文获释后，连夜逃出函谷关。

【译文】“再说那些成就大事业的人，哪个没有逃亡的经历呢？齐桓公遭难时，管仲逃到鲁国；阳虎遭难时，孔子逃到卫国；张仪逃出楚国；白圭逃出秦国；望诸君做中山国的相国时，到赵国出使，赵国挟持他索取土地，望诸君突破关卡逃出赵国；在秦国免掉相位而被困时，齐国孟尝君田文舍弃车辆逃出关卡，三晋称他是辨是非、通古今的人。所以凡是开创大事业的人，逃亡不能算做耻辱。”苏秦终于使齐、赵两国断交，赵国联合燕国攻打齐国，打败了齐国。

燕二·苏秦为燕说齐

苏秦为燕说齐，未见齐王，先说淳于髡（kūn）①曰：“人有卖骏马者，比三旦立市，人莫知之。往见伯乐[②]曰：‘臣有骏马，欲卖之，比三旦立于市，人莫与言，愿子还而视之，去而顾之，臣请献一朝之贾。’伯乐乃还而视之，去而顾之，一旦而马价十倍。今臣欲以骏马见于王，莫为臣先后者，足下有意为臣伯乐乎？臣请献白璧一双，黄金十镒（yì）[③]，以为马食。”淳于髡曰：“谨闻命矣。”入言之王而见之，齐王大说苏子。

【注释】①淳于髡：人名。是战国时期齐国的政治家和思想家，以博学多才、善于辩论著称，是稷下学官中最具有影响的学者之一。②伯乐：相传春秋时人，以善相马著称。③镒：古代重量单位，二十四两为一镒。

【译文】苏秦为燕国去游说齐国，在没有见齐闵王之前，先对淳于髡说：“有一个卖骏马的人，接连三天早晨站在集市上，没有人知道他的马是骏马。他去拜见伯乐说：‘我有一匹骏马，想要卖掉它，接连三天早晨站在集市上，也没有哪个人来问一下，希望您能绕着我的马仔细看看，离开以后再回头看看我的马，我愿意给您一天的费用。’伯乐就绕着他的马仔细看了看，离开以后又回头看了看马，结果一天之内马的身价竟然涨了十倍。现在我想以骏马来向齐王自荐，可是没有为我介绍的人，先生愿意做我的伯乐吗？我愿献上白璧一双，黄金十镒，以此作为您的酬劳。”淳于髡说：“我愿意听从您的吩咐。”于是淳于髡进宫告诉了齐王并向齐王引荐苏秦，齐王接见了苏秦，而且非常喜欢他。

燕二·苏秦自齐使人谓燕昭王曰

苏秦自齐使人谓燕昭王曰："臣间离齐、赵，齐、赵已孤矣。王何不出兵以攻齐？臣请为王弱之。"燕乃伐齐攻晋[①]。

【注释】①晋：齐邑，今地不详。

【译文】苏秦从齐国派人对燕昭王说："我离间齐国、赵国，现在齐、赵两国已经孤立了。大王为什么还不出兵进攻齐国？请让我为大王削弱齐国。"于是燕国派兵攻打齐国的晋地。

令人谓闵王曰："燕之攻齐也，欲以复振古地也。燕兵在晋而不进，则是兵弱而计疑也。王何不令苏子将而应燕乎？夫以苏子之贤，将而应弱燕，燕破必矣。燕破则赵不敢不听，是王破燕而服赵也。"闵王曰："善。"乃谓苏子曰："燕兵在晋，今寡人发兵应之，愿子为寡人为之将。"对曰："臣之于兵，何足以当之，王其改举。王使臣也，是败王之兵而以臣遗燕也，战不胜，不可振也。"王曰："行，寡人知子矣。"

【译文】苏秦让人对齐闵王说："燕国攻打齐国，只是想收复原有的土地。现在燕军在晋地停滞不前，那是因为兵力不强而犹疑不决。大王为什么不派苏秦率齐军去迎战燕军呢？凭苏秦的才能，率兵迎战弱小的燕军，一定能打败燕军。燕军被打败后，赵国就不敢不听命于齐国，这样大王既打败了燕军，又制服了赵国。"齐闵王说："好。"齐闵王对苏秦说："燕军驻扎在晋地，现在我派兵迎战，希望您替我做军队的统帅。"苏秦回答说："我对指挥军队的事一窍不通，哪里配得上迎战燕军，大王还是另派别人吧。大王派我领军，这会使齐军战败，也会把我送到燕国手中，打不赢，就不能挽救败局了。"齐闵王说："您去吧，我了解您了。"

苏子遂将而与燕人战于晋下，齐军败，燕得甲首二万人。苏子收其余兵以守阳城，而报于闵王曰："王过举，令臣应燕。今军败亡二万人，臣有斧质[①]之罪，请自归于吏以戮(lù)。"闵王曰："此寡人之过也，子无以为罪。"

【注释】①斧质：即"斧锧"，古代一种腰斩刑具。将人放在质(砧板)上，用斧砍断。

【译文】于是苏秦率领齐军同燕军在晋城交战，齐军大败，燕军杀死两万齐军士兵。苏秦收拢齐国的残兵退守阳城，向齐闵王报告说："大王过分信任我，派我迎战燕军。现在齐军损失了两万人，我犯了杀头的死罪，请让我回去后到执法官吏那里领受斩刑。"齐闵王说："这是我的错，您没什么可怪罪的。"

明日，又使燕攻阳城及狸。又使人谓闵王曰："日者，齐不胜于晋下，此非兵之过，齐不幸而燕有天幸也。今燕又攻阳城及狸，是以天幸自为功也。王复使苏子应之，苏子先败王之兵，其后必务以胜报王矣。"王曰："善。"乃复使苏子，苏子固辞，王不听。遂将以与燕战于阳城。燕人大胜，得首三万。齐君臣不亲，百姓离心，燕因使乐毅大起兵伐齐，破之。

【译文】第二天，苏秦又让燕军攻打阳城和狸邑。苏秦又派人对齐闵王说："前几天，齐军在晋城没能取胜，这不是用兵的过错，而是齐军不走运而燕军得到了上天的保佑。现在燕军又攻打阳城和狸邑，这是把上天的保佑当作自己的功劳。大王可以再派苏秦迎战燕军，苏秦先前打了败仗，今后一定竭尽全力用胜利来报答大王。"齐闵王说："好。"齐闵王再次派苏秦领军，苏秦一再推辞，齐闵王没有同意。于是苏秦就率齐军在阳城同燕军作战，燕军大获全胜，斩齐军三万人。齐国君臣之间不能相互信任，百姓不能团结，燕王于是派乐毅大举兴兵进攻齐国，最后攻破了齐国。

燕二·苏秦自齐献书于燕王曰

苏秦自齐献书于燕王曰："臣之行也，固知必将有口事，故献御书而行曰：'臣贵于齐，燕大夫将不信臣；臣贱，将轻臣；臣用，将多望于臣；齐有不善，将归罪于臣；天下不攻齐，将曰善为齐谋；天下攻齐，将与齐兼弃臣。臣之所处者，重卵也。'

【译文】苏秦从齐国上书燕昭王说："当我离开燕国时，本来就知道有人会在背后诋毁我，所以临行之前给大王上书说：'如果将来我在齐国得到显贵的地位，燕国大夫们就不会再信任我；如果我不受重用，他们就会看不起我；如果我受到重用，他们就会对我提出很多要求；齐国如果和燕国关系恶化，他们又会归罪于我；若是天下诸侯不进攻齐国，他们就会指责我擅长为齐国考虑；若是天下诸侯进攻齐国，他们就会和齐国一起抛弃我。我的处境就像是叠起的鸟卵一样，非常危险。'

"王谓臣曰：'吾必不听众口与谗言，吾信汝也，犹龁（hé）也。上，可以得用于齐；次，可以得信；下，苟无死，女无不为也。以孥（nú）[1]自信可也；与言曰去燕之齐，可；甚者，与谋燕，可。期于成事而已。'

【注释】①孥：子女，亦指妻子和儿女。

【译文】大王告诉我说：'我一定不会听信那些闲言谗语，我将会坚定不移、毫不动摇地信任你。最理想的是你在齐国得到重用；其次是你能得到齐王的信任；即使最不理想，只要你死不了，就能干你想干的事，一切都可以凭你的自信去做。你把家属接到齐国，使齐王相信你，可以；和齐王说，你是怎么离开燕国到齐国的，可以；甚至你可以和齐王商量如何对付燕国，也是可以的。只希望我们的事能办成功。'

"臣受令以任齐交五年，齐数出兵，未尝谋燕。齐、赵之交，一美一恶，一合一离，燕不与齐谋赵，则与赵谋齐。齐之信燕也，至于虚北地行其兵。今王信田伐与参、去疾[1]之言，且攻齐，使齐大戒而不信燕。

【注释】①田伐与参、去疾：人名。三人都是燕国大臣。

【译文】“我接受大王的命令到齐国，至今已有五年了。齐国多次出兵，但从未打过燕国的主意。齐、赵两国的邦交，时好时坏，时合时分，燕国不是联合齐国对付赵国，就是和赵国联合对付齐国。齐国因为信任燕国，以致齐国北部边境不设防线，而抽调那里的军队去攻打别的国家。近几年来，大王听信田伐、参和去疾的话，准备攻打齐国，而使齐国加强了戒备，不再信任燕国了。

“今王又使庆[①]令臣曰：‘吾欲用所善。’王苟欲用之，则臣请为王事之。王欲醳（shì）臣剸[②]任所善，则臣请归醳事。臣苟得时见，则盈愿矣。”

【注释】①庆：人名。即盛庆，燕国大臣。②醳：同“释”。剸：同“专”。

【译文】“现在大王又派盛庆命令我说：‘我想任用合我心意的人。’假如大王真想任用那样的人，那么我请求替大王辅助他。如果大王想遗弃我而专任用所谓合意的人，那么我就可以从齐国回来辞去一切职务。假如我能够见到大王，那将是我最大的愿望。”

燕二·陈翠合齐、燕

陈翠[①]合齐、燕，将令燕王之弟[②]为质于齐，燕王许诺。太后闻之大怒曰：“陈公不能为人之国，亦则已矣，焉有离人子母者？老妇欲得志焉！”

【注释】①陈翠：人名，燕臣。②燕王之弟：指燕昭王之弟襄安君。

【译文】陈翠为了联合齐国、燕国，准备送燕昭王的弟弟到齐国去做人质，燕昭王答应了。可是燕太后听后，大怒说："陈翠不能帮助燕国治理国家，那样也就罢了，哪有拆散别人母子的呢？我一定要治他罪。"

陈翠欲见太后，王曰："太后方怒子，子其待之。"陈翠曰："无害也。"遂入见太后曰："何臞（qú）①也？"太后曰："赖得先王雁鹜（wù）之余食，不宜臞，臞者，忧公子之且为质于齐也。"

【注释】①臞：消瘦。

【译文】陈翠想要拜见燕太后，燕昭王说："太后正生您的气，您还是等一等吧。"陈翠说："没关系的。"于是陈翠就入宫拜见太后，说："太后怎么瘦了？"太后说："仰仗有先王吃剩下的鹅肉和鸭肉可以吃，本来不应该瘦的，瘦只是因为忧虑襄安君将要被送到齐国做人质。"

陈翠曰："人主之爱子也，不如布衣之甚也；非徒不爱子也，又不爱丈夫子①独甚。"太后曰："何也？"对曰："太后嫁女诸侯，奉以千金，赍（jī）②地百里，以为人之终也。今王愿封公子，百官持职，群臣效忠，曰：'公子无功不当封。'今王之以公子为质也，且以为公子功而封之也。太后弗听，臣是以知人主之不爱丈夫，子独甚也。

【注释】①丈夫子：儿子，男孩。古代子女通称子，男称丈夫子，女称女子子。②赍：送给。

【译文】陈翠说："太后爱自己的子女，不如平民百姓爱得厉害；不但不爱护自己的子女，而且更不爱儿子。"太后生气地问："为什么这么说？"陈翠回答说："太后把女儿嫁给诸侯时，陪嫁给她一千斤黄金，又给她一百里土地，认为这是她的终生大事。如今大王想要封赏公子，然而百官坚守职分，群臣效忠，他们都说：'公子没有功劳不应该封赏。'因此大王让公子去做人质，正是准备让公子为国家立功，然后封赏他。太后不让公子去，臣以此才知道太后更不爱儿子。

"且太后与王幸而在，故公子贵；太后千秋之后，王弃国家而太子即位，公子贱于布衣。故非及太后与王封公子，则公子终身不封矣。"

【译文】"况且幸亏太后和大王在世，公子在朝中才能地位显贵；一旦太后和大王辞世，太子即位，那时公子将会连平民都不如。所以如果不趁太后和大王在世的时候封赏公子，那么公子一辈子都不能得到受封的机会了。"

太后曰："老妇不知长者之计。"乃命公子束车制衣为行具[①]。

【注释】①行具：出行的用具。

【译文】太后说："我不知道先生有这样的打算。"于是太后让公子襄安君准备车辆、制作衣服以及出行的一切用具。

燕二·燕昭王且与天下伐齐

燕昭王且与天下伐齐，而有齐人仕于燕者，昭王召而谓之曰："寡人且与天下伐齐，旦暮出令矣。子必争[1]之，争之而不听，子因去而之齐。寡人有时复合，且以因子而事齐。"当此之时也，燕、齐不两立，然而常独欲有复收之之志若此也。

【注释】①争：通"诤"。诤谏；规劝。

【译文】燕昭王想要联合天下诸侯一起讨伐齐国，这时有一个在燕国做官的齐国人，燕昭王把他召来，对他说："我准备联合天下诸侯进攻齐国，最近就下达进攻命令。到那时候您一定会劝阻我，假若劝阻我而我不听，您就会离开燕国去齐国。假若我以后同齐国重新和好，将要通过您来事奉齐国。"这时候，燕、齐两国势不两立，然而燕昭王却一直有重新和齐国讲和的想法。

燕二·燕饥，赵将伐之

燕饥，赵将伐之。楚使将军之燕，过魏，见赵恢。赵恢曰："使除患无至，易于救患。伍子胥、宫之奇[1]不用，烛之武、张孟谈[2]受大赏。是故谋者皆从事于除患之道，而无使除患无至者。

今与以百金送公也，不如以言。

【注释】①伍子胥：人名。名员，字子胥，春秋时吴国的大夫。吴王夫差时，劝吴王拒绝越国求和并停止伐齐，吴王不听。宫之奇：人名。春秋时期政治家，虞国大夫。晋国向虞国借道讨伐虢国，宫之奇劝谏，虞公却不听。他们都是具有远见卓识，除患于未然的人。②烛之武：烛地叫武的人，春秋时期郑国人。秦、晋合兵围郑，烛之武说服秦穆公退兵，并派兵保护郑国，拯救郑国于危难之中。张孟谈：人名。战国初赵襄子的家臣，曾经在晋阳之战策动了韩氏、魏氏，合灭了智氏，使赵氏转危为安。他们二人都是除患的人。

【译文】燕国发生饥荒，赵国准备乘机攻打燕国。楚国派一名将军出使燕国，楚将途经魏国时，见到了赵恢。赵恢对楚将说："预防灾祸不让它发生，这比灾祸发生后再去解救要容易得多。像伍子胥和宫之奇这样除患于未然的劝谏不被君王采用，而像烛之武和张孟谈这样消除灾祸的人却受到君王的赏识。所以出谋划策的人都想方设法找防范灾祸的方法，除掉灾祸使它不会发生。现在我送您一百金，都不如送您几句话。

"公听吾言而说赵王曰：'昔者吴伐齐，为其饥也，伐齐未必胜也，而弱越乘弊以霸。今王之伐燕也，亦为其饥也，伐之未必胜，而强秦将以兵承王之西，是使弱赵居强吴之处，而使强秦处弱越之所以霸也。愿王之熟计之也。'"使者乃以说赵王，赵王大悦，乃止。燕昭王闻之，乃封之以地。

【译文】“如果您能听我的话，就去劝说赵王，说：‘过去吴国攻打齐国，是因为齐国正闹饥荒，可是还没有等到吴国伐齐取得成功，弱小的越国就趁着吴国疲惫，打败吴国而称霸。现在大王要攻打燕国，也是因为燕国闹饥荒，可能还没有等到赵国伐燕胜利，强大的秦国就会在西部出兵乘机攻打赵国，这就是让弱赵处在当年强吴的不利地位，而让现在的强秦处在当年弱越的有利地位而称霸。所以希望大王能周密地谋划。’”于是这位楚国将军就用赵恢的这番话去规劝赵王，赵王听后非常高兴，就打消了攻打燕国的想法。燕昭王听说了这件事后，就把土地封赏给赵恢。

燕二·昌国君乐毅为燕昭王合五国之兵而攻齐

昌国君乐毅为燕昭王合五国之兵而攻齐，下七十余城，尽郡县之以属燕，三城未下而燕昭王死。惠王即位，用齐人反间，疑乐毅，而使骑劫代之将。乐毅奔赵，赵封以为望诸君。齐田单欺诈[①]骑劫，卒败燕军，复收七十城以复齐。燕王悔，惧赵用乐毅承燕之弊以伐燕。

【注释】①欺诈：指用狡猾奸诈的手段骗人。

【译文】昌国君乐毅为燕昭王率领五国军队攻打齐国，攻下了七十多座城池，并把这些地方全部作为郡县划归燕国。还有三座城池没有攻下，燕昭王就死了。燕惠王即位，中了齐人的反间计而怀疑乐毅，惠王派骑劫取代乐毅的将军职务，统领燕军。乐毅逃亡赵国，赵王封他为望诸君。后来，齐国大将田单用计骗骑劫，最终打败了燕军，把齐国失去的七十多座城池全部收复。燕惠王后悔，害怕赵国任用乐毅趁燕国疲惫时来攻打燕国。

燕王乃使人让乐毅，且谢之曰："先王举国而委将军，将军为燕破齐，报先王之雠（chóu），天下莫不振动。寡人岂敢一日而忘将军之功哉！会先王弃群臣，寡人新即位，左右误寡人。寡人之使骑劫代将军者，为将军久暴露于外，故召将军且休计事。将军过听，以与寡人有郤（xì）[①]，遂捐[②]燕而归赵。将军自为计则可矣，而亦何以报先王之所以遇将军之意乎？"

【注释】①郤：隔阂。②捐：舍弃；抛弃。

【译文】燕惠王派人责备乐毅，并向乐毅表示歉意说："先王把整个燕国托付给将军，将军为燕国攻破了齐国，替先王报了仇，天下无不感到震动。我怎么敢有一天忘记将军的功劳？适逢先王去世，我刚刚即位，身边的人迷惑了我。我之所以让骑劫代替将军，是因为将军长期在外奔波辛劳，所以召请将军回国休息，以便共议国家大事。然而，将军错误地听信别人的话，认为和我有了隔阂，就抛弃燕国归附了赵国。如果将军为自己这样打算还可以，可您又怎么对得住先王待将军的一片深情厚意呢？"

望诸君乃使人献书报燕王曰："臣不佞（nìng）[①]，不能奉承先王之教，以顺左右之心，恐抵斧质[②]之罪，以伤先王之明，而又害于足下之义，故遁逃奔赵。自以负不肖之罪，故不敢为辞说。今王使使者数之罪，臣恐侍御者之不察先王之所以畜幸臣之理，而又不白于臣之所以事先王之心，故敢以书对。

【注释】①佞：指有才智，旧时谦称。②斧质：即斧锧，古代一种腰斩酷刑。这里喻指受刑。

【译文】于是望诸君乐毅派人献上书信，回复燕惠王说："我没有才干，不能领会大王的教导，来顺从您左右人的意愿，又担心遭受杀身之祸，这样既损害了先王英明的形象，又破坏了您仁义的名声，所以我才逃到赵国。自认为背着不忠的罪名，所以也不敢用言语辩解。现在大王派使者来指责我的罪过，我担心大王身边的人不能知晓先王宠幸重用我的原因，又不明白我之所以事奉先王的诚心，所以才斗胆用书信来回答。

"臣闻贤圣之君，不以禄私其亲，功多者授之；不以官随其爱，能当者处之。故察能而授官者，成功之君也；论行而结交者，立名之士也。臣以所学者观之，先王之举错[①]有高世之心，故假节[②]于魏王，而以身得察于燕。先王过举，擢（zhuó）之乎宾客之中，而立之乎群臣之上，不谋于父兄，而使臣为亚卿[③]。臣自以为奉令承教，可以幸无罪矣，故受命而不辞。

【注释】①错：通"措"。②节：使者所持的凭证。③亚卿：周制，卿分上、中、下三级，次着为中卿，又称亚卿。

【译文】"我听说贤能圣明的君主不把爵禄随意送给自己亲近的人，而是赏赐给功劳大的人；不把官职随便授给自己喜爱的人，而是让有能力的人担任。所以，考察臣下的才能再授以适当的官职，这才是能成就功业的君主；能够衡量一个人的品行再和他结交的，这才是能建立功名的贤士。我根据所学的知识来观察，先王的行为有超出一般君主的胸襟，所以我借为魏国出使的机会，才能亲自到燕国接受考察。先王格外抬举我，在宾客之中把我选拔出来，安排我为亚卿，不和父兄宗亲大臣商议，就任命我做亚卿。我自认为只要执行命令接受教导，就可以侥幸免除罪过，所以接受了任命而没有推辞。

“先王命之曰：‘我有积怨深怒于齐，不量轻弱，而欲以齐为事。’臣对曰：‘夫齐，霸国之余教也，而骤胜之遗事也，闲[①]于兵甲，习于战攻。王若欲攻之，则必举天下而图之；举天下而图之，莫径于结赵矣。且又淮北宋地，楚、魏之所同愿也。赵若许，约楚、魏、宋尽力，四国攻之，齐可大破也。’先王曰：‘善。’臣乃口受令，具符节，南使臣于赵。顾反命，起兵随而攻齐。以天之道，先王之灵，河北之地，随先王举而有之于济上。济上之军奉令击齐，大胜之。轻卒锐兵，长驱至国。齐王[②]逃遁走莒（jǔ），仅以身免。珠玉财宝，车甲珍器，尽收入燕，大吕陈于元英[③]，故鼎反于历室[④]，齐器设于宁台[⑤]。蓟丘[⑥]之植，植于汶皇。自五伯以来，功未有及先王者也。先王以为惬其志，以臣为不顿命，故裂地而封之，使之得比乎小国诸侯。臣不佞，自以为奉令承教，可以幸无罪矣，故受命而弗辞。

【注释】①闲：通“娴”，熟悉、熟练。②齐王：齐闵王。莒：在今山东莒县。③大吕：周庙的大钟。比喻国之宝器。元英：战国时燕国宫殿名。④历室：战国时燕宫殿名。⑤宁台：战国时燕宫。⑥蓟丘：在今北京城西南。

【译文】“先王指示我说：‘我和齐国有深仇大恨，顾不得国力微弱，也想把对付齐国作为目标。’我回答说：‘齐国有称霸的传统，而又有多次作战取胜的经验，精于用兵，熟习攻战方略。大王如果想攻打齐国，就一定要联合各国诸侯共同对付它；要联合各国诸侯来对付齐国，首先就是要和赵国结盟。而且淮北，原是属宋国的地区，是楚国和魏国都想得到的。赵国如果同意和燕国结盟，再联合楚、魏和被齐占领的宋国共同出兵，四国联合攻齐，齐国就可以被彻底打败。’先王说：‘好。’于是我接受口头命令，准备好符节，向南出使赵国。等我回国复命以后，各国随即起兵攻齐。靠着上天的保佑和先王的英明，黄河以北地区的赵、魏两国军队随着先王全部到达济水边上。济水边上的军队奉命进击齐军，大获全胜。我们轻便精锐的部队又长驱直入齐都，齐闵王孤身逃到莒地，仅他自己免于一死。齐国的珠玉财宝，战车铠甲以及贵重的器物，全部被运往燕国。齐国的大吕钟被陈放在燕国的元英宫，燕国以前失去的大鼎又回到了燕国的历室，齐国的各种宝器摆设在燕国的宁台上。燕都蓟丘的植物中种植着齐国汶水出产的竹子。自五霸以来，没有一个人的功业能赶得上先王。先王认为满足了他的心愿，也认为我没有辜负使命，所以划出一块土地封赏我，使我的地位能够比得上小国的诸侯。我没才能，但自认为执行命令接受教导，就可以万幸无罪，所以接受了封赏而没有推辞。

“臣闻贤明之君，功立而不废，故著于春秋；蚤知之士，名成而不毁，故称于后世。若先王之报怨雪耻，夷万乘之强国，收八百岁之畜积，及至弃群臣之日，余令诏后嗣之遗义，执政任事之臣，所以能循法令，顺庶孽者，施及萌隶，皆可以教于后世。

【译文】“我听说贤能圣明的君王，功业建立后不会半途而废，所以才能记载于史册；有先见之明的人，获得名誉后而不毁弃，所以才能被后人所称颂。像先王那样能报仇雪恨，征服拥有万辆战车的强大国家，收取齐国八百年的积蓄，等到先王辞世之日，还留下政令训示，使执政管事的大臣可以遵循法令，慎重地对待庶出子弟，把恩泽推及到百姓身上，这些都可以用来教育后世。

“臣闻善作者不必善成，善始者不必善终。昔者伍子胥说听乎阖闾（hé lǘ），故吴王远迹至于郢。夫差弗是也，赐之鸱（chī）夷①而浮之江。故吴王夫差不悟先论之可以立功，故沉子胥而不悔；子胥不蚤见主之不同量，故入江而不改。夫免身全功以明先王之迹者，臣之上计也；离②毁辱之非，堕先王之名者，臣之所大恐也。临不测之罪，以幸为利者，义之所不敢出也。

【注释】①鸱夷：革囊。②离：古同“罹”，遭受。

【译文】“我听说，善于开创的人不一定善于完成，有好的开端未必有好的结局。从前，伍子胥的计谋被吴王阖闾采用，所以吴王能带兵一直打到楚国郢都。吴王夫差不信伍子胥的意见，赐死伍子胥，装在革囊里，投入江中。可见吴王夫差始终不明白先前伍子胥的主张能够建立功业，所以把伍子胥沉入江中而不后悔；伍子胥不能及早发现两个君主的胸怀度量不同，所以即使被投入大江里也不能改变诚挚的初衷。能免于杀身之祸，保全过去的功劳，以彰明先王知人善用的业绩，这是我的上策；遭受诋毁、侮辱性的诽谤，损害先王的名声，这是我最害怕的事情。面对无法预料的罪过，还企图和赵国图谋燕国以求取私利，从道义上讲，我是绝不会这样做的。

“臣闻古之君子，交绝不出恶声；忠臣之去也，不洁其名。臣虽不佞，数奉教于君子矣。恐侍御者之亲左右之说，而不察疏远之行也，故敢以书报，唯君之留意焉。”

【译文】“我听说古代的君子，和朋友断绝交往，也不说对方的坏话；忠臣被迫离开本国时，也不归咎国君来为自己的名节辩白。我虽无能，也曾多次受到君子的教导，我担心大王听信身边人的话，而不明察我远在赵国的行为，所以才斗胆以书信回复您，希望大王能多加考虑。”

燕二·或献书燕王

或献书燕王：“王而不能自恃（shì）①，不恶卑名以事强，事强可以令国安长久，万世之计。以事强而不可以为万世，则不如合弱，将奈何合弱而不能如一，此臣之所为山东苦也。

【注释】①恃：依赖，依靠。

【译文】有人向燕昭王送上书信说："大王如果不能依靠自己的力量保存国家，不如不要在乎名声的卑贱而事奉强国，假如事奉强国可以让国家长期安定，这也是奠定万世基业的上策。如果认为事奉强国不能奠定万世基业，那就不如联合弱国，为什么联合弱国而不能团结一致，这是我为崤山以东各国感到忧虑的事。

"比目之鱼，不相得则不能行，故古之人称之，以其合两而如一也。今山东合弱而不能如一，是山东之知不如鱼也。又譬如车士之引车也，三人不能行，索二人，五人而车因行矣。今山东三国弱而不能敌秦，索二国，因能胜秦矣。然而山东不知相索者，智固不如车士矣。

【译文】"比目鱼，两眼不在一侧就不能游动，古人之所以这样称呼它，是因为它能合二如一。如今崤山以东各弱国联合却不能团结如一，这就看出崤山以东六国人还不如比目鱼聪明。又比如车夫驾车，三个人拉车就不能走，再加上两个人，这样有五个人拉车，车就可以前进了。现在崤山以东任意三个国家都不能对抗秦国，但再联合两个国家，就能战胜秦国。然而崤山以东各国却不知道互相联合，他们的才智还不如车夫。

"胡与越人，言语不相知，志意不相通，同舟而凌波，至其相救助如一也。今山东之相与也，如同舟而济，秦之兵至，不能相救助如一，智又不如胡、越之人矣。三物者，人之所能为也，山东之主遂不悟，此臣之所为山东苦也。愿大王之熟虑之也。

【译文】“胡人和越国人说话互相听不懂，思想观念也不同，一同乘船航行在波涛之上，也会像同一个人一样互相帮助。如今崤山以东各国之间的相处关系，正像同舟共济一样，秦兵一旦到来，不能像一个整体一样互相帮助，才智又赶不上胡人、越国人。以上三件事，是常人所能做到的，崤山以东各国的国君却领悟不到，这是我为崤山以东各国感到忧心的事。希望大王能仔细想一想这件事。

“山东相合，之主者不卑名，之国者可长存之卒者。出士以戍韩、梁之西边，此燕之上计也。不急为此，国必危矣，主必大忧。今韩、梁、赵三国以合矣，秦见三晋之坚也，必南伐楚。赵见秦之伐楚也，必北攻燕。物固有势异而患同者。秦久伐韩，故中山亡；今久伐楚，燕必亡。

【译文】“崤山以东各国互相联合，他们国君的名声不卑贱，他们的国家也可以长存。派兵把守韩、魏两国的西部边境，这是燕国的上策。如果不赶快这样做，那么国家一定很危险，大王一定有大祸。现在韩、魏、赵三国已经联合，秦国看到三国团结一致，必定会向南进攻楚国。赵国看到秦国进攻楚国，一定会向北进攻燕国。万物本来就有形势相异而忧患相同的情况。秦国长期进攻韩国，所以中山国灭亡；如今秦国如果长时间进攻楚国，燕国必定会灭亡。

“臣窃为王计，不如以兵南合三晋，约戍韩、梁之西边。山东不能坚为此，此必皆亡。”燕果以兵南合三晋也。

【译文】“我私下为大王打算，大王还不如向南同韩、魏、赵三国的军队联合，约定共同把守韩、魏两国西部边境。如果崤山以东各国不能坚定不移地这样做，到最后这些国家一定会被秦全部消灭。”燕国果然派军队向南跟韩、魏、赵三国联合。

燕二·客谓燕王曰

客谓燕王曰：“齐南破楚，西屈秦，用韩、魏之兵，燕、赵之众，犹鞭筴（cè）①也。使齐北面伐燕，即虽五燕不能当。王何不阴出使，散游士，顿齐兵，弊其众，使世世无患。”燕王曰：“假寡人五年，寡人得其志矣。”苏子曰：“请假王十年。”燕王说，奉苏子车五十乘，南使于齐。

【注释】①筴：同“策”，马鞭子。

【译文】苏秦对燕昭王说：“齐国向南打败了楚国，向西降服了秦国，使用韩、魏两国的军队，燕、赵两国的兵众，就像用鞭子赶马一样。如果齐国向北攻打燕国，即使有五个燕国也不能抵挡。大王为什么不暗中派使者，差遣游说之士去各国，让齐国的兵力疲乏，让它的百姓疲惫不堪，这样就可使燕国世代无忧。”燕昭王说：“给我五年时间，我就能做到这些。”苏秦说：“我给大王十年时间。”燕昭王十分高兴，送给苏秦五十辆车，让他向南出使齐国。

谓齐王曰：“齐南破楚，西屈秦，用韩、魏之兵，燕、赵之众，犹鞭筴也。臣闻当世之举王，必诛暴正乱，举无道，攻不义。今宋王[①]射天笞(chī)地[②],铸诸侯之象,使侍屏匽(yàn)[③],展其臂,弹其鼻,此天下之无道不义,而王不伐,王名终不成。且夫宋,中国膏腴[④]之地,邻民之所处也,与其得百里于燕,不如得十里于宋。伐之,名则义,实则利,王何为弗为?"

【注释】①宋王:名偃。战国时期宋国最后一任国君,公元前328—前286年在位。②射天笞地:用皮袋子装着血,把它挂起来用箭射击,称为"射天";用鞭子鞭打土地,还砍掉土神、谷神的神位,把它们烧掉,称为"笞地"。③屏匽:厕所。④膏腴:肥沃。

【译文】苏秦对齐闵王说:"齐国向南打败了楚国,向西降服了秦国,使用韩、魏两国军队,燕、赵两国的兵众,就像用鞭子赶马一样。我听说当代杰出的君王,一定会诛杀残暴的诸侯,平定混乱的天下,讨伐无道的昏君,攻打不讲信义的国家。如今宋王用箭射天,用鞭打地,铸造诸侯的人像,把它们放在路旁的厕所里,又拉开它们的双臂,弹它们的鼻子,这就是天下典型的昏庸无道、不讲信义的人,然而大王却不去讨伐他,大王的英名终难成就。况且宋国的土地,是中原最肥沃的土地,齐国边境的人很多都居住在那里,与其从燕国得到百里土地,不如从宋国得到十里土地。讨伐宋国,名义上能够伸张正义,实际上又能得到好处,大王为什么不这样做呢?"

齐王曰:"善。"遂兴兵伐宋。三覆宋,宋遂举。燕王闻之,绝交于齐,率天下之兵以伐齐,大战一,小战再,顿齐国,成其名。

【译文】齐王说："好。"于是发兵攻打宋国。三次击败宋军，宋国最终被齐国攻占。燕王听说后，就同齐国断交，率领天下诸侯的军队攻打齐国，经过一次大战，两次小战，使齐国疲乏，成就了燕昭王的英名。

故曰，因其强而强之，乃可折也；因其广而广之，乃可缺也。

【译文】所以说，凭借它的强大而让它炫耀武力，就可以摧毁它；凭借它国土广阔而让它继续扩张，就可以残害它。

燕二·赵且伐燕

赵且伐燕，苏代为燕谓惠王[①]曰："今者臣来，过易水，蚌方出曝，而鹬（yù）[②]啄其肉，蚌合而拑其喙（huì）[③]。鹬曰：'今日不雨，明日不雨，即有死蚌。'蚌亦谓鹬曰：'今日不出，明日不出，即有死鹬。'两者不肯相舍，渔者得而并禽之。今赵且伐燕，燕、赵久相支以弊大众，臣恐强秦之为渔父也。故愿王之熟计之也。"惠王曰："善。"乃止。

【注释】①惠王：指赵惠文王。②鹬：一种鸟，常在水边或田野中捕吃小鱼、贝类等。③拑：夹住。喙：嘴。

【译文】赵国准备攻打燕国，苏代为燕国去劝说赵惠文王，说："今天我来的时候，经过易水，看见一只河蚌刚从水里出来晒太阳，一只鹬就飞来啄它的肉，河蚌马上合拢，夹住了鹬的嘴。鹬说：'今天不下雨，明天不下雨，必然会有一只死蚌。’河蚌也对鹬说：‘你的嘴今天拔不出，明天拔不出，必定会有一只死鹬。’它们俩谁也不肯放开谁，渔夫就可以毫不费力地捉走它们。现在赵国准备攻打燕国，燕、赵如果长期相持不下，老百姓就会疲弊不堪，我担心强大的秦国就会像那不劳而获的渔夫。所以希望大王能认真考虑。”赵惠文王说：“好。”于是停止出兵攻打燕国。

燕二·齐、魏争燕

齐、魏争燕。齐谓燕王[①]曰：“吾得赵矣。”魏亦谓燕王曰：“吾得赵矣。”燕无以决之，而未有适予也。苏子[②]谓燕相曰：“臣闻辞卑而币重者，失天下者也；辞倨[③]而币薄者，得天下者也。今魏之辞倨而币薄。”燕因合于魏，得赵，齐遂北矣。

【注释】①燕王：指燕昭王。②苏子：指苏秦。③倨：傲慢。

【译文】齐国和魏国争相跟燕国结盟。齐国派人对燕昭王说：“我已经争取到了赵国。”魏国也派人对燕王说：“我争取到了赵国。”燕昭王难以决定，不知道该选择和谁亲近。苏秦对燕国的相国说：“我听说言辞谦虚而且礼金丰厚的，是没有得到天下诸侯的；言辞傲慢而且礼金少的，是已经得到天下的诸侯。如今魏国的言辞傲慢而且礼金少。”于是燕国就和魏国结盟，并争取到赵国的支持，所以齐国就被打败了。

扫码听谦德君为您导读

卷三十一　燕策三

燕三·齐、韩、魏共攻燕

齐、韩、魏共攻燕，燕使太子请救于楚。楚王使景阳将而救之①。暮舍，使左右司马各营壁地②，已，稙表③。景阳怒曰："女所营者，水皆至灭表。此焉可以舍？"乃令徙。明日大雨，山水大出，所营者，水皆灭表，军吏乃服。于是遂不救燕而攻魏雍丘④，取之以与宋。三国惧，乃罢兵。魏军其西，齐军其东，楚军欲还，不可得也。景阳乃开西和门⑤，昼以车骑，暮以烛炬，通使于魏。齐师怪之，以为燕、楚与魏谋之，乃引兵而去。齐兵已去，魏失其与国，无以共击楚，乃夜遁。楚师乃还。

【注释】①楚王：指楚怀王。景阳：战国时楚国名将。②左右司马：指左司马、右司马。楚国当时的官职，中级武官。壁：营垒。③稙表：稙，通"植"，在地上插上小木头，以此作为军营的标记。④雍丘：魏邑，在今河南杞县。⑤和门：军营之门。

【译文】齐、韩、魏三国联合攻打燕国，燕国派太子前往楚国求救。于是楚王就派景阳为大将军率兵去援救燕国。傍晚宿营时，景阳命左司马和右司马各自选地扎营，等到安营完毕树立好军营标记，景阳非常生气地说："你们安营的地方，洪水可以淹没军营的标记，这里怎么能扎营住宿呢？"于是下令军队转移。果然第二天下起了暴雨，山洪咆哮，原来安营的地方，军营的标记全都被洪水淹没，这使得将士们很是信服景阳。这种情况下楚军没有去救援燕国，而是去进攻魏国的雍丘，攻下雍丘后就把它送给宋国。齐、韩、魏三国都十分恐慌，便停止进攻燕国。魏国的军队在西面，齐国的军队在东面，楚国的军队想要回国，却没有成功。景阳就打开军营的西门，白天让车马来来往往，晚上也烛火通明，与此同时景阳还经常派使者到魏国的军营。齐国的军队甚是奇怪，觉得一定是燕、楚两国与魏国图谋自己，于是就自己率兵离开了。齐国的军队撤退后，魏国就丧失盟国，没有了同它一起攻打楚军的盟友了，于是在半夜就逃跑了。楚国的军队也因此返回楚国。

燕三·张丑为质于燕

张丑①为质于燕，燕王欲杀之，走且出境，境吏得丑。丑曰："燕王所为将杀我者，人言我有宝珠也，王欲得之，今我已亡之矣，而燕王不我信。今子致我，我且言子之夺我珠而吞之，燕王必当杀子，刳（kū）②子腹及子之肠矣。夫欲得之君，不可说以利。我要且死，子肠亦且寸绝。"境吏恐而赦之。

【注释】①张丑：齐国大臣。②刳：从中间破开再挖空。

【译文】齐国大臣张丑被抓到燕国做人质，燕王想要杀了他。张丑就逃跑了，当他快要逃出边境时，被边境的官吏抓住了。张丑说："燕王之所以要杀我，就是因为有人说我有稀世宝珠，燕王想得到它，但是现在我的宝珠已经丢了，可燕王不相信我说的话。如果今天你们抓了我把我送到燕王那里去，我就扬言说我的宝珠被你们抢走了并吞进了肚子，燕王一定会杀了你们，剖开你们的肚子和肠子。要想得到君王的赏识，也不该用财物来取悦他。我如果被处死，你们的肠子也会被一寸寸地截断。"边境上的官吏们很害怕，于是就放走了张丑。

燕三·燕王喜使栗腹以百金为赵孝成王寿

燕王喜使栗腹①以百金为赵孝成王寿，酒三日，反报曰："赵民其壮者皆死于长平，其孤未壮，可伐也。"王乃召昌国君乐间②而问曰："何如？"对曰："赵，四达之国也，其民皆习于兵，不可与战。"王曰："吾以倍攻之，可乎？"曰："不可。"曰："以三可乎？"曰："不可。"王大怒。左右皆以为赵可伐，遽（jù）③起兵六十万以攻赵。令栗腹以四十万攻鄗（hào）④，使庆秦⑤以二十万攻代。赵使廉颇以八万遇栗腹于鄗，使乐乘⑥以五万遇庆秦于代。燕人大败。乐间入赵。

【注释】①栗腹：燕国的丞相。②昌国君乐间：名将乐毅之子，战国时期燕国将领。因其父缘故受封昌国君。③遽：急，仓促。④鄗：同"镐"，今在河北柏乡北。⑤庆秦：燕国大将。⑥乐乘：战国时期赵国将领，与乐毅、乐间父子同族。

【译文】燕王喜派栗腹带着百金为赵孝成王贺寿，饮酒三天之后，栗腹回报燕王说：“赵国百姓中壮年的大多都死在长平之战中，他们的遗孤还没有长大成人，我们可以乘机攻打赵国。”燕王于是召见昌国君乐间，向他询问说：“您认为乘机进攻赵国怎么样呢？”乐间回答说：“赵国，是一个四通八达的国家，它的百姓都英勇善战，不可以同赵国开战。”燕王问：“我派超过赵国军队一倍的兵力去进攻它，可以吗？”乐间说：“不可以。”燕王问：“我派超过赵国军队三倍兵力进攻它，可以吗？”乐间说：“不可以。”燕王非常生气。身边的大臣都认为可以乘机攻打赵国，于是燕国很快发兵六十万攻打赵国，派栗腹用四十万军队攻打鄗邑，派庆秦用二十万军队攻打代郡。赵国派廉颇用八万军队在鄗邑迎击栗腹，派乐乘率五万军队在代郡迎击庆秦，结果燕国大败，乐间也因此投奔赵国。

燕王以书让间，且谢焉，曰：“寡人不佞，不能奉顺君意，故君捐国而去，则寡人之不肖明矣。敢竭其愿，而君不肯听，故使使者陈愚意，君试论之。语曰：‘仁不轻绝，智不轻怨。’君之于先王也，世之所明知也。寡人望有非则君掩盖之，不虞君之明罪之也；望有过则君教诲之，不虞君之明罪之也。

【译文】燕王写了封书信谴责乐闲，并以此谢罪，说：“寡人没有才能，没有听从您的意见，所以您就抛弃燕国而去，寡人的不贤明已经是再明白不过的了。寡人希望您能继续回来为燕国效命，但您却不肯听从，因此派使者向您陈述一下我的心意，希望您慎重考虑后再做打算。常言道：‘有仁义的人不轻易与人断绝交情，聪明的人不轻易怨恨别人。’您同先王的关系世人都知道。寡人希望在自己犯错时，您能帮助掩盖，不曾想您却张扬寡人的罪过；寡人希望在有过失时，您能给予教导，不料您却宣扬寡人的过失。

“且寡人之罪，国人莫不知，天下莫不闻，君微出明怨以弃寡人，寡人必有罪矣。虽然，恐君之未尽厚也。谚曰：‘厚者不毁人以自益也，仁者不危人以要名。’以故掩人之邪者，厚人之行也；救人之过者，仁者之道也。世有掩寡人之邪、救寡人之过，非君恶所望之？

【译文】“况且寡人的罪过，国人没有不知道的，天下人没有不听说的，您又暗地里跑出燕国以此来表明您对寡人的怨恨，抛弃寡人，寡人有过错是一定的了。尽管如此，恐怕您也没有尽到为人臣子忠诚的本分。谚语说：‘忠厚的人不靠损害别人使自己获得好处，仁义的人不靠危害别人求得好名声。’因此掩饰别人罪过的，是忠厚者的行为；挽救别人的过失，是仁者的本分。世上有人能掩饰寡人的过失、纠正寡人的过错，除了您，寡人还能指望谁呢？

“今君厚受位于先王以成尊，轻弃寡人以快心，则掩邪救过，难得于君矣。且世有厚薄，故施异；行有得失，故患同。今使寡人任不肖之罪，而君有失厚之累，于为君择之也，无所取之。

【译文】“现如今先王赐予您高官，同时您也享受尊荣，却轻易抛弃寡人求得心头之快，那么掩饰寡人的错误、挽救寡人过失的愿望，在您这里恐怕难以实现了。况且世上虽有人待寡人不好，但寡人却厚待他们；别人行为有了过失，寡人却仍旧给予仁慈之心相信他们，并加以任用。现如今寡人背负了不贤的罪名，而您也会受到为人臣子不忠厚的指责，因此寡人认为您作出的选择，是没有可取之处的。

“国之有封疆，犹家之有垣墙，所以合好掩恶也。室不能相和，出语邻家，未为通计也。怨恶未见而明弃之，未为尽厚也。

【译文】“国家有疆界，就如同家庭有院墙一样，是为了使好事聚拢，家庭和睦以掩饰丑事。如果家里不能彼此和睦，而是出去告诉邻居，这不是解决问题的办法。寡人的怨恨、憎恶还未表现出来，您就公然放弃燕国，投奔他国，这不能算尽了臣子忠厚的本分。

“寡人虽不肖乎，未如殷纣之乱也；君虽不得意乎，未如商容、箕子[1]之累也。然则不内盖寡人，而明怨于外，恐其适足以伤于高而薄于行也，非然也？苟可以明君之义，成君之高，虽任恶名，不难受也。本欲以为明寡人之薄，而君不得厚；扬寡人之辱，而君不得荣，此一举而两失也。义者不亏人以自益，况伤人以自损乎？愿君无以寡人不肖，累往事之美。

【注释】①商容：商纣王的大臣，向纣王进言，纣王不听，便从此隐居。箕子：商纣王的叔父，劝谏纣王，纣王不听，因此假装疯癫。

【译文】“寡人虽然没有才能，但还不像殷纣王那样残暴；您虽然很不得意，也没有像商容、箕子那样忧虑。然而您竟不在国内掩饰寡人的过失，却跑到他国表明您的怨恨，恐怕您这样做有损于您的高尚德行，别人也会瞧不起您的行为，难道不是这样吗？如果可以表明您的仁义，成就您高尚德行，即使让寡人承担恶名，也不是难以接受的事。本来想表明寡人的不忠厚，而您自己也得不到忠厚的美名；本来想张扬寡人的过失，而您也得不到荣耀，这是一举两失的行为。仁义的人不靠损害别人来增加自己的好处，更何况因伤害别人而损害自己呢？希望您不要因为寡人没有才能，而因此破坏了昔日美好的感情。

“昔者柳下惠[1]吏于鲁，三黜而不去。或谓之曰：‘可以去。’柳下惠曰：‘苟与人之异，恶往而不黜乎？犹且黜乎，宁于故国尔。’柳下惠不以三黜自累，故前业不忘；不以去为心，故远近无议。今寡人之罪，国人未知，而议寡人者遍天下。语曰：‘论不循心，议不累物，仁不轻绝，智不简功。’弃大功者，辍也；轻绝厚利者，怨也。辍而弃之，怨而累之，宜在远者，不望之乎君也。

【注释】①柳下惠：姬姓，展氏，名禽，字季，春秋时期鲁国大夫。思想家、政治家、教育家，鲁国大夫展无骇之子。谥号为惠，封地在柳下，后人尊称其为“柳下惠”。

【译文】“从前柳下惠在鲁国做官，多次被罢黜也不离开鲁国。有人对他说：‘您可以离开鲁国。’柳下惠说：‘假如我的做法和别人不一样，那么到哪里能不被罢黜呢？与其到其他国家被罢黜，我宁愿留在故国。’柳下惠不把被罢黜三次当作累赘，所以以前的功绩也没有被人忘记；他誓死不愿意离开故国，所以朝野上下的人都没有非议。如今寡人的罪过，国人并不知晓，而议论我的人却遍布天下。常言道：‘不要轻易去评价别人，议论事物不要伤害别人，仁义的人不轻易与人断绝交往，聪明的人不随便抛弃以前的功业。’抛弃伟大的功业的人，是因为停止了努力；草率拒绝丰厚的利益的人，是因为产生了怨恨。停止努力，抛弃功业，心怀怨恨，怨恨越积越深，这种事应该发生在被寡人疏远的大臣身上，而不希望出现在您的身上。

“今以寡人无罪，君岂怨之乎？愿君捐怨，追惟先王，复以教寡人。意君曰，余且慝（tè）[①]心以成而过，不顾先王以明而恶，使寡人进不得修功，退不得改过，君之所制也，唯君图之！此寡人之愚意也，敬以书谒之。”乐间怨不用其计，卒留赵不报。

【注释】①慝：通“匿”，隐藏。

【译文】“现如今在寡人并没有罪过，您难道还怨恨寡人吗？希望您不计前嫌，看在先王对您的恩德上，重新来教导寡人。我考虑您的想法是，隐匿报复的心理，促成寡人的过失，不顾念先王的恩德，而张扬我的过失，使寡人进不能建立功业，退不能改正过失，全在于您的选择，希望您仔细考虑！这些都是寡人的愚见，恭敬地以书信传达给您。”最终乐间因怨恨燕王没而有采用他的计策，最终留在赵国，没有回复燕王。

燕三·秦并赵

秦并赵，北向迎燕。燕王[1]闻之，使人贺秦王[2]。使者过赵，赵王[3]系之。使者曰：“秦、赵为一而天下服矣。燕之所以受命于赵者，为秦也。今臣使秦而赵系之，是秦、赵有郤（xì）[4]。秦、赵有郤，天下必不服，而燕不受命矣。且臣之使秦，无妨于赵之伐燕也。”赵王以为然而遣之。

【注释】①燕王：指燕王喜。②秦王：指秦王政。③赵王：指赵悼襄王。④郤：隔阂；矛盾。

【译文】秦国同赵国联合以后，又派赵国的军队向北迎击燕国。燕王听说这个消息以后，就派使者祝贺秦王。使者经过赵国，赵王扣留了他。使者说：“秦、赵两国联合，天下诸侯折服，燕国之所以听从赵国的命令，是因为赵国受到强大秦国的支持。现在我出使秦国而被赵国扣留，这就说明秦、赵两国有了隔阂。秦、赵两国有了隔阂，天下诸侯必定不会屈服，而燕国也不会再听从赵国的命令。再说我出使秦国，也并不妨碍赵国攻打燕国。”赵王觉得燕国使者说的很有道理，于是就放了他。

使者见秦王曰：“燕王窃闻秦并赵，燕王使使者贺千金。”秦王曰：“夫燕无道，吾使赵有之，子何贺？”使者曰：“臣闻全赵之时，西邻为秦，北下曲阳[①]为燕，赵广三百里，而与秦相距五十余年矣，所以不能反胜秦者，国小而地无所取。今王使赵北并燕，燕、赵同力，必不复受命于秦矣。臣窃为王患之。”秦王以为然，起兵而救燕。

【注释】①下曲阳：赵邑，今在河北晋州市西。

【译文】燕国的使者见到秦王说：“燕王私下听说秦国同赵国联合，燕王就派我前来，送上千金贺礼。”秦王说：“燕王无道，我派赵国攻打燕国，你为什么还要祝贺我们呢？”使者说：“我听说赵国国力强盛的时候，西面与秦国为邻，北面的下曲阳与燕国为邻，赵国土地方圆三百里，与秦国相持了五十多年，之所以不能反过来战胜秦国的原因，是因为赵国土地狭小，又没有攻占其他国家来扩宽自己的疆土。现如今大王又派赵国的军队向北攻占燕国，燕、赵两国同心协力，必定不会再听命于秦国了。我私下里替大王感到担忧啊。”秦王认为他说的有道理，就派兵救援燕国。

燕三·燕太子丹质于秦

燕太子丹[①]质于秦，亡归。见秦且灭六国，兵以临易水，恐其祸至。太子丹患之，谓其太傅鞠武[②]曰：“燕、秦不两立，愿太傅幸而图之。”武对曰：“秦地遍天下，威胁韩、魏、赵氏，则易水以北未有所定也。奈何以见陵之怨，欲批其逆鳞哉？”太子曰：“然则何曲？”太傅曰：“请今图之。”

【注释】①燕太子丹：姬姓，名丹，燕王喜之子。②鞠武：燕国太傅。

【译文】燕太子丹在秦国做人质，之后逃回了燕国。他看到秦国马上就要歼灭六国，如今秦军已经紧逼易水，恐怕燕国马上就要遭受祸患，太子丹内心十分忧虑，便对太傅鞠武说："燕、秦两国势不两立，希望太傅能帮我想办法对付秦国。"鞠武回答说："秦国的土地遍布天下，正在威胁着韩、魏、赵，那么燕国易水以北的土地又不知是谁的了。何必因为您曾经在秦遭受凌辱而产生怨恨，就去触犯残暴易怒的秦国呢？"太子说："话虽如此，可应该怎么办呢？"太傅说："请容我再好好考虑考虑。"

居之有间，樊将军[①]亡秦之燕，太子容之。太傅鞠武谏曰："不可。夫秦王[②]之暴而积怨于燕，足为寒心，又况闻樊将军之在乎！是以委肉当饿虎之蹊，祸必不振矣！虽有管、晏[③]，不能为谋。愿太子急遣樊将军入匈奴以灭口[④]。请西约三晋，南连齐、楚，北讲于单于（chán yú）[⑤]，然后乃可图也。"

【注释】①樊将军：指秦国将领樊於（wū）期，原为秦将，后叛离，逃到燕国。②秦王：指秦王政。③管、晏：指管仲和晏婴，皆春秋时齐国名相。④灭口：采取某种措施，避免给人以口实。⑤单于：匈奴人对他们部落联盟首领的专称。意为广大之貌。

【译文】过了不久，将军樊於期从秦国逃到燕国，太子丹收留了他。太傅鞠武劝告太子说："不可以这样做啊。秦王残暴易怒，又一直对燕国怀恨在心，这已经着实让人心惊胆战了，更何况他已经知道樊将军就躲在燕国了呢？这样做就好比把肉放在饿虎经过的小径上，灾祸必然无法避免了。即使是管仲和晏婴再世，也想不出挽回的办法。希望太子赶紧把樊将军派到匈奴，避免给秦王以口实。请您到西边联合三晋，到南边联合齐、楚，到北边去和匈奴讲和，然后才有办法对付秦国。”

太子丹曰：“太傅之计，旷日弥久，心惛然，恐不能须臾。且非独于此也。夫樊将军困穷于天下，归身于丹，丹终不迫于强秦而弃所哀怜之交，置之匈奴，是丹命固卒之时也。愿太傅更虑之。”鞫武曰：“燕有田光先生者，其智深，其勇沉，可与之谋也。”太子曰：“愿因太傅交于田先生，可乎？”鞫武曰：“敬诺。”

【译文】太子丹说：“太傅的计谋，需要花费大量时间，我心里忧虑烦闷，恐怕不能等了。况且问题还不仅仅如此，樊将军现在身处险境，没有容身之所，所以才来投奔我，我最终不能因为秦国的逼迫，就抛弃可怜的朋友，把他打发到匈奴，看来这应该是我生命结束的时候了，希望太傅再想想办法。”鞫武说：“燕国有一位田光先生，他智慧深远，勇敢沉着，您可以同他谋划此事。”太子丹说：“希望太傅您能让我结交田光先生，可以吗？”鞫武说：“好的。”

出见田光，道太子曰：“愿图国事于先生。”田光曰：“敬奉教”。乃造焉。太子跪而逢迎，却行[1]为道，跪而拂席。田先生坐定，左右无人，太子避席[2]而请曰：“燕、秦不两立，愿先生留意也。”田光曰：“臣闻骐骥盛壮之时，一日而驰千里。至其衰也，驽马先之。今太子闻光壮盛之时，不知吾精已消亡矣。虽然，光不敢以乏国事也。所善荆轲可使也。”太子曰：“愿因先生得交于荆轲，可乎？”田光曰：“敬诺。”即起，趋出。太子送之至门，曰：“丹所报先生，所言者，国大事也，愿先生勿泄也。”田光俛（fǔ）[3]而笑曰：“诺。”

【注释】①却行：倒退著走，表示对人恭敬。②避席：离开座位说话，以示尊敬。③俛：同“俯”。

【译文】于是鞠武去见田光，替太子丹说：“希望能和先生一起图谋国家大事。”田光说：“尊敬地接受教导。”于是就去拜见太子。太子跪着迎接田光，倒退着走为他引路，又跪下来替田光拂拭坐席。田光坐定后，旁边的人都退下，太子就离开自己的座位，向田光请求说：“燕、秦两国势不两立，希望先生注意留心。”田光说：“我听说良马在年轻力壮的时候，一天可以飞奔千里，可到它衰老力竭的时候，连劣马也能超过它。如今太子听说我壮年的时候，却不知道我如今的精力已经消散了。虽然如此，我也不敢因此耽误了国家大事。与我友好的荆轲可以被您任用。”太子说：“希望能通过先生而与荆轲结识，可以吗？”田光说：“好的。”说完就起身，走了出去。太子把他送到门口，告诫说：“我刚才同先生讲的，都是国家大事，希望先生不要泄露出去。”田光俯身而笑，说：“好。”

偻行[1]见荆轲，曰：“光与子相善，燕国莫不知。今太子闻光壮盛之时，不知吾形已不逮也。幸而教之曰：‘燕、秦不两立，愿先生留意也。’光窃不自外，言足下于太子，愿足下过太子于宫。”荆轲曰：“谨奉教。”田光曰：“光闻长者之行，不使人疑之，今太子约光曰：‘所言者，国之大事也，愿先生勿泄也。’是太子疑光也。夫为行使人疑之，非节侠士也。”欲自杀以激荆轲，曰：“愿足下急过太子，言光已死，明不言也。”遂自刭（jǐng）②而死。

【注释】①偻行：弯着背走路。②自刭：割颈自杀。

【译文】田光弯着背去见荆轲，对他说：“我和您交情深厚，燕国没有人不知道。现在太子只听说我壮年时的英勇，却不知道我已年老体衰大不如前了。我非常幸运地被太子教导说：‘燕、秦两国势不两立，希望先生注意留心。’我私下里没把您当外人，于是把你推荐给太子，希望您能进宫拜见太子。”荆轲说：“恭敬地接受您的教导。”田光又说：“我听说忠厚长者的行为，不会让人产生怀疑，如今太子却告诫我说：‘我们所讨论的都是国家大事，希望先生不要泄露。’由此看来，这是太子怀疑我啊。如果一个人的行为让其他人心生怀疑，他就不是有节操的侠士。”田光想借自杀来激励荆轲，又说道：“希望您尽快去拜见太子，就说我已经死了，以此表明我不会把国家机密泄漏。”说完就割颈自杀了。

轲见太子，言田光已死，明不言也。太子再拜而跪，膝行流涕，有顷而后言曰：“丹所请田先生无言者，欲以成大事之谋。今田先生以死明不泄言，岂丹之心哉？”

【译文】荆轲去拜见太子，说田光已经割颈自杀，并表明田光不会把国家机密泄漏。太子听后拜了两拜，双腿跪行泪流满面，过了一会后才说："我之所以请田光先生不要泄露机密，是想把这件大事谋划成功。现在田光先生用死来表明他没有泄露机密，这岂是我的本意？"

荆轲坐定，太子避席顿首曰："田先生不知丹不肖，使得至前，愿有所道，此天所以哀燕不弃其孤也。今秦有贪饕（tāo）①之心，而欲不可足也。非尽天下之地，臣海内之王者，其意不餍（yàn）②。今秦已虏韩王③，尽纳其地，又举兵南伐楚，北临赵。王翦④将数十万之众临，漳、邺，而李信⑤出太原、云中。赵不能支秦，必入臣，入臣则祸至燕。燕小弱，数困于兵，今计举国不足以当秦。诸侯服秦，莫敢合从。丹之私计，愚以为诚得天下之勇士使于秦，窥以重利，秦王贪其贽，必得所愿矣。诚得劫秦王，使悉反诸侯之侵地，若曹沫之与齐桓公⑥，则大善矣；则不可，因而刺杀之。彼大将擅兵于外，而内有大乱，则君臣相疑，以其间诸侯诸侯得合从，其破秦必矣。此丹之上愿，而不知所以委命，唯荆卿留意焉。"

【注释】①贪饕：贪得无厌。饕：比喻凶恶贪婪的人。②餍：满足，多指贪欲。③今秦已虏韩王：指公元前230年，秦灭韩，虏韩王安。④王翦：秦国名将。⑤李信：秦国大将。⑥若曹沫之与齐桓公：曹沫即曹刿，春秋鲁国人，率军与齐交战不利，后劫持齐桓公，要挟其归还鲁国失地。

【译文】荆轲坐定后，太子离开自己的坐席给荆轲叩头说："田光先生不知我没有才能，委屈您来见我，愿意对我进行指教。这真是上天可怜燕国，而不抛弃它的孤儿啊。如今秦国有贪得无厌的心，欲望得不到满足。如果不把天下的土地全都吞并，使四海诸侯臣服，它的贪欲就不会得到满足。如今秦国已经俘虏了韩王，占领了韩地的全部土地，又发兵向南攻打楚国，向北紧逼赵国。王翦率领的数十万大军，已经临近漳水、邺城，而李信又率兵出没于太原、云中。赵国不能抵抗秦国，必然会选择臣服，赵国臣服，兵祸就降到燕国头上，燕国国小力弱，多次遭受战争的侵害，现在就算发动全国的力量也不可能抵挡秦军。诸侯都臣服秦国，都不敢合纵抗秦。我自己的计划，如果找到天下勇敢的人出使秦国，用重利引诱秦王，秦王贪图重礼，我们的目的一定能达到。如果能借此机会挟持秦王，让他把侵占诸侯的土地全部返还，就像当年曹沫挟持齐桓公那样，那就最好了；如果挟持秦王不能成功，那就刺杀他。秦国的大将都在在国外征战，而国内又发生大乱，那么秦国君臣就会相互猜疑。我们趁这个机会同诸侯合纵，必定能歼灭秦国。这是我最大的愿望，但不知道该把这个使命托付给谁，只希望您注意留心。"

久之，荆轲曰："此国之大事也，臣驽下，恐不足任使。"太子前顿首，固请无让，然后许诺。于是尊荆轲为上卿，舍上舍，太子日日造问，供太牢，具异物，间进车骑美女，恣荆轲所欲，以顺适其意。

【译文】过了很久，荆轲才说："这是国家的大事，我才能低下，恐怕不能担此重任。”太子上前叩头，坚决请求荆轲不要推让，荆轲这才许诺下来。于是，太子丹奉荆轲为上卿，让他住在上等的馆舍，太子每天前去造访问候，供给他丰盛的食物，准备各种奇珍异宝，不断地送给他车马和美女，满足荆轲的所有要求，以便顺承他的心意。

久之，荆轲未有行意。秦将王翦破赵，虏赵王[①]，尽收其地，进兵北略地，至燕南界。太子丹恐惧，乃请荆卿曰：“秦兵旦暮渡易水，则虽欲长侍足下，岂可得哉？”荆卿曰：“微[②]太子言，臣愿得谒之。今行而无信，则秦未可亲也。夫樊将军，秦王购之金千斤，邑万家。诚能得樊将军首与燕督亢[③]之地图献秦王，秦王必说见臣，臣乃得有以报太子。”太子曰：“樊将军以穷困来归丹，丹不忍以己之私而伤长者之意，愿足下更虑之。”

【注释】①虏赵王：指公元前228年秦军攻陷邯郸，俘虏赵幽缪王。②微：无，没有。③督亢：燕国的膏腴之地，今河北省涿州市东南。

【译文】过了很久，荆轲仍旧没有动身前行的意思。这时，秦将王翦攻破赵国，俘虏了赵幽缪王，占领了赵国的全部土地，又率兵北上掠夺土地，一直打到燕国的南部边境。太子丹非常恐慌，就请求荆轲说：“秦军早晚就要渡过易水，我虽然愿意长久地事奉您，又岂能办到呢？”荆轲说：“即使太子不对我说这些，我也想向您请求行动了。现在前去秦国如果没有信物，就没有办法接近秦王。樊於期将军，秦王正用千斤金和万户封邑来悬赏他。如果能得到樊将军的首级和燕国督亢的地图献给秦王，秦王必定会高兴地接见我，那样我就有机会报答太子了。”太子丹说：“樊将军因为走投无路来投奔我，我不忍心因一己之私而辜负有德行的人的心意，希望您再考虑考虑。”

荆轲知太子不忍，乃遂私见樊於期曰：“秦之遇将军，可谓深矣，父母宗族皆为戮没。今闻购将军之首，金千斤，邑万家，将奈何？”樊将军仰天太息流涕曰：“吾每念，常痛于骨髓，顾计不知所出耳。”轲曰：“今有一言可以解燕国之患，而报将军之仇者，何如？”樊於期乃前曰：“为之奈何？”荆轲曰：“愿得将军之首以献秦，秦王必喜而善见臣，臣左手把其袖，而右手揕（zhèn）①其胸，然则将军之仇报，而燕国见陵②之耻除矣。将军岂有意乎？”樊於期偏袒扼腕而进曰：“此臣日夜切齿拊心也，乃今得闻教。”遂自刎。太子闻之，驰往，伏尸而哭，极哀。既已无可奈何，乃遂收盛樊於期之首，函封之。

【注释】①揕：用刀剑等刺。②见：表示被动，相当于“被”。陵：古同“凌”，侵犯，欺侮。

【译文】荆轲知道太子不忍心，于是私下去见樊於期说：“秦王对待将军可以说是很苛刻了，您的父母和同家族的人全都他被杀害。现在又听说秦王正用千斤金和万户封邑来悬赏求购您的头颅，您将怎么办呢？”樊将军仰天叹息，流着泪说：“我每次想到这些，就恨入骨髓，只是不知道报仇的计策在那里啊。”荆轲说：“我现在有一句话，可以解除燕国的忧患，还可以为您报仇，您觉得怎么样？”樊於期于是走上前说：“您将怎么办呢？”荆轲说：“我希望能得到将军的首级来献给秦王，秦王必定感到高兴，而友好地接见我，到时候我左手抓住他的衣袖，右手用匕首刺他的胸膛。这样将军的仇报了，而燕国被侵犯的耻辱也可以除去了。将军有这个意愿吗？”樊於期袒露出一条臂膀，一手握住另一只手腕，向前走了几步说：“这是我日夜咬牙、捶胸的事情，今天才得到您的指教。”说完就拔剑自杀。太子丹听说了这件事，赶紧驾车赶去，趴在樊於期的尸体上痛哭流涕，极尽悲伤。事情已经发生，没有办法挽回了，于是就把樊於期的头颅，用匣子密封起来。

于是太子预求天下之利匕首，得赵人徐夫人[①]之匕首，取之百金，使工以药淬之，以试人，血濡缕（rú lǚ）[②]人无不立死者。乃为装遣荆轲。燕国有勇士秦武阳，年十二杀人，人不敢与忤视[③]，乃令秦武阳为副。

【注释】①徐夫人：姓徐名夫人，战国赵人，铸剑名家，以藏锋利匕首闻名。②濡缕：沾湿一缕。形容沾湿范围极小。引申指力量微弱。③忤视：逆视，对视。

【译文】于是，太子丹预先寻求天下锋利的匕首，找到了赵国徐夫人打造的，花费一百金才买下来，太子命工匠用毒药浸染匕首，拿它在人身上作试验，只要流出一点儿血，人没有不立刻死去的。于是太子就准备行装，派遣荆轲动身。燕国有个勇士叫秦武阳，十二岁就杀过人，人们都不敢和他对视，于是太子就派秦武阳做荆轲的副手。

荆轲有所待，欲与俱，其人居远未来，而为留待。顷之未发，太子迟之，疑其有改悔，乃复请之曰：“日以尽矣，荆卿岂无意哉？丹请先遣秦武阳。”荆轲怒叱太子曰：“今日往而不反者，竖子也！今提一匕首入不测之强秦，仆所以留者，待吾客与俱。今太子迟之，请辞决矣！”遂发。

【译文】荆轲还等待另一个人，想让那个人同自己一起前往，可那个人住的远，还没有赶到，荆轲为他留下等待。过了好些时候，荆轲还没有出发，太子嫌他行动迟缓，怀疑荆轲改变主意反悔了，于是又去请求他说：“时间将要用尽，您难道还不打算去吗？我请求先派遣秦武阳前去。”荆轲听后愤怒地呵斥太子说：“我今天去了不能平安回来，这就是小孩子的做法！如今我拿着一把匕首到难以意料的秦国，之所以还留下来，是要等朋友同我一起前去。现在太子嫌我行动迟缓，那就让我诀别吧！”于是荆轲就出发了。

太子及宾客知其事者，皆白衣冠①以送之。至易水上，既祖②，取道。高渐离击筑③，荆轲和而歌，为变徵（zhǐ）之声④，士皆垂泪涕泣。又前而为歌曰：“风萧萧兮易水寒，壮士一去兮不复还。”复为慷慨羽声⑤，士皆瞋目，发尽上指冠。于是荆轲遂就车⑥而去，终已不顾。

【注释】①白衣冠：指吊丧的冠服。②祖：古人出门举行的祭祀路神的活动，引申为送行。③高渐离：荆轲的好友。筑：古代弦乐器，形似琴，有十三弦，用竹击打。④变徵之声：这里指悲壮的曲子。徵：古代五音之一，常作悲壮之声。⑤慷慨羽声：声调激愤的羽声。⑥就车：登车。

【译文】太子和宾客中知道这件事的人，都穿着白色的衣冠为荆轲送行。到了易水边，祭祀完道路之神，马上就要上路。高渐离敲击筑，荆轲和着筑声唱歌，歌声高亢悲壮，人们听后都流下眼泪。荆轲又上前唱道："风萧萧兮易水寒，壮士一去兮不复还！"接着乐声又变成慷慨激昂的羽声，人们都睁大眼睛，头发都向上竖起，顶着帽子。于是荆轲就登车离去，始终都没有回头看。

既至秦，持千金之资币物，厚遗秦王宠臣中庶子蒙嘉①。嘉为先言于秦王曰："燕王诚振怖大王之威，不敢兴兵以逆军吏，愿举国为内臣，比诸侯之列，给贡职如郡县，而得奉守先王之宗庙。恐惧不敢自陈，谨斩樊於期头及献燕之督亢之地图，函封，燕王拜送于庭，使使以闻大王。唯大王命之。"

【注释】①中庶子：战国时国君、太子、相国的侍从之臣。蒙嘉：秦王嬴政时中庶子。

【译文】荆轲到了秦国，先带着价值千金的财币货物，去贿赂秦王的宠臣中庶子蒙嘉。蒙嘉为荆轲事先在秦王面前说："燕王确实畏惧大王的威势，不敢派兵同我国的军队作战，希望让整个燕国的百姓做秦国的臣民，和其他臣服的诸侯同列，像秦国的郡县一样给大王进献贡品，只求能保全先王的宗庙。燕王非常害怕，不敢到大王面前陈述，特地斩下樊於期的首级，并献上燕国督亢的地图，都用匣子封装起来，燕王在宫廷上拜而相送，派使者来向大王禀告，使者现在正听候大王的指示。"

秦王闻之，大喜。乃朝服，设九宾①，见燕使者咸阳宫。荆轲奉樊於期头函，而秦武阳奉地图匣，以次进至陛下。秦武阳色变振恐，群臣怪之。荆轲顾笑武阳，前为谢曰：“北蛮夷之鄙人，未尝见天子，故振慑，愿大王少假借之，使得毕使于前。”

【注释】①设九宾：派出九位礼宾。九宾：古代外交上最为隆重的礼节。有九个迎宾赞礼的官员司仪施礼，并延引上殿。宾：同“傧”，傧相。

【译文】秦王听了这番话，非常高兴。于是穿上朝服，设置九宾之礼，在咸阳宫接见燕国的使者。荆轲捧着封藏樊於期首级的匣子，秦武阳捧着装督亢地图的匣子，依次走到宫殿前的台阶下。秦武阳脸色改变，浑身发抖，秦国的大臣们感到奇怪。荆轲回过头对秦武阳笑了笑，走上前去对秦王道歉说：“北方蛮夷之地居住在郊野的人，没有见过天子，所以感到害怕，希望大王能稍稍宽容他，使他能在大王面前完成出使的任务。”

秦王谓轲曰：“起，取武阳所持图。”轲既取图奉之，秦王发图，图穷而匕首见。因左手把秦王之袖而右手持匕首揕之。未至身，秦王惊，自引而起，绝袖。拔剑，剑长，掺（shǎn）其室[①]。时惶急，剑坚，故不可立拔。荆轲逐秦王，秦王还柱而走。群臣惊愕，卒起不意，尽失其度。而秦法，群臣侍殿上者，不得持尺寸之兵。诸郎中[②]执兵皆陈殿下，非有诏不得上。方急时，不及召下兵，以故荆轲逐秦王，而卒惶急无以击轲，而乃以手共搏之。是时，侍医夏无且以其所奉药囊提轲。秦王之方还柱走，卒（cù）[③]惶急不知所为，左右乃曰：“王负剑！王负剑！”遂拔以击荆轲，断其左股。

【注释】①掺：执持，握持。室：刀剑的鞘。②郎中：帝王身边侍从官的通称，其职责为护卫、陪从。③卒：同“猝”。

【译文】秦王对荆轲说：“起来吧，把秦武阳手中地图拿过来。”荆轲取过地图献上去。秦王打开地图，地图展到尽头，藏在地图里的匕首露了出来。荆轲乘机左手拉住秦王的衣袖，右手握住匕首刺向秦王。荆轲还没到秦王的身边，秦王大吃一惊，从座位上跳起，挣脱衣袖。秦王伸手拔剑，可剑身太长，只握持到剑鞘。当时惊慌急切，剑又卡得太紧，所以不能立刻把剑拔出。荆轲追逐秦王，秦王绕着柱子逃跑。群臣都惊慌失措，事发突然出人预料，人们都失去了常态。而且按照秦国的法律，大臣在殿上事奉君王时，不得携带任何兵器，宫禁中的郎中都带着兵器站在殿外，没有秦王的诏令不得上殿。当时情况紧急，秦王来不及召唤殿下的郎中，因此荆轲追赶秦王，大臣们惊慌失措，没有什么东西可以还击荆轲，只好用手一起和他搏斗。这时，御医夏无且把他捧着的药袋向荆轲投去。秦王正绕着柱子跑，慌乱中不知该怎么办，左右大臣乘机对他大喊：“大王把剑背上去！大王把剑背上去！”秦王于是拔出剑来攻击荆轲，砍断了荆轲的左腿。

荆轲废，乃引其匕首提（dǐ）[①]秦王，不中，中柱。秦王复击轲，轲被八创。轲自知事不就，倚柱而笑，箕踞以骂曰：“事所以不成者，乃欲以生劫之，必得约契以报太子也。”左右既前斩荆轲，秦王目眩良久。已而论功赏群臣及当坐者，各有差。而赐夏无且黄金二百镒，曰："无且爱我，乃以药囊提荆轲也。"

【注释】①提：投掷。

【译文】荆轲重伤跌倒，于是举起匕首向秦王投去，没有击中，打在柱子上。秦王又用剑砍荆轲，荆轲受到八处创伤。荆轲知道事情不能成功，就靠着柱子大笑，他叉开两腿大骂道："事情之所以没有成功，是因为我想活捉你，胁迫你归还侵占诸侯国的土地，以此来回报太子。"左右侍从上前把荆轲杀了，秦王头昏目眩了好久。事后秦王对群臣论功行赏和惩罚过失，都各有差别。秦王赏赐了夏无且黄金二百镒，说："无且是真心爱护我，才用药袋去投击荆轲啊。"

于是，秦大怒燕，益发兵诣赵，诏王翦军以伐燕。十月而拔燕蓟城①。燕王喜、太子丹等皆率其精兵东保于辽东②。秦将李信追击燕王。王急，用代王嘉③计，杀太子丹，欲献之秦。秦复进兵攻之，五岁而卒灭燕国而虏燕王喜。秦兼天下。

【注释】①蓟城：燕都，北京的古称。②辽东：指辽河以东的地区。③代王嘉：战国末年赵悼襄王嫡子。秦将王翦破赵都邯郸，虏赵王迁。他率宗族数百人奔代，称代王。公元前222年秦将王贲攻代，被虏代亡。

【译文】于是，秦王非常愤恨燕国，就增派军队赶往赵国，命令王翦率军攻打燕国，秦王政二十一年十月攻克燕都蓟城。燕王喜、太子丹等都率领精锐部队退守辽东。秦将李信追击燕王，燕王喜着急，采用代王嘉的计策，杀了太子丹，想把他献给秦王。秦军又展开进攻，用五年的时间终于灭亡了燕国，俘虏了燕王喜，从此秦国兼并了天下。

其后荆轲客高渐离以击筑见秦皇帝，而以筑击秦皇帝，为燕报仇，不中而死。

【译文】后来，荆轲的好友高渐离因为擅长击筑而被秦始皇召见，他乘机用筑投击秦始皇，想为燕国报仇，没有击中，被秦始皇杀害。

卷三十二 宋卫策

扫码听谦德
君为您导读

宋卫·齐攻宋

齐攻宋，宋使臧子[1]索救于荆。荆王大说[2]，许救甚劝。臧子忧而反。其御曰：“索救而得，有忧色，何也？”臧子曰：“宋小而齐大。夫救于小宋而恶于大齐，此王之所忧也；而荆王说甚，必以坚我。我坚而齐弊，荆之利也。”臧子乃归。齐王[3]果攻，拔宋五城而荆救不至。

【注释】①臧子：宋臣。②荆王：楚王的别称，这里指楚顷襄王。说：同“悦”。③齐王：指齐闵王。

【译文】齐国攻打宋国，宋国派臧子到楚国求救。楚王非常高兴地同意了他的请求。臧子满怀忧愁地返回宋国。他的车夫说：“您求救而楚王允诺，可您却面有忧色，这是为何？”臧子说：“宋国是小国而齐国却是大国。援救弱小的宋国而得罪强大的齐国，这正是常人所担忧的；而楚王却表现的非常高兴，必定是想坚定我们抵抗齐国的信心。我们坚决抵抗齐军，齐军就会疲弊，这对楚国非常有力。”臧子回到宋国以后，齐王果然攻打宋国，攻下宋国的五座城池，而楚国的援军也没有到来。

宋卫·公输般为楚设机

公输般[①]为楚设机，将以攻宋。墨子闻之，百舍[②]重茧，往见公输般，谓之曰："吾自宋闻子，吾欲藉子杀人。"公输般曰："吾义固不杀人。"墨子曰："闻公为云梯，将以攻宋。宋何罪之有？义不杀人而攻国，是不杀少而杀众。敢问攻宋何义也？"公输般服焉，请见之王。

【注释】①公输般：名般，又称鲁班，春秋末期鲁国人，著名的巧匠。②百舍：百里一舍。

【译文】公输般为楚国设计出攻城用的云梯，将要攻打宋国。墨子听说了这件事以后，徒步数万里，脚底都磨起了厚茧，赶着去见公输般，对他说道："我在宋国就听说过您，我想借助您的力量去杀人。"公输般说："我讲道义，不会随便杀人。"墨子说："听说您为楚国制造了攻城用的云梯，将要用来攻打宋国，宋国有什么罪呢？你说您讲道义，不会随便杀人，如今攻打宋国，这分明是不是杀少数人而杀多数人。请问攻打宋国有什么道义呢？"公输般被折服，请墨子去拜见楚王。

墨子见楚王[①]曰："今有人于此，舍其文轩[②]，邻有弊舆[③]而欲窃之；舍其锦绣，邻有裋(shù)褐[④]而欲窃之；舍其粱肉[⑤]，邻有糟糠而欲窃之，此为何若人也？”王曰：“必为有窃疾矣。”

【注释】①楚王：指楚惠王。②文轩：华美的车。轩：古代一种有围棚或帷幕的车。③舆：车中装载东西的部分，后泛指车。④裋褐：粗布做的短衣。⑤粱肉：以粱为饭，以肉为肴。指精美的膳食。

【译文】墨子见到楚王说：“如今有一个人，舍弃自己华美的车，邻居家有一辆破车，他却老想着偷；舍弃自己锦绣织成的华服，邻居家有粗布做的短衣，他却老想去偷；舍弃自己精美的膳食，邻居家有酒糟和糠皮，他却想着去偷。这是个什么样的人呢？”楚王说：“他必定是有偷东西的毛病。”

墨子曰：“荆之地方五千里，宋方五百里，此犹文轩之与弊舆也；荆有云梦，犀、兕（sì）[①]、麋、鹿盈之，江、汉鱼、鳖、鼋（yuán）[②]、鼍（tuó）[③]为天下饶，宋所谓无雉兔、鲋鱼者也，此犹粱肉之与糟糠也；荆有长松、文梓、楩（pián）、楠、豫樟，宋无长木，此犹锦绣之与裋褐也。臣以王吏之攻宋为与此同类也。”王曰：“善哉！请无攻宋。”

【注释】①兕：雌犀牛。②鼋：大鳖。③鼍：爬行动物，穴居江河岸边，皮可以蒙鼓。现在称为扬子鳄。

【译文】墨子接着说：“楚国的土地纵横五千里，而宋国不过五百里，这就如同用华美的车和破车相比。楚国有云梦泽，遍地都是犀牛、麋、鹿等动物，长江和汉水的鱼、鳖、大鳖和扬子鳄等也是天下最多的，而宋国却是连野鸡、兔子、鲫鱼都没有的地方，这就如同用精美的膳食和酒糟糠皮相比。楚国有高大的松树、带花纹的梓树、楩树、楠树、豫樟树等名贵树种，而在宋国却连大树都找不到，这就如同用锦绣织成的华服和粗布做的短衣相比。因此我认为大王攻打宋国就与此相类似。”楚王听后说：“您说的对！我不去攻打宋国了。”

宋卫·犀首伐黄

犀首伐黄[①]，过卫，使人谓卫君[②]曰：“弊邑之师过大国之郊，曾无一介之使以存之乎？敢请其罪。今黄城将下矣，已，将移兵而造大国之城下。”

【注释】①犀首：指公孙衍，名衍，战国时期魏国阴晋人，曾仕魏，任犀首之官，人因以“犀首”称之。战国时期著名的政治家、外交家、军事家、纵横家。历仕秦国、魏国、韩国，主张诸国合纵抗秦。黄：即黄池，在今河南省新乡市封丘县西南。②卫君：指卫成侯。

【译文】公孙衍率军攻打黄城，经过卫国时，派人对卫国国君说：“弊国军队路过大国的郊外，贵国竟然连一个使者都不派来慰问吗？请问我们有什么罪。如今黄池就要被攻克，攻克黄池后，我们就将调兵到贵国的都城下面。”

卫君惧，束组三百绲（gǔn）[①]，黄金三百镒[②]，以随使者。南文子[③]止之曰：“是胜黄城，必不敢来；不胜，亦不敢来。是胜黄城，则功大名美，内临其伦。夫在中者恶临，且议其事。蒙大名，挟成功，坐御以待中之议，犀首虽愚，必不为也。是不胜黄城，破心而走，归恐不免于罪矣！彼安敢攻卫以重其不胜之罪哉？”果胜黄城，帅师而归，遂不敢过卫。

【注释】①组：古代指丝带。绲：捆、束。②镒：古代重量单位，合二十两（一说二十四两）。③南文子：卫国大夫。

【译文】卫国国君十分害怕，把丝带捆扎了三百捆，准备了三百镒黄金，让使者带走这些东西。卫大夫南文子劝阻卫国国君说：“公孙衍如果攻占了黄城，必定不敢来攻打卫国；不能攻占黄城，他也不敢来。如果公孙衍攻占了黄城，那么他就立下大功劳，得到美名，回国以后自然就会居功自傲轻视他人。在国中的大臣就会厌恶他居功自傲，就会议论馋毁他立下的战功。虽然他享有极高的名声，拥有着成功，却在卫国坐等国中大臣对他的非议，公孙衍即使再愚笨，也必定不会这样做。如果这次公孙衍不能攻克黄池，他就忧心忡忡地逃回魏国，回国后还会担心免不了要受责罚！他怎么还敢来攻打卫国来加重他没有攻克黄池的罪过呢？”结果公孙衍果然在攻克了黄城以，直接率领军队回国，有没敢经过卫国。

宋卫·梁王伐邯郸

梁王[①]伐邯郸，而征师于宋。宋君[②]使使者请于赵王[③]曰：“夫梁兵劲而权重，今征师于弊邑，弊邑不从则恐危社稷；若扶梁伐赵以害赵国，则寡人不忍也。愿大王之有以命弊邑。”

【注释】①梁王：指魏惠王。②宋君：指宋剔成君。③赵王：指赵成侯。

【译文】魏王攻打赵国的都城邯郸，向宋国征调军队。宋国国君派使者向赵王请示说："魏国军队强大而且魏国国力强盛，如今向我国征调军队，如果我不听从，那么国家就会遭遇危险，如果帮助魏国攻打赵国，就会损害赵国，这样我于心不忍。希望大王能为我国想一个合适的办法。"

赵王曰："然。夫宋之不足如梁也，寡人知之矣。弱赵以强梁，宋必不利也。则吾何以告子而可乎？"使者曰："臣请受边城，徐其攻而留其日，以待下吏之有城而已。"赵王曰："善。"

【译文】赵王说："的确是这样。宋国的兵力不足以抵挡魏国，寡人知道了。削弱赵国来增强魏国的实力，这对宋国也很不利。那么我将告诉您怎么办才可以呢？"宋国的使者说："臣下请求您允许宋国攻打赵国边境上的一座城邑，慢慢地攻打，多耗些日子，来等待您的部下守住城池罢了。"赵王说："好的。"

宋人因遂举兵入赵境而围一城焉。梁王甚说曰："宋人助我攻矣。"赵王亦说曰："宋人止于此矣。"故兵退难解，德施于梁，而无怨于赵。故名有所加，而实有所归。

【译文】于是宋国的军队就进入赵国的边境，围困了一座城邑。魏王非常高兴地说："宋国人帮助我进攻赵国了。"赵王也高兴地说："宋国人在边境停滞不前了。"所以魏国退兵兵难解除之后，宋国既对魏国有恩，同时也让赵国没有怨恨。因此宋国增加了声望，而且亲近赵、魏两国的实效也得到了。

宋卫·谓大尹曰

谓大尹[①]曰："君日长矣，自知政，则公无事。公不如令楚贺君之孝，则君不夺太后之事矣，则公常用宋矣。"

【注释】①大尹：春秋、战国时宋官名。

【译文】有人对宋国的大尹说："宋君一天天长大，自己就能亲自理政，那么您就不能执掌政事了。您不如让楚国来赞贺宋君的孝心，那么宋君就不会夺去太后执掌政事的权力了，那么您就可以长期执掌宋国的政事了。"

宋卫·宋与楚为兄弟

宋与楚为兄弟。齐攻宋，楚王[①]言救宋，宋因卖楚重以求讲于齐，齐不听。苏秦为宋谓齐相[②]曰："不如与之，以明宋之卖楚重于齐也。楚怒，必绝于宋而事齐，齐、楚合，则攻宋易矣。"

【注释】①楚王：指楚顷襄王。②齐相：这里指韩珉。

【译文】宋国与楚国以兄弟之国相称。齐国攻打宋国，楚王声言要救援宋国，宋国因此炫耀得到楚国的支持而向齐国求和，齐国没有听从。这时苏秦对齐国相国韩珉说："不如就答应与宋国讲和，表明宋国曾经向齐国炫耀得到了楚国的支持。楚王因此恼怒，必定会与宋国断绝关系而亲近齐国。齐国、楚国联合，那么攻打宋国就变得容易了。"

宋卫·魏太子自将

魏太子①自将，过宋外黄②。外黄徐子曰："臣有百战百胜之术，太子能听臣乎？"太子曰："愿闻之。"客曰："固愿效之。今太子自将攻齐，大胜并莒（jǔ）③，则富不过有魏，而贵不益为王。若战不胜，则万世无魏，此臣之百战百胜之术也。"太子曰："诺。请必从公之言而还。"客曰："太子虽欲还不得矣，彼利太子之战攻而欲满其意者众，太子虽欲还，恐不得矣。"太子上车请还，其御曰："将出而还与北同，不如遂行。"遂行，与齐人战而死，卒不得魏④。

【注释】①魏太子：指魏惠王太子申。②外黄：宋邑，今在河南名权县西北。③并莒：齐邑，今在山东莒县一带。④卒不得魏：指齐国在马陵打败魏国，太子申被杀。

【译文】魏国太子申亲自领军进攻齐国，路过宋国的外黄，外黄人徐子说："我有百战百胜的方法，不知太子能否听臣说一说？"魏国太子说："我愿意听一听。"徐子说："我非常愿意为您效劳。如今太子亲自领军攻打齐国，如果取得胜利，占领莒地，那么富也就不过拥有魏国，而贵也不过是做魏国的国君。如果没有取得胜利，就有可能永远失去魏国，这就是我百战百胜的方法。”太子申说：“您说的对。我一定遵照您的话，返回魏国。”徐子说：“太子即使想回魏国，恐怕也已经办不到了。想利用太子攻战齐国来满足私欲的人太多了，虽然太子想率兵回去，恐怕已经不可能了。”太子申上车要返回魏国。他的车夫说：“刚率兵出征就立刻返回，这与败退的结果是一样的，还不如继续前进。”于是太子申继续领军前行，同齐军开战战死，最终也没能得到魏国。

宋卫·宋康王之时

宋康王[①]之时，有雀生䲭[②]于城之陬（zōu）[③]。使史[④]占之，曰：“小而生巨，必霸天下。”康王大喜。于是灭滕、代薛[⑤]，取淮北之地，乃愈自信。欲霸之亟（jí）成，故射天笞地，斩社稷而焚灭之。曰：“威服天下鬼神。”骂国老[⑥]谏者，为无颜之冠[⑦]以示勇。剖伛者之背，锲[⑧]朝涉之胫，而国人大骇。齐闻而伐之，民散，城不守。王乃逃倪侯之馆，遂得而死。见祥而为不可，祥反为祸。

【注释】①宋康王：即宋王偃，又称宋献王。②䲭：鹞（yào）鸟，样子像鹰，比鹰小，捕食小鸟。③陬：角落;山脚。④史：古代掌管记载史事的官。⑤滕：今在山东省滕州市西南。薛：齐邑，今在山东省滕州市南。⑥国老：国家的元老。古代用以称退休的公卿大夫。⑦无颜之冠：无檐而不遮额的帽子。颜：印堂，两眉之间。⑧锲：截断。

【译文】宋康王管理宋国时，一只小鸟在城墙的角落生了只鹞鸟。宋康王让太史占卜，太史说："小鸟生出了巨鸟，寓意为小能制大，宋国必定能称霸天下。"宋康王听后非常高兴。于是出兵灭掉了滕国，进攻薛地，夺取了淮北的土地，从此宋康王更加自信，宋康王想迫切地达成霸业，所以他用箭射天，鞭打土地神，还砍掉了土神、谷神的神位，把神位烧掉。宋康公说："我的威势能降服天地鬼神。"他还辱骂那些退休的公卿大夫和敢于劝谏的大臣，带无檐而遮不住额头的帽子来显示勇敢，命人剖开驼背人的背，截断早晨过河人的腿，以至于国内的百姓都非常恐慌。齐国听说后就率兵攻打宋国，百姓四处逃散，就连城池也没有人防守。宋康王于是逃到倪侯的住所，很快被齐国人发现杀死了。由此可见，即使天降吉兆，如果不做好事，吉祥反而成了灾祸。

宋卫·智伯欲伐卫

智伯欲伐卫，遗卫君①野马②四、白璧一。卫君大悦，群臣皆贺，南文子有忧色。卫君曰："大国交欢，而子有忧色，何？"文子曰："无功之赏，无力之礼，不可不察也。野马四、白璧一，此小国之礼也，而大国致之。君其图之。"卫君以其言告边境。智伯果起兵而袭卫，至境而反，曰："卫有贤人，先知吾谋也。"

【注释】①卫君：指卫悼公。②野马：指骏马。

【译文】智伯想要攻打卫国，就送给卫君骏马四匹和白璧一只。卫君非常高兴，群臣都来恭贺，南文子却面带忧色。卫君说："大国同我们交好，而您却面带忧色，这是为什么呢？"南文子说：

“没有功劳就获得赏赐，没费力气就得到赠礼，不可以不认真审查。骏马四匹和白璧一只，这应该是小国送给大国的礼物，现如今大国却将这些礼物送给我们，您还是好好考虑一下。”卫君把南文子的这番话告诉边境的军队。果然智伯派兵偷袭卫国，到了边境却又返回。智伯说：“卫国有贤能的人，预先知道了我的计谋。”

宋卫·智伯欲袭卫

智伯欲袭卫，乃佯亡其太子，使奔卫。南文子曰：“太子颜为君子也，甚爱而有宠，非有大罪而亡，必有故。”使人迎之于境，曰：“车过五乘，慎勿纳也。”智伯闻之，乃止。

【译文】智伯想要去偷袭卫国，就让他的太子假装逃亡，去投奔卫国。南文子说：“太子颜是智伯的儿子，智伯非常喜欢他，他很得宠，没有什么大的罪过而向外逃亡，其中必有缘故。”于是南文子派亲信在边境上迎接太子颜，并嘱咐亲信说：“如果太子颜的车马超过五辆，千万不要放他进来。”智伯听说卫国做了防备，便停止了偷袭卫国的准备。

宋卫·秦攻卫之蒲

秦攻卫之蒲①，胡衍②谓樗里疾曰：“公之伐蒲，以为秦乎？以为魏乎？为魏则善，为秦则不赖矣。卫所以为卫者，以有蒲也。今蒲入于秦，卫必折而入于魏。魏亡西河之外，而弗能复取者，弱也。今并卫于魏，魏必强。魏强之日，西河之外必危。且秦王[3]亦将观公之事，害秦以善魏，秦王必怨公。”樗里疾曰：“奈何？”胡衍曰：“公释蒲勿攻，臣请为公入戒蒲守以德卫君。”樗里疾曰：“善。”

【注释】①蒲：卫邑，在今河南长垣。②胡衍：卫国人，以其大义化解蒲邑之危而名盛于世。③秦王：指秦惠王。

【译文】秦国攻打卫国的蒲邑。胡衍对秦相樗里疾说：“您领军攻打蒲地，是为了秦国呢？还是为了魏国？如果是为了魏国，那么对魏国还有利，如果是为了秦国，对秦国就无利可言。卫国之所以是卫国，就是因为有蒲地。如今蒲地归入秦国，则卫国必然会转头事奉魏国。魏国丧失了西河之外的土地后，至今也没有从秦国的手中夺回来，就是因为魏国弱小。如今使卫国归附魏国，魏国必然强大。魏国强大的时候，西河以外就危险了。而且秦王将会审察您的所做所为，如果您损害秦国的利益而有利于魏国，秦王必定会怨恨您。”樗里疾说：“那怎么办呢？”胡衍说：“您放弃蒲地，不要再进攻，请允许我替您进入蒲城通知蒲城的守军，以使卫国的国君感激您的恩德。”樗里疾说：“好。”

胡衍因入蒲，谓其守曰：“樗里子知蒲之病也，其言曰：‘吾必取蒲。’今臣能使释蒲勿攻。”蒲守再拜，因效金三百镒焉，曰：“秦兵诚去，请厚子于卫君。”胡衍取金于蒲，以自重于卫。樗里子亦得三百金而归，又以德卫君也。

【译文】于是胡衍进入蒲城，对蒲城守备的将领说：“樗里疾已经知道蒲城的军民疲惫，他说：‘我一定要攻克蒲城。’如今我能让樗里疾放弃蒲城而不来攻打。”蒲城的守军将领拜谢胡衍两次，又献金三百镒，说：“秦兵果真撤离，我一定请求卫国国君好好奖赏您。”胡衍从蒲城得到了酬金，并得到卫国的重视。樗里疾也得到了三百镒黄金返回秦国，同时又让卫国国君感恩戴德。

宋卫·卫使客事魏

卫使客事魏，三年不得见。卫客患之，乃见梧下先生[①]，许之以百金。梧下先生曰：“诺。”乃见魏王曰：“臣闻秦出兵，未知其所之。秦、魏交而不修之日久矣。王专事秦，无有佗[②]计。”魏王曰：“诺。”

【注释】①梧下先生：因居住的地方有梧桐树而得名。②佗：同“它”。

【译文】卫国派宾客去事奉魏国，过了三年也没有见到魏王。卫国的宾客很忧虑，便去见梧下先生，许诺给梧下先生一百金。梧下先生说：“好。”于是梧下先生就去拜见魏王说：“我听说秦国出兵，不知要去攻打哪个国家。秦、魏两国结交，已经有很长时间没有修好关系了。大王专心事奉秦国，不要有其它的算计。”魏王说：“好。”

客趋出，至郎门[①]而反[②]曰：“臣恐王事秦之晚。”王曰：“何也？”先生曰：“夫人于事己者过急，于事人者过缓。今王缓于事己者，安能急于事人？”“奚以知之？”“卫客曰：‘事王三年不得见。’臣以是知王缓也。”魏王趋见卫客。

【注释】①郎门：宫中的大门。②反：同“返”。

【译文】梧下先生快步走出，走到宫门又返回来说：“我恐怕大王想去事奉秦国，已经为时已晚了。”魏王说：“为什么呢？”梧下先生说：“人们对于事奉自己的人都很着急，而自己去事奉别人就会迟缓。现如今大王对于事奉自己的人都不着急，怎么会急着去事奉别人呢？”魏王说：“你是从哪里知道的呢？”梧下先生说：“卫国派来的人说：‘来魏国事奉大王三年了，却一直得不到召见。’我因此知道大王对于事奉自己的人不着急。”说完魏王急忙去召见卫国派来的宾客。

宋卫·卫嗣君病

卫嗣君[①]病。富术谓殷顺且(jū)[②]曰：“子听吾言也以说君，勿益损也，君必善子。人生之所行，与死之心异。始君之所行于世者，食高丽[③]也，所用者，绁(xiè)错、挐薄[④]也。群臣尽以为君轻国而好高丽，必无与君言国事者。子谓君：‘君之所行天下者甚谬。绁错主断于国，而挐薄辅之，自今以往者，公孙氏[⑤]必不血食矣。’”

【注释】①卫嗣君：姬性，子南氏，卫平侯的儿子。②富术、殷顺且：皆为卫国大臣。③高丽：高美华丽。④绁错、挐薄：都是卫君的宠臣。⑤公孙氏：卫君以公孙为氏。

【译文】卫嗣君重病。富术对殷顺且说："您听我的话再去劝谏卫君，不要增加也不要减少，嗣君必定会善待您。人活着时候的行为，同临死前的心情不一样。当初嗣君在世上做的行为，都是追求美色，所宠信的，也是绁错、挐薄一类的人。群臣们都认为卫君轻视国家而喜爱美色，必定没有同卫君谈论国事的人。您对卫君说：'您之前的所做所为非常荒谬。绁错在国内独断专行，而且挐薄还辅佐他，从今往后，卫国祖先公孙氏的祭祀必然要断绝了'"。

君曰："善。"与之相印，曰："我死，子制之。"嗣君死，殷顺且以君令相公期[①]。绁错、挐薄之族皆逐也。

【注释】①公期：即卫怀君，姬姓，子南氏，名公期，卫嗣君之子。

【译文】卫君听后说："太好了。"于是就把相印交给殷顺且，说："我死了以后，就由您来执掌卫国。"卫嗣君死后，殷顺且凭借着先君的遗命担任公子期的宰相，而绁错、挐薄的家族都被卫国驱逐。

宋卫·卫嗣君时

卫嗣君时，胥靡[①]逃之魏，卫赎之百金，不与，乃请以左氏[②]。群臣谏曰："以百金之地，赎一胥靡，无乃不可乎？"君曰："治无小，乱无大。教化喻于民，三百之城足以为治；民无廉耻，虽有十左氏，将何以用之？"

【注释】①胥靡：古代服劳役的奴隶或刑徒。②左氏：卫邑，在山东定陶西。

【译文】卫嗣君执政时，有个服劳役的刑徒逃到了魏国，卫嗣君想用百金把他赎回来，魏国不同意。于是卫嗣君就打算用左氏城去赎回刑徒。大臣们都劝谏说："用百金和土地，去赎回一个刑徒，恐怕不适合吧？"卫嗣君说："安定，不因为国小；混乱，不由于国大。用教化来引导百姓，即使是土地方圆三里的城邑，也足以治理好。如果百姓不懂廉耻，即使有十座左氏那么大的城池，那又有什么用呢？"

宋卫 · 卫人迎新妇

卫人迎新妇。妇上车，问："骖（cān）马[①]，谁马也？"御曰："借之。"新妇谓仆曰："拊骖，无笞服[②]。"车至门，扶，教送母曰："灭灶，将失火。"入室见臼，曰："徙之牖（yǒu）下，妨往来者。"主人笑之。此三言者，皆要言也，然而不免为笑者，蚤[③]晚之时失也。

【注释】①骖马：驾车时在两边的马。②服：古代一车驾四马，居中的两匹叫"服"。③蚤：同"早"。

【译文】有一个卫国人迎娶新媳妇。新娘子上了车，问道："两边的马，是谁家？"车夫说："借的。"新娘子就对车夫说："打两边的马，别打中间的马。"车子到了夫家门前，新娘子刚被扶下车，就叮嘱她的仆人说："快去熄灭家中灶膛里的火，小心失火。"新娘走进屋内，看见地上的石臼，就说："快把它搬到窗下，放在这里妨碍往来的人。"夫家的人听了，都嘲笑她。这三句话，都是中肯的话，然而不免被人耻笑的原因，就是因为说这些话的早晚时机不对。

扫码听谦德君为您导读

卷三十三 中山策

中山·魏文侯欲残中山

魏文侯①欲残中山②。常庄谈③谓赵襄子④曰："魏并中山，必无赵矣。公何不请公子倾⑤以为正妻，因封之中山，是中山复立也。"

【注释】①魏文侯：即魏斯，魏国国君。②中山：由白狄所建，国土嵌在燕、赵之间。③常庄谈：赵襄子臣。④赵襄子：赵世家族首领，赵国的创始人。⑤公子倾：魏文侯之女。

【译文】魏文侯想灭掉中山国。常庄谈对赵襄子说："魏国如果一举歼灭中山，那么赵国必然也会灭亡。您为何不请求魏文侯，让他的女儿公子倾做您的正妻，趁机把她封在中山，这样中山就不会灭亡可以继续存在。"

中山·犀首立五王

犀首立五王①，而中山后持。齐谓赵、魏曰："寡人羞与中山并为主，愿与大国伐之，以废其王。”中山闻之，大恐。召张登[2]而告之曰：“寡人且王，齐谓赵、魏曰，羞与寡人并为王，而欲伐寡人。恐亡其国，不在索王。非子莫能吾救。”

【注释】①犀首：指魏相公孙衍。立五王：韩、赵、魏、燕、中山同时称王。②张登：中山大臣。

【译文】公孙衍想让韩、赵、魏、燕、中山五国的国君称王，只有中山君被落在了最后。齐王对赵、魏两国说：“我与中山君一起称王这真是一个奇耻大辱，希望能和你们一起讨伐他，废除他的王号。”中山君听说以后，十分害怕，就召见张登告诉他说：“我马上就要称王了，齐王却对赵、魏两国说，与我一起称王是一个耻辱，想要联合讨伐我。我只是害怕国家要灭亡，并不在乎要得到那个王号。现如今只有您能救我了。”

登对曰：“君为臣多车重币，臣请见田婴。”中山之君遣之齐。见婴子曰：“臣闻君欲废中山之王，将与赵、魏伐之，过矣。以中山之小而三国伐之，中山虽益废王，犹且听也。且中山恐，必为赵、魏废其王而务附焉，是君为赵、魏驱羊也，非齐之利也。岂若中山废其王而事齐哉？”

【译文】张登回答说：“请您为我准备车辆和丰厚的礼物，我请求去拜见齐国的大臣田婴。”于是中山君就派张登出使齐国，张登见到田婴说：“我听说您想要废掉中山君的王号，准备同赵、魏两国一同攻打中山，这不是一个明智的做法。区区一个中山国却用三个大国来攻打它，纵使中山国遭遇了比废除王号还大的祸患，它也是会听从的。如果中山君害怕，必然会因为赵、魏两国要废掉它的王号，而竭力依附它们，这样做，就等于把中山逼到了赵、魏那边去了，这样一来对齐国没有任何好处，这哪里比得上让中山君废掉王号来依附齐国呢？”

田婴曰：“奈何？”张登曰：“今君召中山，与之遇而许之王，中山必喜而绝赵、魏，赵、魏怒而攻中山，中山急而为君难其王，则中山必恐，为君废王事齐。彼患亡其国，是君废其王而亡其国，贤于为赵、魏驱羊也。”田婴曰：“诺。”

【译文】田婴说：“那我到底该怎么做呢？”张登说：“现在您应该去会见中山君，并允许他称王，中出君必然很高兴，就会断绝与赵、魏两国的联系，赵、魏两国为此一定很生气，必定会联合起来攻打中山，中山君感到形势危急而且齐国又不同意它称王，这样的话中山君一定恐惧万分，自己就会为了您主动废掉王号去依附齐国。中山国君担心自己的国家灭亡，这样您废掉了他的王号后再去安抚他，远比把卫国逼到赵、魏两国要好得多。”田婴说：“好。”

张丑[①]曰：“不可。臣闻之，同欲者相憎，同忧者相亲。今五国相与王也，负海[②]不与焉。此其欲皆在为王，而忧在负海。今召中山，与之遇而许之王，是夺四国而益负海也。致中山而塞四国，四国寒心，必先与之王而故亲之，是君临中山而失四国也。且张登之为人也，善以微计荐中山之君久矣，难信以为利。”

【注释】①张丑：齐国大臣。②负海：即齐国。

【译文】张丑说："不可以这样做。我听说，有同样欲望的人会互相憎恨，有同样忧虑的人互相亲近。现如今五国相约称王，而齐国没有参与，这样看来，五国的欲望都在称王上，只是害怕齐国不同意。现在您如果召见中山君同他会面，同意他称王，这就分散了四国的团结力量而增强了齐国的力量。虽然亲近了中山却断绝了同其他四国的联系，四国就会感到害怕。必定会支持中山称王同它亲近，这样您仅因为亲近拉拢中山却同时失去了四国的支持，况且以张登的为人，一直以来都善于进献一些小计谋来讨好中山君，实在难以相信张登会为我们带来什么好处。"

田婴不听，果召中山君而许之王。张登因谓赵、魏曰："齐欲伐河东[1]，何以知之？齐羞与中山并为王甚矣，今召中山，与之遇而许之王，是欲用其兵也，岂若令大国先与之王，以止其遇哉？"赵、魏许诺，果与中山王而亲之。中山果绝齐而从赵、魏。

【注释】①河东：赵、魏边境，在今山西西南部。

【译文】田婴不听劝谏，果然召见了中山君并同意中山君称王。张登对赵、魏两国说："齐国准备攻打你们的河东，我是如何知道的呢？齐国认为同中山同时称王这是一个奇耻大辱，现在却召见中山君，同他会面并同意他称王，就是想利用中山的军队，这哪比得上你们先同中山君一起称王，再来阻止他们的会见呢？"赵、魏两国答应了，果真先同中山君一起称王，并且他们的关系也日益改善。中山果然断绝了与齐国的外交而倾向赵国、魏两国。

中山·中山与燕、赵为王

中山与燕、赵为王，齐闭关不通中山之使，其言曰："我万乘之国也，中山千乘之国也，何侔名于我？"欲割平邑[1]以赂燕、赵，出兵以攻中山。蓝诸君[2]患之。

【注释】①平邑：地名，先属费国、鲁国，后属齐国，今在河南南乐以北。②蓝诸君：中山相。

【译文】中山准备同燕、赵两国同时称王，而齐国封锁关隘，不允许中山国的使者通行，他们对外宣称："我们齐国是拥有万辆兵车的大国，而中山国只是拥有千辆兵车的小国，怎么有资格同和我们的名位等同呢？"齐国准备割让平邑来贿赂燕、赵两国，让它们出兵攻打中山。蓝诸君为此很是忧虑。

张登谓蓝诸君曰："公何患于齐？"蓝诸君曰："齐强，万乘之国，耻与中山侔名，不惮割地以赂燕、赵，出兵以攻中山。燕、赵好倍而贪地，吾恐其不吾据也。大者危国，次者废王，奈何吾弗患也？"张登曰："请令燕、赵固辅中山而成其王，事遂定。公欲之乎？"蓝诸君曰："此所欲也。"曰："请以公为齐王[1]，而登试说公，可，乃行之。蓝诸君曰："愿闻其说。"

【注释】①齐王：齐威王。

【译文】张登对蓝诸君说："您对齐国有什么可恐惧害怕的呢？"蓝诸君说："齐国国力强盛，是拥有万辆兵车的大国，与中山同时称王会让齐国觉得这是一个耻辱，现在竟然不惜割让土地来贿赂燕、赵两国，让它们出兵攻打中山。燕、赵两国都喜好背弃盟约，贪求拥有更多的土地，我担心它们因此会不支持我们。这件事往大说会危及国家，往小说也得废掉王号，这怎么能让我不担心呢？"张登说："请派我出使燕、赵两国，借他们之手来帮助中山君称王，这样的话此事就会平定下去，您想不想这么做呢？"蓝诸君说："这正是我所希望的。"张登说："现在请您来扮演齐王，让我来试图说服您，如果可以，我们就照这样做。"蓝诸君说："好，我愿意听一听您是如何说的。"

登曰："王之所以不惮割地以赂燕、赵，出兵以攻中山者，其实欲废中山之王也。王曰：'然'。然则王之为费且危。夫割地以赂燕、赵，是强敌也；出兵以攻中山，首难也。王行二者，所求中山未必得。王如用臣之道，地不亏而兵不用，中山可废也。王必曰：'子之道奈何？'"蓝诸君曰："然则子之道奈何？"

【译文】张登说："大王之所以不惜割让土地贿赂燕国、赵国，目的是让他们出兵攻打中山，实际上是想废掉中山君的王号。齐王一定会说：'是这样。'然而这样做大王不但会破费钱财而且会遇到危险。割地贿赂燕、赵两国，这是扩宽其疆土增强敌人的力量；而出兵进攻中山，这就是战祸的开始。大王如果做了这两件事，所希望废掉中山的王号这件事也必然不能成功。大王若能采纳我的意见，不但土地不用割让，也不需要动用士兵，而且很容易就把中山君的王号给废掉了。齐王一定会问：‘您的方法是什么啊？’蓝诸君说：“没错您的方法究竟是什么啊？”

张登曰：“王发重使，使告中山君曰：‘寡人所以闭关不通使者，为中山之独与燕、赵为王，而寡人不与闻焉，是以隘之。王苟举趾以见寡人，请亦佐君。’中山恐燕、赵之不己据也，今齐之辞云‘即佐王’，中山必遁燕、赵，与王相见。燕、赵闻之，怒绝之，王亦绝之，是中山孤，孤何得无废？以此说齐王，齐王听乎？”蓝诸君曰：“是则必听矣，此所以废之，何在其所以存之矣？”

【译文】张登说：“请大王派重要的使者去往中山国，转告中山君说：‘我之所以封锁关隘不让你们的使者通行，是因为中山想和燕、赵两国独自称王，我并没有从你们那里听到这个消息，所以封锁关隘。大王如果能移步来见我，请让我也来帮助您。中山君害怕燕、赵不支持自己，现在大王传话说‘立刻帮助中山君称王’，中山君一定会暗中回避燕，赵两国，来同大王相见，燕、赵两国知道以后，一定会非常生气地与中山断交，大王也正好借此机会与中出绝交，这样中山就被孤立了，孤立无援，王号还怎么能不废除呢？’用这些话来游说齐王，齐王能够信以为真吗？”蓝诸君说：“这样去说齐王一定会相信的，但这是废掉王号的办法，怎么可以说是保存王号的办法呢？”

张登曰：“此王所以存者也。齐以是辞来，因言告燕、赵而无往，以积厚于燕、赵。燕、赵必曰："齐之欲割平邑以赂我者，非欲废中山之王也，徒欲以离我于中山而己亲之也。'虽百平邑，燕、赵必不受也。"蓝诸君曰："善。"遣张登往，果以是辞来。中山因告燕、赵而不往，燕、赵果俱辅中山而使其王，事遂定。

【译文】张登说："这就是保存王号的计策。齐王用这番话来游说中山君，那您就把这番话转告给燕、赵两国，这样一来它们就同齐国断交不再来往，与此同时加深中山同燕、赵两国的友好往来。燕、赵两国一定会说：'齐国割让平邑贿赂我们，并不是想废除中山君的王号，只是想离间我们同中山的关系，而自己好去亲近中山与之建立友好关系。'这样的话即使割让一百个平邑，燕、赵两国也一定不会同意。"蓝诸君说："这个计策太好了。"于是就派张登出使齐国，张登果然用这番话来游说齐王。中山就转告燕、赵两国，不同齐国来往，燕、赵两国果然一起辅佐中山国，帮助中山君称王，于是这件事情就这样定了。

中山·司马憙使赵

司马憙①使赵，为己求相中山。公孙弘②阴知之。中山君出，司马憙御，公孙弘骖乘。弘曰："为人臣，招大国之威，以为己求相，于君何如？"君曰："吾食其肉，不以分人。"司马憙顿首于轼曰："臣自知死至矣。"君曰："何也？""臣抵罪。"君曰："行，吾知之矣。"居顷之，赵使来，为司马憙求相。中山君大疑公孙弘，公孙弘走出。

【注释】①司马憙：中山大臣。②公孙弘：中山大臣。

【译文】中山大臣司马憙出使赵国，让赵国替自己谋求相国的职位。公孙弘暗中知道了这件事。一次中山君外出时，司马憙驾车，公孙弘陪乘。公孙弘对中山君说："为人臣子的，却利用大国的威势为自己谋求相位，在您看来这种人该如何处置？"中山君说："我要杀了他吃他的肉，还不把肉分给别人。"司马憙一听这话，便知在说自己，急忙跪在车前的横木上叩头说："我知道自己的死期到了。"中山君说："为什么这样说呢？"司马憙说："我知罪，请君王责罚。"中山君说："走吧，我知道了。"过了一段时间，赵国的使者来到中山，为司马憙谋取相位。中山君就怀疑是公孙弘诬陷司马憙，无奈之下公孙弘只好逃亡到国外。

中山·司马憙三相中山

司马憙三相中山，阴简[1]难之。田简[2]谓司马憙曰："赵使者来属耳，独不可语阴简之美乎？赵必请之，君与之，即公无内难矣；君弗与赵，公因劝君立之以为正妻。阴简之德公无所穷矣。"

【注释】①阴简：中山王宠妃，即阴姬。②田简：中山的大臣。

【译文】司马憙三次担任中山的相国，中山君的姬妾阴简很是忌恨他。田简对司马憙说："赵国派出使者来中山探听情况，为什么您不把阴姬的美貌同他说一下呢？如此一来赵王一定会索要阴简，如果君王把阴简送给赵王，您就没有内患了；如果君王不把阴简送给赵王，您就乘机劝君王立阴简为王后，阴简就会因此十分感激您的恩德，就会报答不尽。”

果令赵请，君弗与。司马憙曰：“君弗与赵，赵王[1]必大怒；大怒则君必危矣。然则立以为妻，固无请人之妻不得而怨人者也。”田简自谓取使，可以为司马憙，可以为阴简，可以令赵勿请也。

【注释】①赵王：赵武灵王。

【译文】司马憙果真让赵国索要阴简，结果中山君不同意。司马憙说：“您不把阴简送给赵国，赵王一定会非常生气。赵王一生气，您一定很危险。既然如此，那么可以把阴简封为王后，这世界根本没有想要人家的王后人家不给就怨恨人家的道理。”田简认为这样做不仅可以说服赵国使者，还可以帮助司马憙，更可以帮助阴简，甚至可以使赵国没有道理去索要阴简。

中山·阴姬与江姬争为后

阴姬与江姬争为后[1]。司马憙谓阴姬公[2]曰：“事成则有土子民，不成则恐无身。欲成之，何不见臣乎？”阴姬公稽首曰：“诚如君言，事何可豫道者。”司马憙即奏书中山王曰：“臣能弱赵强中山。”中山王悦而见之曰：“愿闻弱赵强中山之说。”司马憙曰："臣愿之赵，观其地形险阻，人民贫富，君臣贤不肖，商敌为资，未可豫陈也。"中山王遣之。

【注释】①阴姬、江姬：二者皆为中山王宠妃。阴姬即阴简。②阴姬公：阴姬的父亲。

【译文】阴姬和江姬都想争做中山君的王后。司马憙对阴姬的父亲说："如果这件事能够成功您的女儿就能做王后，那么您就可以得到封地，统治一方百姓，如果事情失败，恐怕连您也会牵连，性命都不保啊。要想办成这件事，为什么不让阴姬来见我呢？"阴姬的父亲跪拜叩头，说："如果事情真像您说的那样，我要一定要好好报答您。"司马憙于是向中山君上奏书说："我已经想到削弱赵国、强大中山的办法了。"中山君很高兴地接见他说："我想听听你的高见，如何才能削弱赵国强大中山。"司马憙说："我希望先出访赵国，观察那里的地貌特征，山河走向，了解人民的贫富，君臣的贤明与昏庸，比较敌方与我方的力量，考察之后作为凭据，眼下还不能妄加断言。"于是中山君就派司马憙到赵国去考察。

见赵王曰："臣闻赵，天下善为音，佳丽人之所出也。今者，臣来至境，入都邑，观人民谣俗，容貌颜色殊无佳丽好美者。以臣所行多矣，周流无所不通，未尝见人如中山阴姬者也，不知者特以为神。其容貌颜色，固已过绝人矣，若乃其眉目准頞（è）[①]权衡，犀角偃月，彼乃帝王之后，非诸侯之姬也。"赵王意移，大悦曰："吾愿请之，何如？"司马憙曰："臣窃见其佳丽，口不能无道尔。即欲请之，是非臣所敢议，愿王无泄也。"

【注释】①頞：鼻梁。

【译文】司马憙见到赵王说："我听闻，赵国是天下最通晓音律，出漂亮美女的国家。而此次我来到赵国以后，走过城邑聚落，观赏人民的歌谣风俗，也见到了形形色色的人，却并没有见到天姿国色的美女。我去过很多国家，周游各地，无所不去，却从来没有见过像中山国的阴姬那样漂亮的美女，不知道的人，还以为是她是仙女下凡，她的艳丽简直不能用言语描述。她的容貌姿色实在超出那些绝世佳人，至于说到她的眉毛、眼睛、鼻子、脸蛋、额角、天庭，那简直是帝王之后的长相，绝不是一般诸侯的姬妾。"赵王的心被说动了，高兴地说："我希望能把她要来，怎么样？"司马憙说："我私底下看她那般漂亮，嘴上竟不由自主地说出来了，您想要把她要来，这可不是臣下敢随便议论的，希望大王您不要泄露出去。"

司马憙辞去，归报中山王曰："赵王非贤王也。不好道德，而好声色；不好仁义，而好勇力。臣闻其乃欲请所谓阴姬者。"中山王作色不悦。司马憙曰："赵，强国也，其请之必矣。王如不与，即社稷危矣；与之，即为诸侯笑。"中山王曰："为将奈何？"司马憙曰："王立为后，以绝赵王之意。世无请后者，虽欲得请之，邻国不与也。"中山王遂立以为后，赵王亦无请言也。

【译文】司马憙告别了赵王，回到中山国奏报中山君说："赵王绝不是一个贤明的君主。他不注重道德修养却追求淫声美色，不讲究仁德礼义，却崇尚勇武暴力。我听闻他竟然还想要得到阴姬。"中山君听后脸色大变，很不高兴。司马憙接着说道："赵国是一个强国，赵王想要得到阴姬就一定会得到。大王如果不答应，那么国家就有危险了；如果把阴姬给了他，就成了各诸侯国的笑话。”中山君说：“那如何是好呢？”司马憙说：“大王可以立刻立阴姬为王后，以此断了赵王的邪念。世上还没有要人家王后的道理。即使赵王想来要，邻国也不会答应的。”于是中山君就封阴姬为王后，赵王就再也没有提过把阴姬要来的事了。

中山·主父欲伐中山

主父①欲伐中山，使李疵②观之。李疵曰：“可伐也。君弗攻，恐后天下。”主父曰：“何以？”对曰：“中山之君，所倾盖与车而朝穷闾隘巷之士者，七十家。”主父出：“是贤君也，安可伐？”李疵曰：“不然。举士，则民务名不存本；朝贤，则耕者惰而战士懦。若此不亡者，未之有也。”

【注释】①主父：赵武灵王。②李疵：赵国大臣。

【译文】赵武灵王想要攻打中山国，便派李疵去察看情况。李疵回来说：“可以进攻中山国了。如果您再不赶快攻打中山国，那恐怕就要落在其他国家的的后面了。”赵武灵王说：“这其中有什么道理呢？”李疵回答说：“中山国的国君，把车盖去掉空车去拜访住在穷街窄巷的读书人，已经拜访了七十家之多。”赵武灵王说：“这是位多么贤明的君王啊，怎么可以攻打呢？”李疵说：“并不是这样。如果只是举用读书人，那么百姓就会追求虚名，不会把心思放在农业；拜访贤士，那么以农耕为生的人就会懒惰，战士就会胆怯懦弱贪生怕死。像这样的国家还不灭亡，还从来没有过啊。”

中山·中山君飨都士大夫

中山君飨（xiǎng）①都士大夫，司马子期②在焉。羊羹不遍，司马子期怒而走于楚，说楚王伐中山。中山君亡，有二人挈戈而随其后者，中山君顾谓二人：“子奚为者也？”二人对曰：“臣有父，尝饿且死，君下壶飡饵之。臣父且死，曰：‘中山有事，汝必死之。’故来死君也。”中山君喟然而仰叹曰：“与不期众少，其于当厄；怨不期深浅，其于伤心。吾以一杯羊羹亡国，以一壶飡（cān）③得士二人。”

【注释】①飨：用酒食招待客人，泛指请人受用。②司马子期：中山大臣。③飡：同“餐”。

【译文】中山的国君设宴招待国都里的士人，大夫司马子期也应邀其中。由于分羊羹时没有分给司马子期，他非常生气便跑到楚国去了，四处游说楚王起兵攻打中山。惊恐万分的中山君被迫逃亡，这时有两个人手提戈跟在他的身后。中山君回头对这两个人说：“你们是干什么的，跟在我后面做什么？”两人回答说：“我们的父亲有一次快要饿死了，是您将自己的一壶熟食给了他。父亲临死时说：‘如果有朝一日中山国陷入困境，你们一定要舍弃自身来报效国家。’中山君仰天长叹，说到：“施与别人恩惠不在于多少，而应该在人家最危难的时候给予帮助；与人结怨不在乎深浅，而在于是否伤了人家的心。我因为一杯羊羹而导致亡国，因为一壶熟食却得到的两个忠心的义士。”

中山·乐羊为魏将

乐羊为魏将，攻中山，其子时在中山，中山君烹之，作羹致于乐羊，乐羊食之。古今称之：乐羊食子以自信，明害父以求法。

【译文】乐羊在魏国做将领，攻打中山，他的儿子当时恰好也在中山，于是中山的国君就把乐羊的儿子煮了，做成饭菜肉羹送到乐羊那里，乐羊把肉羹吃了。从古至今人们都都称颂说：乐羊吃自己的儿子来换取国君对于他的信任，说明他的做法有损于为父之道，但也因此保全军法的尊严。

中山·昭王既息民缮兵

昭王既息民缮兵，复欲伐赵。武安君曰：“不可。”王曰：“前年国虚民饥，君不量百姓之力，求益军粮以灭赵。今寡人息民以养士，蓄积粮食，三军之俸有倍于前，而曰‘不可’，其说何也？”

【译文】当百姓得到休养生息、兵器车辆得到修治整顿之后，秦昭王又准备再次发兵攻打赵国。武安君说：“不可以进攻赵国。”秦王说：“前年国库空虚而百姓受饥，您不考虑百姓的负担沉重、生活艰辛，却要求增调军粮歼灭赵国。如今我休养百姓安养士卒，蓄积粮食，三军将士所得俸禄超过从前的一倍，而您却说‘不可以进攻赵国’，这到底是什么道理？”

武安君曰：“长平之事[①]，秦军大克，赵军大破。秦人欢喜，赵人畏惧。秦民之死者厚葬，伤者厚养，劳者相飨（xiǎng）[②]，饮食餔餽（kuì）[③]，以靡其财。赵人之死者不得收，伤者不得疗，涕泣相哀，勠力同忧，耕田疾作以生其财。今王发军虽倍其前，臣料赵国守备亦以十倍矣。赵自长平以来，君臣忧惧，早朝晏退，卑辞重币，四面出嫁。造字结亲燕、魏，连好齐、楚，积虑并心，备秦为务。其国内实，其交外成。当今之时，赵未可伐也。”

【注释】①长平之事：指公元前260年，秦、赵两国在长平的战役。②飨：用酒食招待客人，泛指请人受用。③餔餽：馈赠食物。餔：吃。餽，同“馈”。

【译文】武安君说：“长平战役后，秦军大胜，赵军大败。秦国人举国欢喜，而赵国人恐惧万分。秦国战死的人得到厚葬，受伤的人得到了特殊的治疗照顾，凯旋归来的人被盛情款待，吃饱喝足又得到馈饷，消费国家的资财。而赵国战死的人得不到收殓，受伤的人得不到治疗，百姓军民哭泣哀嚎，大家都尽力分担忧患，加紧耕田劳作多生资财。如今大王能够调遣作战的军队虽然超出从前的一倍，但我料想赵国守备国家的军队，自然也会超过原来的十倍。赵国自从长平之战以来，君臣忧虑恐惧，早晨很早上朝，晚上很晚退朝，派出使者用卑微的言语和厚礼，向四周的诸侯求和，同燕、魏两国结为同盟，同齐、楚两国缔结为友，处心积虑，把防范秦国作为重中之重。赵国国力殷实，外交成功。现在这个时候，是不可以攻打赵国的。”

王曰：“寡人既以兴师矣。”乃使五大夫[1]王陵[2]将而伐赵。陵战失利，亡五校[3]。王欲使武安君，武安君称疾不行。王乃使应侯往见武安君，责之曰：“楚地方五千里，持戟百万，君前率数万之众入楚，拔鄢、郢[4]，焚其庙，东至竟陵[5]，楚人震恐，东徙而不敢西向。

【注释】①五大夫：爵位名，秦汉二十等级的第九级。②王陵：秦国大将。③校：秦国当时的军队建制。④鄢：今在河南省焉陵县一带。郢，今在湖北省江陵县附近。⑤竟陵：楚邑。今在湖北潜江西北一带。

【译文】秦王说：“我已经准备好发兵了。”于是派五大夫王陵为主将起兵攻打赵国。结果王陵大败，损失了五校军队。秦王想派武安君出战，武安君却称病不出。于是秦王就派应侯去探望武安君，责备他说：“楚国土地方圆五千里，执戟的士卒有数百万，您从前率几万人的军队攻入楚国内，占领鄢、郢两地，焚毁楚王的宗庙，向东攻到竟陵，楚国人感到十分震惊恐慌，于是只能向东迁徙，不敢再向西抵抗。

“韩、魏相率，兴兵甚众，君所将之，不能半之，而与战之于伊阙[1]，大破二国之军，流血漂卤，斩首二十四万。韩、魏以故至今称东藩。此君之功，天下莫不闻。

【注释】①伊阙：今河南省洛阳龙门。

【译文】“韩、魏两国联合发兵，动用很多军队，而您所率领的军队，不足韩、魏两国军队的一半，却同它们在伊阙大战，大败两国，死者血流成河能漂起作战的大盾，斩下敌军二十四万首级，正是由于这个原因，韩、魏两国至今仍旧自称是秦国东面的藩国。这是您立下的汗马功劳，天下没有人不知道您的伟绩。

“今赵卒之死于长平者已十七、八，其国虚弱，是以寡人大发军，人数倍于赵国之众，愿使君将，必欲灭之矣。君尝以寡击众，取胜如神，况以强击弱、以众击寡乎？”

【译文】“现如今赵国士卒在长平之战中战死的，已有十之七八，此时他们的国家很虚弱，因此我兴兵进攻，人数超出赵国军队的一倍，希望您能为主将，一定能够一举歼灭赵国。您曾以少胜多，取得胜利就像神兵一样，何况现在是以强取弱，以众攻少呢？”

武安君曰：“是时楚王恃其国大，不恤其政，而群臣相妬（dù）①以功，谄谀用事，良臣斥疏，百姓心离，城池不修，既无良臣，又无守备，故起所以得引兵深入，多倍城邑，发梁焚舟以专民心，掠于郊野以足军食。当此之时，秦中士卒，以军中为家，将帅为父母，不约而亲，不谋而信，一心同功，死不旋踵。楚人自战其地，咸顾其家，各有散心，莫有斗志。是以能有功也。

【注释】①妬：同“妒”。

【译文】武安君说：“当时楚王依仗国力强盛，不理朝政，而群臣因为争功互相嫉妒，阿谀奉承者受到重用，忠臣却遭到排斥疏远，百姓离心离德，城墙和护城河不加修治整顿，由于楚国内无良臣执掌朝政，对外又没有常备不懈的守军，所以我能够领兵深入楚国，占领很多城邑，又命人折断桥梁，焚毁木船，使士卒专心作战，并在城邑的郊外掠得粮食补足军粮。在那个时候，我秦军的将士以军队为家，把将帅当作父母，不用约束彼此自然就相互亲近，不用商量就彼此相互信任，一心想着同获战功，奋勇向前，誓死不退。相反楚国人在自己的国土上作战，心里都顾念自己的家室，每个人的内心都有不同的想法，毫无斗志，因此我能取得胜利。

“伊阙之战，韩孤顾魏，不欲先用其众。魏恃韩之锐，欲推以为锋。二军争便之力不同，是以臣得设疑兵，以待韩阵，专军并锐，触魏之不意。魏军既败，韩军自溃，乘胜逐北，以是之故能立功，皆计利形势，自然之理，何神之有哉！

【译文】“伊阙之战时，韩国单兵孤城，只考虑利用魏国，不想让自己的军队率先作战。而魏国依赖韩军兵力强盛训练有素，想让韩国军队冲到前面打先锋。两国军队相互争力，不能齐心协力共同作战。因此我才能设下疑兵与韩军对阵，另派精锐军队，乘其毫无防备突击魏军。魏军已经战败，韩军自然也就不战而退了，乘胜追击败北的军队，正是因为这个缘故我才能立下战功。这都是因为考虑了地形是否有利、军队的形势如何，自然就成功了，哪有什么神兵啊！

“今秦破赵军于长平，不遂以时乘其振惧而灭之，畏而释之，使得耕稼以益蓄积，养孤长幼，以益其众，缮治兵甲以益其强，增城浚池以益其固，主折节以下其臣，臣推体以下死士。至于平原君之属，皆令妻妾补缝于行伍之间。臣人一心，上下同力，犹勾践困于会稽之时也。以今伐之，赵必固守，挑其军战，必不肯出。围其国都，必不可克；攻其列城，必未可拔：掠其郊野，必无所得。兵出无功，诸侯生心，外救必至。臣见其害，未睹其利。又病，未能行。”

【译文】“后来秦军在长平击败赵军时，没有抓紧时机趁着赵国恐惧万分的时候灭掉赵国，而是看到赵国害怕屈服就放弃灭赵，使赵国能有足够的时间加紧耕种以增加储备，抚养遗孤，让幼儿长大以扩充军队，加高城墙防患入侵，疏浚护城河使城邑更加坚固，国君委屈自己亲近大臣，而大臣不惜生命去亲近那些效死力的将士。至于平原君那样的人，都让自己的妻妾到军队中为将士们缝缝补补。臣民一心，举国上下共同努力，就如同勾践被困在会稽山上的时候，如果趁现在去攻打赵国，赵国一定会誓死固守城邑。向赵军挑战，赵军一定不肯出城。即使围困赵国的国都，一定不能攻克；攻打其它城邑，一定不能攻破；在城邑的郊外抢掠，必定会一无所获。如果出兵不能获得战功，会使诸侯们产生异心，赵国的救兵必然会赶来。我只看到攻打赵国的害处，没看到好处。而我现在又有病，不能率兵出战。”

应侯惭而退，以言于王。王曰："微白起。吾不能灭赵乎？"复益发军，更使王龁（hé）[①]代王陵伐赵，围邯郸八九月，死伤者众而弗下。赵王[②]出轻锐以寇其后，秦数不利。武安君曰："不听臣计，今果如何？王闻之怒，因见武安君，强起之，曰："君虽病，强为寡人卧而将之。有功，寡人之愿，将加重于君。如君不行，寡人恨君。"

【注释】①王龁：秦国左庶长。②赵王：赵孝成王。

【译文】应侯惭愧地退了出去，把武安君的话转告秦王。秦王说："难道没有了白起，我就不能灭掉赵国了吗？"于是又增派军队，另派王龁代替王陵率兵进攻赵国，秦军被围困在邯郸八、九个月，死伤众多，却没有攻克邯郸。赵王派出轻装精锐的小股军队偷袭秦军后方，使得秦军多次出战不利。武安君说："不听我的劝谏，现如今结果怎样？"秦王听说后非常生气，于是去见武安君，逼着武安君起床，说："您虽然有病，也得勉强为我抱病带兵。如果您能立下战功，完成我的心愿，我定会重赏您。如果您依旧不率兵出征，那我就会怨恨您。"

武安君顿首曰："臣知行虽无功，得免于罪。虽不行无罪，不免于诛。然惟愿大王贤臣愚计，释赵养民，以诸侯之变。抚其恐惧，伐其桥[①]慢，诛灭无道，以令诸侯，天下可定，何必以赵为先乎？此所谓为一臣屈而胜天下也。大王若不察臣愚计，必欲快心于赵，以致臣罪，此亦所谓胜一臣而为天下屈者也。夫胜一臣之严焉，孰若胜天下之威大耶？臣闻明主爱其国，忠臣爱其名；破国不可复完，死卒不可复生。臣宁伏受重诛而死，不忍为辱军之将。愿大王察之。”王不答而去。

【注释】①恷：同“骄”。

【译文】武安君叩头跪地说：“我知道即使率兵出征没有战功，也可以免除罪过。如果依旧不奉命带兵，即使没有罪过，也免不了被杀头。然而我只是希望大王能够听从我的愚计，放弃赵国，让百姓得以休养生息，以应付诸侯之间出现的局势转变。安抚恐惧的国家，攻打傲慢的国家，诛灭无道的国家，以此来号令诸侯，让天下得以太平，为什么一定要先进攻赵国呢？这就是人们所说的被一个臣民折服，却可战胜天下的做法。大王如果不明察我的愚见，一定要在攻占赵国上得到心理上的满足，以至于降罪我，这也就是人们所说的压服一个大臣，却被天下人屈服的做法。战胜一个大臣的威严，与战胜天下人的威严相比，哪个更大呢？我听说贤明的君王爱惜国家，忠诚的大臣爱惜名誉。被击败的国家不可能重获完整，死去的战士不可能死而复生。我宁愿受重罚而死，也不忍心做蒙受耻辱的军队的将领。希望大王可以明察秋毫。”秦王没有答话转身就走了。

谦德国学文库丛书

（已出书目）

弟子规·感应篇·十善业道经
三字经·百家姓·千字文·德育启蒙
千家诗
幼学琼林
龙文鞭影
女四书
了凡四训
孝经·女孝经
增广贤文
格言联璧
大学·中庸
论语
孟子
周易
礼记
左传
尚书
诗经
史记
汉书
后汉书
三国志
道德经
庄子
世说新语
墨子
荀子
韩非子
鬼谷子
山海经
孙子兵法·三十六计
素书·黄帝阴符经
近思录
传习录
洗冤集录
颜氏家训
列子
心经·金刚经
六祖坛经

茶经·续茶经
唐诗三百首
宋词三百首
元曲三百首
小窗幽记
菜根谭
围炉夜话
呻吟语
人间词话
古文观止
黄帝内经
五种遗规
一梦漫言
楚辞
说文解字
资治通鉴
智囊全集
酉阳杂俎
商君书
读书录
战国策
吕氏春秋
淮南子
营造法式
韩诗外传
长短经
虞初新志
迪吉录
浮生六记
文心雕龙
幽梦影
东京梦华录
阅微草堂笔记
说苑
竹窗随笔
国语
日知录
帝京景物略
子不语
水经注
徐霞客游记
聊斋志异
清代三大尺牍：小仓山房尺牍
清代三大尺牍：秋水轩尺牍
清代三大尺牍：雪鸿轩尺牍
孔子家语
贤母录
张岱文集：陶庵梦忆
张岱文集：西湖梦寻
张岱文集：快园道古
群书类编故事
管子

安士全书
感应篇汇编
天工开物
梦溪笔谈

古今谭概
夷坚志
劝戒录全集
曾国藩家书